65

GLENCOE FRENCH 3

Bon voyage!

Conrad J. Schmitt • Katia Brillié Lutz

Glencoe

New York, New York   Columbus, Ohio   Chicago, Illinois   Peoria, Illinois   Woodland Hills, California

About the Authors

Conrad J. Schmitt

Conrad J. Schmitt received his B.A. degree magna cum laude from Montclair State University. He received his M.A. from Middlebury College. He did additional graduate work at New York University.

Mr. Schmitt has taught Spanish and French at all levels—from elementary school to university graduate courses. He served as Coordinator of Foreign Languages for the Hackensack, New Jersey, Public Schools. He also taught Methods of Teaching a Foreign Language at the Graduate School of Education, Rutgers University. Mr. Schmitt was Editor-in-Chief of Foreign Languages and ESL/EFL materials for the School Division of McGraw-Hill and McGraw-Hill International Book Company.

Mr. Schmitt has authored or co-authored more than one hundred books, all published by Glencoe/McGraw-Hill or by McGraw-Hill. He has addressed teacher groups and given workshops in all states of the United States and has lectured and presented seminars throughout the Far East, Latin America, and Canada. In addition, Mr. Schmitt has traveled extensively throughout France, French-speaking Canada, North Africa, French-speaking West Africa, the French Antilles, and Haiti.

Katia Brillié Lutz

Katia Brillié Lutz has her **Baccalauréat** in Mathematics and Science from the Lycée Molière in Paris and her **Licence ès Lettres** in languages from the Sorbonne. She was a Fulbright scholar at Mount Holyoke College.

Ms. Lutz has taught French language at Yale University and French language and literature at Southern Connecticut State College. She also taught French at the United Nations in New York City.

Ms. Lutz was Executive Editor of French at Macmillan Publishing Company. She also served as Senior Editor at Harcourt Brace Jovanovich and Holt Rinehart and Winston. She was a news translator and announcer for the BBC Overseas Language Services in London.

Ms. Lutz is the author of many language textbooks at all levels of instruction.

 **Glencoe**

The McGraw·Hill Companies

Send all inquiries to:
Glencoe/McGraw-Hill
8787 Orion Place
Columbus, Ohio 43240-4027

ISBN: 0-07-860661-6 *(Student Edition)*
ISBN: 0-07-865680-X *(Teacher Wraparound Edition)*

Printed in the United States of America.

4 5 6 7 8 9 10 058/055 09 08 07 06

For the Parent or Guardian

We are excited that your child has decided to study French. Foreign language study provides many benefits for students in addition to the ability to communicate in another language. Students who study another language improve their first language skills. They become more aware of the world around them and they learn to appreciate diversity.

You can help your child be successful in his or her study of French even if you are not familiar with that language. Encourage your child to talk to you about the places where French is spoken. Engage in conversations about current events in those places. The section of their Glencoe French book called **Le monde francophone** on pages xxiii–xxxvii may serve as a reference for you and your child. In addition, you will find information about the geography of the French-speaking world and links to foreign newspapers at **french.glencoe.com.**

The methodology employed in the Glencoe French books is logical and leads students step by step through their study of the language. Consistent instruction and practice are essential for learning a foreign language. You can help by encouraging your child to review vocabulary each day. If you have Internet access, encourage your child to practice using the activities, games, and practice quizzes at **french.glencoe.com.**

Bon voyage!

Table des matières

La francophonie

CHAPITRE ① Les vacances

Objectifs

In this chapter you will:

✔ *learn about the travel habits of the French and about tourism in France*

✔ *review how to get the information you need in different travel situations*

✔ *review how to describe past actions*

✔ *read and discuss newspaper and magazine articles about weather in France and travel to Tunisia*

✔ *review how to talk about actions that may or may not take place; how to express wishes, preferences, necessity, or possibility*

Leçon 1 ❀ Culture

Lecture

Structure—Révision

C'est à vous

Assessment

Leçon 2 ❀ Conversation

Conversation

Structure—Révision

C'est à vous

Assessment

CHAPITRE ① *(suite)*

CHAPITRE ② Les jeunes

Objectifs

In this chapter you will:

- ✔ read about the everyday life of young French people
- ✔ review how to ask questions formally and informally
- ✔ read about shopping and how marketing affects young French adults
- ✔ read articles about *verlan* and the equality of men and women in France
- ✔ review how to make sentences negative and how to describe things in the past
- ✔ learn how to express wishes, preferences, and demands and to express actions that may or may not take place

CHAPITRE ② *(suite)*

CHAPITRE ③ Les loisirs

Objectifs

In this chapter you will:

✔ *learn what leisure activities French people of different ages enjoy*

✔ *learn about some leisure activities such as attending a play, including buying the ticket and discussing the play afterwards*

✔ *review how to talk about actions in the past and how to compare people and things*

✔ *read and discuss articles about two young singers from Guadeloupe and about helpful leisure activities*

✔ *review how to express emotional reactions to others, and to express uncertainty, uniqueness, and emotions or opinions about past events*

CHAPITRE  3
(suite)

Leçon 3 ✿ Journalisme

CHAPITRE 4 Racines et Ethnies

Objectifs

In this chapter you will:

- ✔ read about the culture and customs of the North and West African countries
- ✔ read and discuss articles about Léopold Senghor and about the Touareg people
- ✔ review prepositions with geographical names; refer to things already mentioned; and say what you and other people will do or might do
- ✔ learn how to express uncertainty and doubt and how to use certain time expressions

CHAPITRE ④
(suite)

Leçon 3 ✣ Journalisme

Lecture

Lecture

Structure avancée

C'est à vous

Assessment

Proficiency Tasks

Vidéotour

LITTÉRATURE

CHAPITRE ⑤ Les faits divers et la presse

Objectifs

In this chapter you will:

- ✔ *learn about social problems, petty crimes; newspapers and other media in France*
- ✔ *review how to tell what you do for others and what others do for you*
- ✔ *review how to refer to people and things already mentioned*
- ✔ *learn how to use the subjunctive after certain conjunctions*
- ✔ *read and discuss several newspaper headlines and articles from local papers*

CHAPITRE ⑤
(suite)

Leçon 3 ❖ Journalisme

Lecture

Lecture

Structure avancée

C'est à vous

Assessment

Proficiency Tasks

Vidéotour

LITTÉRATURE

Les Misérables
Victor Hugo

Structure avancée

CHAPITRE ⑥ Passages de la vie

Objectifs

In this chapter you will:

✔ *learn about the rites of passage from birth to death and the French customs that accompany them*

✔ *review how to express* some *and* any, *refer to things already mentioned, and express* who, whom, which, *and* that.

✔ *learn how to express* of which *and* whose, *to talk about past actions that precede other past actions, to express what would have happened if certain conditions had prevailed, and to express conditions*

✔ *read an article about a senior citizen center that doubles as a day care; read the social and obituary pages of a French newspaper*

CHAPITRE ⑥ *(suite)*

Me Voici!

Soraya Gil Gagnon

C'est le 14 mars que je suis
venue réaliser le rêve
de mes parents, Valérie et
Jean-François.

A ma naissance, je mesurais
54 cms et je pesais 3,560 kg.

CHAPITRE 7 La santé et la forme

Objectifs

In this chapter you will:

- ✔ *learn how the French stay healthy*
- ✔ *learn about keeping in shape and eating well*
- ✔ *read about sound, noise pollution, and proper ear protection; and what time of the day is best for which sports*
- ✔ *review how to tell what people do or did for themselves and for each other*
- ✔ *review how to ask* **who**, **whom**, *and* **what**
- ✔ *learn how to express* **which one**, **this one**, **that one**, **these**, *and* **those**, *and how to tell what belongs to you and to others*

CHAPITRE 7
(suite)

SAMBUGUARD®
Pour enrayer la grippe MC
Dr. Dünner
sambu Guard
Prenez-le dès les premiers indices d'un rhume ou d'une grippe.
Flora
À la fine pointe de la nature
1-800-363-9542 • www.florahealth.com

Leçon 3 ⚜ Journalisme

Lecture

Vocabulaire pour la lecture 358
L'oreille 360

Lecture

Vocabulaire pour la lecture 364
Bouger pour être en forme. 366

Structure avancée

Les pronoms interrogatifs et démonstratifs 368
Les pronoms possessifs 370

C'est à vous 372

Assessment 374

Proficiency Tasks 376

Vidéotour. 379

Littérature

Le Malade imaginaire
Molière. 494

Le chandail de hockey
Roch Carrier. 498

CHAPITRE ⑧ Le patrimoine

Objectifs

In this chapter you will:

- ✔ *learn about French heritage—French monuments, museums, and important achievements*
- ✔ *learn about modern French monuments like the Grande Arche*
- ✔ *review how to tell what you and others have people do for you*
- ✔ *review how to express actions that occurred prior to other actions*
- ✔ *learn how to form complex sentences*
- ✔ *learn how to tell what you and others will do before a future event and how to talk about two related actions*
- ✔ *read about the mystery surrounding Napoleon's death and about festivals in France*

CHAPITRE 8
(suite)

Leçon 3 ✤ Journalisme

Lecture

Lecture

Structure avancée

LITTÉRATURE

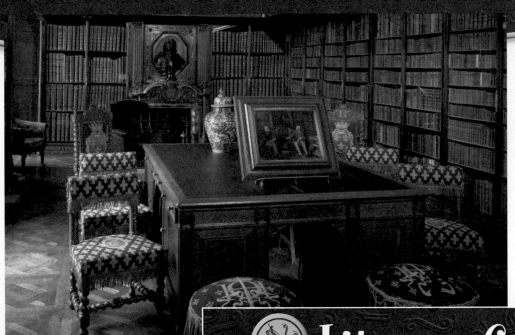

Literary Companion

Literary Companion

Handbook

Guide to Symbols

Throughout **Bon voyage!** you will see these symbols, or icons. They will tell you how to best use the particular part of the chapter or activity they accompany. Following is a key to help you understand these symbols.

 Audio Link This icon indicates material in the chapter that is recorded on compact disk format.

 Recycling This icon indicates sections that review previously introduced material.

 Paired Activity This icon indicates sections that you can read aloud and practice together in groups of two.

 Group Activity This icon indicates sections that you can read aloud and practice together in groups of three or more.

 Literary Companion This icon appears at the end of each chapter to let you know that there are literature selection(s) that accompany each chapter.

Le monde francophone

C'est le géographe français Onésime Reclus qui a inventé le mot «francophonie» en 1880 pour désigner des entités géographiques où l'on parle français. De nos jours, le terme «francophonie» décrit un ensemble de plus de 100 millions de personnes qui utilisent le français, soit exclusivement, soit en plus d'une autre langue. Le terme «francophonie» s'applique à diverses organisations officielles, gouvernements ou pays qui encouragent l'utilisation du français dans les échanges économiques, politiques, diplomatiques et culturels.

Sur le plan politique, le français est la deuxième langue en importance dans le monde. Dans certains pays francophones, le français est la langue officielle (en France), ou coofficielle (au Cameroun); dans d'autres pays, le français est parlé par une minorité qui a un héritage culturel en commun (en Andorre). On parle français en Europe, en Afrique, en Amérique et en Océanie.

Le monde

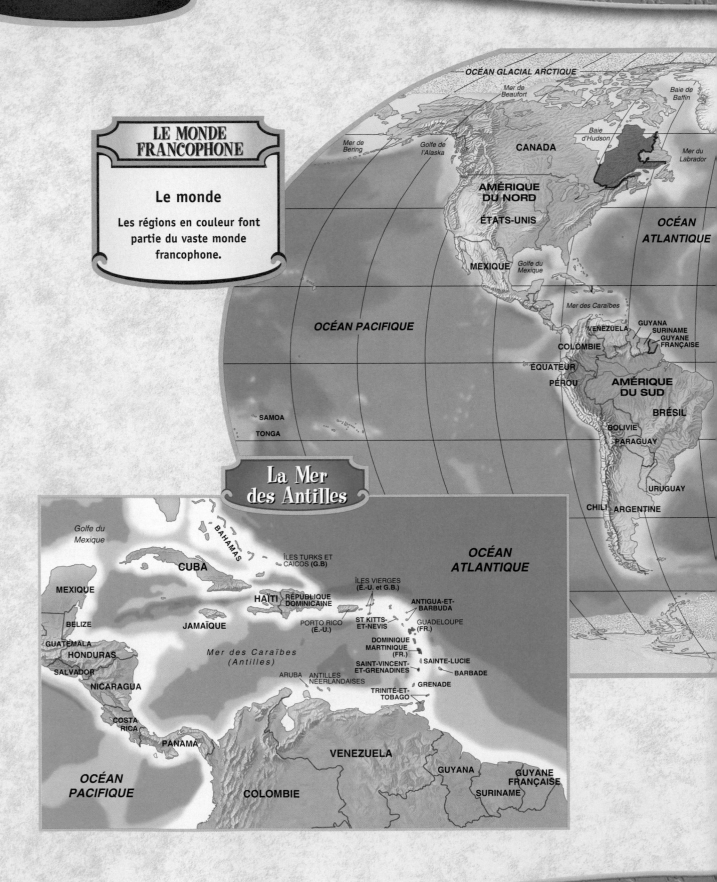

LE MONDE FRANCOPHONE

Le monde

Les régions en couleur font partie du vaste monde francophone.

OCÉAN GLACIAL ARCTIQUE

Mer de Beaufort

Baie de Baffin

Mer de Bering

Golfe de l'Alaska

Baie d'Hudson

Mer du Labrador

CANADA

AMÉRIQUE DU NORD

ÉTATS-UNIS

OCÉAN ATLANTIQUE

MEXIQUE

Golfe du Mexique

OCÉAN PACIFIQUE

Mer des Caraïbes

VENEZUELA

GUYANA
SURINAME
GUYANE FRANÇAISE

COLOMBIE

ÉQUATEUR

PÉROU

AMÉRIQUE DU SUD

BRÉSIL

BOLIVIE

PARAGUAY

SAMOA

TONGA

URUGUAY

CHILI ARGENTINE

La Mer des Antilles

Golfe du Mexique

BAHAMAS

CUBA

ÎLES TURKS ET CAICOS (G.B)

OCÉAN ATLANTIQUE

MEXIQUE

BELIZE

HAÏTI

RÉPUBLIQUE DOMINICAINE

ÎLES VIERGES (É.-U. et G.B.)

ANTIGUA-ET-BARBUDA

JAMAÏQUE

PORTO RICO (É.-U.)

ST KITTS-ET-NEVIS

GUADELOUPE (FR.)

GUATEMALA

HONDURAS

DOMINIQUE

MARTINIQUE (FR.)

SALVADOR

Mer des Caraïbes (Antilles)

SAINT-VINCENT-ET-GRENADINES

SAINTE-LUCIE

BARBADE

NICARAGUA

ARUBA

ANTILLES NEERLANDAISES

GRENADE

TRINITÉ-ET-TOBAGO

COSTA RICA

PANAMA

OCÉAN PACIFIQUE

VENEZUELA

COLOMBIE

GUYANA

GUYANE FRANÇAISE

SURINAME

GROENLAND

Mer du Groenland

Mer de Norvège

Mer de Barents

Mer de Kara

OCÉAN GLACIAL ARCTIQUE

Mer des Laptev

ISLANDE

Mer du Nord

ASIE

RUSSIE

Mer d'Okhotsk

EUROPE

KAZAKHSTAN

MONGOLIE

GÉORGIE
ARMÉNIE

OUZBÉKISTAN

KIRGHIZISTAN

CORÉE
DU NORD

Mer du
Japon

JAPON

TURQUIE

TURKMÉNISTAN

TADJIKISTAN

CHINE

CORÉE
DU SUD

Mer Méditerranée

LIBAN

SYRIE

AZERBAÏDJAN

MAROC

TUNISIE

ISRAËL

IRAK

IRAN

AFGHANISTAN

Mer de
Chine
orientale

TAÏWAN

JORDANIE

PAKISTAN

NÉPAL

BHOUTAN

ALGÉRIE

LIBYE

ÉGYPTE

KOWEÏT

BAHREÏN

INDE

SAHARA
OCCIDENTAL

QATAR

ÉMIRATS
ARABES
UNIS

ARABIE
SAOUDITE

BANGLADESH

MYANMAR

LAOS

Mer
de Chine
méridionale

MARSHALL

CAP-
VERT

MAURITANIE

MALI

NIGER

TCHAD

SOUDAN

OMAN

Golfe
du Bengale

THAÏLANDE

VIÊT NAM

PHILIPPINES

ÉTATS FÉDÉRÉS
DE MICRONÉSIE

SÉNÉGAL

ÉRYTHRÉE

YÉMEN

GAMBIE

BURKINA
FASO

NIGERIA

AFRIQUE

DJIBOUTI

SRI
LANKA

CAMBODGE

BRUNEI

PALAU

KIRIBATI

GUINÉE-
BISSAU

GUINÉE

ÉTHIOPIE

MALDIVES

MALAISIE

GHANA

BÉNIN

SIERRA LEONE

LIBERIA

CÔTE D'IVOIRE

TOGO

RÉPUBLIQUE
CENTRAFRICAINE

NAURU

SÃO TOMÉ ET PRINCIPE

CAMEROUN

OUGANDA

KENYA

ÎLES
SEYCHELLES

OCÉAN
INDIEN

INDONÉSIE

PAPOUASIE-
NOUVELLE-
GUINÉE

ÎLES
SALOMON

TUVALU

GUINÉE ÉQUATORIALE

GABON

CONGO

RWANDA

WALLIS-ET-
FUTUNA

RÉP. DÉM.
DU CONGO

BURUNDI

TANZANIE

COMORES

VANUATU

FIDJI

Mer de
Corail

ANGOLA

MALAWI

ZAMBIE

MOZAMBIQUE

MADAGASCAR

ÎLE MAURICE

NOUVELLE-
CALÉDONIE

OCÉAN
ATLANTIQUE

NAMIBIE

ZIMBABWE

BOTSWANA

RÉUNION

AUSTRALIE

Mer de
Tasman

AFRIQUE
DU SUD

SWAZILAND

LESOTHO

NOUVELLE-
ZÉLANDE

ANTARCTIQUE

L'Europe

NORVÈGE

FINLANDE

SUÈDE

IRLANDE

GRANDE-
BRETAGNE

DANEMARK

ESTONIE

LETTONIE

RUSSIE

LITUANIE

RUSSIE

PAYS-BAS

BIÉLORUSSIE

OCÉAN
ATLANTIQUE

BELGIQUE

ALLEMAGNE

POLOGNE

· PARIS

LUXEMBOURG

UKRAINE

RÉPUBLIQUE
TCHÈQUE

FRANCE

SLOVAQUIE

SUISSE

AUTRICHE

HONGRIE

MOLDAVIE

SLOVÉNIE

ROUMANIE

CROATIE

PORTUGAL

MONACO

BOSNIE-
HERZÉGOVINE

SERBIE

GÉORGIE

ESPAGNE

ITALIE

YOUGOSLAVIE

Mer Noire

MONTÉNÉGRO

BULGARIE

GIBRALTAR
(Brit.)

ALBANIE

MACÉDOINE

Mer Méditerranée

GRÈCE

TURQUIE

AFRIQUE

MALTE

CHYPRE

SYRIE

LIBAN

La francophonie

L'Afrique

Le Bénin

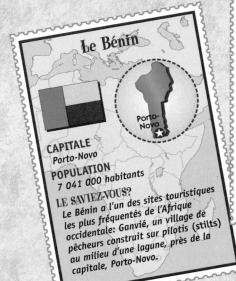

CAPITALE
Porto-Novo

POPULATION
7 041 000 habitants

LE SAVIEZ-VOUS?
Le Bénin a l'un des sites touristiques les plus fréquentés de l'Afrique occidentale: Ganvié, un village de pêcheurs construit sur pilotis (stilts) au milieu d'une lagune, près de la capitale, Porto-Novo.

Le Burkina Faso

CAPITALE
Ouagadougou

POPULATION
13 228 000 habitants

LE SAVIEZ-VOUS?
Les Burkinabés sont connus pour leur hospitalité. Les habitants des villages sont très accueillants et invitent volontiers les étrangers à vivre chez eux et à participer à la vie du village.

Les Comores

CAPITALE
Moroni

POPULATION
633 000 habitants

LE SAVIEZ-VOUS?
Les Comores sont de superbes îles dans l'océan Indien. Leurs plages sont très belles et sauvages. Ces îles sont parmi les rares régions du monde où règne une beauté parfaite.

Le Burundi

CAPITALE
Bujumbura

POPULATION
6 096 000 habitants

LE SAVIEZ-VOUS?
Le Burundi s'appelle ainsi sous la domination allemande, puis il prend le nom de Burundi-Urundi quand il passe sous le contrôle de la Belgique. Le Burundi devient indépendant en 1962.

Le Cameroun

CAPITALE
Yaoundé

POPULATION
15 746 000 habitants

LE SAVIEZ-VOUS?
Le Cameroun est célèbre pour ses paysages extraordinaires: le désert du Sahara, la forêt vierge, la savane, des montagnes volcaniques avec des lacs dans leurs cratères, le lac Tchad et sur l'une des plus hautes montagnes d'Afrique, le mont Cameroun.

L'Algérie

CAPITALE
Alger

POPULATION
32 818 000 habitants

LE SAVIEZ-VOUS?
L'Algérie s'étend sur 2 380 000 km², quatre fois la superficie de la France. Le désert du Sahara occupe la plus grande partie de l'Algérie, plus de 2 000 de km².

La République Centrafricaine

CAPITALE
Bangui

POPULATION
3 684 000 habitants

LE SAVIEZ-VOUS?
La République Centrafricaine (la RCA) exporte deux ressources très précieuses: l'or et les diamants.

Le Gabon

CAPITALE
Libreville

POPULATION
1 322 000 habitants

LE SAVIEZ-VOUS?
La forêt couvre plus des trois-quarts du territoire gabonais. La capitale s'appelle Libreville parce qu'elle a été fondée par des missionnaires catholiques pour accueillir d'anciens esclaves devenus libres.

La Guinée

CAPITALE
Conakry

POPULATION
9 030 000 habitants

LE SAVIEZ-VOUS?
La Guinée a une tradition musicale très forte. Tous les soirs, dans les rues de Conakry, il y a des célébrations musicales de tous genres.

Djibouti

CAPITALE
Djibouti

POPULATION
457 000 habitants

LE SAVIEZ-VOUS?
Djibouti est le nom aussi bien de la république de Djibouti que de la capitale. Djibouti est situé sur le golfe d'Aden, à l'entrée de la mer Rouge et est l'un des ports les plus importants d'Afrique.

La République Populaire du Congo (Le Congo-Brazzaville)

CAPITALE
Brazzaville

POPULATION
2 954 000 habitants

LE SAVIEZ-VOUS?
Soixante-dix pour cent de la population vit à Brazzaville ou le long de la ligne de chemin de fer qui relie la capitale à Pointe-Noire, 400 km plus à l'ouest.

Madagascar

CAPITALE
Antananarivo

POPULATION
16 980 000 habitants

LE SAVIEZ-VOUS?
Madagascar est une ile de l'océan Indien. Elle est séparée de l'Afrique par le canal de Mozambique. C'est une ile splendide, en partie volcanique.

La République Démocratique du Congo (Le Congo-Kinshasa)

CAPITALE
Kinshasa

POPULATION
56 625 000 habitants

LE SAVIEZ-VOUS?
Au Congo-Kinshasa, il y a environ 250 groupes ethniques. Il y a 5 langues officielles dont le français et plus de 200 langues locales.

La Côte d'Ivoire

CAPITALE
Yamoussoukro

POPULATION
16 962 000 habitants

LE SAVIEZ-VOUS?
Yamoussoukro est la capitale politique de la Côte d'Ivoire, mais la capitale économique est Abidjan, la ville principale du pays. C'est la ville la plus cosmopolite d'Afrique.

L'Île Maurice

CAPITALE
Port Louis

POPULATION
1 210 000 habitants

LE SAVIEZ-VOUS?
L'Île Maurice est une île volcanique de l'océan Indien. Elle est réputée pour sa très grande beauté naturelle.

La Mauritanie

CAPITALE
Nouakchott

POPULATION
2 913 000 habitants

LE SAVIEZ-VOUS?
La Mauritanie sépare le Maghreb au nord de l'Afrique des pays subsahariens au sud.

Le Tchad

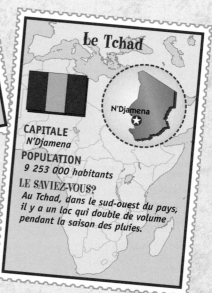

CAPITALE
N'Djamena

POPULATION
9 253 000 habitants

LE SAVIEZ-VOUS?
Au Tchad, dans le sud-ouest du pays, il y a un lac qui double de volume pendant la saison des pluies.

Le Maroc

CAPITALE
Rabat

POPULATION
31 689 000 habitants

LE SAVIEZ-VOUS?
Le Maroc est un état depuis 788, soit 200 ans avant la France. Le Maroc est une monarchie constitutionnelle. Le patrimoine artistique marocain est exceptionnel et les villes marocaines sont belles et fascinantes: Fès, Casablanca, Marrakech et Tanger.

Les Seychelles

CAPITALE
Victoria

POPULATION
86 000 habitants

LE SAVIEZ-VOUS?
L'archipel des Seychelles est formé de 86 îles situées dans l'océan Indien. C'est le paradis des vacanciers du monde entier.

Le Niger

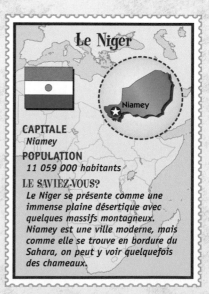

CAPITALE
Niamey

POPULATION
11 059 000 habitants

LE SAVIEZ-VOUS?
Le Niger se présente comme une immense plaine désertique avec quelques massifs montagneux. Niamey est une ville moderne, mais comme elle se trouve en bordure du Sahara, on peut y voir quelquefois des chameaux.

La Réunion

PRÉFECTURE
Saint-Denis

POPULATION
755 000 habitants

LE SAVIEZ-VOUS?
La Réunion est un département français d'outre-mer—un DOM. C'est une très belle île de l'océan Indien avec de nombreuses plages. Le climat y est tropical.

Le Rwanda

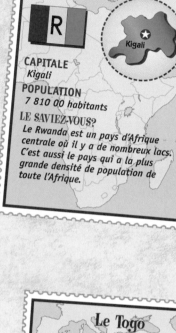

CAPITALE
Kigali

POPULATION
7 810 00 habitants

LE SAVIEZ-VOUS?
Le Rwanda est un pays d'Afrique centrale où il y a de nombreux lacs. C'est aussi le pays qui a la plus grande densité de population de toute l'Afrique.

Le Sénégal

CAPITALE
Dakar

POPULATION
10 580 000 habitants

LE SAVIEZ-VOUS?
Le Sénégal doit son nom au fleuve Sénégal qui le traverse. C'est un pays très aimé des touristes parce que le soleil y brille pratiquement toute l'année. C'est la patrie du grand poète-président Léopold Sénar Senghor.

Le Togo

CAPITALE
Lomé

POPULATION
5 429 000 habitants

LE SAVIEZ-VOUS?
Le Togo est une bande de terre très étroite au bord de la mer. La capitale, Lomé, a des plages magnifiques qui se trouvent à quelques minutes du centre-ville.

Le Mali

CAPITALE
Bamako

POPULATION
11 626 000 habitants

LE SAVIEZ-VOUS?
C'est au Mali que se trouve Tombouctou, la ville mystérieuse créée vers le onzième siècle par les Touaregs. Tombouctou reste le point de départ des caravanes qui vont chercher du sel dans les mines du nord du pays.

La Tunisie

CAPITALE
Tunis

POPULATION
9 925 000 habitants

LE SAVIEZ-VOUS?
C'est en Tunisie que se trouve Carthage, la ville ennemie de Rome dans l'Antiquité. Après la chute de Carthage, les Romains ont occupé le pays, ce qui explique la présence de très nombreux et intéressants vestiges romains.

L'Amérique du Nord et du Sud

La Guadeloupe

PRÉFECTURE
Basse-Terre

POPULATION
440 000 habitants

LE SAVIEZ-VOUS?
La Guadeloupe forme avec d'autres petites îles des Antilles françaises un département français d'outre-mer—un DOM. La Guadeloupe est formée de deux îles: Grande-Terre et Basse-Terre où se trouve un volcan actif, La Soufrière.

La Guyane française

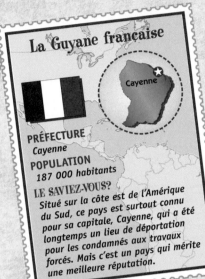

PRÉFECTURE
Cayenne

POPULATION
187 000 habitants

LE SAVIEZ-VOUS?
Situé sur la côte est de l'Amérique du Sud, ce pays est surtout connu pour sa capitale, Cayenne, qui a été longtemps un lieu de déportation pour les condamnés aux travaux forcés. Mais c'est un pays qui mérite une meilleure réputation.

Haïti

CAPITALE
Port-au-Prince

POPULATION
7 528 000 habitants

LE SAVIEZ-VOUS?
Haïti et la République Dominicaine se partagent l'île d'Hispaniola découverte en 1492 par Christophe Colomb. Haïti est une république indépendante depuis 1804. Les «naïves» peintures haïtiennes sont exposées dans le monde entier.

La province du Québec

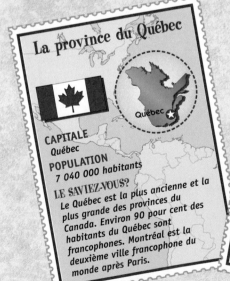

CAPITALE
Québec

POPULATION
7 040 000 habitants

LE SAVIEZ-VOUS?
Le Québec est la plus ancienne et la plus grande des provinces du Canada. Environ 90 pour cent des habitants du Québec sont francophones. Montréal est la deuxième ville francophone du monde après Paris.

La Martinique

PRÉFECTURE
Fort-de-France

POPULATION
426 000 habitants

LE SAVIEZ-VOUS?
Comme la Guadeloupe, la Martinique est un département français d'outre-mer dans la mer des Caraïbes. C'est un lieu touristique très fréquenté. La Martinique est aussi célèbre pour la beauté de ses fleurs.

Saint-Pierre-et-Miquelon

PRÉFECTURE
Saint-Pierre

POPULATION
7 000 habitants

LE SAVIEZ-VOUS?
Saint-Pierre-et-Miquelon sont deux îles qui forment un département français d'outre-mer, le seul en Amérique du Nord. L'économie est fondée essentiellement sur la pêche à la morue (cod).

L'Europe

La Belgique

CAPITALE
Bruxelles

POPULATION
10 289 000 habitants

LE SAVIEZ-VOUS?
La Belgique fait partie de l'Union européenne. C'est un petit pays, mais sa densité de population est l'une des plus forte du monde. Dans le nord du pays, les Flamands parlent néerlandais et dans le sud, les Wallons parlent français.

La principauté d'Andorre

CAPITALE
Andorre-la-Vieille

POPULATION
69 000 habitants

LE SAVIEZ-VOUS?
La principauté d'Andorre est située dans les Pyrénées, entre la France et l'Espagne. Le président de la République française est «coprince d'Andorre» avec l'évêque (bishop) d'Urgel, une ville en Espagne.

La France

CAPITALE
Paris

POPULATION
60 181 000 habitants

LE SAVIEZ-VOUS?
La France fait partie de l'Union européenne. Elle est connue pour son «savoir-vivre», sa bonne cuisine et ses beaux paysages. Mais c'est aussi un pays très moderne dont la technologie est exportée dans le monde entier.

Le grand-duché de Luxembourg

CAPITALE
Luxembourg

POPULATION
454 000 habitants

LE SAVIEZ-VOUS?
Le Luxembourg est plus petit que l'état du Rhode-Island. Les Luxembourgeois parlent français mais aussi allemand. Le Luxembourg fait partie de l'Union européenne.

La principauté de Monaco

CAPITALE
Monaco

POPULATION
32 000 habitants

LE SAVIEZ-VOUS?
Monaco est l'un des plus petits états souverains du monde. C'est une étroite bande côtière de 3 km de long sur la Méditerranée. L'autre ville importante de la principauté est Monte-Carlo.

La Suisse

CAPITALE
Berne

POPULATION
7 319 000 habitants

LE SAVIEZ-VOUS?
Il y a quatre langues officielles en Suisse (ou Confédération Helvétique): le français, l'allemand, l'italien et le romanche. Les paysages suisses sont dominés par de majestueuses montagnes et de paisibles lacs.

L'Océanie

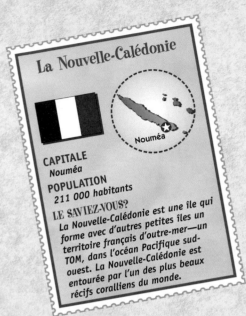

La Nouvelle-Calédonie

CAPITALE
Nouméa

POPULATION
211 000 habitants

LE SAVIEZ-VOUS?
La Nouvelle-Calédonie est une île qui forme avec d'autres petites îles un territoire français d'outre-mer—un TOM, dans l'océan Pacifique sud-ouest. La Nouvelle-Calédonie est entourée par l'un des plus beaux récifs coralliens du monde.

Vanuatu

CAPITALE
Port-Vila

POPULATION
199 000 habitants

LE SAVIEZ-VOUS?
La république de Vanuatu est un archipel composé d'environ 40 îles. Le relief des îles est très accidenté: hautes montagnes, plateaux et récifs coralliens sont d'une beauté austère. Certains volcans sont en activité.

La Polynésie française

CAPITALE
Papeete

POPULATION
262 000 habitants

LE SAVIEZ-VOUS?
La Polynésie française est un territoire français d'outre-mer—un TOM, qui regroupe environ 130 îles. Les plus connues sont Tahiti, Bora Bora et les îles Marquises.

Wallis-et-Futuna

CAPITALE
Mata-Utu

POPULATION
16 000 habitants

LE SAVIEZ-VOUS?
Wallis et Futuna est un archipel en Polynésie qui comprend des îles volcaniques entourées de récifs coralliens. C'est un territoire français d'outre-mer.

La France

ANGLETERRE

Mer du Nord

PAYS-BAS

BELGIQUE

ALLEMAGNE

Manche

LUXEMBOURG

Calais

Lille

Nord-Pas-de-Calais

Le Havre

Haute-Normandie

Amiens

Caen

Rouen

Picardie

Brest

Basse-Normandie

Seine

Bretagne

Paris

Marne

Châlons-en-Champagne

Metz

Rennes

Île-de-France

Lorraine

Le Mans

Meuse

Rhine

Strasbourg

Pays de la Loire

Orléans

Champagne-Ardenne

Loire

Nantes

Centre

Alsace

Poitiers

Bourgogne

Dijon

Besançon

OCÉAN ATLANTIQUE

Poitou-Charentes

Moulins

Franche-Comté

SUISSE

Limoges

Clermont-Ferrand

Limousin

Saône

Auvergne

Lyon

Bordeaux

Rhône-Alpes

Garonne

Grenoble

Aquitaine

ITALIE

Rhône

Biarritz

Midi-Pyrénées

Toulouse

Montpellier

Provence-Alpes-Côte d'Azur

Monaco

Nice

Languedoc-Roussillon

MONACO

Marseille

ESPAGNE

Corse

Mer Méditerranée

Paris

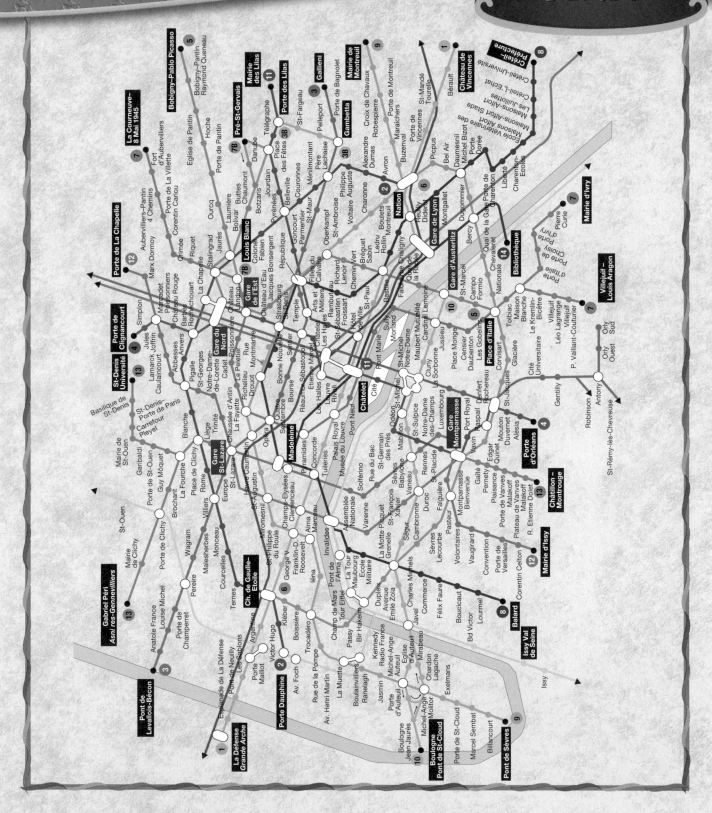

Le Canada

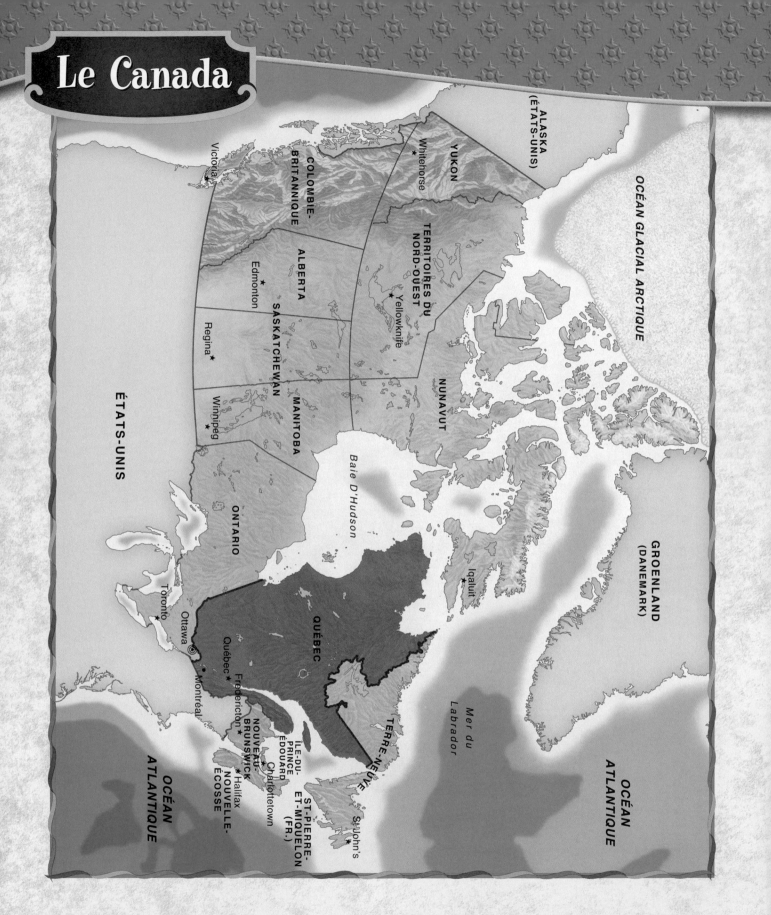

OCÉAN GLACIAL ARCTIQUE

ALASKA
(ÉTATS-UNIS)

YUKON
★ Whitehorse

COLOMBIE-
BRITANNIQUE
Victoria
★

TERRITOIRES DU
NORD-OUEST

ALBERTA
Edmonton
★

★ Yellowknife

SASKATCHEWAN

NUNAVUT

Regina ★

MANITOBA

Winnipeg
★

Baie D'Hudson

ÉTATS-UNIS

ONTARIO

Iqaluit
★

GROENLAND
(DANEMARK)

Toronto
★

Ottawa
◉

QUÉBEC

Québec
★

Mer du
Labrador

Montréal
●

Fredericton
★

NOUVEAU
BRUNSWICK

TERRE-NEUVE

OCÉAN
ATLANTIQUE

Charlottetown
★

ÎLE-DU-
PRINCE-
ÉDOUARD

Halifax
★

NOUVELLE-
ÉCOSSE

ST-PIERRE-
ET-MIQUELON
(FR.)

St-John's
★

OCÉAN
ATLANTIQUE

EUROPE

ASIE

Mer Méditerranée

Alger
Tunis
TUNISIE
Tripoli
Rabat
MAROC

Le Caire

ALGÉRIE
LIBYE
ÉGYPTE

SAHARA
OCCIDENTAL
(MAROC)

MAURITANIE
Nouakchott
MALI
NIGER
TCHAD
Khartoum
Asmara
ÉRYTHRÉE

Dakar
SÉNÉGAL
Banjul
Bamako
Niamey
BURKINA
FASO
N'Djamena
SOUDAN
DJIBOUTI
Djibouti

GAMBIE
GUINÉE-BISSEAU
Bissau
Ouagadougou
Addis
Ababa
ÉTHIOPIE

GUINÉE
Conakry
SIERRA
LEONE
CÔTE
D'IVOIRE
BÉNIN
NIGERIA
Freetown
Yamoussoukro
GHANA
TOGO
Abuja

Monrovia
LIBERIA
Lomé
Accra
Porto-
Novo

Abidjan
Malabo
RÉPUBLIQUE
CENTRAFRICAINE

GUINÉE ÉQUATORIALE
Bangui
OUGANDA
Kampala
KENYA

SÃO TOMÉ
ET PRÍNCIPE
Libreville
CONGO
Kigali
Nairobi

São Tomé
GABON
RÉPUBLIQUE
DÉMOCRATIQUE
DU CONGO
RWANDA
BURUNDI

Brazzaville
Kinshasa
Bujumbura
TANZANIE

CABINDA
(ANGOLA)
Dodoma

OCÉAN
ATLANTIQUE

Luanda

ANGOLA

Moroni

MALAWI
Lilongwe
COMORES

ZAMBIE
MADAGASCAR

Lusaka

Harare
Antananarivo
ZIMBABWE
MOZAMBIQUE

NAMIBIE
BOTSWANA

Windhoek
Gaborone
Maputo

Pretoria
Mbabane
SWAZILAND

Bloemfontein
LESOTHO
Maseru

AFRIQUE
DU SUD

Le Cap

SOMALIE
Mogadishu

CAMEROUN
Yaoundé

The What, Why, and How of Reading

Reading is a learned process. You have been reading in your first language for a long time and now your challenge is to transfer what you know to enable you to read fluently in French. Reading will help you improve your vocabulary, cultural knowledge, and productive skills in French. The strategies in the chart are reading strategies you are probably familiar with. Review them and apply them as you continue to improve your French reading skills.

Skill/Strategy

What is it?	Why It's Important	How To Do It
Preview Previewing is looking over a selection before you read.	Previewing lets you begin to see what you already know and what you'll need to know. It helps you set a purpose for reading.	Look at the title, illustrations, headings, captions, and graphics. Look at how ideas are organized. Ask questions about the text.
Skim Skimming is looking over an entire selection quickly to get a general idea of what the piece is about.	Skimming will tell you what a selection is about. If the selection you skim isn't what you're looking for, you won't need to read the entire piece.	Read the title of the selection and quickly look over the entire piece. Read headings and captions and maybe part of the first paragraph to get a general idea of the selection's content.
Scan Scanning is glancing quickly over a selection in order to find specific information.	Scanning helps you pinpoint information quickly. It saves you time when you have a number of selections to look at.	As you move your eyes quickly over the lines of text, look for key words or phrases that will help you locate the information you're looking for.

What is it?	Why It's Important	How To Do It
Predict Predicting is taking an educated guess about what will happen in a selection.	Predicting gives you a reason to read. You want to find out if your prediction and the selection events match, don't you? As you read, adjust or change your prediction if it doesn't fit what you learn.	Combine what you already know about an author or subject with what you learned in your preview to guess at what will be included in the text.
Summarize Summarizing is stating the main ideas of a selection in your own words and in a logical sequence.	Summarizing shows whether you've understood something. It teaches you to rethink what you've read and to separate main ideas from supporting information.	Ask yourself: What is this selection about? Answer *who, what, where, when, why,* and *how?* Put that information in a logical order.
Clarify Clarifying is looking at difficult sections of text in order to clear up what is confusing.	Authors will often build ideas one on another. If you don't clear up a confusing passage, you may not understand main ideas or information that comes later.	Go back and reread a confusing section more slowly. Look up words you don't know. Ask questions about what you don't understand. Sometimes you may want to read on to see if further information helps you.
Question Questioning is asking yourself whether information in a selection is important. Questioning is also regularly asking yourself whether you've understood what you've read.	When you ask questions as you read, you're reading strategically. As you answer your questions, you're making sure that you'll get the gist of a text.	Have a running conversation with yourself as you read. Keep asking yourself, *Is this idea important? Why? Do I understand what this is about? Might this information be on a test later?*
Visualize Visualizing is picturing a writer's ideas or descriptions in your mind's eye.	Visualizing is one of the best ways to understand and remember information in fiction, nonfiction, and informational text.	Carefully read how a writer describes a person, place, or thing. Then ask yourself, What would this look like? Can I see how the steps in this process would work?
Monitor Comprehension Monitoring your comprehension means thinking about whether you're understanding what you're reading.	The whole point of reading is to understand a piece of text. When you don't understand a selection, you're not really reading it.	Keep asking yourself questions about main ideas, characters, and events. When you can't answer a question, review, read more slowly, or ask someone to help you.

What is it?	Why It's Important	How To Do It
Identify Sequence Identifying sequence is finding the logical order of ideas or events.	In a work of fiction, events usually happen in chronological order. With nonfiction, understanding the logical sequence of ideas in a piece helps you follow a writer's train of thought. You'll remember ideas better when you know the logical order a writer uses.	Think about what the author is trying to do. Tell a story? Explain how something works? Present how something works? Present information? Look for clues or signal words that might point to time order, steps in a process, or order of importance.
Determine the Main Idea Determining an author's main idea is finding the most important thought in a paragraph or selection.	Finding main ideas gets you ready to summarize. You also discover an author's purpose for writing when you find the main ideas in a selection.	Think about what you know about the author and the topic. Look for how the author organizes ideas. Then look for the one idea that all of the sentences in a paragraph or all the paragraphs in a selection are about.
Respond Responding is telling what you like, dislike, find surprising or interesting in a selection.	When you react in a personal way to what you read, you'll enjoy a selection more and remember it better.	As you read, think about how you feel about story elements or ideas in a selection. What's your reaction to the characters in a story? What grabs your attention as you read?
Connect Connecting means linking what you read to events in your own life or to other selections you've read.	You'll "get into" your reading and recall information and ideas better by connecting events, emotions, and characters to your own life.	Ask yourself: *Do I know someone like this? Have I ever felt this way? What else have I read that is like this selection?*
Review Reviewing is going back over what you've read to remember what's important and to organize ideas so you'll recall them later.	Reviewing is especially important when you have new ideas and a lot of information to remember.	Filling in a graphic organizer, such as a chart or diagram, as you read helps you organize information. These study aids will help you review later.
Interpret Interpreting is using your own understanding of the world to decide what the events or ideas in a selection mean.	Every reader constructs meaning on the basis of what he or she understands about the world. Finding meaning as you read is all about interacting with the text.	Think about what you already know about yourself and the world. Ask yourself: *What is the author really trying to say here? What larger idea might these events be about?*

What is it?	Why It's Important	How To Do It
Infer Inferring is using your reason and experience to guess at what an author does not come right out and say.	Making inferences is a large part of finding meaning in a selection. Inferring helps you look more deeply at characters and points you toward the theme or message in a selection.	Look for clues the author provides. Notice descriptions, dialogue, events, and relationships that might tell you something the author wants you to know.
Draw Conclusions Drawing conclusions is using a number of pieces of information to make a general statement about people, places, events, and ideas.	Drawing conclusions helps you find connections between ideas and events. It's another tool to help you see the larger picture.	Notice details about characters, ideas, and events. Then make a general statement on the basis of these details. For example, a character's actions might lead you to conclude that he is kind.
Analyze Analyzing is looking at separate parts of a selection in order to understand the entire selection.	Analyzing helps you look critically at a piece of writing. When you analyze a selection, you'll discover its theme or message, and you'll learn the author's purpose for writing.	To analyze a story, think about what the author is saying through the characters, setting, and plot. To analyze nonfiction, look at the organization and main ideas. What do they suggest?
Synthesize Synthesizing is combining ideas to create something new. You may synthesize to reach a new understanding or you may actually create a new ending to a story.	Synthesizing helps you move to a higher level of thinking. Creating something new of your own goes beyond remembering what you learned from someone else.	Think about the ideas or information you've learned in a selection. Ask yourself: Do I understand something more than the main ideas here? Can I create something else from what I now know?
Evaluate Evaluating is making a judgment or forming an opinion about something you read. You can evaluate a character, an author's craft, or the value of the information in a text.	Evaluating helps you become a wise reader. For example, when you judge whether an author is qualified to speak about a topic or whether the author's points make sense, you can avoid being misled by what you read.	As you read, ask yourself questions such as: *Is this character realistic and believable? Is this author qualified to write on this subject? Is this author biased? Does this author present opinions as facts?*

CHAPITRE

1

Les vacances

Objectifs

In this chapter you will:

✓ learn about the travel habits of the French and about tourism in France

✓ review how to get the information you need in different travel situations

✓ review how to describe past actions

✓ read and discuss newspaper and magazine articles about weather in France and travel to Tunisia

✓ review how to talk about actions that may or may not take place; how to express wishes, preferences, necessity, or possibility

La plage, à Cannes sur la Côte d'Azur

Introduction

Qui n'aime pas voyager et partir en vacances? Presque tout le monde aime faire un voyage de temps en temps. Et les Français ne sont pas l'exception. Eux aussi, ils aiment partir en vacances.

Et vous? Aimeriez-vous faire un petit voyage un de ces jours? Pourquoi ne visitez-vous pas un endroit où vous pouvez parler français? C'est une très bonne idée et le monde francophone vous attend. Allez-y!

Vocabulaire pour la lecture 🎧

la pêche

la plongée sous-marine

une station balnéaire

le sable

la plage

On a fait de la plongée sous-marine.   On a nagé dans la mer.

une remontée mécanique

une télécabine

une montagne

une station de sports d'hiver

le ski de fond

le ski alpin

une file d'attente

la neige

une piste

On a attendu à la télécabine.   On a fait du ski alpin.

LES VACANCES   *trois* ✦ **3**

une caravane

une caravane

un camping

la campagne

une randonnée

une ruelle

la vieille ville

Les touristes ont flâné dans les petites ruelles.

Plus de vocabulaire

un congé un jour libre payé

un endroit un lieu, une place déterminée, une localité

le séjour résidence plus ou moins longue dans un lieu, dans un pays

le tarif le prix de certains services; le coût

prisé(e) favori(te), préféré(e)

réduit(e) plus petit(e), plus bas(se)

bénéficier tirer un avantage, profiter

flâner se promener sans but, s'arrêter souvent pour regarder

Quel est le mot?

1 **Historiette** **À la plage** Répondez d'après le dessin.

1. Il fait beau en été?
2. Il y a du monde sur la plage?
3. C'est une station balnéaire populaire?
4. Il y a beaucoup de monde dans l'eau?
5. Ils nagent?
6. Ils font aussi de la plongée sous-marine?
7. Il y a des gens qui vont à la pêche?

Une station de sports d'hiver dans les Alpes

2 **Historiette** **Une station de sports d'hiver** Répondez d'après la photo.

1. C'est une station de sports d'hiver?
2. Les skieurs ont descendu la piste?
3. Ils ont fait du ski alpin ou du ski de fond?
4. Il y a une remontée mécanique?

3 **Oui ou non?** Choisissez la phrase correcte.

1. **a.** La mer est un très bon endroit pour une randonnée.
   b. La campagne est un très bon endroit pour une randonnée.
2. **a.** Il y a beaucoup de neige sur le sable d'une plage tropicale.
   b. Il y a beaucoup de neige sur les pistes d'une station de sports d'hiver.
3. **a.** Quand il y a beaucoup de monde il y a une longue file d'attente.
   b. Quand il n'y a presque personne il y a une longue file d'attente.
4. **a.** Une ruelle est un grand boulevard.
   b. Une ruelle est une petite rue étroite.
5. **a.** Il y a des caravanes dans les ruelles des vieilles villes.
   b. Il y a des caravanes dans un camping.

4 **Synonymes** Exprimez d'une autre façon.

1. Ce village a beaucoup de *petites rues* charmantes.
2. On va te donner un prix *plus bas*.
3. Tu dois *profiter* de ses services.
4. Quels sont les *prix*?
5. La Côte d'Azur est une destination *favorite* des touristes en France.
6. Cette station balnéaire est *un lieu* très intéressant.

Lecture
Vive les vacances!

Il y a un proverbe qui dit «Les voyages forment la jeunesse.» Et vous les jeunes, vous pouvez bénéficier de beaucoup de tarifs réduits sur les voyages et les séjours en utilisant les services d'agences pour les étudiants. Aimeriez-vous voyager et travailler votre français en même temps? Il y a beaucoup d'endroits super qui vous attendent.

Reading Strategy

Using titles
Always look at titles and subtitles before you begin to read. They will help you figure out what a reading selection is about. Having an idea of what a reading is about will help you guess the meaning of unfamiliar words and therefore understand better as you read.

St.-François à la Guadeloupe

Les Antilles

Pas loin des États-Unis se trouvent la Martinique et la Guadeloupe, deux départements français d'outre-mer (DOM). Ces deux îles dans la mer des Caraïbes sont des destinations fort prisées des Américains et des Français. Là vous pouvez nager dans une mer turquoise et bronzer sur une des superbes plages de sable blanc bordées de cocotiers[1]. Si vous préférez une vie plus active, on vous propose la plongée sous-marine, la planche à voile, la pêche—ou peut-être une randonnée dans une des fabuleuses forêts tropicales où vous verrez une immense variété de faune et de flore.

Le Canada

Vous préférez la neige et l'hiver? Pas de problème! Au Québec il y a beaucoup de stations de sports d'hiver où vous pouvez faire du ski alpin ou du ski de fond. Pendant que vous êtes au Québec vous devez aller à Québec et flâner dans les ruelles pittoresques de la vieille ville. Vous devez aussi visiter la grande ville cosmopolitaine de Montréal, la deuxième ville francophone du monde après Paris.

---

[1] cocotiers *palm trees*

L'hiver à Montréal au Québec

L'Afrique

Vous vous sentez plus aventureux? Alors, pourquoi n'allez-vous pas en Afrique—à Tombouctou au Mali, peut-être?

Tombouctou a la réputation d'être inaccessible. Néanmoins[2] beaucoup de touristes continuent à y aller, même si le voyage est assez difficile. Située loin de tout dans le centre du Sahara, cette cité menacée par les sables a à peu près 32 000 habitants. Pour entrer dans beaucoup de maisons il faut descendre quelques marches[3] à cause du sable accumulé dans les petites ruelles. De décembre à avril Tombouctou reste encore un lieu de passage pour les caravanes de sel. De Tombouctou les touristes disent: «Le mystère ne se voit pas. Il se sent. Il s'exprime[4] sans voix». Cela vous intéresse?

Une mosquée à Tombouctou au Mali

Une petite ruelle à Saint-Paul-de-Vence en Provence

La France

La belle France vous offre toute une gamme de possibilités—les stations balnéaires de la Méditerranée et de l'Atlantique, les stations de sports d'hiver dans les Alpes, les Pyrénées et le Jura. Ou peut-être préférez-vous flâner dans les anciennes ruelles d'un petit village médiéval tel que Saint-Paul-de-Vence. Si la culture et la beauté urbaines vous attirent, Paris, c'est pour vous. Des touristes du monde entier envahissent[5] Paris chaque année pour visiter et admirer ses musées, ses théâtres et ses monuments historiques. Beaucoup de gens visitent cette ville fabuleuse uniquement pour faire l'expérience de la vie parisienne.

---

[2] Néanmoins *Nevertheless*
[3] marches *steps*
[4] s'exprime *is expressed*
[5] envahissent *invade*

A Répondez d'après la lecture.

1. Qui offre beaucoup de tarifs réduits sur les voyages et les séjours?
2. Est-ce qu'il y a beaucoup d'endroits où vous pouvez passer vos vacances et travailler votre français en même temps?
3. Que sont la Martinique et la Guadeloupe et où sont-elles?
4. Qu'est-ce que vous pouvez faire à la Martinique et à la Guadeloupe?
5. Où est-ce qu'il y a beaucoup de stations de sports d'hiver?
6. Qu'est-ce qu'on peut faire au Québec?
7. Où se trouve Tombouctou?
8. Pourquoi cette cité a-t-elle la réputation d'être inaccessible?
9. Pourquoi faut-il descendre quelques marches pour entrer dans les maisons à Tombouctou?
10. Où est-ce qu'il y a des stations balnéaires en France? Et des stations de sports d'hiver?

B Identifiez.

1. deux îles qui sont des départements français d'outre-mer
2. une très jolie ville historique au Canada
3. une grande ville cosmopolitaine au Québec
4. un désert africain
5. un petit village médiéval français
6. une très belle ville culturelle française; la capitale du pays

Le fleuve Assomption à Lanaudière au Québec

Les vacances des Français

Depuis vingt ans les Français ont droit à cinq semaines de congés payés, quatre semaines en été et la cinquième pendant l'année, en général en hiver. Si on ajoute[6] les jours fériés[7] à ces cinq semaines, la France est à la première place en Europe, si non au monde, pour la durée des vacances. Mais cela ne veut pas dire que les Français ne travaillent pas dur quand ils ne sont pas en vacances.

Les endroits qu'ils visitent

Actuellement 60 pour cent des Français partent en vacances au moins une fois dans l'année. La plupart des Français passent leurs vacances en France. Leur lieu favori est la mer, suivi de la montagne et de la campagne.

Près de 20 pour cent des Français pratiquent le camping-caravaning. Alors que les locations[8] et les hôtels sont chers, le camping est une formule d'hébergement[9] économique.

En hiver, surtout au mois de février, 28 pour cent des Français partent en vacances. Février reste la meilleure période pour l'enneigement mais les skieurs doivent affronter les files d'attente aux remontées mécaniques qui mènent sur les pistes.

La mosquée Hassan II à Casablanca au Maroc

L'étranger

À peu près 19 pour cent des Français vont à l'étranger pour passer leurs vacances. Dans la plupart des cas ils visitent un autre pays européen; leur destination favorite est l'Espagne. Hors[10] de l'Europe les Français préfèrent l'Afrique du Nord, c'est-à-dire les pays du Maghreb.

Les jeunes Français de moins de vingt-cinq ans voyagent plus souvent que les adultes et sont plus attirés par les destinations étrangères.

---

[6] ajoute *add*
[7] jours fériés *holidays*
[8] locations *rentals*
[9] formule d'hébergement *lodging plan*
[10] Hors *Outside*

C Vrai ou faux?

1. Les Français par rapport aux autres Européens ont très peu de vacances.
2. La plupart des Français passent leurs vacances à l'étranger.
3. Le lieu favori des Français pour les vacances, c'est la campagne.
4. Le camping-caravaning coûte très cher.
5. Décembre reste la meilleure période en France pour le ski.
6. La destination numéro un des Français en Europe, c'est l'Italie.
7. Les adultes français sont beaucoup plus attirés par les destinations étrangères que les jeunes.

PYRÉNÉES

D Décrivez chacun des endroits suivants.

1. les plages de la Martinique et de la Guadeloupe
2. une forêt tropicale aux Antilles
3. la cité de Tombouctou
4. le village de Saint-Paul-de-Vence
5. la ville de Paris

E La lecture a proposé beaucoup de possibilités intéressantes pour les vacances—la Martinique, la Guadeloupe, le Canada, la France, le Maghreb et le Mali. De tous ces endroits, où voudriez-vous aller? Pourquoi?

Structure ✣ *Révision*

Le passé composé avec avoir: verbes réguliers

Describing past actions

1. The passé composé, or conversational past tense, expresses actions that both began and ended in the past. The passé composé of most verbs is formed by using the present tense of **avoir** with the past participle of the verb.

2. The past participle of regular verbs is formed by dropping the ending of the infinitive and adding **-é** to the **-er** verbs, **-i** to the **-ir** verbs, and **-u** to the **-re** verbs.

parler	finir	attendre
parl-	fin-	attend-
parlé	fini	attendu

3. Review the forms of the passé composé of regular verbs.

PARLER		FINIR		ATTENDRE	
j'	ai parlé	j'	ai fini	j'	ai attendu
tu	as parlé	tu	as fini	tu	as attendu
il/elle/on	a parlé	il/elle/on	a fini	il/elle/on	a attendu
nous	avons parlé	nous	avons fini	nous	avons attendu
vous	avez parlé	vous	avez fini	vous	avez attendu
ils/elles	ont parlé	ils/elles	ont fini	ils/elles	ont attendu

4. The passé composé is often used with the following time expressions.

hier	la semaine dernière
hier soir	l'année dernière
hier matin	au quinzième siècle
avant-hier	

J'ai passé une semaine à la Martinique l'année dernière.
Il a reçu une lettre de son ami martiniquais hier.

5. The negative of the passé composé is formed by putting **ne (n')** before the form of **avoir** and **pas** after it.

Il a voyagé avec elle.
Il n'a pas voyagé avec elle.

6. Note how questions are formed in the passé composé.

Tu as voyagé avec elle?
Est-ce que tu as voyagé avec elle?
As-tu voyagé avec elle?

Comment dit-on?

1 Historiette Hier soir

Donnez des réponses personnelles.

1. Tu as dîné en famille hier soir?
2. Qu'est-ce que vous avez mangé?
3. Tu as beaucoup étudié?
4. Tu as fini tes devoirs à quelle heure?
5. Ensuite, tu as regardé la télé?
6. Tu as choisi quelle émission?
7. Le téléphone a sonné?
8. Qui a répondu au téléphone?
9. Tu as parlé au téléphone?
10. Qui a téléphoné?
11. Vous avez parlé en anglais ou en français?

La gare à Dakar au Sénégal

2 Historiette Les voyageurs Mettez au passé composé.

Les voyageurs attendent le train. J'entends l'annonce du départ du train. Le contrôleur crie «En voiture!» Je cherche ma place. Tous les voyageurs louent leurs places à l'avance. Je trouve ma place. Tu dors pendant le voyage? On sert un repas aux voyageurs?

3 Historiette Au Canada Complétez au passé composé.

La compagnie aérienne __1__ (donner) un tarif réduit aux étudiants. Les étudiants __2__ (bénéficier) de ce tarif. Tous mes amis __3__ (voyager) quelque part. Mais nous __4__ (choisir) des itinéraires différents. Personne n'__5__ (perdre) de temps. Moi, j'__6__ (décider) d'aller au Québec. Mon ami Luc __7__ (choisir) le Québec aussi. Nous __8__ (visiter) la vieille ville de Québec. J'__9__ beaucoup __10__ (aimer) cette ville. Nous __11__ (trouver) la ville de Québec très intéressante. Vous __12__ jamais __13__ (visiter) le Canada?

Le passé composé avec avoir: verbes irréguliers

Describing past actions

1. The past participle of most irregular verbs ends in either the sound **/i/** or **/ü/.** Note, however, that the spellings of the **/i/** sound can vary. Review the following irregular past participles of commonly used verbs.

/i/

-i	
rire	ri
sourire	souri
suivre	suivi

-is	
mettre	mis
permettre	permis
prendre	pris
apprendre	appris
comprendre	compris

-it	
dire	dit
écrire	écrit
conduire	conduit
construire	construit
produire	produit

/ü/

-u	
devoir	dû
avoir	eu
boire	bu
lire	lu
pouvoir	pu
voir	vu
croire	cru
connaître	connu
recevoir	reçu
vouloir	voulu
falloir	fallu
courir	couru
vivre	vécu

2. The past participles of the following verbs end in **-ert.**

ouvrir	ouvert
couvrir	couvert
découvrir	découvert
offrir	offert
souffrir	souffert

3. The past participles of **être** and **faire** are also irregular.

être ⟶ été   faire ⟶ fait

Comment dit-on?

4 **Historiette Au café** Répondez que oui.

1. Jacques a passé du temps au café?
2. Il a été content?
3. Il a regardé les gens?
4. Il a vu des copains?
5. Il a bu un café?
6. Il a lu le journal?
7. Il a ouvert ses lettres?
8. Il a reçu beaucoup d'e-mails?
9. Il a écrit des cartes postales?
10. Il a mis des timbres sur ses cartes?

5 **Un magazine de voyages** Répondez que oui.

1. Tu as voulu acheter un magazine de voyages?
2. Tu as lu ce magazine?
3. Tu l'as compris?
4. Tu as beaucoup appris?
5. Tu as mis le magazine sur la table?
6. Ton ami a vu le magazine?
7. Il a ouvert le magazine?

6 **Historiette La Côte d'Azur** Complétez avec **je** et le passé composé.

___1___ (faire) un voyage sur la Côte d'Azur. ___2___ (découvrir) une nouvelle plage. ___3___ (mettre) mon maillot. ___4___ (prendre) une leçon de ski nautique. ___5___ (comprendre) tout ce que le moniteur m'a dit. ___6___ (suivre) toutes ses instructions. ___7___ (apprendre) très vite.

7 Historiette **Une excursion aux châteaux de la Loire**
Complétez au passé composé.

La semaine dernière, la classe de Serge
__1__ (faire) une excursion aux châteaux de la
Loire. Malheureusement, ils n'__2__ pas __3__
(avoir) le temps de les visiter tous. Serge __4__
(passer) plusieurs heures au château de
Chambord. Dans ce beau château, le roi Louis
XIV __5__ (faire) représenter des pièces de
Molière. Molière est un grand écrivain du
dix-septième siècle qui __6__ (écrire) beaucoup
de comédies. Après leur visite du château de
Chambord, Serge et ses camarades __7__
(passer) quelques heures au château de
Chenonceaux. On __8__ (construire) le château
de Chenonceaux au seizième siècle. À
Chenonceaux, Serge __9__ (voir) les
appartements des rois. Plusieurs rois de
France __10__ (vivre) dans les appartements de Chenonceaux. En
1733, le fermier général Dupin __11__ (acheter) le château. Au dix-
huitième siècle, le château __12__ (servir) de résidence à beaucoup
d'écrivains et de philosophes, comme Voltaire et Rousseau.

Le château de Chenonceaux

Jacques Cartier

8 Historiette **Un Malouin célèbre**
Complétez au passé composé.

Saint-Malo est une jolie ville sur la côte bretonne.
Cette ville __1__ (voir) naître plusieurs personnages
célèbres, tels que Jacques Cartier.

Cartier __2__ (quitter) la Bretagne en 1534 pour
chercher une route vers l'Asie par le nord des
Amériques. Arrivé dans la région de Terre-Neuve, il
__3__ (découvrir) l'estuaire du Saint-Laurent. Il __4__
(croire) que c'était l'estuaire d'un grand fleuve d'Asie.

Dans la langue des Hurons, les indigènes de la
région, le mot «canada» signifie «village». C'est Jacques
Cartier qui __5__ (donner) le nom de Canada au pays. Il
__6__ (prendre) possession du Canada au nom du roi
de France. Mais ce n'est pas lui qui __7__ (fonder) la ville
de Québec en 1608, c'est Samuel de Champlain.

C'est à vous
Use what you have learned

ÉCRIRE

1

La France, pays touristique
✔ *Write about why France is a popular tourist site*

Les statistiques indiquent que la France est le premier pays touristique dans le monde. Vous avez beaucoup appris sur la France. Écrivez un paragraphe qui explique pourquoi les touristes du monde entier aiment tant aller en France.

Le ski alpin

PARLER

2

Un débat
✔ *Compare the travel habits of American adults versus those of American teens*

Discutez la phrase suivante avec vos camarades: «Les jeunes Américains aiment mieux voyager que les adultes et ils partent plus souvent en vacances que les adultes.»

PARLER ÉCRIRE

3

Les Français et les Américains
✔ *Compare the travel habits of the French to those of the Americans*

Quelles sont d'après vous, des vacances pour les Américains? Comparez les vacances des Américains et celles des Français.

L'église du Sacré-Cœur à Montmartre

PARLER

4

Mes vacances d'été
✔ *Describe what you did last summer*

Dites tout ce que vous avez fait pendant vos vacances l'été dernier.

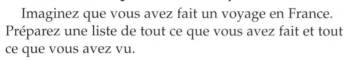

PARLER

5

ÉCRIRE

J'ai voyagé en France.
✔ *Describe what you did on a trip to France*

Imaginez que vous avez fait un voyage en France. Préparez une liste de tout ce que vous avez fait et tout ce que vous avez vu.

La plage de Grand-Case sur l'île de Saint Martin à la Guadeloupe

PARLER

6

Sur la plage à la Guadeloupe
✔ *Tell about a trip to the beach in Guadeloupe*

Vous avez passé une semaine à la Guadeloupe. Pendant votre séjour à la Guadeloupe, vous avez passé beaucoup de temps à la plage. Dites tout ce que vous y avez fait.

FRENCH Online

To learn more about vacation spots in the Francophone world, go to the Glencoe French Web site: french.glencoe.com

Vocabulaire

1 Complétez.

To review the vocabulary, turn to pages 3–4.

1–2. Je vais aller à la _____ où je vais _____ dans la mer.

3–4. En hiver j'aime faire du _____ mais je descends seulement les _____ pour les débutants.

5. Il y a beaucoup de monde. Il y a une _____ devant la remontée mécanique.

6. La famille Génet aime faire du camping et ils ont une assez jolie _____.

7. Il y a beaucoup de petites _____ dans les vieilles villes.

8. Il aime beaucoup les vacances et il a trois semaines de _____.

9. Ce n'est pas la saison pour les touristes et tous les tarifs sont _____.

Lecture

2 Écrivez deux choses que les touristes font...

To review the reading, turn to pages 6–10.

10. aux Antilles.

11. au Canada.

12. en Afrique.

3 Vrai ou faux? Corrigez les phrases fausses.

13. Les Français n'ont qu'une semaine de congé.

14. Beaucoup de Français préfèrent passer leurs vacances en France.

15. La destination favorite des Français qui vont à l'étranger, c'est les États-Unis.

16. Les jeunes Français voyagent plus souvent à l'étranger que les adultes.

Les environs de Casablanca au Maroc

Structure

4 **Mettez au passé composé.**

17. J'attends devant la remontée mécanique.
18. Il bénéficie d'un tarif pour les étudiants.
19. Nous décidons aller au Québec.
20. Vous finissez?
21. Je réponds au téléphone.

To review regular forms of the passé composé with **avoir**, turn to page 11.

5 **Complétez au passé composé.**

22. Il _____ ses copains. (voir)
23. J'_____ que non. (dire)
24. Tu _____ de la chance. (avoir)
25. Ils _____ les bagages où? (mettre)

To review irregular forms of the passé composé with **avoir**, turn to page 13.

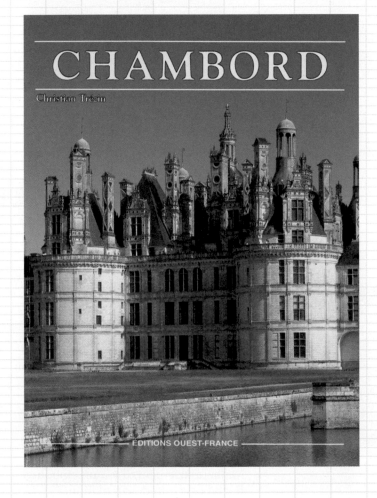

CHAMBORD

Christian Trézin

EDITIONS OUEST-FRANCE

Vocabulaire pour la conversation 🎧

une aérogare, un terminal

une station de taxis

AIR FRANCE

A4

Le voyageur est pressé.
Il a raté son avion.
L'avion est parti sans lui.

un orage

un embouteillage

le compteur

TAXI

Monsieur Dujardin a pris un taxi.
Malheureusement, il y a un embouteillage.
Il y a beaucoup de circulation.

la gare

le quai

La femme a composté son billet.
Il faut composter le billet pour le valider.

Plus de vocabulaire

le montant le total, la somme
un retard un délai, le fait d'arriver tard
se déplacer aller d'un endroit à l'autre,
   changer de place

prévoir considérer comme possible
verser de l'argent donner de l'argent

Quel est le mot?

1 **Historiette** **Un voyage raté** Répondez d'après les indications.

1. Il y a un orage? (non)
2. Il y a un embouteillage? (oui)
3. Le taxi ne peut pas avancer? (non)
4. Les voyageurs sont pressés? (oui)
5. Ils vont où? (à Marseille)
6. Ils y vont comment? (en TGV)
7. Le train est déjà parti? (oui)
8. Ils ont raté leur train? (oui)

Le TGV entre Paris et Marseille

2 **Définitions** Donnez le mot dont la définition suit.

1. une file de voitures qui ne bougent pas
2. un endroit où on peut trouver un taxi à l'aéroport
3. la somme totale
4. du mauvais temps avec de la pluie
5. faire un pronostic
6. dans un taxi, l'appareil qui indique le prix à payer
7. une gare pour voyageurs qui prennent l'avion
8. changer de place

3 **Familles de mots** Choisissez les mots qui sont de la même famille.

1. retarder
2. verser
3. monter
4. compter
5. composter
6. déplacer

a. un compteur
b. un composteur
c. un versement
d. le montant
e. un retard
f. un déplacement

Mise en scène
Comment les Français se déplacent-ils?

La voiture

Les Français adulent[1] leur voiture. Avec une voiture pour deux habitants, la France se place au troisième rang de l'Union européenne derrière l'Italie et l'Allemagne. Mais il n'y a aucun doute que les voitures sont la cause principale de la pollution de l'air et des embouteillages monstres dans les grandes agglomérations. Toutes les municipalités font de nombreux efforts pour développer et promouvoir les transports en commun.

Les transports en commun

Les grandes villes comme Paris et Lyon ont un très bon réseau de métro. En province les villes comme Grenoble et Strasbourg ont choisi de mettre en service un tramway, un mode de transport silencieux et non-polluant. Beaucoup de bus à Paris roulent au gaz pour réduire la pollution.

À Strasbourg en Alsace

Le train et l'avion

Le service ferroviaire en France est excellent. Le TGV (train à grande vitesse) a incité beaucoup de Français à abandonner leur voiture sur les longs parcours. De plus en plus nombreux sont les Français qui utilisent l'avion, en particulier pour les voyages d'affaires mais aussi pour des déplacements touristiques.

À cause de la concurrence[2] du TGV, Air France a mis en place des «navettes» sur certains vols intérieurs tels que Paris-Marseille. Il y a un vol toutes les trente minutes et on n'a pas besoin de réserver sa place à l'avance.

Maintenant on va accompagner M. Dubois qui fait un voyage d'affaires. On va voir ce qu'il fait pour résoudre un petit problème.

---

[1] adulent *really adore*
[2] concurrence *competition*

Un voyage d'affaires 🎧

À l'aéroport

M. Dubois Zut! J'ai raté mon vol pour Bordeaux. J'ai passé une bonne demi-heure dans un embouteillage sur l'autoroute sans avancer d'un centimètre.

Agent Mais vous n'avez pas raté votre vol.

M. Dubois Il n'est pas encore parti? Il a été retardé?

Agent Il a été annulé à cause d'un problème technique.

M. Dubois Et le prochain vol est à quelle heure?

Agent Il y a un vol qui doit partir à 13 h 55, mais à ce moment on prévoit un retard de deux heures, au moins.

M. Dubois Deux heures! Pourquoi? Encore un problème technique?

Agent Non. Il y a des orages sur Bordeaux, et les avions ne peuvent pas atterrir.

M. Dubois Je crois que je vais prendre le train, alors. La compagnie peut me rembourser mon billet?

Agent Bien sûr. Vous l'avez payé avec une carte de crédit, non?

M. Dubois Oui.

Agent Alors, au comptoir là-bas, on va vous donner un bulletin de remboursement et le montant sera versé sur votre compte.

M. Dubois Merci, mais je suis pressé. Je vais aller chez mon agent de voyages.

Agent D'accord.

M. Dubois Où est-ce que je peux trouver un taxi?

Agent À la sortie du terminal, il y a une station de taxis sur votre gauche.

Dans un taxi

M. Dubois La gare Montparnasse, s'il vous plaît.

Taxi Oui, monsieur.

M. Dubois Il faut que j'y sois avant treize heures trente. C'est possible?

Taxi Oui, ça ne roule pas mal à cette heure. On verra... Avec un peu de chance!

M. Dubois C'est combien pour aller à la gare Montparnasse?

Taxi Ce que le compteur indiquera.

À la gare

M. Dubois Le prochain train pour Bordeaux part à quelle heure, s'il vous plaît?

Employée À 14 h 10.

M. Dubois C'est un express?

Employée C'est un TGV.

M. Dubois Il arrive à quelle heure?

Employée À 17 h 13.

M. Dubois Bien alors, donnez-moi un aller simple en seconde, s'il vous plaît.

Employée Très bien. Ça fait quatre-vingt-cinq euros et dix euros pour la réservation. Ça fait quatre-vingt-quinze euros en tout. Et voilà votre billet, monsieur. Surtout n'oubliez pas de le composter.

Vous avez compris?

A Vrai ou faux?

1. Très peu de Français ont une voiture.
2. Les municipalités françaises ne font rien pour développer les transports en commun.
3. Les villes de province ont un très bon réseau de métro.
4. Les tramways des villes de province et les bus de Paris polluent l'atmosphère.
5. Les Français utilisent toujours leurs voitures quand ils se déplacent.
6. Les «navettes» sont des vols internationaux très longs.

B **Historiette** Répondez d'après la conversation à l'aéroport.

1. Où va M. Dubois?
2. Pourquoi est-il arrivé à l'aéroport en retard?
3. Son vol est parti?
4. Pourquoi le vol a-t-il été annulé?
5. Pourquoi le prochain vol partira-t-il en retard?
6. Qu'est-ce que M. Dubois a décidé de faire?
7. La compagnie peut lui rembourser l'argent qu'il a payé?
8. Qu'est-ce qu'on va lui donner?
9. Pourquoi M. Dubois ira-t-il chez son agent de voyages?
10. Il veut aller à la gare comment?
11. Où est-ce qu'il peut trouver un taxi?

La cathédrale Saint-André à Bordeaux

C **Historiette** Répondez d'après la conversation dans le taxi.

1. M. Dubois va à quelle gare?
2. Il veut y être quand?
3. C'est possible?
4. Pourquoi?
5. C'est combien pour aller de l'aéroport à la gare Montparnasse?

D **Historiette** Complétez d'après la conversation à la gare.

Le prochain train pour Bordeaux part à __1__. C'est un __2__. Il arrive à Bordeaux à __3__. M. Dubois prend __4__. Le billet lui a coûté __5__.

E M. Dubois a eu quelques problèmes. Dites tout ce qu'il a dû faire pour aller de Paris à Bordeaux.

Structure ✣ *Révision*

Le passé composé avec être
Describing past actions

1. Review the following verbs that are conjugated with **être,** rather than **avoir,** in the passé composé. Note that many verbs conjugated with **être** express motion to or from a place.

aller	allé	arriver	arrivé	rester	resté
venir	venu	partir	parti	devenir	devenu
entrer	entré	passer	passé	mourir	mort
sortir	sorti	retourner	retourné	naître	né
rentrer	rentré	monter	monté	tomber	tombé
revenir	revenu	descendre	descendu		

2. With verbs conjugated with **être,** the past participle must agree in number (singular or plural) and gender (masculine or feminine) with the subject.

ALLER		NAÎTRE	
je	suis allé(e)	je	suis né(e)
tu	es allé(e)	tu	es né(e)
il/elle	est allé(e)	il/elle	est né(e)
on	est allé(e)(s)	on	est né(e)(s)
nous	sommes allé(e)s	nous	sommes né(e)s
vous	êtes allé(e)(s)	vous	êtes né(e)(s)
ils/elles	sont allé(e)s	ils/elles	sont né(e)s

Un hôtel à Abidjan en Côte d'Ivoire

Comment dit-on?

 1 **Historiette** **En France!**
Répondez d'après les indications.

1. Tu es allé(e) où? (en France)
2. Tu y es allé(e) avec qui? (mon prof de français)
3. Vous y êtes allé(e)s comment? (en avion)
4. L'avion est parti à l'heure? (oui)
5. Il est arrivé à l'heure? (oui)
6. Vous êtes parti(e)s de quel aéroport?
   (Kennedy à New York)
7. Vous êtes arrivé(e)s à quel aéroport?
   (Charles-de-Gaulle à Paris)
8. Tu es resté(e) combien de jours à Paris? (cinq)
9. Vous êtes monté(e)s en haut de la tour Eiffel? (oui)
10. Vous êtes descendu(e)s dans les Catacombes? (non)
11. Tu es passé(e) devant l'Élysée? (oui)

L'aéroport de Mulhouse en Alsace

2 **Historiette** **Au cinéma** Répondez.

1. Tu es sorti(e) hier soir?
2. Tu es sorti(e) avec qui?
3. Vous êtes allé(e)s au cinéma?
4. Vous êtes arrivé(e)s au cinéma à quelle heure?
5. Et vous êtes sorti(e)s à quelle heure?
6. Tu es rentré(e) chez toi à quelle heure?
7. Et ton copain, il est rentré à quelle heure?
8. Et ta copine, elle est rentrée à quelle heure?

Le musée d'Orsay à Paris

3 **Historiette** **Au musée d'Orsay**
Complétez au passé composé.

Hier, Camille __1__ (aller) au musée d'Orsay avec des copains. Ils __2__ (aller) voir l'exposition Renoir. Camille __3__ (descendre) du métro à la station Musée d'Orsay. Elle __4__ (arriver) au musée à quatorze heures. Elle __5__ (entrer) dans le musée avec ses copains. Ils __6__ (monter) au deuxième étage. Ils __7__ (rester) une bonne heure à regarder les tableaux de Renoir. Renoir, le célèbre peintre impressionniste, __8__ (naître) en 1841 et il __9__ (mourir) en 1919. Camille et ses copains __10__ (sortir) de l'exposition à quinze heures trente. Ils __11__ (aller) à la station de métro ensemble. Le train __12__ (arriver) et ils __13__ (monter). Camille __14__ (rentrer) chez elle à seize heures trente. L'ascenseur __15__ (tomber) en panne. Camille __16__ (monter) à pied à son appartement.

Le passé composé avec être ou avoir
Describing past actions

Verbs conjugated with **être** do not take a direct object. However, verbs such as **monter, descendre, sortir, rentrer, retourner,** and **passer** can be used with a direct object. When they are, their meaning changes, and the passé composé is formed with **avoir,** rather than **être.** Compare the following sentences.

Without direct object	With direct object
Elle est montée à pied.	Elle a monté ses bagages.
Elle est sortie en voiture.	Elle a sorti le chien.

Comment dit-on?

La cathédrale de Notre-Dame à Paris

 4 **Historiette** **Visite à Notre-Dame**
Mettez au passé composé.

1. Les touristes montent en haut des tours de Notre-Dame.
2. Ils montent 387 marches très lentement.
3. Ils descendent beaucoup plus vite.
4. Ils sortent de la cathédrale après une visite d'une demi-heure.
5. Après la visite, Anne sort de l'argent de son sac pour le guide.
6. Les touristes rentrent à l'hôtel pour le dîner.
7. Avant le dîner, ils montent dans leurs chambres.
8. Ils montent tout ce qu'ils ont acheté.

L'hôtel Frontenac à Québec

 5 **À l'hôtel** Inventez des phrases en utilisant le passé composé.

> monter à pied
> monter au troisième étage
> sortir
> monter l'escalier
> descendre au rez-de-chaussée
> descendre les bagages
> sortir de l'argent pour le taxi

Conversation

C'est à vous
Use what you have learned

1 **À l'aéroport Charles-de-Gaulle**

✔ *Talk about traveling by airplane*

Vous allez de Paris à New York. Vous êtes au comptoir de la compagnie aérienne. Votre vol a du retard. Préparez une conversation avec un(e) camarade de classe qui sera l'agent de la compagnie aérienne. Voici des mots que vous avez déjà appris et dont vous aurez peut-être besoin: **le départ, les bagages, la porte, le vol, l'avion, l'appareil, décoller, atterrir, faire enregistrer les bagages, à destination de, en provenance de.**

2 **À la gare de Lyon**
✔ *Talk about being late for a train*

Vous allez de Paris à Marseille. Vous êtes à la gare de Lyon à Paris. Vous avez peur d'avoir raté votre train. Préparez une conversation avec un(e) camarade qui sera l'employé(e) du chemin de fer. Voici des mots que vous avez déjà appris et dont vous aurez peut-être besoin: **la salle d'attente, attendre le prochain train, un haut-parleur, une annonce, partir à l'heure, en avance, en retard, le guichet, un billet aller (et) retour, en première, en seconde, monter en voiture, changer de train.**

La gare de Lyon à Paris

3 En partant
✔ Check out of a hotel

Vous venez de passer une semaine à Nice. Malheureusement, vous devez repartir aujourd'hui pour les États-Unis. Vous êtes à la réception de votre hôtel pour payer votre facture. Vous voulez aussi un taxi pour aller à l'aéroport. Préparez une conversation avec un(e) camarade qui sera le/la réceptionniste. Voici des mots que vous avez déjà appris et dont vous aurez peut-être besoin: **libérer la chambre, rendre sa clé, vérifier les frais, descendre les bagages, demander la facture, payer avec une carte de crédit, avec un chèque de voyage, en espèces.**

L'hôtel Negresco à Nice sur la Côte d'Azur

4 L'été dernier
✔ Discuss what you did last summer

Expliquez où vous êtes allé(e) l'été dernier et décrivez tout ce que vous avez fait. Vous avez passé de bonnes vacances?

5 Un voyage horrible
✔ Describe a horrible vacation that you had

Imaginez que vous avez fait un voyage horrible. Il y a eu beaucoup de problèmes. Décrivez tout ce qui est arrivé et tout ce que vous avez fait pour essayer de surmonter tous les obstacles.

Assessment

Vocabulaire

1 **Oui ou non? Corrigez les phrases fausses.**

1. Le voyageur est arrivé tard à l'aéroport et il a raté son vol.
2. La circulation bouge bien quand il y a un embouteillage.
3. Il y a presque toujours une station de taxis devant le terminal de l'aéroport.
4. Il est très pressé parce qu'il a beaucoup de temps.
5. Les voyageurs ont attendu le train sur le quai.
6. Pour valider le billet, il faut le composter.

To review the vocabulary, turn to pages 20–21.

2 **Complétez.**

7. Changer de place, c'est _____.
8. Considérer comme possible, c'est _____.
9. Le total, c'est _____.
10. Donner de l'argent, c'est _____.

Conversation

3 **Vrai ou faux? Répondez d'après la conversation.**

11. Très peu de familles françaises ont une voiture.
12. Les voitures françaises polluent plus que les tramways.
13. Le service ferroviaire, c'est-à-dire le train, est excellent en France.

To review the conversation, turn to pages 23–25.

4 **Répondez.**

14. Pourquoi M. Dubois n'a-t-il pas raté son vol?
15. Et le prochain vol va partir avec un retard de deux heures. Pourquoi?
16. M. Dubois va à Bordeaux comment?
17. Qu'est-ce qu'il prend pour aller à la gare?

Structure

5 Récrivez au passé composé.

18. J'y vais.
19. Elle descend tout de suite.
20. Tu rentres à quelle heure?
21. Et elle part quand?
22. Ils deviennent très riches.

To review the passé composé with **être**, turn to page 27.

6 Complétez au passé composé.

23. Elle _____ et ensuite elle _____ ses bagages du coffre de la voiture. (sortir)
24. Elle _____ à pied. Elle _____ l'escalier. (monter)
25. Elle _____ ses vacances en Afrique. Elle _____ devant le musée. (passer)

To review the passé composé with **être** or **avoir**, turn to page 29.

À Dakar au Sénégal

Leçon 3 Journalisme

Vocabulaire pour la lecture 🎧
La météo

Je veux qu'il fasse beau tous les jours.

Et moi, je veux qu'il y ait beaucoup de soleil.

Le soleil brille.
Il fait très beau, surtout en été.

un nuage

Il y a des nuages.
Le ciel est nuageux.
Le ciel est couvert.
Je ne veux pas qu'il soit très nuageux.

la pluie

une goutte de pluie

une éclaircie

Il pleut souvent au printemps. Il ne
    pleut pas en hiver.
Le temps est pluvieux.
Il faut qu'il pleuve de temps en temps.

Le ciel est voilé.
Il y a des nuages.
Mais il y a aussi des éclaircies.
Le ciel se dégage.

la grêle

le vent

un éclair

Il fait de l'orage.   Les orages peuvent être violents.   Il fait du vent.
Le temps est orageux.   Il y a des coups de tonnerre.   Le vent souffle.
                                                                        Il y a beaucoup de vent en automne.

Plus de vocabulaire

une averse pluie soudaine et abondante
la bruine petite pluie fine
la brume un peu d'humidité dans l'air
le brouillard beaucoup d'humidité dans
    l'air qui limite la visibilité

une rafale un coup de vent violent mais de
    courte durée
une tempête un vent violent avec
    quelquefois un orage

Quel est le mot?

1 **Quel temps fait-il?** Donnez des réponses personnelles.

1. Il pleut souvent là où vous habitez?
2. Le temps est pluvieux aujourd'hui?
3. Le ciel est nuageux ou dégagé?
4. Il y aura des éclaircies cet après-midi?
5. Il y a du vent? Le vent souffle?
6. En quelle saison y a-t-il de la grêle?
7. En quelle saison y a-t-il beaucoup d'averses?
8. En quelle saison y a-t-il des orages?
9. En quelle saison y a-t-il de grosses tempêtes?

Des marguerites au Québec

2 **La météo** Vrai ou faux?

1. Quand le ciel se dégage, les nuages arrivent.
2. Une averse est toujours plus dangereuse qu'un orage.
3. On dit que le ciel est couvert quand il est complètement gris.
4. Quand il pleut, des gouttes de pluie tombent des nuages.
5. Pendant un orage il y a de temps en temps des coups de tonnerre et le vent souffle très fort.
6. Quand le ciel est couvert il y a des éclaircies.
7. Il y a de la grêle en été quand il fait chaud.
8. Quand il y a du brouillard, on voit bien la route.

Un marché à Toulouse

3 **De temps en temps, oui.** Répondez.

1. Il faut qu'il y ait du soleil de temps en temps?
2. Il faut qu'il y ait des nuages de temps en temps?
3. Il faut qu'il pleuve de temps en temps?
4. Il faut qu'il fasse du vent de temps en temps?

4 **Définitions** Donnez le mot dont la définition suit.

1. une pluie soudaine et abondante
2. une décharge électrique dans le ciel
3. endroit clair dans un ciel nuageux ou brumeux
4. un peu d'humidité dans l'air
5. une petite pluie fine
6. un vent fort et violent

Avant la lecture

Le temps intéresse toujours les voyageurs. Le mauvais temps peut créer des problèmes de transport et forcer les voyageurs à annuler leurs excursions. Les voyageurs veulent toujours qu'il fasse beau et qu'il n'y ait pas de tempêtes. Le beau temps fait sourire—les gens ont le sourire quand le ciel est bleu et que le soleil brille très fort. Alors presque tout le monde lit la météo pour savoir quel temps il fera. Le bulletin météorologique que vous allez lire a paru dans *Le Figaro* pour les 10, 11 et 12 juin.

LE FIGARO

MÉTÉO

Temps orageux en Europe Centrale

La Péninsule Ibérique, l'Italie et la Grèce jouiront encore d'un temps sec et largement ensoleillé. Du Danemark à la Mer Noire, le ciel sera souvent couvert avec des pluies localement copieuses. Sur le nord-ouest du continent, le temps sera généralement instable et trop frais pour la période de l'année.

Oslo	20°
Stockholm	22°
Helsinki	22°
St-Pétersbourg	24°
Tallinn		
Édimbourg	15°
Riga		
Copenhague	19°
Vilnius		
Dublin	17°
Cork	13°
Hambourg	18°
Minsk	24°
Londres	17°
Amsterdam	17°
Berlin	19°
Varsovie	21°
Brighton	13°
Bonn	17°
Kiev	19°
Bruxelles		
Paris	18°
Luxembourg	16°
Prague	18°
Genève	19°
Berne	16°
Munich	17°
Vienne	20°
Budapest	22°
Milan	26°
Rimini	25°
Belgrade	16°
Bucarest	29°
Porto	20°
Barcelone	22°
Florence	27°
Lisbonne	26°
Madrid	29°
Rome	24°
Istanbul	32°
Séville	35°
Olbia	21°
Naples	22°
Thessalonique	25°
Madère	23°
Marbella	25°
Palma de Majorque	27°
Rabat		
Alger	27°
Palerme	23°
Corfou	24°
Patras	26°
Athènes	30°
Casablanca	23°
Tunis	29°
Reggio di Calabria	22°
Marrakech	34°
Canaries	26°
Malte	26°
Rhodes	30°
Agadir	28°
Djerba	31°

Légende : Soleil · Éclaircies Peu nuageux · Nuageux Courtes éclaircies · Très nuageux ou couvert · Averses · Pluies ou bruines · Orages · Brumes et brouillard · Neige

LE FIGARO

Variable et trop frais

Une zone de pluie s'étirant[1] en début de journée de la Champagne-Ardenne à la région Rhône-Alpes quittera le pays au cours de la matinée. Après son passage, au nord de la Loire, la nébulosité sera variable et quelques averses pourront éclater par endroits et notamment en Normandie et en Bretagne. Plus au Sud, les éclaircies s'imposeront davantage. C'est le long des rives de la Méditerranée et en Corse que les conditions seront les plus agréables. Les températures seront en légère baisse surtout sur le Nord.

Mer du Nord-Manche La nébulosité sera variable et quelques averses seront possibles tout au long de la journée. Cependant, les quantités de précipitation ne seront pas importantes. Le vent d'ouest sera soutenu avec des rafales de 50 à 60 km/h. Les températures iront de 8 à 12° le matin à 15 à 18° l'après-midi.

Côte Atlantique Les passages nuageux succéderont aux éclaircies. Le temps sera généralement sec, mais on n'exclura pas de brèves ondées[2] par endroits. Le vent d'ouest sera modéré à parfois assez fort le long du littoral avec des rafales de 50 km/h. Les températures iront de 10 à 13° le matin à 17 à 20° l'après-midi.

Nord-Est Le ciel sera très nuageux à couvert en début de journée, et personne n'échappera à la pluie ou aux averses qui seront ponctuées par endroits d'un coup de tonnerre. Après le passage de cette perturbation, nuages et éclaircies alterneront, et le temps sera généralement sec jusqu'en fin d'après-midi. Les températures iront de 8 à 12° le matin à 16 à 19° l'après-midi.

Centre Quelques gouttes de pluie seront possibles en début de journée, essentiellement sur l'est de la région. Ensuite, le temps sera sec et le ciel sera équitablement partagé entre nuages et embellies. Les températures iront de 9 à 11° à l'aube à 16 à 18° l'après-midi.

Méditerranée-Corse Le soleil s'imposera largement dès l'aube et il ne tolérera que de très rares nuages d'altitude. Le vent du nord à nord-ouest soufflera modérément. Les températures, un peu fraîches pour la période de l'année, iront de 10 à 15° le matin à 21 à 24° l'après-midi.

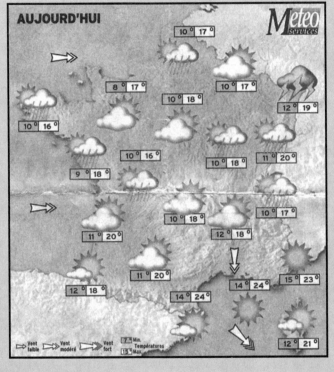

---

[1]s'étirant *stretching*
[2]ondées *heavy showers*

Vous avez compris?

 A Répondez d'après la lecture.

1. Où le temps sera-t-il orageux?
2. Où le temps sera-t-il sec et ensoleillé?
3. Comment sera le ciel au Danemark?
4. Comment sera le temps généralement en Europe Centrale?

 B Répondez.

1. Quel temps fera-t-il au nord de la Loire?
2. Où y aura-t-il des éclaircies?
3. Où les conditions seront-elles les plus agréables?

C Vrai ou faux? Corrigez les phrases fausses.

Mer du Nord-Manche

1. Le ciel sera complètement couvert.
2. Il y aura beaucoup de pluie.
3. Il y aura des vents très forts.

Côte Atlantique

4. Le temps sera variable.
5. Il n'y aura pas de pluie.
6. Le long du littoral les vents seront très doux.

Le château d'Azay-le-Rideau dans la vallée de la Loire

 D Répondez.

Nord-Est

1. Quand le ciel sera-t-il très nuageux?
2. Ensuite, qu'est-ce qu'il y aura?
3. Quel temps fera-t-il après le passage de cette perturbation?

Centre

4. Quand y aura-t-il quelques gouttes de pluie possibles?
5. Ensuite, quel temps fera-t-il?

Mediterranée-Corse

6. Quel temps fera-t-il? Donnez tous les détails possibles.

 E Quel temps fait-il aujourd'hui là où vous habitez? Donnez tous les détails.

Vocabulaire pour la lecture 🎧
La Tunisie

le tir à l'arc

les fléchettes

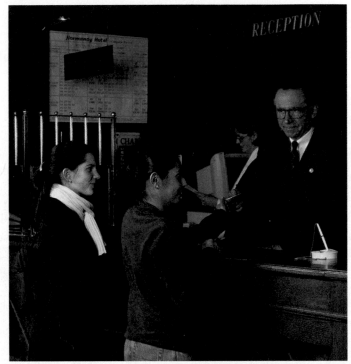

Il faut que tu paies toutes les dépenses d'ordre personnel.
Il faut que tu aies ta carte de crédit.

Plus de vocabulaire

l'accueil la réception qu'on fait (offre) à quelqu'un

l'animateur(trice) une personne qui organise les loisirs d'un groupe

la détente le repos et la récréation

le forfait prix d'une chose ou d'un service fixé par avance; ce prix ne peut pas changer

Quel est le mot?

1 **En vacances** Complétez.

1. L'_____ ou l'_____ accompagne les touristes.
2. Presque tout est compris dans le _____. Il y a très peu de frais supplémentaires.
3. Après avoir beaucoup travaillé, les vacanciers cherchent la _____ complète.
4. On peut jouer aux _____ à l'intérieur, mais il faut pratiquer le _____ à l'extérieur.
5. L'_____ qu'on fait à cet hôtel est très chaleureux—vraiment charmant.
6. Il faut que le client paie toutes ses _____.

Avant la lecture

Les Arabes donnent le nom de Maghreb aux trois pays francophones de l'Afrique du Nord. Ces trois pays sont le Maroc, l'Algérie et la Tunisie. Le Maghreb est une destination de vacances très prisée des Français.

La Tunisie, un très joli pays, bénéficie d'un climat méditérranéen. Sur les régions côtières, le climat est doux au printemps et à l'automne et plus chaud en été avec une brise marine sur les plages. Beaucoup de Français y vont en quête de soleil et de détente.

Cette annonce publicitaire a paru dans une brochure française.

La Tunisie

NABEUL

★★★

HOTEL RIADH

demi-pension

Avenue Mongi Slim
(00 216 2) 285.744

A partir de

282 Euros

Description:

Nos prix comprennent:

Le transport aérien par vol spécial Paris/Tunis et retour, l'accueil et l'assistance de notre correspondant local, les transferts aéroport/hôtel et hôtel/aéroport, le logement en demi-pension sur la base d'une chambre double

Nos prix ne comprennent pas:

Les boissons et les dépenses d'ordre personnel, les assurances, les taxes et frais de dossier:[1] 35€ (à ce jour).

Un accès direct à la plage et une équipe d'animateurs des plus dynamiques sont les atouts maîtres[2] de cet hôtel. Au milieu d'un jardin de 12 hectares et faisant face à la mer le bâtiment principal de 2 étages comprend 95 chambres spacieuses. Elles disposent toutes d'une salle de bain complète, d'un mini-bar (en option) d'un téléphone et d'un balcon ou d'une terrasse donnant sur la mer ou les jardins.

À votre disposition:

Les activités et services suivants sont compris dans le forfait: une grande piscine et un bassin pour les enfants entourés d'un large solarium, 3 courts de tennis, mini-golf, tir à l'arc, fléchettes, ping-pong, un terrain omni-sports, hand-ball, basket, sur la plage: des catamarans et des pédalos, l'accès à la discothèque. Une équipe d'animateurs accompagne vos vacances.

Les activités et services suivants sont à régler sur place: la location de VTT,[3] sur la plage: ski nautique, jet-ski, parachute ascensionnel.

Restauration:

Les repas compris dans le forfait sont servis sous forme de buffet.

---

[1]frais de dossier *document charges*
[2]les atouts maîtres *best features*
[3]la location de VTT *mountain bike rental*

Vous avez compris?

A Répondez d'après la lecture.

1. Quel est le nom de l'hôtel?
2. Il est où?
3. Quel est le prix le plus bas pour y aller?
4. Qu'est-ce que ce prix comprend?
5. Quels frais ne sont pas compris?
6. L'hôtel donne sur la plage?
7. Le bâtiment principal a combien d'étages? Et combien de pièces?
8. Qu'est-ce qu'il y a dans chaque pièce?
9. Comment les repas sont-ils servis?

B Trouvez les renseignements suivants.

1. l'adresse de l'hôtel
2. le numéro de téléphone

C Faites une liste de toutes les activités et services disponibles pour les clients de l'hôtel.

D Discutez avec un(e) ami(e) tout ce qui est compris dans le prix forfaitaire pour le voyage en Tunisie.

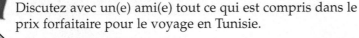

Port El Kantaoui en Tunisie

Structure avancée

Le subjonctif: verbes réguliers
Talking about what may or may not happen

1. The verb tenses studied thus far have been mostly in the indicative mood; they express or describe facts and reality. The subjunctive mood is also used a great deal in French. The subjunctive mood is most frequently used to express an action that depends upon something else and it is therefore not known if the action will definitely occur. The action may or may not take place.

2. Compare the following sentences.

> **Il fait beau aujourd'hui.**
> **Je veux qu'il fasse beau demain.**
> **Il faut qu'il fasse beau.**

The first sentence is an independent statement of fact. *The weather is nice today.* The next two sentences contain a dependent clause—*that it be nice tomorrow.* Even though *I want it to be nice* and even though for some reason *it is necessary* or *important that it be nice,* it is not at all certain that it will be. The action in the dependent clause may or may not occur. For this reason, the verb must be in the subjunctive. A clause containing the subjunctive is always introduced by **que.**

3. The present subjunctive is formed by dropping the **-ent** ending from the third person plural **(ils/elles)** form of the present indicative and adding the subjunctive endings to this stem.

Infinitive	PARLER		FINIR		VENDRE	
	ils parlent		ils finissent		ils vendent	
Stem	parl-		finiss-		vend-	
	que je	parle	que je	finisse	que je	vende
	que tu	parles	que tu	finisses	que tu	vendes
	qu'il/elle/on	parle	qu'il/elle/on	finisse	qu'il/elle/on	vende
	que nous	parlions	que nous	finissions	que nous	vendions
	que vous	parliez	que vous	finissiez	que vous	vendiez
	qu'ils/elles	parlent	qu'ils/elles	finissent	qu'ils/elles	vendent

4. Since the third person plural of the present indicative serves as the stem for the present subjunctive forms, most verbs that have an irregularity in that form of the present indicative maintain the irregularity in the present subjunctive.

Infinitive	Stem	Subjunctive	
ouvrir	ils ouvrent	que j'ouvre	que vous ouvriez
courir	ils courent	que je coure	que vous couriez
offrir	ils offrent	que j'offre	que vous offriez
partir	ils partent	que je parte	que vous partiez
dormir	ils dorment	que je dorme	que vous dormiez
servir	ils servent	que je serve	que vous serviez
mettre	ils mettent	que je mette	que vous mettiez
lire	ils lisent	que je lise	que vous lisiez
écrire	ils écrivent	que j'écrive	que vous écriviez
suivre	ils suivent	que je suive	que vous suiviez
dire	ils disent	que je dise	que vous disiez
conduire	ils conduisent	que je conduise	que vous conduisiez
connaître	ils connaissent	que je connaisse	que vous connaissiez

Comment dit-on?

1 **Des devoirs** Lisez.

1. Il faut que tu m'écoutes.
2. Il faut que tu finisses tes études.
3. Il faut que tu lises beaucoup.
4. Il faut que tu connaisses le monde.
5. Il faut que tu partes en voyage.
6. Il faut que tu visites plusieurs pays.

2 **Des parents exigeants et moi aussi!**
Suivez le modèle.

> lire beaucoup ⟶
> **Les parents de Mireille veulent qu'elle lise beaucoup.**
> **Et moi aussi, je veux que vous lisiez beaucoup.**

1. parler anglais couramment
2. étudier beaucoup
3. choisir un bon métier
4. finir ses études
5. vendre sa vieille moto
6. ouvrir un compte d'épargne
7. lire des bons livres
8. écrire à ses grands-parents
9. suivre des cours de tennis
10. leur dire tout ce qu'elle fait
11. partir en vacances avec eux
12. descendre les valises
13. mettre les valises dans le coffre
14. conduire avec prudence

Le subjonctif: verbes irréguliers
Talking about what may or may not happen

1. The following commonly used verbs are irregular in the present subjunctive.

ÊTRE		AVOIR		ALLER		FAIRE	
que je	sois	que j'	aie	que j'	aille	que je	fasse
que tu	sois	que tu	aies	que tu	ailles	que tu	fasses
qu'il/elle/on	soit	qu'il/elle/on	ait	qu'il/elle/on	aille	qu'il/elle/on	fasse
que nous	soyons	que nous	ayons	que nous	allions	que nous	fassions
que vous	soyez	que vous	ayez	que vous	alliez	que vous	fassiez
qu'ils/elles	soient	qu'ils/elles	aient	qu'ils/elles	aillent	qu'ils/elles	fassent

SAVOIR		POUVOIR		VOULOIR	
que je	sache	que je	puisse	que je	veuille
que tu	saches	que tu	puisses	que tu	veuilles
qu'il/elle/on	sache	qu'il/elle/on	puisse	qu'il/elle/on	veuille
que nous	sachions	que nous	puissions	✗ que nous	voulions
que vous	sachiez	que vous	puissiez	✗ que vous	vouliez
qu'ils/elles	sachent	qu'ils/elles	puissent	qu'ils/elles	veuillent

2. The verbs **pleuvoir** and **falloir** are used in the third person only.

pleuvoir ⟶ qu'il pleuve
falloir ⟶ qu'il faille

Comment dit-on?

3 **Historiette** **On va à la plage?**
Lisez et trouvez les verbes au subjonctif.

1. Je veux qu'il fasse beau demain.
2. Je veux qu'il ne fasse pas trop froid.
3. Je ne veux pas que le ciel soit nuageux.
4. Et je ne veux pas qu'il pleuve.
5. Je ne veux pas qu'il y fasse beaucoup de vent.
6. Je veux que tu saches que je vais venir te voir demain.
7. Mon ami veut que j'aille à la plage avec lui.
8. Et il veut que tu y ailles aussi.
9. Il veut qu'on y aille en voiture.
10. Il veut que je conduise.
11. Il veut que je lui dise à quelle heure je serai chez lui.

Au Cap Fréhel en Bretagne

4 **Historiette** **L'hôtel** Répondez que oui.

1. Elle veut que l'hôtel ait un accès direct à la plage?
2. Elle veut qu'il donne sur la mer?
3. Elle veut qu'il y ait un téléphone dans sa chambre?
4. Elle veut que les repas soient compris?
5. Elle veut que les activités sportives soient comprises dans le forfait?
6. Elle veut que tu ailles à l'agence de voyages?
7. Elle veut que tu fasses une réservation?

L'hôtel Carlton, à Cannes, sur la Côte d'Azur

5 **Historiette** **Un voyage** Répondez.

1. Pour faire un voyage en Europe, il faut que tu aies un passeport?
2. Il faut que tu arrives à l'aéroport à peu près trois heures avant le départ de ton vol?
3. Il faut que tu te présentes au comptoir de la ligne aérienne?
4. Il faut que tu choisisses une place sur l'avion?
5. Il faut que tu passes par le contrôle de sécurité?
6. À bord, il faut que tu lises les instructions de sécurité?
7. Il faut que tu mettes tes bagages à main dans le coffre ou sous le siège devant toi?

À Deauville-les-Bains en France

6 **Recommandations** Suivez le modèle.

faire le voyage ⟶
Il faut que vous fassiez le voyage.

1. aller au consulat
2. avoir votre passeport
3. être en bonne santé
4. pouvoir partir tout de suite
5. savoir parler français
6. vouloir s'adapter
7. faire des efforts

Le subjonctif avec les expressions de nécessité et de possibilité
Expressing necessity or possibility

The subjunctive is used after the following impersonal expressions since the action of the verb in the dependent clause may or may not occur. Even though it is necessary or important that something happen, it may not.

il faut que	il vaut mieux que
il est nécessaire que	il se peut que
il est important que	il est possible (impossible) que

Il faut que vous l'accompagniez en Afrique.
Il est important qu'il le sache.
Il vaut mieux que je le lui dise.
Il est possible qu'il soit content.

Comment dit-on?

7 **Historiette** **Quelques problèmes possibles**
Répondez.

1. Il faut que tu y ailles en avion?
2. Il est important que tu sois là demain?
3. Il se peut que l'avion parte en retard?
4. Il est possible qu'il ne fasse pas très beau?
5. Il est possible qu'il y ait des orages?
6. Il se peut que le vol soit annulé?
7. Il vaut mieux que tu partes aujourd'hui?

8 **Historiette** **Un voyage** Complétez les phrases.

1. Il est important que tout le monde ____ des vacances, non? (avoir)
2. Il se peut que nous ____ en Tunisie. (aller)
3. Il vaut mieux que tu ____ une lettre à l'hôtel à Nabeul pour vérifier s'il y a des chambres disponibles. (écrire)
4. Il n'est pas nécessaire que j'____ une lettre. Je peux envoyer un e-mail. (écrire)
5. C'est une bonne idée, ça. Mais il faut que je ____ si nous y allons et quand. (savoir)
6. Et il faut que tu ____ un peu de patience. (avoir)
7. Il est possible que je ne ____ pas aller avec toi. (vouloir)

C'est à vous
Use what you have learned

ÉCRIRE

1

Le temps et les saisons
✔ *Discuss weather in your region*

Décrivez le temps qu'il fait dans votre région à chaque saison de l'année. Dites quelle saison vous préférez et pourquoi.

PARLER

2

Bulletin météo en français
✔ *Present a local weather report*

Lisez la météo pour votre région dans le journal ou écoutez-la à la radio ou regardez-la à la télévision. Ensuite, préparez la même météo en français et présentez-la comme si c'était une émission télévisée.

PARLER

3

ÉCRIRE

Un voyage en Tunisie
✔ *Talk about travel to Tunisia*

Quelques amis vont aller en Tunisie et ils veulent que vous les accompagniez. Ils vont passer une semaine à l'hôtel Riadh à Nabeul. Qu'est-ce que vous en pensez? Vous voulez les accompagner ou pas? Expliquez pourquoi.

MAHDIA

TUNISIA

PARLER

4

Que de travail!
✔ *Discuss what you need to do tomorrow*

Vous avez beaucoup de choses à faire demain. Dites à un copain ou à une copine tout ce qu'il faut que vous fassiez avant l'école, à l'école et après l'école.

PARLER

5 **Je vais partir en voyage.**

✔ *Make a list of what you need to do to prepare for a trip*

Écrivez une liste de tout ce qu'il faut que vous fassiez avant de partir en voyage.

PARLER

6 **Mes parents**

✔ *Talk about wishes and preferences*

Vos parents veulent que vous ayez beaucoup de succès. Dites tout ce qu'ils veulent que vous fassiez.

PARLER

7 **Des possibilités**

✔ *Discuss possibilities for your future*

Il est possible que vous fassiez beaucoup de choses pendant votre vie. Parlez de ces possibilités. Ensuite travaillez avec un(e) ami(e). Décidez s'il est possible ou impossible qu'il/elle fasse les mêmes choses que vous.

Vocabulaire

1 **Complétez les phrases.**

1. Il fait très beau et le _____ brille.
2. Il y a beaucoup de nuages. Le ciel est très _____.
3. Il ne pleut pas beaucoup. Seulement quelques _____.
4–5. Le _____ fait beaucoup de bruit et l'_____ peut être très dangereux.
6. Il fait du vent. Le vent _____.
7. Maintenant il y a des éclaircies. Le ciel _____.
8. Pendant une tempête il y a de temps en temps des _____, des coups de vent violents mais de courte durée.
9. Pendant une _____ il pleut très fort.

To review the vocabulary, turn to pages 34–35.

2 **Oui ou non?**

10. Il faut avoir des fléchettes pour pratiquer le tir à l'arc.
11. On joue au tir à l'arc sur un court de tennis.
12. On peut payer avec une carte de crédit à l'hôtel.
13. Un prix forfaitaire indique que tout est compris.

To review the vocabulary, turn to page 40.

Lecture

3 Expliquez les mots en italique.

14. Dans le nord le ciel sera complètement *couvert*.
15. Sur la côte atlantique le temps sera *variable*.
16. Dans le sud le temps sera *sec* et *ensoleillé*.

To review the reading, turn to pages 37–38.

4 Répondez d'après la lecture.

17. Comment est la Tunisie?
18. Où est l'hôtel Riadh?
19. Comment sont servis les repas compris dans le forfait?
20. Quelles sont plusieurs activités à la disposition des clients?

To review the reading, turn to page 41.

Structure

5 Complétez les phrases.

21. Il faut que tu ____ la Tunisie. (visiter)
22. Il faut qu'elle ____ sa maison. (vendre)
23. Il faut que je ____ mon travail. (finir)
24. Il faut que vous ____ la brochure. (lire)
25. Il faut que tu le ____. (dire)
26. Il faut que vous ____? (partir)
27. Il faut que j'____ des cartes postales. (écrire)
28. Il faut qu'on y ____. (aller)
29. Il faut que tu ____ là. (être)
30. Il faut que je ____ le faire. (pouvoir)

To review the subjunctive, turn to pages 43, 44, 45 and 47.

À Ganvié au Bénin

Proficiency Tasks

Rédaction

Pour bien écrire il y a quelques techniques ou stratégies que vous pouvez utiliser. Une technique importante est celle de la visualisation. Vous pouvez fermer les yeux et évoquer une image mentale du sujet sur lequel vous allez écrire, surtout si vous voulez rédiger une description. Une description est une rédaction qui décrit quelque chose de façon détaillée.

TÂCHE 1 Dans Chapitre 1 vous avez appris beaucoup de choses sur plusieurs pays francophones. Faites une liste de ces pays. Réfléchissez à tout ce que vous vous rappelez au sujet de ces pays. Pensez au climat, aux paysages, aux activités, etc.

En évoquant votre image mentale pensez à des mots-clés que vous pouvez utiliser pour décrire chaque endroit. Ensuite sur une feuille de papier ou sur votre ordinateur, écrivez tous les mots-clés.

Avant de commencer à rédiger votre première rédaction, il faut établir le plan que vous allez suivre.

- **Par pays** Donnez une description de chaque pays avant de passer à l'autre.

- **Par saison** Dites à quelle saison vous aimeriez visiter chaque pays et pourquoi. Choisissez un pays pour chaque saison.

- **Par activités** Écrivez ce que vous voudriez faire et pour quelle raison chaque pays serait approprié au pays en question pour faire ces activités.

Allez-y! Écrivez tout ce qui vous passe par la tête dans l'ordre que vous avez établi. Après avoir terminé votre rédaction il vaut mieux la relire pour la corriger. Il y a peut-être des idées que vous voulez clarifier. Vérifiez toutes les terminaisons de verbes et les accords entre adjectifs et noms. Faites attention aux fautes d'orthographe.

TÂCHE 2 Décrivez ce que vous avez fait pendant des vacances en France. Si vous n'êtes jamais allé(e) en France, il faudra utiliser votre imagination. Cela ne sera pas très difficile car vous avez beaucoup appris sur la France.

Vous pouvez écrire une lettre ou un e-mail à un(e) bon(ne) ami(e). Décrivez tout ce que vous avez fait et tout ce que vous avez vu pendant votre visite. Vous pouvez donner vos réactions – tout ce qui vous a plu ou déplu tout ce qui vous a intéressé(e), surpris(e), etc. Comme vous écrivez à un(e) ami(e) vous pouvez écrire rapidement, plus rapidement que si vous écriviez quelque chose de plus officiel.

Après avoir fini votre lettre relisez-la et corrigez les fautes.

Discours

Avez-vous jamais pensé à combien d'heures vous passez par jour à parler à vos parents, à des amis et à des gens que vous ne connaissez pas? On parle de beaucoup de choses et pour beaucoup de raisons. On parle souvent pour se renseigner, pour savoir ce qui se passe ou comment faire quelque chose.

Si vous parlez pour essayer de vous renseigner par exemple, il faut poser des questions. Vous devez organiser vos questions de sorte que la personne qui vous écoute puisse suivre facilement et donner de bonnes réponses. Il faut aussi éviter de sauter d'un sujet à l'autre.

TÂCHE 3 Maintenant vous allez rédiger une narration. Dans une narration il faut raconter des faits. Pour présenter une bonne narration il faut que vous écriviez d'une façon claire et précise pour vous faire comprendre. Il faut que ceux qui vont lire votre rédaction puissent suivre la narration facilement.

Relisez la conversation de Chapitre 1 (pages 24–25). Dans votre narration, vous allez raconter tous les problèmes que M. Dubois a eus pendant son voyage de Paris à Bordeaux. Donnez les raisons pour lesquelles M. Dubois a eu ces problèmes et ce qu'il a fait pour les résoudre. Une bonne façon d'organiser une narration est de la présenter en ordre chronologique.

TÂCHE 4 Travaillez avec un(e) camarade. Préparez une conversation qui a lieu dans une agence de voyages. L'un(e) d'entre vous est le/la client(e), l'autre l'agent de voyage. Le/la client(e) veut faire un voyage en France et comme c'est la première fois qu'il/elle y va, il/elle a beaucoup de questions.

Avant d'aller à l'agence, il/elle doit penser à tout ce qu'il/elle veut savoir et doit organiser ses questions d'une façon logique. Voici les points sur lesquels le/la client(e) a besoin de renseignements:

les hôtels

le voyage des États-Unis en France

comment se déplacer en France

les aéroports

le voyage de retour

les prix des repas, excursions etc.

les endroits qu'il/elle doit visiter

Avant de commencer à parler à l'agent, organisez les points ci-dessus dans un ordre logique. Ensuite il faut que vous pensiez aux questions à poser sur chaque point.

Vous allez refaire la conversation pour que chacun(e) ait l'occasion d'être le/la client(e).

Chapitre 1 Vocabulaire

Leçon 1 Culture

la campagne
le camping
la caravane
le congé
l'endroit (m.)
la file d'attente
la mer
la montagne
la neige
la pêche
la piste

la plage
la plongée
  sous-marine
la randonnée
la remontée
  mécanique
la ruelle
le sable
le séjour
le ski alpin
le ski de fond

la station balnéaire
la station de sports
  d'hiver
le tarif
la télécabine
le télésiège
la vieille ville

prisé(e)
réduit(e)

bénéficier
faire du ski alpin
faire de la plongée
  sous-marine
flâner
nager

Leçon 2 Conversation

l'aérogare (f.)
l'avion (m.)
le billet
la circulation
le compteur
l'embouteillage (m.)
la gare
le montant

l'orage (m.)
le quai
le retard
la station de taxis
le terminal
le/la voyageur(euse)

pressé(e)

composter son billet
se déplacer
rater
partir
prendre un taxi
prévoir
valider
verser de l'argent

malheureusement
sans

Leçon 3 Journalisme

l'accueil (m.)
l'animateur(trice)
l'averse (f.)
le brouillard
la bruine
la brume
la carte de crédit
le ciel
le coup de tonnerre
la dépense
la détente
l'éclair (m.)
l'éclaircie (f.)
la fléchette
le forfait
la goutte de pluie
la grêle

le nuage
l'orage (m.)
la pluie
la rafale
le soleil
la tempête
le temps
le tir à l'arc
le vent

couvert(e)
nuageux(euse)
orageux(euse)
pluvieux(euse)
violent(e)
voilé(e)

briller
faire de l'orage
faire du vent
se dégager
souffler

de temps en temps
d'ordre personnel

LITERARY COMPANION *See pages 434 and 440 for literary selections related to Chapter 1.*

Vidéotour

Bon voyage!

Video can be a beneficial learning tool for the language student. Video enables you to experience the material in the textbook in a real-life setting. Take a vicarious field trip as you see people interacting at home, at school, at the market, etc. The cultural benefits are limitless as you experience French and Francophone culture while "traveling" through many countries. In addition to its tremendous cultural value, video gives practice in developing good listening and viewing skills. Video allows you to look for numerous clues that are evident in tone of voice, facial expressions, and gestures. Through video you can see and hear the diversity of the target culture and compare and contrast the French-speaking cultures to each other and to your own.

Épisode 1: Visite de Paris

Dans cet épisode, vous partez en vacances. Tout d'abord, promenez-vous dans Paris, la ville lumière qui reçoit chaque année plus de 25 millions de visiteurs. Visitez la tour Eiffel, Notre-Dame et la place de la Concorde. Au Quartier Latin, asseyez-vous à la terrasse d'un café et regardez les gens passer.

Épisode 2: La Tunisie

Découvrez ensuite la Tunisie. Avec son histoire riche de presque trois mille ans, ses belles plages de sable fin, ses paysages variés et son hospitalité légendaire, la Tunisie reste une destination très prisée des touristes du monde entier.

Épisode 3: Le Mont-Saint-Michel et sa baie

À l'intérieur des remparts du Mont-Saint-Michel, on a l'impression de revenir 800 ans en arrière. Mais attention, ne traversez pas la baie à pied sans guide. En effet, c'est dans la baie qu'on trouve les marées les plus fortes et les plus rapides d'Europe.

Les jeunes

Objectifs

In this chapter you will:

✔ *read about the everyday life of young French people*

✔ *review how to ask questions formally and informally*

✔ *read about shopping and how marketing affects young French adults*

✔ *read articles about* verlan *and the equality of men and women in France*

✔ *review how to make sentences negative and how to describe things in the past*

✔ *learn how to express wishes, preferences, and demands and to express actions that may or may not take place*

La patinoire des fêtes de fin d'année devant l'hôtel de ville à Paris

Introduction

De nos jours, les quinze à vingt ans forment un véritable groupe social à l'intérieur de la société française. Ils ont leur musique, leurs vêtements, leurs sorties... Ils ont même une langue bien à eux. Ils font l'objet de nombreuses enquêtes qui dissèquent leurs goûts, leurs dépenses, leurs besoins. Il y a évidemment des différences d'ordre social et économique, mais on peut néanmoins dire que les jeunes ont certains points en commun: ils ont une relative liberté grâce à leur argent de poche, ils choisissent leurs vêtements, ils passent leur temps libre entre copains.

Vocabulaire pour la lecture 🎧

un portable

de l'argent de poche

Elle a cent euros d'argent de poche par mois mais elle n'en dépense que cinquante.

une bande dessinée (une B.D.)

une boîte

Elles aiment aller en boîte.

Jean se fâche quand il perd.

Éric télécharge des programmes sur Internet.

Mon ami est parti. Il me manque beaucoup.

Plus de vocabulaire

un goût ce qu'on aime ou n'aime pas

un mensonge ce qui n'est pas vrai

une sortie action de sortir (aller au cinéma, au théâtre, etc...)

les informations (*f.*) l'équivalent du journal télévisé à la radio

déçu(e) désappointé

accorder de l'importance à considérer comme une chose importante

avoir la cote être très apprécié

convaincre persuader

disparaître (il a disparu) ne plus être là

s'entendre bien (mal) avoir de bons (mauvais) rapports

être accro de aimer énormément

partager diviser; donner une partie de ce qu'on possède à quelqu'un d'autre

Ce n'est pas la peine. C'est inutile.

Quel est le mot?

1 **Personnellement** Donnez des réponses personnelles.

1. Où est-ce que tu dépenses ton argent de poche?
2. Tu dépenses tout ton argent de poche ou tu n'en dépenses qu'une partie?
3. *Spiderman* est une B.D. amusante?
4. Tu as un portable? Tu apportes ton portable en cours?
5. Tu aimes aller en boîte?
6. Tu préfères quelle console de jeux?
7. Ton professeur se fâche quand tu ne fais pas tes devoirs?
8. Si tu ne vois pas tes amis, ils te manquent?
9. Tu crois que tu leur manques aussi?

2 **Ils sont partis!** Complétez avec l'un des pronoms suivants: **me, te, lui, nous, vous, leur.**

1. Mon frère est parti. Il ____ manque.
2. Ma sœur est allée au Japon. Elle ____ manque.
3. Les parents de Julie sont allés en vacances. Ils ____ manquent.
4. Ton amie est allée habiter au Canada? Elle doit ____ manquer.
5. Le fils de Monsieur et Madame Leclos est dans l'armée. Il ____ manque.

HERGÉ

LES AVENTURES DE
TINTIN
★
**L'OREILLE
CASSÉE**

casterman

3 **Quel est le mot?** Complétez.

1. Il est ____ de jeux vidéo. Il joue tous les jours.
2. Ce n'est pas vrai! C'est un ____!
3. J'ai mal dormi. J'ai fait un mauvais ____.
4. Cette boîte a ____. Elle est très populaire.
5. Tu préfères lire le journal ou écouter les ____ à la radio?
6. Sophie aime les films d'aventures, mais sa sœur préfère les comédies. Elles n'ont pas les mêmes ____.
7. Il ____ de l'importance aux vêtements.
8. Marc a un ordinateur, mais il n'est pas seulement à lui. Marc doit le ____ avec son frère.

4 **Autrement** Exprimez d'une autre façon les mots en italique.

1. Mon livre *n'est plus là*.
2. Il faut absolument *persuader* tes parents.
3. Ils *ont de très bons rapports*.
4. Ses parents ont été *désappointés*.

Une famille française avec leur chat

Lecture
Jeunes, qui êtes-vous?

En France, les jeunes de 15 à 20 ans forment à peu près 15 pour cent de la population. La majorité est scolarisée. Certains travaillent. D'autres sont malheureusement au chômage. Malgré[1] ces différences, on peut trouver un certain nombre de points communs. À quoi dépensent-ils leur argent de poche?

Les jeunes de 15 à 17 ans disposent environ de 85 euros par mois. Les 18 à 20 ans ont en moyenne[2] 300 euros à dépenser par mois. D'où vient cet argent? Une partie vient de leurs parents, une autre peut venir de petits boulots[3], une autre encore de cadeaux d'anniversaire, Noël et autres occasions.

Reading Strategy

Making comparisons while reading

When you study a foreign language, you are often asked to compare customs in your country to those in another. As you read, take note of similarities and differences between French teens and American teens. Making these comparisons in your head or on paper will help you remember what you read.

Traversons les Champs-Élysées!

À les entendre parler, il semble que les jeunes dépensent leur argent en sorties, mais en fait, c'est le shopping qui occupe la première place. En effet, les jeunes accordent beaucoup d'importance aux vêtements— «les fringues». Contrairement à ce qu'on pourrait croire, ce sont souvent les garçons qui sont les plus difficiles et qui préfèrent les marques— surtout celles qui sont chères. Les filles, elles, peuvent s'habiller avec un budget plus modéré. Évidemment, tous ne sont pas esclaves de la mode et beaucoup de jeunes sont limités par leur budget.

Les sorties qui ont la cote sont les boîtes ou le cinéma, mais c'est cher, trop cher de l'avis de beaucoup. C'est pourquoi ils préfèrent discuter[4] entre amis, chez l'un d'entre eux.

Finalement, avec l'argent qui leur reste, les jeunes achètent des disques ou des jeux vidéo. Et pour ceux qui n'ont pas réussi à convaincre leurs parents, il ne leur reste qu'à économiser pour pouvoir se payer le portable de leurs rêves!

---

[1]Malgré *In spite of*
[2]en moyenne *on average*
[3]petits boulots *odd jobs*
[4]discuter *to talk*

 A Vrai ou faux?

1. Tous les jeunes travaillent.
2. Les jeunes de 15 à 17 ans disposent de 200 euros par mois.
3. Les jeunes dépensent la plupart de leur argent en sorties.
4. Les filles achètent des vêtements de marque plus souvent que les garçons.
5. Les jeunes aiment aller en boîte.
6. Les jeunes Français ne vont presque jamais chez leurs amis.
7. Les jeunes n'achètent jamais de jeux vidéo.
8. Pour beaucoup de jeunes, leur rêve, c'est de posséder un portable.

Quels sont leurs loisirs?

La radio est en tête: 90 pour cent des jeunes écoutent la radio au moins une fois dans la journée, et ça leur manquerait plus que la télévision. Qu'est-ce qu'ils écoutent? De la musique avant tout, et leurs goûts sont très variés: ils aiment le soul, le rock, le R&B, le funk, le rap, le reggae, la techno et même les chansons françaises. Beaucoup écoutent aussi les informations. En effet, ils considèrent qu'il est important de se tenir informé de l'actualité[5].

Les jeunes regardent moins la télévision qu'on ne le dit: une heure quarante par jour en semaine. Le week-end, ils passent deux heures et demie devant le petit écran. Mais la majorité des jeunes partagent encore la télévision avec le reste de la famille, d'où les problèmes qui en résultent lorsque on n'est pas d'accord sur l'émission à regarder: film, émission musicale, programme sportif, série américaine? Ceux qui ont une télévision dans leur chambre s'en servent souvent pour les consoles de jeux vidéo.

Un ordinateur personnel, tout comme la télévision, doit souvent être partagé avec les autres membres de la famille qui ne veulent pas forcément[6] télécharger des programmes ou surfer sur des forums de musique.

15 juin > 3 juillet

FESTIVAL DE SAINT-DENIS

La lecture n'a pas disparu, et les jeunes ne passent pas plus de temps à surfer sur le web qu'à lire un bon livre. En dehors des lectures imposées par les programmes scolaires, ils lisent quelquefois plusieurs livres par mois. Ils sont souvent accros de B.D., surtout les garçons. Ils lisent aussi de nombreux magazines destinés aux jeunes.

Quant au sport, on estime qu'environ 60 pour cent des jeunes font du sport régulièrement sans forcément faire partie d'une association sportive. Les sports favoris sont le football, la natation, le tennis, la danse et le cyclisme.

---

[5]se tenir informé de l'actualité *to keep up with current events*
[6]forcément *necessarily*

B Répondez.

1. Qu'est-ce que les jeunes écoutent à la radio?
2. Avec qui les jeunes partagent-ils la télévision?
3. Qu'est-ce qu'ils aiment lire?
4. Ils se servent souvent de la télévision pour faire quoi?
5. Qu'est-ce qu'ils veulent faire sur l'ordinateur familial?
6. Quels sont leurs sports favoris?

Ont-ils de bons rapports avec leur famille?

Leur désir d'indépendance ne fait aucun doute. Les disputes sont fréquentes sur des sujets multiples. On retrouve souvent les mêmes reproches: «Mon père/Ma mère ne m'écoute pas; ce n'est même pas la peine de lui parler.» «Ils ne savent pas ce qu'ils veulent!», etc...

Malgré cela, ils sont très attachés à leur famille. Ils se sentent en sécurité en famille. S'ils doivent s'en éloigner[7], elle leur manque, surtout lorsqu'il y a des frères et sœurs. D'une façon générale, les jeunes s'entendent bien avec leurs parents. Il faut dire aussi que les parents d'aujourd'hui sont en général tolérants et leur laissent une assez grande autonomie.

Pique-nique en famille à Montignac dans le Périgord

Quatre bons amis

Qu'attendent-ils[8] de l'amitié?

Leur soif d'amitié est très grande. Ils rêvent de quelqu'un à qui ils pourraient tout confier[9]. Ils attendent beaucoup de l'amitié. Peut-être un peu trop parce que beaucoup avouent[10] avoir été déçus. Essentiellement, ils pensent qu'ils ont besoin des autres pour se connaître eux-mêmes.

---

[7]s'en éloigner *move away from, go away from*
[8]Qu'attendent-ils *What do they expect*
[9]confier *confide*
[10]avouent *admit, acknowledge*

Quelles sont les valeurs les plus fondamentales?

Les deux valeurs qui viennent en tête sont la tolérance et l'honnêteté. Accepter une opinion adverse, discuter sans se fâcher, ils sont tous d'accord. Néanmoins, beaucoup se posent des questions quand il s'agit de tolérance envers ceux qu'ils perçoivent comme racistes. Quant à l'honnêteté, il ne s'agit pas du respect de la propriété, mais d'une honnêteté plus profonde—le refus du mensonge vis-à-vis de soi-même et des autres.

 Répondez.

1. Expliquez le rapport que les jeunes ont avec leurs parents.
2. Qu'est-ce que les jeunes Français pensent de l'amitié?
3. Expliquez les deux valeurs fondamentales pour les jeunes.

Pour s'orienter sur internet, il suffit d'avoir un point de départ...

nomade
le guide du net francophone

"L'important n'est pas de tout savoir mais de savoir où tout se trouve."

Nomade est plus qu'un guide de recherche. Une fois connecté, vous pourrez consulter gratuitement plusieurs services d'information:

- L'actualité 24h/24
- La météo région par région
- La bourse de Paris en direct
- 150 nouveaux sites chaque jour
- L'hebdo du meilleur du Net
- Un annuaire d'adresses électroniques

http://www.nomade.fr
L'adresse de toutes les adresses

 Reprenez les questions posées aux jeunes Français et posez-les à vos camarades.
Y a-t-il des points communs entre les réponses de vos camarades et celles des jeunes Français. Quelles sont les différences?

Structure ✷ *Révision*

L'interrogation
Asking questions formally or informally

1. The simplest and most common way to ask a question in French is by using intonation, that is, by simply raising one's voice at the end of a statement.

Il fait du sport.	**Il fait du sport?**
Nous travaillons.	**Nous travaillons?**

2. Another way to form a question is to use **est-ce que** before a statement.

Il fait du sport.	**Est-ce qu'il fait du sport?**
Nous travaillons.	**Est-ce que nous travaillons?**

Jeune femme berbère dans les montagnes du Haut-Atlas, au Maroc

3. A third way to form a question is by inverting the subject and the verb (or its auxiliary). This inverted form is used in written and formal French, but it is less frequent in everyday conversation.

Vous parlez français.	**Parlez-vous français?**
Elle a travaillé.	**A-t-elle travaillé?**

Inversion can also be made with a noun subject by adding a subject pronoun and inverting it with the verb. But again, intonation is more commonly heard in everyday French.

Lalla parle anglais.	**Lalla parle-t-elle anglais?**

Note that a **-t-** is inserted between the verb and the subject pronoun when the verb ends in a vowel.

4. The preceding questions can be answered by **oui** or **non**. But many questions are "information questions," that is, questions introduced by "question words."

—Où est-ce qu'il va en avion?   —À Dakar.
—Il y va quand?   —Le week-end.
—Il y va comment?   —En avion.
—Pourquoi est-ce qu'il y va tout seul? —Ça lui plaît.
—Il se couche à quelle heure?   —Très tard.
—Ça coûte combien?   —200 euros.

Note that in everyday language **est-ce que** can be used following question words. However, the most common way to ask an information question is to use a question word with a statement. In such cases, the question words **où, quand, combien,** and **comment** are placed at the end of the question, and **pourquoi** at the beginning. The intonation rises first and then falls.

Il va où?
Il y va quand?   BUT   **Pourquoi il y va seul?**
Il y va comment?
Ça coûte combien?

À Dakar, la capitale du Sénégal

5. Inversion is also used with question words in more formal speech.

Où va-t-elle?
Comment y va-t-elle?
Pourquoi y va-t-elle seule?

Inversion is also used in some common, fixed expressions.

Quel temps fait-il?

Transports en commun au Sénégal

FRENCH Online

For more information about travel and culture in Senegal, go to the Glencoe French Web site: french.glencoe.com

6. If the question is about a noun, the interrogative adjectives **quel**, **quelle**, **quels**, and **quelles** are used.

> **Quel** magazine est-ce que tu aimes le mieux?
> Vous allez dans **quelle** boîte?
> **Quelles** stations de radio écoutent-ils?

Magazine féminin québécois

Comment dit-on?

1 **On veut des chaussures.** Posez des questions qui correspondent aux mots en italique. Vous pouvez les poser de plusieurs façons.

1. On va *dans un grand magasin*.
2. On y va *en métro*.
3. On y va *cet après-midi*.
4. On va *parce qu'il y a plus de choix* dans un grand magasin.
5. Le grand magasin se trouve *à Paris*.
6. Les magasins sont ouverts *de neuf heures à vingt heures*.
7. Les magasins sont ouverts *du lundi au samedi*.
8. Les magasins sont fermés *le dimanche*.

Les galeries marchandes du passage Pommeraye à Nantes

2 **Encore un peu endormi** Voici les réponses de votre camarade. Quelles questions lui avez-vous posées?

1. Nous sommes le 12.
2. Nous sommes en janvier.
3. Il est huit heures et demie.
4. Après, il y a un cours d'anglais.

3 **Frustrations** Répondez en inventant une question. Suivez le modèle.

—Je n'ai pas assez d'argent pour le cinéma.
—**Tu as demandé à tes parents? / Tu veux que je t'en prête?**

1. Je n'ai pas assez dormi.
2. Je n'ai rien à me mettre.
3. Nous allons chez Marc samedi soir.
4. Mes parents vont s'en faire.
5. Mes parents m'ont offert une nouvelle console.
6. Mon portable est cassé.

Une famille française en Bourgogne

MARDI 15   20.55   2

Les Apprentis 77

LAUREL ET HARDY CHÔMEURS

La crise, le chômage, la rupture, autant en faire une comédie ! Après *Cible émouvante*, Pierre Salvadori recrute à nouveau Guillaume Depardieu, qui forme avec François Cluzet un tandem comique à la Laurel et Hardy : l'hypocondriaque anxieux et le paumé insouciant, face aux mille mésaventures quotidiennes, en quête de logement et de filles... C'est drôle, c'est bourré de trouvailles, de dialogues savoureux.
France 2

C'est à vous
Use what you have learned

PARLER

1

Quel film?
✔ *Organize a trip to the movies*

Vous allez au cinéma avec un(e) camarade. Décidez quel film vous allez voir, à quelle séance, de combien d'argent vous avez besoin et comment vous allez y aller.

PARLER

2

Les sorties
✔ *Ask your classmates about their leisure time activities*

Faites une enquête sur les sorties de vos camarades de classe. Demandez-leur, par exemple, s'ils vont au cinéma, s'ils se réunissent souvent avec des copains, etc. Faites ensuite une liste de toutes les sorties et voyez celles qui arrivent en tête, c'est-à-dire, celles qui sont les plus souvent citées. Pour vous aider, voici quelques sorties possibles:

se réunir avec des copains	aller au cinéma
pratiquer un sport	aller en boîte
voir son petit ami (sa petite amie)	faire du shopping

Une classe de surf sur la plage de Biarritz

3 Sondage officiel

✔ *Chart survey results*

Reprenez la liste de l'activité précédente et écrivez un sondage officiel en utilisant l'inversion et le pronom **vous.**

4 Débat

✔ *Discuss the pros and cons of video games*

Les jeunes jouent beaucoup à des jeux vidéo. Êtes-vous pour ou contre les jeux vidéo? Est-ce que jouer à ces jeux affecte le travail à l'école? Justifiez votre opinion.

5 L'argent de poche

✔ *Talk about spending money and your spending habits*

Vous avez appris d'où vient l'argent de poche des jeunes Français. Et le vôtre, d'où vient-il? Est-ce que vos parents vous donnent de l'argent toutes les semaines? Est-ce que vous avez un petit boulot? Si oui, lequel? Dites comment vous obtenez votre argent de poche et ce que vous en faites.

6 La tolérance

✔ *Talk about tolerance and what it means to you*

Pour les jeunes Français, une des valeurs fondamentales est la tolérance. Qu'est-ce que la tolérance pour vous? Donnez des exemples précis.

Assessment

Vocabulaire

1 Complétez.

1. Je dépense tout mon _____ en CD.
2. Toutes les nuits, je fais le même _____ quand je dors.
3. Ce n'est pas vrai! C'est un _____!
4. C'est une boîte qui a la _____. Il y a toujours beaucoup de monde!
5. On aime ou on n'aime pas. Chacun son _____!
6. Il a plein de jeux vidéo, mais il n'a pas de _____.
7. Il faut téléphoner aux filles. Tu as ton _____?
8. Ce sont de très bonnes amies et elles sont toujours ensemble. Elles _____ très bien.
9. Ils croyaient qu'ils aimeraient le film, mais, ils ne l'ont pas du tout aimé. Ils ont été très _____.
10. Ils lisent des livres, des magazines et des _____.

To review the vocabulary, turn to pages 59–60.

Lecture

2 Répondez.

11. D'où vient l'argent de poche des jeunes Français?
12. Qu'est-ce que les jeunes Français achètent surtout?
13. Quelles sont leurs sorties préférées?

To review the reading, turn to pages 62–65.

3 Vrai ou faux? Corrigez les phrases fausses.

14. Les jeunes Français s'entendent bien avec leurs parents.
15. Ils sont très indépendants et n'ont pas besoin des autres pour se connaître.
16. Les deux valeurs qu'ils respectent le plus sont la tolérance et l'honnêteté.

Des euros en pièces et en billets

Structure

4 **Posez des questions qui correspondent aux mots en italique.**

17. Je vais *au centre commercial.*
18. J'y vais *ce soir.*
19. Le centre ferme *à vingt heures.*
20. Je vais dans ce centre *parce que c'est près d'ici.*
21. J'y vais *en bus.*

To review question formation, turn to pages 66–68.

5 **Récrivez les questions suivantes en utilisant une autre façon.**

22. Sabine parle allemand?
23. Tu t'appelles comment?
24. Pourquoi est-ce que tu regardes cette émission?
25. Quel magasin préférez-vous?

Leçon 2 Conversation

Vocabulaire pour la conversation 🎧

Où sont les cols roulés?

On n'en a plus, mais on va en recevoir à la fin de cette semaine ou au début de la semaine prochaine.

le fond

un sac besace

le début

la fin

un col roulé

un range CD

Autrefois, il n'y avait pas de centres commerciaux.
On achetait tout dans des petites boutiques.

Plus de vocabulaire

déranger troubler
garder ne pas donner
exprès délibérément, intentionnellement
Ça me plaît. J'aime ça.
C'est pas mon truc. Je n'aime pas ça.

Quel est le mot?

1 **C'est l'un ou l'autre.** Répondez.

1. Le mois de janvier est au début ou à la fin de l'année?
2. Le mois de décembre est au début ou à la fin de l'année?
3. Le fond d'un magasin est près de l'entrée ou loin de l'entrée?
4. Un col roulé est une maladie ou un vêtement?
5. Un sac besace est grand ou petit?
6. Les Galeries Lafayette, c'est un grand magasin ou une petite boutique?

2 **Quel est le mot?** Complétez.

1. —Il l'a poussé fort! Et il savait exactement ce qu'il faisait.
   —Il l'a fait ____?
   —Absolument.
2. —Je peux ouvrir la fenêtre?
   —Oui, ça ne me ____ pas du tout. J'aime l'air frais.
3. —Ils adorent tous faire du shopping.
   —Moi, non. C'est pas mon ____.
4. —Il dépense tout son argent de poche?
   —Non! Il n'aime pas le dépenser. Il le ____.

Dans la médina à Tunis, en Tunisie

3 **Ça me plaît!** Répondez d'après le modèle.

Tu aimes ce col roulé? ⟶
Oui, il me plaît beaucoup! /
Non, il ne me plaît pas!

1. Tu aimes ce sac besace?
2. Tu aimes ce range CD?
3. Tu aimes cette chemise?
4. Tu aimes cette chanson?

4 **Maintenant et avant** Finissez les phrases.

1. Autrefois, il n'y avait pas de centres commerciaux, mais maintenant…
2. Autrefois, il achetait tous ses vêtements dans des boutiques individuelles, mais aujourd'hui…
3. Autrefois, on ne portait pas de cols roulés, mais maintenant…

Mise en scène

Comme leurs aînés, les jeunes n'échappent pas à ceux qui veulent les pousser à la consommation[1]. Une technique courante en marketing est la distribution sélective: des baskets en noir ici et en rouge à l'autre bout de la ville. Une autre technique est la rupture de stock programmée: on fait exprès de ne pas stocker assez de marchandises. On crée alors une sensation de manque: «On n'en a plus, mais on va en recevoir» est la phrase typique. Et comme on veut toujours ce qu'on ne peut pas avoir, on fait des kilomètres ou on revient cinq fois dans le même magasin pour pouvoir posséder la paire de baskets rêvée.

---

[1]pousser à la consommation *pressure to buy*

Un centre commercial souterrain à Montréal, au Québec

Au centre commercial 🎧

Devant la vitrine

Lila Il est pas mal le sac besace dans le fond... Oh, un range CD. C'est ça qu'il me faut.

Claire Je croyais que tu voulais acheter un pantalon.

Lila Oh, des pantalons, j'en ai des tas. De toute façon, il n'y a plus la boutique où j'allais avant.

Claire Quelle boutique?

Lila Là où j'achetais pratiquement tout!... Je ne me souviens plus comment ça s'appelait... Tiens, regarde les bottes rouges. Original, non? Ça irait très bien avec ton col roulé. Viens, on entre.

Au magasin de chaussures

Lila Bonjour.

Vendeuse Bonjour.

Lila Vous avez les bottes rouges en 38?

Vendeuse Ah désolé, je viens de vendre la dernière paire... Mais on va en recevoir la semaine prochaine.

Lila Euh, vous savez quand exactement la semaine prochaine... au début, à la fin?

Vendeuse Oh, mardi ou mercredi. Mais passez un coup de fil, si vous voulez être sûre.

Lila D'accord. Au revoir.

Vendeuse Au revoir, mademoiselle.

Dans la galerie

Claire Ah vraiment tu me déçois! Tu vois pas que tout ça, c'est du marketing. Ils te manipulent. Ils le font exprès de ne pas en avoir, de te faire revenir. Tu es complètement dominée!

Lila Ben, peut-être, mais quand quelque chose me plaît, ça ne me dérange pas d'être manipulée. De toute façon, toi, les vêtements, c'est pas ton truc. T'es toujours en jogging et baskets.

Claire Exact. Moi, j'aime mieux garder mon fric pour aller aux sports d'hiver.

Vous avez compris?

A Répondez d'après la conversation.

1. Où sont les deux filles?
2. Que voulait acheter Lila?
3. Qu'est-ce qui l'intéresse maintenant?
4. Dans quelle boutique les filles rentrent-elles?
5. Qu'est-ce que Lila veut essayer?
6. Peut-elle les acheter? Pour quelle raison?
7. Que va faire Lila?
8. Quel reproche lui fait Claire?
9. Comment répond Lila?
10. Que fait Claire de son argent de poche?

1 an d'Okapi
soit 22 n°s
d'une valeur de 107,80€

+ le range CD
d'une valeur de 12,40€

+ le sac besace
d'une valeur de 20,95€

56€35 D'ÉCONOMIE !

84,80€ SEULEMENT
AU LIEU DE 141,15€*

Okapi, **un magazine pour les jeunes**

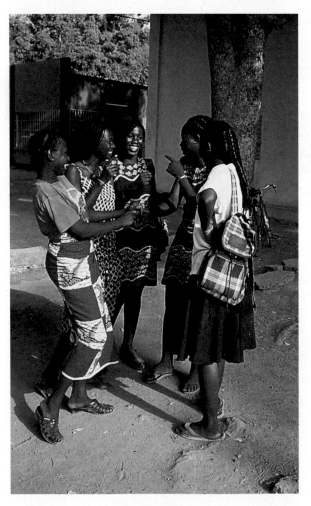

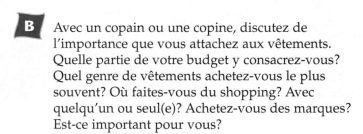

B Avec un copain ou une copine, discutez de l'importance que vous attachez aux vêtements. Quelle partie de votre budget y consacrez-vous? Quel genre de vêtements achetez-vous le plus souvent? Où faites-vous du shopping? Avec quelqu'un ou seul(e)? Achetez-vous des marques? Est-ce important pour vous?

C Vous laissez-vous facilement manipuler quand vous faites du shopping? Justifiez votre réponse en donnant des exemples.

Des amies à Ouagadougou, au Burkina Faso

Structure ✳ Révision

Les expressions négatives
Making a sentence negative

1. The placement of the most commonly used negative expression, **ne... pas,** is as follows:

Il **ne** sort **pas.**	Elle **ne** va **pas** sortir.
Il **n'**est **pas** sorti.	Elle **ne** peut **pas** sortir.

When negating an infinitive, however, both **ne** and **pas** precede the infinitive.

Ses parents lui ont dit de **ne pas** sortir.

When a pronoun (or double pronouns) is involved, **ne** and **pas** go around the pronoun-verb block or the pronoun-auxiliary block.

Je **ne** lui envoie **pas** d'invitation.	Je **ne** lui ai **pas** envoyé d'invitation.
Je **ne** lui en envoie **pas.**	Je **ne** lui en ai **pas** envoyé.

Note the placement of the **ne... pas** in the following sentences.

Je **ne** vais **pas** lui envoyer d'invitation.
Je **ne** veux **pas** lui envoyer d'invitation.

2. The following negative expressions follow the same placement pattern as **ne... pas.**

ne... pas du tout	*not at all*
ne... plus	*no longer, not anymore*
ne... jamais	*never*
ne... rien	*nothing*

Ça **ne** me dérange **pas du tout.**
Ils **ne** sortent **plus** ensemble.
Je **ne** suis **jamais** allée dans cette boîte.
Désolé, mais il **ne** veut **rien** savoir.

3. The following expressions follow the same pattern as **ne... pas** when only one verb is involved.

ne... personne	*nobody*
ne... ni... ni	*neither. . . nor*

Elles ne parlent à personne.
Je n'aime ni le rock, ni la techno.

Note their placement in the passé composé or when two verbs are involved.

Je n'ai vu personne. **Je ne veux voir personne.**
Je n'ai parlé ni à Marie, ni à Loïc. **Je ne veux parler ni à Marie, ni à Loïc.**

4. To express *no, not any,* or *none,* **(ne)... aucun(e)** is used.

—**Il a des amis?** —**Non, il n'a pas d'amis**
—**Non, il n'a aucun ami.**
—**Non, aucun.**

—**Elle a des amies?** —**Non, elle n'a pas d'amie.**
—**Non, elle n'a aucune amie.**
—**Non, aucune.**

5. In French, unlike English, more than one negative can be used in the same sentence.

Il n'a rien dit à personne.
Ils ne sont plus jamais revenus.

Note, however, that **pas** is never used in conjunction with another negative word.

6. The following adverbs are often used in question–negative answer exchanges.

Already —Il est déjà là?	**Not yet** —Non, il n'est pas encore là.
Still —Il est toujours là?	**No longer** —Non, il n'est plus là.
Always —Elle est toujours en retard?	**Never**
Sometimes —Elle est quelquefois en retard?	—Non, elle n'est jamais en retard.
Often —Elle est souvent en retard?	
Ever —Elle a déjà été en retard?	—Non, elle n'a jamais été en retard.

7. Although **ne... que** (*only*) does not have a negative meaning, it functions the same as a negative expression.

Elle n'a que deux CD; elle n'en a pas beaucoup.

Comment dit-on?

1 **Historiette** **Les parents vont se fâcher!** Répondez au négatif.

1. Ludovic est là?
2. Il a fini ses devoirs?
3. Il va les finir ce soir?
4. Il a appris quelque chose?
5. Il s'est habillé chaudement?
6. Il va rentrer tôt?
7. Il a des nouvelles de son amie Catherine?
8. Il a laissé un message?

Un homme et son chien à Guermantes, dans le département de Seine-et-Marne

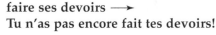

2 **Un peu de patience!** Répondez d'après le modèle.

> faire ses devoirs ⟶
> **Tu n'as pas encore fait tes devoirs!**

1. finir sa rédaction
2. laver la vaisselle
3. promener le chien
4. mettre les lettres à la poste
5. ranger sa chambre
6. lire ce livre

3 **Historiette** **L'ami de ton frère**
Répondez au négatif.

1. Il est déjà là?
2. Il est toujours là?
3. Il est déjà arrivé?
4. Il est déjà venu ici?

4 **À la gare** Répondez d'après le dessin.

1. Elle arrive toujours à l'heure?
2. Elle est souvent en avance?
3. Elle a beaucoup de valises?
4. Le train est déjà parti?
5. Le train l'attend?

5 **Sondage** Répondez en utilisant une expression négative de votre choix.

1. Écrivez-vous des cartes postales?
2. Écoutez-vous la radio tous les jours?
3. Vos parents regardent-ils la télévision?
4. Allez-vous souvent sur Internet?
5. Aimeriez-vous ne rien faire?
6. Aimez-vous mieux le reggae ou le funk?
7. Vous sentez-vous quelquefois seul(e)?
8. À qui faites-vous confiance?
9. Quelles bandes dessinées aimez-vous?
10. Avez-vous beaucoup d'amis?

6 **La vérité** Maintenant, répondez aux questions de l'Activité 5 et dites la vérité.

L'imparfait
Narrating in the past tense

1. Along with the passé composé and several other tenses, the imperfect tense is used to describe past events. First, review the forms of the imperfect tense. To get the stem for the imperfect, you take the **nous** form of the present tense and drop the **-ons** ending. The imperfect endings are then added to this stem.

Infinitive	PARLER	FINIR	VENDRE
Stem	nous parl-	nous finiss-	nous vend-
Imperfect	je parlais tu parlais il/elle/on parlait nous parlions vous parliez ils/elles parlaient	je finissais tu finissais il/elle/on finissait nous finissions vous finissiez ils/elles finissaient	je vendais tu vendais il/elle/on vendait nous vendions vous vendiez ils/elles vendaient

2. The only verb that has an irregular stem in the imperfect is the verb **être: ét-.**

ÊTRE			
j'	étais	nous	étions
tu	étais	vous	étiez
il/elle/on	était	ils/elles	étaient

3. Note that verbs ending in **-cer** like **commencer,** and **-ger** like **manger,** have a spelling change to accommodate pronunciation. A cedilla must be added to the **c** and an **e** must be added after the **g** when they are followed by an **a.**

je commençais	je mangeais
tu commençais	tu mangeais
il commençait	elle mangeait
ils commençaient	elles mangeaient

LES GÂTEAUX DE LA MAISON STOHRER

Puits d'amour — Charlotte aux fruits exotiques — Éclair au chocolat — Tartelette au citron — Opéra — Religieuse au café — Soleil levant — Millefeuille caramélisé — Tartelette Bourdaloue — Forêt noire — Tartelette à l'orange — Figue — Criolo — Barquette aux marrons — Tartelette aux fraises des bois — Nouméa — Charlotte aux framboises — Baba — Paris - Brest — Pont-Neuf

On mangeait des éclairs.

4. The imperfect is used to describe or narrate habitual, repeated, or continuous actions in the past. When the event began or ended is not important. The imperfect is often accompanied by time expressions such as **toujours, tous les jours, tous les ans, tout le temps, souvent, d'habitude, de temps en temps,** and **quelquefois.**

> **Tous les samedis, nous sortions en boîte.**
> **De temps en temps, nous allions au cinéma.**
> **Nous rentrions toujours avant minuit.**

5. The imperfect is also used to describe persons, places, and things in the past.

> **C'était une belle soirée d'août.**
> **Il faisait très beau.**
> **Guillaume avait vingt ans.**
> **Il était heureux d'être en Normandie.**
> **Il trouvait que Paris était la plus belle ville du monde.**
> **Il voulait y passer toute sa vie.**

Note that the imperfect is used to describe location, time, weather, age, physical appearance, physical and emotional conditions or states, attitudes, and desires.

Les falaises d'Étretat, en Normandie

Comment dit-on?

7 **Avant** Répondez d'après les modèles.

—**Nous écoutons les informations tous les jours.**
—**Nous aussi, avant, nous écoutions les
informations tous les jours.**

—**J'écoute les informations tous les jours.**
—**Moi aussi, avant, j'écoutais les informations tous
les jours.**

1. Nous discutons avec des amis tous les jours.
2. Nous allons au «Club Fitness» tous les jours.
3. Nous nageons tous les jours.
4. Nous nous exerçons tous les jours.
5. Nous jouons au foot tous les jours.
6. Je lis le journal tous les jours.
7. Je prends le train tous les jours.
8. Je fais du vélo tous les jours.
9. Je mange des fruits tous les jours.
10. Je commence un livre tous les jours.

Cyclisme en Alsace

8 **Vous n'avez pas bien entendu.** Posez les
questions qui correspondent aux réponses de l'activité
précédente. Suivez les modèles.

—**Nous aussi, avant, nous écoutions
les informations tous les jours.**
—**Qu'est-ce que vous écoutiez tous les jours?**

—**Moi aussi, avant, j'écoutais les informations
tous les jours.**
—**Qu'est-ce que tu écoutais tous les jours?**

1. Nous aussi, avant, nous discutions avec des amis tous
les jours.
2. Nous aussi, avant, nous allions au «Club Fitness» tous
les jours.
3. Nous aussi, avant, nous nagions tous les jours.
4. Nous aussi, avant, nous nous exercions tous les jours.
5. Nous aussi, avant, nous jouions au foot tous les jours.
6. Moi aussi, avant, je lisais le journal tous les jours.
7. Moi aussi, avant, je prenais le train tous les jours.
8. Moi aussi, avant, je faisais du vélo tous les jours.
9. Moi aussi, avant, je mangeais des fruits tous les jours.
10. Moi aussi, avant, je commençais un livre tous les jours.

9 **Quand ils étaient jeunes** Répondez d'après le modèle.

—Maintenant il a une voiture. (un vélo)
—Quand il était jeune, il avait un vélo.

1. Maintenant, il est riche. (pauvre)
2. Maintenant, elle voyage en première classe. (deuxième classe)
3. Maintenant, il va dans un grand hôtel. (une auberge de jeunesse)
4. Maintenant, elle achète ses vêtements chez un grand couturier. (au centre commercial)
5. Maintenant, ils mangent dans les grands restaurants. (les cafés)
6. Maintenant, ils ont une grande maison. (un petit appartement)
7. Maintenant, ils partent en vacances pendant trois mois. (trois jours)

La villa et les jardins Ephrussi de Rothschild à Saint-Jean-Cap-Ferrat sur la Côte d'Azur

10 **Quand j'étais enfant** Mettez au passé.

Nous avons une maison de campagne en Bourgogne. C'est une très belle maison, un ancien petit château. Il y a quinze pièces, un grand jardin et au fond du jardin, une petite rivière.

Comme la maison est grande, nous pouvons facilement inviter des amis. Nous y allons tous les quinze jours. Mes parents aiment beaucoup le calme de la Bourgogne.

En hiver, nous faisons de longues promenades dans la campagne, puis nous rentrons à la maison. Mon père allume un feu dans la cheminée, lui et ma mère lisent tranquillement, mes frères jouent à un jeu vidéo, et moi j'écoute de la musique. Ou alors, on prépare tous ensemble un bon dîner et on mange avec appétit.

En été, nous devenons de vrais sportifs: mes frères font du bateau sur le canal, mes parents vont à la pêche, et mes amis et moi, nous jouons au tennis. Et notre moyen de transport? La voiture? Non, le vélo! Nous roulons tous à vélo!

Semur-en-Auxois, en Bourgogne

11   **Je croyais...** Répondez d'après le modèle.

> —**On va au cinéma.**
> —**Je croyais qu'on allait en boîte!**

1. —Oh, je veux ces baskets!
   —Je croyais que tu...
2. —Ils sont en vacances à la Guadeloupe.
   —Je croyais qu'ils...
3. —Elle sort avec Christian.
   —Je croyais qu'elle...
4. —Ils parlent français et anglais.
   —Je croyais qu'ils...

La plage de Grand Case, un village sur l'île de Saint-Martin, dans la mer des Caraïbes

12 **Jadis** Imaginez ce que les jeunes faisaient...

1. quand il n'y avait pas de centres commerciaux.
2. quand il n'y avait pas de moyens de transport.
3. quand il n'y avait pas de téléphones portables.
4. quand il n'y avait pas d'ordinateurs.
5. quand il n'y avait pas la télévision.
6. quand il n'y avait pas l'électricité.

Conversation

C'est à vous
Use what you have learned

1

Shopping
✔ *Talk about shopping at a mall*

Vous faites du shopping au centre commercial. Vous êtes dans une boutique de vêtements. Vous expliquez à l'employé(e) (votre camarade) ce que vous voulez acheter. Voici des mots que vous avez déjà appris et dont vous aurez peut-être besoin:

> **des baskets, une paire de chaussettes, une casquette, un blouson, une chemise, un jean, une veste, un pantalon, un chemisier, un T-shirt, un short, une jupe, la pointure, la taille.**

2
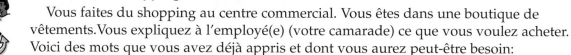

Vos parents
✔ *Interview your parents about what they wore when they were younger*

Demandez à vos parents s'ils faisaient du shopping avec des ami(e)s quand ils avaient votre âge. Demandez-leur quel genre de vêtements ils portaient, où ils les achetaient, s'ils dépensaient beaucoup d'argent pour les vêtements, etc. Faites ensuite un rapport à la classe.

3

Esclave de la mode?
✔ *Discuss expensive fashion*

Vous critiquez un(e) camarade qui vient d'acheter très cher un vêtement de marque. Votre camarade se défend.

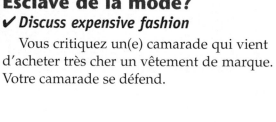

Profitez des **coupons-rabais** à l'endos pour vous offrir des produits qui ont du **style !**
Du jeudi 26 avril au dimanche 13 mai 2001

150 boutiques, services et halles d'alimentation

PLACE DE LA CITÉ
CENTRE COMMERCIAL
Le plus grand choix de boutiques exclusives à Québec

2600, boulevard Laurier, Sainte-Foy (418) 657-7015

4 Avant

✔ *Discuss fashion trends*

Avec un(e) camarade, vous parlez de vêtements qui étaient à la mode avant, mais qui ne le sont plus. Décrivez ces vêtements. Parlez aussi des couleurs qui étaient à la mode.

Les Galeries Lafayette à Paris

5 La publicité

✔ *Talk about effective advertising*

Racontez une occasion où vous avez acheté quelque chose parce que vous avez été manipulé(e) par la publicité.

6 Débat

✔ *Discuss the importance of clothes and physical appearance*

Faut-il accorder beaucoup d'importance aux vêtements? Pour quelles raisons certains jeunes dépensent-ils beaucoup d'argent pour les vêtements? Est-ce bien que certains jeunes n'attachent aucune importance à leur apparence physique? Justifiez vos réponses.

Assessment

Vocabulaire

1 Vrai ou faux? Corrigez les phrases fausses.

1. Le mois de mars est à la fin de l'année.
2. En général, on aime bien être dérangé.
3. Garder est le contraire de donner.
4. On aime quelque chose qui nous plaît.
5. Quand il fait chaud, on porte un col roulé.
6. Il n'est pas difficile de trouver ce qui est au fond d'un grand sac.

To review the vocabulary, turn to page 74.

2 Complétez.

7. Ce n'est pas de sa faute! Il ne l'a pas fait ___!
8. Je n'aime pas ça du tout. C'est pas mon ___.
9. Quand ça me ___, j'achète tout de suite.

Conversation

3 Répondez.

10. D'après Claire, que voulait acheter Lila au centre commercial?
11. Qu'est-ce que Lila veut que Claire essaie?
12. Quand Lila peut-elle revenir au magasin?
13. Claire n'est pas contente. Pourquoi?
14. Que fait Claire avec son argent de poche?

To review the conversation, turn to pages 76–77.

Structure

4 **Répondez au négatif.**

15. Maman est là?

16. Papa est rentré?

17. Tu vas lui téléphoner?

To review the formation of negative sentences, turn to pages 79–80.

5 **Répondez au négatif avec l'expression entre parenthèses.**

18. Il est déjà arrivé? (ne... pas encore)

19. Elle est quelquefois en retard? (ne... jamais)

20. Ils vont être contents? (ne... pas)

21. Ils ont beaucoup d'amis? (ne... aucun)

22. Tu as vu quelqu'un? (ne... personne)

23. Qu'est-ce que tu as dit? (ne... rien)

24. Ils habitent toujours ici? (ne... plus)

6 **Récrivez à l'imparfait.**

25. De temps en temps je sors en boîte.

26. Il fait du vélo tous les matins.

27. Ça ne me dérange pas.

28. Vous êtes seul?

29. Il finit très tard.

30. Elle commence à sortir le soir.

To review the imperfect, turn to pages 83–84.

Étudiants à Tunis, en Tunisie

Vocabulaire pour la lecture 🎧
Parlez-vous le djeun's?

une cité

à l'envers

se déguiser (en)

Son costume est à l'envers.

la Provence

une cigale

Voilà un beau paysage provençal.

Plus de vocabulaire

un sens une signification
un(e) beau(belle) gosse un(e) beau(belle)
  garçon(fille)
la honte l'humiliation
un pote (*fam.*) un copain
comme d'habitude comme toujours

nuire être mauvais (Ça nuit à la santé.
  C'est mauvais pour la santé.)
figurer être écrit
se tromper commettre une erreur
vouloir dire signifier

Quel est le mot?

1 **Images** Faites une phrase pour chacune des illustrations ci-dessous. Dans chaque phrase, utilisez l'un des mots suivants: **à l'envers, une cité, se déguiser en, la Provence, une cigale.** Faites les changements nécessaires.

1.

2.

3.

4.

5.

2 **Autrement** Exprimez d'une autre façon.

1. Quelle *humiliation!*
2. *C'est écrit* en toutes lettres sur le tableau.
3. Quelle en est *la signification*?
4. Il est assez *beau garçon*... pour celles qui aiment ce type-là.
5. Ils *ont commis des erreurs*.
6. Je ne sais pas ce que ça *signifie*.
7. *C'est mauvais pour* la santé.
8. Comme *toujours*, ils sont en retard!
9. C'est mon *copain*.

À Nice sur la Côte d'Azur

LES JEUNES

Journalisme

Avant la lecture

La langue des jeunes est une langue bien à eux. Bien sûr, il n'y a pas UNE langue, mais DES langues de jeunes parce qu'il y a plusieurs types de jeunes. De tous les temps, la langue a été un moyen de faire partie d'un groupe, de créer l'identité de ce groupe. Rien de nouveau donc, dans le fait que les jeunes d'aujourd'hui veuillent leur société à eux, différente de celle de leurs parents, de leurs professeurs, etc. Ils veulent une langue qu'eux seuls comprennent, qui les identifie par opposition aux autres. Mais voilà, de nos jours, tout ce qui est «jeune» est à la mode. Le français des jeunes l'est donc aussi: les médias, les publicitaires, les marques commerciales l'utilisent et les «moins jeunes» l'adoptent aussi en partie, avec plus ou moins de réticence. Certains mots passent dans le langage courant et finissent même... dans le dictionnaire!

Le magazine *Phosphore*

Parlez-vous le djeun's?

Répétons qu'il n'y a pas UNE langue des jeunes, mais DES langues des jeunes. C'est la langue des cités (les grands ensembles des zones urbaines) qui est la plus dynamique. Cette langue invente, emprunte, modifie des mots et leur donne un sens qui n'est pas nécessairement le même que le mot original. Mais cette langue varie selon les endroits: à Marseille un «mia» (beau garçon en parler local) est un «gossbo» (beau gosse à l'envers) dans la région parisienne.

Quelques indications pour comprendre les jeunes

Toutes les tendances d'une langue changent très vite. Néanmoins certains procédés semblent rester en usage.

Le «djeun's» utilise beaucoup de préfixes:

hyper comme dans «hyper rare»
super comme dans «super-potes»
ultra comme dans «ultra mode»
archi comme dans «archi-nul»
méga comme dans «méga fan»

Il coupe les mots au début ou à la fin. Il coupe même les expressions:

ado pour «adolescent»
bio pour «biologique»
compo pour «composition»
Ricains pour «Américains»
comme d'hab' pour «comme d'habitude»
À tout' pour «À tout à l'heure»

Il incorpore le verlan. Le verlan est un langage codé qui existe depuis le seizième siècle! Le verlan a été réactivé dans les cités au début des années 80 et incarnait une certaine position de révolte. Il consiste à inverser les syllabes (à l'envers = verlan). On met littéralement les mots à l'envers, tout comme la casquette sur la tête. Le verlan n'est plus utilisé systématiquement, mais certains mots sont restés, surtout en région parisienne. Par exemple, tous les membres de la famille sont présents.

famille	mille + fa	(le **lle** tombe)	→	la mifa
les parents	rents + pa	(le **a** tombe)	→	les renps
le père	re + pè	(le **è** tombe)	→	le reup
la mère	re + mè	(le **è** tombe)	→	la reum
les frères	res + frè	(le **rè** tombe)	→	les reufs
les sœurs	res + sœu	(le **œu** tombe)	→	les reus

On peut aussi «verlaniser» des expressions: «comme ça» devient «askeum». Il y a même un verlan du verlan (le veul). Ainsi une femme devient une «meuf» en verlan et une «feum» ou «feumeu» en veul.

Le français des jeunes emprunte des mots, surtout aux langues des communautés immigrées. Les sources majeures sont tout d'abord l'arabe auquel on emprunte du vocabulaire depuis longtemps mais plus récemment avec «ahchouma» (honte), «casbah» (maison) et «kiffer» (aimer, s'amuser). Certains mots comme «raclo», «racli» (garçon, fille) viennent de langues tsiganes[1]. Diverses langues africaines ont aussi leur influence: «gore» (garçon, avec son féminin francisé «gorette» pour fille), «faya» (fatigué).

Et bien sûr, il y a l'anglais avec «hypercool», «flashy», «flipper» («to flip» + er), etc.

Et puis il y a les créations de mots amusantes et pleines d'inventions. Le mot «kisdé» (policier) vient d'une définition ironique du policier: «celui qui se déguise» devient «qui se dé», donc «kisdé». Le mot «tchatcher» (parler) vient de «cha-cha» qui veut dire «le chant de la cigale» en provençal. Une cigarette s'appelle une «nuigrave» de l'inscription «nuit gravement à la santé» qui figure sur les paquets de cigarettes. Quant au mot «grave», il veut dire beaucoup de choses, mais jamais «alarmant» ou «sérieux», qui sont ses sens initiaux. «Grave» peut signifier «oui» pour accepter ou «ouais!» pour renforcer ce qu'on vient de dire. Il peut signifier «très»: «Il est grave beau.» Il peut vouloir dire «imbécile»: «Il est grave!» Mais attention! «Mortel» ou «criminel» a un sens positif. Si vous entendez dire d'une fille qu'elle est «criminelle», ne vous trompez pas, on parle de sa beauté et il s'agit bien d'un compliment!

---

[1]tsiganes *Gypsy*

Vous avez compris?

A Répondez aux questions.

1. Pourquoi y a-t-il plusieurs langues de jeunes?
2. En général, à quoi sert une langue?
3. Quel genre de langue les jeunes veulent-ils? Pourquoi?
4. Qui, à part les jeunes, utilise leur langue? Pourquoi?
5. D'où vient essentiellement la langue des jeunes?
6. Que fait cette langue?
7. Comment varie-t-elle?

B Identifiez trois procédés utilisés dans le langage «jeunes» et donnez deux exemples à chaque fois.

C Décrivez ce qu'est le verlan et donnez quelques exemples.

D Identifiez trois langues auxquelles le langage des jeunes a emprunté des mots et donnez un exemple à chaque fois.

Étudiants à Strasbourg, en Alsace

E Expliquez d'où viennent les mots suivants.

1. tchatcher
2. nuigrave
3. kisdé

F Expliquez le sens du mot «grave». Ce mot est employé dans la bande photo? Dans quel sens?

G Vous connaissez déjà des mots comme «ado» dans lesquels une partie a été coupée. Trouvez-en quelques uns.

H Que veulent dire les mots suivants en français standard?

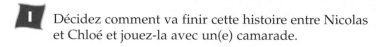

1. le tromé
2. la zicmu
3. un féca
4. un zomblou
5. un képa
6. zarbi

I Décidez comment va finir cette histoire entre Nicolas et Chloé et jouez-la avec un(e) camarade.

Vocabulaire pour la lecture 🎧
Garçons-Filles

Je veux être instituteur.
J'aimerais que mes élèves
apprennent vite et bien.

J'ai envie d'être pompier.
Je voudrais que les femmes puissent
faire tous les métiers.

Les Martin se partagent les tâches.
Mme Martin s'occupe de la cuisine, et M. Martin
s'occupe du bébé.

Plus de vocabulaire

se débrouiller se sortir d'une mauvaise
  situation, se tirer d'affaire
s'ennuyer le contraire de s'amuser

faire une bouffe (fam.) préparer un repas
un boulot (fam.) un travail
parfois quelquefois

Quel est le mot?

1 **Questions** Répondez personnellement.

1. Comment s'appelait ton instituteur(trice) quand tu avais six ans?
2. Tu voudrais être instituteur ou institutrice?
3. Tu admires les pompiers?
4. Tu voudrais être pompier?
5. Tu t'occupes des tâches domestiques chez toi? Desquelles?
6. Tu t'ennuies parfois quand il pleut pendant le week-end?
7. Tu as un boulot?

2 **Définitions** Quel est le mot?

1. tout ce qu'on fait à la maison
2. le contraire de s'amuser
3. le contraire de toutes les fois
4. un(e) prof dans une école primaire
5. un tout petit enfant

3 **Comment dit-on... ?** Exprimez d'une autre façon les mots en italique.

1. C'est un bon *travail*.
2. On va *préparer un repas*.
3. Il *se tire toujours* d'affaire.
4. Il va *se charger* de ça.
5. Ils vont *diviser* en trois.

La cour d'une école primaire à Paris

Ils préparent le repas en famille.

Avant la lecture

Pour les jeunes de quinze à vingt-cinq ans, l'égalité entre hommes et femmes est une chose parfaitement naturelle. Les filles comme les garçons sont indignés par les différences de salaires et autres discriminations. Ils veulent lutter contre ces injustices, mais peut-être pas avec la même véhémence que dans les années 70. Juste avec des moyens réalistes et efficaces comme les quotas ou la parité. La parité est une loi qui impose 50 pour cent de femmes sur les listes électorales.

Tous féministes?

L'égalité entre les hommes et les femmes, c'est la question que le magazine *Phosphore* a proposée à des lycéens, des étudiants, et d'autres jeunes qui travaillent déjà. Voici des extraits de leurs témoignages[1].

David, 19 ans
Étudiant, Évry
(Essonne)

TRADITIONS: Aujourd'hui, dans notre culture, les filles et les garçons ont droit à la même éducation et aux mêmes chances. Dans la vie, chacun doit être indépendant et se débrouiller seul, que[2] l'on soit garçon ou fille. C'est sur ce modèle que j'ai envie de construire ma vie.

ÉGALITÉ: Plus tard dans le couple, je trouve que l'égalité et le partage des tâches entre l'homme et la femme sont indispensables au quotidien, ça témoigne d'une bonne entente entre les deux. Dans la vie professionnelle, ça devrait être la même chose, je trouve que c'est dommage d'attribuer aux sexes des tâches spécifiques. Et si un jour, ma femme a une position sociale plus élevée que la mienne, je serai heureux pour elle, ça voudra dire qu'elle s'est donné la peine d'y arriver. Les gens qui pensent le contraire ont sûrement peur du changement.

Angélique, 17 ans
Lycéenne, Cateau-Cambrésis (Nord)

TRAVAIL: En principe, c'est les hommes qui ont la responsabilité de ramener l'argent à la maison. Mais même si mon mari a un emploi, j'aimerais en avoir un aussi pour ne pas m'ennuyer. Et puis, ça me gênerait[3], pour m'acheter un vêtement, de demander à mon mari.

ÉGALITÉ: L'égalité entre filles et garçons, ça n'existe pas. Sauf dans certains domaines comme le dessin, où les deux peuvent réussir aussi bien l'un que l'autre. Je ne trouve pas qu'il y ait besoin de plus d'égalité. Je ne vois pas dans quoi il y aurait besoin de changer les choses. Bon, que les femmes gagnent autant d'argent que les hommes, ce serait bien, mais si ce n'est pas le cas, ce n'est pas grave.

Virginie, 21 ans
Vendeuse dans un hypermarché, Quimper (Finistère)

FOOT: Samedi dernier, je suis allée au café où nous avons nos habitudes. Les garçons étaient partis voir un match de foot et les filles étaient parties faire une bouffe chez une copine! Parfois, c'est comme ça, chacun de son côté.

---

[1]témoignages *answers, opinions*
[2]que *whether*
[3]ça me gênerait *it would bother me*

MÉTIERS: Aujourd'hui, il y a des hommes infirmiers et des femmes pompiers ou policiers. Alors, j'ai été un peu déçue quand on m'a préféré un homme pour du rayonnage[4] en magasin. J'ai pensé que c'était injuste même si je sais que c'est un travail physique et que j'allais avoir le dos cassé.

Olivier, 17 ans
Lycéen, Brest
(Finistère)

MÉTIERS: J'ai envie de devenir instituteur. Quand j'en parle dans ma classe, certains me disent «tiens, instit, c'est marrant». Eux, ils pensent devenir ingénieur ou médecin. Je sais que c'est une profession assez féminine mais cela ne me gêne pas, même d'être dirigé par une femme directrice d'école.

QUOTAS: S'il y a encore un combat à mener pour les femmes, je pense que c'est en politique. Les quotas ou la parité, je trouve cela assez normal. En même temps, c'est vrai qu'il faut aussi qu'elles aient le goût pour ça. Et en politique, je ne pense pas ce soit gagné. Peut-être que les hommes sont plus attirés par le pouvoir[5].

Sébastien, 23 ans
Technicien,
Toulouse (Haute-Garonne)

CHANCES: Mon patron est une femme, et je respecte aussi bien son autorité que celle d'un homme. Je mets homme et femme sur un pied d'égalité. Je crois qu'en général, les femmes ont autant de chances de réussir que les hommes.

PARITÉ: Il n'y a rien de plus sexiste que la parité homme/femme en politique. L'égalité existe, il ne faut pas l'imposer. On nous oblige à prendre des femmes parce qu'il y a trop d'hommes, sans tenir compte[6] des compétences de chacun!

Marie-Laure, 23 ans
Administratrice
dans une banque
française, Francfort
(Allemagne)

TRAVAIL: Je travaille depuis un an. J'ai un très bon salaire. J'avais hâte[7] de travailler, d'être indépendante financièrement, d'avoir des responsabilités. J'ai une énorme volonté de réussir. Je crois que les filles et les garçons ont les mêmes chances. Moi, j'ai eu un parcours[8] facile. En sortant de l'école, j'ai été recrutée parce que j'ai su montrer que j'étais dynamique, intéressée et responsable. Concernant l'accès aux mêmes salaires et aux mêmes responsabilités, mon exemple montre que c'est possible.

FAMILLE: Aujourd'hui, ma priorité, c'est le travail, mais je n'oublie pas la famille. Quand ma famille existera, elle passera avant tout. J'aimerais beaucoup m'occuper de mes enfants et que mon mari s'en occupe également. Je garderai peut-être ce boulot si mon mari est à la maison ou alors nous aurons tous les deux un boulot plus calme. Chacun pourrait s'occuper des enfants à son tour, en prenant un an de congé chacun.

QUOTAS: Les quotas de femmes en politique, je suis pour si ça facilite l'arrivée des femmes, si ça leur donne envie de participer. Je pense que les femmes en politique seraient plus efficaces, parce qu'elles agissent[9] plus qu'elles ne parlent. Mais je retombe dans les idées bateau[10]! Chacun est unique, qu'il soit homme ou femme!

---

[4]rayonnage *stocking shelves*
[5]pouvoir *power*
[6]sans tenir compte *without taking into account*
[7]avoir hâte *to be anxious*
[8]parcours *professional life*
[9]agissent *act*
[10]retomber dans les idées bateau *fall back on clichés*

Vous avez compris?

A Répondez d'après les différents témoignages.

David

1. Les filles et les garçons ont-ils les mêmes chances de réussir?
2. À la maison, que doivent partager l'homme et la femme?
3. Dans la vie professionnelle, y a-t-il des tâches spécifiquement féminines et d'autres spécifiquement masculines?

Angélique

4. Pourquoi Angélique veut-elle travailler?
5. L'égalité entre filles et garçons existe-t-elle?

Virginie

6. Les garçons et les filles font-ils toujours tout en groupe mixte?
7. Pourquoi Virginie a-t-elle été déçue au travail?

Olivier

8. Quel métier Olivier veut-il faire?
9. Qu'en pense ses camarades de classe?
10. Pourquoi y a-t-il plus d'hommes que de femmes en politique?

Sébastien

11. Les femmes ont-elles autant de chances de réussir que les hommes?
12. Sébastien est-il pour ou contre la parité homme/femme en politique?

Marie-Laure

13. Pourquoi Marie-Laure a-t-elle obtenu un bon travail?
14. Que se passera-t-il quand elle aura une famille?
15. Pourquoi les femmes en politique seraient-elles plus efficaces que les hommes.

Un tribunal à Lyon, en France

B Quels sont les jeunes interviewés qui sont féministes et quels sont ceux qui ne le sont pas? Justifiez vos réponses.

C Parmi les jeunes qui ont été interviewés, quel est le garçon ou la fille qui vous est le (la) plus sympathique? Dites pourquoi.

Structure avancée

Le subjonctif après les verbes de volonté
Expressing wishes, preferences, and demands

1. The subjunctive must be used after verbs that express a wish, a preference, or a demand.

> vouloir que
> avoir envie que
> aimer (mieux) que
> préférer que
> souhaiter que
> exiger que

2. These verbs are followed by the subjunctive because they describe personal wishes or desires concerning other people's actions. Even though one wishes, prefers or demands that another person do something, one can never be sure that the other person will in fact do it. It may or may not occur, and the subjunctive must be used.

> **Il préfère que son chef soit un homme.**
> **Elle souhaite que ses enfants fassent des études.**
> **Ils veulent qu'il n'y ait plus de discrimination entre hommes et femmes.**

Comment dit-on?

1 **Historiette** **Le soir chez les Durant**
Répondez que oui.

1. Tu veux que j'aille à la boulangerie?
2. Tu aimerais que je prépare le dîner pour les enfants?
3. Tu voudrais que je mette les enfants au lit?
4. Tu veux que je fasse la vaisselle?
5. Tu veux que j'enregistre le film sur France 2?

2 **Toujours chez les Durant** Reprenez les phrases de l'Activité 1 et inventez des réponses. Suivez le modèle.

> —Tu veux que j'aille faire les courses? ⟶
> —Oui, je veux bien que tu ailles faire les courses. / Non, je préfère que tu prépares le dîner.

Une boulangerie à Paris

3 Un(e) prof de français exigeant(e) Répondez.

1. Il/Elle exige que vous soyez à l'heure?
2. Il/Elle exige que vous fassiez vos devoirs?
3. Il/Elle exige que vous lisiez beaucoup?
4. Il/Elle exige que vous écriviez des rédactions très longues?
5. Il/Elle exige que vous écoutiez bien en classe?

4 J'insiste Répondez d'après le modèle.

Vous partez avec moi? ⟶
J'aimerais que vous partiez avec moi!

1. Vous m'attendez?
2. Vous sortez?
3. Vous m'aidez?
4. Vous m'accompagnez?
5. Vous y allez?
6. Vous passez?

5 **Historiette** **Dans quelques années** Complétez.

1. Je souhaite que nous _____ acheter une petite maison. (pouvoir)
2. Je souhaite que les enfants _____ chacun leur chambre. (avoir)
3. Je souhaite que ta mère _____ d'accord pour nous aider. (être)
4. Je souhaite que Mme Duval _____ bien s'occuper de la maison. (vouloir)
5. Je souhaite que toi et moi, nous _____ faire un grand voyage. (aller)

Le subjonctif ou l'infinitif

Expressing wishes, preferences, and demands concerning oneself or others

With expressions that require the subjunctive, the subjunctive is used only when the subject of the dependent clause is different from the subject of the main clause. When there is no change of subject in the sentence, the infinitive is used instead of a clause with the subjunctive.

Subjunctive	Infinitive
Je veux que tu sois heureuse.	Je veux être heureuse
Il faut que vous disiez la vérité.	Il faut dire la vérité.

Comment dit-on?

6 **Conseils** Répondez d'après le modèle.

> **Il faut aimer les autres.** ⟶
> **Il faut que tu aimes les autres.**

1. Il faut dire la vérité.
2. Il faut faire des sacrifices.
3. Il ne faut pas mentir.
4. Il faut aider les autres.
5. Il faut avoir pitié des malheureux.
6. Il faut être solidaire.
7. Il faut penser aux autres.
8. Il ne faut pas se fâcher.

7 Historiette Mes économies Complétez.

1. Je voudrais _____ des économies. (je/faire)
2. Mon père voudrait _____ un compte. (je/ouvrir)
3. Il souhaite _____ de l'argent à la banque tous les mois. (je/mettre)
4. Il préfère _____ de l'argent de poche toutes les semaines. (il/me donner)
5. Il souhaite _____ l'argent que j'ai à la banque. (je/ne pas dépenser)
6. Je veux _____ des intérêts. (je/recevoir)

Des euros en pièces et en billets

La banque du Crédit Lyonnais à Saint-Quentin, en France

D'autres verbes au présent du subjonctif

More verbs expressing actions that may or may not take place

1. Some verbs have two stems in the present subjunctive. All forms except **nous** and **vous** have the regular stem (based on the **ils / elles** form of the present indicative). The **nous** and **vous** forms have an irregular stem.

Infinitive		Present subjunctive		
prendre	que je	prenne	que nous	prenions
apprendre	que j'	apprenne	que nous	apprenions
comprendre	que je	comprenne	que nous	comprenions
venir	que je	vienne	que nous	venions
recevoir	que je	reçoive	que nous	recevions
devoir	que je	doive	que nous	devions

2. Verbs that have a spelling change in the present indicative keep the same spelling change in the present subjunctive.

Infinitive	Present subjunctive			
voir	que je	voie	que nous	voyions
croire	que je	croie	que nous	croyions
appeler	que j'	appelle	que nous	appelions
acheter	que j'	achète	que nous	achetions
répéter	que je	répète	que nous	répétions

Comment dit-on?

8 **La vie de famille!** Refaites les phrases utilisant les indications.

1. Tu viens avec nous au marché. (il faut que)
2. Tu appelles tes grands-parents. (j'exige que)
3. Tu nous comprends. (je souhaite que)
4. Tu achètes moins de jeux vidéo. (je voudrais que)
5. Tu prends ton temps. (j'aimerais que)
6. Tu comprends ce qui se passe. (il vaut mieux que)
7. Tu me crois. (il faut que)
8. Tu dois rester plus longtemps. (il se peut que)
9. Tu ne reçois plus d'argent de poche. (il est possible que)
10. Tu répètes toujours la même chose. (il ne faut pas que)

Jour de marché à Aix-en-Provence

9 **Plus ça change...** Refaites l'Activité 8 en remplaçant **tu** par **vous.**

C'est à vous
Use what you have learned

ÉCRIRE

1 **Le djeun's**

✔ *Write a list of slang words that you and your friends use*

Parlez-vous une langue spéciale avec vos amis? Quels mots utilisez-vous? Faites une liste et comparez-la à celles de vos camarades. Attention! Pas de gros mots *(swear words)*.

ÉCRIRE

2 **La parité**

✔ *Write a list for and against the equality of men and women*

Faites une liste des arguments pour et contre la parité en politique.

L'Assemblé nationale
en session à Paris

PARLER

3 **Débat**

✔ *Discuss the need for a law for the equality of men and women in the United States*

Il n'y a pas de loi sur la parité en politique aux Etats-Unis. Croyez-vous que ce serait une bonne idée de proposer une telle loi? Justifiez votre opinion.

Jogging au jardin du Luxembourg à Paris

4

Stéréotypes
✔ *Discuss gender stereotypes*

Quelles sont les qualités généralement attribuées aux garçons? Et aux filles? Quels sont les défauts généralement attribués aux filles? Et aux garçons? Discutez.

PARLER

5

ÉCRIRE

L'égalité filles/garçons
✔ *Discuss equal employment opportunities for men and women*

D'après votre expérience personnelle, pensez-vous que les garçons et les filles aient les mêmes chances de réussir dans la vie? Donnez des exemples.

PARLER

6

Quels jobs?
✔ *Discuss equal employment opportunities*

Discutez avec un(e) camarade: Tous les jobs devraient-ils être ouverts aux hommes comme aux femmes? Y a-t-il des restrictions? Lesquelles?

RECHERCHE

COMPTABLE
*CDD du 1/09/2002
au 31/03/2003
Temps plein 35 h*

BTS comptabilité +
2 ans minimum
d'expérience **OU** 5 ans
minimum d'expérience

Pour comptabilité
générale, bulletins
de paie, déclarations
sociales et fiscales,
préparation des bilans,
pratique de CIEL PAIE

*Adresser CV + lettre
de motivation + photo*
CAP'CINE
*Rue des Onze-Arpents
41000 BLOIS*
0179552001270

UGECAM du Centre
Centre Médical de Beaurouvre
28120 ILLIERS COMBRAY
0177046007260

RECHERCHE

2 POSTES CDI
INFIRMIERE D.E.

Salaire motivant (1764 € x 14 mois), reprise ancienneté, avantages sociaux
(20 ARTT, 27 CA, congés enfant, etc),
possibilité logement, convention collective sécurité sociale.
Projet d'établissement en cours de réalisation :
médecine physique réadaptation.
Tél. à M. SURAND pour R.-V. au
02.37.20.38.20 ou 02.37.20.38.00

C816360055270

Étudiants

DELTA DIFFUSION
N°1 PRIVÉ DE LA DISTRIBUTION À DOMICILE

recrute distributeurs (trices)
de journaux gratuits et d'imprimés publicitaires en boîtes aux lettres

• vous êtes disponible 1 à 2 jours
par semaine ou plus,
• vous disposez d'un téléphone,
véhicule indispensable.

Delta Diffusion vous offre :
• un travail d'appoint à emploi
du temps aménageable,
• une rémunération à la tâche
+ frais de déplacement
+ prime.

Contactez-nous :
0825 825 471 : 0,15€/mn
de 9h à 12h et de 14h à 17h

delta diffusion
L'intelligence du geste

Assessment

Vocabulaire

1 Complétez.

To review the vocabulary, turn to page 92.

1. Tu as mis ton pull à ____!
2. Elle a fait un mauvais numéro. Elle s'est ____.
3. Il ne veut pas qu'on le reconnaisse. Il va ____.
4. Je ne comprends pas ce mot. Qu'est-ce que ça ____?
5. Il est encore en retard, comme ____!

2 Vrai ou faux? Corrigez les phrases fausses.

To review the vocabulary, turn to page 98.

6. Un boulot est un travail.
7. Une bouffe est un repas.
8. Un instituteur est un élève.
9. Quand on s'ennuie, on s'amuse.

Lecture

3 Donnez les exemples suivants en djeun's.

To review the reading, turn to pages 94–95.

10. un mot avec préfixe
11. une abréviation
12. un mot en verlan

4 Répondez d'après la lecture.

To review the reading, turn to pages 100–101.

13. Qu'est-ce que la loi sur la parité?
14. Pourquoi est-il «dommage d'attribuer aux sexes des tâches spécifiques»?
15. L'accès aux mêmes salaires et aux mêmes responsabilités est-il possible pour les hommes et les femmes?

Pompiers à Montréal, au Québec

Structure

5 **Récrivez les phrases suivantes en commençant par les expressions entre parenthèses.**

16. Tu sors tout de suite. (J'aimerais que)
17. Il y a moins de discrimination maintenant. (Ils veulent que)
18. Je fais la vaisselle ce soir. (Tu préfères que)
19. Ils sont à l'heure. (La prof exige que)
20. Ils sont heureux. (Je souhaite que)

To review the subjunctive after verbs expressing wishes, preferences, and demands, turn to page 103.

6 **Complétez avec le subjonctif ou l'infinitif du verbe entre parenthèses.**

21. Je veux qu'elle ____ heureuse. (être)
22. Il faut qu'il ____. (partir)
23. J'aimerais ____ pompier. (être)
24. Nous souhaitons qu'il ____ beau demain. (faire)
25. J'aime mieux ____ à la maison samedi soir. (rester)

To review when to use the subjunctive or the infinitive, turn to page 105.

7 **Complétez d'après les indications.**

26. Je voudrais que tu ____. (comprendre)
27. Il faut qu'il ____ immédiatement! (venir)
28. Il faut que je le ____! (voir)
29. J'aimerais tellement qu'il ____! (appeler)
30. Qu'est-ce qu'il faut que j'____? (acheter)

To review the subjunctive of more verbs, turn to page 106.

Proficiency Tasks

Rédaction

Pour donner de la vie à un écrit, on peut utiliser le dialogue. Le dialogue n'est pas seulement pour les pièces de théâtre. Il est utilisé dans de nombreux écrits que ce soit dans les romans, les récits ou même les articles de presse. Dans un dialogue, tout est permis, à condition que cela «sonne» vrai.

TÂCHE 1
Vous allez écrire un résumé de la lecture «Jeunes, qui êtes-vous?» Pour faire un résumé il faut d'abord comprendre parfaitement le texte. Quand vous lisez le texte, notez les idées principales. Une fois que vous avez bien tout compris, vous pouvez commencer à rédiger votre résumé.

D'abord, il faut retrouver le plan du texte. Dans ce cas, le plan général est commencé pour vous et chaque paragraphe a un titre. Mais dans chaque paragraphe, il y a plusieurs idées principales. Donc, pour chaque paragraphe, identifiez les idées principales et résumez-les en quelques lignes. Essayez de ne pas utiliser les mêmes mots ou expressions que le texte, mais de reprendre les idées dans des termes plus généraux.

Relisez ensuite votre résumé et essayez si possible de le rendre encore plus court. Éliminez les répétitions, par exemple. Dans un dernier temps, relisez votre résumé pour corriger toutes les fautes d'orthographe ou de grammaire.

TÂCHE 2
Vous allez maintenant écrire un dialogue entre deux personnes. Tout comme une narration, un dialogue peut établir le caractère des personnages. Quand il s'agit de présenter un conflit, un dialogue peut le faire d'une manière plus forte et surtout plus réelle pour le lecteur (la lectrice). Tout d'abord, choisissez un sujet pour votre dialogue. Vous pouvez parler d'une sortie au centre commercial ou d'un conflit entre ami(e)s, par exemple. Ensuite, choisissez les personnages. Il peut s'agir de vous et de vos amis, ou de personnages fictifs. S'il ne s'agit pas de vous et de vos amis (et même si c'est le cas), il est bon de faire une liste d'adjectifs qui définissent la personnalité de chacun.

Quand vous écrivez un dialogue il faut respecter certaines règles:

- Le style doit correspondre à l'âge des personnes—un(e) jeune de 15 ans ne parle pas comme un homme ou une femme de 50 ans.

- La personnalité de chacun se reflète dans sa façon de parler—une personne timide ne parle pas de la même façon qu'une personne agressive.

- Un dialogue est de la langue <u>parlée</u>, pas de la langue écrite. Dans un dialogue, on peut, par exemple, commencer une phrase sans la finir et passer à autre chose. Un dialogue comprend nécessairement des questions et des réponses affirmatives ou négatives. Dans le style dialogue, quand on pose une question, on utilise la forme parlée, pas la forme écrite. Par exemple on dit, **Tu pars quand?** plutôt que, **Quand pars-tu?** On répond rarement par une phrase complète. On n'utilise pratiquement jamais le **ne** d'une négation.

De nos jours, la plupart des gens correspondent par e-mail et de plus en plus par SMS ou textos, c'est-à-dire, un message écrit sur un téléphone portable. Vous allez inviter vos amis à faire quelque chose par e-mail. Puis, vous allez fixer le rendez-vous par SMS.

Il faut bien analyser votre message: quelles sont les idées ou les faits que vous voulez communiquer? Dans les deux cas, le message est court.

Dans le cas d'un e-mail, le style utilisé est à mi-chemin entre le style écrit et le style parlé. Dans un e-mail, on écrit comme on parle, mais on commence souvent par une salutation et on finit par une formule. La salutation et la formule sont souvent familières:

Bonjour, Salut, Ciao, Bisous

Dans le cas d'un SMS, le texte est réduit à son minimum: pas d'articles, pas de pronoms, pas de prépositions. Par exemple: **rendez-vous**

midi **café Saint-Michel.** En fait, un nouveau language phonétique s'est développé. Par exemple:

ght	⟶	**J'ai acheté**
Koi29?	⟶	**Quoi de neuf?**
Tuve pa kon svoi 2m1?	⟶	**Tu veux pas qu'on se voit demain?**
Slt	⟶	**salut**

Maintenant écrivez un e-mail à des amis pour les inviter à faire quelque chose avec vous. Notez d'abord les mots-clés qui sont nécessaires pour communiquer ce que vous voulez dire. Ensuite, commencez à écrire, mais écrivez comme vous parlez. Commencez par une salutation et terminez par une formule finale. Vous pouvez utiliser certains mots que vous avez appris dans «Parlez-vous le djeun's?»

Finalement écrivez un SMS qui fait suite à votre e-mail. Par exemple pour fixer un rendez-vous ou pour demander d'amener quelque chose.

Discours

Vous ne parlez pas de la même façon avec vos copains, avec vos parents ou avec des adultes que vous ne connaissez pas très bien. Vous n'utilisez pas les mêmes mots, les mêmes expressions. Vous êtes plus polis avec les gens que vous ne connaissez pas. En français, la différence est encore plus claire parce que vous utilisez **tu** avec les gens que vous connaissez bien et **vous** avec ceux que vous ne connaissez pas aussi bien.

TÂCHE **4** Travaillez avec un(e) camarade. Racontez-lui quelque chose qui vous est arrivé, par exemple, vous avez rencontré quelqu'un que vous connaissez tous les deux et que vous n'avez pas vu depuis longtemps. Vous pouvez parler de tout ce que vous et votre ami(e) faisiez quand vous étiez ensemble. Utilisez **tu** quand vous vous adressez à votre camarade.

TÂCHE **5** Racontez maintenant la même histoire à un(e) adulte que vous ne connaissez pas aussi bien que votre camarade. N'oubliez pas de changer de style et d'utiliser **vous** quand vous lui parlez.

Leçon 1 Culture

l'argent de poche	le rêve	être accro de
la bande dessinée (B.D.)	la sortie	s'entendre bien (mal)
		se fâcher
la boîte	déçu(e)	manquer à
la console de jeux vidéo	accorder de l'importance à	partager
		télécharger
le goût		
les informations (f.)	avoir la cote	Ce n'est pas la peine.
le jeu vidéo	convaincre	ne... que
le mensonge	dépenser	
le portable	disparaître	

Leçon 2 Conversation

le col roulé	déranger	Ça me plaît.
le début	garder	C'est pas mon truc.
la fin		
le fond	autrefois	
le range CD	exprès	
le sac besace		

Leçon 3 Journalisme

le bébé	avoir envie (de)
le boulot	faire une bouffe
la cité	figurer
la cigale	nuire
le/la gosse	se débrouiller
la honte	se déguiser (en)
l'instituteur(trice)	s'ennuyer
le paysage	s'occuper (de)
le pompier	se tromper
le pote	vouloir dire
la Provence	
le sens	à l'envers
la tâche	comme d'habitude
	parfois
provençal(e)	

LITERARY COMPANION *See pages 443 and 448 for literary selections related to Chapter 2.*

Vidéotour

Bon voyage!

Video can be a beneficial learning tool for the language student. Video enables you to experience the material in the textbook in a real-life setting. Take a vicarious field trip as you see people interacting at home, at school, at the market, etc. The cultural benefits are limitless as you experience French and Francophone culture while "traveling" through many countries. In addition to its tremendous cultural value, video gives practice in developing good listening and viewing skills. Video allows you to look for numerous clues that are evident in tone of voice, facial expressions, and gestures. Through video you can see and hear the diversity of the target culture and compare and contrast the French-speaking cultures to each other and to your own.

Épisode 1: Sami Azaiez – un jeune Tunisien

Vous allez partager certains aspects de la vie de jeunes francophones. Vous rencontrerez un jeune Tunisien Sami Azaiez qui a créé sa propre agence de mannequins. Sami a très bien réussi, non seulement sur le marché tunisien, mais aussi sur le marché international.

Épisode 2: Roulez, jeunesse!

Tous les vendredis soirs à Paris, les fanas de roller se retrouvent pour une grande randonnée dans la ville. Cet événement s'appelle le Pari-roller. Après une semaine de dur travail, ça fait du bien de tout oublier et de rouler pendant quatre heures avec des copains. C'est la fête—on se fait des amis et on a toute la rue pour soi!

Épisode 3: Les conseils de la jeunesse

Maintenant un peu de sérieux! Après le lycée, les jeunes qui n'ont pas encore le droit de voter peuvent se réunir pour participer à la vie municipale. En effet, les Conseils de la jeunesse leur donnent l'occasion de proposer ou d'exécuter des projets pour améliorer la vie dans leur quartier.

Les loisirs

Objectifs

In this chapter you will:

✔ learn what leisure activities French people of different ages enjoy

✔ learn about some leisure activities such as attending a play, including buying the ticket and discussing the play afterwards

✔ review how to talk about actions in the past and to compare people and things

✔ read and discuss articles about two young singers from Guadeloupe and about helpful leisure activities

✔ review how to express emotional reactions to others, and to express uncertainty, uniqueness, and emotions or opinions about past events

Randonneurs en pays Dogon, au Mali

Introduction

En France, le temps libre ne cesse pas d'augmenter. Cela est dû, bien sûr, à la réduction du temps de travail mais aussi à l'allongement de l'espérance de vie: les gens vivent plus longtemps et ont donc plus de temps pour les loisirs. Pendant leurs heures de loisirs, ils font du sport, ils écoutent de la musique, ils regardent la télévision, ils bricolent, ils sortent avec des amis, etc. Et plus ils ont du temps libre, plus la partie de leur budget consacrée aux loisirs augmente.

Vocabulaire pour la lecture 🎧

le repos

le deltaplane

Après le deltaplane, il mérite bien un peu de repos.

le surf des neiges

un baladeur

un chemin

Il aime bricoler.

un téléspectateur

un écran

une téléspectatrice

Les Français n'allaient plus beaucoup au cinéma.
Ils regardaient surtout la télévision.
Mais aujourd'hui les spectateurs ont repris le chemin
des salles.

Plus de vocabulaire

une dépense l'argent qu'il faut payer

une récompense ce qu'on reçoit pour une
bonne action (par exemple, ce qu'on
donne à un enfant quand il a été sage)

la détente la relaxation

un(e) adepte un(e) disciple, un(e) fan

moyen(ne) ni trop long/grand/court/petit;
le contraire d'extrême

consacrer donner, employer totalement
(par exemple, consacrer son temps libre à
pratiquer un sport)

augmenter devenir plus grand; le contraire
de baisser

baisser devenir plus bas; le contraire
d'augmenter

faire de la raquette marcher dans la neige
avec des raquettes (des chaussures pour la
neige)

Quel est le mot?

1 **Loisirs sportifs** Faites une liste…

1. de tous les sports individuels que vous connaissez.
2. de tous les sports d'équipe que vous connaissez.
3. des sports que vous faites ou que vous avez envie de faire.

Match de hockey à Percé, au Québec

2 **Vos loisirs** Donnez des réponses personnelles.

1. Vous aimez écouter de la musique?
2. Vous consacrez combien de temps à écouter de la musique?
3. Vous préférez quel genre de musique?
4. Est-ce que vous avez un baladeur?
5. Vous aimez regarder la télévision?
6. Vous passez combien d'heures par jour en moyenne devant le petit écran?
7. Qu'est-ce que vous regardez?
8. Qu'est-ce que vous regardiez quand vous étiez plus jeune?
9. Vous allez quelquefois au cinéma? Avec qui?
10. Vous aimez bricoler?

3 **Les loisirs, c'est sérieux.** Complétez.

1. Quand vous préparez votre budget, il ne faut pas oublier les ____ de loisirs, c'est-à-dire l'argent dont vous aurez besoin pour les sorties, etc.
2. Les loisirs coûtent de plus en plus cher: les dépenses de loisirs ____.
3. Les jeunes préfèrent le ____ au ski alpin.
4. Faire de la ____ est plus facile que faire du ski alpin.
5. Celui qui regarde la télé est un ____; celle qui regarde la télé est une ____.
6. Les hommes aiment les télévisions avec un grand ____.
7. Je ne sais pas comment y aller. Vous connaissez le ____?
8. Après le travail, tout le monde mérite un peu de ____.
9. Le surf des neiges a de plus en plus d'____.

LES LOISIRS

Lecture
Les loisirs, le temps et l'argent

Les Français consacrent de plus en plus de temps et d'argent à leurs loisirs. Dans la vie d'un Français, le temps libre est trois fois plus long que le temps de travail. Dans une vie moyenne (72 ans), le temps libre représente environ 25 ans, alors que le temps de travail et de scolarité en représente moins de 10. En fait, le temps libre ne cesse pas d'augmenter. Cette augmentation profite surtout à la télévision, à la pratique du sport, aux sorties et aux spectacles.

Les Français consacrent en moyenne un peu plus de 7 pour cent de leur budget aux dépenses de loisirs, spectacles et culture.

Le loisir n'est plus une récompense, mais une activité

Autrefois le temps libre était considéré comme une récompense. Il fallait gagner sa vie «à la sueur de son front[1]» pour mériter le repos. Les plus âgés des Français sont encore assez sensibles[2] à cette notion de mérite, mais pour les plus jeunes, le loisir est un droit[3] fondamental qui fait partie de la vie quotidienne.

---

[1]à la sueur de son front *by the sweat of one's brow*
[2]sensibles *sensitive*
[3]droit *right*

Promenade en roller et vélo à Montréal, au Québec

A Répondez.

1. Pour les Français, qu'est-ce qui est plus long, le temps de loisir ou le temps de travail?
2. Quelles activités profitent surtout de cette augmentation du temps consacré aux loisirs?
3. Quel pourcentage du budget des Français est consacré aux dépenses de loisirs, spectacles et culture?
4. Pour les plus âgés, comment fallait-il gagner sa vie pour avoir droit au loisir du repos?
5. Qu'est-ce que le loisir pour les plus jeunes?

Le sport est plus individuel, moins compétitif, plus diversifié

Les Français sont globalement plus nombreux à avoir une activité sportive: un sur deux est concerné[4]—mais seulement un sur cinq peut être considéré comme un sportif régulier. Les Français voient dans le sport une activité de loisir plutôt qu'une compétition. C'est un moyen de détente nécessaire à un bon équilibre. Voilà pourquoi les sports de plein air[5] tels que les randonnées[6] à pied ou à vélo se sont bien développés ces dernières années. Les sports les plus pratiqués sont le tennis, la natation, le jogging et le cyclisme. Les sports d'hiver ne sont pratiqués que par 10 pour cent des Français. En effet, le coût d'un séjour à la montagne est élevé et des sports moins coûteux que le ski alpin, comme le ski de fond et la raquette sont en plein développement. D'ailleurs chez les jeunes, c'est le surf des neiges—le snowboard—qui remplace bien souvent le ski traditionnel. Les salles de sport sont nombreuses dans les villes et sont fréquentées par des hommes et des femmes qui viennent y faire de la gymnastique ou de la musculation.

Le rallye Paris-Dakar traverse le désert en Mauritanie

Le nombre des activités sportives aussi a augmenté, et il est de plus en plus fréquent de pratiquer plusieurs sports, plus ou moins régulièrement. Des sports nouveaux ou récents comme le base-ball, le golf, le canoë-kayak, le tir à l'arc, le deltaplane ont de plus en plus d'adeptes. Mais il ne faut pas oublier les sportifs en chambre qui sont nombreux: ils regardent les matchs de football, de rugby ou de tennis à la télévision. D'autres événements sportifs très appréciés des téléspectateurs sont le Tour de France (cyclisme), les Vingt-Quatre Heures du Mans (sport automobile) et le rallye Paris-Dakar (automobile et moto).

---

[4]concerné *involved*
[5]de plein air *outdoor*
[6]randonnées à pied ou à vélo *hiking or biking*

La fête de la Musique dans la Vieille Ville à Nice, en France

Les activités culturelles se confondent avec les loisirs

Regarder la télévision fait tellement partie de la vie de tous les jours que les Français ne considèrent pas nécessairement cette activité comme un loisir. Pourtant ils passent 40 pour cent de leur temps libre devant le petit écran. Les Français écoutent la radio autant qu'ils regardent la télévision. Ils écoutent surtout les informations le matin, chez eux ou dans leur voiture. Les Français qui allaient de moins en moins au cinéma ont repris un peu le chemin des salles ces dernières années grâce à certaines mesures qui ont fait baisser les tarifs: tous les lundis, par exemple, les places sont à tarif réduit. Il y a aussi la Fête du Cinéma, journée pendant laquelle on peut voir tous les films que l'on veut avec un seul billet. La lecture enfin garde une bonne place, en particulier chez les jeunes.

Si peu de Français vont à des concerts de musique classique ou même de jazz ou de rock, on constate une spectaculaire progression de l'écoute de la musique, sur disques ou à la radio. L'amélioration[7] des chaînes hi-fi, de la radio FM, des baladeurs, ainsi que la baisse des prix, ont largement favorisé le mouvement. L'augmentation de l'écoute musicale touche toutes les catégories de population sans exception, et tous les genres de musique, du jazz au rock en passant par la musique classique et l'opéra. Le phénomène est cependant plus marqué chez les jeunes. La moitié des quinze à dix-neuf ans écoutent de la musique tous les jours.

---

[7]amélioration *improvement*

 Vrai ou faux?

1. Un Français sur deux fait du sport régulièrement.
2. Les Français voient dans le sport une activité de compétition.
3. Les Français préfèrent tous les sports de compétition.
4. Les sports d'hiver sont pratiqués par la majorité des Français.
5. Les salles de sport sont surtout fréquentées par les femmes.
6. L'intérêt pour la musique ne touche qu'un petit segment de la population.
7. Les Français regardent plus la télévision qu'ils n'écoutent la radio.
8. Les Français vont moins souvent au cinéma qu'avant.
9. L'écoute de la musique est plus populaire chez les gens âgés que chez les jeunes.

Les Français redécouvrent leur patrimoine[8]

Les Français sont plus sensibles qu'avant à la beauté de leur patrimoine. Ils visitent en grand nombre les musées, les expositions et les monuments. De nombreux musées, aussi bien à Paris qu'en province, accueillent des millions de visiteurs par an. À Paris, les expositions du musée d'Orsay, du Grand Louvre et surtout du centre Pompidou ont beaucoup de succès. Une fois par an, le troisième week-end de septembre, ont lieu les journées du Patrimoine: dans toute la France, les monuments historiques de l'État sont ouverts au public.

Pour passer le temps agréablement: la terrasse d'un café

Pour les Français, le lieu de loisir par excellence, c'est le café! Hiver comme été, le café est un endroit où on se retrouve entre amis pour discuter. On y va aussi quand on se sent seul et on ne sait pas où aller. On peut rester des heures en ne consommant qu'un petit café. Et puis maintenant, il y a toutes sortes de cafés: des cafés littéraires, des cafés-théâtres, et les derniers venus, les cybercafés.

---

[8]patrimoine *national heritage*

La Victoire de Samothrace au Grand Louvre

La terrasse d'un café place des Vosges, à Paris

C Répondez d'après l'article.

1. Qu'est-ce que les Français visitent?
2. Où ont lieu les journées du Patrimoine?
3. Qu'est-ce qui se passe pendant les journées du Patrimoine?
4. Où vont les Français pour discuter avec des amis?
5. Nommez trois types de cafés.

La maison du peintre Claude Monet à Giverny, en France

D Analysez.

1. Comparez les attitudes des Français plus âgés à celles des plus jeunes en ce qui concerne le travail et les loisirs.
2. Expliquez ce qu'est un sportif en chambre.
3. Citez plusieurs événements sportifs très appréciés des téléspectateurs.
4. Citez les raisons pour lesquelles les Français retournent au cinéma.
5. Expliquez ce qu'est le patrimoine.
6. Citez trois musées célèbres.

Structure ❖ *Révision*

L'imparfait et le passé composé
Talking about actions in the past

1. When telling a story about something that happened in the past, you will almost always use both the imperfect and the passé composé. To describe the background of the story—that is, the situation—you use the imperfect. To tell what happened—that is, the events, the action—you use the passé composé. Note the verb tenses in the following sentences.

> **C'était un jour de semaine mais j'étais à la maison parce que j'étais malade.**
> **Le téléphone a sonné. Comme je lisais un bon livre, j'ai demandé à mon frère de répondre.**

2. The passé composé is used to express actions or events that began and ended at a definite time in the past. Time expressions such as **hier, la semaine dernière, il y a deux ans,** etc., are often used with the passé composé.

> **Je suis sorti(e) hier après-midi.**
> **Je suis allé(e) au cinéma.**
> **Ensuite j'ai retrouvé des amis au café du coin.**

Paris

3. The imperfect, in contrast to the passé composé, is used to express a background, a situation. The moment when the action began or ended, or how long it lasted, is not important.

> **Quand j'étais jeune, je sortais tous les soirs.**
> **J'allais souvent danser.**
> **Je fréquentais les cafés de Montmartre où chantaient des chanteurs célèbres.**

Comment dit-on?

1 **Historiette** **Il a changé.** Répondez.

1. Avant, il aimait beaucoup jouer au foot?
2. Et un jour, il n'a plus aimé jouer au foot?
3. Avant, son équipe gagnait toujours?
4. Et un jour, elle n'a plus gagné?
5. Il marquait toujours tous les buts?
6. Et un jour, il n'a plus marqué de buts?
7. Alors à quoi il joue, maintenant?

Match de football à Casablanca, au Maroc

2 **Activités culturelles** Complétez avec le passé composé ou l'imparfait.

1. Hier soir, il n'y _____ rien d'intéressant à la télé, alors je _____ à neuf heures. (avoir, se coucher)
2. Dimanche, nous _____ au cinéma parce qu'il _____ beau. (aller, ne pas faire)
3. Je _____ seul parce que mon amie _____ malade. (venir, être)
4. Samedi soir, nous _____ regarder la télévision parce qu'elle _____ cassée. (ne pas pouvoir, être)
5. Je _____ qu'elle _____ l'opéra. (ne pas savoir, aimer)
6. Elles _____ devant le théâtre et elles _____ ensemble. (se retrouver, entrer)
7. Quand je _____ de baladeur, j'_____ de la musique à la radio. (ne pas avoir, écouter)
8. La dernière fois qu'on _____ au Louvre, on _____ une exposition sur les Égyptiens. (aller, voir)

L'Opéra-Garnier à Paris

3 **Petit drame au café de la gare**
Racontez ce qui s'est passé.

4 **Interruptions** Dites ce que vous faisiez et ce que vous avez fait dans les situations suivantes. Suivez le modèle.

> **Quand quelqu'un a sonné à la porte, je regardais la télévision.**
> **Quand quelqu'un a sonné à la porte, je me suis levé(e) pour l'ouvrir.**

1. Quand le téléphone a sonné...
2. Quand un(e) de mes ami(e)s est arrivé(e)...
3. Quand un(e) ami(e) de mes parents est entré(e)...
4. Quand ma mère m'a appelé(e)...
5. Quand il y a eu une panne d'électricité...
6. Quand il y a eu une panne sur le câble...

5 **Explications** Donnez des explications à un(e) camarade qui vous pose les questions qui suivent. Changez ensuite de rôles.

1. Pourquoi tu ne m'as pas téléphoné hier?
2. Pourquoi tu n'es pas venu à ma fête?
3. Pourquoi tu n'as pas invité Marie pour ton anniversaire?
4. Pourquoi tu n'as pas répondu à mon e-mail?

C'est à vous
Use what you have learned

PARLER

1

ÉCRIRE

Les loisirs des Américains
✔ *Describe American leisure activities*

Reprenez chaque point qui vous a été donné au sujet des loisirs des Français, et appliquez-le aux Américains.

ÉCRIRE

2

Comparaisons
✔ *Compare and contrast the leisure activities of the French to those of the Americans*

Préparez maintenant une comparaison entre les loisirs des Français et ceux des Américains. Croyez-vous que les loisirs de ces deux groupes soient semblables ou différents? Justifiez votre opinion.

Base-ball aux États-Unis

Roller en France

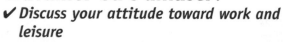

3 Travailler ou s'amuser?

✔ *Discuss your attitude toward work and leisure*

Qu'est-ce qui est le plus important pour vous, le temps libre ou le temps de travail? Discutez avec un(e) camarade et donnez les raisons de votre choix.

4 En famille

✔ *Talk about the advantages and disadvantages of leisure time*

Les Français ont plus de temps libre que les Américains. Quels sont les avantages d'avoir du temps libre pour une famille? Y a-t-il des désavantages? Lesquels?

5 Hyper bien!

✔ *Tell about a wonderful evening out*

Racontez une sortie très amusante. Décrivez le temps qu'il faisait. Dites ce que vous avez fait, où vous êtes allé(e), avec qui, etc.

6 Atroce!

✔ *Tell about an evening out that turned out to be awful*

Maintenant, racontez une sortie qui s'est très mal passée.

Assessment

Vocabulaire

1 Complétez.

To review the vocabulary, turn to pages 119–120.

1. Celui qui regarde la télévision est un ___.
2. Quand un enfant a été sage, on lui donne une ___.
3. Les Français consacrent 7 pour cent de leur budget aux ___ de loisir.
4. Quand on a beaucoup travaillé, on a besoin d'un peu de ___.
5. Tu sais comment aller chez Marie? Moi, je ne connais pas le ____
6. Tout est de plus en plus cher. Les prix ___.
7. Je ne peux rien voir. Tu es devant l'___ de la télé!

Lecture

2 Nommez.

To review the reading, turn to pages 122–125.

8. deux sports individuels
9. deux sports d'équipe
10. vos sports préférés

3 Répondez.

11. Quels sont les événements sportifs préférés des téléspectateurs?
12. Qu'est-ce que les Français écoutent à la radio?
13. Qu'est-ce que la Fête du Cinéma?
14. Qu'est-ce que les journées du Patrimoine?
15. Quel est le loisir par excellence des Français?

4 Vrai ou faux?

16. Les Français vont de moins en moins au cinéma.
17. Ils écoutent la radio autant qu'ils regardent la télévision.
18. Ils aiment visiter les musées.
19. Ils vont souvent à des concerts.
20. Les Français sont très sportifs.

Structure

5 **Complétez en utilisant le passé composé ou l'imparfait des verbes entre parenthèses.**

21. Je ____ avec toi hier parce que je ____ du travail à faire. (ne pas sortir, avoir)

22. Quand tu ____ hier soir, je ____ un bon film à la télé. (téléphoner, regarder)

23. Quand elle ____ dans la salle, nous ____. (entrer, se lever)

24. La dernière fois que je ____ au centre Pompidou, il y ____ une exposition sur les surréalistes. (aller, avoir)

25. Samedi dernier, nous ____ au restaurant et nous ____ un film excellent. (dîner, voir)

To review the imperfect and the passé composé, turn to pages 126–127.

Sculpture de Joan Miró à Paris: «Deux personnages fanastiques»

Vocabulaire pour la conversation 🎧

la galerie

le deuxième balcon

le premier balcon

la corbeille

les coulisses

l'orchestre

la scène

Les places de la galerie coûtent moins cher que les autres.

Les places les plus chères sont celles de l'orchestre.

Les comédiens (acteurs) jouent *Le Bourgeois gentilhomme*.
C'est une pièce de Molière.
C'est une comédie, pas une tragédie.
Cette pièce est très amusante.
Elle est plus amusante que les autres.
C'est la pièce la plus amusante de toutes les pièces de Molière.

un décor

pleurer

un fauteuil / une place

un costume

rire

Plus de vocabulaire

une troupe (de théâtre) l'ensemble des comédiens
une représentation le fait de présenter une pièce

un entracte temps qui sépare deux actes dans une représentation théâtrale
génial(e) extraordinaire

Quel est le mot?

 Au théâtre Donnez des réponses personnelles.

1. Quand vous allez au théâtre, qu'est-ce que vous allez voir, des tragédies ou des comédies?
2. Où préférez-vous vous asseoir: à l'orchestre, au premier balcon, au deuxième balcon ou à la galerie?
3. Est-ce que vous aimez être assis(e) près de la scène?
4. Quels sont les places les plus chères: les places d'orchestre ou celles de la galerie?
5. Quels sont vos acteurs ou actrices préférés?
6. Vous aimez aller dans les coulisses après la pièce?
7. Vous connaissez une pièce qui a beaucoup de succès en ce moment? Laquelle?
8. Quelle pièce vous a fait rire? Quelle pièce vous a fait pleurer?

Le théâtre national de Marseille, en France

2 **L'intrus** Trouvez l'intrus.

1. un entracte, une représentation, une pièce, un fauteuil
2. l'orchestre, la troupe, le premier balcon, la galerie
3. un décor, un costume, la scène, une place
4. rire, s'amuser, pleurer, rigoler
5. la corbeille, les coulisses, la scène, le décor
6. une tragédie, une comédie, une comédie musicale, une comédienne

Au théâtre du Châtelet, à Paris

Mise en scène

C'est en 1680 que le roi Louis XIV ordonne aux deux troupes de comédiens de Paris—dont l'une est l'ancienne troupe de Molière—de jouer ensemble. C'est ainsi que la Comédie-Française est née. Et elle continue à présenter les chefs-d'œuvre de la littérature dramatique française.

Molière, de son vrai nom Jean-Baptiste Poquelin est un auteur de pièces du dix-septième siècle. *Le Bourgeois gentilhomme* est une comédie-ballet qui a eu sa première représentation au château de Chambord en octobre 1670. Il s'agit d'un gentilhomme qui veut apprendre les bonnes manières pour plaire à une marquise.

Victor Hugo est l'un des plus grands auteurs de la littérature française. La richesse de son œuvre est impressionnante. Il a excellé dans tous les genres, la poésie, le roman et le théâtre. *Ruy Blas* (1838) est un drame romantique dans lequel le héros—un laquais[1]—assume l'identité d'un noble pour être proche de la reine d'Espagne dont il est amoureux.

---

[1] un laquais *a servant, lackey*

On va au théâtre? 🎧

Corinne On joue *Le Bourgeois gentilhomme* à la Comédie-Française ce soir. Tu veux y aller?

Bernard Tu rêves! Il n'y aura pas de places! Il faut réserver à l'avance!

Corinne Tu es sûr? Ce n'est pas le genre de pièce qui a un succès fou.

Bernard On peut toujours téléphoner pour voir, mais je suis sûr qu'il n'y aura même pas de places à la galerie.

Corinne Et si j'avais des places, tu viendrais avec moi?

Bernard Euh... oui! Tu en as?

Corinne Oui, je les ai prises il y a quinze jours, mais je voulais te faire la surprise. Je savais bien que tu voudrais y aller. J'ai deux fauteuils d'orchestre.

Bernard D'accord, allons-y.

Pendant l'entracte

Corinne C'est bien, hein? Ça te plaît?

Bernard Ouais. C'est bien. Franchement, je ne croyais pas
que ça serait si bien. Le décor, les costumes, la
mise en scène, les ballets. C'est hyper bien.

Corinne Et Roland Bertin est génial en Monsieur
Jourdain… Mais il était tout de même mieux dans
Ruy Blas, je trouve.

Bernard Je peux pas juger, j'ai pas vu *Ruy Blas*. Je sais, je
sais… tu vas dire que c'est une des meilleures
pièces de Hugo… Mais moi, j'aime mieux rire que
pleurer… et *Ruy Blas*, c'est pas franchement
marrant!

Corinne Oui, mais Roland Bertin… !

To learn more about
the *Comédie-
Française* and other
theaters in France,
go to the Glencoe
French Web site:
french.glencoe.com

Vous avez compris?

A Répondez d'après la conversation.

1. On joue quelle pièce? Où ça?
2. Pourquoi Bernard croit-il qu'il n'y aura pas de places?
3. Quel genre de pièce est-ce, d'après Corinne?
4. Quand Corinne a-t-elle pris les billets? Qu'est-ce qu'elle a pris comme places?
5. D'après vous, est-ce que Bernard a vraiment envie d'aller voir cette pièce?
6. Qui joue le rôle de Monsieur Jourdain?
7. Comment Bernard trouve-t-il la pièce? Est-ce qu'il est surpris?
8. Dans quel autre rôle Corinne a-t-elle vu cet acteur?
9. Qu'est-ce que Bernard préfère, les comédies ou les tragédies?
10. Et Corinne, qu'est-ce qu'elle préfère, les pièces de Victor Hugo ou Roland Bertin?

B Donnez les renseignements suivants.

1. le nom du théâtre
2. le nom de la pièce
3. le nom de l'auteur
4. le nom du personnage principal de la pièce
5. le nom de l'acteur qui joue ce rôle
6. tout ce que vous savez sur le personnage principal

C Parlez d'une pièce que vous avez vue. Utilisez les renseignements de l'Activité B comme guide.

ODÉON
THÉÂTRE NATIONAL
Comédie-Française

LE BOURGEOIS GENTILHOMME

par la troupe de la Comédie-Française

PRIX DOMINIQUE
meilleure mise en scène de l'année

26 juin / 19 juillet

Comédie-Ballet en cinq actes et en prose de Molière. Musique de Jean-Baptiste Lully.
Mise en scène: Jean-Luc Boutté, décor et costumes: Louis Bercut, lumières: Joel Pitte.
Ensemble instrumental sous la direction de Dominique Probst.
Clavecin solo: Michel Frantz, chef de chant: Nicole Fallien, chorégraphie: François Raffinot.
Maître d'armes: François Rostain.
Avec Michel Etcheverry, François Chaumette, François Seigner, Simon Eine, Alain Pralon,
Yves Gasc, Richard Fontana, Roland Bertin, Claude Mathieu, Baptiste Roussillon,
Marie-Armelle Deguy, Muriel Mayette, Thierry Hancisse, Claude Lochy et Christophe Lidon.
Location aux guichets de la Comédie-Française et du Théâtre national de l'Odéon.
Tél: 01 43 25 70 32.
Soirée 20 h 30. Dimanche matinée 15 h. Mardi 14 juillet 15 h: matinée exceptionelle.

Structure ✳ *Révision*

Le comparatif et le superlatif
Comparing people and things

1. Review the comparative of adjectives.

	Comparative	Adjective	Que	
Cette pièce est	plus moins aussi	amusante	que	l'autre.

2. Now, study the comparative of adverbs, verbs, and nouns.

	Comparative	Adverb	Que	
Cet acteur parle	plus moins aussi	clairement	que	les autres.

Verb	Comparative	Que	
Ils s'amusent	plus moins autant	que	nous.

	Comparative	Noun	Que	
Elle voit	plus de moins de autant de	films	que	moi.

3. Review the superlative of adjectives.

	Superlative		Adjective	De	
Marc est	le		amusant		
Anne est	la	plus	amusante	de	la troupe.
Paul et Éric sont	les	moins	amusants		
Marie et Jeanne sont	les		amusantes		

4. In a superlative construction involving a noun, the superlative follows the noun.

> **C'est la fille la plus amusante de la troupe.**
> **C'est le garçon le plus amusant de la troupe.**
> **Ces sont les acteurs les plus amusants de la troupe.**

Note that with an adjective that usually precedes the noun, the superlative can either precede the noun or follow it.

> **C'est le plus beau comédien de la troupe.**
> **C'est le comédien le plus beau de la troupe.**

5. Now, study the superlative of adverbs, verbs, and nouns.

	Superlative	Adverb
C'est lui qui joue	le plus le moins	souvent.

	Verb	Superlative
C'est lui qui	s'amuse	le plus. le moins.

	Superlative	Noun
C'est elle qui voit	le plus de le moins de	films.

6. Remember that **bon** and **bien** have irregular forms in the comparative and superlative.

	Comparative	Superlative
bon	meilleur(e)	le (la) (les) meilleur(e)(s)
bien	mieux	le mieux

> **Jean est meilleur acteur que les autres.**
> **C'est le meilleur acteur de la troupe.**
> **Il joue mieux que personne.**
> **C'est lui qui joue le mieux.**

C'est lui qui voit le plus de films.

7. Note that the comparative is followed by a negative word or a stressed pronoun.

> **Il parle mieux que moi.**
> **Franchement, il parle mieux que personne.**

Comment dit-on?

1 **Il n'y a pas de comparaison!** Comparez Guillaume et Mathilde. Vous pouvez utiliser les verbes suivants: **être, courir, manger, s'amuser.**

1.   **2.**   **3.**   **4.**

2 **Compétition** Répondez.

1. Quel est le garçon le plus amusant de la classe?
2. Quelle est la fille la plus amusante de la classe?
3. Qui est le plus sportif de la classe?
4. Qui est la plus sportive de la classe?
5. Qui aime le plus s'amuser?
6. Qui aime le plus travailler?
7. Qui parle le plus en classe de français?
8. Qui parle le moins?
9. Quel est le meilleur élève de la classe?
10. Quelle est la meilleure élève de la classe?

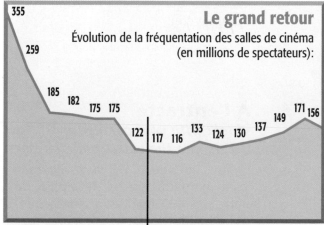

Le grand retour

Évolution de la fréquentation des salles de cinéma (en millions de spectateurs):

355   259   185   182   175   175   122   117   116   133   124   130   137   149   171   156

1960 1965 1970 1975 1980 1985 1990 | 1991 1992 1993 1994 1995 1996 1997 1998 1999

Source: *Francoscopie*, 2003, Gérard Mermet et Larousse

3 **Statistiques** Répondez. Les Français allaient plus, moins ou aussi souvent au cinéma...

1. en 1991 ou en 1992?
2. en 1991 ou en 1993?
3. en 1980 ou en 1985?
4. en 1985 ou en 1999?

4   **Encore des statistiques** Répondez. Il y a eu plus, moins ou autant de spectateurs...

1. en 1995 ou en 1997?
2. en 1998 ou en 1999?
3. en 1985 ou en 1999?
4. en 1980 ou en 1985?

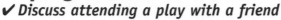

C'est à vous
Use what you have learned

PARLER
1

Le programme
✔ *Discuss attending a play with a friend*

Vous êtes à Paris avec un(e) ami(e). Vous voulez aller voir une pièce à la Comédie-Française. Regardez le programme. Discutez avec votre ami(e) pour décider quelle pièce vous allez voir. Comparez les pièces. L'un(e) de vous aime les tragédies et l'autre les comédies. Travaillez avec un(e) camarade de classe qui jouera le rôle de l'ami(e).

THÉÂTRE

02 COMÉDIE-FRANÇAISE (892 places), 2, rue de Richelieu (1er) 01.44.58.15.15, Mº Palais-Royal. Location de 11 h à 18 h, 14 jours à l'avance.

Amour pour amour
de William Congreve. Texte français de Guy Dumur. Mise en scène André Steiger. Avec Catherine Salviat, Dominique Rozan, Claude Mathieu, Guy Michel, Marcel Bozonnet, Louis Arbessier, Nathalie Nerval, Jean-Philippe Puymartin, François Barbin, Thierry Hancisse, Sonia Vollereaux, Pierre Vial, Anne Kessler.
Équivalence, substitution, identité… mais surtout troc, échange de marchandises… Le troc dans cette pièce où l'économie financière joue un rôle de premier plan; installation, confirmation et sanctification de l'idéologie marchande… c'est l'Angleterre des nouveaux trafics commerciaux… l'échange, celui des cœurs et des corps. (Mer 12, 20 h 30, Lun 17, 20 h 30.)

La Folle journée ou le Mariage de Figaro
Comédie en 5 actes de Beaumarchais. Mise en scène Antoine Vitez. Ensemble instrumental Dir. Michel Frantz. Avec Catherine Samie, Geneviève Casile, Alain Pralon, Dominique Rozan, Catherine Salviat et Dominique Constanza (en alternance), Richard Fontana, Claude Mathieu, Véronique Vella, Jean-François Rémi, Claude Lochy, Bernard Belin, Jean-Luc Bideau, Loïc Brabant.
Histoire d'une veille de noces agitée où Figaro, Suzanne, Marceline, Chérubin et Basile s'aiment, la Comtesse se dérobe, et le Comte les aime et les veut toutes. Tout l'esprit et la verve de Beaumarchais. (Dim 16, 20 h 30, Mardi 18, 20 h 30.)

Le Misanthrope
de Molière. Mise en scène Simon Eine. Avec Simon Eine, François Beaulieu, Nicolas Silberg, Yves Gasc, Martine Chevallier, Véronique Vella, Catherine Sauval.
Alceste hait tous les hommes. Il abomine la société et les conventions hypocrites. Par une singulière contradiction, il aime l'être le plus social, le plus coquet, le plus médisant, la jeune Célimène. Tout finira dans la fuite, cette impuissante médecine du tourment amoureux. (Jeu 13, 20 h 30.)

L'Avare
Comédie en cinq actes et en prose de Molière. Mise en scène de Jean-Paul Roussillon. Avec Michel Etcheverry, Michel Aumont, Françoise Seigner, Alain Pralon, Dominique Rozan, Véronique Vella, Jean-Paul Moulinot, Jean-François Rémi, Catherine Sauval, Michel Favory, Jean-Pierre Michaël et Tilly Dorville, Armand Eloi, Christine Lidon.
Les obsessions d'Harpagon rejaillissent sur toute sa famille et la perturbe. Il vit aussi un drame: homme mûr, il est amoureux d'une jeune fille et rival de son fils. Un classique. (Sam 15, 20 h 30, Dim 16, 14 h.)

PARLER
2

À la location
✔ *Make arrangements to attend a play and decide where you are going to sit*

Maintenant que vous savez quelle pièce vous voulez voir, vous allez à la Comédie-Française pour prendre vos places. Vous êtes à la location et vous discutez avec l'employé(e). Vous voulez des places au deuxième balcon, mais il n'y en a plus. Il ne reste que des places plus chères au premier balcon ou à l'orchestre. Travaillez avec un(e) camarade qui jouera le rôle de l'employé(e).

PARLER
3

À l'entracte
✔ *Talk with your partner and compare the actors and actresses*

Vous et votre ami(e) venez de voir les deux premiers actes de la pièce de votre choix. Demandez à votre ami(e) ce qu'il/elle en pense. Comparez les acteurs et actrices. Discutez vos préférences.

4 Acteurs/Actrices

✔ *Talk about your favorite actors and actresses and tell why you consider them the best*

Demandez à vos camarades de classe de nommer leur acteur et leur actrice préférée. Faites une liste pour les acteurs et une liste pour les actrices. Votez tous ensuite pour décider quel(le) est le plus beau (la/belle), qui joue le mieux, quel(le) est le plus charmant (la plus charmante), etc.

Le théâtre Antique à Orange, en France

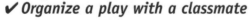

5 Les producteurs

✔ *Organize a play with a classmate*

Vous et votre camarade allez monter une pièce. Choisissez tout d'abord une pièce (ça peut être une pièce américaine... traduite en français). Faites une liste des rôles et discutez ensuite avec votre camarade pour savoir qui va jouer quel rôle. N'oubliez pas qu'il faut aussi quelqu'un pour les décors et pour les costumes. Ensuite, le plus difficile sera de décider qui, de vous deux, sera le metteur en scène (*director*).

6 Pour rien au monde!

✔ *Defend your future in acting*

Vous voulez devenir acteur (actrice) et votre père ou mère (votre camarade) s'y oppose violemment. Vous défendez votre choix et votre camarade l'attaque.

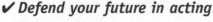

Assessment

Vocabulaire

1 Complétez.

1. Tu préfères des places à l'orchestre ou au premier ____?
2. Tous les comédiens sont excellents. Toute la ____ est excellente.
3. Après la représentation, on peut aller dans les ____.
4. Je n'aime pas être assis(e) au premier rang. C'est trop près de la ____.
5. C'est une tragédie ou une ____?
6. J'ai beaucoup aimé. C'était vraiment ____!
7. J'ai très soif. On peut aller prendre quelque chose pendant l'____.
8. *Le Bourgeois gentilhomme* est une ____ de Molière.

To review the vocabulary, turn to page 134.

Conversation

2 Vrai ou faux? Corrigez les phrases fausses.

9. Le vrai nom de Molière est Jean-Baptiste Poquelin.
10. Molière est un auteur du dix-huitième siècle.
11. Victor Hugo est un grand poète français.
12. *Ruy Blas* est une pièce de Victor Hugo.

3 Répondez.

13. Quelle surprise Corinne fait-elle à Bernard?
14. Pourquoi Bernard est-il étonné?
15. Que préfère Bernard, les tragédies ou les comédies?
16. *Ruy Blas* est une comédie ou un drame?

To review the conversation, turn to pages 136–137.

Structure

4 **Complétez avec *aussi* ou *autant*.**

17. Cet acteur a joué ____ bien qu'hier.
18. Tu t'amuses ____ que moi?
19. Il y a ____ de spectateurs que la semaine dernière.
20. Son rôle est presqu'____ grand que le rôle principal.
21. Ils voient ____ de pièces de théâtre que nous.
22. Le musée Picasso n'est pas ____ grand que le Louvre!

To review the comparative, turn to pages 139–140.

Le musée Picasso à Paris

5 **Écrivez des phrases. Faites tous les changements nécessaires.**

23. Amélie / être / le plus amusant / classe
24. C'est / Gaspar / qui / jouer / le mieux / troupe
25. Les frères Delong / être / le meilleur élève / toute l'école

To review the superlative, turn to pages 139–140.

Vocabulaire pour la lecture 🎧
Les Native

un choriste

un CD

une musicienne

Elle enregistre son premier album.
Tout le monde est content qu'elle ait eu tellement de succès.

Plus de vocabulaire

un but un objectif
divers(e) différents, plusieurs
retenu(e) timide

parfois quelquefois, de temps en temps
s'entendre bien se comprendre

Quel est le mot?

1 **Définitions** Complétez.

1. Il n'y a pas de problème entre les deux amis. Ils _____ très bien.
2. Nous ne déjeunons pas toujours ensemble, mais _____ oui.
3. Elles ont le même _____: elles veulent être musiciennes.
4. Le groupe a eu du succès. Il va _____ un autre album.
5. Moi, je suis _____; mais ma sœur, elle, elle est extravertie.
6. La _____ chante.
7. Un _____ chante avec une chanteuse.

2 **Autrement** Exprimez les mots en italique d'une façon différente.

1. Qui est *timide*?
2. Il n'y a pas de problème entre eux. Ils *se comprennent* bien.
3. Quel est *son objectif*?
4. Il y va *de temps en temps*.
5. Tous les deux ont des buts *différents*.

Avant la lecture

Les Native, Laura et Chris, sont deux chanteuses très appréciées en France et ailleurs. Elles sont d'origine guadeloupéenne. Même si les deux sœurs sont les reines du funk français, elles ont une base classique très solide. Nous allons faire connaissance grâce à une interview publiée par l'hebdomadaire suisse *l'Illustré*.

Les Native

Interview de Sophie Winteler pour *l'Illustré*

Pourquoi n'avez-vous pas mis un «s» à Native?

Laura: Native est un terme générique qui résume les différentes cultures que nous avons rencontrées tout au long de notre parcours[1]: musique anglo-saxonne, africaine, japonaise... Ce n'est pas un adjectif, il est normal qu'il s'écrive au singulier.

Depuis quel âge vouliez-vous être chanteuses?

Laura: Je suis devenue chanteuse par nécessité. À la base, j'étais musicienne, mais à l'époque, il n'y avait pas de travail pour les filles musiciennes.

Chris: Chanter était un loisir, je n'ai donc pas eu de déclic[2] particulier. C'est le prolongement naturel de ma passion.

Êtes-vous d'une famille de musiciens?

Chris: Notre père et notre frère jouent de la guitare, mais pas de façon professionnelle.

Pourquoi avec de telles voix, autant de feeling et de talent, ne vous découvre-t-on qu'aujourd'hui? Quels ont été vos débuts dans le métier?

Laura: Notre premier album est en fait sorti il y a quelques années et

il a eu un grand succès en France et en Suisse. Nous ne sommes donc pas des découvertes... Quant au parcours, nous avons appris le piano et le chant classique au conservatoire. Puis nous avons travaillé comme choristes pour divers artistes avant de nous décider à enregistrer notre premier album.

Quelle est la grande différence entre vous?

Laura: Je suis plus extravertie et Chris plus retenue.

Comment gérez-vous la rivalité et la jalousie qui peuvent exister entre deux sœurs?

Chris: Il n'y a ni rivalité ni jalousie. Nous avons deux personnalités et des goûts très différents.

Pourriez-vous envisager[3] de mener des carrières en solo?

Chris: Nous ne sentons aucune

obligation l'une envers l'autre, donc pourquoi pas... Cela dit, si nous travaillons ensemble, c'est avant tout parce que nous nous entendons bien et que nos buts sont communs. Si nous n'avions pas été deux, nous aurions fait ce métier, mais probablement pas en tant qu'artiste interprète.

Partez-vous ensemble en vacances?

Laura: Parfois mais, Dieu merci, nous ne sommes pas siamoises et il nous arrive de partir chacune de notre côté.

Quelle serait pour vous une journée de rêve?

Laura: Il fait beau et on part à Los Angeles enregistrer notre prochain album!

Pensez-vous qu'une chanson a plus de poids qu'un discours[4]?

Chris: Une chanson est une manière plus poétique de faire passer un message. Tout dépend de ceux à qui vous vous adressez. Le public est peut-être plus sensible aux chansons qu'aux discours.

---

[1]parcours *professional life*
[2]déclic *trigger*
[3]envisager *consider*
[4]discours *speech*

Vous avez compris?

A Répondez.

1. Pourquoi Laura est-elle devenue chanteuse?
2. Qu'est-ce que «chanter» pour Chris?
3. Est-ce que les deux sœurs viennent d'une famille de musiciens professionnels?
4. Est-ce que les deux sœurs viennent d'être découvertes?
5. De quel instrument jouent-elles?
6. Où ont-elles fait des études de musique?
7. Qu'est-ce qu'elles ont fait avant d'enregistrer leur premier album?

B Répondez d'après la lecture.

1. Décrivez la personnalité de chacune des deux sœurs.
2. Expliquez pourquoi les deux sœurs écrivent «Native» sans «s».
3. Dites pourquoi les deux sœurs travaillent ensemble.
4. Pourquoi Chris préfère-t-elle une chanson à un discours?

C Comparez les Native avec un groupe américain que vous connaissez.

Les Native

Vocabulaire pour la lecture 🎧
Loisirs utiles

Ils travaillent sur un chantier.

Ils creusent un puits.

Ils jouent aux boules.

des bois

Je cherche un camping qui soit près de la plage.

Oui, je connais un camping qui est à 1 kilomètre de la mer. C'est le meilleur camping que je connaisse. Tu veux que je te dise comment y aller?

une soirée autour du feu

Plus de vocabulaire

la formation l'instruction dans un métier, etc.
le montant la somme d'un compte
un campeur une personne qui fait du camping
bénévole volontaire

rude brutal
vous êtes nourri on vous donne à manger
vous êtes logé on vous donne un endroit où habiter

Quel est le mot?

1 Définitions Donnez le mot dont la définition suit.

1. un endroit où l'on travaille manuellement
2. une personne qui fait du camping
3. un endroit où l'on prend de l'eau
4. ce qu'on allume dans la cheminée
5. temps compris entre le coucher du soleil et le moment où l'on se couche
6. un endroit où il y a beaucoup d'arbres
7. ce qui permet de bien faire son métier
8. le total d'une addition

2 Et toi? Répondez.

1. Quand tu es nourri(e), tu as très faim?
2. Quand tu es bénévole, tu es payé(e)?
3. Quand tu es logé(e), tu sais où tu vas dormir?
4. Quand tu es trop rude avec quelqu'un, tu es gentil(le)?
5. Tu préfères un camping qui soit à la mer ou à la montagne?
6. Tu connais un camping que tu puisses me recommander?

3 Quel est le mot? Complétez.

1. Il connaît bien son métier. Il a une très bonne ____.
2. C'est un ____. Il ne reçoit pas d'argent pour ce qu'il fait.
3. Il est brutal, vraiment ____.
4. L'eau de ce ____ est potable?
5. On va faire un ____ dans la cheminée. Il fait très froid.
6. La maison n'est pas en bois; elle est en ____.

Avant la lecture

Voyager est une bonne façon d'occuper ses loisirs, mais il y a d'autres façons qui joignent l'utile à l'agréable. Le magazine français *Phosphore* vous donne quelques suggestions.

Les loisirs utiles

Les chantiers bénévoles

Vous cherchez une occupation qui vous fasse voir du pays sans dépenser beaucoup d'argent? Les chantiers bénévoles, voilà la solution. Mais il faut être en bonne forme physique et ne pas avoir peur de la vie en communauté.

Vous restaurez de vieilles pierres en Grèce, vous sauvez des espèces en voie de disparition[1] en Amérique latine ou vous creusez des puits en Afrique. Vous payez uniquement votre voyage, une assurance et des frais d'inscription[2] à l'association qui organise le chantier.

Grincheux, s'abstenir! Parce que vous travaillez entre vingt et trente-cinq heures par semaine.

- *Le plus* Pas besoin de formation particulière
- *Le moins* Exceptés quelques chantiers juniors ouverts aux quinze à dix-sept ans, la majorité sont réservés aux dix-huit ans et plus.

Au pair

Pendant les vacances, de nombreuses familles cherchent des jeunes qui veuillent bien garder les enfants et effectuer quelques travaux ménagers[3]. Bien sûr, vous êtes nourri(e) et logé(e), et vous recevez même un peu d'argent de poche. Il vaut mieux passer par un organisme. Essayez d'obtenir des garanties sur la famille qui vous accueille[4]. Mais surtout mettez-vous d'accord sur le nombre d'enfants à garder, le nombre d'heures de travail par jour, le montant de l'argent de poche et le nombre de jours de repos (en général un par semaine).

- *Le plus* L'apprentissage de la langue
- *Le moins* Il peut y avoir beaucoup de travail, trop de travail en fait, et vous n'avez plus l'énergie de faire quoi que ce soit[5]

Le Job/Stage

Vous pouvez travailler ou faire un stage. Vous pouvez gagner un peu d'argent, ou alors, vous pouvez

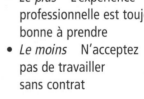

améliorer votre C.V. et vous familiariser avec le monde de l'entreprise.

Un bon conseil[6], n'attendez pas la dernière minute. Lisez les petites annonces et faites fonctionner vos réseaux, c'est-à-dire, si vos parents connaissent quelqu'un qui peut vous aider, n'hésitez pas à faire du «networking».

- *Le plus* L'expérience professionnelle est toujours bonne à prendre
- *Le moins* N'acceptez pas de travailler sans contrat

---

[1]en voie de disparition *endangered*
[2]frais d'inscription *registration fee*
[3]travaux ménagers *housework*
[4]accueille *receives, welcomes*
[5]quoi que ce soit *anything at all*
[6]conseil *advice*

Le camping

Ambiance jeux de boule, soirées autour du feu, le camping a ses adeptes. Certains préfèrent ne pas aller dans des terrains de camping et faire du camping sauvage et découvrir des petits coins de nature préservés... Mais attention, ne plantez pas votre tente n'importe où. Avant de planter votre tente dans un champ, demandez la permission au propriétaire (une personne, la mairie, une société). De même, il est interdit de vous mettre en bord de mer, dans les réserves naturelles, les sites classés, près des monuments historiques... même si l'endroit ressemble à une carte postale. Interdit également d'allumer un feu à moins de 200 mètres des bois. Et rappelez-vous que tout campeur qui se respecte ne laisse aucun souvenir de son passage.

- *Le plus* Les odeurs, les couleurs, le paysage...
- *Le moins* Gros orage ou chaleur torride...

La solidarité

Les grandes causes soutenues par les organisations humanitaires suscitent toujours beaucoup de vocations. Mais soyez réalistes, ces ONG (Organisations Non Gouvernementales) ont besoin de plus en plus de professionnels et elles recherchent des compétences dans des secteurs précis: des médecins, des infirmiers, des ingénieurs... Toutefois, quelques associations sont prêtes à accueillir des jeunes sans formation, avec la motivation pour unique aptitude. Ne partez que si vous êtes motivé(e). Une fois sur place, le choc peut être rude.

- *Le plus* L'expérience
- *Le moins* Les places sont rares car il n'y a pas beaucoup d'associations qui acceptent les débutants

---

CURRICULUM VITÆ

Jean Desjardins
25, avenue de l'Université
Outremont (Québec) H3T 1T3
Téléphone : (514) 652.3530
Courrier électronique : jeandesj@ere.umont.ca

FORMATION

1999–2004 Baccalauréat spécialisé en biochimie
Université cle Montréal

1997–1999 Diplôme d'études collégiales et baccalauréat international
Concentration sciences naturelles
Collège Jean-de-Brébeuf

1994–1999 Diplôme d'études secondaires
Collège Jean-de-Brébeuf

BOURSES
2001-2003 • Bourse d'excellence de la fondation Rose-Daoust-Duquette
1999 • Bourse Canada

RÉALISATIONS

1997–2004 • Implication active pour la promotion des sciences au collège Jean-de-Brébeuf
Juge au concours scientifique annuel du collège Brébeuf
Membre fondateur d'un club sciences au collégial

1998 • Projet d'innovation scientifique « Cholestérol en excès : une solution? »
Médaille d'or à l'Expo-Sciences pancanadienne (niveau national),
catégorie « sciences de la vie »

1993 • Projet d'expérimentation scientifique : « Déplacement linéaire par magnétisme »
1er prix de l'Expo-Sciences de Montréal
Médaille de l'Association canadienne-française pour l'avancement des sciences (ACFAS)

EXPÉRIENCE PROFESSIONNELLE

été 2000 • Stages d'été à temps plein au laboratoire de neuroendocrinologie
été 2001 de l'hôpital Notre-Dame
Synthèse de peptides en phase solide à la main et à la machine

été 1999 • Stage d'été à temps plein au laboratoire de génie biomédical de l'Institut
de recherches cliniques de Montréal
Aide à la mise au point d'un stéthoscope électronique

été 1998 • Préposé aux bénéficiaires au Centre d'accueil Marcelle-Ferron

LOISIRS
Sports : cyclisme, badminton, plongée sous-marine, ski de fond, musculation
Voyages, lecture, cinéma, musique

RÉFÉRENCES SUR DEMANDE

Vous avez compris?

 A Répondez.

1. Quelles sont les conditions essentielles pour être bénévole sur un chantier?
2. Donnez des exemples de travail qu'on peut faire sur un chantier.
3. Quelles sont les seules dépenses?
4. Quels sont les avantages?
5. Quels sont les désavantages?

B Répondez.

1. Que veut dire travailler «au pair»?
2. Par quoi vaut-il mieux passer pour obtenir un travail au pair?
3. Que faut-il faire avant de commencer à travailler au pair?
4. Quels sont les avantages?
5. Quels sont les désavantages?

L'ONG «Médecins sans Frontières» en Afghanistan

L'association *Le Rire Médecin* réunit des clowns professionnels et crée des spectacles sur mesure pour les enfants hospitalisés. *Le Rire Médecin* recherche :

Un(e) responsable de communication

Disponible mi-octobre, CDD remplacement de 7 mois. Ses missions : gestion des outils de communication, recherche de fonds, montage de partenariats entreprises, relations presse. Son profil : expérience similaire indispensable, sens de l'organisation, qualités relationnelles et aisance rédactionnelle.

Lettre + CV à adresser au Rire Médecin - 18, rue G. l'Asnier - 75004 Paris
e-mail : le-rire-medecin@wanadoo.fr

 C Répondez.

1. En général quand on fait un stage, on est payé?
2. À quoi cela sert-il de faire un stage?
3. Que faut-il faire pour trouver un bon travail ou un bon stage?
4. Quels sont les avantages?
5. Quels sont les désavantages?

La colline aux enfants
familles-relais
bénévoles
75017 PARIS

Association accueillant des enfants, 3-10 ans, dont les parents sont en difficulté recherche :
DES FAMILLES-RELAIS : pour accueillir ponctuellement un enfant.
DES BÉNÉVOLES : • pour son équipe Rencontres Parent/Enfant
• administratifs • une documentaliste • communication...

Tél. : 01 56 21 11 00

D Répondez.

1. Où peut-on faire du camping?
2. Que faut-il faire avant de planter sa tente quelque part?
3. Où est-il interdit de se mettre?
4. Qu'est-ce qu'il est interdit de faire près des bois?
5. Qu'est-ce qu'un bon campeur fait avant de partir?
6. Quels sont les avantages?
7. Quels sont les désavantages?

E Répondez.

1. Que veut dire le sigle ONG?
2. De qui ont besoin les ONG?
3. Est-il possible pour des jeunes sans formation de travailler pour des ONG?
4. Quels sont les avantages?
5. Quels sont les désavantages?

F Choisissez parmi les loisirs utiles celui qui vous tente le plus et expliquez pourquoi.

Structure avancée

Le subjonctif après les expressions d'émotion
Expressing emotional reactions to the actions of others

1. The subjunctive is used in clauses introduced by **que** that follow a verb or expression reflecting any type of emotion.

être content(e)	**être étonné(e)**
être heureux(euse)	**regretter**
être triste	**avoir peur**
être désolé(e)	**c'est dommage**

2. Study the following sentences.

Stéphane n'est pas là.
Maïa est contente qu'il ne soit pas là.
Moi, je suis triste qu'il ne soit pas là.

The subjunctive is used because the information in the dependent clause is subjective. What makes one person happy can make another sad.

Comment dit-on?

1 **Historiette** **Dommage!** Complétez.

1. Je regrette que Mélanie _____ malade. (être)
2. Mais je suis content qu'elle _____ mieux. (aller)
3. C'est dommage qu'elle ne _____ pas aller au concert ce soir. (pouvoir)
4. De toute façon, j'ai bien peur qu'il n'y _____ plus de places. (avoir)

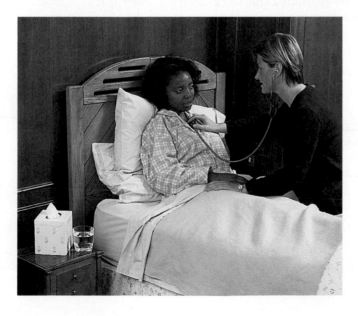

2 **Les vacances!** Refaites les phrases d'après le modèle.

Jeanne part en vacances avec nous. Je suis contente. ⟶
Je suis contente que Jeanne parte en vacances avec nous.

1. Elle veut bien faire du camping. Je suis surprise.
2. Elle a assez d'argent pour le voyage. Je suis contente.
3. Elle ne sait pas nager. Je suis étonnée.
4. Nous ne pouvons pas rester longtemps. Je regrette.

3 **Réactions** Quelle est votre réaction à chacune des situations suivantes? Répondez avec l'expression d'émotion qui convient.

Votre frère a un «A» à l'examen de maths. ⟶
Je suis étonné(e) que mon frère ait un «A» à l'examen de maths.

1. Le prof de français vous téléphone chez vous.
2. Vos parents ne veulent pas vous prêter leur voiture.
3. Votre meilleure amie a la grippe.
4. Vos notes sont toutes excellentes.
5. Votre ami ne vient pas à votre fête.

Le subjonctif dans les propositions relatives et après le superlatif

Expressing uncertainty or uniqueness

1. A relative clause is one that modifies a noun. If a relative clause modifies a noun that refers to a specific, definite person or thing, the indicative is used in the clause.

> **Je connais quelqu'un qui connaît bien la langue française.**

2. If, however, the relative clause modifies a noun that refers to an indefinite person or thing, the subjunctive is used in the clause.

> **Je cherche quelqu'un qui connaisse bien la langue française.**

The subjunctive indicates uncertainty as to whether the person or thing in question exists or not.

3. The subjunctive is also used in a relative clause that modifies a superlative, negative, or restrictive statement, since the information in the clause is very subjective. It is based on the speaker's opinion or emotion rather than reality.

> **C'est la meilleure chanteuse que je connaisse.**
> **Il n'y a personne qui puisse jouer de la guitare comme lui.**
> **C'est la seule personne qui sache le faire.**

La chanteuse québécoise Céline Dion

Leçon 3
Journalisme

Comment dit-on?

 4 On cherche un ou une stagiaire. Suivez le modèle.

savoir faire fonctionner cet ordinateur
—On cherche quelqu'un qui sache faire
fonctionner cet ordinateur.
—Moi, je connais quelqu'un qui sait faire
fonctionner cet ordinateur.

1. savoir parler français
2. pouvoir travailler huit heures par jour
3. avoir une formation en informatique
4. connaître plusieurs modèles d'ordinateurs
5. faire de la programmation
6. avoir au moins deux ans d'expérience
7. être libre de voyager
8. être libre immédiatement

5 Le seul? Complétez.

1. C'est le seul cinéma qui _____ un grand écran. (avoir)
2. Paul est la seule personne qui _____ ce qui est arrivé. (savoir)
3. Il n'y a personne d'autre qui _____ le faire. (pouvoir)
4. Malheureusement, c'est la seule personne qui me _____. (comprendre)
5. Il n'y a rien que tu _____ me dire pour me faire changer d'avis. (pouvoir)
6. C'est vraiment le meilleur livre que je _____. (connaître)
7. Il n'y a aucun autre chanteur qui _____ chanter ce rôle comme lui. (pouvoir)

Le passé du subjonctif
Expressing emotions or opinions about past events

1. To express opinions or emotions about past events, one uses the past subjunctive.

Je souhaite qu'il ne m'ait pas oubliée.
Je suis très content qu'ils soient venus.
C'est la meilleure chanson que j'aie jamais entendue.

2. The past subjunctive is formed by using the present subjunctive of the helping verb **avoir** or **être** and the past participle of the verb.

PARLER		ARRIVER	
que j'	aie parlé	que je	sois arrivé(e)
que tu	aies parlé	que tu	sois arrivé(e)
qu'il	ait parlé	qu'il	soit arrivé
qu'elle	ait parlé	qu'elle	soit arrivée
qu'on	ait parlé	qu'on	soit arrivé(e)(s)
que nous	ayons parlé	que nous	soyons arrivé(e)s
que vous	ayez parlé	que vous	soyez arrivé(e)(s)
qu'ils	aient parlé	qu'ils	soient arrivés
qu'elles	aient parlé	qu'elles	soient arrivées

Comment dit-on?

6 **Historiette** **Un rendez-vous manqué** Répondez.

1. Tu regrettes qu'elle ne soit pas arrivée?
2. Tu es désolé(e) qu'elle ait oublié l'heure?
3. Tu es surpris(e) qu'elle ne soit pas venue?
4. Tu as peur qu'elle ait perdu son chemin?
5. Tu es fâché(e) qu'elle n'ait pas téléphoné?

Répertoire des galeries d'art de Québec

7 **Historiette** **Une possibilité** Complétez avec le passé du subjonctif.

1. J'ai peur qu'il _____ hier. (téléphoner)
2. Il est possible qu'il _____ quand tu n'étais pas chez toi. (venir)
3. Il se peut qu'il _____ sans laisser de message. (partir)
4. Je suis surpris que tu _____ ses parents. (ne pas appeler)
5. Je leur ai téléphoné, mais il n'y avait pas de réponse. Il est possible qu'ils _____ en vacances. (partir)

8 **C'était super!** Donnez des réponses personnelles.

1. Quel est le meilleur livre que tu aies jamais lu?
2. Quel est le meilleur film que tu aies jamais vu?
3. Quelle est la plus belle actrice que tu aies jamais vue?
4. Quelle est la plus belle chanson que tu aies jamais entendue?
5. Quelle est l'exposition la plus intéressante que tu aies jamais vue?

C'est à vous
Use what you have learned

PARLER

1 Le choix des filles
✔ *Survey your female classmates about their favorite singers and groups*

Faites une enquête sur les goûts de vos camarades filles. Faites trois catégories: chanteur, chanteuse et groupe. Demandez aux filles de votre classe quels sont leurs chanteurs, chanteuses et groupes préférés. Classez vos résultats par ordre de préférence.

PARLER

2 Le choix des garçons
✔ *Survey your male classmates about their favorite singers and groups*

Faites la même enquête de l'Activité 1 auprès des garçons, puis comparez les résultats entre les filles et les garçons.

PARLER

3 Loisirs utiles
✔ *Discuss the advantages and disadvantages of volunteering in your free time*

Travaillez avec un(e) camarade. Faites une liste de loisirs utiles aux États-Unis. Ensuite, choisissez un loisir utile avec votre camarade et discutez les avantages et les désavantages.

Un médecin de «Médecins sans frontières» dans un camp de réfugié éthiopien

4 Un chantier bénévole

✔ *Research the possibilities of doing volunteer work overseas*

Travaillez avec un(e) camarade. Vous voulez travailler sur un chantier bénévole dans un pays étranger. Tout d'abord, vous choisissez un pays, puis vous discutez pour essayer de déterminer quel genre de chantier il peut y avoir dans ce pays. (Il faut bien avoir quelques mots-clés avant d'aller se renseigner sur Internet!)

Distribution de pain dans un camp de réfugiés

5 Au pair

✔ *Discuss the terms of your employment as an au pair*

Vous avez répondu à une petite annonce pour travailler au pair en France l'été prochain. Vous rencontrez le père ou la mère de famille (votre partenaire) et vous lui posez des questions sur ce que seraient vos responsabilités, votre salaire, votre temps libre, etc.

6 Le Corps de la Paix

✔ *Research the Peace Corps and decide what you would like to do for them*

Cherchez des informations sur le Corps de la Paix. En quoi cette organisation est-elle unique aux États-Unis? Décidez ce que vous aimeriez faire pour cette organisation.

7 Une ONG

✔ *Create a nongovernmental organization, listing employees and their qualifications*

Avec un(e) camarade, vous voulez créer une ONG. Décidez d'abord de sa fonction. Faites ensuite une liste des employés dont vous aurez besoin et déterminez quelles doivent être leurs qualifications professionnelles.

Nom: _____
Qualifications: _____
_____
_____

Nom: _____
Qualifications: _____
_____
_____

Nom: _____
Qualifications: _____
_____
_____

Nom: _____
Qualifications: _____
_____
_____

Nom: _____
Qualifications: _____
_____
_____

8 Pour ou contre le camping

✔ *Discuss the advantages and disadvantages of going camping*

Vous partez en vacances avec un(e) ami(e). L'un(e) de vous veut faire du camping. L'autre ne veut pas. Discutez des avantages et des désavantages du camping.

Assessment

Vocabulaire

To review the vocabulary, turn to page 146.

1 Donnez le mot dont la définition suit.

1. un disque avec plusieurs chansons
2. une chanteuse qui chante avec d'autres chanteurs
3. se comprendre bien avec quelqu'un
4. une personne qui joue d'un instrument de musique
5. un objectif

To review the vocabulary, turn to page 149.

2 Vrai ou faux? Corrigez les phrases fausses.

6. On trouve de l'eau dans un puits.
7. Quand on est dans les bois, on est dans une forêt.
8. Un campeur est un mauvais acteur.
9. Une personne qui est retenue est très sociable.

Lecture

To review the reading, turn to page 147.

3 Répondez.

10. De quel instrument jouent les Native?
11. En quoi les deux sœurs sont-elles semblables?
12. En quoi sont-elles différentes?

To review the reading, turn to pages 151–152.

4 Donnez un argument pour et un argument contre.

13. travailler sur un chantier bénévole
14. travailler au pair
15. faire un stage
16. faire du camping
17. travailler pour une ONG

Structure

5 **Complétez.**

18. Je suis triste qu'elle ____ avec nous. (ne... pas être)

19. Je connais une boulangerie qui ____ du pain excellent. (avoir)

20. C'est la seule personne qui ____ faire la cuisine. (savoir)

21. Il n'y a rien qui me ____ plus plaisir que ça. (faire)

To review the subjunctive, turn to pages 155, 157.

Cornetti

Pain blanc au pavot

Pain de seigle noir

Pain 7 céréales

Ficelle viennoise

Tabatière

Pain auvergnat

Bagel au pavot

Bagel nature

Bagel aux oignons

6 **Complétez avec le passé du subjonctif.**

22. Je suis triste que Vladimir ____. (partir)
23. C'est le plus beau poème que je ____. (lire)
24. Il est possible qu'elle ____ ce matin très tôt. (venir)
25. C'est la seule personne qui ____ aujourd'hui. (téléphoner)

To review the past subjunctive, turn to pages 158–159.

Proficiency Tasks

Rédaction

On a souvent besoin d'expliquer une situation surtout quand il s'agit d'une culture étrangère. Un texte explicatif a comme fonction de transmettre des informations objectives sur la réalité. Avant de rédiger ce genre de texte, il faut faire une recherche approfondie des faits pour éviter d'introduire des données fausses.

TÂCHE 1 S'il y a un sujet que vous connaissez bien, c'est celui des loisirs. Dans le Chapitre 3, vous avez fait un tour d'horizon des loisirs préférés des Français. Vous pouvez maintenant faire une comparaison entre les loisirs des Français et ceux des Américains. Vous pouvez comparer et contraster les habitudes des Américains et celles des Français. Quand vous comparez, vous analysez les similarités. Quand vous contrastez, vous analysez les différences.

Une des techniques utilisées pour comparer et contraster est le diagramme de Venn. Tracez deux grands cercles qui se coupent. Dans le cercle de gauche, vous inscrivez les faits qui s'appliquent uniquement aux Français. Dans le cercle de droite, vous inscrivez les faits qui s'appliquent uniquement aux Américains. Dans la partie centrale, vous inscrivez les faits qui s'appliquent aux deux.

Une fois que vous avez identifié les similarités et les différences entre les loisirs des Français et ceux des Américains, vous pouvez commencer à écrire. Vous pouvez organiser votre rédaction de deux façons différentes:

- Ou vous analysez d'abord ce qui s'applique aux Français, puis aux Américains, et vous finissez par les similarités entre les deux
- Ou bien vous procédez par sujet, par exemple ce que représente le sport pour les Français et les Américains et vous analysez les différences ou les similarités pour chacun des sujets.

Pour comparer, vous pouvez, bien sûr, utiliser des comparatifs ou des superlatifs, mais vous pouvez aussi utiliser le mot **comme**. Pour opposer, vous pouvez utiliser les mots suivant: **à la différence de, contrairement à, par contre** *(on the other hand)*.

Les sujets que vous pouvez examiner sont les suivants:

- **Le loisir:** une récompense ou un droit
- **Les sports:** activité de loisir ou compétition
- **Les sports:** individuels ou d'équipe
- **Les activités culturelles:** loisir ou obligation

TÂCHE 2 Quand on cherche un travail, on envoie évidemment son curriculum vitæ, mais aussi une lettre qui s'appelle «une lettre de motivation». Dans cette lettre, vous vous présentez et vous indiquez non seulement ce que vous cherchez, mais aussi les grands traits de votre personnalité et vos ambitions. Quand vous rédigez un texte de ce genre, il faut bien peser vos mots. Vous ne devez donner l'impression ni d'être trop modeste, ni d'être trop sûr(e) de vous. Faites d'abord une liste de ce que vous désirez obtenir. Ensuite faites une liste des compétences et qualités qui se rapportent directement à l'emploi. Finalement faites une liste de vos ambitions. Vous pouvez maintenant commencer à rédiger. N'oubliez pas d'utiliser le subjonctif après le verbe **chercher** suivi d'une proposition relative.

Pour commencer, vous pouvez écrire:
Monsieur ou Madame,
En réponse à votre annonce dans ___,
j'aimerais poser ma candidature au poste de ___.

Pour terminer, vous pouvez écrire:
Dans l'attente d'une réponse favorable, je vous prie de croire, Monsieur ou Madame, à l'assurance de mes sentiments distingués.

TÂCHE 3 Travaillez avec plusieurs camarades. Vous allez maintenant écrire un petit sketch, c'est-à-dire, une petite scène de théâtre très courte, si possible comique. Choisissez le lieu où se passe la scène: au cinéma, au théâtre, à l'école... Décidez ensuite comment sont les personnages: chacun de vous fait le portrait physique et psychologique de son personnage. Écrivez ensuite tous ensemble le scénario, le plan de l'action. Si possible, trouvez une fin amusante. Relisez ensuite à haute voix ce que vous avez écrit pour être sûr(e) que vous avez utilisé un style parlé et que les répliques s'enchaînent logiquement. Chacun est libre de faire des commentaires et de suggérer des changements aux autres.

Discours

Quand vous parlez, vous utilisez non seulement votre voix, mais pratiquement tout votre corps. Une expression sur votre visage, un geste de la main expriment autant sinon plus que tout un dialogue. Quand vous jouez un rôle, pensez aux gestes, aux expressions qui accompagnent les mots que vous prononcez. N'oubliez pas les gestes typiquement français, comme serrer la main de quelqu'un pour dire bonjour ou s'embrasser sur les deux joues entre filles ou entre filles et garçons.

TÂCHE 4 Avec les mêmes camarades, jouez le sketch que vous avez écrit dans la partie «Rédaction». Reprenez le scénario, mais vous pouvez aussi improviser si vous le voulez.

TÂCHE 5 Travaillez avec deux ou trois camarades. Vous êtes à la terrasse d'un café et vous parlez de tout et de rien. Vous faites peut-être des commentaires sur les gens qui passent, vous vous rappelez des bons moments que vous avez passés ensemble. En bref, vous êtes contents de passer quelques heures avec vos copains à ne rien faire.

Leçon 1 Culture

l'adepte *(m./f.)*	la récompense	augmenter
le baladeur	le repos	baisser
le cinéma	le/la spectateur(trice)	bricoler
le chemin	le surf des neiges	consacrer
le deltaplane	le/la	faire de la raquette
la dépense	téléspectateur(trice)	reprendre
la détente		
l'écran *(m.)*	moyen(ne)	

Leçon 2 Conversation

l'acteur(trice)	la galerie	amusant(e)
la comédie	l'orchestre *(m.)*	génial(e)
le/la comédien(ne)	la pièce	
la corbeille	la place	jouer
le costume	le premier balcon	pleurer
les coulisses *(f.)*	la représentation	rire
le décor	la scène	
le deuxième balcon	la tragédie	
l'entracte *(m.)*	la troupe (de théâtre)	
le fauteuil		

Leçon 3 Journalisme

l'album *(m.)*	divers(e)
le/la bénévole	retenu(e)
les bois *(m.)*	rude
le but	
le/la campeur(euse)	enregistrer
le chantier	s'entendre bien
le/la choriste	
le feu	parfois
la formation	Vous êtes nourri(e).
le jeu de boules	Vous êtes logé(e).
le moins	
le montant	
le/la musicien(ne)	
la pierre	
le plus	
le puits	
la soirée	

LITERARY COMPANION *See page 455 for literary selections related to Chapter 3.*

Vidéotour
Bon voyage!

Video can be a beneficial learning tool for the language student. Video enables you to experience the material in the textbook in a real-life setting. Take a vicarious field trip as you see people interacting at home, at school, at the market, etc. The cultural benefits are limitless as you experience French and Francophone culture while "traveling" through many countries. In addition to its tremendous cultural value, video gives practice in developing good listening and viewing skills. Video allows you to look for numerous clues that are evident in tone of voice, facial expressions, and gestures. Through video you can see and hear the diversity of the target culture and compare and contrast the French-speaking cultures to each other and to your own.

Épisode 1: La pétanque

Un bon sujet, les loisirs! Commençons par un jeu très convivial—la pétanque. C'est un jeu d'équipe qui se joue sur n'importe quel terrain. Tous prennent plaisir à y jouer: les petits et les grands, les hommes et les femmes, les jeunes ou les moins jeunes, les débutants et les professionnels.

Épisode 2: Les cafés parisiens

Pour une pause bien méritée, rien de mieux que la terrasse d'un café. En France, il y en a pratiquement à chaque coin de rue. Les cafés font partie de la vie quotidienne des Français. Il y a des cafés de toutes sortes: les petits cafés de quartier, mais aussi les cafés littéraires, les cafés des artistes ou les cafés chics du beau monde.

Épisode 3: Le carnaval de Québec

Pendant environ deux semaines en février, Bonhomme Carnaval guide les Québécois et les touristes dans toutes sortes d'activités: la construction d'un gigantesque palais de glace, un concours de sculptures sur neige et la traditionnelle course en canot à glace sur le Saint-Laurent.

Racines et Ethnies

SENEGAL
240F
POSTES
COIFFURES SENEGALAISES

Objectifs

In this chapter you will:

✓ read about the culture and customs of the North and West African countries

✓ read and discuss articles about Léopold Senghor and the Touareg people

✓ review prepositions with geographical names; refer to things already mentioned; and say what you and other people will do or might do

✓ learn how to express uncertainty and doubt and how to use certain time expressions

Table des matières

À Tunis en Tunisie

Introduction

Le monde de nos jours est un monde de mobilité. Les gens se déplacent et voyagent partout. Mais beaucoup de voyageurs ne partent pas en vacances. Ils partent pour commencer une nouvelle vie dans un nouveau pays. Ce sont des émigrés quand ils quittent leur pays et des immigrés quand ils arrivent dans leur nouveau pays, dans le pays qui les accueille. La vie des immigrés n'est pas toujours facile. Au contraire, elle est souvent difficile. Il faut élever les enfants dans un milieu où les coutumes et les valeurs sont complètement différentes. Il est difficile de s'assimiler dans une nouvelle culture.

Les États-Unis sont et ont toujours été un pays d'immigrés. La France aussi a des millions d'immigrés. La Côte d'Ivoire a 40 pour cent d'immigrés. Actuellement l'immigration est un phénomène presqu'universel.

Comme toute personne veut et doit être fière de ce qu'elle est, on entend souvent:

«Je veux connaître mes racines.»
«Je veux en savoir plus sur mes racines.»
«Je veux retrouver mes racines.»

Qu'est-ce que cela veut dire? Cela veut dire que la personne a envie d'en savoir plus sur ses origines, sur ses ancêtres. Beaucoup d'enfants et de petits-enfants d'immigrés ne savent rien ou très peu au sujet de leur descendance. Ce sont surtout eux qui recherchent leurs racines.

Vocabulaire pour la lecture 🎧

Moi, je voudrais bien aller au Maroc et en Tunisie.

une zone littorale

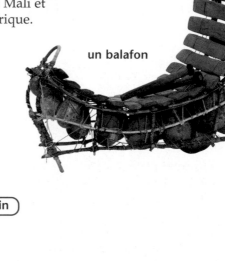

une racine

Le Maroc, la Tunisie, le Sénégal, la Côte d'Ivoire, le Mali et le Bénin sont quelques pays francophones en Afrique.

un balafon

la nuit tombée

une salutation

un fauteuil

le coin

À la nuit tombée, ils prennent l'air frais.
Ils sont assis dans des fauteuils.
Ils sont assis au coin de la rue.
Ils sont assis là pour prendre l'air frais.

Plus de vocabulaire

une coutume une habitude
un principe une règle générale qui guide les conduites (le comportement)
le sort la condition de quelqu'un, le destin

accueillir (j'accueille) recevoir quelqu'un
fier(ère) de qui a beaucoup de satisfaction
à peu près environ, approximativement
par voie orale transmis oralement, pas écrit

Quel est le mot?

1 **Vrai ou faux?** Indiquez si la phrase est vraie ou fausse.

1. À la nuit tombée le soleil brille très fort.
2. Un balafon est un instrument musical.
3. Les arbres ont des racines.
4. Dire «au revoir» à quelqu'un est une salutation.
5. Une zone littorale est loin de la côte.
6. Une coutume est une activité qu'on fait souvent.
7. Une personne honnête reste fidèle à ses principes.
8. Une mère qui est fière de ses enfants parle tout le temps d'eux.

2 **Définitions** Donnez le mot dont la définition suit.

1. recevoir quelqu'un
2. approximativement
3. oralement
4. le destin
5. le contraire de «debout»
6. une chaise confortable
7. l'angle formé par deux rues

Vincent Van Gogh: *Terrasse du café le soir*

Port de pêcheurs en Kabylie en Algérie

FRENCH
Online

To learn more about francophone countries in Africa, go to the Glencoe French Web site: french.glencoe.com

Lecture
Groupes culturels francophones

Francophonie

Jusque dans les années 60 la France a eu des colonies dans le monde entier. En 1880 le géographe Onésime Reclus a inventé le mot «francophonie» pour désigner toutes les populations du monde qui utilisent le français. Dans quelques pays européens et au Canada francophone le français est la langue maternelle. Dans les pays créoles, comme Haïti, le français est la seconde langue. Le créole, la langue la plus utilisée, est une langue dérivée du français avec des influences africaines et espagnoles. Et il y a des pays où le français est la langue officielle ou la langue d'usage. C'est le cas en Afrique où le français a été imposé par la colonisation comme langue d'usage dans les pays du Maghreb ainsi que dans les pays de l'Afrique occidentale. Dans les pays du Maghreb la langue maternelle, c'est l'arabe. Dans tous les pays de l'Afrique occidentale il existe beaucoup de langues régionales. Le français continue à jouer un rôle important dans la vie quotidienne de ces pays et favorise l'accès à la modernité.

Reading Strategy

Thinking while reading

Good readers always think as they read. They read the title and look at the visuals to determine the topic of the passage. They predict, create visual images, check for understanding, and pay close attention to each sentence in the reading.

SIDI BOU SAID

Café des Nattes à Sidi-Bou-Saïd en Tunisie

A Répondez d'après la lecture.

1. ce que la France a eu jusque dans les années 60
2. ce que désigne la francophonie
3. les pays où le français est la langue maternelle
4. les pays où le français est la langue officielle
5. la langue maternelle des pays du Maghreb
6. ce qu'il y a dans les pays de l'Afrique occidentale

À Abidjan en Côte d'Ivoire

RACINES ET ETHNIES

L'Afrique occidentale

Huit pays de l'Afrique occidentale ont adopté le français comme langue officielle. Chacun de ces pays est composé de nombreuses communautés ou groupes ethniques. Au Burkina Faso, par exemple, il y a une soixantaine d'ethnies. Chaque groupe ethnique a sa langue et ses dialectes. Par exemple chez les Dogons, un groupe du Mali, il existe à peu près 48 dialectes. Pour cette raison une «lingua franca» telle que le français est utile sur le plan politique et économique.

Bien que chacun de ces groupes ethniques ait ses propres traditions religieuses et culturelles, il y a aussi des traditions qui sont communes à tous.

Jour de marché à Gorom-Gorom au Burkina Faso

B Vrai ou faux? Corrigez les phrases fausses.

1. Dix pays de l'Afrique occidentale ont adopté le français comme langue officielle.
2. Chaque pays de l'Afrique occidentale est composé d'un seul groupe ethnique.
3. Il y a six ethnies au Burkina Faso.
4. Chaque groupe ou communauté ethnique a une seule langue.
5. Les Dogons habitent au Sénégal.
6. Tous les groupes ethniques ont les mêmes traditions religieuses et culturelles.

Mosquée aux alentours de Dakar au Sénégal

Religion

Quoique le nombre varie d'un pays à l'autre près de 50 pour cent des habitants de l'Afrique occidentale sont musulmans. Au Burkina Faso 25 pour cent sont des adeptes de l'islam. Au Mali et au Sénégal, c'est plus de 80 pour cent.

Il y a aussi des chrétiens dont la plupart sont des catholiques. Ils habitent surtout les zones littorales du Bénin, du Togo et de la Côte d'Ivoire.

Animisme

Dans toute l'Afrique occidentale il y a des centaines de religions traditionnelles. Presque toutes ces religions ont des préceptes animistes. Les animistes acceptent l'existence d'un dieu tout-puissant[1], mais ce dieu est trop exalté pour se préoccuper du sort des humains. Les animistes préfèrent des divinités secondaires qui sont en général des forces de la nature personnifiées et des esprits[2], souvent les esprits des ancêtres. Les ancêtres ont beaucoup d'importance dans les religions africaines. Dans les grands moments de la vie—la naissance, le mariage, les funérailles—on les consulte et on leur sacrifie des animaux. On communique avec ces divinités pour avoir une bonne santé ou une bonne récolte[3]. Beaucoup de festivités et de cérémonies communautaires leur rendent hommage. Même les fidèles musulmans ou chrétiens pratiquent quelquefois des rites pour consulter un ancêtre et tenter de résoudre[4] certains problèmes. Les croyances et les traditions religieuses sont transmises de génération en génération par voie orale.

---

[1]tout-puissant *all-powerful*
[2]esprits *spirits*
[3]récolte *harvest*
[4]résoudre *resolve*

Petit village près de Cotonou au Bénin

C Répondez.

1. Actuellement quel pourcentage de la population de l'Afrique occidentale pratique la religion musulmane?
2. Le nombre d'adeptes varie-t-il d'un pays à l'autre?
3. Où habitent la plupart des chrétiens?
4. Quels préceptes sont communs à presque toutes les religions africaines?
5. L'animisme accepte-t-il l'existence d'un dieu tout-puissant?
6. Qu'est-ce que les animistes préfèrent?
7. Qui sont ces divinités secondaires?
8. Quand consulte-t-on ces divinités?
9. Qu'est-ce qu'on leur offre?
10. Comment les croyances et les traditions religieuses sont-elles transmises?

Musique et danse

«Afrique» rime avec «musique» et la musique occupe une place toute particulière dans la culture africaine. Il y a des danses et des chants bien précis pour chaque événement ou cérémonie. Il arrive souvent qu'à la nuit tombée sur la place du village, les gens se rencontrent et dansent au son du djembé ou du balafon. Ils écoutent le griot, un musicien-poète ambulant qui fait partie d'une caste et qui va de village en village en chantant les hauts faits[5] de certaines familles. Le griot est toujours accompagné de sa kora, un instrument à cordes dont la sonorité[6] est semblable à celle de la harpe.

---

[5]hauts faits *deeds*
[6]sonorité *sound*

Un griot

Coutumes et savoir-vivre

La société africaine est dirigée par une série de principes qui obligent chaque individu à ne jamais oublier son rôle. Tout se déroule selon une stricte hiérarchie. La famille étendue est l'unité de base. Elle regroupe non seulement les habitants d'une concession[7] mais aussi tous les enfants d'une même descendance—en bref, le clan. Le chef de famille est le souverain absolu. C'est lui qui gère le patrimoine[8] et arbitre les disputes familiales.

Chaque membre de la concession qui gagne de l'argent donne toute sa paie à sa mère, même s'il/elle possède sa propre famille. Sa mère lui en rend une partie comme argent de poche. Ensuite, elle prélève[9] la somme nécessaire à l'entretien de la maison et donne le reste au chef de famille.

Chacun a un sens très fort de ses devoirs et de ses responsabilités. Par exemple: plusieurs personnes ont sorti quelques fauteuils dans la rue pour s'asseoir et prendre l'air frais. Une autre personne se présente. Immédiatement la personne de rang moindre[10] se lève sans rien dire, cède son fauteuil et va s'asseoir par terre. À l'arrivée de chaque visiteur la même scène se répète. Le ballet des sièges continue. Les places changent sans que personne ne dise rien et sans aucun remerciement. Chacun sait ce qu'il faut faire.

---

[7]concession *type of community*
[8]gère le patrimoine *manages the clan's finances*

[9]prélève *deduct*
[10]rang moindre *lower rank*

À Glidji au Togo

Noms

Dans de nombreux groupes le nom de famille, le diamou, se transmet par le père avec son ethnie. Tout le monde est très fier de son nom car il désigne un groupe familial et toute la descendance. Pour cette raison tous ceux qui portent le même diamou, même si leur relation est très éloignée[11], se considèrent comme des cousins. Le diamou donne l'origine et l'appartenance[12], c'est-à-dire la place dans la hiérarchie sociale. C'est pourquoi les longues salutations qui ont lieu entre des personnes qui ne se connaissent pas sont tellement importantes. Il faut déterminer comment se situer les uns par rapport aux autres. Le proverbe «Dis-moi ton nom et je te dirai qui tu es» est très significatif.

---

[11]éloignée *distant*
[12]appartenance *membership, belonging*

D Identifiez.

1. le djembé
2. le griot
3. la kora
4. l'unité de base de la société africaine
5. le clan
6. le souverain du clan

E Expliquez d'après la lecture.

1. Expliquez ce qu'une personne qui travaille fait de sa paie.
2. Expliquez ce que la mère fait de cet argent.
3. Décrivez la scène quand il y a des gens assis dans des fauteuils et que quelqu'un d'autre se présente.
4. Expliquez pourquoi personne ne dit rien et pourquoi il n'y a aucun remerciement.
5. Expliquez comment et par qui le nom de famille se transmet.
6. Expliquez tout ce que ce nom désigne.
7. Expliquez pourquoi les longues salutations entre ceux qui ne se connaissent pas sont tellement importantes.

Structure ✴ Révision

Les prépositions avec des noms géographiques
Talking about cities, countries, and continents

1. With names of cities, you use the preposition **à** to express *in* or *to*. You use **de** to express *from*.

Il est à Lyon aujourd'hui.   Il reviendra de Lyon demain.
Elle arrivera à Nice demain. Elle part de Paris.

2. The names of all continents end in a silent **e**, and they are all feminine: **l'Europe, l'Asie, l'Afrique, l'Amérique** et **l'Océanie.** Almost all countries whose names end in a silent **e** are also feminine. All other countries are masculine.

Féminin	Masculin
la France	le Canada
la Belgique	le Sénégal
la Tunisie	le Mali
l'Égypte	le Japon
l'Espagne	l'Iran

Le Mexique and **le Cambodge** are exceptions. They end in a silent **e,** but they are masculine.

3. You use **en** to express *in* or *to* and **de (d')** to express *from* with all continents and countries with the exception of masculine countries that begin with a consonant.

Féminin	
J'habite en Europe.	Je reviens d'Europe.
Je vais en Belgique.	Je viens de Belgique.

Masculin	
J'habite en Israël.	Je reviens d'Israël.
Je vais en Iran.	Je viens d'Iran.

L'église de Notre-Dame à
Dinant en Belgique

4. You use **au** to express *to* or *in,* and **du** to express *from* with all masculine countries that begin with a consonant.

J'habite au Canada.	Je reviens du Canada.
Je vais au Japon.	Je viens du Japon.
Je vais au Maroc.	Je viens du Maroc.

You use the plural **aux** and **des** with **les États-Unis.**

J'habite aux États-Unis.   Je viens des États-Unis.

5. For masculine names of states or provinces beginning with a consonant, **dans le** is used, unless these states or provinces are thought of as countries, in which case, **au** is used.

Il habite dans le Vermont.	Il vient du Vermont.
Elle vit dans le Poitou.	Elle revient du Poitou.
Il habite au Texas.	Il vient du Texas.
Elle vit au Québec.	Elle revient du Québec.

Note that **au Québec / du Québec** refers to the province, which is called **le Québec.** To refer to the city you say **à Québec / de Québec.**

Comment dit-on?

1 **Les pays** Complétez avec **le, la** ou **l'.**

1. ____ France
2. ____ Espagne
3. ____ Maroc
4. ____ Chili
5. ____ Colombie
6. ____ Sénégal
7. ____ Côte d'Ivoire
8. ____ Iran
9. ____ Canada
10. ____ Grèce
11. ____ Chine
12. ____ Japon

Le Québec: la vallé du Saint-Laurent en automne

2 **Un peu de géographie** Répondez.

1. Paris est en France ou au Maroc?
2. Rome est en Italie ou en Israël?
3. Madrid est au Chili ou en Espagne?
4. Tokyo est en Chine ou au Japon?
5. Montréal est au Mexique ou au Canada?
6. Dakar est au Sénégal ou en Tunisie?
7. Chicago est aux États-Unis ou au Panama?

3 **Plus de géographie** Répondez.

1. Où est Paris?
2. Où est Madrid?
3. Où est Bruxelles?
4. Où est Berlin?
5. Où est Montréal?
6. Où est New York?
7. Où est Lisbonne?
8. Où est Moscou?
9. Où est Tel-Aviv?
10. Où est Copenhague?

La ville de Montréal au Québec

 4 **L'Afrique** Complétez.

Les trois pays du Maghreb sont __1__ Maroc, __2__ Tunisie et __3__ Algérie. Moi, j'ai très envie d'aller __4__ Maroc, d'aller __5__ Tunisie et d'aller __6__ Algérie. Les pays du Maghreb m'intéressent beaucoup.

Les huit pays francophones de l'Afrique occidentale sont __7__ Sénégal, __8__ Mali, __9__ Burkina Faso, __10__ Cameroun, __11__ Togo, __12__ Bénin, __13__ Niger et __14__ Côte d'Ivoire. Les Sénégalais viennent __15__ Sénégal, les Maliens viennent __16__ Mali, les Burkinabés viennent __17__ Burkina Faso, les Camerounais viennent __18__ Cameroun, les Togolais viennent __19__ Togo, les Béninois viennent __20__ Bénin, les Nigériens viennent __21__ Niger et les Ivoiriens viennent __22__ Côte d'Ivoire.

 5 **En voyage** Complétez avec **du, de(d')**, ou **des**.

1. Ils nous ont écrit _____ Russie.
2. Ils reviennent _____ États-Unis dimanche.
3. Ils viennent _____ Portugal.
4. Ils nous ont téléphoné _____ Bretagne.
5. Ils ne reviennent pas _____ Mexique avant le mois prochain.

 6 **Un jeu de géographie** Travaillez en de petits groupes. Quelqu'un donne le nom d'une ville—Shanghai, par exemple. Quelqu'un d'autre dit:

Shanghai est en Chine.
Moi, j'aimerais beaucoup aller à Shanghai. /
Moi, je n'aimerais pas beaucoup aller à Shanghai.
J'ai très envie d'aller en Chine. / Je n'ai pas du tout envie d'aller en Chine.
La Chine est un pays qui m'intéresse. / La Chine est un pays qui ne m'intéresse pas du tout.

La côte bretonne près de St.-Brieuc

Le pronom y
Referring to places or things already mentioned

1. The pronoun **y** replaces a prepositional phrase that is introduced by a preposition of place or direction, other than **de.** Like all other pronouns, **y** immediately precedes the verb it is tied to.

Ils vont à Paris.	**Ils y vont.**
Ils sont allés au Québec.	**Ils y sont allés.**
Ils voudraient aller en France.	**Ils voudraient y aller.**

2. The pronoun **y** is also used to replace the object of a verb followed by the preposition **à,** if that object refers to a thing.

J'ai répondu à sa lettre.	**J'y ai répondu.**
Il obéit aux lois.	**Il y obéit.**

Remember that when the noun following **à** is a person, rather than a thing, the noun is the indirect object of the verb, and therefore the indirect object pronouns **lui** or **leur** are used.

J'ai répondu au professeur.	**Je lui ai répondu.**
Il obéit à ses parents.	**Il leur obéit.**

3. The concept of *there* must always be expressed in French, even though it is often omitted in English.

—Tu vas à Paris quand?	*—When are you going to Paris?*
—J'y vais demain.	*—I'm going tomorrow.*
—Luc est dans sa chambre?	*—Luc is in his room?*
—Oui, il y est.	*—Yes, he is.*

La chambre de Van Gogh à Arles

4. The pronoun **y** seldom occurs with another object pronoun in the same sentence. When it does, **y** follows the other pronoun.

Il va me retrouver à Paris.	**Il va m'y retrouver.**
Je l'ai aperçu sur les Champs-Élysées.	**Je l'y ai aperçu.**
Elle s'intéresse à la peinture.	**Elle s'y intéresse.**

In sentences with **en, y** precedes **en.**

Il y a de la neige?	**Oui, il y en a.**

5. The pronoun **y** is used in the following idiomatic expressions.

Ça y est!	*That's it. Finished! Done!*
J'y suis!	*I get it!*

Comment dit-on?

7 **Historiette** **Un voyage au Sénégal** Remplacez les mots en italique par le pronom **y.**

1. Je suis allé(e) *au Sénégal.*
2. Je suis arrivé(e) *à Dakar* après un vol de neuf heures de New York.
3. C'est la première fois que je vais *en Afrique.*
4. Je n'aurai aucun problème parce qu'on parle français *au Sénégal.*
5. Je vais prendre un taxi *au centre ville.*
6. Nous allons arriver *à mon hôtel.*
7. Je vais descendre du taxi *devant l'hôtel.*

8 **Souvenirs** Refaites les phrases suivantes, en utilisant **y, lui** ou **leur.**

1. Je pense souvent à mon pays.
2. Je jouais tout le temps au foot.
3. Je faisais toujours attention aux conseils de mes professeurs.
4. J'obéissais bien à mes parents.
5. Je répondais toujours poliment à ma grand-mère.
6. Elle s'intéressait beaucoup à mes activités.

L'avenue André Peytavin à Dakar au Sénégal

L'aéroport à Casablanca au Maroc

9 **Historiette** **Le départ** Répondez en utilisant un pronom.

1. Tes amis vont au Maroc?
2. Tu les accompagnes à l'aéroport?
3. Tu les invites au buffet de l'aéroport?
4. Ils ont le temps de t'accompagner au buffet?
5. Tu les accompagnes à la porte d'embarquement?
6. Tu peux les accompagner à bord de l'avion?

C'est à vous
Use what you have learned

1 PARLER

Là où j'habite
✔ *Talk about ethnic populations where you live*

Avec un copain ou une copine discutez la situation de l'immigration là où vous habitez. Il y a beaucoup d'immigrés ou pas? Ils sont là depuis longtemps ou ils viennent d'arriver? D'où viennent-ils? Quel travail font-ils? Que pensez-vous de leur vie?

2 PARLER

Mon ethnie
✔ *Research and talk about your heritage*

Parlez de vos racines. Dites ce que vous savez sur vos origines. Vous pouvez poser des questions à des membres de votre famille pour en savoir plus.

3 PARLER

L'Afrique occidentale
✔ *Talk about what you have learned about West Africa*

Avec quelques camarades parlez de tout ce que vous avez appris sur les pays de l'Afrique occidentale. Quels détails avez-vous trouvés intéressants?

Dakar au Sénégal

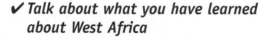

Une «laundrette» dans la forêt du Banco à Abidjan en Côte d'Ivoire

Le château de Chillon au bord
du lac Léman en Suisse

4 La langue française

✔ *Talk about the importance of the French language in the world*

Expliquez pourquoi le français est la langue officielle ou la seconde langue dans beaucoup de pays du monde.

5 Où je voudrais aller

✔ *Make a list of all the cities and countries that you would like to visit*

Faites une liste de toutes les villes que vous aimeriez visiter. Ensuite indiquez dans quel pays chaque ville se trouve.

Le port de plaisance à Monte Carlo à Monaco

La baie de Saint-Pierre à la Martinique

6 Enquête

✔ *Practice prepositions before cities and countries*

Demandez à vos camarades de classe de quel pays viennent leurs parents ou leurs ancêtres. Faites ensuite une liste de tous les pays par ordre de fréquence.

Assessment

Vocabulaire

1 Donnez le mot dont la définition suit.

To review the vocabulary, turn to page 171.

1. un instrument musical africain
2. une chaise confortable
3. une région tout près de la mer
4. une habitude
5. approximativement
6. recevoir quelqu'un

Lecture

2 Expliquez les mots suivants.

7. le créole
8. les Dogons
9. l'animisme
10. un griot
11. le diamou

To review the reading, turn to pages 173–176.

3 Vrai ou faux?

12. Dans tous les pays de l'Afrique occidentale, le français est la seule langue parlée.
13. Près de la moitié des habitants de l'Afrique occidentale sont musulmans.
14. Beaucoup de musulmans et chrétiens en Afrique pratiquent aussi des rites animistes.
15. La musique n'est pas très importante dans la culture africaine.
16. La famille étendue est l'unité de base de la société africaine.
17. Le diamou, ou le nom de famille, ne s'utilise pas beaucoup parce qu'il a très peu d'importance.

Structure

4 Complétez.

18. _____ Belgique est un pays européen.
19. _____ Japon est un pays asiatique.
20. _____ Canada est un pays américain.
21. _____ Argentine est un autre pays américain.

> *To review the use of articles before countries, turn to pages 177–178.*

5 Complétez.

22. Moi, je vais _____ Espagne et mon cousin arrive _____ Espagne.
23. Lui, il va _____ Maroc et moi, je viens _____ Maroc.
24. Ils vont _____ Israël et tu viens _____ Israël.
25. Ma famille habite _____ Vermont mais sa famille habite _____ Texas.
26. Ils vont _____ Québec et _____ Montréal, _____ Québec.

> *To review the use of prepositions before geographical names, turn to pages 177–178.*

6 Répondez avec un pronom.

27. Ils vont à Paris?
28. Tu as répondu à sa question?
29. Il a obéi au professeur?
30. Ils sont en classe?

> *To review pronouns, turn to page 180.*

CÔTE D'IVOIRE

Vocabulaire pour la conversation 🎧

le lever du soleil

le coucher du soleil

Il ne se couchera pas au coucher du soleil.
Mais il se lèvera au lever du soleil.

le ciel

un astre, une étoile

un bonbon

Cette année le Ramadan sera au mois de juin.
La fête durera un mois.
Les festivités commenceront jeudi.
Tout le monde s'amusera.

des légumes secs

des pois chiches

des lentilles

Plus de vocabulaire

une oraison une prière
jeûner ne rien manger
scruter examiner attentivement

Quel est le mot?

 1 **Historiette** **Le ciel** Répondez.

1. Est-ce que le soleil brille dans le ciel quand il y a des nuages?
2. Qu'est-ce qui brille dans le ciel la nuit?
3. Le lever du soleil est à quelle heure?
4. Et le coucher du soleil est à quelle heure?
5. Est-ce qu'un astrologue scrute les astres dans les cieux?

2 **Quel est le mot?** Complétez.

1. Deux légumes secs sont des ____ et des ____.
2. Les enfants aiment beaucoup les ____, mais ils ne doivent pas en manger trop.
3. Les chrétiens ____ pendant le carême *(Lent)*, les juifs ____ pendant la Pâque *(Passover)* et les musulmans ____ pendant le Ramadan.
4. Toutes les religions ont leurs ____ ou prières.
5. Beaucoup d'agriculteurs se lèvent au ____ et se couchent au ____.
6. La nuit quand il n'y a pas de nuages, on peut voir des ____.

3 **Définitions** Donnez le mot dont la définition suit.

1. une prière
2. une étoile
3. examiner attentivement
4. des pois chiches et des lentilles
5. ne rien manger

 4 **Historiette** **La grande fête** Répondez d'après les indications.

1. Cette année la grande fête aura lieu quand? (au mois de novembre)
2. Elle durera combien de jours? (quatre jours)
3. Les festivités commenceront quel jour? (jeudi)
4. Tout le monde jeûnera? (Personne ne)
5. Tout le monde s'amusera? (Bien sûr que)

Mise en scène

Le Maghreb

Les trois pays du Maghreb sont le Maroc, l'Algérie et la Tunisie. Ces trois pays de l'Afrique du Nord étaient des colonies ou des protectorats français.

Dans ces pays on enseigne le français dès l'école primaire, mais la langue officielle c'est l'arabe. Le mot *Maghreb* est dérivé de l'arabe **al-Maghrib** qui veut dire «direction où le soleil se couche».

Comme dans tous les pays arabes la religion pratiquée par la vaste majorité de la population c'est l'islam, une religion monothéiste fondée par le prophète Mahomet au septième siècle. L'islam se caractérise par l'absence de médiateur entre les hommes et Dieu. Il n'y a pas de clergé. Ce sont les dévots qui ont la mission de diriger la prière. Le livre sacré des musulmans est le Coran.

La conversation qui suit a lieu entre Ahmed et Julie. Ahmed vient de Tunisie et il décrit à son amie française une très importante fête religieuse.

Une grande fête 🎧

Julie Dis-moi, Ahmed. Quelle est la fête la plus importante qu'on célèbre en Tunisie?

Ahmed Moi, je dirais que c'est sans doute le Ramadan.

Julie Le Ramadan. Il a lieu quand?

Ahmed Ça dépend. La date change. Il peut avoir lieu en été ou en hiver.

Julie C'est vrai? Comment ça?

Ahmed Eh bien, le Ramadan a lieu toujours le neuvième mois de l'année selon le calendrier hégire, c'est-à-dire le calendrier musulman. L'année est partagée en douze mois mais les mois sont alignés sur le mouvement de la Lune, pas sur celui du Soleil. Et chaque jour commence non pas à minuit mais immédiatement après le coucher du soleil. Il y a un décalage[1] annuel de dix à onze jours par rapport au calendrier solaire des chrétiens.

Julie Je ne savais pas ça. C'est très intéressant ce que tu me dis. Et qui décide quand le Ramadan commence?

Ahmed Comme je t'ai dit, c'est au neuvième mois de notre calendrier. Le grand mufti décide le moment exact. Moi aussi je trouve ça un peu compliqué mais le mufti scrute les cieux et après une nuit sans un certain astre il annonce le Ramadan pour le jour suivant. Le Ramadan dure un mois.

---

[1]un décalage *time lag*

Julie Un mois!

Ahmed Oui, un mois. Et c'est une fête solennelle et joyeuse en même temps.

Julie Une fête solennelle et joyeuse? C'est possible?

Ahmed Oui. Le Ramadan, c'est une période d'abstinence et de jeûne. Entre le lever et le coucher du soleil on ne peut rien manger ni boire. Rien, absolument rien! Et on ne peut pas s'amuser et il est recommandé de dire des oraisons spéciales et de lire le Coran.

Julie Franchement, ça n'a pas l'air très joyeux, tout ça.

Ahmed Mais... la journée d'abstinence est toujours suivie d'une nuit d'allégresse[2]. Au moment du coucher du soleil on peut rompre le jeûne. On se réunit en famille et on mange la harira—ça me fait venir l'eau à la bouche.

Julie C'est quoi, la harira?

Ahmed C'est une soupe traditionnelle de légumes secs, des pois chiches et des lentilles. C'est délicieux. Mais c'est pas tout.

Julie Quoi d'autre?

Ahmed À la fin du Ramadan la véritable fête commence. Elle dure trois ou quatre jours. Tout est fermé—les bureaux, les magasins—tout. On s'offre des gâteaux et les enfants reçoivent des petits cadeaux et des bonbons. Il y a des carnavals dans les rues. Tout le monde s'amuse.

Julie Et après?

Ahmed Eh ben malheureusement, après toutes ces festivités, il faut devenir sérieux et se remettre au travail!

Julie Et l'année prochaine, ça sera quand, le Ramadan?

Ahmed Ben, ça aura lieu onze ou douze jours avant le début du Ramadan cette année. Et tout recommencera.

---

[2]allégresse *joy, cheerfulness*

Vous avez compris?

 Identifiez.

1. les pays du Maghreb
2. où ils sont
3. ce qu'ils ont été
4. leur langue officielle
5. l'origine du mot *Maghreb*
6. la religion de ces pays
7. deux caractéristiques de cette religion
8. le livre sacré des musulmans

Conversation

B Vrai ou faux?

1. Le calendrier hégire, c'est le calendrier musulman.
2. L'année est divisée en dix mois.
3. Les mois sont alignés sur le mouvement du Soleil.
4. Chaque jour commence avec le lever du soleil.
5. Il y a un décalage de cinq jours par an par rapport au calendrier des chrétiens.
6. Le calendrier des chrétiens est basé sur le mouvement du Soleil.

Un restaurant marocain

Un bol de harira

C Répondez.

1. Le Ramadan a lieu quand?
2. La date exacte change?
3. Le Ramadan dure combien de temps?
4. C'est quel type de fête?
5. Durant le Ramadan, qu'est-ce que les musulmans ne peuvent pas faire entre le lever et le coucher du soleil?
6. Qu'est-ce qu'on fait au moment du coucher du soleil?
7. Qu'est-ce que la harira?
8. Qu'est-ce qui se passe à la fin du Ramadan?
9. Combien de jours les festivités durent-elles?
10. Qu'est-ce qu'il y a dans les rues?
11. Et l'année prochaine, ça sera quand, le Ramadan?

D Vous avez appris des détails sur la fête du Ramadan. Avec un(e) camarade, parlez de cette fête. Donnez vos réactions. Quels aspects avez-vous trouvés très intéressants? Y a-t-il des choses qui vous ont surpris(e)?

LA FiBULE

Spécialités Marocaines

Bd. de la Corniche (EL HANK)
à côté du restaurant la mer
Tél. : 022.36.06.41
Fax : 022.36.06.14
Casablanca

Structure ✳ *Révision*

Le futur
Telling what you and other people will do

1. The future of regular verbs is formed by adding the appropriate endings to the infinitive of the verb. In the case of verbs ending in **-re,** the final **-e** is dropped before the future endings are added.

Infinitive	PARLER	FINIR	ATTENDRE
Stem	PARLER-	FINIR-	ATTENDR-
Future	je parlerai	je finirai	j' attendrai
	tu parleras	tu finiras	tu attendras
	il/elle/on parlera	il/elle/on finira	il/elle/on attendra
	nous parlerons	nous finirons	nous attendrons
	vous parlerez	vous finirez	vous attendrez
	ils/elles parleront	ils/elles finiront	ils/elles attendront

2. The future tense expresses an action or event that will take place sometime in the future. Following are some common adverbial expressions that can be used with the future.

demain	**bientôt**	**le mois prochain**
après-demain	**dimanche prochain**	**l'été prochain**
dans deux jours	**la semaine prochaine**	
un de ces jours	**l'année prochaine**	

    Un de ces jours ils parleront de la situation.
    Je sais qu'elle comprendra.
    Ils se mettront d'accord sans problème.

3. Remember that in French, the present tense or the **aller** + infinitive construction is frequently used to describe an event that will happen in the near future.

    Je pars demain.   **Je vais lui téléphoner.**   **Nous allons y aller.**

4. If a future time is implied after the conjunctions **quand, lorsque** *(when)*, **dès que** *(as soon as)*, the future tense must be used.

    Je le verrai quand il arrivera.
    Lorsqu'elle sera là, téléphone-moi.
    Dès que vous aurez une réponse,
    envoyez-moi un e-mail.

Le village de Salé près de Rabat au Maroc

5. Note the spelling of the following verbs. These verbs are not irregular in the future; the spelling changes accommodate the pronunciation.

Infinitive	Present	Future	
acheter	il achète	j' achèterai	nous achèterons
lever	il lève	je lèverai	nous lèverons
mener	il mène	je mènerai	nous mènerons
appeler	il appelle	j' appellerai	nous appellerons
jeter	elle jette	je jetterai	nous jetterons
employer	elle emploie	j' emploierai	nous emploierons
essayer	elle essaie	j' essaierai	nous essaierons

6. The following verbs have irregular stems in the future tense. The endings, however, are regular.

aller	j' **irai**	courir	je **courrai**
avoir	j' **aurai**	mourir	je **mourrai**
être	je **serai**	pouvoir	je **pourrai**
faire	je **ferai**	voir	je **verrai**
savoir	je **saurai**	envoyer	j' **enverrai**
vouloir	je **voudrai**	venir	je **viendrai**
devoir	je **devrai**	valoir	il **vaudra**
recevoir	je **recevrai**	falloir	il **faudra**
s'asseoir	je **m'assiérai**	pleuvoir	il **pleuvra**

Comment dit-on?

1 **Historiette** **Le Ramadan** Répondez d'après les indications.

1. Le Ramadan aura lieu en quel mois? (septembre)
2. Qui annoncera le commencement du Ramadan? (Le mufti)
3. Les gens s'informeront comment? (à la radio)
4. Tout le monde jeûnera? (Absolument)
5. Qu'est-ce qu'ils mangeront et boiront pendant la journée? (rien)
6. Ils pourront manger quelque chose quand? (après le coucher du soleil)
7. Qu'est-ce qu'ils mangeront? (la harira)
8. À la fin du Ramadan, qu'est-ce qu'il y aura? (des grandes festivités)
9. Que recevront les enfants? (des cadeaux et des bonbons)
10. Tout le monde s'amusera? (Absolument)

2 **Historiette** **Il dira n'importe quoi.** Complétez au futur.

1. Il dit qu'il ____ le faire. (savoir)
2. Il dit qu'il ____ le faire. (pouvoir)
3. Il dit qu'il ____ de le faire. (essayer)
4. Il le ____ quand il ____ en France. (faire, être)
5. On ____. (voir)
6. Il ____ impressionner ses amis. (vouloir)
7. Tout le monde ____ voir ce qu'il fait. (venir)
8. Est-ce que ça ____ la peine d'aller voir? (valoir)
9. S'il réussit, la compagnie ____ son invention. (utiliser)
10. Sinon, elle la ____. (jeter)

3 **Historiette** **Un jour, je serai en France.** Répondez.

1. Tu iras en France un jour?
2. Lorsque tu iras en France, tu prendras l'avion?
3. Tu pourras rester combien de temps en France?
4. Tu iras sur la Côte d'Azur quand tu seras en France?
5. Tu nageras dans la mer Méditerranée dès que tu seras sur la Côte d'Azur?
6. Tu feras une promenade sur la plage quand tu seras à Nice?
7. Tu visiteras le joli village de Saint-Paul-de-Vence?
8. De l'hôtel tu auras une belle vue sur le village?

Une ruelle de Saint-Paul-de-Vence

Saint-Paul-de-Vence en Provence

4 **Projets** Complétez les phrases suivantes utilisant le futur.

1. Dans deux jours, toi et Monique, vous...
2. Demain, je...
3. L'été prochain, mes parents...
4. Un de ces jours, mon frère...
5. L'année prochaine, mes amis et moi, nous...
6. Dimanche prochain, ma sœur...
7. La semaine prochaine, tu...

5 **Une belle maison** Tu veux acheter une belle maison comme une de celles-là. Dis dans quelle région la maison sera, tout ce qu'elle aura, combien tu paieras, etc.

Le conditionnel
Expressing conditions

1. To form the conditional, the same stem is used as the one for the future. The imperfect endings are added to this stem.

Infinitive	Future stem	Imperfect endings	Conditional	
parler	parler-	-ais	je	parlerais
finir	finir-	-ais	tu	finirais
vendre	vendr-	-ait	il/elle/on	vendrait
faire	fer-	-ions	nous	ferions
pouvoir	pourr-	-iez	vous	pourriez
acheter	achèter-	-aient	ils/elles	achèteraient

2. The conditional is used in French, the same as in English, to express what would take place if it were not for some other circumstance.

J'irais bien au cinéma, mais il faut que je travaille.
J'aimerais aller à Paris, mais je n'ai pas assez d'argent.

3. The conditional is used to make a polite request.

Je voudrais deux billets, s'il vous plaît.
Pourriez-vous me donner une brochure sur le Maroc?

4. The conditional is used to express a future action in a past context. Contrast the following.

Il dit qu'il nous rendra visite.
Il a dit qu'il nous rendrait visite.

Elle dit qu'elle sera là aussi.
Elle a dit qu'elle serait là aussi.

Comment dit-on?

 6 **Historiette** **Je voudrais bien** Répondez que oui.

1. Tu aimerais visiter la France?
2. Tu irais en quelle saison?
3. Tu y passerais combien de temps?
4. Tu visiterais quelles villes?
5. Tu aimerais voir aussi des petits villages?
6. Tu louerais une voiture en France ou tu prendrais le train?
7. Tu ferais ce voyage tout(e) seul(e) ou avec des copains?

7 **Qu'a-t-il dit?** Complétez au conditionnel.

1. Il a dit qu'il _____ le Maroc. (visiter)
2. Moi aussi, j'ai dit que je _____ le Maroc. (visiter)
3. Il m'a dit qu'il _____ là pour le Ramadan. (être)
4. Qu'est-ce que tu as dit? Tu as dit que tu _____ là pour le Ramadan? (être)
5. Un ami marocain m'a dit qu'il _____ que j'y aille avant ou après le Ramadan. (préférer)
6. Je suis d'accord. J'ai des amis marocains et ils m'ont dit qu'on _____ plus. (s'amuser)

8 **Historiette** **Un petit service** Complétez au conditionnel.

1. _____-tu m'acheter trois billets pour samedi? (pouvoir)
2. Ça m'_____, parce que sinon, je ne _____ pas y aller moi-même. (arranger, pouvoir)
3. J'_____ aussi que tu m'envoies le programme pour le mois prochain. (aimer)
4. Car ça m'_____ que je puisse me libérer avant ça. (étonner)
5. Philippe et Jean m'ont dit qu'ils _____ peut-être aussi. (venir)
6. Au fait, toi aussi, tu _____ venir avec nous. (pouvoir)
7. Nous _____ très heureux que tu viennes avec nous. (être)

C'est à vous
Use what you have learned

1

Comparaisons
✔ *Compare Ramadan to another holiday*

Comparez la fête du Ramadan avec une autre fête que vous connaissez ou que vous célébrez. Elles ont des choses en commun? Il y a aussi des différences entre les deux?

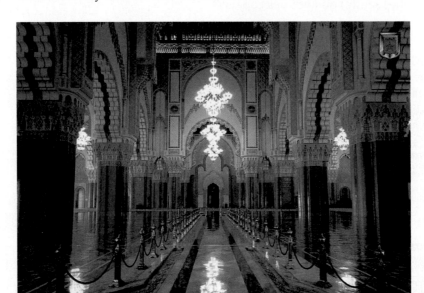

La mosquée Hassan II à Casablanca au Maroc

2

Une fête
✔ *Describe a religious holiday*

Décrivez une de vos fêtes religieuses. Dites à quel moment de l'année elle a lieu et comment vous la célébrez.

3

La prochaine fête
✔ *Talk about your next holiday*

Quelle est pour vous la prochaine grande fête? Dites tout ce que vous ferez à cette occasion.

Les treize desserts de Noël à Avignon

4 Un de ces jours au Maghreb

✔ *Talk about what you would do if you could visit any country in the Maghreb*

Depuis que vous étudiez le français, vous avez appris beaucoup de choses sur la vie et la culture des pays maghrébins. Imaginez que vous allez visiter un pays du Maghreb. Décidez lequel et dites ce que vous voulez voir et ce que vous ferez quand vous y serez.

5 Je suis dépaysé(e).

✔ *Talk about what you would do if you were in an unknown culture*

Imaginez que vous vous trouvez dans un milieu complètement différent du vôtre. On parle une langue que vous ne comprenez pas et les habitudes et les coutumes sont complètement différentes. Comment réagiriez-vous dans un tel milieu? Vous vous sentiriez à votre aise ou pas? Qu'est-ce que vous feriez pour essayer de vous adapter? Vous trouveriez ça facile ou difficile?

À Sidi-Bou-Saïd en Tunisie

À Ganvié au Bénin

6 Le maire

✔ *Plan a celebration for your city*

Si vous étiez maire de votre ville, qu'organiseriez-vous pendant la période des fêtes de fin d'année? Voici des mots que vous avez déjà appris et dont vous aurez peut-être besoin:

un défilé, une fanfare, des feux d'artifice, un char, des confettis, des serpentins, un arbre de Noël, une menorah, un chant de Noël, des bougies, réveillonner, s'embrasser

Assessment

Vocabulaire

1 Complétez.

1. La nuit il y a des _____ dans le ciel.
2. Le _____ est très tôt le matin.
3. Les pois chiches et les lentilles sont des _____.
4. Les enfants aiment beaucoup les _____ mais le sucre n'est pas bon pour la santé.
5. Il ne mange rien. Il est en train de _____.
6. Une _____ est une prière.

To review the vocabulary, turn to page 186.

L'avenue des Champs-Élysées à Paris

Conversation

2 Répondez.

7. Quels sont les trois pays du Maghreb?
8. Quelle est la fête la plus importante dans les pays du Maghreb?
9. Cette fête a lieu le même mois tous les ans?
10. La fête dure combien de temps?
11. Tout le monde mange beaucoup pendant la fête?
12. Qu'est-ce que la harira?

To review the conversation, turn to pages 188–189.

Structure

3 Récrivez les phrases suivantes au futur.

13. Elle va finir.
14. Ils vont répondre.
15. Je vais téléphoner.
16. Tu vas avoir de la chance.
17. Nous allons recevoir beaucoup d'argent.
18. Vous allez voir ce qui se passe.

To review the future tense, turn to pages 191–192.

4 Complétez.

19. Tu iras à Nabeul quand tu ____ en Tunisie. (être)
20. Je lui parlerai quand je le ____. (voir)

To review the future tense after conjunctions, turn to pages 191–192.

5 Complétez au conditionnel.

21. Tu y ____ combien de temps. (passer)
22. Ils ____ à Casablanca? (aller)
23. Je ____ très content(e). (être)
24. Il ____ assez d'argent. (avoir)
25. Nous ____ vous voir. (aimer)

To review the conditional tense, turn to page 194.

Un restaurant à Casablanca au Maroc

Vocabulaire pour la lecture 🎧
Le français, langue de culture

les décombres

un outil

une métisse

aisé

Les gens aisés fréquentent les restaurants de luxe.

Plus de vocabulaire

l'acculturation adaptation, forcée ou non, à une nouvelle culture, à de nouvelles croyances et à de nouveaux comportements

un archétype modèle idéal

la puissance la force, le pouvoir, l'énergie

power

aisé(e) assez riche, le contraire de pauvre

préciser déterminer, exprimer d'une manière directe et détaillée *specify*

renier renoncer à, abandonner

Quel est le mot?

1 **Vrai ou faux?** Indiquez si la phrase est vraie ou fausse.

1. Après une guerre il y a souvent des décombres.
2. Les artisans se servent de nombreux outils.
3. Il n'est jamais nécessaire d'avoir un archétype avant de lancer un projet.
4. Un(e) métis(se) est une personne qui a un père et une mère de races différentes.
5. Tous les immigrés vous diront que l'acculturation ne pose aucun problème. Il est très facile de s'adapter à une nouvelle culture.
6. Une famille aisée a très peu d'argent.
7. Si on veut parler une deuxième langue, il faut renier sa langue maternelle.

2 **Définitions** Donnez le mot dont la définition suit.

1. les débris des ruines
2. le contraire de pauvre
3. exprimer ou déclarer emphatiquement
4. ne pas accepter, renoncer
5. le pouvoir

Fort-de-France à la Martinique

Avant la lecture

L'usage du mot «francophonie» inventé par le géographe Onésime Reclus en 1880 a été relancé dans la revue *Esprit* en novembre, 1962. L'article suivant de Léopold Sédar Senghor a paru dans cette édition.

Léopold Sédar Senghor

Léopold Senghor est né à Joal au Sénégal. Il a eu une enfance heureuse dans une grande famille. Son père était un homme aisé qui connaissait tous les notables de la région. Sa mère était d'origine plus modeste. Senghor était chrétien et a fait ses études au séminaire. Mais un oncle maternel a eu une forte influence sur son éducation. C'est lui qui l'a initié aux mystères de la nature, au monde africain ancien, à l'univers des esprits.

Senghor a eu son baccalauréat à Dakar. Ensuite il a reçu une bourse qui lui a permis d'étudier au très prestigieux lycée Louis-le-Grand à Paris. Ses années à Paris ont fait naître en lui un sentiment de dépossession. Avec des amis qui partagent ce sentiment, il développe le concept de la négritude comme une réponse à l'acculturation. Un de ces amis, l'écrivain martiniquais Aimé Césaire, définit la négritude en ces termes: «La négritude est la simple reconnaissance du fait d'être noir, et l'acceptation de ce fait, de notre destin Noir, de notre histoire et de notre culture.»

La négritude est une affirmation de toutes les valeurs culturelles et spirituelles du monde noir.

En France Senghor a commencé une carrière politique. En 1945 il a été élu député du Sénégal à l'Assemblée nationale. Au moment de l'indépendance de son pays en 1960 il a été élu président de la République du Sénégal. Senghor est devenu poète aussi. Sa poésie, écrite en français, célèbre son amour pour son pays natal, ses traditions et son peuple. En 1983 il a été élu à la prestigieuse Académie française.

Dans l'article qui suit Senghor déclare que la langue française est un outil de libération. Pourquoi Senghor dit-il cela?

l'Assemblée nationale à Paris

ESPRIT

Le français, langue de culture

«[...] Nous, politiques noirs, nous, écrivains noirs, nous nous sentons[1], pour le moins, aussi libres à l'intérieur du français que dans nos langues maternelles. Plus libres, en vérité, puisque la liberté se mesure à la puissance de l'outil: à la force de création.

Il n'est pas question de renier les langues africaines. Pendant des siècles, peut-être des millénaires, elles seront encore parlées, exprimant les immensités abyssales[2] de la Négritude. Nous continuerons d'y pêcher les images archétypes: les poissons des grandes profondeurs. Il est question d'exprimer notre authenticité de métis culturels, d'hommes du XXᵉ siècle. Au moment que, par totalisation et socialisation, se construit la Civilisation de l'Universel, il est, d'un mot, question de se servir de ce merveilleux outil, trouvé dans les décombres du Régime colonial. De cet outil qu'est la langue française.»

---

[1]nous nous sentons *we feel*
[2]abyssales *very deep, profound*

La place de l'Indépendance à Dakar au Sénégal

Journalisme

Vous avez compris?

A **Historiette** Répondez.

1. Où Léopold Senghor est-il né?
2. Comment était sa famille?
3. Où a-t-il étudié au Sénégal?
4. Qui a eu une grande influence sur l'éducation de Senghor? Qu'est-ce que cette personne lui a appris?
5. Où Senghor a-t-il fait d'autres études?
6. Comment se sentait-il à Paris?
7. Qu'a-t-il développé?
8. Qu'est-ce que la Négritude?
9. Quelles fonctions politiques a-t-il eues?

Le palais présidentiel à Dakar au Sénégal

Deux femmes en boubou au Sénégal

B Relisez l'article de Senghor et trouvez comment il exprime les idées suivantes.

1. Nous sommes capables d'exprimer nos idées et nos sentiments aussi bien en français que dans nos langues maternelles.
2. Nous continuerons à parler nos langues pendant des siècles.
3. Dans nos langues nous pouvons exprimer l'essence même des valeurs et des traditions culturelles et spirituelles de nos sociétés.
4. Utiliser le français indique la réalité et l'authenticité de notre intégration, assimilation et acculturation dans des cultures différentes.
5. La langue française est un outil important qui nous reste de l'époque coloniale et nous devons l'utiliser.

C Expliquez pourquoi d'après Senghor le français est une langue de libération pour les Africains qui le parlent en seconde langue.

Vocabulaire pour la lecture 🎧
Les hommes bleus

Au pâturage le jeune pasteur surveille son troupeau depuis longtemps.

Plus de vocabulaire

la sécheresse l'insuffisance d'eau
déguster manger ou boire avec plaisir
veiller sur surveiller, garder
découvert(e) le contraire de couvert

célibataire qui n'est pas marié(e)
malfaisant(e) qui cherche à faire du mal, mauvais
bienfaisant(e) qui fait du bien

Quel est le mot?

1 **Dans le désert** Répondez.

1. Les chameaux sont des animaux du désert?
2. Tu crois que les nomades dorment sur une natte dans une tente?
3. Ils boivent l'eau qui vient d'un puits?
4. Le jeune pasteur surveille son troupeau?
5. C'est un troupeau de chèvres?
6. Il surveille son troupeau depuis quelques jours ou depuis longtemps?

Le Sahara au Maroc

2 **Historiette** **Dans le désert** Complétez.

1. Comme animaux, les nomades ont des ____ et des ____.
2. Les nomades ne vivent pas dans des maisons, mais dans des ____.
3. Ils dorment sur des ____.
4. Ils prennent de l'eau dans des ____.
5. Il fait toujours chaud et sec, mais les nomades sont habitués à la ____.
6. Les femmes ne portent pas le voile. Elles ont le visage ____.
7. C'est la femme qui ____ sur les enfants et les chèvres.
8. Dans le désert, l'eau est ____. On la déguste avec plaisir.

3 **Définitions** Trouvez le mot qui convient.

1. quelqu'un qui travaille le fer
2. quelqu'un qui garde un troupeau de chèvres
3. qui n'a pas de mari ou de femme
4. qui cherche à faire du mal

Le Sahara en Algérie

Avant la lecture

Si le nom *Touareg* ne vous dit rien, lisez les renseignements suivants avant de lire ce reportage qui a paru dans la revue *Phosphore*.

Territoire

Les Touaregs sont d'origine berbère et comptent environ un million de personnes réparties au Niger (600 000) et au Mali (300 000), le reste se répartissant entre la Libye, le Burkina Faso et l'Algérie. Divisés en une infinité de tribus, nomades ou sédentaires, ils n'ont qu'un point commun: la langue touarègue, le tamacheq.

Les hommes bleus

L'expression, qui date de la colonisation, a fait le tour du monde. Quand vient l'âge de la puberté, les Touaregs se drapent le visage avec une longue pièce de tissu, le «chèche», teintée à l'indigo. Cette teinture, qui se dépose sur le visage, a valu aux Touaregs le surnom d'«hommes bleus».

Conflits et désastres

Les Touaregs sont très fiers de leur origine et se considèrent supérieurs à d'autres groupes tels que les Bambaras avec qui ils ont une longue histoire de conflits.

Mais la vie de ces guerriers fiers a été complètement altérée. En plus des conflits avec leurs voisins ils ont souffert de sévères sécheresses qui ont causé la mort de la plupart de leurs troupeaux de chameaux et de chèvres. Il leur a fallu abandonner leur vie de nomades et devenir agriculteurs sédentaires ou même aller s'installer dans les villes. Comme vous le lirez dans ce reportage, beaucoup d'entre eux n'ont pas pu faire cette transition et leur existence est devenue très triste.

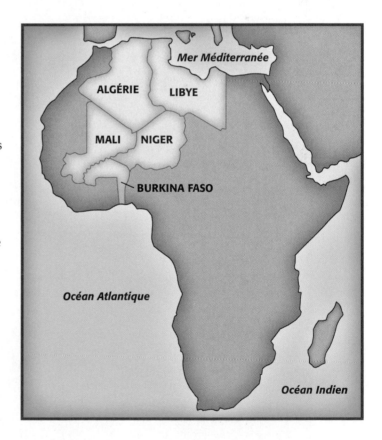

Le magazine *Phosphore*

NOMADES

Nomades dans l'âme[1], les Touaregs ont toujours été en conflit avec les Noirs sédentaires. Leur nomadisme s'articule autour de l'élevage. Les Touaregs se déplacent en suivant les pâturages pour que chèvres et chameaux aient toujours de quoi se nourrir.

LES HOMMES BLEUS

Au Mali, au Niger et en Algérie, on n'a jamais beaucoup aimé les Touaregs, ces nomades du désert. Mais depuis deux ans, la situation empire[2]. Attaques, représailles sanglantes, guérilla: les morts se comptent par centaines.

THÉ AU SAHARA

Les Touaregs ne mangent jamais en public. Seul le thé se déguste en famille ou entre amis.

---

[1] l'âme *soul*
[2] empire *is getting worse*

FEMMES

**Bien que musulmanes, les femmes touarègues ont
le visage découvert, contrairement aux hommes.
Lorsqu'elles se marient, elles deviennent
propriétaires de la «maison», une tente constituée
de nattes. En cas de divorce, elles repartent dans leur
famille avec leur maison, laissant l'homme sans abri[3].**

---

[3] abri *shelter*

L'HEURE DU PUITS

Dans ce monde de sable et de sécheresse, il faut parfois descendre à plus de trente mètres pour trouver l'eau bienfaisante. Le puits est aussi le lieu de toutes les rencontres[4]. Regards, plaisanteries, sourires entre jeunes célibataires...

PLUS-QUE-NOMADES

Les forgerons forment une classe à part. Ces familles d'artisans vont et viennent entre tribus. Les femmes travaillent le cuir, les maris le bois[5] et le métal.

[4] rencontres *encounters*
[5] le bois *wood*

LA COLÈRE[6] DES HOMMES BLEUS

Depuis près d'un siècle, les Touaregs, habitants ancestraux du Sahara, luttent[7] pour préserver leur identité.

Que réclament[8] les Touaregs? Rien, ou presque. Ils souhaitent vivre selon leur culture, et non pas, comme on l'a parfois écrit, obtenir leur indépendance. Les Touaregs sont de tradition nomade, ils sont partout chez eux et ont toujours vécu en bons termes avec les autres ethnies.

Les hommes bleus veulent simplement vivre en paix le long des oueds[9], élever leurs troupeaux, cultiver leurs champs et préparer, comme chaque année, les caravanes de sel*. La vie est assez dure comme ça dans ces régions où le désert ne cesse d'avancer, et où une seule sécheresse peut être fatale à tout un troupeau, seul bien du pasteur nomade.

Aujourd'hui, la situation n'est pas brillante. Pourchassés par l'armée, les Touaregs du Mali s'entassent[10] par milliers dans des camps de fortune[11] dans le sud algérien, mais aussi au Niger, en Libye, au Burkina-Faso et en Mauritanie. Exténués[12] par la fatigue, la faim et la typhoïde. Dépendants d'une aide humanitaire qui arrive au compte-gouttes[13]. Triste épilogue, pour ces grands nomades qui ne souhaitaient que le droit à la différence.

CEUX DE LA LIMITE

Les Kel-Tedale («ceux de la limite») vivent aux portes du terrible désert du Ténéré. Très pauvres, ils comptent parmi les derniers véritables nomades touaregs. Une famille voyage seule, l'homme est responsable des chameaux, la femme veille sur les enfants, la tente et le troupeau de chèvres.

---

[6] la colère *anger*
[7] luttent *fight*
[8] réclament *demand*
[9] le long des oueds *along the wadis (river beds—usually dry, except during the rainy season)*

[10] s'entassent *are crammed*
[11] camps de fortune *makeshift refugee camps*
[12] exténués *exhausted*
[13] arrive au compte-gouttes *is doled out sparingly*

* les caravanes de sel *camel caravans transporting salt from Saharan mines to markets in Nigeria, where the Touaregs sell the salt and buy cereals like millet*

Vous avez compris?

 A Vrai ou faux?

1. Les Touaregs sont sédentaires.
2. Ils n'ont pas d'animaux.
3. Les Touaregs sont aimés des autres peuples.
4. Ils ne mangent jamais en public.
5. Les femmes touarègues portent le voile.
6. C'est le mari qui est le propriétaire de la tente familiale.
7. Le puits est l'endroit où hommes et femmes se rencontrent.
8. Les artisans restent toujours dans la même tribu.
9. Dans les familles de forgerons, les femmes travaillent le bois et le métal, et les maris travaillent le cuir.
10. Les Touaregs veulent vivre selon leur culture.
11. Les Touaregs n'ont pas un seul bien.

Une petite fille touarègue

B Répondez d'après la lecture.

1. Pourquoi les Touaregs se déplacent-ils en suivant les pâturages?
2. Que dégustent-ils en famille?
3. Quand un couple se marie, qui devient propriétaire de la tente?
4. Que se passe-t-il quand un couple divorce?
5. Où se rencontrent les jeunes gens célibataires?
6. Comment vivent-ils?
7. Que réclament les Touaregs?
8. Comment vivent-ils?
9. Quel peut être le résultat d'une grande sécheresse?
10. Quelle est la situation des Touaregs aujourd'hui?

 C En deux ou trois paragraphes, décrivez un jour dans la vie d'une famille de Touaregs.

 D Choisissez la bonne réponse.

1. **a.** Je crois que la vie des Touaregs est assez dure.
   b. Je doute que la vie des Touaregs soit très dure.
2. **a.** Je suis sûr(e) que les femmes touarègues ont le visage découvert.
   b. Je ne suis pas certain(e) que les femmes touarègues aient le visage découvert.
3. **a.** Je ne pense pas que le puits soit un lieu de rencontres parmi les Touaregs.
   b. Je pense que le puits est un lieu important de rencontres parmi les Touaregs.
4. **a.** Je suis certain(e) que les Touaregs sont de tradition nomade.
   b. Ça m'étonnerait que les Touaregs soient de tradition nomade.

Structure avancée

Le subjonctif avec les expressions de doute
Expressing uncertainty and doubt

1. The subjunctive is used after any expression that implies doubt or uncertainty since it is not known whether the action will take place or not.

> **Je doute qu'il vienne demain.**
> **Je ne crois pas qu'ils aient le temps de venir.**

2. If the statement implies certainty rather than doubt, the indicative, not the subjunctive, is used. The verb in the dependent clause is often in the future.

> **Je crois qu'ils viendront demain.**
> **Je suis sûr qu'ils n'ont pas le temps de lire ça.**

3. Below is a list of common expressions of doubt and certainty.

Subjunctive	Indicative
douter que	ne pas douter que
ne pas être certain(e) que	être certain(e) que
ne pas croire que	croire que
ne pas penser que	penser que
il n'est pas sûr que	il est sûr que
il n'est pas certain que	il est certain que
il n'est pas probable que	il est probable que
il n'est pas évident que	il est évident que
ça (m')étonnerait que	

À Porto Novo au Bénin

Comment dit-on?

 1 **Historiette** **Léopold Senghor** Répondez.

1. Luc croit que tu as lu la biographie de Senghor?
2. Tu doutes que Luc connaisse bien la vie de Senghor?
3. Tu es certain(e) que sa biographie intéressera Luc?
4. Tu penses que Senghor a eu une vie intéressante?
5. Tu crois que c'était un homme qui possédait beaucoup de talents?
6. Tu n'es pas sûr(e) que Luc lise sa biographie?
7. Tu crois qu'il est probable qu'il la lira?

2 **Pas d'accord** Répondez en utilisant la forme négative du verbe en italique. Faites les changements nécessaires.

1. Je *doute* qu'il vienne.
2. Je *suis certain(e)* qu'il le saura.
3. Je *crois* qu'il sera d'accord avec nous.
4. Je *suis sûr(e)* qu'elle voudra y participer.
5. Il *est évident* que ce projet l'intéresse beaucoup.

3 **Certain ou pas certain?** Répondez d'après les indications.

1. Nathalie va aller à l'université? (Je suis sûr[e])
2. Elle finira ses études? (Il est probable)
3. Elle aimera tous ses cours? (Je ne suis pas sûr[e])
4. Elle sera ingénieur? (Ça m'étonnerait)
5. Elle deviendra médecin? (Je doute)
6. Elle aura du succès? (Il n'y a pas de doute)

L'université Nationale à Abidjan en Côte d'Ivoire

Le présent et l'imparfait avec depuis
Using certain time expressions

1. The expressions **depuis, il y a... que, voilà... que, ça fait... que** are used with the present tense to describe an action that began at some time in the past and continues into the present. Look at the following examples.

> **Les Touaregs sont au Mali, au Niger et en Algérie depuis combien de temps?**
> **Ils y sont depuis longtemps.**
> **Et ça fait longtemps que leur vie est très difficile.**
> **Mais la situation empire depuis deux ans.**

2. The expressions **depuis, il y avait... que,** and **ça faisait... que** are used with the imperfect tense to describe an action or a condition that had begun in the past and was still happening or in effect at a given moment in the past when something else happened. Note the tenses in the following sentences.

> **Elle habitait en France depuis six mois quand son frère a décidé de lui rendre visite.**
> *She had been living in France for six months when her brother decided to visit her.*

> **Il y avait deux heures qu'il travaillait quand le téléphone a sonné.**
> *He had been working for two hours when the telephone rang.*

3. If the time construction involves a date, only **depuis** is used.

> **Je travaille ici depuis 2000.**   *I've been working here since 2000.*

Le plateau de Tademaït en Algérie

Comment dit-on?

4 **Historiette** **Les immigrés** Répondez d'après les indications.

1. Depuis quand les immigrés arrivent-ils en France? (à peu près 1965)
2. Depuis quand s'installent-ils dans ce quartier? (au moins vingt ans)
3. Depuis quand y a-t-il des cours de français langue seconde? (longtemps)
4. Depuis quand y a-t-il beaucoup de commerces maghrébins dans le quartier de Belleville à Paris? (bien des années)

Des immigrées maghrébines à Belleville à Paris

5 **Personnellement** Répondez.

1. Tu habites depuis quand dans la ville où tu habites maintenant?
2. Tu connais ton (ta) meilleur(e) ami(e) depuis quand?
3. Tu es dans la même école depuis combien de temps?
4. Tu fais du français depuis combien de temps?

6 **La Tunisie** Répondez d'après les indications.

1. Depuis quand la Tunisie est-t-elle indépendante? (1956)
2. Depuis quand l'égalité entre les hommes et les femmes existe-t-elle en Tunisie? (l'époque du président Bourguiba)
3. Depuis quand les Européens vont-ils en Tunisie pour passer leurs vacances? (longtemps)

7 **Historiette** **Combien de temps?** Complétez.

1. Mon frère Bob ＿＿ de l'espagnol depuis deux ans quand il ＿＿ d'apprendre le français. (faire, décider)
2. Depuis longtemps, il ＿＿ aller à Madrid, et puis tout à coup, il ＿＿ d'aller à Bruxelles. (vouloir, choisir)
3. Ça faisait seulement deux jours qu'il ＿＿ à Bruxelles quand il ＿＿ Eugénie. (être, rencontrer)
4. Il y avait un an qu'il ＿＿ Carol lorsqu'il ＿＿ amoureux d'Eugénie. (connaître, tomber)
5. Et maintenant, ça fait deux mois qu'il ＿＿ à Eugénie, et moi ça fait deux mois que je ＿＿ avec Carol! (écrire, sortir)

Un marché à Casablanca au Maroc

C'est à vous
Use what you have learned

1 La vie de Senghor
✔ *Talk about what you have learned about Léopold Senghor*

Léopold Senghor a eu une vie très intéressante. Dites tout ce que vous savez au sujet de sa vie.

2 Les Touaregs
✔ *Talk about the surprising aspects of the life of a Touareg*

Travaillez avec un(e) camarade. Il y a certainement des aspects de la vie des Touaregs qui vous ont surpris. Discutez ensemble de ce qui vous a étonné(e)s et dites pourquoi.

3 Voisins
✔ *Interview your neighbors*

Faites une enquête auprès de vos voisins. Demandez-leur de quel pays ils (ou leurs ancêtres) viennent, depuis combien de temps ils habitent dans votre ville, où ils habitaient avant, depuis combien de temps ils habitaient là quand ils ont décidé de déménager, ce qu'ils font comme travail, depuis combien de temps, etc. Faites ensuite un rapport à la classe.

4 La Négritude
✔ *Research Aimé Césaire and his work*

Le terme «Négritude» est attibué à Aimé Césaire. Faites des recherches sur la vie et l'œuvre de cet écrivain et présentez-le à la classe.

Assessment

Vocabulaire

To review the vocabulary, turn to page 200.

1 Écrivez d'une autre façon les mots en italique.

1. Je deviens triste quand je vois *les débris* d'un vieil édifice en ruines.
2. Il faut *déterminer exactement* ce qui est arrivé.
3. Il est *assez riche*.
4. On n'aura jamais *le pouvoir* du gouvernement.
5. Il ne va pas *abandonner* sa langue.

To review the vocabulary, turn to page 205.

2 Identifiez.

6.

7.

8.

9.

10.

Lecture

To review the reading, turn to pages 202–203.

3 Répondez.

11. Où Léopold Senghor est-il né?
12. Comment était son enfance?
13. De qui a-t-il appris la culture africaine?
14. Où a-t-il étudié?
15. D'après Senghor, qu'est-ce qui est un merveilleux outil trouvé dans les décombres du régime colonial?

4 Vrai ou faux?

16. Les Touaregs ont toujours été sédentaires.
17. C'est le mari qui est le propriétaire de la tente familiale.
18. Les Touaregs ne mangent jamais en public.
19. Les femmes ont le visage couvert parce que ce sont des musulmanes.
20. Les Touaregs ont toujours vécu en bons termes avec d'autres ethnies.
21. Exténués par la fatigue, la faim et des maladies, beaucoup de Touaregs habitent aujourd'hui dans des camps de fortune.

To review the reading, turn to pages 207–212.

Structure

5 Complétez.

22. Je doute qu'il ____. (venir)
23. Je ne doute pas qu'il ____. (venir)
24. Je suis certain(e) qu'ils ____ là. (être)
25. Je ne crois pas qu'ils ____ là. (être)
26. Il est probable qu'il ____ ce qui se passe. (savoir)
27. Je ne suis pas sûr(e) qu'il ____ ce qui se passe. (savoir)

To review how to express certainty and uncertainty, turn to page 214.

6 Répondez.

28. Tu habites dans la même maison depuis combien de temps?
29. Ça fait combien de temps que tu fais du français?
30. Ahmed vivait en France depuis longtemps quand il a décidé de rentrer au Maroc?

To review expressions of time, turn to page 216.

À Ganvié au Bénin

Proficiency Tasks

Rédaction

Pour expliquer une culture étrangère qui est très différente de la sienne, il ne s'agit pas simplement de faire une liste de faits. Il faut essayer de faire vivre cette culture pour les lecteurs. Pour cela il faut d'abord se mettre à la place des lecteurs et isoler les caractères de cette culture susceptibles de les intéresser le plus.

TÂCHE 1 Vous allez rédiger un exposé au sujet des coutumes et traditions des gens qui habitent les pays de l'Afrique occidentale. D'abord pensez à tout ce que vous avez appris sur ces sujets. Écrivez vite quelques notes sur des faits ou des idées dont vous vous souvenez. Si vous ne pouvez écrire que deux ou trois faits, il faudra relire la lecture de la première leçon de ce chapitre, aussi bien que l'article sur les Touaregs dans la troisième leçon.

Avant de commencer à rédiger votre exposé, faites une liste de sujets sur lesquels vous voulez écrire. Quelques exemples sont:

les langues de l'Afrique occidentale

des pratiques religieuses

la musique

le savoir-vivre

les salutations

les noms

la routine

Rappelez-vous qu'un bon écrivain veut aussi captiver l'intérêt des personnes qui lisent son exposé. Pour que votre exposé soit plus vif utilisez quelques exemples des activités pour illustrer les coutumes et les traditions que vous décrivez.

Maintenant vous pouvez commencer à rédiger votre premier exposé. Prenez vos notes. Organisez-les et développez-les en paragraphes.

Quand vous avez terminé votre exposé, n'oubliez pas de le réviser.

TÂCHE 2 Maintenant vous allez rédiger une description de la fête du Ramadan. Expliquez comment les musulmans pratiquants fêtent le Ramadan. Comment ils passent la journée, ce qu'ils font le soir, ce qu'ils mangent. Vous voulez que votre description soit vivante et intéressante. Non seulement vous voulez informer vos lecteurs, mais vous voulez les intéresser, les impliquer dans ce que vous écrivez. Par exemple, vous pouvez essayer de donner des détails plus personnels sur la difficulté ou la facilité de jeûner, la joie de se retrouver en famille ou entre amis.

Discours

Quand vous parlez, les personnes qui vous écoutent font plus attention à ce que vous dites si vous parlez avec enthousiasme.

Comme on dit en anglais «*Get fired up!*»—c'est-à-dire, donnez votre maximum. Même si vous parlez à une seule personne, mais surtout si vous vous adressez à un groupe, il faut avoir de l'enthousiasme et de l'énergie. Personne ne veut écouter une statue sans vie. Il faut être une source d'inspiration pour ceux qui vous écoutent. Il faut faire preuve de vivacité intellectuelle et physique. Quelque chose de très ordinaire peut être intéressante et même amusante si vous la présentez avec enthousiasme et énergie.

TÂCHE 3 Le but de beaucoup d'exposés est d'expliquer quelque chose. Maintenant vous allez expliquer les situations à laquelle les Touaregs doivent faire face. Dans votre exposé il faut:

- décrire les Touaregs
- identifier la situation dans laquelle ils se trouvent
- donner les conséquences

Avant de commencer à écrire une telle explication, il est bon de réfléchir pour déterminer comment vous pouvez la présenter d'une façon très claire. Vous voulez que vos lecteurs comprennent le problème et puissent s'identifier avec les Touaregs.

TÂCHE 4 Vous avez appris beaucoup de faits très intéressants sur les traditions et coutumes de gens qui habitent l'Afrique occidentale. Choisissez celui qui vous a intéressé(e) le plus. Racontez-le à la classe. Souvenez-vous que vous voulez exciter l'intérêt chez vos camarades et les amuser en même temps.

TÂCHE 5 Maintenant reprenez le sujet de la première Tâche et présentez-le oralement à la classe. Il est évident que pour intéresser les personnes qui vous écoutent, il ne faut pas que vous leur lisiez ce que vous avez écrit. Donc, reprenez votre exposé de la première Tâche et faites une liste des idées principales. Faites des phrases courtes et simples avec sujet, verbe et complément. Vous pouvez également engager votre public en posant des questions, en sollicitant leur participation d'une façon ou d'une autre.

Leçon 1 Culture

le balafon	fier(ère) de	le Bénin
le coin	francophone	la Côte d'Ivoire
la coutume	assis(e)	le Mali
le fauteuil		le Maroc
la nuit	accueillir	le Sénégal
le principe	prendre l'air frais	la Tunisie
la racine		
la salutation	au coin de	
le sort	à peu près	
la zone littorale	par voie orale	

Leçon 2 Conversation

l'astre (m.)	les lentilles (f.)
le bonbon	le lever du soleil
le ciel	l'oraison (f.)
le coucher du soleil	les pois chiches (f.)
l'étoile (f.)	
la festivité	jeûner
les légumes secs (m.)	scruter

Leçon 3 Journalisme

l'acculturation (f.)	aisé(e)
l'archétype (m.)	bienfaisant(e)
le chameau	célibataire
la chèvre	découvert(e)
les décombres (m.)	potable
le forgeron	malfaisant(e)
le/la métis(se)	
la natte	déguster
l'outil (m.)	préciser
le pasteur	renier
le pâturage	surveiller
la puissance	veiller sur
le puits	
la sécheresse	
la tente	
le Touareg	
le troupeau	

LITERARY COMPANION *See pages 460 and 466 for literary selections related to Chapter 4.*

Vidéotour

Bon voyage!

Video can be a beneficial learning tool for the language student. Video enables you to experience the material in the textbook in a real-life setting. Take a vicarious field trip as you see people interacting at home, at school, at the market, etc. The cultural benefits are limitless as you experience French and Francophone culture while "traveling" through many countries. In addition to its tremendous cultural value, video gives practice in developing good listening and viewing skills. Video allows you to look for numerous clues that are evident in tone of voice, facial expressions, and gestures. Through video you can see and hear the diversity of the target culture and compare and contrast the French-speaking cultures to each other and to your own.

Épisode 1: La Bisquine de Bretagne

En Bretagne, ce qui domine tout, c'est la mer. La Bretagne, c'est le pays des pêcheurs et des grands marins. Un marin professionnel, Pierre-Marc Vidcoq, fait revivre un ancien bateau typiquement breton pour conserver son patrimoine maritime.

Épisode 2: Réunion de famille au Québec

Au Québec, les réunions de famille ont la cote. Elles regroupent tous les gens qui ont le même nom de famille. Faites la connaissance de tous les descendants directs d'un certain Noël Legault, un soldat de l'armée française, venu protéger les premiers colons au 17e siècle.

Épisode 3: L'architecture en Tunisie

L'architecture en dit souvent long sur l'identité d'un pays. À Tunis, la capitale de la Tunisie, la ville arabe, la médina, voisine avec la ville européenne, tradition et modernité continuent à coexister et c'est ce qui donne à la Tunisie cette identité bien à elle.

CHAPITRE
5

Les faits divers et la presse

Objectifs

In this chapter you will:

✔ *learn about social problems, petty crimes; newspapers and other media in France*

✔ *review how to tell what you do for others and what others do for you*

✔ *review how to refer to people and things already mentioned*

✔ *learn how to use the subjunctive after certain conjunctions*

✔ *read and discuss several newspaper headlines and articles from local papers*

On lit des journaux à Paris

Introduction

Que sont les faits divers? Les faits divers sont des événements qui se passent tous les jours, dans n'importe quelle ville ou village. Les faits divers intéressent les gens qui habitent la région, mais ces petits événements n'ont pas d'intérêt pour le reste du pays ou du monde. Les faits divers tels que les homicides, les vols, les cambriolages, les accidents, etc., reflètent souvent les maux[1] de la société.

Comment le public s'informe-t-il sur ces événements? Dans tous les journaux il y a une rubrique dédiée aux faits divers. Ceux qui ne lisent pas le journal se contentent des informations données à la radio ou à la télévision.

_____

[1]maux *ills*

Vocabulaire pour la lecture 🎧

un gros titre   un journal

la une

une rubrique

un magazine

un kiosque

L'homme a acheté un magazine.
Il l'a acheté au kiosque.

une présentatrice

La présentatrice parle aux téléspectateurs.
Elle leur parle.

un vol

un voleur

la victime

La police poursuit le voleur. Le voleur a volé quelque chose.

une vitre

un cambrioleur

Le cambrioleur a cassé une vitre de la fenêtre. Il l'a cassée pour entrer dans la maison. Il entre par effraction. C'est un cambriolage.

un incendie

un pompier

Les pompiers se battent contre l'incendie. Ils vont l'éteindre.

la signalisation

la limitation de vitesse

Les conducteurs doivent respecter la limitation de vitesse et la signalisation.

Plus de vocabulaire

l'actualité (*f.*) l'ensemble des événements actuels; ce qui se passe en ce moment

l'auditeur(trice) de radio celui qui écoute la radio

un délit un crime

une hausse une augmentation

un meurtre l'action de causer la mort d'un individu volontairement

un mobile un motif, une motivation

le tirage la quantité d'exemplaires d'un journal ou d'un livre imprimé en une seule fois

tuer causer la mort

mortel(le) qui cause la mort

en différé émission enregistrée avant la diffusion; le contraire d'en direct

Quel est le mot?

1 **Votre expérience** Donnez des réponses personnelles.

1. Là où vous habitez, il y a des conducteurs qui ne respectent pas la limitation de vitesse? Ils dépassent la limitation de vitesse?
2. Il y a beaucoup de vols là où vous habitez?
3. Dans votre état, il y a plus de vols dans les grosses agglomérations urbaines ou dans les zones rurales de la campagne?
4. Qui se bat contre les incendies?
5. Dans votre état, quel journal a le plus gros tirage?
6. Il y a des gros titres à la une de ce journal?

2 **L'actualité** Complétez.

1. Un ____ vole. Il prend ce qui n'est pas à lui. Il commet un ____.
2. Un ____ entre par effraction dans une maison pour y voler quelque chose. C'est un ____.
3. Un ____ se bat contre un incendie.
4. Quand il y a un ____ il y a des flammes.
5. La police ____ le voleur pour le capturer.
6. La police veut établir le ____ du meurtre.
7. Le ____ fait un reportage à la télé et les ____ le regardent.
8. Les actualités les plus importantes se trouvent à la ____ du journal.

Signalisation à Québec

3 **Quel est le mot?** Donnez le mot dont la définition suit.

1. la quantité de journaux imprimés en une seule fois
2. une émission de télévision enregistrée avant sa diffusion
3. un crime
4. qui cause la mort
5. celui qui entre par effraction dans une maison pour y voler quelque chose
6. commettre un meurtre
7. l'augmentation
8. le motif
9. la première page d'un journal
10. celui qui écoute la radio
11. celui qui regarde la télévision

Au jardin du Luxembourg à Paris

4 **Historiette** **Un vol** Répondez.

1. Le voleur a volé quelqu'un?
2. Il l'a volé en plein jour?
3. La police est arrivée sur le lieu du crime?
4. Les policiers y sont arrivés en très peu de temps?
5. Ils ont vu le voleur?
6. Ils l'ont poursuivi?
7. Ils ont interrogé la victime?
8. Ils lui ont posé beaucoup de questions?

Lecture
La presse et les médias

Les journaux

Un journal est constitué de différentes rubriques: politique intérieure, politique étrangère, faits divers, sports, culture, météo et petites annonces. Un quotidien national, c'est-à-dire un journal publié tous les jours comme *Le Monde* et *Le Figaro,* a un fort tirage. Il tire, par exemple, à 400 000 exemplaires. Dans l'actualité, beaucoup de quotidiens nationaux ont perdu des lecteurs. Les quotidiens régionaux sont plus lus. *Ouest-France* est le quotidien français qui a le plus gros tirage. La presse régionale intéresse plus les habitants des zones rurales parce qu'elle présente des informations locales qui les concernent directement.

Les magazines

Il y a de plus en plus de magazines. Les hebdomadaires, c'est-à-dire les magazines publiés une fois par semaine, ont des sondages d'opinion et des analyses sur l'actualité politique. Plusieurs hebdomadaires, comme *Le Nouvel Observateur* et *Paris Match,* ont un gros succès.

La télévision et la radio

Beaucoup de Français se contentent des informations données à la radio ou au journal télévisé. Les présentateurs ou présentatrices rapportent les nouvelles de manière impartiale. Les téléspectateurs et les auditeurs de radio peuvent suivre un reportage, un débat, une émission sportive, de la publicité, la météo et une interview en direct ou en différé.

A Répondez.

1. De quoi est constitué un journal?
2. Quelles sont quelques rubriques?
3. Qu'est-ce qu'un quotidien?
4. Quel journal français a le plus gros tirage?
5. Pourquoi la presse régionale intéresse-t-elle plus les lecteurs des zones rurales?
6. Qu'est-ce qu'un hebdomadaire?
7. Qu'est-ce qu'on peut lire dans les magazines hebdomadaires?
8. Ces magazines ont un gros succès?
9. D'où beaucoup de Français reçoivent-ils les informations?
10. Qu'est-ce que les téléspectateurs et les auditeurs de radio peuvent suivre?

Les gardiens de la société

La gendarmerie et la police

La gendarmerie s'occupe des campagnes et des routes. La police s'occupe de la sécurité dans les villes. Il faut appeler la police en cas de vol, de cambriolage ou d'accident. La police est toujours là pour porter secours à la victime d'un délit ou d'un crime. La police découvre un indice[1] sur les lieux du crime ou suit une piste[2]. En cas d'homicide ou de meurtre la police essaie de trouver un mobile.

Les pompiers

Les pompiers ne s'occupent pas seulement des incendies. Ils ont une formation de secouristes et ils interviennent dans de nombreuses situations: accidents de la route, noyades[3], blessures, suicides. Et si un petit chat est coincé[4] dans un tuyau, les pompiers viendront peut-être le dégager.

---

[1]indice *clue*
[2]piste *trail, lead*
[3]noyades *drownings*
[4]coincé *stuck*

B Complétez l'idée.

1. La gendarmerie s'occupe des...
2. La police s'occupe des...
3. On doit appeler la police...
4. Pour essayer de résoudre un crime, la police...
5. Les pompiers ne s'occupent pas seulement des incendies. Ils...

Accidents et délinquance

Accidents de la route

Malheureusement la proportion des accidents mortels sur la route reste plus élevée en France que dans la plupart des autres grands pays occidentaux. La vitesse est la principale cause des accidents. Trop de conducteurs refusent de respecter la limitation de vitesse et la signalisation. Néanmoins, depuis que de nouvelles mesures de sécurité routière ont été mise en place, on enregistre une baisse très sensible des accidents de la route.

Délinquance

La délinquance varie selon le degré d'urbanisation. Le taux de criminalité est plus élevé dans les grosses agglomérations urbaines. Il y a eu une récente hausse de la petite délinquance qui est due à des vols. Le malaise social, en particulier celui ressenti[5] par les jeunes immigrés, contribue à cette hausse de la délinquance.

Nouvelles formes de la délinquance

À côté des formes traditionnelles de la délinquance (vols, cambriolages, homicides, etc.) se sont développées depuis quelques années des pratiques plus modernes. Trois d'entre elles font régulièrement la une de l'actualité, et représentent des dangers considérables pour l'avenir des nations développées: le terrorisme, le piratage informatique, le trafic et l'usage de la drogue. Il faut y ajouter le vandalisme et la fraude fiscale.

Les actes de terrorisme sont, avec les meurtres, ceux qui impressionnent le plus les Français. Leur nombre peut varier considérablement, en fonction de la situation politique internationale (les deux tiers des attentats[6] ont des mobiles politiques).

---

[5]ressenti *felt*
[6]attentats *attacks*

Un accident près de Paris

C Vrai ou faux?

1. La proportion des accidents mortels sur la route reste très basse en France par rapport à la plupart des autres grands pays occidentaux.
2. Depuis quelque temps, il y a moins d'accidents de la route.
3. On ne sait pas pourquoi il y a moins d'accidents de la route.
4. Il y a toujours plus de délinquance dans les zones rurales.
5. Le malaise social ressenti par les Français qui habitent les villes contribue à une récente hausse de la délinquance.
6. Trois formes nouvelles de la délinquance sont les vols, les cambriolages et les homicides.
7. La plupart des actes de terrorisme sont dus à un malaise social.

Structure ❖ *Révision*

Les pronoms compléments directs et indirects
Telling what you do for others or what others do for you

1. Remember that the pronouns **me, te, nous,** and **vous** can function as either direct or indirect objects. Note that the object pronouns, direct or indirect, come directly before the verb to which their meaning is tied.

Direct object	Indirect object
Luc me voit.	Luc me donne le journal.
Luc ne me voit pas.	Luc ne me donne pas le journal.
Luc m'a vu(e).	Luc m'a donné le journal.
Luc ne m'a pas vu(e).	Luc ne m'a pas donné le journal.
Luc veut me voir.	Luc veut me donner le journal.
Luc ne veut pas me voir.	Luc ne veut pas me donner le journal.

2. The pronouns **le, la,** and **les** function as direct objects. They can replace either a person or a thing, and the pronoun must agree in gender and number with the noun it replaces.

Tu connais Paul?	**Tu le connais?**
Tu cherches Jeanne?	**Tu la cherches?**
Il vole les touristes?	**Il les vole?**
Il prend les photos?	**Il les prend?**

3. Note that the past participle of the verb must agree in gender and number with the direct object pronoun that precedes it.

Cette photo? Je l'ai prise.
Ces livres? Il ne les a pas lus.
Marie? Ils t'ont vue?

4. The pronouns **lui** and **leur** are indirect object pronouns. They can replace either a masculine or a feminine noun referring to a person or persons.

Je donne le journal à Éric. ⟶
  Je lui donne le journal.

Je donne le journal à Marie. ⟶
  Je lui donne le journal.

J'ai donné le journal à Marie et à Éric. ⟶
  Je leur ai donné le journal.

Elle lui donne une publicité à Paris

Comment dit-on?

1 **Historiette** **Elle te voit?**
Répondez avec le pronom qui convient.

1. Chantal te voit?
2. Elle te parle?
3. Elle te demande quelque chose?
4. Elle te demande si tu as le journal?
5. Tu n'as pas le journal?
6. Chantal veut acheter *Le Figaro*?
7. Elle veut lire la météo?
8. Elle te demande de l'accompagner au kiosque pour acheter le journal?

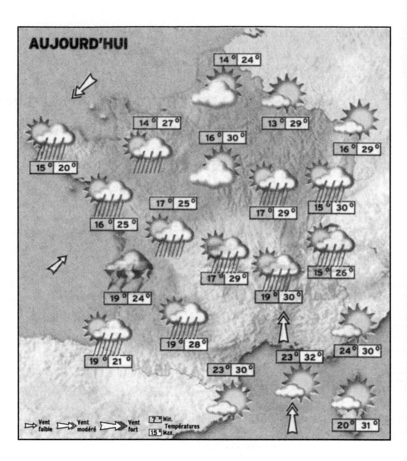

À bientôt et conduis prudemment!

2 **Historiette** **Il m'a téléphoné?**
Complétez avec **me** ou **te**.

—François __1__ a téléphoné, Nathalie.

—Il __2__ a téléphoné? Qu'est-ce qu'il voulait __3__ dire? Il __4__ a laissé un message?

—Il voulait __5__ dire qu'il serait en retard.

—Il sera en retard? Pourquoi?

—Il y a eu un accident sur l'autoroute.

—Tu __6__ dis que François était dans un accident?

—Non, tu ne __7__ as pas écoutée. Je ne __8__ ai pas dit ça. Je __9__ ai dit qu'il y a eu un accident. Je ne sais même pas si François l'a vu.

3 **Historiette** **Marie est à l'aéroport.**
Remplacez l'expression en italique par un pronom.

1. Marie dit bonjour *à l'employée de la compagnie aérienne.*
2. Elle parle *à l'employée.*
3. Elle sort *son billet* de sa poche.
4. Elle donne *son billet* à l'employée.
5. L'employée regarde *son billet.*
6. L'employée donne une carte d'embarquement *à Marie.*
7. Marie regarde *la carte d'embarquement.*
8. Elle dit «merci» *à l'employée.*
9. Elle parle *à ses amis.*
10. Ses amis entendent *l'annonce du départ de son vol.*
11. Marie embrasse *ses amis.*
12. Elle dit «au revoir» *à ses amis.*

À l'aéroport

4 **Historiette** **Tu le connais?** Répondez par «oui», puis
par «non», et utilisez le pronom qui correspond à
l'expression en italique.

1. Tu connais *Jacques?*
2. Tu parles *à Jacques?*
3. Jacques *t*'invite à sa fête?
4. Il invite tous *ses amis* à sa fête?
5. Il envoie des invitations *à ses amis?*
6. Il envoie *les invitations* aujourd'hui?
7. Tu vas aider *Jacques* à écrire les invitations?
8. Tu vas demander les adresses *à Jacques?*

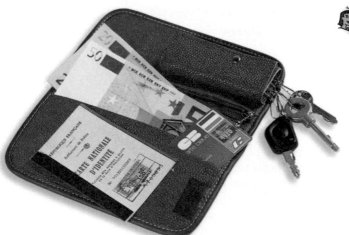

5 **Faits divers** Répondez que oui et remplacez les
noms par des pronoms.

1. Tu as lu le journal?
2. Tu as lu les gros titres?
3. Les faits divers ont intéressé ton ami?
4. Tu as vu l'interview à la télé?
5. Tu as vu l'interview en direct ou en différé?
6. Le voleur a volé sa victime?
7. Il a pris son portefeuille?
8. La victime a déclaré le crime?
9. Elle a parlé à l'agent de police?
10. La police a arrêté le voleur?

Deux pronoms compléments ensemble
Referring to people and things already mentioned

1. In many sentences there are both a direct and an indirect object pronoun. The indirect object pronouns **me, te, nous,** and **vous** always precede the direct object pronouns **le, la, les.**

Elle te demande ton billet.	Elle te le demande.
Elle me donne ma carte d'embarquement.	Elle me la donne.
Il nous rend nos passeports.	Il nous les rend.
Il ne vous a pas rendu votre billet.	Il ne vous l'a pas rendu.

2. However, for the third person pronouns, it is the reverse: the direct object pronouns **le, la, les** always precede the indirect object pronouns **lui, leur.**

Elle donne son billet à l'agent.	Elle le lui donne.
Elle donne sa carte d'embarquement à Luc.	Elle la lui donne.
Il rend leurs passeports aux garçons.	Il les leur rend.
Il n'a pas rendu son passeport à Solange.	Il ne le lui a pas rendu.

3. Study the following chart.

me te nous vous	before	le la l' les	before	lui leur

Comment dit-on?

6 **Quelqu'un m'a volé(e)** Suivez le modèle.

—Tu as perdu ta carte d'identité?
—Je ne l'ai pas perdue. Quelqu'un me l'a volée.

1. Tu as perdu ton sac?
2. Tu as perdu ton permis de conduire?
3. Tu as perdu ton passeport?
4. Tu as perdu ta guitare?
5. Tu as perdu ta veste?
6. Tu as perdu tes cartes de crédit?
7. Tu as perdu tes lunettes?
8. Tu as perdu tes clés?
9. Tu as perdu tes bagages?

7 **Il lui a donné quelque chose.** Remplacez l'expression en italique par un pronom.

1. Il lui a donné *le journal*.
2. Il lui a donné *la lettre*.
3. Il lui a donné *les timbres*.
4. Il lui a donné *l'adresse*.
5. Il lui a donné *le numéro de téléphone*.
6. Il lui a donné *les clés*.
7. Il lui a donné *la voiture*.
8. Il lui a donné *le permis de conduire*.
9. Il lui a donné *les papiers*.

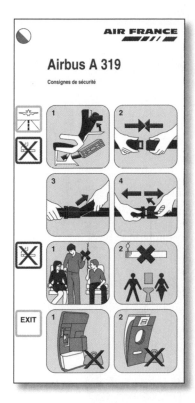

8 **Historiette** **À bord de l'avion** Remplacez les expressions en italique par des pronoms.

1. Le steward nous demande *nos cartes d'embarquement*.
2. Nous donnons *nos cartes d'embarquement au steward*.
3. Il regarde *nos cartes*, ensuite il nous rend *nos cartes*.
4. Il nous indique *nos sièges*.
5. Avant le décollage, une hôtesse de l'air explique *les règlements de sécurité à tous les passagers*.
6. Elle fait *les annonces aux passagers* en anglais et en français.
7. Après le décollage, le personnel de bord nous sert *le dîner*.
8. Après le dîner, j'ai envie de dormir un peu. Je vois un oreiller. Je demande *l'oreiller au steward*.
9. Il me donne *l'oreiller*.
10. Mon copain a froid. Il voit une couverture. Il demande *la couverture à l'hôtesse de l'air*.
11. Elle donne *la couverture à mon copain*.
12. Dans une heure, elle va nous montrer *le film*.

9 **Une interview** Répondez personnellement.

1. Tu regardes la télé souvent?
2. Tu l'as regardée hier soir?
3. Tu préfères les émissions en direct ou en différé?
4. Tu regardes le journal télévisé en anglais ou en français?
5. La présentatrice parle aux téléspectateurs en anglais ou en français?
6. Tu trouves la présentatrice impartiale?
7. Les informations t'intéressent beaucoup?
8. La météo t'intéresse aussi?
9. Tu as écouté la météo hier soir?
10. Tu l'as écoutée à la radio ou tu l'as vue à la télé?
11. Tu as lu le journal aussi?
12. Tu l'as acheté ou on te l'a livré chez toi?

C'est à vous
Use what you have learned

ÉCRIRE
1

La délinquance
✔ *Write about crime in your community*

Écrivez plusieurs paragraphes en français sur la délinquance dans votre ville ou village.

PARLER
2
ÉCRIRE

La conduite des Américains
✔ *Discuss traffic accidents and fatalities in the U.S. and compare them with those in France*

Faites des recherches sur la proportion des accidents mortels aux États-Unis. Quelle est la cause principale de ces accidents? Est-ce qu'il est plus dangereux de conduire en France ou aux États-Unis?

PARLER
3
ÉCRIRE

Mes opinions personnelles
✔ *Describe a popular local newspaper*

Quel est le journal qui a le plus fort tirage là où vous habitez? Décrivez-le. Qu'est-ce que vous pensez de ce journal?

4 Professions

✔ *Discuss some careers that would be of interest to you*

Lesquelles de ces professions pourraient vous intéresser? Indiquez pourquoi.

un gendarme

un pompier

une journaliste

une présentatrice

5 Débats

✔ *Prepare a debate*

Préparez un débat.

Équipe 1—La plupart des Américains s'informent des actualités et des faits divers en lisant un journal quotidien.

Équipe 2—La plupart des Américains se contentent du journal télévisé.

Vocabulaire

1 **Identifiez.**

1.   **2.**   **3.**

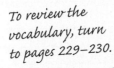

> To review the vocabulary, turn to pages 229–230.

4.   **5.**

2 **Complétez.**

6. Le _____ a cassé une vitre pour entrer dans la maison.

7. Tous les conducteurs sur les autoroutes doivent respecter la _____.

8. Un _____ est un crime.

9. Ils sont en train d'établir le _____ du meurtre.

Lecture

3 Vrai ou faux?

10. Les quotidiens nationaux sont plus populaires que les quotidiens régionaux.
11. Un hebdomadaire est un magazine publié une fois par mois.
12. La police s'occupe des campagnes et des routes.
13. Les pompiers s'occupent uniquement des incendies.
14. La vitesse est la cause principale des accidents routiers.
15. Le terrorisme, le piratage informatique et le trafic de la drogue sont des nouvelles formes de délinquance.

To review the reading, turn to pages 232–234.

Structure

4 Répondez avec un pronom.

16. Tu écoutes souvent la radio?
17. Tu lis le journal tous les jours?
18. Tu as vu l'interview en direct ou en différé?
19. Le présentateur parle aux téléspectateurs?
20. Tu as lu les gros titres?
21. La police a parlé à la victime?
22. Un voleur t'a volé(e)?

To review direct and indirect object pronouns, turn to page 235.

5 Suivez le modèle.

l'adresse ⟶
Je la leur ai donnée. Ils ne me l'ont pas donnée.

23. le journal
24. la clé
25. les billets

To review two object pronouns together in the same sentence, turn to page 238.

Vocabulaire pour la conversation 🎧

un complice
un pickpocket
une poche

Au voleur!
Arrêtez-le!
Arrêtez-le!

Le complice pousse la victime. Et le pickpocket prend son portefeuille. La poche est déchirée.

La victime va au commissariat de police pour déclarer le vol.

Plus de vocabulaire

un truc ce qu'on fait pour tromper, duper quelqu'un
avancer aller vers l'avant

détourner l'attention de quelqu'un distraire quelqu'un
se rendre compte (de / que) réaliser, comprendre

Quel est le mot?

1 Définitions

Donnez le mot dont la définition suit.

1. celui qui vole
2. ce qu'on fait pour duper quelqu'un
3. réaliser
4. distraire quelqu'un
5. aller vers l'avant

2 Historiette Votre expérience Répondez.

1. Il y a beaucoup de vols là où vous habitez?
2. Il y a des pickpockets?
3. Il faut faire attention aux pickpockets, surtout quand il y a beaucoup de monde?
4. Les pickpockets déchirent les poches de leurs victimes?
5. Qui est la victime d'un vol, le voleur ou le volé?
6. Il est gentil de pousser les gens pour avancer?
7. Qui est-ce qui détourne l'attention de la victime?
8. La victime se rend compte qu'on la vole?
9. Qu'est-ce qu'on doit crier quand un pickpocket vient de vous voler?
10. Où va-t-on pour déclarer un vol?

Mise en scène

Il y a eu une récente hausse de la petite délinquance, surtout des pickpockets, dans les grandes villes telles que Paris et Lyon. La plupart des victimes de ces voleurs sont des touristes. Il y a des bandes ou gangs de jeunes qui «travaillent» dans les stations de métro et les zones très fréquentées par les touristes. Ils travaillent à deux ou trois et l'un(e) d'entre eux détourne l'attention de la victime pendant que son complice la vole. C'est un grand problème pour la police parce que le plus grand nombre de ces délinquants sont des mineurs.

Au commissariat 🎧

Alice Je voudrais déclarer un vol.

Agent C'est vous, la victime?

Alice Oui, c'est moi, Alice Cluzet. On m'a volée dans le métro.

Agent Quand ça?

Alice Il y a quelques minutes—à peu près un quart d'heure.

Agent Où, exactement?

Alice À la station Stalingrad.

Agent Le voleur était armé?

Alice Non, je ne crois pas. C'était un pickpocket. Je ne me suis même pas rendue compte qu'il me volait.

Agent Vous pouvez m'expliquer ce qui est arrivé?

Alice Oui, il y avait beaucoup de monde sur le quai. Quelqu'un m'a poussée. Je croyais qu'il voulait avancer. Quelques minutes après, dans le métro, j'ai remarqué que mon sac était ouvert.

Agent Oui, c'est le truc classique. Ils travaillent à deux. Un de ces voleurs vous pousse ou vous demande l'heure pour détourner votre attention, pendant que le complice ouvre votre sac et vous prend votre portefeuille... Vous aviez combien d'argent?

Alice Cinquante euros, et puis mes cartes de crédit.

Agent Vous pourriez me faire une description de l'individu qui vous a poussée?

Alice Absolument.

Au commissariat

Vous avez compris?

A Vrai ou faux?

1. Il y a eu une récente baisse de la petite délinquance.
2. La plupart des victimes sont des jeunes Français.
3. Il y a des bandes de jeunes qui travaillent dans les aéroports.
4. Ils travaillent seuls sans complice.
5. La plupart de ces pickpockets ont plus de 21 ans.

La station de métro Palais-Royal à Paris

La station de métro Louvre-Rivoli à Paris

B Répondez d'après la conversation.

1. Qu'est-ce qu'Alice a déclaré à l'agent de police?
2. Où a-t-elle fait sa déclaration?
3. Qui l'a volée?
4. Où a-t-elle été volée?
5. Il y avait combien de voleurs?
6. Pourquoi a-t-elle été poussée?
7. Pendant qu'un des voleurs la poussait, que faisait le complice?
8. Qu'est-ce qu'ils lui ont pris?
9. Elle a perdu combien d'argent?
10. Elle peut faire une description de celui qui l'a poussée?

Structure ❖ *Révision*

Les pronoms compléments avec l'impératif
Commands referring to people or things already mentioned

1. In the affirmative command, direct or indirect object pronouns follow the verb, and **me** and **te** become **moi** and **toi**. When both a direct and an indirect object pronoun are used, the direct object pronouns **le, la,** and **les** precede **moi, toi, nous, vous, lui,** and **leur.** Note that the object pronouns are connected to the verb by hyphens.

Donne-moi ton portefeuille.	**Donne-le-moi.**
Passe-lui le sel.	**Passe-le-lui.**
Donnez-leur la lettre.	**Donnez-la-leur.**

2. In the negative command, direct or indirect object pronouns precede the verb. When both a direct and an indirect object pronoun are used, the order is the regular one.

Ne me donne pas ton portefeuille.	**Ne me le donne pas.**
Ne lui passe pas le sel.	**Ne le lui passe pas.**
Ne leur donnez pas la lettre.	**Ne la leur donnez pas.**

Devant l'institut de France à Paris

Conversation

Comment dit-on?

1 **Historiette** **Dis-moi ce que tu veux que je fasse.**
Suivez le modèle.

—Je t'attends ici ou à la banque?
—Attends-moi ici.

1. Je te retrouve à cinq heures et demie ou à six heures?
2. Je t'attends à la station d'autobus ou devant le restaurant?
3. Je te téléphone le matin ou l'après-midi?
4. Je vous réserve une table de trois couverts ou de quatre couverts?
5. Je vous achète trois billets ou quatre billets pour le théâtre?

2 **Malheureusement, un voleur te parle.**
Suivez le modèle.

Je veux ton sac à main. ⟶
Je le veux. Donne-le-moi.

1. Je veux ton portefeuille.
2. Je veux ton argent.
3. Je veux ta veste en cuir.
4. Je veux ta moto.
5. Je veux tes cartes de crédit.
6. Je veux tes clés.

**Rendez-vous à la station d'autobus
Gare d'Austerlitz**

Le meilleur moyen de circuler à Paris

3 **Donnez un coup de fil à Marc.** Complétez.

4 **Une recette compliquée** Suivez le modèle.

> —Elle veut le sel?
> —Oui, passe-le-lui, s'il te plaît.

1. Elle veut le fromage?
2. Elle veut le beurre?
3. Elle veut les carottes?
4. Elle veut les oignons?
5. Elle veut la crème?
6. Elle veut la moutarde?
7. Elle veut les œufs?

5 **Oui et non!** Suivez le modèle.

> —Les enfants veulent le jeu.
> —D'accord! Donne-le-leur.
> —Non! Ne le leur donne pas.

1. Les enfants veulent la photo.
2. Elles veulent les vidéos.
3. Ils veulent le DVD.
4. Annie veut la bicyclette.
5. Gilles veut les cartes postales.
6. Carole veut le portable.

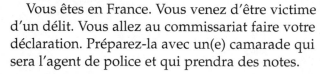

C'est à vous
Use what you have learned

PARLER
ÉCRIRE

1

Au commissariat
✔ *File a police report*

Vous êtes en France. Vous venez d'être victime d'un délit. Vous allez au commissariat faire votre déclaration. Préparez-la avec un(e) camarade qui sera l'agent de police et qui prendra des notes.

Un commissariat de police à Paris

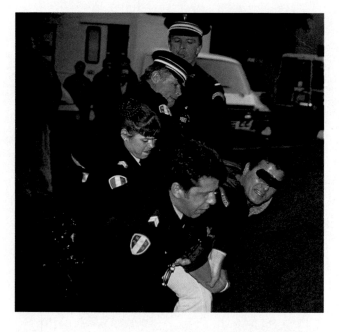

PARLER

2

Journal télévisé
✔ *Give a news report for a crime*

Vous êtes journaliste à la télévision française. Un crime vient d'être commis. Vous le décrivez. Donnez:

le nom de la victime, le genre de crime, où il a eu lieu, quand il a eu lieu, l'heure exacte, le nombre d'individus impliqués, les conséquences, une description du (des) criminel(s)

PARLER
ÉCRIRE

3

Le pickpocket
✔ *Give a description of a thief or pickpocket*

Vous avez été la victime d'un délit. Un pickpocket vous a volé(e). Donnez une description de la personne qui vous a volé(e).

Âge _____

Vêtements _____

Cheveux
blonds   noirs   bruns   roux
raides   frisés

Yeux
marron   bleus   verts

Visage
carré   rond   long   ovale

Taille
petit   grand   de taille moyenne

Corpulence
maigre   mince   fort   corpulent

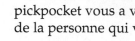

4 Aux États-Unis

✔ *Compare pickpockets in France and in the U.S.*

Il y a beaucoup de pickpockets aux États-Unis? Où travaillent-ils? Ils ont à peu près quel âge? Utilisent-ils les mêmes techniques que les pickpockets en France? Y a-t-il des pickpockets qui portent des armes?

5 Que dit le voleur?

Vous êtes la victime d'un voleur. Il vous demande de lui donner tout ce que vous avez... Et en plus, il vous tutoie! Qu'est-ce qu'il vous dit quand il vous demande:

votre montre, votre argent, vos cartes de crédit, votre bracelet, vos DVD, votre portable.

Qu'est-ce qu'il vous dit quand il ne veut pas vous le regardiez, que vous lui parliez, que vous criiez?

Assessment

Vocabulaire

1 Répondez.

To review the vocabulary, turn to page 244.

1. Qui aide le pickpocket?
2. Qu'est-ce qu'on crie quand on a été volé(e)?
3. Où la victime déclare-t-elle le vol?

2 Complétez.

4. Les voitures ne peuvent pas _____ parce que la rue est bloquée.
5. Je me suis _____ trop tard que l'homme était un pickpocket.
6. Tiens! Tu as perdu ton portefeuille parce que ta poche est _____.
7. Quand mon frère regarde un match de football, personne ne peut _____ son attention de la télé.

Conversation

3 Répondez.

To review the conversation, turn to page 245.

8. Il y a eu une hausse de la petite délinquance. Où ça?
9. Les pickpockets «travaillent» où?
10. Quelle est leur technique?
11. Alice a été volée où?
12. Qu'est-ce que le pickpocket a fait?
13. Il lui a volé combien d'argent?

Structure

4 **Suivez le modèle.**

> le sel ⟶
> **Passe-moi le sel.**
> **Ne le lui passe pas.**

14. le beurre
15. la crème
16. les légumes

5 **Suivez le modèle.**

> **Ne lui donne pas les clés.** ⟶
> **Si, donne-les-lui.**

17. Ne leur donne pas le passeport.
18. Ne me donne pas le numéro de téléphone.
19. Ne te lève pas.
20. Ne lui dis pas la raison.

To review negative commands with direct and indirect object pronouns, turn to page 247.

Devant l'Assemblée nationale à Paris

Leçon 3 Journalisme

Vocabulaire pour la lecture 🎧

Les gros titres

faim

Le garçon a faim.

le volant

Le Monde

Bien qu'il regarde les informations à la télé, il lit toujours les gros titres.
Il les lit à moins qu'il n'ait pas le temps—à moins qu'il ne soit trop occupé.

Plus de vocabulaire

le chômage l'inactivité forcée pour un travailleur qui a perdu son travail

un fléau une calamité qui affecte un très grand nombre de gens

une grève arrêt collectif du travail décidé par les travailleurs

une lutte une action énergique pour ou contre quelque chose

lutter être en lutte

Quel est le mot?

1 **Les gros titres** Répondez.

1. Il y a des gros titres à la une d'un journal?
2. Est-ce que la drogue est un fléau de notre époque?
3. Il y a des plans pour lutter contre la drogue et l'alcoolisme?
4. Les travailleurs se déclarent en grève quand ils croient qu'il y a des injustices?
5. Qui est au chômage, un travailleur qui a du travail ou un travailleur qui veut travailler mais ne trouve pas de travail?

Une manifestation à Paris

Un kiosque à Paris

2 **Pour qu'il sache ce qui se passe.** Répondez que oui.

1. Henri lit toujours les gros titres?
2. Il les lit bien qu'il regarde les informations à la télé?
3. Il lit les gros titres à moins qu'il n'ait pas le temps?
4. Il les lit à moins qu'il ne soit trop occupé?
5. Il les lit pour pouvoir parler de ce qui se passe dans le monde?

Avant la lecture

On veut savoir ce qui se passe dans le monde. Que fait-on? Mais on achète un journal! Là, à la une, on lit en gros caractères, les gros titres. Si un article semble intéressant, on lit le premier paragraphe et, si on veut savoir tous les détails, on lit tout l'article. Ce sont toujours les gros titres qui attirent l'attention. Il ne faut jamais sous-estimer l'importance d'un titre bien écrit.

LES GROS TITRES

LE FIGARO 1€
premier quotidien national français
★★★★ MARDI 21 JANVIER (N° 14 747) – ÉDITION DE 5 HEURES

Un "plan de sortie de crise" pour Madagascar

Le Monde
15, rue Falguière, 75501 Paris Cedex 15

Les médecins maintiennent la grève des gardes

LE FIGARO 1€
premier quotidien national français
★★★★ JEUDI 25 JANVIER (N° 15 747) – ÉDITION DE 5 HEURES

Lutte contre la faim

Le Monde
15, rue Falguière, 75501 Paris Cedex 15

Un fléau: l'alcoolisme au volant

LE FIGARO 1€
premier quotidien national français
★★★★ LUNDI 28 JANVIER (N° 16 747) – ÉDITION DE 5 HEURES

Le gouvernement s'attaque au chômage

Vous avez compris?

A Indiquez le titre qui va avec chaque phrase.

1. Il y a beaucoup de gens qui n'ont pas de travail.
2. Le gouvernement essaie de faire quelque chose pour ceux qui n'ont rien à manger.
3. On essaie de faire quelque chose pour mettre fin à une très mauvaise situation.
4. Beaucoup de conducteurs conduisent après avoir bu.
5. Il y a une crise dans les hôpitaux.
6. On essaie de faire quelque chose pour ceux qui cherchent du travail sans pouvoir en trouver.

B Exprimez les phrases suivantes d'une autre façon.

1. On va faire des efforts pour que tout le monde puisse avoir du travail.
2. Les médecins continuent à ne pas assurer les gardes.
3. On prend des mesures pour abolir la faim.
4. On a formulé des projets pour aider Madagascar à résoudre ses problèmes.
5. Les conducteurs en état d'ivresse sont une vraie calamité.

Un kiosque à la gare de Lyon à Paris

Vocabulaire pour la lecture 🎧
La rubrique faits divers

des bijoux

une bague
une montre
un collier

un bandit

La victime ne dit rien de peur (crainte) que le bandit lui
fasse mal.
Ce n'est pas un vol à main armée.

le paillasson

Le chaton est couché sur le paillasson.

le chaton

Le chaton lèche son frère.

Plus de vocabulaire

confier remettre à la garde de quelqu'un
maîtriser contenir par la force
nier dire qu'une chose n'existe pas, n'est pas
vraie

se précipiter vers aller très vite vers un
endroit, courir
sembler paraître, avoir l'air (de)

Quel est le mot?

1 **Historiette** **Des vols** Répondez.

1. Les voleurs volent des bijoux?
2. Est-ce qu'une montre en or vaut beaucoup d'argent?
3. Les voleurs ont toujours une arme?
4. Un vol commis avec une arme, c'est quel type de vol?
5. Est-ce que la victime d'un vol à main armée se tait de crainte que le voleur lui fasse du mal?
6. Qui se précipite sur les lieux d'un vol, les policiers ou les pompiers?
7. Qui restera sur le lieu d'un incendie jusqu'à ce qu'il n'y ait plus de flammes?

Une bijouterie à Paris

Un agent de police motorisé

2 **C'est quel mot?** Complétez.

1. Ce n'est pas un _____ à moins que le voleur ait un type d'arme.
2. Un voleur est un _____.
3. Les pompiers ont _____ l'incendie. Il ne reste que des cendres.
4. Un _____ et une _____ sont des bijoux.
5. La chatte lave son chaton. Elle le _____.
6. Il dit que non. Il _____ avoir vu le crime. Il ne veut pas en parler de _____ que le voleur ne revienne.
7. La police _____ vers le lieu du crime. Ils sont arrivés immédiatement.
8. Elle va laisser ses bijoux à la maison. Elle va les _____ à sa mère.

3 **Des synonymes** Exprimez d'une autre façon.

1. Il *a l'air* triste.
2. Il m'a *donné* sa montre pour que je la lui garde.
3. Les pompiers ont pu *contenir* le feu par la force.
4. Il y *est allé très vite*.

Avant la lecture

Les faits divers d'un journal ne sont pas les événements les plus importants de la journée, mais ils peuvent être aussi intéressants que des romans ou des contes.

Beaucoup de faits divers sont tristes et quelques-uns sont tragiques—comme les accidents de la route, les homicides et autres crimes. Mais il y a aussi des faits divers joyeux—des histoires qui finissent bien, par exemple.

Vous allez lire trois faits divers: le premier décrit un voleur, le deuxième décrit un incendie et le dernier raconte un événement incroyable, mais vrai.

Gentleman-cambrioleur
Un bandit millionaire qui volait les riches

Fugueur[1] à dix ans, marginal à quatorze, condamné pour vols avec violences et vols à main armée à sa majorité, Dominique Houdry a aujourd'hui trente-neuf ans dont seize passés en prison. On vient de l'arrêter encore une fois: le voleur des beaux quartiers, c'était lui. Il repérait[2] des gens semblant riches dans les VIIIe, XVIe, et XVIIe arrondissements de Paris, il les suivait dans les parkings ou devant leur ascenseur, les menaçait avec un pistolet et les dépouillait[3] de leurs colliers, bagues, montres, etc. Ce gentleman n'a jamais usé de son arme et il pouvait même renoncer aux bijoux si sa victime y était trop attachée. Mais il faut que justice se fasse... Dominique nie farouchement: «*Tout cela s'est passé en octobre, novembre et décembre 2003, or j'étais riche, je n'avais pas besoin de ces broutilles.*»[4] En effet, sa mère décédée lui laissait un héritage de six cent mille euros (600 000 €). Cet argument n'a pas suffi à la cour, d'autant que ses victimes l'ont reconnu. Dominique Houdry a repris six ans de prison, autant dire six ans de réflexion parce qu'à sa sortie c'est lui qui pourrait bien faire figure de riche victime...

---

[1]fugueur *runaway*
[2]repérait *spotted, picked out*
[3]dépouillait *stripped*
[4]broutilles *trifles*

Vous avez compris?

A Répondez.

1. Quels types de vol Houdry a-t-il commis?
2. Il a quel âge maintenant?
3. Il a passé combien de temps en prison?
4. Dans quels quartiers habitent les gens aisés à Paris?
5. Pourquoi appelle-t-on Houdry le voleur des beaux quartiers?
6. Où suivait-il ses victimes?
7. Qu'est-ce qu'il volait?
8. Quand Houdry avait-il de la compassion?
9. Il a toujours usé de son arme?
10. Pourquoi Houdry était-il très riche?

L'avenue Bugeaud dans le seizième arrondissement à Paris

B Expliquez.

1. Que dit l'article pour indiquer que Houdry avait de temps en temps des qualités humaines?
2. Expliquez ce que veut dire «Mais il faut que justice se fasse.»
3. Comment Houdry est-il devenu très riche?
4. Expliquez: «Dominique Houdry a pris six ans de prison, autant dire six ans de réflexion parce qu'à la sortie c'est lui qui pourrait bien faire figure de riche victime.»

Un mort dans un incendie

Un incendie, qui s'est déclaré hier matin au troisième étage d'un hôtel de la rue Baudelique (XVIIIᵉ), a été rapidement maîtrisé par les pompiers. Mais ils ont retrouvé dans une des chambres le corps d'un homme dont l'identité n'a pas été donnée. Les causes de sa mort devront être précisées par l'enquête du Laboratoire central de la préfecture de police.

Vous avez compris?

 C Donnez les renseignements suivants.

1. ce qui est arrivé
2. quand
3. où
4. ce qu'ont fait les pompiers
5. ce qu'ils ont retrouvé
6. les causes de la mort

Une femme pompier

Un chaton parcourt[1] 1.000 km pour retrouver ses anciens[2] maîtres

Un petit chat, qui ne supportait[3] pas l'exil en Allemagne où l'avaient conduit ses nouveaux maîtres, a parcouru plus de 1.000 km en deux ans pour revenir auprès de sa maison natale à Tannay, près de Clamecy (Nièvre).

Peu de temps après sa naissance, Gribouille avait été confié par sa maîtresse à un voisin gendarme qui devait être muté[4] quelques semaines plus tard à Reutliegen, près de Stuttgart. Quelques jours après son arrivée en Allemagne, le chaton disparaissait.

Il est réapparu, deux ans plus tard, durant l'été, galeux[5], amaigri, sur le paillasson de Mme Martinet, après avoir parcouru plus de 1.000 km et avoir franchi une frontière. «J'ai eu de mal à le reconnaître, mais sa mère s'est jetée sur lui pour le lécher», confie sa maîtresse. «Il avait l'habitude de se coucher sur le thym au pied du prunier[6], il s'y est précipité»... «Cette fois, on le garde», a-t-elle ajouté.

---

[1]parcourt *travels, covers*
[2]anciens *former*
[3]ne supportait pas *couldn't bear*
[4]muté *transferred*
[5]galeux *covered with scabs*
[6]prunier *plum tree*

Vous avez compris?

D Complétez d'après la lecture.

1. Le chaton a parcouru...
2. Il voulait retrouver...
3. Son voyage a duré...
4. Le chaton avait été confié à...
5. Son nouveau maître avait été muté à...
6. Le chaton est réapparu...
7. ... l'a reconnu tout de suite.

E De ces articles sur des faits divers, lequel vous a intéressé(e) le plus? Pourquoi?

Structure avancée

Le subjonctif après des conjonctions
Using the subjunctive after conjunctions

1. The subjunctive is used after the following conjunctions.

bien que	*although*	**de sorte que**	*so that*
quoique	*although*	**de façon que**	*so that*
pourvu que	*provided that*	**de manière que**	*so that*
à moins que	*unless*	**pour que**	*in order that*
sans que	*without*	**afin que**	*in order that*
de crainte que	*for fear that*	**avant que**	*before*
de peur que	*for fear that*	**jusqu'à ce que**	*until*

> **Il n'en sait rien bien qu'il lise le journal tous les jours.**
> **La police arrêtera le voleur pourvu que tu puisses leur donner une description.**
> **Il a volé sa victime sans qu'elle le sache.**

2. The following conjunctions are often used with **ne** in the dependent clause. **Ne** in this case does not indicate a negative.

avant que	**de peur que**
à moins que	**de crainte que**

> **Je voudrais te parler avant que tu (ne) partes.**
> **Je lui parlerai ce soir, à moins qu'elle (ne) doive travailler.**

Carnaval à Québec

Comment dit-on?

1 **Historiette** **Un problème ouvrier** Répondez.

1. Il a du travail bien qu'il y ait beaucoup de chômage?
2. Quelques-uns continuent à travailler quoique la majorité se soit déclarée en grève?
3. Les ouvriers iront en grève à moins que la direction (ne) prenne des décisions qui leur soient favorables?
4. Ils ne disent rien de crainte qu'il y ait des manifestations?
5. Il t'a parlé de sorte que tu comprennes le problème?
6. Tu parleras au directeur avant qu'il ne parte?

Une manifestation ouvrière à Paris

2 **Pourvu qu'ils puissent le faire!** Suivez le modèle.

Elle partira pourvu qu'elle...
    a. être en forme
    b. pouvoir prendre la voiture

Elle partira pourvu qu'elle soit en forme.
Elle partira pourvu qu'elle puisse prendre la voiture.

1. Elle partira pourvu qu'elle...
    a. finir son travail
    b. pouvoir obtenir la permission
    c. avoir la journée libre
2. Le professeur enseigne de façon que ses élèves...
    a. apprendre beaucoup de choses
    b. comprendre tout ce qu'il dit
    c. connaître bien la matière qu'il enseigne

Villefranche-sur-mer sur la Côte d'Azur

3 **Historiette** **Il n'a pas un caractère facile.**
Complétez.

Il partira sans que personne ne le __1__ (savoir). Il ira pourvu que tu y __2__ (aller) aussi. Il ne fera rien à moins que nous ne lui __3__ (dire) de le faire. Il ne le fera pas quoiqu'il __4__ (avoir) assez d'argent. Sa sœur, elle, le fera bien qu'elle n' __5__ (avoir) pas un sou. Je le lui expliquerai de manière qu'il le __6__ (comprendre) et sans qu'il __7__ (être) fâché. Je le lui dirai avant qu'il ne __8__ (partir). Je resterai à Villefranche jusqu'à ce qu'il __9__ (revenir). Nous ne dirons rien de peur qu'il __10__ (faire) une scène. Nous ferons tout pour qu'il __11__ (se sentir) bien.

C'est à vous
Use what you have learned

ÉCRIRE

1 **Un journal français**
✔ *Write some headlines for today's newspaper*

Imaginez qu'un journal français paraît dans votre région et que vous y travaillez. Quels seraient les gros titres aujourd'hui?

Une imprimerie

PARLER

2 **Un vol**
✔ *Describe a robbery you read about*

Décrivez un vol dont vous avez lu le compte rendu dans votre journal local. Donnez tous les détails possibles.

3 Un incendie
✔ *Tell about a fire*

Écrivez un très court article qui décrit les circonstances d'un incendie. Que s'est-il passé? Où et quand l'incendie a-t-il commencé? Quand les pompiers sont-ils arrivés?...

Un incendie à Bastia en Corse

4 Le journal d'un chaton
✔ *Relate the story of the faithful kitten*

Imaginez que vous êtes le chaton qui est rentré chez ses premiers maîtres. Décrivez tout ce que «vous» avez fait et pourquoi. Ensuite écrivez un article sur votre «aventure».

Vocabulaire

1 Donnez le mot dont la définition suit.

To review the vocabulary, turn to page 254.

1. ce dont on se sert pour conduire une voiture
2. une calamité très grave
3. un arrêt collectif du travail décidé par les travailleurs
4. une bataille
5. ce qui existe quand il y a des gens qui cherchent du travail sans en pouvoir trouver

2 Complétez.

To review the vocabulary, turn to page 258.

6. C'était un vol à ____ parce que le ____ avait une arme.
7. Un ____ et une ____ sont des bijoux.
8. Les pompiers ont maîtrisé ____.
9. Charles, je pourrais te ____ mes bagages? Je veux aller acheter un journal au kiosque.
10. Il dit que ce n'est pas lui qui a fait ça. Il le ____.

Un incendie dans la banlieue parisienne

Lecture

3 Répondez.

11. Qu'est-ce qu'on lit à la une?
12. Quand est-ce qu'on continue à lire le premier paragraphe?
13. Les gros titres sont courts ou longs?

To review the reading, turn to page 256.

4 Oui ou non?

14. Le gentleman-cambrioleur Dominique Houdry n'a jamais passé de temps en prison.
15. Il volait seulement des gens riches.
16. La mère de Houdry est morte très pauvre.
17. Les pompiers ont eu beaucoup de difficultés à maîtriser un incendie dans un hôtel de la rue Baudelique.
18. Le chaton a été volé et transporté en Allemagne.
19. Quand le petit chat est rentré deux ans après, sa mère s'est jetée sur lui pour le lécher.

To review the readings, turn to pages 260, 262, and 263.

Structure

5 Complétez.

20. Elle ne lèchera pas le chaton à moins qu'elle ne le ____. (reconnaître)
21. La victime ne dit rien de peur que le bandit lui ____ mal. (faire)
22. Je sais qu'ils le feront sans que je le ____. (savoir)
23. Je resterai ici jusqu'à ce que tu ____. (revenir)
24. Bien qu'il ____ le temps de le faire, il ne le fera pas parce qu'il ne veut pas le faire. (avoir)
25. Je le lui dirai pourvu que je le ____. (voir)

To review the subjunctive after conjunctions, turn to page 264.

Proficiency Tasks

Rédaction

Quand on a une opinion sur quelque chose, on en discute souvent avec les autres. Et on veut surtout persuader les autres que notre opinion est la bonne. Une opinion peut être en faveur de quelque chose ou contre quelque chose. Il ne s'agit donc pas toujours de persuader mais quelquefois de dissuader.

TÂCHE 1 Vous allez écrire un article pour un journal. Il faut choisir un sujet qui vous intéresse. Quelques possibilités sont: la délinquance, un vol, un incendie, un accident, une crise international, un événement sportif, un projet scolaire. Dès que vous aurez choisi votre sujet, commencez à l'explorer. Écrivez tout ce qui vous vient à l'esprit concernant le sujet. Ensuite lisez tout ce que vous avez écrit et groupez toutes les idées et données qui vont ensemble.

Commencez à écrire votre article. La première phrase de chaque paragraphe doit annoncer l'idée principale. Continuez avec des phrases qui soutiennent l'idée principale. Vous pourrez les prendre de la liste que vous avez faite. Comme vous écrivez un article pour un journal, utilisez des phrases courtes: sujet, verbe, complément. Répondez aux questions **qui, que, où, quand, comment.** Essayez d'être très objectif(ve). Ne donnez pas vos opinions. Les personnes qui lisent l'article peuvent arriver à leurs propres opinions et conclusions.

TÂCHE 2 Et maintenant vous allez écrire un éditorial pour un journal. Dans un éditorial vous pouvez donner votre opinion sur le sujet. Mais il y a quelque chose de très important—il faut justifier votre opinion à l'aide des données ou des faits.

Vous pouvez écrire votre éditorial sur un sujet de votre choix ou vous pouvez en choisir un de la première tâche.

Si vous avez lu le chapitre des *Misérables* de Victor Hugo, peut-être vous aimeriez traiter la question suivante:

L'évêque a-t-il raison ou tort d'aider Jean Valjean?

TÂCHE 3 Il est souvent nécessaire de faire des recherches avant de commencer à écrire un exposé ou un récit surtout quand il s'agit d'un sujet historique ou technique. Les élèves d'autrefois allaient à la bibliothèque où ils consultaient des livres et des encyclopédies pour faire leurs recherches.

De nos jours, il y a beaucoup plus de ressources et la bibliothèque n'est seulement une bibliothèque mais un centre de ressources ou un centre de médias. Là, on trouve des livres, des journaux, des magazines, des revues hebdomadaires, des bulletins, des encyclopédies, des dictionnaires, des CD-ROMs, des DVD et des ordinateurs.

Quand vous faites des recherches vous utilisez certainement l'ordinateur, non? Mais pendant que vous surfez sur Internet pour trouver de nouveaux sites il faut savoir que n'importe qui peut créer un site. Cela veut dire que vous ne pouvez pas accepter chaque site comme étant fiable. Il n'est jamais certain que les données sur le site soient exactes.

Les livres, journaux, magazines, etc. sont soigneusement révisés par des correcteurs sérieux—mais cela n'est pas le cas sur Internet. Les individus et les organisations qui placent de l'information sur Internet ne sont pas obligés de suivre des normes ou des règlements. Pour cette raison c'est votre responsabilité de déterminer quelles données vous sont utiles et quelle information est fiable.

Pour décider si les informations trouvées sur un site sont fiables il faut vous poser les questions suivantes:

Quelle personne, individu ou société est responsable de ce site?

Quand le site a-t-il été mis à jour?

Comment les données peuvent-elles être vérifiées?

Il y a des fautes d'orthographe ou de grammaire? Y a-t-il beaucoup d'erreurs typographiques?

Si tel est le cas il faut vous méfier du site.

Écrivez quelques paragraphes qui décrivent comment vous faites des recherches pour un projet scolaire. Quels sont les médias que vous préférez et pourquoi? Lesquels considérez-vous les plus pratiques et fiables? Que faites-vous pour vérifier si les sites que vous utilisez sont fiables? Avez-vous des sites préférés? Lesquels? Aimez-vous utiliser des livres pour faire des recherches? Pour quelles raisons?

TÂCHE 4 Vous allez interviewer Dominique Houdry, le Gentleman-Cambrioleur. Avec un(e) camarade de classe, décidez qui sera l'intervieweur(euse). Ensuite l'intervieweur(euse) va préparer toutes les questions qu'il/elle va vous poser.

Un(e) bon(ne) intervieweur(euse) veut toujours que sa première question attire l'attention et l'intérêt de ses auditeurs ou lecteurs. Dans ce cas on pourrait commencer par: «M. Houdry, on vous appelle le Gentleman-Cambrioleur, non?» Ensuite il faut continuer avec des questions qui permettent d'obtenir des faits précis. Des questions d'un journaliste commencent par: **qui, que, quand, où.** Il/Elle introduit des questions plus ouvertes avec **comment** ou **pourquoi** qui permettent à l'interviewé(e) de répondre d'une façon plus libre. La dernière question pour conclure l'interview et souvent une question très générale telle que «Eh M. Houdry, y a-t-il quelque chose d'autre que vous voudriez dire à nos auditeurs?»

Discours

Une interview est une réunion ou une conversation entre deux personnes. Celle qui fait l'interview pose des questions à une deuxième personne pour obtenir des renseignements. L'interview est aussi un article qui rapporte cette conversation.

L'interview peut avoir plusieurs buts. On peut faire une interview pour s'informer des dernières nouvelles, pour enquêter sur un acte criminel, pour obtenir des renseignements sur une personne intéressante ou célèbre ou tout simplement pour solliciter un travail.

TÂCHE 5 Vous savez certainement que, quand il y a plusieurs témoins d'un incident, il n'y en a pas un qui donne la même version des faits. Travaillez maintenant avec plusieurs camarades (trois ou quatre). L'un d'entre vous est le policier qui pose les questions et les autres sont les témoins. Décidez ensemble d'un incident puis commencez l'enquête. Le policier pose les questions et chacun d'entre vous répond d'une manière un peu différente.

Chapitre 5 Vocabulaire

Leçon 1 Culture

l'actualité (f.)
l'auditeur(trice) de radio
le cambriolage
le/la cambrioleur(euse)
le délit
le gros titre
la hausse
l'incendie (m.)

le journal
le kiosque
la limitation de vitesse
le magazine
le meurtre
le mobile
la police
le pompier
le/la présentateur(trice)

la rubrique
la signalisation
le tirage
la une
la victime
la vitre
le vol
le/la voleur(euse)

mortel(le)

casser
éteindre
poursuivre
se battre contre
tuer
voler

en différé
par effraction

Leçon 2 Conversation

le commissariat de police
le complice
le pickpocket
le portefeuille
le truc

déchiré(e)

avancer
déclarer
détourner (l'attention de quelqu'un)
pousser
se rendre compte de / que

Au voleur!
Arrêtez-le!

Leçon 3 Journalisme

la bague
le bandit
le bijou
le chaton
la chatte
le chômage
le collier
la faim
le fléau
la grève
la lutte
la montre
le paillasson
le vol à main armée
le volant

confier
faire du mal
lécher
maîtriser
nier
se précipiter vers
sembler

LITERARY COMPANION *See pages 474 for literary selections related to Chapter 5.*

Vidéotour
Bon voyage!

Video can be a beneficial learning tool for the language student. Video enables you to experience the material in the textbook in a real-life setting. Take a vicarious field trip as you see people interacting at home, at school, at the market, etc. The cultural benefits are limitless as you experience French and Francophone culture while "traveling" through many countries. In addition to its tremendous cultural value, video gives practice in developing good listening and viewing skills. Video allows you to look for numerous clues that are evident in tone of voice, facial expressions, and gestures. Through video you can see and hear the diversity of the target culture and compare and contrast the French-speaking cultures to each other and to your own.

Épisode 1: *Le Figaro*

Dans cet épisode, le grand quotidien *Le Figaro* vous ouvre ses portes. Venez assister à une réunion de la rédaction, à la sélection des points d'actualité, à la rédaction des articles. Les journaux prennent naissance devant vous à l'imprimerie et ils sont présents le matin dans tous les kiosques à journaux.

Épisode 2: Les gendarmes

Il y a de nombreux accidents sur les routes de France et les gendarmes ont bien du mal à faire respecter le code de la route. Le commandant Penhoct et son équipe font des contrôles de vitesse et d'alcoolémie toute la journée. Et ils obtiennent des résultats positifs.

Épisode 3: Les femmes tunisiennes: Amina Srarfi

En troisième partie, faites la connaissance d'une femme tunisienne remarquable, Amina Srarfi. Elle a fondé un orchestre entièrement composé de femmes et c'est elle qui le dirige. Une femme chef d'orchestre—c'est rare non seulement en Tunisie, mais dans le monde entier.

Passages de la vie

Objectifs

In this chapter you will:

✓ *learn about the rites of passage from birth to death and the French customs that accompany them*

✓ *review how to express* some *and* any, *refer to things already mentioned, and express* who, whom, which, *and* that.

✓ *learn how to express* of which *and* whose, *to talk about past actions that precede other past actions, to express what would have happened if certain conditions had prevailed, and to express conditions*

✓ *read an article about a senior citizen center that doubles as a day care; read the social and obituary pages of a French newspaper*

La cathédrale de Chartres

Introduction

La vie de chaque individu a ses moments importants. Ces moments sont comme des rites de passage qui marquent les différentes étapes de la vie personnelle, familiale et sociale. L'enfant naît. Pendant l'enfance il s'adapte aux traditions de la famille. Il arrive à l'adolescence et choisit un métier ou une profession.

Dans la plupart des cas l'individu se marie et a des enfants. Plus tard il prend sa retraite et à la fin de son voyage—sa vie—il meurt.

De nombreux rites et cérémonies marquent les grands événements de la vie, de la naissance à la mort. Ces cérémonies suivent souvent des traditions religieuses et peuvent être joyeuses, solennelles ou tristes.

En France, un pays de tradition catholique, la plupart des enfants sont baptisés et les mariages et les enterrements sont célébrés d'après les rites de l'Église bien que de nombreux Français ne soient pas pratiquants. Les cérémonies religieuses continuent à accompagner les passages ou les grands événements de la vie en dépit de tous les changements sociaux qui ont eu lieu.

Vocabulaire pour la lecture 🎧

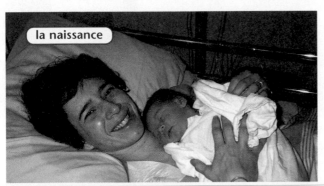

la naissance

Le bébé naît.

Me Voici!

Soraya Gil Gagnon

le faire-part

C'est le 14 mars que je suis venue réaliser le rêve de mes parents, Valérie et Jean-François.

A ma naissance, je mesurais 54 cms et je pesais 3,560 kg.

la marraine

le parrain

Le prêtre baptise le bébé.

la bar-mitzva

le rabbin

Un garçon fête sa bar-mitzva, une fille fête sa bat-mitzva.

les témoins

la mairie

le marié   la mariée

un mariage civil

le garçon d'honneur

la demoiselle d'honneur

un mariage religieux

le parvis de l'église

une alliance

On jette du riz sur les nouveaux mariés.

La voiture est décorée de fleurs et de rubans.

une pièce montée

une dragée

Les dragées sont des amandes enrobées de sucre.

un cercueil

un corbillard

Le prêtre parle du défunt.
Il parle de lui.
Il parle aussi de sa vie.
Il en parle.

Plus de vocabulaire

le décès la mort d'une personne
un enterrement l'action de mettre le décès en terre; cérémonie qui accompagne la mise en terre
prier s'adresser à Dieu
en hausse en augmentation
monoparental(e) où il y a un seul parent

Quel est le mot?

1 Historiette Un mariage

Répondez que oui.

1. Le mariage civil a lieu à la mairie?
2. Les témoins se présentent à la cérémonie à la mairie?
3. Les mariés choisissent leurs témoins?
4. Ils choisissent la demoiselle et le garçon d'honneur?
5. Le mariage religieux a lieu à l'église?
6. Les invités attendent l'arrivée des mariés sur le parvis de l'église?
7. À l'issue de la cérémonie religieuse les invités jettent du riz sur les nouveaux mariés devant l'église?
8. Les nouveaux mariés partent pour la réception dans une voiture ornée (décorée) de fleurs et de rubans?
9. Il y a toujours une pièce montée à la réception?
10. Chaque invité reçoit une boîte de dragées?

La basilique de Ste-Anne-de-Beaupré au Québec

Le cimetière de Montmartre à Paris

2 Cérémonies familiales Complétez.

1. Au moment de la _____ un nouveau bébé naît.
2. Les nouveaux parents envoient un _____ à toute leur famille et à tous leurs amis.
3. Le _____ et la _____ accompagnent le bébé durant le baptême.
4. Un jeune juif fête sa _____ quand il a treize ans.
5. Une _____ est un gâteau spécial qu'on sert à un mariage.
6. Les pratiquants de beaucoup de religions _____.
7. Il est décédé il y a trois jours. Je viens de recevoir le faire-part de son ___.
8. Le _____ du _____ est transporté à l'église et au cimetière dans un corbillard.
9. L'_____ a lieu au cimetière.

3 Définitions Donnez le mot dont la définition suit.

1. le chef spirituel d'une communauté juive
2. la mort d'une personne
3. la mise en terre
4. une augmentation
5. une annonce
6. une famille d'un seul parent

Lecture
Les passages de la vie

Une naissance très attendue

L'heureux événement est arrivé. Le bébé est né et une nouvelle vie commence. Dans le mois qui suit la naissance, les parents envoient un faire-part pour que tout le monde apprenne l'heureuse nouvelle. Il n'est pas rare qu'une petite photo du bébé fasse partie du faire-part.

Quelques mois après la naissance, les familles catholiques font baptiser le bébé. Les parents demandent à des proches[1] de la famille ou à des amis d'accepter d'être la marraine ou le parrain. Pendant la cérémonie à l'église paroissiale[2] le prêtre verse un peu d'eau sur le front du bébé. Le baptême est aussi l'occasion d'un bon repas auquel on invite la famille proche, le parrain et la marraine et les bons amis. On offre des dragées, un symbole d'abondance, à tous les invités.

Le baptême existe aussi chez les protestants mais il n'est pas obligatoire et l'enfant peut être baptisé quand il est un peu plus âgé. Pour le petit garçon juif ou musulman, la cérémonie de la circoncision marque son entrée dans la communauté religieuse.

---

[1]proches *those close to*
[2]paroissiale *parish*

Un baptême à Montréal

A Répondez.

1. Pourquoi les parents envoient-ils un faire-part après la naissance de leur bébé?
2. Quand les bébés catholiques sont-ils baptisés?
3. Où le baptême a-t-il lieu?
4. Qui est présent à la cérémonie?
5. Qu'est-ce qui suit la cérémonie?
6. Que symbolisent les dragées?
7. Le baptême est-il obligatoire chez les protestants?
8. Quelle cérémonie marque l'entrée des jeunes juifs et musulmans dans leur communauté religieuse respective?

Enfants

À l'âge de sept ans l'enfant catholique fait sa première communion. Les parents, le parrain, la marraine et les amis assistent à cette cérémonie à l'église paroissiale. Puis il y a la profession de foi qui a lieu quand l'enfant a à peu près douze ans. Cette cérémonie à l'église marque la fin de l'enfance et le passage au monde adulte. Elle est suivie d'un grand repas où les enfants distribuent des boîtes de dragées et reçoivent de nombreux cadeaux.

Comme le jeune catholique, le jeune protestant réaffirme son engagement religieux en faisant sa confirmation quand il a seize ou dix-sept ans. Le samedi précédant ses treize ans le jeune juif fête sa bar-mitsva en présence de tous ses parents et ses amis. Actuellement de plus en plus de jeunes filles juives fêtent leur bat-mitsva. Pendant la cérémonie à la synagogue, ils lisent en hébreu des textes sacrés de la Torah. La cérémonie religieuse est suivie d'un grand repas. À l'âge de douze ans, après une grande fête de famille, le jeune musulman observe le jeûne du Ramadan pour la première fois. C'est la première fois qu'il pratique le jeûne pendant le mois du Ramadan.

B Décrivez.

1. la première communion
2. la profession de foi
3. la bar-mitsva ou la bat-mitsva
4. le premier Ramadan

Le mariage

Le mariage civil est obligatoire en France. Il a lieu à la mairie en présence des témoins choisis par les mariés. Beaucoup de couples ont aussi une cérémonie religieuse. C'est d'abord le marié qui entre dans l'église au bras de sa mère suivi de tous les parents et les autres invités. Enfin la mariée, vêtue souvent de blanc, entre au bras de son père, suivie de demoiselles et de garçons d'honneur. Au cours de la cérémonie les mariés échangent des alliances. À la sortie de l'église les mariés et les familles restent un moment sur le parvis de l'église pour faire des photos. Les invités jettent souvent du riz sur le couple en signe de porte-bonheur[3]. Puis les nouveaux mariés montent dans une voiture décorée de fleurs et de rubans suivie des voitures des invités qui klaxonnent[4] bruyamment en se dirigeant vers le lieu où aura lieu la réception. Pendant la réception il y a un grand repas ou un buffet. Le repas se termine par la traditionnelle pièce montée faite de petits choux à la crème[5] caramélisés. Les mariés reçoivent des cadeaux, généralement ceux qu'ils ont déjà choisis en déposant une «liste de mariage» dans un ou plusieurs magasins. Après la réception les jeunes mariés partent en voyage de noces—leur lune de miel.

Chez les protestants le mariage religieux a lieu au temple où le pasteur unit les époux. À l'issue de la cérémonie le couple reçoit souvent une Bible de famille qui a des prières familiales. Une réception suit la cérémonie religieuse. Les juifs se marient à la synagogue, dans une salle louée pour la cérémonie ou chez leurs parents. Les nouveaux époux se placent sous un dais[6]—une houpa—et le rabbin prononce les bénédictions nuptiales. Les époux musulmans ne se voient qu'à la fin des cérémonies et des festivités car la plus grande partie de la journée est consacrée à la préparation de la mariée—habillée, maquillée[7], coiffée—le tout avec grand soin par d'autres femmes et toujours accompagnée de musique et de chants.

---

[3]porte-bonheur *good fortune*
[4]klaxonnent *honk their horns*
[5]choux à la crème *cream puffs*
[6]dais *canopy*
[7]maquillée *made up*

C Vrai ou faux?

1. Le mariage civil n'est pas obligatoire en France.
2. Le mariage civil a lieu à l'église en présence des témoins choisis par les parents des mariés.
3. Pendant la cérémonie religieuse à l'église la mariée entre seule et tous les invités la suivent.
4. On jette du riz sur le couple pour qu'ils aient beaucoup d'enfants.
5. Les nouveaux mariés montent dans une pièce montée pour aller à la réception.
6. Une liste de mariage indique qui va se marier et quand.
7. En général les protestants se marient à leur domicile.
8. Les nouveaux époux juifs se placent en dehors de la houpa pendant que le rabbin prononce les bénédictions nuptiales.
9. Très peu de festivités accompagnent un mariage musulman.

La famille

L'âge légal du mariage en France est fixé à 18 ans, et les filles peuvent se marier à 15 ans avec le consentement de leurs parents. Actuellement les jeunes se marient de plus en plus tard—27 ans pour les hommes, 25 ans pour les femmes.

En France, comme aux États-Unis, le nombre de divorces est en hausse. Le nombre de familles monoparentales augmente régulièrement. Quatre-vingt-cinq pour cent des divorcés fondent une nouvelle famille ou une famille recomposée. Les enfants d'une famille recomposée s'adaptent à un beau-père ou à une belle-mère et aux enfants de ceux-ci. Les enfants sont élevés comme des frères et des sœurs mais il n'y a pas encore de terme pour désigner cette parenté. Les enfants d'une famille recomposée ont souvent des demi-frères ou des demi-sœurs. Sur 100 enfants dont les parents sont divorcés, 66 ont des demi-frères ou des demi-sœurs.

 Identifiez.

1. l'âge légal du mariage en France
2. l'âge auquel les jeunes Français se marient de nos jours
3. la famille monoparentale
4. le pourcentage des divorcés qui fondent une nouvelle famille
5. la famille recomposée

Le décès

Les pratiques funéraires en France sont très marquées par les rites catholiques. Il y a très souvent une cérémonie religieuse même si le défunt n'était pas très pieux. La cérémonie commence avec l'arrivée devant l'église du corbillard qui transporte le cercueil. La famille du défunt suit le corbillard en voiture. Les parents et les amis attendent sur le parvis de l'église. Le cercueil est porté dans l'église et le cortège des parents, des plus proches et de bons amis du défunt suit. Après la messe on se dirige vers le cimetière en voiture ou plus traditionnellement à pied si on est dans un village.

Chez les juifs, la famille et les amis accompagnent le défunt de son domicile au cimetière où le rabbin prononce les phrases rituelles. Ensuite les parents et les amis se réunissent au domicile du défunt pour la shiva, une période de sept jours pendent laquelle on honore le défunt.

La tombe d'un musulman doit être la plus simple possible et toujours orientée vers la Mecque. Au moment de la mise en terre on prononce une phrase rituelle. Après l'enterrement, un des individus présents lit des textes pour aider le défunt à répondre aux questions que les anges lui poseront. Il n'y a que les hommes qui participent à l'enterrement musulman.

 Répondez.

1. Qu'est-ce qui marque d'une façon profonde les pratiques funéraires en France?
2. Quand commence la cérémonie?
3. Comment entre-t-on dans l'église?
4. Où va-t-on après la messe à l'église?
5. Comment le défunt juif est-il accompagné au cimetière?
6. Qu'est-ce que la shiva?
7. Comment est la tombe d'un musulman?
8. Qui est présent à l'enterrement d'un musulman?

FRENCH Online

To learn more about cemeteries in the Francophone world, go to the Glencoe French Web site: french.glencoe.com

Structure ✷ Révision

Le partitif
Talking about an indefinite quantity

1. When speaking only of a certain quantity or part of a whole, the partitive articles **du, de la,** and **des** are used. **Du** and **de la** become **de l'** in front of a word beginning with a vowel. In English, the partitive is expressed by *some, any,* or no word at all. In French the partitive cannot be omitted.

Vous avez des enfants?	*Do you have (any) children?*
Il faut de la patience.	*You need patience.*
Il faut du courage, non?	*You need (some) courage, right?*

2. In the negative, **du, de la, de l',** and **des** change to **de** or **d'.**

J'ai de la patience.	**Mais lui, il n'a pas de patience.**
J'ai du courage.	**Mais lui, il n'a pas de courage.**
J'ai toujours de l'argent.	**Mais elle, elle n'a jamais d'argent.**
J'ai des demi-frères.	**Mais elle, elle n'a pas de demi-frères .**

3. Remember that a noun used in a general sense is preceded by the articles **le, la, l',** or **les.**

Je déteste l'intolérance.
J'aime beaucoup les dragées.
J'adore les petits bébés.

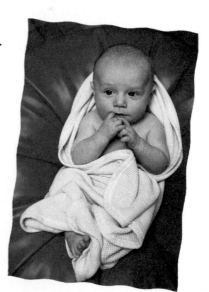

4. Here are some helpful hints. Verbs that express likes and dislikes are usually followed by the definite articles **le, la, l', les** + a noun.

le, la, l', les—*general sense*

adorer	**détester**
aimer	**préférer**
aimer mieux	

The following verbs are often followed by a partitive construction: **du, de la, de l', des** + a noun. Remember that in the negative, only the partitive becomes **de.**

du, de la, de l', des—*partitive*

acheter	**manger**
avoir	**prendre**
boire	**vendre**
commander	

J'aime le riz mais je n'aime pas les pommes de terre.
Je mange du riz mais je ne mange pas de pommes de terre.

Comment dit-on?

1 **Avant le mariage** Complétez.

1. Il faut ____ patience parce qu'il y a beaucoup de choses à faire.
2. Il faut choisir ____ témoins.
3. Il faut acheter ____ fleurs et ____ rubans pour décorer la voiture.
4. Il faut envoyer ____ faire-parts.
5. Il faut avoir ____ bon sens parce qu'il faut prendre beaucoup de décisions.

2 **Pour le buffet** Répondez d'après le modèle.

—Il n'y aura pas de hors-d'œuvre?
—Si. Il y aura des hors-d'œuvre bien que je n'aime pas les hors-d'œuvre.

1. Il n'y aura pas de salade?
2. Il n'y aura pas de soupe?
3. Il n'y aura pas de poisson?
4. Il n'y aura pas de bœuf?
5. Il n'y aura pas de légumes?
6. Il n'y aura pas de fromage?
7. Il n'y aura pas de fruits?
8. Il n'y aura pas de crème caramel?

Une crème caramel

3 **Historiette** **La famille d'Éric** Complétez.

Éric a __1__ sœurs, mais il n'a pas __2__ frères. Les sœurs d'Éric font __3__ études universitaires à l'Université de Grenoble. Catherine fait __4__ anglais, mais Michèle ne fait pas __5__ anglais. Elle fait __6__ russe. Catherine est très sportive et elle fait toujours __7__ sport. Michèle n'aime pas du tout __8__ poisson. Elle commande toujours __9__ viande. Elle ne commande pas __10__ bœuf, elle préfère __11__ agneau.

La sœur d'Éric est sportive.

Le pronom en

Referring to things already mentioned

1. The pronoun **en** replaces a partitive construction. Like the other object pronouns, the pronoun **en** comes directly before the verb to which its meaning is tied.

Elle achète des cadeaux.	Elle en achète.
Elle n'achète pas de cadeaux.	Elle n'en achète pas.
Elle a acheté des cadeaux.	Elle en a acheté.
Elle n'a pas acheté de cadeaux.	Elle n'en a pas acheté.
Elle va acheter des cadeaux.	Elle va en acheter.
Elle ne va pas acheter de cadeaux.	Elle ne va pas en acheter.

2. The pronoun **en** also replaces a noun qualified by a specific quantity.

Il a un demi-frère.	Il en a un.
Je veux beaucoup de cadeaux.	J'en veux beaucoup.
Nous avons un peu d'argent.	Nous en avons un peu.

3. **En** also replaces all other phrases introduced by **de** referring to a thing.

Il vient de Rome.	Il en vient.
Il est fier de son travail.	Il en est fier.
Il n'a pas besoin de ton aide.	Il n'en a pas besoin.

4. Note, however, that when the preposition **de** is followed by a person, stress pronouns are used, not **en**.

Elle parle de son mariage.	Elle en parle.
Elle parle de sa famille.	Elle parle d'elle.
Elle est fière de son travail.	Elle en est fière.
Elle est fière de ses enfants.	Elle est fière d'eux.

5. Also note that in cases in English when *some* or *any* is not used, **en** must be used in French.

Tu as des œufs?	*Do you have any eggs?*
Oui, j'en ai.	*Yes, I do.*

6. When there are several object pronouns in a sentence, **en** always comes last.

Elle m'a donné de l'argent.	Elle m'en a donné.
Elle a envoyé des faire-parts à ses amis.	Elle leur en a envoyé.

Comment dit-on?

4 **Le Réveillon** Répondez en utilisant **en.**

1. Pour le Réveillon, les Français mangent des huîtres?
2. Ils mangent du boudin blanc?
3. Ils mangent de la dinde?
4. Ils mangent des marrons?
5. Ils mangent du gâteau?
6. Chacun mange un peu de bûche de Noël?

Une bûche de Noël

Ugli

Kumquat

Citron vert

5 **Les courses** Répondez en utilisant **en.**

1. Tu as assez d'argent?
2. Tu vas acheter deux bouteilles d'eau minérale?
3. Tu peux manger deux côtelettes?
4. On a besoin d'un kilo de tomates?
5. On a besoin de plus d'un litre de lait?
6. Tu veux plusieurs oranges?

6 **Angoisses** Refaites les phrases en utilisant **en.**

1. Elle ne parle jamais de son travail.
2. Elle n'est pas fière de son travail.
3. Elle a besoin de son travail.
4. Il parle de ses difficultés.
5. Il a peur des conséquences de son acte.

7 **La famille** Répondez avec des pronoms.

1. Il parle quelquefois de son fils?
2. Il a besoin de son aide?
3. Elle est fière de son fils?
4. Elle est fière de sa fille?
5. Elle est fière de ses enfants?
6. Elle est contente de leur succès?

8 **Je parle du mariage.** Répondez avec des pronoms.

1. Tu parles des nouveaux mariés?
2. Tu parles de la demoiselle d'honneur?
3. Tu parles de la cérémonie?
4. Tu parles du grand repas qui a suivi la cérémonie?
5. Les nouveaux mariés ont reçu beaucoup de cadeaux?

Un mariage juif

9 **Historiette** **L'argent!** Complétez la conversation.

—Tu as parlé à ton père de tes problèmes financiers?

—Oui, je __1__ __2__ ai parlé.

—Et alors? Il t'a donné de l'argent?

—Oui, il __3__ __4__ a donné.

—Il __5__ __6__ a donné beaucoup?

—Ouais. Il __7__ __8__ a donné assez pour l'instant.

—J'espère que tu ne vas pas __9__ emprunter à tes copains.

—Ne t'en fais pas! Je ne __10__ __11__ demanderai certainement pas.

C'est à vous
Use what you have learned

1 **L'âge du mariage**

✔ *Discuss the age at which people get married*

De nos jours les Français aussi bien que les Américains ne se marient pas très jeunes. Vous trouvez que c'est une bonne idée? Quel est l'âge idéal pour se marier? Expliquez pourquoi.

2 **Les familles**

✔ *Discuss the structure of modern families*

Vous venez de lire qu'en France la famille a subi de grands changements. Actuellement, il y a de plus en plus des familles monoparentales et de familles recomposées. Décrivez ces familles et indiquez si cette même situation existe aux États-Unis.

3 **Un mariage**

✔ *Describe a traditional wedding*

Décrivez un mariage traditionnel dans votre famille. Décrivez la cérémonie, la réception, etc. Ensuite comparez-le à un mariage en France.

Une pièce montée

4 Un enterrement
✔ *Describe a traditional funeral*

Tout dans la vie n'est pas joyeux. Un enterrement, par exemple, est toujours triste et solennel. Décrivez un enterrement d'après les traditions de votre famille.

5 Un bon mari ou une bonne épouse
✔ *Describe an ideal spouse*

Décrivez les qualités qu'une personne doit posséder pour être un bon mari ou une bonne épouse, d'après vous.

6 Un grand repas
✔ *Plan a family feast*

Imaginez que vous allez donner un grand repas pour une fête familiale. Vous allez préparer votre grand repas vous-même. Dites tout ce que vous allez acheter avant de le préparer.

Assessment

Vocabulaire

1 Une naissance, un mariage ou un enterrement?

1. une demoiselle d'honneur
2. le parrain
3. une pièce montée
4. un cercueil
5. la mairie
6. le défunt

To review the vocabulary, turn to pages 277–278.

2 Répondez.

7. Qu'est-ce que les parents envoient pour annoncer la naissance du bébé?
8. Qu'est-ce qu'on jette sur les nouveaux mariés?
9. Que sont les dragées?

Lecture

To review the reading, turn to pages 280–284.

3 Répondez.

10. Qu'est-ce que la première communion?
11. Qu'est-ce que la bar-mitsva/la bat-mitsva?
12. Où a lieu le mariage civil?
13. Qu'est-ce qu'un parvis?
14. Comment se passe un enterrement musulman?
15. Qu'est-ce qu'une famille monoparentale?

Structure

4 Complétez.

16. J'aime beaucoup _____ amandes. C'est pourquoi je mange _____ dragées.

17. Tu préfères _____ café avec _____ crème et _____ sucre?

18. Lui, il n'a pas _____ carte de crédit. Il n'a jamais _____ argent.

19. Je t'assure qu'elle servira _____ bœuf parce qu'elle aime beaucoup _____ bœuf.

To review the partitive article, turn to page 285.

Un bœuf bourguignon

5 Répondez en utilisant un pronom.

20. Il a deux frères?

21. Tu manges de la viande?

22. Ils ont besoin de mon aide?

23. Il parle de sa femme?

24. Elle parle de son mariage?

25. Tu as de l'argent?

*To review the pronoun **en**, turn to page 287.*

Vocabulaire pour la conversation 🎧

> Oui, la femme qui vient d'entrer est la mère du marié. La robe qu'elle porte, je la trouve très belle.

un rang

un banc

> C'est la femme dont j'ai fait la connaissance hier, non?

une couronne de fleurs

Plus de vocabulaire

féliciter complimenter quelqu'un
livrer apporter une marchandise à quelqu'un
remercier exprimer sa gratitude à quelqu'un; dire «merci»

Quel est le mot?

1 **À l'église** Répondez que oui.

1. Il y a beaucoup de rangs dans l'église?
2. Il y a beaucoup de bancs dans l'église?
3. Il y a souvent des couronnes de fleurs sur l'autel?
4. C'est la mère du marié qui vient d'arriver?
5. C'est la même femme dont j'ai fait la connaissance hier, non?
6. On félicite quelqu'un qui a eu beaucoup de succès?
7. On remercie l'hôte ou l'hôtesse qui vous a invité(e) à la réception?
8. Est-ce que la plupart des fleuristes livrent les fleurs que leurs clients ont achetées?

2 **Des mots apparentés** Donnez un mot apparenté.

1. des félicitations
2. un remerciement
3. la livraison
4. ranger

Un cimetière à la Nouvelle-Orléans en Louisiane

Mise en scène

Les coutumes varient d'un pays à l'autre. De temps en temps les différences sont à peine perceptibles. D'autres fois elles sont énormes. Personne ne veut commettre de faux pas. Et c'est le cas de Robert et Erica, deux jeunes Américains qui passent du temps en France. Ils préfèrent poser des questions sur le savoir-vivre plutôt que de faire des bêtises.

Un mariage 🎧

Robert Mon ami Patrick va se marier et il m'a invité à son mariage. C'est très gentil de sa part mais c'est la première fois que je vais à un mariage en France. Franchement je ne sais pas exactement ce que je dois faire.

Julie Il aura lieu à l'église aussi, le mariage?

Robert Oui.

Julie Il y aura bien sûr d'autres invités quand tu arriveras à l'église. Regarde ce qu'ils font et fais la même chose. Entre dans l'église en même temps qu'eux.

Robert Il ne faut pas attendre qu'un garçon d'honneur me conduise à ma place?

Julie Non, non. Comme je t'ai dit, entre tout simplement avec les autres. Mais ne t'assieds pas dans les premiers rangs. Ils sont réservés aux membres de la proche famille. Tu es invité à la réception?

Robert Oui.

Julie Tu vas bien t'amuser. N'oublie pas de féliciter les nouveaux mariés et de remercier tes hôtesses—les mères du marié et de la mariée.

Un enterrement

Erica Je viens de lire dans le journal l'annonce de la mort du père de mon amie, Camille.

Sandrine Tu avais fait la connaissance de son père? Tu le connaissais?

Erica Oui. Et j'aimerais assister à son enterrement mais je ne sais pas si ça se fait?

Sandrine Oui, à moins que l'annonce n'indique que la cérémonie aura lieu dans la plus stricte intimité.

Erica Non. Ça ne dit pas ça. Je peux envoyer des fleurs?

Sandrine Oui, si tu veux. C'est toujours un geste apprécié sauf si ça dit «ni fleurs ni couronnes». Mais, tu dois les faire livrer chez le défunt au moins une heure avant la cérémonie. Sinon, tu peux les faire livrer directement à l'église avec ta carte de visite.

Vous avez compris?

 A Répondez d'après la conversation «Un mariage».

1. Qui va se marier?
2. Qui a été invité au mariage?
3. Le mariage aura lieu où?
4. Qui explique à Robert ce qu'il doit faire?
5. Qu'est-ce qu'elle lui conseille de faire?
6. Il doit attendre qu'un garçon d'honneur le conduise à sa place dans l'église?
7. Les premiers rangs sont réservés à qui?
8. Que doit faire Robert à la réception?

 B Vrai ou faux? Répondez d'après la conversation «Un enterrement».

1. On peut mettre l'annonce de la mort d'une personne dans le journal.
2. On peut assister à l'enterrement d'un ami en France même si on n'a pas reçu de faire-part.
3. «La cérémonie aura lieu dans la plus stricte intimité» indique que la famille veut bien recevoir tous les amis.
4. On n'envoie jamais de fleurs en France à l'occasion d'un enterrement.
5. On peut faire livrer des fleurs soit au domicile de la famille du défunt soit directement à l'église.

Des couronnes de fleurs

C Imaginez que vous avez été en France où vous avez assisté à un mariage. Décrivez-le à un(e) ami(e).

Structure ❋ *Révision*

Les pronoms relatifs qui et que
Making complex sentences

1. A relative pronoun introduces a clause that modifies a noun. The relative pronoun **qui** functions as the subject of the clause and may refer to either a person or a thing. The relative pronoun **que (qu')** functions as the direct object of the clause. Like **qui, que** may refer to either a person or a thing.

Qui **Sujet**	La femme qui vient d'entrer est la femme de mon frère. L'alliance qui est à son doigt est très belle.
Que **Objet direct**	L'homme que tu as vu hier est le mari de Lucie. L'alliance qu' il lui a donnée est très belle.

Note that if a relative clause introduced by **que** is in the passé composé, the past participle agrees in number and gender with the noun that **que** replaces.

2. When there is no definite antecedent, **ce qui** and **ce que** are used.

Dites-moi ce qui s'est passé.
Je n'ai pas compris ce qu'il lui a dit.

Des cyprès et des coquelicots dans le Midi

Comment dit-on?

1 **Historiette** **Au mariage** Complétez avec **qui** ou **que**.

C'est le marié __1__ entre dans l'église d'abord. La femme __2__ vous voyez là, c'est la mère du marié. J'aime beaucoup la robe __3__ elle porte. Je la trouve très jolie. Voilà le pasteur __4__ va les marier. C'est le pasteur __5__ vous connaissez, non? Les fleurs __6__ Lucie a choisies sont très jolies. Les fleurs __7__ sont sur l'autel? C'est aussi Lucie __8__ les a choisies?

Un pasteur protestant

À Carthage en Tunisie

2 **Historiette** **Un voyage** Combinez les deux phrases en une seule en utilisant **qui** ou **que**.

1. Alain est un homme. Il aime voyager.
2. Il a fait des voyages. Il aime les décrire à ses amis.
3. Il a des tas de photos. Il les a prises pendant ses voyages.
4. Il a des amis. Ils habitent à Carthage.
5. Carthage est un très joli village. Carthage se trouve près de Tunis.
6. Ses amis ont une très belle villa. Elle donne sur la mer.
7. Alain va visiter le cimetière américain. Le cimetière se trouve à Carthage.

3 **Confusion** Complétez avec **ce qui** ou **ce que**.

—Je ne comprends pas __1__ tu dis.

—Tu ne comprends pas __2__ je dis parce que tu ne sais pas __3__ est arrivé.

—C'est vrai. Dis-moi __4__ est arrivé.

—Tu ne sais pas __5__ Michèle a écrit dans sa lettre?

—Non, mais je vais bientôt savoir __6__ elle a écrit.

—Écoute __7__ je vais te dire. Je vais te dire __8__ Michèle a écrit. Elle a écrit qu'elle va se marier.

Le pronom relatif *dont*
Expressing *of which* and *whose*

1. The pronoun **dont,** like **qui** and **que,** is also used to join two sentences. **Dont** replaces the preposition **de** and its object in a relative clause.

> Il a une grande famille. Il parle souvent **de sa famille.**
> Il a une grande famille **dont** il parle souvent.

> Les enfants sont des orphelins. Elle s'occupe **de ces enfants.**
> Les enfants **dont** elle s'occupe sont des orphelins.

2. Dont is also the equivalent of *whose, of whom,* and *of which* in English.

> Il a épousé une fille. Les parents **de cette fille** sont assez connus.
> Il a épousé une fille **dont** les parents sont assez connus.

> Il a épousé une fille. Je connais les parents **de cette fille.**
> Il a épousé une fille **dont** je connais les parents.

3. When there is no definite antecedent, **ce dont** is used.

> C'est (tout) **ce dont** il parle.
> C'est **ce dont** il a peur.
> C'est (tout) **ce dont** il s'occupe.
> C'est **ce dont** il a besoin.

FRENCH Online

To learn more about Francophone wedding traditions, go to the Glencoe French Web site:
<u>french.glencoe.com</u>

Comment dit-on?

4 Historiette **Les nouveaux mariés**
Répondez.

1. Les nouveaux mariés parlent d'une maison?
2. C'est tout ce dont ils parlent?
3. Tu as vu la maison dont ils parlent?
4. Ils ont envie d'acheter la maison dont ils parlent?
5. Ils ont tout l'argent dont ils auront besoin?
6. Ils pourront retirer de la banque l'argent dont ils auront besoin?

Une maison à vendre à Montréal

Un vieil homme dans son jardin

5 Historiette **Le vieil homme**
Combinez les deux phrases en une seule.

1. Voilà le vieil homme. Je t'ai déjà parlé de ce vieil homme.
2. Il a un bon travail. Il est content de ce travail.
3. Il a une petite maison. Il s'occupe bien de cette maison.
4. Va lui porter ce livre. Il a besoin de ce livre.
5. C'est un homme très gentil. Tu ne devrais pas avoir peur de cet homme.

6 Familles Combinez les deux phrases en une seule.

1. Elle est fiancée à un garçon. Je connais la sœur de ce garçon.
2. Il a rencontré une fille. Le nom de cette fille est Marie.
3. Ce garçon est célèbre. J'ai oublié le nom de ce garçon.
4. C'est une femme remarquable. Il reconnaît son importance.
5. Je sors avec une fille. Le père de cette fille travaille avec mon père.

C'est à vous
Use what you have learned

PARLER
1
ÉCRIRE

Vive les mariés!
✔ *Write and propose a toast for a wedding*

Vous et votre camarade avez été invités au mariage de l'un de vos cousins et vous devez porter un toast aux nouveaux mariés. Vous rédigez ce toast et vous l'apprenez par cœur. Récitez-le à vos camarades qui vous diront ce qu'ils en pensent.

PARLER
2

Un mariage
✔ *Compare typical wedding ceremonies in France and the U.S.*

Vous avez trouvé qu'il y a quelques différences entre un mariage en France et un mariage typique aux États-Unis? Quelles sont les différences? Discutez-les.

Un mariage civil à Tourettes-sur-Loup

PARLER
3

Aux États-Unis
✔ *Discuss what guests do at an American wedding ceremony*

Un jeune Français dont vous avez fait la connaissance a été invité à un mariage qui aura lieu près de chez vous. Il veut assister au mariage mais il ne veut pas faire de bêtises. Dites-lui ce qu'il faut faire quand on va à un mariage.

PARLER
ÉCRIRE

4 Un enterrement
✔ *Compare funeral rites in France and the U.S.*

Vous pensez qu'il y a des différences entre un enterrement en France et un enterrement aux États-Unis? Quelles sont les différences? Discutez-les.

PARLER

5 Ce que je dois dire
✔ *Use polite formulas for congratulations and condolences*

Décidez dans quelles circonstances vous allez utiliser les expressions suivantes. Ensuite faites un faire-part pour annoncer un événement de votre choix.

Vous êtes faits l'un pour l'autre.
Tous mes vœux de bonheur.
C'est avec une grande tristesse que j'ai appris le décès de ton frère.
J'ai beaucoup de peine pour toi.
Je vous souhaite d'être très heureux.
Je vous présente mes plus sincères condoléances.

Félicitations à vous deux...

Ses enfants
ses petits-enfants
ses arrière petits-enfants
Madame Pierre MARLAUD

très touchés par les marques de sympathie et d'affection
que vous leur avez témoignées lors du décès de

Madame Paul HOSTEIN
née Odette RENOU

vous adressent leurs sincères remerciements.

Assessment

Vocabulaire

1 Complétez.

To review the vocabulary, turn to page 294.

1. Ils vont m'apporter les fleurs que j'ai commandées. Ils vont me les faire ____ cet après-midi.
2. Je sais qu'il me dira «merci». Il va me ____, j'en suis sûr(e).
3. Ils vont se marier. Tu vas les ____?
4–5. Une grande église a beaucoup de ____ et chaque ____ a des ____.
6. Leur grand-père est mort. Je vais leur envoyer une ____.

Conversation

2 Vrai ou faux?

To review the conversation, turn to pages 295–296.

7. Quelques différences culturelles sont à peine perceptibles et d'autres sont énormes.
8. Si tu vas à un mariage en France, il faut attendre qu'un garçon d'honneur te conduise à ta place.
9. Si tu es membre de la famille du marié ou de la mariée, tu peux t'asseoir dans les premiers rangs à l'église.
10. En France il n'y a pas de réception après la cérémonie.
11. À la réception, l'hôtesse est la demoiselle d'honneur.
12. Tous les enterrements en France ont lieu dans la plus stricte intimité.
13. On peut envoyer des fleurs à la famille du défunt à moins que le faire-part ne dise «ni fleurs ni couronnes».

Structure

3 **Complétez.**

14. La femme _____ entre dans l'église est la mère de la mariée.
15. Le prêtre _____ vous voyez là, c'est celui qui va les marier.
16. Tu aimes les fleurs _____ Julie a choisies pour son mariage?
17. Tu parles des fleurs _____ sont sur l'autel?
18. Fais attention à _____ il va te dire.
19. Il va te dire _____ se passe.
20. Tu as compris _____ Luc t'a dit?
21. Je ne sais pas _____ on doit donner à la famille du défunt.

To review the relative pronouns **qui** and **que**, turn to page 298.

4 **Complétez.**

22. Il n'a pas assez d'argent. Tu vas lui donner l'argent _____ il a besoin.
23. Tu connais la fille _____ il nous parle?
24. Les petits enfants _____ elle s'occupe sont adorables.
25. Tout _____ il parle, c'est exactement _____ il a peur.

To review the relative pronoun **dont**, turn to page 300.

Mariage républicain

Vocabulaire pour la lecture 🎧
Les enfants sont rois

une salle de jeux

une crèche

Le petit enfant dessine un papillon.
Les pensionnaires s'étaient déjà installés dans le salon quand
les enfants sont arrivés.

Les pensionnaires auraient
regardé la télévision si les
enfants n'étaient pas arrivés.

un papillon

Plus de vocabulaire

une complicité une entente, une aide mutuelle
mamie grand-mère, par extension, une vieille dame *(fam.)*
un préjugé une opinion préconçue, adoptée sans examen
aîné(e) le plus âgé
ému(e) qui manifeste de l'émotion
ravi(e) très content
se mettre à commencer à

Quel est le mot?

1 **Des questions** Répondez.

1. Est-ce que les papillons ont beaucoup de jolies couleurs?
2. Les enfants aiment dessiner des papillons?
3. Où vont les enfants qui sont trop jeunes pour aller à l'école? À la crèche?
4. Qui est l'aîné(e) de ta famille?
5. Tu serais ému(e) si tu voyais quelque chose ou de très triste ou de très joyeux?
6. Il existe souvent des préjugés contre les personnes âgées?
7. Quand vous rentrez de l'école, vous vous mettez immédiatement à faire vos devoirs?

MUSÉUM NATIONAL D'HISTOIRE NATURELLE

évadez-vous à la
Grande Galerie

Un bac à sable dans les jardins du Palais-Royal à Paris

2 **Un autre mot** Exprimez d'une autre façon les mots en italique.

1. Il y a *une bonne entente* entre eux.
2. Je sais qu'il sera *très, très content*.
3. Il *a commencé* à pleurer.
4. Son frère *plus âgé* habite loin d'ici.
5. Au revoir, *Grand-Mère*! À bientôt!

Avant la lecture

L'article qui suit a paru dans la revue *Capital Santé*. Il s'agit d'une maison de retraite dans la banlieue de Bordeaux. Dans cette maison de retraite ce sont les enfants qui sont rois. Vous verrez pourquoi.

Une maison de retraite
où les enfants sont rois

«Les Papillons», c'est une halte-garderie[1] dans la banlieue de Bordeaux où de très jeunes enfants cohabitent avec les pensionnaires d'une maison de retraite, située au-dessus.

Les pensionnaires âgées y retrouvent le bonheur de se sentir à nouveau utiles. «C'est une telle joie de regarder vivre les enfants! observe, émue, la voisine du petit Ferdinand, âgée de 86 ans. Si j'ai choisi cette maison de retraite, c'est parce que j'étais sûre de les voir tous les jours!»

Aux «Papillons», certains lieux sont partagés: les terrasses et les salons de jeux pour les enfants.

Chaque après-midi, les enfants viennent rendre visite aux mamies qui préparent souvent des crêpes pour leur goûter. Ils ne sont pas étonnés: partager les repas avec leurs aînées fait partie de l'ordre des choses. Ensemble, ils lisent des histoires, jouent au ballon, dessinent... Les enfants sont ravis de leurs vieilles compagnes.

«Contrairement aux adultes, les enfants n'ont pas de préjugés contre les personnes âgées, remarque la directrice de cette maison. Ils sont tendres et familiers avec cette population souvent esseulée[2] qui ne reçoit pas beaucoup de visites de ses petits-enfants.»

Tous les quinze jours ont lieu des activités communes: peinture, cuisine, musique... Chaque enfant se retrouve à côté d'une mamie et, ensemble, ils réalisent un travail manuel.

Il faut voir le bonheur des pensionnaires quand les gamins[3] arrivent bruyamment[4] dans le salon. Immédiatement, le petit écran, fidèle compagnon, est délaissé[5] et on se met à parler. «Nous attendons

toujours avec impatience leur visite de l'après-midi. C'est très important de garder un contact avec les futures générations!»

Mais qu'en pensent les parents des enfants? «J'ai remarqué qu'au jardin public, Alice (deux ans et demi) allait voir les personnes âgées et leur parlait facilement, confirme une maman. Je crois qu'il existe une très grande complicité entre ces deux âges!... Cette crèche, c'est comme une grande famille, comme ce qui se faisait autrefois, quand les trois générations habitaient dans un même lieu. Ces échanges permettent la socialisation des enfants et des personnes âgées.»

---

[1]halte-garderie *day care*
[2]esseulée *left alone*
[3]gamins *kids*
[4]bruyamment *noisily*
[5]délaissé *put aside, abandoned*

Vous avez compris?

A Répondez.

1. Qu'est-ce que «Les Papillons»?
2. C'est une halte-garderie un peu particulière. Pourquoi?
3. Qu'est-ce que les pensionnaires y trouvent?
4. Que partagent les enfants et les pensionnaires?
5. Qu'est-ce qu'ils font ensemble?
6. Quelles activités communes ont lieu tous les quinze jours?
7. Qu'est-ce que les pensionnaires cessent de regarder quand les enfants arrivent?
8. Que pensent les parents des enfants de ces échanges?

B Cherchez comment les idées suivantes sont exprimées dans l'article.

1. De très jeunes enfants vivent avec les pensionnaires.
2. Partager les repas avec leurs aînés, c'est normal.
3. Ils font des activités.
4. On commence à parler.

C Expliquez.

«Cette crèche, c'est comme une grande famille, comme ce qui se faisait autrefois, quand les trois générations habitaient dans un même lieu.»

Vocabulaire pour la lecture 🎧
Le carnet du jour

les fiançailles

D'abord le jeune couple se fiance.

Ensuite ils se marient.

Quand on parle de la mort d'une personne, on évite de prononcer certains mots.

NON	OUI
la mort	le décès ou la disparition
l'enterrement ou la mise en terre	les obsèques ou l'inhumation

Quel est le mot?

1 **Quel est le mot?** Donnez un autre mot.

1. promesse mutuelle de mariage
2. la mort
3. l'enterrement
4. la mise en terre

Avant la lecture

De nombreux journaux ont un carnet du jour où l'on annonce les événements de la vie. On envoie au journal les annonces de naissance, de fiançailles, de mariage, de décès ou on envoie un faire-part. Les amis ainsi informés envoient leurs félicitations ou leurs condoléances. Dans le carnet du jour, on trouve aussi des communications diverses.

LE FIGARO

Le carnet du jour

NAISSANCES

M. Marc MILLAUD-LEONI et Mme, née Alicia Ricolais, ont la joie d'annoncer la naissance de
Lætitia
Lyon, le 12 décembre.

M. et Mme Jean-Jacques HOUCHARD ont la grande joie de vous annoncer la naissance de leurs septième, huitième et neuvième petits-enfants,
Jean-Louis
à Lyon, le 22 février, chez
Jérôme et Marie HOUCHARD
Margaux
à Paris, le 3 mai, chez
Bertrand et Sophie CHEVREUL
Nicolas
à Paris, le 12 décembre, chez

Vincent et Muriel HOUCHARD

ADOPTIONS

M. Olivier de CHELLES et Mme, née Pascale Simon, ont la joie d'annoncer l'arrivée de
Clémence
née à Paris, le 8 septembre.

FIANÇAILLES

M. et Mme Jean-Jacques CHARPENTIER
M. et Mme François LEBŒUF ont la joie d'annoncer les fiançailles de leurs enfants
Sylvie et Frédéric

M. Philippe LASALLE et Mme, née Céline Ferreri,
M. Jean-Luc GAUMONT

Mme Andrea von ODEN-GAUMONT sont heureux d'annoncer les fiançailles de leurs enfants
Luce et Éric

SIGNATURES

Bénédicte BALIMI signera
«Un Hiver doux»
et
«Les Amies de Dana»
à la Galerie MERCURE le lundi 8 janvier, de 18 h 30 à 20 h 30, 104, rue de Seine, Paris (6è).

MARIAGES

M. et Mme Patrick JEANBON sont heureux de vous faire part du mariage de leur fils
Thierry
avec
Tereza PINHEIRO

qui sera célébré à Ponta Grossa (Brésil), le samedi 26 décembre.

Véronique CHASTAIN

et

Philippe TRIGNAC

sont heureux de vous faire part de leur mariage, célébré dans l'intimité, le 16 décembre.

DEUILS

Mme Michelle Muller, M. Richard Muller, ont la douleur de vous faire part du décès de

M. Claude MULLER

Survenu le 9 juin.

L'inhumation aura lieu le mardi 11 juin, à 11 h 30, au cimetière de Pantin. Rendez-vous à la porte principale. Ni fleurs ni couronnes. Cet avis tient lieu de faire-part.
116, boulevard Maurice-Barrès, 92200 Neuilly-sur-Seine.

Nhu Tu, Thien, Anne et Wietse Dingeldein, ses enfants, Christophe, son petit-fils, le docteur et Mme

Tran Ngoc Bau, son frère et sa belle-sœur, Frédéric, son neveu, et toute sa famille saïgonnaise, ont la douleur de vous faire part du décès de

Suzanne PHAN THOAI XUONG

née Tran Thi Thuong, Survenu le 29 mai, dans sa 87e année.

La cérémonie bouddhiste et l'incinération ont eu lieu dans la plus stricte intimité.

Boissy-Saint-Léger, Londres, Saïgon.

Mme Catherine Perret, ses enfants et petits-enfants, M. et Mme Jacques Bagouet et leurs enfants, Mlle Anna Guénegou ont la tristesse de vous faire part du décès de

Mme Denis PERRET

née Janine Marmontel, survenu le 12 décembre.

Ses obsèques seront célébrées en la chapelle de l'Est, au cimetière du Père-Lachaise, à Paris (20e), le

vendredi 15 décembre, à 14 heures.

15, rue Saint-Martin, 92400 Courbevoie.

M. et Mme Philippe Courcelle, Fanny et Laurent, Édouard, M. et Mme Jean-Paul de Beauchêne, Pierre, Mathilde, Isaure, Lubin, les familles Merlin, de Montagu, Bouchel et Courcelle ont la tristesse de faire part du rappel à Dieu de

Mme Henri COURCELLE

née Denise de Montagu,

le 8 juin, dans sa 77e année. La messe d'inhumation aura lieu en l'église Saint-Georges de Vesoul (Haute-Saône), le mardi 11 juin, à 14 h 30.

Ni fleurs ni couronnes.
75 E, rue du Faubourg Raines,
21000 Dijon,
4, rue Alfred-Sisley,
78590 Noisy-le-Roi.

Vous avez compris?

 A Répondez.

1. Comment s'appellent les parents de Lætitia?
2. Combien de petits-enfants ont M. et Mme Houchard?
3. Quand la petite Clémence est-elle née?
4. Comment s'appellent ses parents adoptifs?
5. Qui annonce les fiançailles de Sylvie et Frédéric?
6. Où sera marié Thierry Jeanbon?
7. Comment le mariage de Véronique Chastain et Philippe Trignac a-t-il eu lieu?
8. Qui annonce leur mariage?

 B Répondez.

1. Quelles familles ne veulent pas de fleurs?
2. Qui n'a pas eu d'invités aux obsèques?
3. Qui a été incinéré dans une cérémonie bouddhiste?
4. Où les obsèques de Mme Perret seront-elles célébrées?
5. Où aura lieu l'inhumation de M. Muller?
6. Où aura lieu la messe d'inhumation de Mme Courcelle?

Un cimetière à Saint-Pierre-et-Miquelon

 C Commentez.

1. Que pensez-vous de l'idée d'annoncer une adoption?
2. À votre avis, pourquoi est-ce que Bénédicte Balimi a mis une annonce dans «Signatures»?

Structure avancée

Le plus-que-parfait
Talking about a past action that occurred before another past action

1. The **plus-que-parfait** is formed by using the imperfect tense of the helping verb **avoir** or **être** and the past participle. Remember that the past participle of a verb conjugated with **être** agrees with the subject.

PARLER	ARRIVER
j' avais parlé	j' étais arrivé(e)
tu avais parlé	tu étais arrivé(e)
il/elle/on avait parlé	il/elle/on était arrivé(e)(s)
nous avions parlé	nous étions arrivé(e)s
vous aviez parlé	vous étiez arrivé(e)(s)
ils/elles avaient parlé	ils/elles étaient arrivé(e)s

2. The **plus-que-parfait** or pluperfect is used the same in French as in English. It describes a past action completed prior to another past action.

       ①   ②

Ils étaient déjà partis quand je suis arrivé.

Comment dit-on?

1 **Ils l'avaient déjà fait.** Suivez le modèle.

    partir pour leur voyage de noces ⟶
    Ils étaient déjà partis pour leur voyage de noces.

1. recevoir le faire-part
2. rendre visite à leurs grands-parents
3. acheter un cadeau pour le mariage
4. lire l'annonce de son décès
5. annoncer leurs fiançailles
6. partir pour le cimetière
7. aller à l'église
8. rentrer chez eux

Une station balnéaire en Polynésie-française

2 **Historiette Robert** Répondez.

1. Robert est allé à Bordeaux?
2. Il avait passé du temps à Paris avant d'aller à Bordeaux?
3. Il a fait des études à Bordeaux?
4. Il avait fait des études à Paris avant ça?
5. Il s'est marié à Bordeaux?
6. Il avait fait la connaissance de son épouse quand il était à Paris?

La faculté d'architecture à l'université de Bordeaux

Le pont de pierre sur la Garonne à Bordeaux

3 **Historiette Avant et après** Formez une phrase d'après le modèle.

**Ils sont arrivés avant. Je suis arrivé(e) après. ⟶
Ils étaient déjà arrivés quand je suis arrivé(e).**

1. Ils sont arrivés avant. Je suis arrivé(e) après.
2. Ils sont rentrés avant. Je suis rentré(e) après.
3. Ils l'ont vu avant. Je l'ai vu après.
4. Ils lui ont parlé avant. Je lui ai parlé après.
5. Ils l'ont fait avant. Je l'ai fait après.
6. Ils ont fini avant. J'ai fini après.

4 **L'inverse** Dites l'inverse de ce que vous avez dit précédemment dans l'Activité 3.

**Je suis arrivé(e) avant. Ils sont arrivés après. ⟶
J'étais déjà arrivé(e) quand ils sont arrivés.**

Le conditionnel passé

Expressing what would have happened under certain conditions

1. The past conditional is formed by using the conditional of **avoir** or **être** and the past participle of the verb.

Infinitive	FINIR	SORTIR
Past conditional	j' aurais fini tu aurais fini il/elle/on aurait fini nous aurions fini vous auriez fini ils/elles auraient fini	je serais sorti(e) tu serais sorti(e) il/elle/on serait sorti(e)(s) nous serions sorti(e)s vous seriez sorti(e)(s) ils/elles seraient sorti(e)s

2. The past conditional is used to express what would have happened or what the situation would have been, if conditions had been different.

> **Dans ce cas-là, j'aurais refusé.**
> **Je serais bien allée avec vous, mais j'avais du travail à faire.**

Le cimetière de Verdun en Lorraine

Des jardins et la cathédrale d'Amiens en Picardie

Comment dit-on?

5 **Je n'ai pas pu.** Répondez.

1. Tu aurais assisté à son mariage?
2. Tu aurais répondu au faire-part?
3. Tu serais allé(e) à l'église?
4. Tu aurais assisté à la messe?
5. Tu aurais bien aimé aller à la réception?
6. Tu aurais acheté un cadeau?

La basilique de Notre-Dame à Montréal

6 **Pas possible** Complétez en utilisant le conditionnel passé.

1. J'____, mais j'avais peur de ne pas réussir. (essayer)
2. J'____ les voir, mais j'avais trop de travail. (vouloir)
3. J'____ quelque chose, mais le frigidaire était vide. (manger)
4. Je l'____, mais je n'avais pas d'argent. (acheter)
5. J'____ quelque chose, mais le café était fermé. (boire)
6. J'____ quelque chose, mais j'avais peur de prendre la parole. (dire)

Propositions avec si
Expressing conditions

1. A **si** clause expresses contrary-to-fact conditions. Sentences with **si** conform to a specific sequence of tenses.

Si clause	Main clause
Present	**Future**
Si elle a le temps,	elle lira le journal.

Imperfect	**Conditional**
Si elle avait le temps,	elle lirait le journal.

Pluperfect	**Conditional perfect**
Si elle avait eu le temps,	elle aurait lu le journal.

2. Do not confuse **si** (*if*) with the **si** that means *whether*. **Si** meaning *whether* can take any tense.

> **Je ne sais pas si Paul est là.**
> **Je ne sais pas si Paul est déjà arrivé.**
> **Je ne sais pas s'il sera là demain.**

Comment dit-on?

7 **Oui** Répondez que oui.

1. **a.** Il lira les annonces s'il reçoit le journal?
   b. Il lirait les annonces s'il recevait le journal?
   c. Il aurait lu les annonces s'il avait reçu le journal?
2. **a.** Les pensionnaires regarderont la télé si les enfants n'arrivent pas?
   b. Les pensionnaires regarderaient la télé si les enfants n'arrivaient pas?
   c. Les pensionnaires auraient regardé la télé si les enfants n'étaient pas arrivés?
3. **a.** Le petit enfant se mettra à pleurer si ses grands-parents le quittent?
   b. Le petit enfant se mettrait à pleurer si ses grands-parents le quittaient?
   c. Le petit enfant se serait mis à pleurer si ses grands-parents l'avaient quitté?

8 **Oui ou non?** Répondez.

1. Si tu as assez d'argent, tu feras un long voyage?
   Si tu avais assez d'argent, tu ferais un long voyage?
   Si tu avais eu assez d'argent, tu aurais fait un long voyage?
2. Si Paul a le temps, il essaiera d'écrire un roman?
   Si Paul avait le temps, il essaierait d'écrire un roman?
   Si Paul avait eu le temps, il aurait essayé d'écrire un roman?
3. Elle fera du français si elle va en France?
   Elle ferait du français si elle allait en France?
   Elle aurait fait du français si elle était allée en France?
4. Tu verras Jean s'il vient ici?
   Tu verrais Jean s'il venait ici?
   Tu aurais vu Jean s'il était venu ici?

DIJON

9 **Personnellement** Répondez.

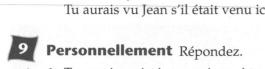

1. Tu aurais assisté au mariage si tu avais reçu une invitation?
2. Tu leur aurais acheté un cadeau si tu avais su qu'ils se mariaient?
3. Si tu les vois, tu leur diras que tu ne savais pas qu'ils se mariaient?
4. Si tu avais lu le faire-part de son décès, tu aurais assisté aux obsèques?
5. Tu offriras tes condoléances si tu vois la fille du défunt?

Une vue sur Washington, D.C.

10 **Dans ce cas** Complétez.

1. Je le _____ si je peux. (faire)
2. Et je sais bien que toi aussi le ferais si tu _____. (pouvoir)
3. Si je l'avais vue, je lui _____ ce qui se passait. (dire)
4. Il _____ très triste si on lui dit que le père de Marie est mort. (être)
5. Je sais que vous nous accompagneriez si vous _____ assez d'argent mais je sais que vous n'en avez pas assez. (avoir)
6. Ils _____ ici s'ils n'avaient pas eu d'autre chose à faire. (être)

11 **Avec des si** Dites ce que vous feriez si...

1. vous aviez un an de vacances
2. vous aviez beaucoup d'argent
3. vous parliez vingt langues
4. vous étiez président des États-Unis

C'est à vous
Use what you have learned

PARLER

1

Une maison de retraite
✔ *Discuss the idea of having retirement housing and a day-care center in the same building*

Discutez avec un(e) camarade si vous croyez que c'est une bonne idée d'avoir une maison de retraite et une halte-garderie dans le même établissement. Donnez des raisons pour justifier votre opinion.

L'imprimerie du journal *Le Monde* à Paris

ÉCRIRE

2

Un faire-part
✔ *Write an engagement or wedding announcement for a newspaper*

Écrivez un faire-part fictif de fiançailles ou de mariage pour un(e) ami(e).

ÉCRIRE

3

Comparaisons
✔ *Compare announcements in French and American newspapers*

Analysez les différences de style entre les annonces dans le carnet du jour (pages 311–312) et le même genre d'annonce dans votre journal. Choisissez une annonce dans votre journal et récrivez-la pour un journal français.

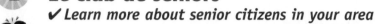

4 PARLER

Le club de seniors

✔ *Learn more about senior citizens in your area*

Faites une enquête sur les activités des seniors de votre ville. Déterminez où se trouve leur local, s'ils disposent d'un autocar à eux, s'ils organisent des sorties, où ils vont, ce qu'ils font. Faites ensuite un rapport à la classe. Tous ensemble, vous pouvez maintenant faire des suggestions pour organiser une sortie ou une fête pour les seniors de la ville.

5 PARLER

Vos grands-parents

✔ *Tell how you help your grandparents and how they help you*

Si vos grands-parents habitaient tout près de chez vous, que feriez-vous pour les aider... et que pourraient-ils faire pour vous aider?

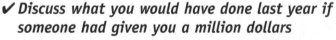

6 PARLER

Un million de dollars

✔ *Discuss what you would have done last year if someone had given you a million dollars*

Dites tout ce que vous auriez fait l'année dernière si quelqu'un vous avait donné un million de dollars.

Assessment

Vocabulaire

1 Complétez.

To review the vocabulary, turn to page 306.

1. Les _____ sont les insectes les plus jolis.
2. C'est le plus âgé. C'est le fils _____.
3. Beaucoup de petits-enfants français appellent leur grand-mère _____.
4. Il a ouvert son livre et _____ à lire.
5. Elle est très contente. Elle est vraiment _____.

2 Complétez.

To review the vocabulary, turn to page 310.

6. Quand un homme et une femme se fiancent, ils annoncent leurs _____ et quand ils se marient ils annoncent leur _____.
7. De nombreux journaux ont un _____ où l'on annonce les événements de la vie.
8. Quand le bébé naît les nouveaux parents envoient un faire-part pour annoncer la _____.
9. Quand on parle de la mort d'une personne on doit dire le _____ ou la _____, pas la mort. On doit dire les _____ ou l'inhumation, pas l'_____ ou la mise en terre.

Lecture

3 Répondez.

To review the reading, turn to pages 307–308.

10. Avec qui les jeunes enfants cohabitent dans la halte-garderie «Les Papillons»?
11. Qu'est-ce que les pensionnaires préparent souvent pour les enfants?
12. Comment sont les jeunes enfants avec ces personnes âgées?
13. Qu'est-ce que les pensionnaires cessent de regarder quand les jeunes enfants arrivent?

4 Expliquez.

14. Dans la plus stricte intimité
15. Ni fleurs ni couronnes
16. Cet avis tient lieu de faire-part.

To review the reading, turn to pages 311–312.

Structure

5 Complétez au plus-que-parfait.

17. Il ____ déjà ____ quand je suis arrivé(e). (partir)
18. Mes amis ne savaient pas que j'____. (rentrer)
19. Je lui ____ déjà ____ quand il a vu son frère. (parler)

To review the past perfect tense, turn to page 314.

6 Récrivez au conditionnel passé.

20. Je lui parlerais.
21. Elle me le dirait.
22. Vous partiriez, sans doute.

To review the past conditional, turn to page 316.

7 Complétez.

23. S'il ____ assez d'argent, il se mariera. (avoir)
24. S'il allait se marier, tu le ____. (savoir)
25. Je lui aurais parlé si je l'____. (voir)

*To review expressing conditions with **si**, turn to page 318.*

MUSÉUM NATIONAL D'HISTOIRE NATURELLE

évadez-vous à la
Grande Galerie

Proficiency Tasks

Rédaction

Quand on écrit la biographie d'un personnage historique, on raconte des faits qui se sont réellement passés, mais on doit tout de même interpréter ces faits ou les expliquer en fonction des valeurs de l'époque. S'il s'agit de la biographie d'une personne ou d'un personnage contemporain, la tâche est plus simple, mais il faut toujours replacer les faits dans leur contexte.

TÂCHE 1 Dans une biographie, l'auteur raconte l'histoire de la vie d'une personne. L'histoire est toujours vraie, jamais fictive.

Vous allez être biographe. Mais de qui? C'est à vous de choisir: un membre de votre famille, un(e) bon(ne) ami(e), un professeur, un acteur, une actrice, un personnage historique. Essayez de choisir une personne qui a ou a eu une vie intéressante ou même exceptionnelle. Cela aidera beaucoup à maintenir l'intérêt de vos lecteurs.

Organisez votre biographie d'une façon claire. Vous pouvez la présenter en ordre chronologique de la naissance de la personne jusqu'à maintenant. Ou alors, si la personne a fait quelque chose d'extraordinaire, vous pouvez commencer par cet événement et revenir en arrière pour expliquer les circonstances de cet événement. Essayer de faire vivre cette personne sur le papier: décrivez son apparence physique, ses traits de personnalité, ses attitudes. Utilisez des détails vivants et un langage précis pour décrire vos impressions.

TÂCHE 2 Il n'est pas toujours facile de définir exactement ce qu'est la famille aujourd'hui. Dans ce chapitre, nous avons examiné certaines tendances. Vous allez écrire un essai dans lequel vous allez comparer et contraster deux familles de votre choix, telles qu'elles sont présentées à la télévision ou au cinéma. Quand vous comparez et contrastez, il faut faire des analyses. Il faut identifier des similarités et des différences. Une des techniques utilisées pour comparer et contraster est le diagramme de Venn. Tracez deux grands cercles qui se coupent. Dans le cercle de gauche, vous inscrivez les faits qui s'appliquent uniquement à la première famille. Dans le cercle de droite, vous inscrivez les faits qui s'appliquent uniquement à la deuxième famille. Dans la partie centrale, vous inscrivez les faits qui sont communs aux deux familles.

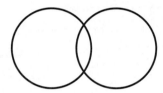

Vous pouvez organiser votre essai de deux façons différentes. Vous pouvez commencer par une famille et écrire tout sur cette famille puis faire la même chose pour la deuxième famille. Ou alors, vous pouvez isoler plusieurs thèmes tels que la relation entre parents et enfants, la relation entre frères et sœurs, le contexte social. Et ensuite vous procédez thème par thème pour les deux familles à la fois

TÂCHE 3 Beaucoup de poèmes parlent d'amour, du temps qui passe, des sentiments. Le langage de la poésie est très artistique et musical. On dit qu'il faut avoir un talent spécial pour écrire de la poésie et c'est peut-être vrai. Mais maintenant vous allez écrire un poème très court. Il n'est pas nécessaire que le poème ait des rimes.

Pour écrire votre poème, vous allez:

- écrire un nom
- écrire deux adjectifs qui décrivent le nom
- écrire une phrase de trois mots
- écrire un synonyme uniquement de votre premier nom, c'est-a-dire le nom dans le premier vers

Discours

On peut définir un débat comme «une bataille entre des idées». Dans un débat, deux personnes ne sont pas d'accord et chacune essaie de prouver que son opinion est supérieure à celle de l'autre. On peut presque dire que chaque fois qu'on communique avec quelqu'un, on est impliqué dans un débat.

TÂCHE **4** Maintenant vous allez travailler en groupes de quatre. Vous allez discuter entre vous le thème «À quelle âge doit-on se marier?» Pour former votre groupe il faut choisir des personnes qui ont des opinions opposées. Deux croient qu'on doit se marier assez jeune et les autres croient qu'on doit attendre un peu. Chacun aura ses propres arguments. Vous pouvez présenter vos arguments et chaque côté essaiera de dominer l'autre. Eventuellement les arguments d'un côté réussiront à dominer ceux de l'autre côté et il y aura un côté «gagnant». Peut-être aurez-vous une dispute. Mais ce n'est pas grave. Il y a beaucoup de types de disputes: des disputes amicales, animés, sérieuses ou même amusantes. Toutes ces disputes ou discussions sont dans un sens des débats – des batailles entre des idées opposées. Allez-y!

TÂCHE **5** Vous allez faire une présentation sur une cérémonie de mariage de votre choix. Vous pouvez relire la lecture de la Leçon 1 sur les coutumes chrétiennes, juives et musulmanes pour vous aider à faire votre choix. Il faudra peut-être que vous fassiez des recherches supplémentaires. N'oubliez pas qu'il s'agit d'une présentation orale. Vous pouvez vous aider de vos notes, mais ne lisez pas un texte écrit. Utilisez un support visuel autant que possible et même, pourquoi pas, de la musique!

Leçon 1 Culture

l'alliance (f.)	la dragée	le parrain	décoré(e) de
l'amande (f.)	l'enterrement (m.)	le parvis de l'église	enrobé(e)
la bar-mitsva	le faire-part	la pièce montée	monoparental(e)
la bat-mitsva	le garçon d'honneur	le prêtre	
le cercueil	la mairie	le rabbin	fêter
le corbillard	le mariage civil	le riz	naître
le décès	le/la marié(e)	le ruban	prier
le/la défunt(e)	la marraine	le témoin	
la demoiselle d'honneur	la naissance		en hausse

Leçon 2 Conversation

le banc	féliciter
la couronne de fleurs	livrer
le rang	remercier

Leçon 3 Journalisme

la complicité	aîné(e)
la crèche	ému(e)
la disparition	installé(e)
les fiançailles (f. pl.)	ravi(e)
l'inhumation (f.)	
la mamie	dessiner
la mise en terre	se fiancer
les obsèques	se mettre à
le papillon	
le/la pensionnaire	d'abord
le préjugé	ensuite
la salle de jeux	

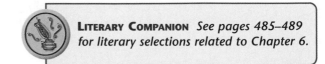

LITERARY COMPANION *See pages 485–489 for literary selections related to Chapter 6.*

Vidéotour
Bon voyage!

Video can be a beneficial learning tool for the language student. Video enables you to experience the material in the textbook in a real-life setting. Take a vicarious field trip as you see people interacting at home, at school, at the market, etc. The cultural benefits are limitless as you experience French and Francophone culture while "traveling" through many countries. In addition to its tremendous cultural value, video gives practice in developing good listening and viewing skills. Video allows you to look for numerous clues that are evident in tone of voice, facial expressions, and gestures. Through video you can see and hear the diversity of the target culture and compare and contrast the French-speaking cultures to each other and to your own.

Épisode 1: Les Triplés

Dans les différents passages de la vie, la famille joue toujours un rôle important. La dessinatrice française, Nicole Lambert, crée chaque semaine un épisode dans la vie de trois charmants enfants *Les Triplés*. Elle raconte les moments touchants et souvent amusants de l'enfance.

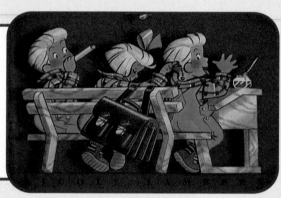

Épisode 2: Une famille tunisienne

En Tunisie, les parents continuent de transmettre leurs valeurs et leur savoir à leurs enfants. À Nabeul, Les Alaya sont potiers de père en fils. Mais s'ils restent toujours très attachés aux traditions, les jeunes se procurent du matériel plus sophistiqué et créent des modèles plus modernes.

Épisode 3: Le baptême

Un petit enfant est né. Peu de temps après aura lieu son baptême car en France la majorité de la population est catholique. Avec la famille Touze, assistez au baptême du petit Raphaël. Tout le monde est là: les arrière-grands-parents, les parents, les cousins, les amis proches et bien sûr, le parrain et la marraine.

La santé et la forme

Objectifs

In this chapter you will:

- ✔ *learn how the French stay healthy*
- ✔ *learn about keeping in shape and eating well*
- ✔ *read about sound, noise pollution, and proper ear protection; and what time of the day is best for which sports*
- ✔ *review how to tell what people do or did for themselves and for each other*
- ✔ *review how to ask* who, whom, *and* what
- ✔ *learn how to express* which one, this one, that one, these, *and* those, *and how to tell what belongs to you and to others*

Table des matières

Un véhicule du SAMU (service d'aide médicale urgente) à Paris

Introduction

«Comment vas-tu?» est presque toujours la première question que des amis se posent quand ils se rencontrent. La santé—la nôtre et celle de nos amis, surtout la nôtre d'ailleurs—nous intéresse toujours. Mais, de nos jours, la santé, ce n'est plus suffisant. Nous voulons aussi être «en forme». La forme—physique, mentale et morale—est essentielle pour trouver sa place dans la société actuelle.

Vocabulaire pour la lecture 🎧

une ambulance

un ambulancier

un médecin

une infirmière

un hôpital

Ils amènent un accidenté de la route.

On va se baigner?

Vas-y. Moi, je me suis déjà baignée.

une nageuse

une piscine

un nageur

Ils font de la natation.

un laboratoire

un laborantin

une laborantine

Elle fait des analyses.

Il fait de la marche.

un cavalier   une cavalière

Ils font de l'équitation.

Plus de vocabulaire

l'accueil *(m.)* l'action d'accueillir, de recevoir; la réception

la rémunération le salaire, l'argent qu'on reçoit pour faire quelque chose

la recherche l'action de chercher; les études qu'on fait pour découvrir quelque chose de nouveau

l'accroissement *(m.)* l'action d'augmenter, l'augmentation

un terrain de plein air un terrain de sport, de jeux

bien se porter être en bonne santé

se plaindre exprimer son mécontentement ou sa souffrance

privilégier favoriser

se soucier de se préoccuper de

un(e) aide-soignant(e) personne qui aide les infirmiers

Quel est le mot?

 Définitions Donnez le mot dont la définition suit.

1. ce que conduit un ambulancier
2. une personne qui aide les infirmiers et les infirmières dans un hôpital
3. une personne qui travaille dans un laboratoire
4. un endroit où on peut nager
5. le sport que pratiquent les cavaliers
6. être en bonne santé
7. se préoccuper de
8. aller dans l'eau

Villa en Provence; au fond, la ville de Grasse

2 **Tes activités sportives** Donnez des réponses personnelles.

1. Tu préfères la marche ou le jogging?
2. Tu préfères l'équitation ou le cyclisme?
3. Tu préfères la natation ou le tennis?
4. Tu fais quels sports en été?
5. Et en hiver?
6. Tu fais quels sports en plein air?
7. Et dans un gymnase?

3 **Le mot juste** Complétez.

1. La _____ qu'un médecin reçoit s'appelle des honoraires.
2. On continue à faire de la _____ pour découvrir et développer un vaccin et des médicaments contre le sida.
3. L'_____ de la pratique du sport est vraiment un phénomène mondial; on en fait de plus en plus.
4. De nos jours, même les villages ont une piscine, un terrain de _____ et des courts de tennis.
5. Ils vont _____ de leurs conditions de travail qui ne sont pas très bonnes.

4 **Familles de mots**
Choisissez le mot qui correspond.

1. marcher   **a.** la natation
2. nager   **b.** la rémunération
3. se soucier   **c.** l'accueil
4. rémunérer   **d.** la marche
5. accueillir   **e.** le souci

FRENCH Online

To learn more about hospitals in the Francophone world, go to the Glencoe French Web site: french.glencoe.com

Lecture
La santé et la forme

Les Français se portent bien puisque la France est le pays de l'Union européenne qui a l'espérance de vie la plus longue: 74 ans pour les hommes et 82 ans pour les femmes. Ceci est dû à plusieurs facteurs. Tout d'abord à la généralisation de la Sécurité sociale qui permet à pratiquement tous les Français de se soigner, mais aussi aux progrès de la médecine—développement de la prévention, amélioration des techniques chirurgicales et des produits pharmaceutiques.

La santé et la vie professionnelle

Mieux vaut être riche et en bonne santé que pauvre et malade. Jamais cette vérité n'a été aussi pertinente que dans la société actuelle. Une société dure et compétitive qui tend à privilégier ceux qui sont en parfaite forme physique. La santé paraît d'autant plus[1] précieuse aux Français qu'elle constitue de plus en plus un atout[2] dans leur vie professionnelle et personnelle.

À l'hôpital de Rangueil à Toulouse, en France

Les professions de santé

Un million de personnes exercent une profession de santé: près de 600 000 pratiquent des activités médicales ou paramédicales; plus de 400 000 sont agents des services hospitaliers, aides-soignants, ambulanciers, laborantins ou psychologues.

Le nombre de médecins a beaucoup augmenté. Il y a beaucoup de médecins en France, il y en a peut-être même trop, mais ils sont mal répartis: trop nombreux dans la région parisienne et dans le sud, ils ne le sont pas assez dans le nord, l'est et le centre. La capacité d'accueil des hôpitaux aussi a beaucoup augmenté. Mais beaucoup de membres de la profession médicale se plaignent de leurs conditions de travail et de leur rémunération, ainsi que de la dégradation de leur statut social.

---

[1]d'autant plus... que *all the more... since*
[2]un atout *asset*

A Vrai ou faux?

1. La France est le pays de l'Union européenne qui a l'espérance de vie la plus longue.
2. La Sécurité sociale permet l'amélioration des techniques chirurgicales.
3. Être en forme est important dans la vie professionnelle.
4. Le nombre de médecins a augmenté en France.
5. La capacité d'accueil des hôpitaux a augmenté également.
6. Il n'y a pas assez de médecins dans le sud de la France.
7. Les médecins sont satisfaits de leurs conditions de travail.
8. Ils trouvent qu'ils ne sont pas assez rémunérés.
9. Ils sont aussi respectés que dans le passé.

B Répondez.

1. Quel est la conséquence de la généralisation de la Sécurité sociale et des progrès de la médecine en France?
2. Quel est le rôle de la Sécurité sociale?
3. Qui tend à être privilégié dans la société française?
4. Pourquoi la santé est-elle précieuse pour les Français?
5. Combien de personnes exercent une profession de santé?
6. De quoi se plaignent de nombreux membres de la profession médicale?

Ils jouent aux boules, en Corse.

Les activités physiques

Le sport est une activité en plein développement. Les sportifs sont plus nombreux mais il faut bien dire qu'un peu moins d'un Français sur deux fait du sport (proportion plus faible chez les femmes que chez les hommes) et c'est assez peu par rapport à[4] d'autres pays.

L'évolution des préférences et des pratiques est significative de la société française. Les sports en vogue sont plus individuels. La recherche du plaisir est plus importante que celle de la performance.

Elle fait des abdominaux.

L'accroissement de la pratique du sport répond à un désir, collectif et inconscient, de mieux supporter les agressions de la vie moderne par une meilleure résistance physique. Il a été aussi favorisé par le développement des équipements sportifs des communes[5]: gymnases, courts de tennis, terrains de plein air et surtout les piscines. Se baigner en été n'est plus réservé aux gens aisés.

Plus d'un Français sur trois pratique un sport individuel; un sur quinze pratique un sport d'équipe.

Il y a quelques années, l'engouement[6] pour le jogging, puis pour l'aérobic a été spectaculaire. On peut ajouter aujourd'hui le tennis, la natation et le cyclisme. Des sports tels que l'équitation, le ski, le golf autrefois réservés aux plus aisés, se démocratisent petit à petit. La pratique sportive dépend toujours de l'âge et du niveau social: après 40 ans, on est moins sportif, mais plus le niveau social est élevé, plus on fait d'efforts parce qu'on se soucie de son apparence physique.

Ils jouent au basket-ball.

[4]par rapport à *in comparison to*
[5]communes *towns*
[6]l'engouement *craze*

Les femmes sont en train de rattraper[7] les hommes dans la pratique des sports individuels. En effet, depuis une dizaine d'années, les femmes ont réduit leur retard sur les hommes en matière de pratique sportive. Les sports d'équipe ne les passionnent pas (à l'exception du basket et du hand-ball). Elles se ruent[8] en revanche[9] sur les sports individuels: la gymnastique et la danse (75 pour cent) ou la natation et l'équitation (60 pour cent).

Les femmes sont aussi nombreuses que les hommes à pratiquer le ski de fond, la marche, la randonnée ou le hand-ball.

[7]en train de rattraper *catching up with*
[8]se ruent sur *to throw themselves into*
[9]en revanche *on the other hand*

 C Citez.

1. deux sports d'équipe
2. trois sports individuels
3. trois sports pratiqués surtout par les femmes
4. trois sports pratiqués autant par les femmes que les hommes

Ils font de l'escrime.

Une batte et un gant de base-ball.

 D Expliquez.

1. Dans la pratique d'un sport: «La recherche du plaisir est plus importante que celle de la performance.»
2. «L'accroissement de la pratique du sport répond à un désir, collectif et inconscient, de mieux supporter les agressions de la vie moderne par une meilleure résistance physique.»

E D'après la lecture, les sports individuels attirent les Français beaucoup plus que les sports collectifs. Et vous? Quel genre de sports préférez-vous? Les sports collectifs ou les sports individuels? Expliquez pourquoi.

Structure ✤ Révision

Les verbes réfléchis

Telling what people do for themselves or for each other

1. A reflexive verb is one whose action is both performed and received by the subject.

Je me lave.	*I wash myself.*
Il se rase.	*He's shaving (himself).*

It is the reflexive pronoun (here: **me** and **se**) which indicates that the action of the verb is reflected back on the subject. Review the following.

SE LAVER		S'HABILLER	
je me	lave	je m'	habille
tu te	laves	tu t'	habilles
il/elle/on se	lave	il/elle/on s'	habille
nous nous	lavons	nous nous	habillons
vous vous	lavez	vous vous	habillez
ils/elles se	lavent	ils/elles s'	habillent

Other commonly used reflexive verbs are listed below.

s'amuser	**se baigner**	**se brosser**	**se coucher**
se soigner	**se dépêcher**	**se lever**	**se peigner**
se raser	**se réveiller**	**s'arrêter**	

2. Remember that a reflexive pronoun is used only when the subject also receives the action of the verb. If a person or object other than the subject receives the action of the verb, no reflexive pronoun is used. Compare the following sentences.

Pierre se lave.

Pierre lave sa voiture.

Anne se couche.

Anne couche le bébé.

Je me soigne.

Je soigne mon frère.

3. A reciprocal verb is one in which people do something to or for each other. A reciprocal verb in French functions the same way as a reflexive verb.

Nous nous voyons souvent.	*We see each other often.*
Ils s'embrassent sur la joue.	*They kiss each other on the cheek.*

4. In the negative, **ne** is placed before the reflexive pronoun, and **pas (plus, jamais)** follows the verb.

> **Je ne me couche pas avant minuit.**
> **Il ne se rase plus tous les jours.**
> **Elles ne se parlent jamais.**

5. When a reflexive verb is used in the infinitive form, the reflexive pronoun must agree with the subject.

> **Je vais me laver.**

6. In the affirmative imperative, the reflexive pronoun follows the verb and is attached to the verb with a hyphen. Remember that **te** becomes **toi.**

> **Couche-toi tout de suite!**

Note that in the negative command, the pronoun precedes the verb in the usual way.

> **Ne te couche pas tout de suite!**

Comment dit-on?

1 **Historiette** **Et vous?**

Donnez des réponses personnelles.

1. Comment t'appelles-tu?
2. Tu te couches à quelle heure?
3. Et tu te lèves à quelle heure?
4. Est-ce que tu te réveilles facilement?
5. Tu te laves le matin ou le soir?
6. Tu te brosses les dents après le petit déjeuner?
7. Tu t'habilles avant de prendre le petit déjeuner?

2 **Historiette** **La routine quotidienne** Complétez.

1. Je ____ à sept heures du matin. (se lever)
2. Quand je ____, je ____ la figure et je ____ les dents.
   (se lever, se laver, se brosser)
3. Mais ma sœur ne ____ pas à sept heures. Elle ____ à sept
   heures, mais elle reste au lit jusqu'à sept heures et demie.
   (se lever, se réveiller)
4. Elle ne ____ pas le matin. Elle ____ le soir avant de ____.
   (se laver, se laver, se coucher)
5. Nous prenons notre petit déjeuner et ensuite nous ____ les
   dents. (se brosser)
6. Tu ____ à quelle heure? (se lever)
7. Et ta sœur, elle ____ à quelle heure? (se lever)
8. Est-ce que vous ____ le soir avant de ____?
   (se laver, se coucher)

3 **Pour soi ou pour les autres?** Complétez avec un pronom
réfléchi si nécessaire.

1. Je ____ couche à onze heures du soir.
2. Je ____ lave avant de me coucher.
3. Maman ____ lave mon petit frère, ensuite papa le ____ couche.
4. Elle ____ amuse bien à l'école.
5. Elle ____ amuse tous ses amis aussi.
6. Tous les matins, je ____ réveille mon frère. Si je ne ____
   réveillais pas mon frère, il ne ____ lèverait pas.
7. Mon chien a des poils *(hair)* très longs. Je ____ brosse souvent
   mon chien.

Dans les jardins des Tuileries, à Paris

Deux amis à Paris

4 **C'est réciproque.** Complétez.

1. Je la vois tous les jours et elle me voit tous les jours. Nous
   ____ à l'école.
2. Il lui serre la main et elle lui serre la main. Ils ____ la main
   chaque fois qu'ils se rencontrent.
3. Elle me connaît et je la connais. Nous ____ depuis
   longtemps.
4. Elle m'écrit souvent et je lui écris souvent. Nous ____
   souvent.
5. Elle m'aime et je l'aime. Nous ____ beaucoup.
6. Pierre aime Thérèse et Thérèse aime Pierre. Ils ____
   beaucoup.
7. Il l'embrasse et elle l'embrasse. Ils ____ sur les joues.

5 **Les dix commandements de la forme!** Avec un(e)
camarade écrivez dix choses qu'il faut faire pendant la
journée pour garder la forme. Suivez le modèle.

> **Le matin, lève-toi à cinq heures et fais une heure
> de jogging!**

Les verbes réfléchis au passé composé

Telling what people did for themselves or for each other at one point in the past

1. The passé composé of reflexive verbs is formed with **être**, not **avoir**.

SE LEVER	S'AMUSER
je me suis levé(e)	je me suis amusé(e)
tu t' es levé(e)	tu t' es amusé(e)
il s' est levé	il s' est amusé
elle s' est levée	elle s' est amusée
on s' est levé(e)(s)	on s' est amusé(e)(s)
nous nous sommes levé(e)s	nous nous sommes amusé(e)s
vous vous êtes levé(e)(s)	vous vous êtes amusé(e)(s)
ils se sont levés	ils se sont amusés
elles se sont levées	elles se sont amusées

2. The past participle of reflexive verbs agrees in gender and number with the reflexive pronoun when the reflexive pronoun is the direct object of the sentence.

Elle s'est lavée.   **Elles se sont lavées.**
Il s'est lavé.   **Ils se sont lavés.**

3. When the reflexive pronoun is not the direct object of the sentence, there is no agreement of the past participle.

Elle s'est lavé les mains.   **Elles se sont lavé les mains.**
Il s'est lavé les mains.   **Ils se sont lavé les mains.**

In the above sentences, **les mains** (not the reflexive pronoun **se**) is the direct object of the sentence. **Se** is the indirect object. Consequently, there is no agreement of the past participle.

4. With reciprocal verbs in the passé composé, it is very important to determine whether the reflexive pronoun is a direct or an indirect object. When the reciprocal pronoun is the direct object of the verb, the past participle must agree with the reciprocal pronoun. If the pronoun is the indirect object, however, there is no agreement.

Direct object pronoun	Indirect object pronoun
Ils se sont embrassés.	Ils se sont donné la main.
Ils se sont fiancés.	Ils se sont parlé.
Ils se sont mariés.	Ils se sont souri.

5. In the negative, **ne** is placed before the reflexive pronouns, and **pas (plus, jamais)** follows the verb **être**.

Je ne me suis pas amusé(e).
Elle ne s'est jamais mariée.
Ils ne se sont plus parlé, après ça.

Comment dit-on?

6 **Historiette** **Qui s'est couché de bonne heure?** Répondez.

1. Est-ce que Jacques s'est couché de bonne heure hier soir?
2. Et sa sœur? Elle s'est couchée de bonne heure aussi?
3. Est-ce que Jacques s'est endormi tout de suite?
4. Et sa sœur Annette? Elle s'est endormie tout de suite?
5. Ce matin, ils se sont réveillés à quelle heure?
6. Ils se sont levés tout de suite?

7 **Ce matin** Mettez au passé composé.

1. Je me réveille à sept heures.
2. Je me lève tout de suite.
3. Ma mère se lève à la même heure.
4. Mon père ne se lève pas avant huit heures.
5. Je me lave, et ensuite ma mère se lave.
6. Mon père se lave en dernier, et il se rase.
7. Nous nous habillons rapidement.
8. Vous vous dépêchez le matin?

Frère et sœur

8 **Florence et les autres** Faites l'accord quand c'est nécessaire.

1. Florence s'est lavé____.
2. Elle s'est lavé____ les mains avant de manger.
3. Avant de sortir, elle s'est habillé____.
4. Elle s'est brossé____ les cheveux.
5. Ses frères se sont rasé____.
6. Ils se sont lavé____ la figure et les mains.
7. Et ils se sont vite habillé____.
8. Paul, tu t'es dépêché____ ce matin?

9 **Historiette** **Isabelle et Philippe s'aiment?**
Répondez que oui ou que non.

1. Isabelle et Philippe se sont vus hier?
2. Ils se sont embrassés quand ils se sont rencontrés?
3. Ils se sont donné la main?
4. Ils se sont souri?
5. Ils se sont parlé longtemps?

C'est à vous
Use what you have learned

ÉCRIRE

1 **Médecins français et américains**

✔ *Compare French and American doctors*

Vous avez appris certains faits sur la situation des médecins français. Croyez-vous que la situation des médecins américains soit la même? Écrivez un paragraphe où vous comparez les deux.

Hôpital de l'Hôtel-Dieu à Paris

Jogging dans le bois de Boulogne à Paris

PARLER
ÉCRIRE

2 **Sport et personnalité**

✔ *Describe the sport that best fits your personality*

Lequel de tous les sports que vous connaissez est le mieux adapté à votre personnalité? Justifiez votre réponse. Quel sport ne va pas du tout avec votre personnalité? Expliquez.

ÉCRIRE

3 **Sports individuels ou collectifs?**

✔ *Describe American preferences for sports*

D'après la lecture que vous venez de lire, les Français préfèrent de loin les sports individuels. D'après vous, que préfèrent les Américains, les activités individuelles ou les activités collectives? Justifiez votre opinion.

PARLER

4 Discussion et débat
✔ *Discuss American preferences for sports*

Discutez avec un(e) camarade qui n'a pas la même opinion que vous sur cette dernière question. Préparez un débat pour la classe.

ÉCRIRE

5 Sondage
✔ *Write a list of the most popular sports at your school*

Faites une liste de tous les sports pratiqués dans votre école. Demandez à vos camarades ce qu'ils font comme sport(s). Faites un rapport à la classe sur le(s) sport(s) le(s) plus pratiqué(s).

PARLER

6 Une journée importante
✔ *Talk about everything that happened*

Racontez comment s'est passé la journée. Racontez toute votre journée du matin jusqu'au soir, du moment où vous vous êtes levé(e) au moment où vous vous êtes couché(e).

PARLER
ÉCRIRE

7 Une belle histoire
✔ *Tell their love story*

Racontez leur histoire.

Vocabulaire

1 Qui va avec quoi?

1. un infirmier
2. une ambulancière
3. une cavalière
4. un nageur
5. une laborantine

   a. l'équitation
   b. un laboratoire
   c. un hôpital
   d. une ambulance
   e. une piscine

To review the vocabulary, turn to pages 331–332.

2 Complétez.

6. Ils sont très bien reçus. L'_____ à la Délégation est excellent.
7. Le service est atroce! Je vais me _____ à la direction.
8. Il est en excellente santé. Il se _____ très bien.
9. Ils ont toujours peur d'être malades. Ils se _____ trop de leur santé.

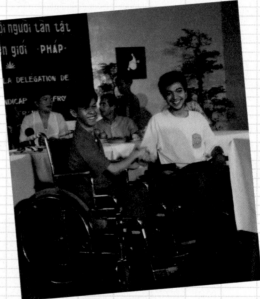

L'association «Handicap International» au Viêt Nam

Lecture

3 Vrai ou faux?

10. Il n'y a pas assez de médecins en France.
11. Les médecins français ne sont pas contents de leur condition.
12. En France on fait plus de sport que dans d'autres pays.
13. Les Français se soucient de leur apparence physique.
14. Plus de Françaises que de Français font du sport.
15. Les Françaises pratiquent surtout des sports collectifs.

To review the reading, turn to pages 334–336.

Structure

4 **Complétez au présent.**

16. Chez moi, tout le monde ____ à six heures du matin. (se lever)
17. Après mon jogging, je vais ____. (se laver)
18. Nous ____ tout de suite: nous prenons notre petit déjeuner. (ne pas s'habiller)
19. Vous voulez ____! (se dépêcher)
20. Tu ____ les dents après tous les repas! (se brosser)

To review reflexive verbs in the present tense, turn to pages 337–338.

5 **Mettez au passé composé.**

21. Elle se réveille à sept heures.
22. Elle se lave.
23. Elle se lave les cheveux.
24. Elle ne se dépêche pas.
25. Elle s'habille... et ils s'en vont!

To review reflexive verbs in the past tense, turn to page 340.

Jeune couple à Saint-Tropez, en France

Vocabulaire pour la conversation 🎧

Qui vous a répondu au
téléphone?
Qu'est-ce qui ne va pas?
Avec quoi vous soignez-vous?

un examen médical

la nourriture / l'alimentation

Le médecin prend le
pouls du patient.

Elle prend sa tension
(artérielle).

Elle lui fait une prise
de sang.

Elle lui fait une
radio(graphie) des
poumons.

Plus de vocabulaire

exiger demander avec beaucoup d'autorité,
commander
pulmonaire qui concerne les poumons

cardiaque qui concerne le cœur
sain(e) en bonne santé, qui contribue à la
bonne santé

Quel est le mot?

1 **Vrai ou faux?** Corrigez les phrases fausses.

1. Une tension (artérielle) élevée est dangereuse.
2. Pour faire une prise de sang, il faut faire une piqûre.
3. Une radio(graphie) est une photographie faite avec des rayons X.
4. Prendre le pouls est une activité sportive.
5. Quand on respire, on utilise ses poumons.

Docteur MAZZONI Bernard
MEDECINE GENERALE
MESOTHERAPIE
CONSULTATIONS :
Matin : 10 h.00 – 12 h.00
Après–midi : 14 h.00 – 16 h.00 Lundi – Jeudi
16 h.30 – 19 h.00 Mardi – Vendredi
Tél. 04.90.66.40.49

Un marché à Port-au-Prince, en Haïti

2 **Quel est le mot?** Donnez le mot dont la définition suit.

1. relatif aux poumons
2. commander
3. les aliments, ce qu'on mange
4. relatif au cœur
5. en bonne santé

3 **Le médecin exige** Complétez la phrase avec les aliments donnés. Suivez le modèle.

> pomme ⟶
> **J'exige que vous mangiez / (buviez) deux pommes par jour.**

1. pomme
2. eau
3. carotte
4. jus d'orange
5. lait
6. yaourt
7. fromage
8. salade
9. légume

Mise en scène

Christophe (25 ans) rend visite à sa mère, Mme Perrin. Comme toujours, elle veut tout savoir de la vie de son fils préféré.

En pleine forme! 🎧

Le médecin me trouve en parfaite santé!

Christophe Je viens de passer un examen médical.

Mme Perrin Pourquoi? Qu'est-ce qui ne va pas?

Christophe Rien, mais je veux faire de la plongée sous-marine et le club exige un examen médical complet.

Mme Perrin Qu'est-ce que le médecin t'a fait?

Christophe Il m'a pris le pouls et la tension.

Mme Perrin Et alors?

Christophe Normaux. J'ai 12/7 de tension.

Mme Perrin Il t'a fait une prise de sang?

Christophe Oui, et ça je n'aime pas du tout! Mais il faut bien, pour faire une analyse de sang!

Mme Perrin Tu as les résultats?

Christophe Oui, il m'a dit que tout est normal: le cholestérol, ça va. Tout va bien.

Mme Perrin Il t'a fait une radio des poumons?

Christophe Oui, négatif: pas de problèmes pulmonaires. Et l'électrocardiogramme est normal, pas de troubles cardiaques.

Mme Perrin Autrement dit, tu es en bonne santé?

Christophe Absolument! En parfaite santé!

Et je suis en pleine forme!

Christophe Et je suis en pleine forme!

Mme Perrin Tu es en bonne forme parce que tu fais beaucoup de sport. Tu fais toujours du jogging?

Christophe Oui, je fais toujours mes 10 kilomètres par semaine. Et puis, je fais très attention à ce que je mange. Une nourriture saine, c'est important!

Mme Perrin Ça, c'est sûr. Tu commences la journée par un bon petit déjeuner, j'espère!

Christophe Certainement! Le matin, je bois un grand jus d'orange, et je mange un yaourt et des céréales. Et puis, je fais trois repas par jour, et je ne mange jamais entre les repas.

Mme Perrin Jamais? Tu es sûr?!

Christophe Disons, presque jamais!

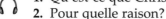 **Vous avez compris?**

 A Répondez d'après la conversation.

1. Qu'est-ce que Christophe vient de passer?
2. Pour quelle raison?
3. Qu'est-ce que le médecin lui a fait?
4. Il a reçu les résultats?
5. Quels sont les résultats?
6. Il a des problèmes ou des troubles?
7. Il est en bonne santé?
8. Il est en forme?
9. Que fait-il pour rester en forme?
10. Quand mange-t-il?
11. Il mange entre les repas?
12. Que mange-t-il au petit déjeuner?

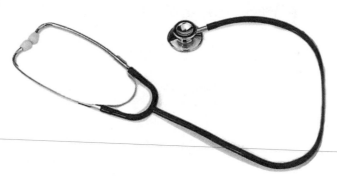

Solutions vertes

LA SÉLECTION UDO

Super Verts

Mettez-vous au Super Verts® pour obtenir un mélange synergique de plus de quarante-cinq des meilleurs aliments verts, acides gras essentiels, fibres, concentrés d'aliments complets, phytonutriments, antioxydants et enzymes digestifs qui vous aidera à maintenir une alimentation équilibrée.

FLORA

 B Donnez les renseignements suivants sur la santé de Christophe.

1. sa tension artérielle
2. le résultat de son analyse de sang
3. le résultat de sa radiographie des poumons
4. le résultat de son électrocardiogramme
5. les sports qu'il pratique
6. le nombre de repas qu'il fait chaque jour

 C Donnez des réponses personnelles.

1. Comment allez-vous aujourd'hui?
2. Vous êtes en forme?
3. Vous connaissez quelqu'un qui est malade? Qu'est-ce qu'il/elle a?
4. Qu'est-ce que vous lui dites?
5. Vous êtes en pleine forme quand vous avez un rhume? Comment êtes-vous?
6. Vous êtes fatigué(e) en ce moment?
7. Vous dormez bien ou mal?
8. Vous mangez avec appétit?

Structure ✦ Révision

Le pronom interrogatif qui
Asking *who* or *whom*

1. **Qui** refers to a person and can be the subject or object of the verb, or the object of a preposition.

Subject	Object	Object of a preposition
—Qui est là?	—Tu as vu qui?	—Tu as dîné avec qui?
—Paul.	—Anne.	—Avec elle.
—Qui parle?	—Qui avez-vous vu?	—Pour qui l'avez-vous acheté?
—Lui.	—Luc.	—Pour lui.

Remember that **qui** followed by the inversion (verb + subject) is used in formal or written French.

À qui parlez-vous?

2. The long forms **qui est-ce qui** or **qui est-ce que** are sometimes used. Study the following.

Subject	Object
—Qui est-ce qui parle à Paul?	—Qui est-ce que tu as vu?
—Son ami Luc.	—J'ai vu Jacqueline.

Object of a preposition
—Avec qui est-ce que tu as dîné?
—Avec Paul.

Place Charles Félix à Nice

Comment dit-on?

 1 **Qui ça?** Complétez.

 1. —Marie joue au tennis.

—____ joue au tennis?

2. —Paul est très bon joueur.

—____ est très bon joueur?

3. —Son frère aime faire du jogging.

—____ aime faire du jogging?

4. —J'aime écouter Marie.

—Tu aimes écouter ____?

5. —J'ai vu son frère.

—____ as-tu vu?

6. —Elle chante avec son frère.

—Avec ____ chante-t-elle?

Marie joue au tennis.

 2 **Qui?** Complétez.

1. —Sophie chante.

—____ est-ce ____ chante?

2. —Elle a une très belle voix.

—____ est-ce ____ a une belle voix?

3. —Et son frère l'accompagne au piano.

—____ est-ce ____ l'accompagne au piano?

4. —J'aime écouter Sophie.

—____ est-ce ____ tu aimes écouter?

5. —Et j'aime écouter son frère.

—____ est-ce ____ tu aimes écouter?

6. —Elle chante avec son frère.

—Avec ____ est-ce ____ elle chante?

3 **Vous n'avez pas bien entendu.** Posez des questions
d'après le modèle.

—**Catherine va partir demain.**
—**Pardon, qui va partir demain?**

1. Philippe va partir demain.
2. Philippe va en Italie.
3. J'ai parlé avec Philippe hier.
4. J'ai vu Philippe hier.
5. Il va en Italie avec Catherine.

Les pronoms interrogatifs que et quoi
Asking *what*

1. When *what* is the subject of the question, **qu'est-ce qui** must be used.

—Qu'est-ce qui ne va pas?
—J'ai mal à la tête.

—Qu'est-ce qui se passe?
—Rien de spécial.

2. When *what* is the object of the question, **qu'est-ce que, que,** or **quoi** can be used. **Que** is followed by inversion (verb + subject).

—Qu'est-ce que vous voulez? / Que voulez-vous? / Vous voulez quoi?
—Partir tout de suite.

—Qu'est-ce qu'il a? / Qu'a-t-il?
—Il a la grippe.

Remember that **que** followed by inversion is used in formal or written French.

Que voulez-vous?

3. Quoi is always used after a preposition when referring to a thing.

—Vous avez peur de quoi?
—De la maladie.

—À quoi pense-t-il?
—À ses problèmes.

—Avec quoi est-ce que tu te soignes?
—Avec des antibiotiques.

4. Review the following chart.

	Subject	Object	Object of preposition
People	Qui est-ce qui	Qui est-ce que	Avec qui est-ce que
Things	Qu'est-ce qui	Qu'est-ce que	Avec quoi est-ce que

Qui est-ce qui vous a fait ça?
Qu'est-ce qui ne va pas?

Qui est-ce que vous allez voir?
Qu'est-ce que vous avez?

Avec qui est-ce que vous parlez?
Avec quoi est-ce que vous vous soignez?

Comment dit-on?

4 **Dites-moi!** Complétez.

1. Jacques, ____ se passe?
2. ____ est arrivé?
3. ____ a fait ce bruit?
4. ____ tu as fait, mon petit?

5. ____ tu as vu?
6. De ____ as-tu peur?
7. ____ va-t-il faire?
8. À ____ pensez-vous?

Tulipes au bord du lac Léman à Genève, en Suisse

5 **Qu'est-ce qu'on fait?** Écrivez des questions d'après le modèle.

> Je pense à mes examens. →
> À quoi pensez-vous?

1. Bernard va faire un voyage en Suisse.
2. Beaucoup de gens ont peur de voyager en avion.
3. Je vais mettre mes affaires dans cette grande valise.
4. Nous pensons souvent à notre voyage en France.
5. Elle a besoin d'un passeport.
6. Elle va obtenir son passeport la semaine prochaine.

6 **Vous voulez tout savoir.** Complétez.

1. Le téléphone a sonné.
   ____ a sonné?
2. Lisette a répondu au téléphone.
   ____ a répondu au téléphone?
3. Robert est à l'appareil.
   ____ est à l'appareil?
4. Lisette parle avec Robert.
   Avec ____ parle-t-elle?
5. Ils parlent du marathon.
   De ____ parlent-ils?
6. Leur ami Pierre a gagné le marathon.
   ____ a gagné le marathon?
7. Pierre a reçu un trophée.
   ____ il a reçu?
8. Pierre a donné son trophée à sa mère.
   À ____ a-t-il donné son trophée?
9. Il a embrassé sa mère.
   ____ a-t-il embrassé?
10. Rose et Luc vont donner une fête pour Pierre.
    ____ vont-ils donner? Pour ____?

Marathon à Paris

C'est à vous
Use what you have learned

PARLER

1

La photo mystérieuse
✔ *Ask for information based on the photo*

Un(e) de vos camarades vous montre la photo ci-contre. Vous lui posez toutes sortes de questions pour savoir de qui et de quoi il s'agit.

Qui est-ce?

Qu'est-ce qu'il chante?

À quoi pense-t-il?

Dans quelle ville habite-il?

Comment s'appelle son chien?

PARLER

2

Chez le médecin
✔ *Talk about medical exams*

Vous voulez devenir membre d'un club d'alpinisme. Ce club exige que vous alliez voir votre médecin pour un examen médical complet. Avec un(e) camarade de classe, préparez la conversation que vous allez avoir avec votre médecin. Votre camarade jouera le rôle du médecin.

PARLER

3

Un peu de sport et on se sent beaucoup mieux!
✔ *Convince your friends to go windsurfing*

Vous rencontrez trois copains sur la plage. Ils ont l'air de s'ennuyer. Vous leur proposez d'aller faire de la planche à voile. Vos copains réagissent très négativement. Vous leur demandez ce qui ne va pas. L'un dit qu'il est triste, l'autre qu'elle est déprimée, le troisième qu'il est fatigué. Vous demandez à chacun(e) pourquoi. Et puis vous les encouragez à venir faire de la planche à voile pour oublier leurs problèmes. Travaillez avec trois camarades qui joueront les rôles de vos copains.

PARLER

4 Il faut être en forme.

✔ *Tell your friend what he or she needs to do to get in shape*

Un(e) ami(e) vous invite à aller passer une semaine à la montagne pour faire du ski. Vous n'en avez jamais fait. Votre ami(e) vous dit que ce n'est pas difficile, mais qu'il faut être en forme—ce qui n'est pas votre cas. Vous demandez à votre ami(e) ce qu'il faut que vous fassiez pour vous mettre en forme. Travaillez avec un(e) camarade de classe qui jouera le rôle de votre ami(e).

Ski dans la neige poudreuse à Chamonix, en France

ÉCRIRE

5 Une nourriture saine, c'est important!

✔ *Create a plan to stay healthy*

Vous voulez rester en forme. Faites le planning de tout ce que vous allez manger pendant la semaine. Vous pouvez demander l'aide d'un(e) camarade «diététicien(ne)».

Assessment

Vocabulaire

1 Définitions.

1. commander
2. relatif aux poumons
3. relatif au cœur
4. photographie faite avec des rayons X
5. qui n'est pas malade
6. action de prendre le sang

To review the vocabulary, turn to page 346.

Conversation

2 Répondez.

7. Pour quelle raison Christophe passe-t-il un examen médical?
8. Que lui fait le médecin?
9. Quels sont les résultats?
10. Qu'est-ce que Christophe fait comme sport?
11. Combien de repas fait-il par jour?
12. Qu'est-ce qu'il mange au petit déjeuner?

To review the conversation, turn to page 348.

Structure

3 Complétez avec *qui*, *que* ou *quoi*.

13. J'ai peur de cet homme.
    Vous avez peur de ____?
14. J'ai peur de l'examen médical.
    Vous avez peur de ____?
15. Je veux voir le médecin!
    ____ voulez-vous voir?
16. Je veux lui dire quelque chose.
    ____ voulez-vous lui dire?

To review interrogative pronouns, turn to pages 350 and 352.

4 Posez la question.

17. Elle se soigne avec *des antibiotiques*.
18. Elle va voir *son médecin*.
19. *Philippe* va l'accompagner.
20. Ces médicaments sont pour *son père*.
21. Elle a peur de *la maladie*.

To review interrogative pronouns, turn to pages 350 and 352.

Une rue à grande circulation, à Tunis

5 Choisissez l'expression qui convient.

22. Tu n'as pas l'air bien. ____ ne va pas?
    (Qu'est-ce qui / Qu'est-ce que)
23. ____ va t'accompagner chez le médecin?
    (Qui est-ce qui / Qui est-ce que)
24. ____ tu aimes le mieux: Olivier ou Guillaume?
    (Qui est-ce qui / Qui est-ce que)
25. ____ tu veux?
    (Qu'est-ce qui / Qu'est-ce que)

To review interrogative pronouns, turn to pages 350 and 352.

Vocabulaire pour la lecture 🎧
L'oreille et le bruit

Une oreille: les deux oreilles forment l'appareil auditif.

> Cool, ton nouveau baladeur!

> C'est pas à moi. C'est celui de Marc. Le mien est cassé!

un marteau

le chant d'un oiseau

une sirène d'alarme

une voix

un klaxon

un sifflet

une feuille

un marteau-piqueur

Lesquels de ces bruits sont agréables?
Ceux de la nature et celui d'une voix douce.

Plus de vocabulaire

l'audition (f.) l'écoute
un engin machine, appareil, instrument ou véhicule
la sorte le type, le genre
tirer du sommeil réveiller
aigu(ë) (son) dont la hauteur est désagréable

définitif(ve) / définitivement pour toujours
faible qui a peu d'intensité
fort(e) qui a beaucoup d'intensité
passager(ère) pour peu de temps
sourd(e) qui ne peut pas entendre, privé(e) complètement de la faculté d'entendre

Quel est le mot?

1 **Quels sont vos goûts?** Donnez des réponses personnelles.

1. Tu préfères les sons faibles ou forts?
2. Tu aimes les sons aigus?
3. Tu aimes être tiré(e) du sommeil par une sirène d'alarme?
4. Tu préfères quelle sorte de musique? Le rock ou le jazz?
5. Tu sais utiliser un marteau? Et un marteau-piqueur?
6. Tu aimes chanter? Tu as une belle voix?

2 **Sons agréables ou désagréables?** Donnez des réponses personnelles.

1. Une belle voix douce?
2. Le chant des oiseaux?
3. Le bruit du vent dans les feuilles des arbres?
4. Une sirène d'alarme?
5. Un marteau-piqueur?
6. Le sifflet d'un agent de police?
7. La voix d'une personne aimée?
8. Les klaxons de cent voitures?
9. Un son très aigu?
10. Un engin très bruyant?

3 **Quel est le mot?** Complétez.

1. Cette chanteuse a une ____ très agréable.
2. Une voiture a un ____.
3. Une ambulance a une ____.
4. Un charpentier utilise souvent un ____.
5. Ceux qui font des travaux dans les rues ou sur les routes utilisent souvent des ____.
6. Les sons très ____ et ____ ne sont pas agréables.
7. Les ____ forment l'appareil auditif.
8. Tu vas devenir ____ si tu continues à mettre cette musique aussi fort.
9. Il y a différentes ____ de musiques: classique, jazz, etc.
10. À la première ____, ils ont beaucoup aimé cette musique.
11. Je ne reconnais pas cette musique: j'ai une très mauvaise ____.

Avant la lecture

On parle toujours de la pollution de l'environnement. Malheureusement, nous sommes tous exposés à la pollution par le bruit. Les personnes qui vivent dans des endroits bruyants ont souvent des troubles de l'oreille et entendent de moins en moins bien. Les jeunes surtout, qui jouent leur musique très fort, sont affectés.

Les deux articles qui suivent et qui concernent l'oreille et le bruit ont paru dans *Okapi*, un magazine français consacré aux jeunes.

L'oreille

Nos oreilles fonctionnent sans cesse

Nos oreilles, quels appareils! Nos yeux peuvent se fermer, mais nos oreilles, elles, restent ouvertes. Elles ne cessent d'entendre. Nuit et jour, immobiles, elles accueillent les bruits.

Notre oreille est pleine de souvenirs

Il y a longtemps que vous entendez, bien longtemps! Dans le ventre de votre mère déjà, vous aviez deux oreilles qui entendaient. De là, vous entendiez vivre le monde des hommes. Les voix, les musiques, les bruits d'engins, tout vous parvenait[1]. Ainsi, par vos oreilles, vous avez eu vos premiers contacts avec le monde extérieur.

Notre oreille veille à[2] notre sécurité

Nous n'avons pas d'yeux derrière la tête, mais nos deux oreilles nous signalent les dangers que nous ne voyons pas: le klaxon de la voiture qui arrive à toute vitesse, la sirène d'alarme qui nous tire du sommeil pour nous permettre de fuir[3] l'incendie. Grâce à[4] notre oreille, nous courons moins de dangers.

Nous avons soif de sons

Le son, c'est la vie. Nous aimons l'entendre, le produire. Quand nous sommes joyeux, que nous faisons la fête, nous chantons, nous rions, nous crions, nous applaudissons. Dans certaines prisons, le silence total a été utilisé comme une sorte de torture: il rendait souvent les gens fous[5] d'angoisse.

Le bruit peut-il blesser?

Notre oreille perçoit bien la différence entre un son faible et un son fort. L'intensité d'un son se mesure en décibels, avec un sonomètre.

Zéro décibel correspond à la force du bruit le plus faible que l'oreille peut entendre. Cela ne se trouve à peu près jamais. Même dans une campagne très calme, la nuit, le sonomètre enregistre toujours quelques décibels.

À partir de 90 décibels, l'oreille se fatigue. À 130 décibels, on commence à ressentir de la douleur[6]. Au-dessus de 150 décibels, l'oreille se détruit: on est définitivement sourd.

---

[1]parvenait *reached*
[2]veille à *looks out for*
[3]fuir *to flee*
[4]Grâce à *Thanks to*
[5]fous *crazy*
[6]ressentir de la douleur *to feel pain*

Avant la lecture

Faut-il faire la guerre[1] aux décibels? Pas nécessairement, car certains sons nous sont parfois agréables. Lesquels? Eh bien la musique, par exemple, le chant des oiseaux, le vent dans les arbres, une voix que l'on aime… Ces sons n'ont aucun rapport avec ceux des marteaux-piqueurs, des sirènes et d'autres engins bruyants.

Le bruit

La musique, c'est du bruit?

Oui et non, les dictionnaires ne sont pas d'accord. Distinguons:

- *le son*, terme général qui désigne toutes les ondes[2] qui parviennent à notre oreille qu'elles soient agréables ou désagréables;
- *le bruit*, ensemble de sons non désirés ou non contrôlés.

Mais les définitions ont des limites: le reggae, la musique des Andes, le Rock'n roll, les percussions, pour certains constituent un ensemble harmonieux, pour d'autres une cacophonie.

Et pour aller plus loin, définissons les principales caractéristiques du son et du bruit.

Un son a une certaine intensité qui se mesure en décibels (la voix humaine est environ de 55 db, le bruit des feuilles en forêt 30 db, un orchestre de musique pop 110 db). Il a aussi une fréquence, c'est-à-dire que le son produit est plus ou moins haut, plus ou moins aigu, cette mesure s'exprime en hertz.

L'oreille humaine ne perçoit pas toutes les fréquences existantes: en dessous de 16 Hz. on n'entend rien, c'est le domaine des infrasons que

l'on peut percevoir par le toucher. Au-delà de 16 000 Hz., nous n'entendons rien non plus, ce sont les ultrasons que certains animaux perçoivent (c'est le principe utilisé pour les sifflets des chiens, le maître n'entend rien mais son chien arrive à toute vitesse).

Le bruit, c'est mauvais pour la santé?

Distinguons bruits désagréables (craie[3] qui crisse sur le tableau), bruits gênants[4] (le marteau du voisin quand on essaie d'apprendre un cours), bruits dangereux (explosion proche). Il n'y a pas d'adaptation de l'oreille au niveau d'un bruit. Même lorsqu'on croit s'y être habitué, on est touché par le bruit. C'est ainsi qu'on peut devenir sourd, malade, avoir des problèmes nerveux parce que l'on a été soumis longtemps à un bruit élevé (c'est le cas dans certaines professions…) ou parce que l'on a entendu un bruit brusque très important (explosion).

En résumé, l'oreille peut subir[5] deux sortes de traumatismes:

- *une fatigue passagère*, il suffit alors de rester au calme pendant un certain temps pour retrouver ses facultés auditives;
- *une lésion définitive*, alors là, il faut un appareil (une prothèse auditive).

---

[1]la guerre *war*
[2]ondes *waves*
[3]craie *chalk*
[4]gênants *bothersome, annoying*
[5]subir *be subjected to*

Le walkman: pour ou contre? L'avis du médecin

Le walkman n'est pas un objet dangereux en soi. Le seul vrai risque pour la santé résulterait d'une écoute prolongée de musique à forte intensité. L'oreille «se fatigue» et le sujet perdrait une partie de sa faculté auditive pendant quelques heures. Si cette opération se renouvelle souvent, la perte de capacité auditive peut devenir définitive.

Mais en fait, les vrais risques du walkman résident plutôt dans les conséquences «psychologiques» de l'écoute. Absorbé par l'audition d'un morceau musical, on ne verra peut-être pas une voiture arriver, on réagira moins vite au danger.

En bref, un conseil valable lorsqu'on écoute de la musique à un niveau sonore assez élevé (walkman ou chaîne hifi): FAIRE DES PAUSES pour permettre aux membranes de l'oreille interne de se reposer. En effet, sous l'action du bruit, elles vibrent en permanence et elles ont besoin d'un temps de repos pour reprendre leur place.

Statue de Henri Miller *Écoute,* à Paris

Vous avez compris?

A Répondez.

1. Quand les oreilles fonctionnent-elles?
2. Qu'est-ce qu'elles accueillent?
3. Qu'est-ce que notre oreille signale?
4. Comment l'intensité d'un son se mesure-t-elle?
5. Comment l'oreille peut-elle nous protéger du danger? Donnez des exemples.
6. Est-ce que l'oreille peut entendre un son à zéro décibel?
7. Quand l'oreille commence-t-elle à se fatiguer?
8. À combien de décibels commence-t-on à ressentir de la douleur?
9. Quand l'oreille se détruit-elle?

Vrai ou faux?

1. Le bruit n'est jamais agréable.
2. La musique est toujours du bruit.
3. Ce qui est considéré comme étant du bruit varie d'un individu à l'autre.
4. L'intensité d'un son se mesure en décibels.
5. Les hertz mesurent la fréquence d'un son.
6. L'oreille perçoit toutes les fréquences existantes.

C Répondez.

1. Donnez des exemples de bruits agréables.
2. Quelles sont les fréquences que l'oreille ne perçoit pas?
3. Quels troubles les bruits excessifs entraînent-ils?
4. Quelles sortes de traumatismes l'oreille peut-elle subir?
5. Quand le walkman peut-il être dangereux?
6. Quel conseil donne-t-on aux personnes qui utilisent un walkman?

 Définissez.

1. le son
2. le bruit
3. l'ultrason
4. l'infrason

Vocabulaire pour la lecture 🎧
Bouger pour être en forme

courir

Il court.

une longueur

Elle fait des étirements.
Elle va faire des longueurs de piscine.

la nuit

la lumière

l'escrime

Ils font de l'escrime.

Plus de vocabulaire

une balade (*fam.*) une promenade
le sommeil état d'une personne qui dort

défouler libérer son agressivité
disputer jouer pour être victorieux

Quel est le mot?

1 **Quel est le mot?** Complétez.

1. Il s'amuse bien. Il se ____.
2. Quand on veut faire du jogging, on veut ____.
3. Il vaut mieux travailler à la ____ du jour qu'à la ____ du néon.
4. Avant et après le sport, il faut faire des ____.
5. Ils doivent ____ le dernier match dimanche.
6. Moi, je conduis toujours le jour. Je n'aime pas conduire la ____; on ne voit pas bien.
7. J'aime nager, mais dans la mer. Faire des ____ de piscine, je déteste ça.

Rafting sur neige au Carnaval de Québec

2 **Quel sport?** Identifiez le sport dont il s'agit.

a. un match de foot	**d.** l'escrime
b. des étirements	**e.** la plongée sous-marine
c. une balade à vélo	**f.** le tir à l'arc

1. ____

2. ____

3. ____

4. ____

5. ____

6. ____

Avant la lecture

Pour être en forme et surtout pour la garder, rien de tel qu'un peu d'exercice physique. Voici ce que vous conseille le magazine *Phosphore*.

Bouger pour être en forme

Sportez-vous bien

Nos rythmes biologiques décident pour nous du moment de la journée le plus approprié pour courir un 100 mètres ou disputer un match de foot. Et on n'a pas les mêmes aptitudes à 10 heures du matin qu'à 18 heures. Il y a donc les sports du matin et ceux du soir. Voici le meilleur moyen d'organiser sa journée.

1 ### Les sports qui réveillent

Le footing tôt le matin, les longueurs à la piscine ou une petite balade en roller ou à vélo (pour aller au lycée, par exemple). Voilà les meilleurs exercices pour commencer la journée. Car les hormones secrétées par l'effort réveillent et la lumière du jour est un excellent stimulant. Avant tout, faites quelques étirements pour dérouiller[1] les muscles et les tendons ankylosés[2] par l'immobilité de la nuit.

2 ### Les sports techniques

L'escrime, le tennis, le golf, la gymnastique, le tir à l'arc sont des activités qui demandent de la précision. Le meilleur moment pour les pratiquer, c'est donc dans l'après-midi, entre 15 et 16 heures, lorsque notre temps de réaction est minimal, et notre coordination et notre force sont au top de leurs performances.

3 ### Les sports qui défoulent

Le squash, le tennis, le karaté, le judo, la boxe... Lesquels de ces sports sont bons pour ceux qui veulent se défouler? Eh bien, ils le sont tous; en effet, ces sports dans lesquels on est opposé à un adversaire permettent de se mettre au défi[3] et donc défoulent. Ils sont donc à réserver à la fin de l'après-midi, lorsque la journée a été difficile et que l'angoisse monte entre 18 heures et 20 heures.

4 ### Les sports qui relaxent

Après 20 heures, il vaut mieux pratiquer des activités qui aident à faire le vide[4], comme le yoga ou le taï chi. Et proscrire[5] la pratique des sports stimulants qui perturbent le sommeil.

---

[1]dérouiller *warm up*
[2]ankylosés *stiffened*
[3]se mettre au défi *challenge oneself*
[4]faire le vide *to make (one's mind) a blank*
[5]proscrire *to forbid, exclude*

Vous avez compris?

 A Quels sports peut-on faire...

1. le matin?
2. l'après-midi?
3. le soir avant vingt heures?
4. le soir après vingt heures?

Le Tour de France dans les Alpes, en France

B Trouvez dans le texte les mots qui correspondent aux descriptions qui suivent.

1. un bon stimulant
2. ce qu'on doit faire avant de faire du sport
3. le moment de la journée où notre force est au maximum
4. le moment de la journée où on est le plus angoissé
5. deux sports dans lesquels on a un adversaire
6. l'effet des sports stimulants tard le soir

Roller sur la Croisette, à Cannes sur la Côte d'Azur

C **Problèmes** Certains de vos amis ont de... sé(e).
Dites-leur ce qu'ils doivent faire ou ne...

1. Je ne dors pas bien la nuit.
2. J'ai des examens importants...
3. J'ai de la difficulté à bien f...

trois cent soixante-sept ❧ **367**

Structure avancée

Les pronoms interrogatifs et démonstratifs
Expressing which one(s) and this one, that one, these, or those

1. The interrogative adjective **quel** means *which* or *what*. The pronoun *which one(s)* is a combination of **quel** and the definite article. Review the following forms.

Adjective	Pronoun
quel	lequel
quels	lesquels
quelle	laquelle
quelles	lesquelles

2. The interrogative pronoun must agree in gender and number with the noun to which it refers.

—J'ai acheté un CD super.
—J'ai acheté des CD super.
—J'ai acheté une cassette vidéo super.
—J'ai acheté des cassettes vidéo super.

—Ah, oui? Lequel?
—Ah, oui? Lesquels?
—Ah, oui? Laquelle?
—Ah, oui? Lesquelles?

3. When the question *which one(s)* is asked, *one* often answers with *this one, that one, these,* or *those.* These are called demonstrative pronouns. Review the following forms of the demonstrative pronouns in French.

—Quel CD préfères-tu?
—Quels CD préfères-tu?
—Quelle cassette vidéo préfères-tu?
—Quelles cassettes vidéo préfères-tu?

—Celui-là.
—Ceux-là.
—Celle-là.
—Celles-là.

4. The demonstrative pronouns are never used alone. They are followed by:

• **-là**, to single out, or

—Tu aimes lequel de ces CD?
—J'aime bien celui-là.

...de to indicate possession or ownership, or

—C'est ton baladeur?
—Non, c'est celui de Jean.

...dont to identify.

—Tu...ces filles est ta sœur?
—J'ai...parle à Paul.

—Lequel...disques?
—Je préfèr...mon ami m'a recommandés.

...ères-tu?
...f nous a parlé.

Comment dit-on?

1 **Au magasin** Suivez le modèle.

—Je voudrais ce livre, s'il vous plaît.
—Lequel voulez-vous? Celui-là?

1. Je voudrais ces livres, s'il vous plaît.
2. Je voudrais ce CD, s'il vous plaît.
3. Je voudrais ces disques, s'il vous plaît.
4. Je voudrais cette chanson, s'il vous plaît.
5. Je voudrais ce baladeur, s'il vous plaît.
6. Je voudrais cette chaîne hifi, s'il vous plaît.

2 **Pardon?** Suivez le modèle.

—Je préfère celui-là.
—Excusez-moi... Lequel préférez-vous?

1. Je préfère ceux-là.
2. Je préfère celles-là.
3. Je préfère celle-là.
4. Je préfère celui-là.

Magasin de la FNAC sur les Champs-Élysées, à Paris

Randonneur cycliste près de Chamonix, dans les Alpes

3 **Historiette** **Un vélo neuf** Complétez avec une forme de **celui de, celui qui / que** ou **celui dont**.

Je fais beaucoup de vélo en ce moment mais __1__ j'ai est vieux et j'ai envie d'en acheter un autre. Je voudrais en acheter un comme __2__ mon ami Marc. C'est __3__ on a vraiment besoin pour faire des longues promenades en montagne. De tous les modèles, c'est __4__ je préfère.

Le mois prochain, nous allons faire une excursion dans les Alpes. __5__ nous avons faite l'année dernière était vraiment formidable. J'espère que le voyage que nous allons faire cette année sera aussi amusant que __6__ l'année dernière.

4 **Préférences** Dites quelles sont vos préférences. Utilisez le modèle comme guide.

Je préfère mes disques à ceux de mes parents.
Je préfère mon vélo à celui de mon copain Michael.

Les pronoms possessifs
Telling what belongs to you and others

1. A possessive pronoun is used to replace a noun that is modified by a possessive adjective. The possessive pronoun must agree in gender and number with the noun it replaces. Note that the possessive pronoun is accompanied by the appropriate definite article.

mon livre	le mien	ma photo	la mienne
mes livres	les miens	mes photos	les miennes
ton livre	le tien	ta photo	la tienne
tes livres	les tiens	tes photos	les tiennes
son livre	le sien	sa photo	la sienne
ses livres	les siens	ses photos	les siennes
notre livre	le nôtre	notre photo	la nôtre
nos livres	les nôtres	nos photos	les nôtres
votre livre	le vôtre	votre photo	la vôtre
vos livres	les vôtres	vos photos	les vôtres
leur livre	le leur	leur photo	la leur
leurs livres	les leurs	leurs photos	les leurs

—Tu as les CD?
—J'ai **les miens** (replaces **mes CD**), mais je n'ai pas **les tiens** (replaces **tes CD**).

—La meilleure prof de yoga, c'est celle de Marie-France?
—Non, c'est **la mienne** (replaces **ma prof de yoga**)!

—C'est le baladeur de Pierre?
—Oui, c'est **le sien** (replaces **le baladeur de Pierre**).

Note that contrary to English usage, in French the possessive pronoun agrees in gender with the object possessed (rather than the possessor).

2. Ownership can also be expressed with the verb **être** and the preposition **à** followed by a stress pronoun—**moi, toi, lui, elle, nous, vous, eux, elles.**

—Il est à toi, ce stylo?
—Oui, il est à moi.

—Cette voiture est à vous?
—Ah non, Monsieur agent. Elle est à eux.

Des vidéos pour la forme

Pas facile de trouver une bonne vidéocassette de mise en forme en français? Eh bien, voici la nouvelle collection de vidéos Forme et Santé, comprenant sept cassettes d'exercices d'environ 50 minutes, animées par deux professionnelles des exercices alternatifs. Au bord d'une mer calme et relaxante, Susan Fulton et Lucy Lloyd-Barker nous entraînent entre autres dans l'univers du yoga, du Pilates (deux cassettes) et du taï chi. Agréable et facile à suivre, qu'on soit débutante ou de niveau avancé, chaque cassette permet de garder la ligne, de rester en forme et de réduire son stress (12 $ à 15 $ ch., dans les grandes surfaces et la plupart des pharmacies).

Comment dit-on?

5 **À qui?** Répondez que oui. Utilisez un pronom possessif.

1. C'est ton pull?
2. C'est ma règle?
3. C'est les patins de Léa?

4. C'est vos bâtons?
5. C'est les casques des joueurs de hockey?
6. C'est les baskets de Pierre?

6 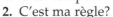 **À l'aéroport** Complétez la conversation avec des pronoms possessifs.

Luc Yves, où sont les billets?

Yves Voilà __1__...

Luc Zut! Je ne sais où j'ai mis __2__. J'espère que je ne l'ai pas perdu.

Yves Non, tu ne l'as pas perdu. J'ai __3__ aussi. Je l'ai mis avec __4__.

Luc Alors, donne-moi __5__, s'il te plaît. Je vais le mettre avec ma carte d'embarquement.

Yves Mais, calme-toi, mon vieux! Tu n'as pas ta carte d'embarquement. C'est moi qui l'ai. J'ai __6__ et __7__.

Luc Tu as __8__ aussi? Alors, donne-la-moi.

L'aéroport de Pointe-à-Pitre, à la Guadeloupe

7 **Historiette** **Sa robe ou la mienne?** Refaites les phrases en utilisant des pronoms possessifs.

1. Aurélie a acheté sa robe aux Galeries Lafayette; mais j'ai acheté ma robe dans une petite boutique.
2. Nos robes sont du même modèle, mais ma robe est verte, et sa robe est bleue.
3. Mais ma robe a coûté plus cher que sa robe.
4. Pourquoi? Parce qu'Aurélie a acheté sa robe en solde, et moi pas.

8 **C'est à qui?** Suivez le modèle.

—**C'est à vous, ces livres?**
—**Lesquels?**
—**Ceux-là.**
—**Ah oui, c'est les nôtres.**

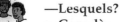

1. C'est à vous, ces motos?
2. C'est à toi, la mobylette?
3. C'est à Philippe, ce ballon?
4. C'est à Marie, ces disques?

5. C'est aux enfants, ce baladeur?
6. C'est à nous, ces livres?
7. C'est aux filles, ces raquettes?
8. C'est à Christophe, cette planche à voile?

C'est à vous
Use what you have learned

1 PARLER ÉCRIRE

Goûts sonores
✔ *Compare sounds and noises*

Travaillez avec un(e) camarade. Faites chacun(e) une liste des bruits que vous considérez agréables ou désagréables. Comparez ensuite vos listes et voyez si vous avez des goûts communs.

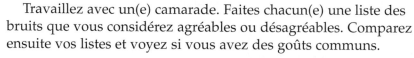

2 PARLER

Pollution sonore
✔ *Discuss noise pollution*

Discutez la pollution sonore avec vos camarades. Donnez des exemples de pollution par le bruit, là où vous habitez. Trouvez des solutions pour réduire cette pollution.

Le chanteur sénégalais Youssou N'Dour

3 PARLER

Musique
✔ *Talk about music and how to protect your ears*

Comparez votre collection de CD à celle de votre camarade. Avez-vous les mêmes goûts? Certains de vos disques sont-ils les mêmes? Quels sont ceux qui pourraient être dangereux si vous les écoutiez trop fort? Est-ce que vous les jouez très fort?

PARLER

4 Concerts
✔ *Discuss how to protect your ears at a concert*

Faites une enquête auprès de vos camarades pour savoir lesquels vont souvent à des concerts de rock ou d'autre musique. Posez-leur des questions pour savoir s'ils prennent des précautions pour ne pas avoir de troubles auditifs plus tard. Faites une liste de ceux qui, à votre avis, risquent d'avoir des problèmes.

PARLER

5 Le son, c'est la vie.
✔ *Discuss and defend your opinion*

«Le son, c'est la vie.» Vous êtes d'accord ou pas? Justifiez votre réponse.

PARLER

ÉCRIRE

6 Une journée idéale
✔ *Design the perfect workout routine*

Faites le programme d'une journée idéale pour vous. Divisez votre journée en trois parties—le matin, l'après-midi et le soir. Indiquez quelles sont vos activités sportives à chacun de ces trois moments.

Assessment

Vocabulaire

To review the vocabulary, turn to page 358.

1 Nommez...

1. un bruit agréable
2. un bruit désagréable

To review the vocabulary, turn to page 364.

2 Complétez.

3. On écoute avec ses ____.
4. Tu joues ta musique trop fort! Tu vas devenir ____!
5. J'aime toutes ____ de musique: le jazz, la musique classique...
6. J'aime bien marcher, mais pas ____.
7. Avant et après l'exercice physique, faites des ____.

Lecture

To review the reading, turn to pages 360–362.

3 Vrai ou faux?

8. On peut fermer ses oreilles.
9. Nos oreilles nous préviennent des dangers.
10. Le silence total est bon pour la santé.

To review the reading, turn to page 366.

4 Répondez.

11. Quels sont les sons que l'oreille humaine ne peut pas percevoir?
12. Y a-t-il des bruits qui sont mauvais pour la santé? Lesquels?

5 Citez...

13. deux sports qui réveillent.
14. deux sports techniques.
15. deux sports qui défoulent

Structure

6 **Répondez d'après le modèle.**

> —Je voudrais ce livre.
> —Lequel? Celui-là?

16. Je voudrais cette robe.
17. Je voudrais ce baladeur.
18. Je voudrais ces livres.
19. Je voudrais ces fleurs.

To review interrogative and demonstrative pronouns, turn to page 368.

7 **Répondez d'après le modèle.**

> C'est à moi, ce livre! ⟶
> C'est le mien!

20. C'est à moi, ces photos!
21. C'est à Marie, ces cartes postales!
22. C'est à vous, cette affiche!
23. C'est à eux, ces livres!
24. C'est à nous, cette brochure!
25. C'est à toi, ce magazine!

To review possessive pronouns, turn to page 370.

Sur les quais de la Seine, à Paris

Proficiency Tasks

Rédaction

De tous les genres littéraires, le journal est probablement celui qui est le plus pratiqué. Tout le monde est tenté d'avoir, une fois au moins, ce dialogue avec soi-même. La plupart des écrivains estiment qu'il s'agit d'une des meilleures pratiques de l'écriture.

TÂCHE 1 On peut prendre de nombreuses résolutions pour être en meilleure forme, mais rien n'est plus efficace que de tenir un journal. Pendant une semaine, écrivez tous les jours ce que vous avez fait pour rester en forme. Notez tous les détails, comme par exemple, l'heure à laquelle vous vous levez et vous vous couchez, ce que vous faites comme sport ou exercices, ce que vous mangez, ce que vous buvez, votre niveau de stress.

Au bout d'une semaine, reprenez votre journal et faites la critique de ce que vous avez fait. Déterminez ce que vous auriez pu faire pour améliorer encore plus votre forme.

TÂCHE 2 Dans un éditorial, l'auteur exprime une opinion sur un événement récent. Vous avez assisté à un concert donné par un groupe à la mode et vous écrivez un éditorial sur cette représentation. Choisissez un groupe que vous aimez beaucoup ou que vous n'aimez pas du tout et faites partager à vos lecteurs ce que vous aimez ou ressentez. Parlez non seulement du groupe et de leur musique, mais aussi de l'atmosphère, de la sono, des effets spéciaux, de la réaction du public, de l'organisation générale. Mais il ne suffit pas d'exprimer ce que vous ressentez. Il faut également justifier votre position. Si vous avez de mal à trouver des arguments, vous pouvez imaginer une conversation avec quelqu'un qui n'aurait pas la même opinion que vous. Et n'oubliez pas que votre éditorial doit captiver vos lecteurs!

TÂCHE 3 Préparez-vous à faire une interview. Choisissez un sportif ou une sportive francophone célèbre que vous aimeriez interviewer. Il peut s'agir d'un(e) champion(ne) de tennis, de course à pied, de football, de hockey sur glace, d'escrime.

- Faites des recherches sur la vie de ce champion ou cette championne.

- Prenez des notes. Quand on prend des notes, il n'est pas nécessaire de faire des phrases complètes. On ne peut pas utiliser de pronoms sujets, par exemple. Le plus important est d'isoler l'essentiel et de le noter dans un style elliptique.

- Préparez quatre ou cinq questions-clés en relisant vos notes. N'écrivez pas des questions dont la réponse serait simplement **oui** ou **non.** Écrivez des questions qui commencent par des mots tels que **qui, que, comment, pourquoi, où, quel(le),** etc.

- Ajoutez quelques détails intéressants. Pensez à ce qui pourrait intéresser le public qui regarderait ou écouterait cette interview; des sujets qui ne se trouvent pas dans vos notes. Par exemple, la façon dont cet(te) athlète se prépare physiquement et mentalement avant une compétition, ses réactions après une victoire ou une défaite. Rédigez ensuite une ou deux autres questions sur ce(s) sujet(s).

Maintenant vous êtes bien prêt(e) pour faire une interview!

Discours

Pour faire une bonne interview, il faut, bien sûr, être préparé(e), mais il faut surtout savoir écouter la personne que l'on interview. Rien n'est plus désagréable qu'un(e) intervieweur(euse) qui ne laisse pas parler la personne interviewée. Écoutez bien la personne qui vous parle et sachez poser des questions intelligentes sur ce qu'elle vient de dire. Il n'est pas impossible que vous abandonniez les questions que vous avez préparées si l'interview prend un tour plus intéressant que celui que vous aviez préparé.

TÂCHE 4 Travaillez avec un(e) camarade qui va jouer le rôle du (de la) champion(ne) que vous avez choisi(e) pour la Tâche 3. Donnez-lui les notes que vous avez prises quand vous avez fait vos recherches sur la vie de ce(tte) champion(ne). Commencez ensuite votre interview. Vous pouvez l'enregistrer si vous voulez. Votre camarade devra évidemment inventer les détails personnels. Entre deux questions, vous pouvez prendre des notes rapides sur ce que votre camarade est en train de dire. Cela vous permet de mieux continuer l'interview en posant des questions pertinentes sur ce qui vient d'être dit.

TÂCHE 5 Changez maintenant de rôle. L'intervieweur(euse) devient l'interviewé(e) et vice-versa. Si vous avez enregistré l'interview précédente, vous pouvez l'écouter et faire des commentaires dessus avant de commencer la deuxième interview.

TÂCHE 6 Tout le monde sans exception veut être en forme. C'est pourquoi il y a des émissions de radio qui spécialisent dans ce domaine. Les auditeurs téléphonent et posent leurs questions aux invités du jour— des médecins, des diététiciens, des spécialistes du sport. Choisissez un(e) camarade qui jouera le/la présentateur(trice) de l'émission. Choisissez ensuite un médecin, un(e) diététicien(ne), un(e) spécialiste du sport. Préparez ensuite des questions. Vous pouvez utiliser la lecture «Bouger pour être en forme» pour avoir des idées. Chacun téléphone ensuite à l'émission. N'oubliez pas vos manières: dites bonjour, votre nom, d'où vous venez et au revoir à la fin de la conversation.

Leçon 1 Culture

l'accroissement (m.)
l'accueil (m.)
l'aide-soignant(e)
l'ambulance (f.)
l'ambulancier(ière)
le/la cavalier(ière)
l'hôpital (m.)

l'infirmier(ière)
le laboratoire
le/la laborantin(e)
le médecin
le/la nageur(euse)
la piscine
la recherche

la rémunération
le terrain de plein air

se baigner
bien se porter
faire de l'équitation
faire de la marche

faire de la natation
privilégier
se plaindre
se soucier de

Leçon 2 Conversation

l'alimentation (f.)
l'examen médical (m.)
la nourriture
le poumon

pulmonaire
cardiaque
sain(e)

faire une prise de sang
faire une radiographie
être en bonne (parfaite)
    santé
exiger
prendre le pouls
prendre la tension
    (artérielle)

Leçon 3 Journalisme

l'appareil auditif (m.)
l'audition (f.)
la balade
le chant d'un oiseau
l'engin (m.)
l'escrime (f.)
l'étirement (m.)
la feuille
le klaxon
la longueur
la lumière
le marteau
le marteau-piqueur
la nuit
l'oreille (f.)
le sifflet
la sirène d'alarme
le sommeil
la sorte
la voix

agréable
aigu(ë)
définitif(tive)
faible
fort(e)
passager(ère)
sourd(e)

courir
se défouler
disputer
tirer du sommeil

définitivement

LITERARY COMPANION *See pages 494 and 498 for literary selections related to Chapter 7.*

Vidéotour
Bon voyage!

Video can be a beneficial learning tool for the language student. Video enables you to experience the material in the textbook in a real-life setting. Take a vicarious field trip as you see people interacting at home, at school, at the market, etc. The cultural benefits are limitless as you experience French and Francophone culture while "traveling" through many countries. In addition to its tremendous cultural value, video gives practice in developing good listening and viewing skills. Video allows you to look for numerous clues that are evident in tone of voice, facial expressions, and gestures. Through video you can see and hear the diversity of the target culture and compare and contrast the French-speaking cultures to each other and to your own.

Épisode 1: Un sport bien québécois

Quel est le sport québécois par excellence? Le hockey sur glace, bien sûr. Les petits Québécois commencent très jeunes à jouer au hockey. Et quand ils font partie d'une ligue junior, ils s'entraînent tous les jours. Alexandre Parent joue dans les juniors et s'il veut gagner, il doit être en parfaite forme physique.

Épisode 2: Le marché de rue

Pour rester en forme, il ne faut pas négliger la nourriture. Allez au marché à Paris avec Rémy Costaz. Il est vendeur de fruits et de légumes sur un marché parisien. Il travaille avec sa femme qui l'aide à vendre ses produits. Tous les deux, ils aiment beaucoup travailler sur le marché. Ils aiment l'ambiance familiale et conviviale.

Épisode 3: La baguette

Finalement, la base de la nourriture française, c'est bien le pain et surtout la baguette. Mais savez-vous que la vie d'un boulanger n'est pas facile? David Brasseur commence à travailler à 2 h 30 du matin et il continue jusqu'à 10 h du matin. Faire de belles baguettes bien croustillantes et bien dorées, c'est un art!

CHAPITRE 8

Le patrimoine

Objectifs

In this chapter you will:

- ✔ *learn about French heritage—monuments, museums, and important achievements*
- ✔ *learn about modern French monuments like the Grande Arche*
- ✔ *review how to tell what you and others have people do for you*
- ✔ *review how to express actions that occurred prior to other actions*
- ✔ *learn how to form complex sentences*
- ✔ *learn how to tell what you and others will do before a future event and how to talk about two related actions*
- ✔ *read about the mystery surrounding Napoleon's death and about festivals in France*

L'hôtel de ville à Rennes, en France

Introduction

Le patrimoine, c'est l'héritage commun à un peuple, l'héritage légué par les ancêtres. C'est une notion très large. Le patrimoine inclut bien sûr les monuments, les œuvres artistiques et littéraires, mais aussi les personnes, les grands moments de l'histoire, les paysages, etc.

En France, il existe un véritable culte du patrimoine: sur les autoroutes, par exemple, des panneaux signalent les sites archéologiques, les musées, les spécialités artisanales ou culinaires des diverses régions.

Vocabulaire pour la lecture 🎧

un chêne

BIBLIOTHÈQUE

une bibliothèque

un roi

peint en rouge

un tuyau

un toit

On n'y achète pas de livres, on en emprunte.

Quand Georges Pompidou était président de la République, il a fait construire le centre Pompidou.

Quand François Mitterrand était président de la République, il a fait construire l'Opéra Bastille, la Grande Arche et la Bibliothèque nationale de France.

Plus de vocabulaire

l'avenir le futur
la poule au pot une poule cuite à l'eau avec des légumes
creuser faire une excavation
relier joindre

étroit(e) le contraire de large
piétonnier(ière) réservé(e) aux piétons
vif (vive) intense
inlassablement infatigablement

Quel est le mot?

1 Vrai ou faux?

1. Un roi dirige un pays.
2. La poule au pot est un animal domestique.
3. Pour acheter des livres, on va à la bibliothèque.
4. Un chêne est un arbre.
5. Le blanc est une couleur vive.
6. Une route relie deux villes.
7. Un toit couvre une maison.
8. Il y a des voitures dans une rue piétonnière.

2 Quel mot? Complétez.

1. Il est très ennuyeux. Il répète _____ les mêmes histoires.
2. Dans la vieille ville, les voitures sont interdites parce que les rues sont trop _____.
3. Pour faire un tunnel, il faut _____ la terre.
4. Il fait très froid et il n'y a pas d'eau: les _____ sont gelés.
5. Si tu veux savoir l' _____, lis ton horoscope.
6. Dans son immeuble, tous les escaliers sont _____ en violet!
7. J'aime beaucoup les couleurs _____: le rouge, le jaune, le vert pomme...
8. Louis XIV était un _____ de France au dix-septième siècle.

Hyacinthe Rigaud: *Le roi Louis XIV*

Le drapeau d'Haïti

Le drapeau de l'Algérie

3 Le patrimoine Expliquez le sens du mot «patrimoine».

4 Les présidents Répondez.

1. Qui a fait construire le centre Pompidou?
2. Qui a fait construire la Bibliothèque nationale de France?

Lecture
Hier et aujourd'hui

L'histoire de France

Tous les petits Français apprennent à l'école que leurs ancêtres sont les Gaulois. Vercingétorix, le courageux chef gaulois, a lutté contre les envahisseurs, Jules César et les Romains. Ils apprennent aussi que l'empereur Charlemagne a créé les écoles. Le roi Louis IX, appelé aussi Saint Louis, rendait la justice sous un grand chêne. Jeanne d'Arc a rétabli le roi de France sur son trône et s'est sacrifiée pour son pays. Le bon roi Henri IV voulait que tous les Français puissent manger la poule au pot le dimanche. Louis XIV a fait construire le château de Versailles. La Révolution française et Napoléon sont à l'origine des temps modernes. Tel est ce qui vient à l'esprit[1] des Français lorsqu'ils pensent à leur histoire.

Mais voilà, pour la première fois, les Français sont aussi des Européens. En effet la France fait maintenant partie de l'Union européenne. Et si les pays membres de l'Union européenne gardent leur identité, ils ont des organismes communs et prennent des décisions en commun et donc ils auront, dans un avenir relativement proche, un patrimoine commun.

Reading Strategy

Previewing
Often you can learn about the topic of a passage simply by looking at the titles and pictures before you begin to read. Previewing a reading selection will give you an overview of its purpose, organization, and content.

Vercingétorix dépose les armes devant Jules César

Les paysages

Les paysages de la «douce[2] France» sont très chers aux Français. Pour eux, l'image de la France est bien plus celle qu'ont laissée les impressionnistes, que celle de la France moderne avec ses tours de béton[3] inlassablement répétées autour des grandes agglomérations. Les paysages font véritablement partie du patrimoine et sont protégés par des décrets visant à la «protection» ou à la «sauvegarde» de l'environnement, ou encore à la «conservation du littoral».

[1]esprit *mind*
[2]douce *sweet*
[3]béton *concrete*

Claude Monet: *La meule de foin à Giverny*

Les grands travaux

Il reste en France de remarquables ruines romaines. Le pont du Gard est le monument de province le plus visité de France, après le Mont-Saint-Michel. C'est le plus grand, le plus beau, et le mieux conservé des ponts aqueducs romains. Il traverse la vallée du Gardon à un endroit où celui-ci est particulièrement étroit. Il est à 50 mètres au-dessus des eaux de la rivière et il fait près de 300 mètres de long. Le pont du Gard a été construit vers l'an 60 après Jésus-Christ, sous le règne de l'empereur Claude. Il faisait partie d'un immense aqueduc de 50 kilomètres de long qui partait d'Uzès et allait jusqu'à Nîmes.

Près de deux mille ans plus tard, un autre projet grandiose voyait le jour: un tunnel sous la Manche, reliant la France à l'Angleterre. Dix grands constructeurs français et britanniques se sont associés pour creuser trois tunnels, à une profondeur de 25 à 45 mètres. Il y a deux tunnels de circulation (un pour chaque sens) qui sont reliés tous les 375 mètres à un tunnel central de service. Ayant creusé 150 kilomètres de galeries, les tunneliers français et britanniques ont finalement donné le jour à l'Eurotunnel, le tunnel sous la Manche. C'était le 6 mai 1994. Le trajet entre Folkestone et Calais—d'une durée d'environ trente-cinq minutes—est effectué par un train spécial, «le Shuttle», qui transporte les voitures, les camions et les cars, et par l'Eurostar, un TGV transportant les passagers.

Le pont du Gard, en France

Au milieu du tunnel sous la Manche

A Répondez d'après la lecture.

1. Comment s'appelaient les ancêtres des Français?
2. Contre qui Vercingétorix a-t-il lutté?
3. Qui était Charlemagne? Qu'est-ce qu'il a fait?
4. Qui était Saint Louis? Qu'est-ce qu'il faisait?
5. Quel était le souhait du roi Henri IV?
6. Qui a fait construire le château de Versailles?
7. Quels événements historiques marquent le début des temps modernes?
8. De quoi la France fait-elle partie aujourd'hui?
9. Quels paysages s'opposent dans la France d'aujourd'hui?
10. Quel est le monument de province le plus visité en France?
11. Qu'est-ce que le pont du Gard, et quand a-t-il été construit?
12. Combien de temps met-on pour traverser la Manche avec l'Eurostar?

B Identifiez.

1. un chef gaulois
2. un empereur qui a créé les écoles
3. une jeune fille qui est morte pour la France
4. un roi qui ne voulait pas que son peuple ait faim
5. le roi qui a fait construire le château de Versailles

Les sciences

Le patrimoine scientifique est aujourd'hui un domaine particulier que l'on s'applique à sauvegarder et même valoriser. Des archives, des objets, des bâtiments et même des sites sont concernés. Les musées des sciences, comme le Muséum national d'histoire naturelle, initient le public aux phénomènes scientifiques. D'autres commémorent les découvertes de grands scientifiques français. Tel est le cas du musée Pasteur, par exemple, qui retrace la carrière du chimiste et biologiste français, fondateur de la microbiologie. Le musée Marie Curie célèbre la physicienne qui a été à l'origine de la découverte du radium. L'Institut Pasteur continue d'être un centre de recherche très actif. Le professeur Montagnier y a découvert le virus du sida (syndrome immunodéficitaire acquis) en 1983. Les autres grands centres de recherche sont l'INSERM (Institut national de la santé et de la recherche médicale), le CNET (Centre national d'études des télécommunications), le CNES (Centre national d'études spatiales) et le plus important, le CNRS (Centre national de la recherche scientifique).

Marie Curie

Les lettres

Victor Hugo

Les Français placent la littérature au premier rang quand il s'agit de culture générale. Les grands écrivains français de tous les temps sont très respectés. Certains ont souvent été plus que des écrivains. Victor Hugo, par exemple, a été poète, auteur dramatique, romancier, homme politique. C'était une force de la nature, un véritable génie. Certaines de ses œuvres comme *Notre-Dame de Paris* ou *Les Misérables* sont connues dans le monde entier. Alexandre Dumas et ses mousquetaires sont célèbres aussi. De nos jours, les écrivains ont toujours l'estime du public. Chaque année, des prix littéraires sont attribués aux plus talentueux: le prix Goncourt est décerné à un ouvrage[4] en prose. Autre prix prestigieux, le prix Fémina qui a un jury composé entièrement de femmes.

---

[4]ouvrage *work*

C Répondez d'après la lecture.

1. Qui était Pasteur? Qu'est-ce qu'il a fondé?
2. Qui était Marie Curie? Qu'est-ce qu'elle a découvert?
3. Qu'est-ce que l'Institut Pasteur?
4. Qu'est-ce que le professeur Montagnier a découvert?
5. Qui était Victor Hugo? Qu'est-ce qu'il a écrit?
6. Qui a écrit *Les trois mousquetaires?*
7. Que récompense le prix Goncourt?
8. Quelle est la particularité du jury du prix Fémina?

Les arts

L'art gothique est né en France au douzième siècle. Pour beaucoup, la cathédrale de Chartres est la plus belle des cathédrales gothiques. La cathédrale que l'on voit aujourd'hui n'est pas l'originale, qui a brûlé en 1194. Elle a été reconstruite par un architecte dont on ignore le nom, mais qui est resté dans l'histoire comme «le maître de Chartres».

Par contre, l'architecte français Jean Nouvel a acquis une renommée internationale depuis la construction de l'Institut du monde arabe (1987) à Paris, un véritable chef-d'œuvre[5] architectural. Ce bâtiment superbe est une synthèse entre la culture arabe et la culture occidentale.

Le Louvre, l'un des plus riches musées du monde, est devenu le Grand Louvre, un espace culturel spectaculaire qui redonne à l'ancien palais des rois toute sa splendeur, et au musée une nouvelle vie. Les collections incluent des chefs-d'œuvre du monde entier, de la période des antiquités grecques et romaines jusqu'au début du dix-neuvième siècle. C'est là que se trouve *La Joconde,* le célèbre tableau de Léonard de Vinci acquis par le roi François Ier au seizième siècle. Les jardins du palais ont été transformés en une promenade splendide, et en sous-sol est née une véritable ville piétonnière liée aux activités culturelles. Le point de départ de ce que les Français appellent «le plus beau musée du monde» est la pyramide de I.M. Pei, le célèbre architecte américain d'origine chinoise.

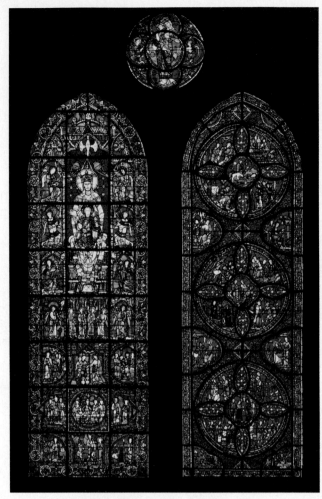

Vitraux de la cathédrale de Chartres, en France

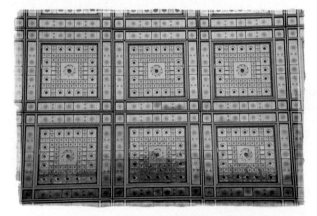

Fenêtres «moucharabieh» de l'Institut du monde arabe, à Paris

C'est au centre Georges-Pompidou que se trouve le Musée national d'art moderne. Le concept du centre—rassembler un musée, une bibliothèque, un espace réservé à la création industrielle et architecturale et un autre à la recherche musicale—est aussi révolutionnaire que le bâtiment dans lequel il se retrouve: un bloc de verre de cinq étages avec tous les tuyaux apparents et peints de couleurs vives. Du toit, on a une vue magnifique sur Paris. Le centre, qui est visité par plus de 25 000 personnes par jour, est une réussite culturelle indéniable.

---

[5]chef-d'œuvre *masterpiece*

L'exception culturelle française

En France, c'est l'État[6] qui depuis des siècles dirige la vie de la culture. Il y a toujours eu en France un rapport plus étroit qu'ailleurs entre la culture et le pouvoir. L'État participe activement à la défense du français comme langue internationale. D'autre part, des décrets officiels ont pour but de conserver la pureté de la langue. Un décret impose même aux radios de diffuser 40 pour cent de musique francophone. Face à ce que les Français ressentent aujourd'hui comme une invasion de la culture américaine, ils opposent une attitude protectrice. Ils refusent la libéralisation des échanges en ce qui concerne l'audiovisuel (le cinéma, la radio, la télévision, les enregistrements sonores), les bibliothèques, les archives, les musées et autres services culturels. Ils veulent continuer à subventionner la culture librement car ils considèrent que la culture française est leur raison d'être, leur conscience, et tout doit être mis en œuvre[7] pour préserver la diversité culturelle.

Dans l'escalier mécanique du centre Pompidou à Paris

[6]l'État *the government*
[7]mis en œuvre *undertaken, brought into play*

D Vrai ou faux?

1. La cathédrale de Chartres est une cathédrale gothique.
2. On connaît le nom de l'architecte de l'Institut du monde arabe.
3. Jean Nouvel est l'architecte de la cathédrale de Chartres.
4. Le Louvre a toujours été un musée.
5. Le célèbre tableau de *La Joconde* se trouve au Louvre.
6. Le Musée national d'art moderne se trouve au centre Georges-Pompidou.
7. Le centre Pompidou a la forme d'une pyramide.
8. L'État français passe des décrets pour la défense de la langue.
9. Les radios peuvent diffuser autant de musique étrangère qu'elles le veulent.
10. Les Français ont une attitude protectrice en ce qui concerne l'audiovisuel.

E Donnez un exemple de votre patrimoine dans les domaines suivants.

1. l'architecture
2. l'archéologie
3. la peinture
4. le cinéma
5. la télévision

Structure ❖ *Révision*

Le faire causatif

Telling what you and others have people do for you

1. The verb **faire** in French is used in causative constructions to express what one makes another do. In a causative construction, the verb **faire** is followed by an infinitive.

Il fait construire un musée.	*He's having a museum built.*
Ils ont fait restaurer un tableau.	*They had a painting restored.*
Ils vont faire installer l'air climatisé.	*They are going to have air conditioning installed.*

2. When object pronouns are used, they precede the verb **faire**.

Je fais chanter la chanson. ⟶
   Je la fais chanter.

Je fais chanter les enfants. ⟶
   Je les fais chanter.

Je fais chanter la chanson aux enfants. ⟶
   Je la leur fais chanter.

3. In the passé composé, the past participle of the verb **faire** does not agree with the preceding direct object pronoun since the pronoun is actually the object of the infinitive that follows the verb **faire**.

Elle a fait restaurer la statue.   **Elle l'a fait restaurer.**

4. A causative construction is often reflexive. In that case, the auxiliary **être** is used in the passé composé. Note that, again, there is no agreement of the past participle **fait**.

Elle s'est fait couper les cheveux.

Comment dit-on?

1 Historiette **Leur nouvelle maison** Ils ne vont pas le faire eux-mêmes. Dites ce qu'ils vont faire.

1. restaurer la façade
2. réparer les fenêtres
3. refaire les peintures
4. installer l'air climatisé
5. planter des fleurs dans le jardin
6. faire une route

2 Encore une fois Récrivez les phrases de l'Activité 1 en remplaçant les noms par des pronoms.

3 Ils ont tout fait faire. Faites l'accord quand c'est nécessaire.

1. **a.** Les peintures qu'il a fait__, je les ai vu__.
Je les ai trouvé__ magnifiques.
   b. Les peintures qu'il a fait__ restaurer, je les ai vu__. Je les ai trouvé__ magnifiques.
2. **a.** La robe qu'elle a fait__, je l'ai vu__.
Je l'ai trouvé__ très belle.
   b. La robe qu'elle a fait__ faire, je l'ai vu__.
Je l'ai trouvé__ très belle.
3. **a.** Les maisons qu'ils ont fait__, je les ai vu__.
Je les ai trouvé__ très belles.
   b. Les maisons qu'ils ont fait__ faire, je les ai vu__.
Je les ai trouvé__ très belles.

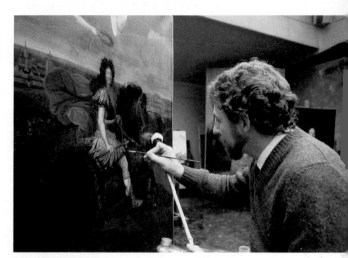

Un artiste restaurant un tableau ancien

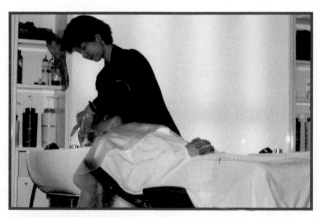

Chez le coiffeur, à Paris

4 **Chez le coiffeur** Ève est allée chez le coiffeur. Dites ce qu'elle s'est fait faire.

1. se faire laver les cheveux
2. se faire couper les cheveux
3. se faire faire une permanente
4. se faire faire des mèches (*highlights*)

5 **Au suivant** Décrivez ce que vous vous faites faire quand vous allez chez le coiffeur.

C'est à vous
Use what you have learned

1 Un personnage historique français
✔ *Write about a French historical figure*

Travaillez en petits groupes. Choisissez un personnage historique français. Chaque groupe choisit un personnage différent et fait un rapport qu'il présente à la classe.

Jean-Auguste-Dominique Ingres: *Jeanne d'Arc au sacre de Charles VII dans la cathédrale de Reims*

2 Un personnage historique américain
✔ *Research a famous American historical figure*

Avec un(e) camarade, décidez quels sont les grands personnages de l'histoire des États-Unis. Ensuite, choisissez un personnage et écrivez une courte biographie.

FRENCH Online

To learn more about French and Francophone historical figures, go to the Glencoe French Web site: french.glencoe.com

3 Un musée
✔ *Talk about American museums that interest you*

Travaillez avec plusieurs camarades. Faites une liste des musées que vous connaissez aux États-Unis. Choisissez-en que vous aimeriez visiter (ou visiter à nouveau). Dites pour quelles raisons la collection de ce musée vous intéresse.

«Remake»

✔ *Write a remake of a French film*

Plusieurs films français ont été refaits en anglais pour un public américain. Par exemple, *Three Men and a Baby* était à l'origine un film français intitulé «Trois hommes et un couffin». Avec plusieurs camarades, choisissez un film américain que vous avez vu et discutez de la façon d'en faire un film français. Décidez où il aurait lieu, si les personnages seraient les mêmes, etc.

Votre patrimoine

✔ *Discuss your heritage*

Faites des recherches sur un élément du patrimoine de votre ville. Il peut s'agir d'une église, d'un monument aux morts, d'un parc. Déterminez qui l'a fait faire ou construire, en quelle année, pour quelle(s) raison(s), etc. Travaillez avec un(e) camarade.

Débat

✔ *Discuss government subsidies of the arts*

L'État doit-il subventionner les arts? Travaillez en groupes et trouvez des arguments pour et des arguments contre.

L'Europe

✔ *Learn more about the European Union*

Avec plusieurs camarades, faites un rapport sur l'Union européenne. Combien y a-t-il de pays? Quels sont-ils? Où se trouve le parlement européen?

Le bâtiment du Parlement européen

Vocabulaire

To review the vocabulary, turn to page 383.

1 Complétez.

1. Henri IV était un bon ____.
2. Il y a beaucoup de livres dans cette ____.
3. Les voitures sont interdites: c'est une rue ____.
4. Ils ont coupé l'eau parce qu'ils réparent les ____.
5. Les camions ne peuvent pas passer parce que les rues sont trop ____.
6. Cet arbre énorme, c'est un ____.
7. En haut du centre Pompidou, il y a une belle vue sur les ____ de Paris.
8. C'est une autoroute qui ____ Paris à Lille.
9. Il dépense tout ce qu'il a. Il ne pense jamais à l'____ quand il sera vieux.
10. Elle répète ____ la même chose.

Lecture

To review the reading, turn to pages 385–389.

2 Citez.

11. deux personnages historiques français
12. deux scientifiques français
13. deux écrivains français

3 Expliquez ce qu'est...

14. le tunnel sous la Manche
15. l'Institut Pasteur
16. le prix Goncourt
17. le centre Pompidou

Buste de Louis Pasteur devant l'Institut Pasteur à Paris

Structure

4 **Récrivez les phrases suivantes d'après le modèle.**

> Ils ont réparé le toit. ⟶
> Ils ont fait réparer le toit.

18. Ils font une route.
19. J'ai construit une maison.
20. Nous allons planter des arbres.
21. Vous voulez restaurer ce tableau?

To review **faire causatif**, turn to page 390.

Jean-François Millet: *L'Angélus*

5 **Faites ou ne faites pas l'accord.**

22. Ces statues? Elle les a d'abord acheté__.
23. Ensuite elle les a fait__ restaurer.
24. Mais non, ce n'est pas elle qui a acheté__ ces statues.
25. Elle les a fait__ acheter par son mari!

To review agreement with **faire causatif**, turn to page 390.

Vocabulaire pour la conversation 🎧

La Grande Arche se trouve dans le quartier de la Défense.

La Grande Arche est lourde: elle pèse 300 000 tonnes.
La tour Eiffel, elle, est légère: elle ne pèse que 9 000 tonnes.

C'est impressionnant! Je ne regrette pas d'être venu!

Il y a beaucoup de gens: ils sont serrés.
Ce touriste ne peut pas regarder vers le bas:
il a le vertige.

Ce bâtiment abrite une banque.

Plus de vocabulaire

un coup d'œil un regard rapide
une entreprise une compagnie
dire du mal de dire des choses pas très gentilles
  au sujet de quelqu'un ou quelque chose
à peine presque pas

Quel est le mot?

1 **Quel est le mot?** Complétez.

1. Je ne veux pas monter en haut de la tour Eiffel. Ça va me donner le ____.
2. J'ai horreur des ascenseurs. Il y a toujours plein de gens et on est trop ____.
3. Quand il était bébé, il était ____, je pouvais le porter. Mais maintenant, je ne peux plus: il est trop ____.
4. Il m'a dit des choses pas très gentilles au sujet de Marianne. Il adore ____ ses amis.
5. Je n'ai presque pas dormi. J'ai ____ fermé l'œil de la nuit.
6. Ne regarde pas vers le bas trop longtemps: un ____ suffit, sinon tu vas avoir le vertige.
7. Le centre Pompidou ____ le Musée national d'art moderne.
8. Il y a vingt employés; c'est une petite ____.

La tour Eiffel à Paris

Une fontaine de la place de la Concorde à Paris

2 **Connaissez-vous Paris?** Dites de quoi il s'agit.

1. le quartier des affaires
2. le monument qui se trouve à la Défense
3. le monument place Charles-de-Gaulle
4. le monument place de la Concorde
5. la cathédrale dans l'île de la Cité
6. la grande tour près de la Seine

Mise en scène

En 1982, un concours a été organisé pour la réalisation d'un Centre international de la communication. Après quatre ans de travaux, la Grande Arche de la Défense est inaugurée.

L'Arche fait 108 mètres de côté, 110 mètres de haut, 112 mètres de profondeur et son toit-terrasse fait plus d'un hectare (10 000 mètres carrés). Notre-Dame tiendrait facilement dans le vide central. Le but d'en faire un centre international de communication a été abandonné. Aujourd'hui, l'Arche abrite plusieurs ministères, des entreprises nationales et internationales et la fondation «l'Arche de la Fraternité» pour la défense et la promotion des droits de l'homme.

Visite à la Grande Arche 🎧

En route pour la Grande Arche

Roger On y va comment à la Grande Arche? On prend un taxi?

Alain Non. Ce n'est pas la peine. Avec le RER, on est à la Défense en cinq minutes!

Roger C'est formidable le progrès!

Alain Eh oui! Quand j'étais petit je suis allé voir une tante qui habitait pas loin de là où est la Grande Arche maintenant. Eh bien, je me souviens d'avoir mis au moins une heure!

Au pied de la Grande Arche

Alain Nous y voilà!

Roger C'est impressionnant! C'est énorme!

Alain Ouais. Ça pèse 300 000 tonnes!

Roger 300 000 tonnes! Ben dis donc! C'est pas léger! Mais… , c'est les ascenseurs qu'on voit là, dehors?

Alain Oui. Tu vas voir, on a une vue formidable en montant.

Roger Euh, oui, mais… euh… j'ai facilement le vertige, moi.

Alain Ne t'en fais pas. Tu vas aimer!

Dans l'ascenseur

Roger Oh, là, là. Mon pauvre estomac!

Alain Regarde donc la vue au lieu de te plaindre.

Roger Je ne peux pas. Il y a tellement de monde, je peux à peine respirer. On est serré comme des sardines ici.

Sur le toit de la Grande Arche

Alain Maintenant, regarde, tu vois l'Arc de triomphe de l'Étoile, et dans l'axe, l'obélisque, l'arc de triomphe du Carrousel et la pyramide du Louvre. Tu vois? Tu ne regrettes pas d'être monté, tout de même!

Roger Non, non... C'est intéressant cette perspective.

Alain Intéressant! C'est tout ce que tu trouves à dire! En un coup d'œil, tu contemples 2 000 ans d'histoire de France, mon cher!

Roger Il faut reconnaître que c'est un beau panorama!

Alain C'est pas dans ta province qu'on voit ça, tout de même!

Roger Ah attention! Ne dis pas de mal de «ma province». Il y a des choses très bien à Montagnac. Ce n'est pas parce que c'est petit...

Vous avez compris?

A Répondez d'après la conversation en route pour la Grande Arche.

1. Dans quel quartier se trouve la Grande Arche?
2. Quel moyen de transport les deux amis prennent-ils pour y aller?
3. Combien de temps vont-ils mettre pour aller à la Défense?
4. Combien de temps Alain a-t-il mis pour y aller quand il était petit?

B Répondez d'après la conversation au pied de la Grande Arche.

1. Est-ce que la Grande Arche est légère? Combien pèse-t-elle?
2. Où se trouvent les ascenseurs pour monter à la terrasse?
3. Est-ce que Roger est content à l'idée de prendre l'un de ces ascenseurs? Pour quelle raison?
4. De quoi se plaint-il en montant dans l'ascenseur? Pour quelle raison?

C Répondez d'après la conversation sur le toit de la Grande Arche.

1. Quels monuments peut-on voir dans l'axe Grande Arche-Louvre?
2. Comment Roger trouve-t-il cette perspective?
3. Est-ce qu'Alain trouve que Roger montre assez d'enthousiasme?
4. Quand on voit Paris de haut, qu'est-ce qu'on contemple?
5. Est-ce que Roger habite dans une grande ville?
6. D'après vous, est-ce qu'il aimerait habiter dans une grande ville comme Paris? Pour quelles raisons?

D Travaillez en petits groupes. Vous allez recevoir la visite d'un groupe de jeunes francophones. Faites le plan d'une visite guidée de votre ville et de ses environs. N'oubliez pas les monuments, les musées, bien sûr, mais aussi les beaux paysages.

Structure ❧ Révision

L'infinitif passé

Describing actions that occurred prior to other actions

1. There are two forms of the infinitive in French—present and past. You already know the present form, which you have been using to identify verbs: **aimer, répondre, sortir.** There is also a past infinitive which is composed of two parts: the infinitive of the verb **avoir** or **être** (depending on which auxiliary the verb takes in the passé composé) and the past participle of that verb.

> finir   avoir fini
> sortir   être sorti(e)(s)

2. The rules of agreement for the past infinitive are the same as those for the passé composé.

> **Cette statue? Il est content de l'avoir finie.**
> **Il est content d'être allé à cette exposition.**
> **Nous sommes toutes désolées de nous être trompées.**

3. The past infinitive is used to express an action that occurred prior to another one.

> **Elle est partie sans avoir fini la visite.**
> **Il regrette d'être monté.**

4. The past infinitive is always used after **après.**

> **Après avoir vu un film, elles sont allées au restaurant.**
> **Après s'être bien amusées, elles sont rentrées chez elles.**

5. To make a past infinitive negative, **ne pas** is placed before **avoir** or **être.**

> **Elle regrette de ne pas avoir vu cette exposition.**

Le musée national du Bardo à Tunis, en Tunisie

Comment dit-on?

1 **Loisirs culturels** Répondez aux questions suivantes d'après le modèle.

—**Tu as vu l'exposition Picasso?**
—**Non, je regrette de ne pas l'avoir vue.**

1. Tu as vu le dernier film de Vincent Perez?
2. Tu as lu les poèmes de Prévert?
3. Tu as écouté le disque de Patricia Kaas?
4. Tu as visité le musée du Louvre?
5. Tu es allé(e) à la Grande Arche?
6. Tu t'es amusé(e) à la Comédie-Française?

Pablo Picasso: *L'Atelier*

Le théâtre de la Comédie-Française à Paris

2 **Historiette** **Samedi** Racontez ce que Corinne et son frère ont fait samedi dernier. Observez le modèle et continuez ensuite.

1. **se lever tôt** →
   Ils se sont levés tôt.
2. **prendre le petit déjeuner ensemble** →
   Après s'être levés tôt, ils ont pris le petit déjeuner ensemble.
3. **faire du jogging dans le parc** →
   Après avoir pris le petit déjeuner ensemble, ils ont fait du jogging dans le parc.
4. aller faire des courses en ville
5. déjeuner dans un bon restaurant
6. aller à l'exposition Monet
7. prendre quelque chose dans un café
8. voir le dernier film de Danielle Thompson
9. dîner chez des amis
10. aller dans un café
11. rentrer chez eux
12. se coucher tout de suite
13. s'endormir immédiatement

3 **Historiette** **Et vous?** Racontez de la même façon ce que vous avez fait samedi dernier.

Je me suis levé(e) tôt / tard. →
Après m'être levé(e) tôt / tard,...

C'est à vous
Use what you have learned

PARLER

1 **Ville ou campagne?**

✔ *Discuss living in the city versus living in the country*

Travaillez avec un(e) camarade. Préférez-vous vivre dans une ville ou à la campagne? Choisissez et défendez votre choix.

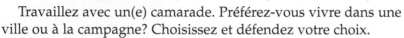

PARLER

2 **Le vertige**

✔ *Talk about vertigo*

Avez-vous le vertige ou pas? Racontez la visite d'un monument où vous êtes monté(e) très haut. Dites de quel monument il s'agissait, dans quel pays. Dites si vous avez eu le vertige ou pas.

PARLER

3 **Paris**

✔ *Organize a trip to Paris*

Si vous n'êtes jamais allé(e) à Paris, travaillez avec un(e) camarade. Prenez un guide et organisez votre visite, en choisissant ce qui vous intéresse le plus. Si vous êtes déjà allé(e) à Paris, faites un exposé oral sur votre visite.

4 Réactions?

✔ Give your opinion about the French and Francophone art and architecture shown

Vous avez vu en photo la pyramide du Louvre et la Grande Arche. Quelles ont été vos réactions? Maintenant regardez ces photos. Elles montrent d'autres réalisations artistiques. Quelles sont vos réactions?

Sculpture de Niki de Saint-Phalle: *La fontaine Stravinski* à Paris

Le musée d'archéologie et d'histoire de Montréal, au Québec

Sculpture d'Arman: *l'Heure de tous* à Paris

Les colonnes de Buren au Palais-Royal à Paris

5 Regrets

✔ Regrets about your last vacation

Quelle est la dernière visite touristique que vous avez faite? Que regrettez-vous de ne pas avoir fait? Peut-être regrettez-vous d'avoir fait quelque chose?

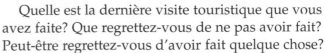

Vocabulaire

1 Complétez.

1. Quelle grosse tomate! Elle ____ plus d'un kilo!
2. Regarde vite ce qui se passe: juste un petit ____.
3. Une multinationale est une ____ qui a des activités dans plusieurs pays.
4. Il n'aime personne. Il ____ tout le monde.

To review the vocabulary, turn to page 396.

2 Vrai ou faux?

5. Ce qui est léger est facile à porter.
6. Quand il pleut, il vaut mieux s'abriter.
7. Quand on a le vertige, il vaut mieux ne pas monter sur la tour Eiffel.
8. Quand il y a beaucoup de monde dans le métro, on est serré.
9. Dans une ville, il n'y a qu'un seul quartier.

Conversation

3 Expliquez ce qu'est la Grande Arche. Dites...

10. dans quel quartier elle se trouve
11. combien elle pèse
12. comment on y va
13. comment on y monte
14. ce qu'on voit une fois sur le toit
15. ce qu'on pourrait mettre dans le vide central

To review the conversation, turn to pages 398–399.

La pyramide de I.M. Pei au Louvre

4 Dites comment vous trouvez...

16. Roger, le provincial
17. Alain, le parisien

To review the conversation, turn to pages 398–399.

Structure

5 Récrivez les phrases selon le modèle.

Il est sorti et il a pris un taxi. ⟶
Après être sorti il a pris un taxi.

18. Moi, j'ai regardé le journal télévisé et j'ai pris un bain.
19. Je me suis brossé les dents et je me suis couché(e).
20. Les autres ont lu un peu et ils se sont endormis.
21. Nous avons dormi toute la nuit et nous nous sommes réveillés en bonne forme.
22. Nous nous sommes habillés et nous sommes repartis au travail!

6 Complétez avec un infinitif passé.

23. Je regrette de ____. (ne pas monter)
24. Tu es vraiment désolée de ____? (se tromper)
25. Nous sommes contents d'y ____. (aller)

To review the **infinitif passé**, turn to page 400.

Centre Pompidou

L'art d'aujourd'hui au cœur de Paris
The art today in the heart of Paris
El arte de hoy en el centro de París

Vocabulaire pour la lecture 🎧

Non, Napoléon n'a pas été empoisonné

Il est né en 1830

Il est mort en 1890

une île

Madagascar est une île dans l'océan Indien.

une mèche de cheveux

la chevelure

LA MODE

Il rêve d'une belle chevelure.

le nouvel Observateur

L'homme, l'écrivain, le pilote, le héros, sa légende, ses vérités

SAINT-EXUPÉRY RETROUVÉ

une revue

C'est en lisant une revue qu'on s'informe.

Plus de vocabulaire

une enquête une investigation
tremper rester dans un liquide
la mort la fin de la vie

Quel est le mot?

1 **Définitions** De quel mot s'agit-il?

1. le contraire de «vie»
2. un groupe serré de cheveux
3. un magazine littéraire ou scientifique
4. rester dans un liquide
5. ce que fait la police pour trouver un criminel
6. l'ensemble des cheveux
7. de la terre avec de l'eau tout autour

Des maisons à Saint-Pierre-et-Miquelon, près du Canada

Saint-Pierre, dans l'océan Atlantique

2 **Petit test**

1. Donnez le nom de deux îles.
2. Donnez le nom d'une revue.

To learn more about French DOM-TOMs (départements et territoires d'outre-mer), go to the Glencoe French Web site: <u>french.glencoe.com</u>

Avant la lecture

Après la bataille de Waterloo en 1815, Napoléon est envoyé en exil sur l'île anglaise de Sainte-Hélène. C'est là qu'il est mort en 1821 et les circonstances de sa mort font l'objet d'une polémique.

En 1961, un médecin suédois lançait l'hypothèse de l'empoisonnement de Napoléon par l'arsenic. Par la suite, plusieurs analyses de cheveux de l'Empereur ont été effectuées, mettant en évidence la présence d'arsenic. Mais une nouvelle étude vient d'être faite par des scientifiques français. Voici les grandes lignes d'un article publié par le journal *Le Monde* au sujet de cette nouvelle étude.

Le Monde

Non, Napoléon n'a pas été empoisonné

Napoléon Ier serait finalement mort le 5 mai 1821 sur l'île de Sainte-Hélène, de mort naturelle, des suites[1] de complications d'un cancer gastrique, et non pas empoisonné à l'arsenic. C'est la conclusion d'une enquête, menée sur ce thème par la revue *Science & Vie*.

Depuis quarante ans, différentes mèches de cheveux de l'Empereur ont été analysées par de nombreux laboratoires. Tous concluent à une présence importante d'arsenic, mais les interprétations varient. Ceux qui avancent la thèse de l'empoisonnement pensent que l'arsenic a été donné à l'Empereur pendant sa captivité. L'étude réalisée à partir de cheveux prélevés en 1805, 1814 et 1821 fournit également des niveaux d'imprégnation en arsenic très élevés. Napoléon, n'étant arrivé à Sainte-Hélène qu'en 1815, l'arsenic était déjà présent dans la chevelure de Napoléon en 1805 et 1814, c'est-à-dire avant sa captivité. Les chercheurs ont donc conclu à une contamination externe et non interne. C'est en faisant tremper leurs propres[2] cheveux dans une solution d'arsenic que les chercheurs sont arrivés à vérifier cette hypothèse. Après les avoir lavés, ils ont constaté qu'ils étaient toujours saturés d'arsenic. Pour les chercheurs, la pollution extérieure ne fait aucun doute. «L'hypothèse la plus plausible est l'utilisation de produits conservateurs. L'emploi de l'arsenic pour préserver les cheveux était courant[3] au XIXe siècle, et il est logique de penser qu'on en a fait usage pour préserver les précieuses reliques.»

Ainsi semble éliminée l'hypothèse de l'empoisonnement par l'arsenic. D'autant[4] que Napoléon n'en portait pas les stigmates. L'autopsie réalisée par le médecin personnel de l'Empereur et par sept médecins anglais avait révélé des lésions cancéreuses de l'estomac. Par contre, aujourd'hui, les médecins qui ont étudié les écrits décrivant l'état de santé de l'Empereur au cours de ses dernières années ont des opinions différentes en ce qui concerne la cause de la mort de Napoléon. Ils sont d'accord sur le diagnostic d'ulcère gastrique chronique, mais pas sur le fait que cet ulcère était cancérisé. Pour certains, l'existence du cancer reste encore à prouver, pour d'autres «le doute n'est plus possible, Napoléon est mort des suites d'une complication aiguë d'un cancer gastrique».

---

[1]des suites *following*
[2]propres *own*
[3]courant *common*
[4]D'autant *All the more*

Vous avez compris?

 A Répondez aux questions.

1. Pourquoi croit-on à l'empoisonnement de Napoléon?
2. Comment Napoléon aurait-il été empoisonné?
3. Qu'a-t-on trouvé après avoir analysé des mèches de cheveux?
4. Pourquoi les chercheurs ont-ils conclu que Napoléon n'avait pas été empoisonné?
5. Comment ont-ils vérifié leur hypothèse?
6. Comment conservait-on les cheveux au dix-neuvième siècle?
7. Sur quoi les médecins sont-ils d'accord?
8. Sur quoi ne sont-ils pas d'accord?

 B Faites des recherches sur la vie de Napoléon Bonaparte et présentez ce personnage à la classe.

Antoine Gros: *Le général Bonaparte au pont d'Arcole, le 17 novembre 1796*

Le village de Bonifacio, en Corse, l'île natale de Napoléon

Vocabulaire pour la lecture 🎧
Festivals en France

de l'or

un palais

Le château de Versailles est un des grands palais.

le pape

un mur peint

C'est le mur sur lequel ils peignent un dessin. Ils peignent un dessin représentant la campagne.

Plus de vocabulaire

l'amitié (f.) sentiment réciproque d'affection
un court-métrage un film de moins d'une heure
un long-métrage un film de plus d'une heure

se produire jouer (en public)
en vue de pour

Quel est le mot?

1 **Autrement dit** Remplacez les mots en italique.

1. Il *joue* ce soir à l'Olympia.
2. Le roi habite dans *une grande maison somptueuse*.
3. Elle a rencontré *le chef de l'Église catholique*.
4. À Angoulême, il y a *des murs avec des peintures*.
5. Ils ont créé ce festival *pour* faire connaître des jeunes talents.

Personnages de B.D. «célèbres»

2 **Définitions** De quel mot s'agit-il?

1. de l'affection entre deux personnes
2. un métal précieux jaune, blanc ou rose
3. un film de deux heures
4. un film de vingt minutes
5. le chef de l'Église catholique

Le pont d'Avignon et le palais des papes à Avignon, en France

Avant la lecture

En France, la culture se porte bien si l'on en juge par le véritable succès des nombreux festivals qui ont lieu tous les ans à travers toute la France. Le plus célèbre est peut-être le festival de Cannes pour le cinéma, mais il y en a d'autres qui suivent de près.

Festivals en France

Le palais des Festivals à Cannes, sur la Côte d'Azur

Le festival de Cannes

C'est sous le nom de «Festival de Cannes» qu'est créée en 1946 l'Association Française du Festival International du Film dont le but est le suivant: «Le festival de Cannes a pour objet, dans un esprit d'amitié et de coopération universelle, de révéler et de mettre en valeur des œuvres de qualité en vue de servir l'évolution de l'art cinématographique et de favoriser le développement de l'industrie du film dans le monde.»

Comme en France l'État est très présent dans la vie culturelle, le festival est placé sous la tutelle[1] du Ministère de la Culture et de la Communication et du Ministère des affaires étrangères.

Le festival a lieu au mois de mai. Il concerne les longs-métrages et les courts-métrages. La récompense suprême décernée est la Palme d'or.

Le festival d'Avignon

Le festival d'Avignon est devenu l'événement culturel de l'été. Il a lieu au mois de juillet dans la cour d'honneur du palais des papes, mais aussi dans toute la ville. À sa création en 1947, il concernait uniquement le théâtre. Mais à partir de 1966, le festival s'ouvre à d'autres disciplines artistiques: la danse, le cinéma, le théâtre musical, et aujourd'hui à l'audiovisuel. Depuis quelques années le festival s'ouvre plus aux spectacles étrangers. Parallèlement au festival, il s'est formé un autre festival, le «off»: des petites compagnies qui veulent participer au festival, même si elles n'ont pas été sélectionnées officiellement. Qu'ils[2] viennent pour voir des spectacles du «in» ou du «off», les spectateurs du festival sont toujours nombreux et passionnés. Ils discutent, exaltent[3], critiquent et même critiquent... les critiques.

[1]tutelle *tutelage*
[2]Qu'ils *Whether they*
[3]exaltent *praise*

Clowns au festival d'Avignon, en France

Le festival B.D.

Le festival international de la bande dessinée a lieu au mois de janvier à Angoulême. C'est là que se rencontrent depuis 1974 les artistes et les éditeurs[4] du monde entier. La ville entière se met à l'heure de la bande dessinée. Le Centre National de la Bande Dessinée et de l'Image, le centre culturel, les musées, le théâtre, la cathédrale, les banques, et les magasins présentent des expositions, des spectacles et des animations. Depuis quelques années, la ville a même organisé la peinture de ses murs. Le public retrouve ainsi ses albums et ses auteurs préférés.

Le printemps de Bourges

Créé en 1977 pour donner leur chance à de jeunes musiciens et chanteurs français et étrangers, le festival de Bourges devient très vite «le plus formidable patchwork musical qu'on puisse rêver». Il dure sept jours en avril et attire des milliers de gens, des jeunes surtout, qui viennent célébrer la musique en tous genres, dans un grand enthousiasme collectif.

Chanteur au festival de Bourges

Le chanteur américain Ray Charles au festival d'Antibes-Juan-les-Pins

Le festival de jazz Antibes-Juan-les-Pins

Depuis les années 20, des musiciens de jazz se produisent à Antibes, mais c'est seulement depuis 1960 que «Jazz à Juan» existe officiellement. Le festival auquel participent les plus grands noms du jazz accueille aussi les nouveaux venus. Le festival a lieu au mois de juillet.

[4]éditeurs *publishers*

Vous avez compris?

A Dites ce que vous avez appris sur les festivals suivants.

1. le festival de Cannes
2. le festival d'Avignon
3. le festival de la B.D.
4. le printemps de Bourges
5. le festival de Jazz à Antibes-Juan-les-Pins

Cannes, sur la Côte d'Azur

Structure avancée

Les prépositions avec les pronoms relatifs
Making complex sentences

1. Lequel, laquelle, lesquels, and **lesquelles** are relative pronouns used to join two sentences. They follow prepositions and refer to things.

> J'ai travaillé **dans** une compagnie théâtrale.
> La compagnie **dans laquelle** j'ai travaillé n'existe plus.

> J'ai travaillé **pour** un spectacle de cirque.
> Le spectacle **pour lequel** j'ai travaillé était formidable.

2. The following contractions occur when **lequel** follows **à** and **de**.

à + lequel = **auquel**	à + lesquels = **auxquels**
à + laquelle = **à laquelle**	à + lesquelles = **auxquelles**
de + lequel = **duquel**	de + lesquels = **desquels**
de + laquelle = **de laquelle**	de + lesquelles = **desquelles**

> Il participe **à** un festival.
> Le festival **auquel** il participe a lieu en mai.

> Elle habite **à côté de** ces magasins.
> Voilà les magasins **près desquels** elle habite.

Note that **lequel, lesquels,** and **lesquelles** are contracted with the preposition **de** only when **de** is part of a longer prepositional phrase (**à côté de, en face de,** etc.). Otherwise, **dont** is used. Study the following examples.

> Je t'ai parlé **d'**un cirque. ⟶
> C'est le cirque **dont** je t'ai parlé.

> J'habite **près d'**un hôtel. ⟶
> C'est l'hôtel **près duquel** j'habite.

Expérience Cirque du Soleil

3. Note that when referring to a place or time, **où** is frequently used.

J'habite dans une ville.	**C'est la ville où j'habite.**
Il est parti cette année-là.	**C'est l'année où il est parti.**

4. After a preposition other than **de, lequel** is generally used only to refer to things. **Qui** is used to refer to people. Study the following chart.

	People	Things
De + noun	dont	dont
Other prepositions + noun	(avec) qui	(avec) lequel, laquelle (avec) lesquels, lesquelles
à + noun	à qui	auquel, à laquelle auxquels, auxquelles
(près) de + noun	(près) de qui	(près) duquel, de laquelle (près) desquels, desquelles
Location chez (dans, sur, à)	chez qui	où
Time		où

Comment dit-on?

1 **Historiette** **Mon actrice préférée** Complétez.

1. C'est une actrice _____ j'aime beaucoup.
2. C'est une actrice avec _____ je travaille souvent.
3. C'est une actrice _____ je t'ai souvent parlé.
4. C'est une actrice à côté de _____ j'habite.
5. C'est une actrice chez _____ je déjeune souvent.

L'actrice française Juliette Binoche

2 **Historiette** **Le rôle de Cyrano** Complétez.

1. C'est un rôle _____ j'aime beaucoup.
2. C'est un rôle _____ est parfait pour moi.
3. C'est un rôle pour _____ j'ai beaucoup travaillé.
4. C'est un rôle _____ on parle souvent.
5. C'est un rôle _____ je pense souvent.

3 **Historiette** **Souvenirs** Complétez.

1. C'est l'année _____ je suis parti(e).
2. C'est la raison pour _____ je suis parti(e).
3. Ce sont des moments _____ je pense souvent.
4. C'est une personne _____ je me souviens très bien.
5. Ce sont des gens pour _____ je ferais tout.

L'acteur Jacques Weber dans le rôle de Cyrano de Bergerac

4 **Jeu** Faites des phrases d'après le modèle.

la Provence ⟶
La Provence, c'est une région où il fait toujours beau.

1. les États-Unis
2. les professeurs
3. les élèves
4. les parents
5. les sports
6. les copains

SAVEURS DE PROVENCE

Calissons Miel Feuille de figuier Pâtisson Sachet de lavande Thym

Huile d'olive pure, huile vierge, huile parfumée aux poivrons, aux fenouils

Navettes Picodons à l'huile Picodons Mortier Santons

Savons de Marseille Cigales Ail Olives Romarin

Le futur antérieur

Telling what you and others have done before a future event

1. The **futur antérieur,** or future perfect, is formed by using the future tense of the helping verb **avoir** or **être** and the past participle of the verb.

FINIR	ALLER
j' aurai fini	je serai allé(e)
tu auras fini	tu seras allé(e)
il aura fini	il sera allé
elle aura fini	elle sera allée
on aura fini	on sera allé(e)(s)
nous aurons fini	nous serons allé(e)s
vous aurez fini	vous serez allé(e)(s)
ils auront fini	ils seront allés
elles auront fini	elles seront allées

2. The future perfect is used to express a future action that will be completed prior to another future action.

> **Nous irons sur la Côte d'Azur en juin.**
> **Malheureusement, le festival de Cannes aura fermé ses portes.**

Both actions are in the future. However, *the Cannes Festival will have closed before we arrive.* Study the following examples.

> **Nos amis rentreront à Paris en juin.**
> **Malheureusement, nous aurons déjà repris le train pour Villefranche.**
> **Nous ne les verrons pas avant le mois de septembre.**
> **Mais nous nous serons parlé au téléphone avant ça.**

3. Like the future, the future perfect is used following conjunctions of time when the action in the main clause is in the future or in the imperative.

> **Quand il sera parti vous pourrez venir.**
> *When he has left, you'll be able to come.*
> **Dès que tu auras fini, dis-le moi.**
> *As soon as you have finished, tell me.*
> **Lorsqu'il sera arrivé,** téléphone-moi.
> *When he has arrived, call me.*

Villefranche-sur-mer, sur la Côte d'Azur

Comment dit-on?

Les aventures de Tintin ont été traduites en près de 70 langues!

5 **Avant de lire ta B.D. préférée**
Répondez d'après le modèle.

> —Il faut que tu aies fini tes devoirs.
> —Mais oui, j'aurai fini mes devoirs.

1. Il faut que tu aies fait la vaisselle.
2. Il faut que Valérie ait rangé sa chambre.
3. Il faut que Christophe soit rentré de l'école.
4. Il faut que vous soyez allés faire les courses.
5. Il faut que vous ayez mis la table.
6. Il faut que vous ayez pris un bain.
7. Il faut que tu te sois fait couper les cheveux.
8. Il faut que vous ayez préparé le dîner.

6 **Dans cent ans...** Faites des phrases avec les mots donnés. Utilisez le futur antérieur.

> ... il / y avoir beaucoup de changements ⟶
> **Dans cent ans, il y aura eu beaucoup de changements.**

1. ... il / se passer beaucoup de choses
2. ... on / marcher sur Vénus
3. ... on / aller sur d'autres planètes
4. ... des astronautes / se promener sur Mars
5. ... nous / sortir de notre galaxie
6. ... on / oublier la Lune

7 **Pas avant** Complétez en utilisant le futur ou le futur antérieur.

1. Dès que vous ____, téléphonez-moi. (s'installer)
2. Quand vous ____ la table, nous ____ manger. (mettre, manger)
3. Aussitôt que j'____ une table, nous ____ partir. (réserver, pouvoir)
4. Céline ____ nous voir quand ses enfants ____ en vacances. (venir, partir)

8 **C'est promis!** Complétez les phrases en utilisant le futur antérieur.

1. Je te téléphonerai quand...
2. Je t'inviterai à dîner quand...
3. Je t'achèterai un cadeau quand...
4. On ira au cinéma quand...

Le participe présent et le gérondif
Talking about two related actions

1. The present participle of all verbs, except **avoir, être,** and **savoir,** is formed by dropping the **-ons** of the **nous** form of the present tense and adding **-ant.**

Infinitive	Stem	Ending	Present participle
parler	parl-	-ant	parlant
finir	finiss-	-ant	finissant
vendre	vend-	-ant	vendant
faire	fais-	-ant	faisant
pouvoir	pouv-	-ant	pouvant

Note the following irregular present participles:

avoir ⟶ **ayant**

être ⟶ **étant**

savoir ⟶ **sachant**

2. The present participle has a compound form. It is formed with the present participle of either **avoir** or **être** and the past participle of the verb: **ayant parlé, étant sorti(e)(s).**

3. The present participle is used in the following cases:

- Instead of a relative clause introduced by **qui**

  Le trajet est effectué par un TGV transportant les passagers.

- To express the reason why an action happens or happened

  Le tableau étant très célèbre, ils ont pris une grosse assurance.

- To express an action that occurred prior to the main verb (compound form only)

  Ayant creusé la terre, ils ont fait un tunnel.

Le TGV traverse la Bourgogne

4. The present participle is often preceded by **en.** This is called the **gérondif.** It always relates two actions with the same subject.

Nous avons été surpris en entrant dans la cathédrale.

La cathédrale de Bourges, en France

5. The **gérondif** is used in the following cases:

- To express an action occurring at the same time as another one

  Il chante toujours en marchant. = pendant qu'il marche
  Elle m'a dit bonjour en arrivant. = quand elle est arrivée

- Note that the adverb **tout** can be used before **en** to emphasize a simultaneous action.

  Il travaillait tout en écoutant de la musique.

- To express why something happens or happened

  Il est devenu célèbre en construisant ce bâtiment. = parce qu'il a construit ce bâtiment

- To express how something happens or happened

  Ils ont bien réussi en faisant des sacrifices.

La pyramide de I.M. Pei au Louvre et l'arc de triomphe du Carrousel

Comment dit-on?

9 **Historiette** **Au centre Pompidou**
Faites une seule phrase en utilisant un gérondif.

1. Elle a fait la queue. Elle a rencontré une amie.
2. Elles ont pris l'escalier mécanique. Elles sont montées.
3. Elles sont allées sur le toit. Elles ont découvert une vue magnifique.
4. Elles ont parlé à un garde. Elles ont appris des tas de choses.
5. Elle a acheté des souvenirs. Elle a fait de la monnaie.
6. Elles se sont quittées. Elles se sont embrassées.

Vue aérienne du centre Pompidou, à Paris

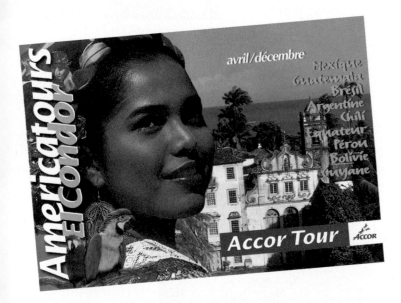

10 **Décisions** Refaites la phrase en utilisant la forme composée du participe présent.

1. D'abord ils ont décidé de partir, puis ils sont partis.
2. J'ai été occupée toute la journée, alors je n'ai pas pu vous téléphoner.
3. Ils ont d'abord choisi un itinéraire, puis ils ont appelé l'agence de voyages.
4. Quand il a peint le plus beau tableau de sa vie, il s'est arrêté de peindre.
5. Quand elle est arrivée en haut, elle a décidé de redescendre immédiatement.

11 **Et vous?** Donnez des réponses personnelles en utilisant un gérondif.

1. Comment vous amusez-vous?
2. Comment apprenez-vous des choses nouvelles?
3. Comment rencontrez-vous de nouveaux amis (de nouvelles amies)?

C'est à vous
Use what you have learned

1 **L'histoire des États-Unis**
✔ *Present an American hero*

Avec des camarades, décidez qui serait pour vous l'équivalent de ce qu'est Napoléon pour les Français. Vous pourriez choisir, par exemple, George Washington ou Abraham Lincoln. Comment présenteriez-vous ce personnage à des Français?

George Washington

Abraham Lincoln

2 **Dans 50 ans**
✔ *Predict your success in the future*

Qu'aurez-vous accompli dans 50 ans? Dites si vous serez devenu célèbre ou pas et pour quelles raisons.

3 **Le plus intéressant**
✔ *Tell which festival is the most interesting*

Quel est le festival qui vous intéresse le plus? Expliquez les raisons pour lesquelles il vous intéresse.

PARLER

4

Le moins intéressant
✔ *Tell which festival is the least interesting*

Quel est le festival qui vous intéresse le moins? Dites pourquoi.

PARLER
ÉCRIRE

5

Festivals régionnaux
✔ *Talk about a regional festival*

Quel festival ou manifestation culturelle recommanderiez-vous à des Français qui viendraient visiter votre région? Faites une liste et donnez tous les renseignements nécessaires.

ÉCRIRE

6

Au ciné-club
✔ *Start your own club*

En France, il y a beaucoup de ciné-clubs et les rétrospectives sont très appréciées. Imaginez que vous et votre camarade allez ouvrir un ciné-club. Choisissez les films que vous allez présenter.

Assessment

Vocabulaire

To review the vocabulary, turn to page 406.

1 **Complétez.**

1. Il avait des _____ de cheveux dans les yeux.
2. Elle a les cheveux très longs! J'aimerais beaucoup avoir une ___ comme ça.
3. La Martinique est une _____ dans la mer des Caraïbes.
4. Il est né en 1806 et il est _____ en 1894.
5. Les voisins ont été cambriolés. La police fait une _____.

To review the vocabulary, turn to page 410.

2 **Complétez.**

6. Pour _____ il faut faire de l'exercice et manger une nourriture saine.
7. Un _____ est un film de moins d'une heure.
8. Concentrez-vous sur votre travail. Arrêtez de _____.

Lecture

To review the reading, turn to page 408.

3 **Répondez.**

9. Pourquoi croyait-on que Napoléon avait été assassiné?
10. Comment les chercheurs sont-ils arrivés à leur conclusion?
11. Sur quel diagnostic les médecins d'aujourd'hui sont-ils d'accord?
12. Sur quel diagnostic ne sont-ils pas d'accord?

4 **Écrivez une phrase pour expliquer ce que sont les festivals suivants.**

13. le festival de Cannes
14. le festival d'Avignon
15. le festival B.D.
16. le printemps de Bourges
17. le festival de jazz Antibes-Juan-les-Pins

To review the reading, turn to pages 412–413.

Structure

5 **Complétez.**

To review relative pronouns, turn to pages 414–415.

18. C'est la raison pour ____ je ne veux plus le voir.
19. C'est la personne ____ il m'a parlé.
20. Ce sont des gens avec ____ je travaille.
21. C'est le quartier ____ habitent mes parents.
22. C'est la ville près de ____ on va construire un nouvel aéroport.

6 **Récrivez les phrases d'après le modèle.**

Il sortira et il prendra un taxi. ⟶
Quand il sera sorti, il prendra un taxi.

To review the future perfect, turn to page 417.

23. Il rentrera et il mettra la télévision.
24. Il regardera le journal télévisé et il prendra un bain.
25. Il se brossera les dents et il se couchera.
26. Il lira un peu et il s'endormira.

7 **Faites une seule phrase en utilisant un gérondif.**

To review present participles, turn to pages 419–420.

27. Je mange. Je regarde la télévision.
28. Elle chante. Elle prend une douche.
29. Elles se disent bonjour. Elles se serrent la main.
30. Elles s'embrassent. Elles se quittent.

Proficiency Tasks

Rédaction

Écrire une pétition, c'est essayer de convaincre les pouvoirs publics, mais c'est aussi essayer de mobiliser le plus de personnes possible. C'est pourquoi le texte d'une pétition est souvent «chaud»: les sentiments, ou même la passion, y sont présents.

TÂCHE 1 Travaillez en petits groupes. Vous allez rédiger une pétition. En effet, des pressions s'exercent sur le maire de votre ville pour autoriser la construction d'un garage. Ce projet entraînerait la destruction de la seule pizzéria de la ville. Cette pizzéria existe depuis 30 ans et c'est l'endroit où vous avez l'habitude de vous retrouver entre copains. Vous devez d'abord présenter des arguments pour réfuter *(disprove)* les arguments de ceux qui veulent construire le garage. Ensuite, vous devez présenter des arguments pour convaincre le maire que votre position est la bonne. Avant de rédiger votre pétition, faites deux listes d'arguments—les arguments pour réfuter et les arguments pour convaincre. Soignez particulièrement votre conclusion.

TÂCHE 2 Les messages visuels nous entourent, surtout la télévision et les médias. Ils nous influencent par le message parlé et par le message visuel. Pour comprendre comment les images nous influencent, il est bon d'analyser quelques éléments.

Regardez le portrait de Napoléon Bonaparte par Antoine Gros à la page 409. Nous sommes en 1796. C'est la campagne d'Italie contre les Autrichiens. Près du pont d'Arcole, le général Napoléon Bonaparte et ses troupes sont en difficulté. La possession du pont est très importante. Bonaparte s'élance seul sur le pont montrer l'exemple à ses troupes.

Étudiez maintenant les éléments suivants du tableau:

- **Les formes:** Le cercle implique la sérénité, le carré la stabilité et le triangle la tension. Dans ce tableau, quelle forme voyez-vous?

- **Les lignes:** Elles peuvent être réelles ou virtuelles. Par exemple le regard d'une personne est une ligne virtuelle. Quelle ligne virtuelle voyez-vous dans ce tableau? Qu'est-ce qu'elle implique?

- **Les couleurs:** On voit surtout du noir, du rouge et de l'or. Que suggèrent ces couleurs?

- **La position du sujet:** Est-il en haut du tableau, en bas ou au centre? Que cela suggère-t-il?

- **La lumière:** L'œil du spectateur est attiré par ce qui est éclairé. Qu'est-ce qui est le plus éclairé dans ce tableau? À quel effet?

Maintenant, en utilisant vos réponses précédentes, écrivez une appréciation de ce que Antoine Gros a voulu communiquer dans ce tableau. Ou vous pouvez choisir un autre portrait dans ce livre et l'analysez.

Discours

Lorsque vous allez voir une exposition dans un musée, il vous est possible de louer un guide audio. Alors que vous vous déplacez de tableau en tableau, vous pouvez écouter des commentaires qui vous donnent des renseignements sur le tableau que vous regardez, mais aussi sur la vie de l'artiste. Dans ce genre de guide, le speaker s'adresse à ceux qui observent le tableau. Les phrases sont courtes, les détails intéressants et la voix est agréable.

TÂCHE 3 Vous allez maintenant réaliser la présentation d'un tableau pour le guide audio d'un musée. Reprenez l'appréciation que vous avez écrite pour la Tâche 2 et transformez-la en un commentaire audio. Vous pouvez être un peu plus dramatique que dans votre appréciation écrite. Vous pouvez également faire quelques recherches sur les circonstances qui ont conduit Antoine Gros à faire ce tableau. Voici quelques mots ou expressions que vous pourrez utiliser:

au premier plan
un paysage
la lumière
au centre
une nature morte
clair
en bas (de)
une bataille
la composition
à l'arrière plan
un portrait
les couleurs
en haut (de)
une scène (de)
obscur

Voici des phrases que vous pouvez varier:
Remarquez la façon dont l'artiste attire l'attention sur...
Observez le geste gracieux...

TÂCHE 4 Quoi de plus français que les crêpes! Mais voilà, vos amis veulent faire de crêpes et ils n'ont pas de recette. Ils vous téléphonent pour que vous les aidiez. Pouvez-vous leur dicter cette recette au téléphone?

LES CRÊPES

Préparation: 10 mn – Cuisson: 3 mn par crêpe
Ingrédients: 250 g farine   sel – une pincée
             1/2 l. lait   jus de citron
             2 œufs   50 g beurre
             huile – 1 cuillérée

    Mettre la farine dans un bol. Faire un puits. Y ajouter l'huile, le sel et un peu de lait. Travailler énergiquement la pâte[1] avec une cuillère pour la rendre plus légère. Ajouter lentement le lait. Parfumez avec un peu de jus de citron. Laissez reposer 1 heure.
    Dans une poêle[2], faites fondre[3] un peu de beurre. Versez[4] un peu de pâte et étendez-la[5] bien régulièrement dans la poêle. Dès que la crêpe est dorée, retournez-la et faire cuire sur le deuxième côté.

Et voilà! Vos amis peuvent manger des crêpes. N'oubliez pas de leur dire de les manger avec de la confiture ou avec du sucre tout simplement. Bon appétit!

---

[1] pâte *mixture*
[2] poêle *skillet*
[3] fondre *to melt*
[4] Versez *Pour*
[5] étendez-la *spread it*

Leçon 1 Culture

l'avenir *(m.)*	étroit(e)	inlassablement
la bibliothèque	peint(e)	
le chêne	piétonnier(ière)	
la poule au pot	vif(ve)	
le roi		
le toit	creuser	
le tuyau	relier	

Leçon 2 Conversation

l'ascenseur *(m.)*	léger(ère)
le bâtiment	lourd(e)
le coup d'œil	serré(e)
l'entreprise *(f.)*	
le quartier	abriter
le vertige	dire du mal de
	peser

Leçon 3 Journalisme

l'amitié *(f.)*	se porter bien
la chevelure	se produire
le court-métrage	tremper
l'enquête *(f.)*	
l'île *(f.)*	en vue de
le long-métrage	
la mèche de cheveux	
la mort	
le mur peint	
l'or *(m.)*	
le palais	
le pape	
la revue	

 LITERARY COMPANION *See pages 505 and 510 for literary selections related to Chapter 8.*

Vidéotour

Bon voyage!

Video can be a beneficial learning tool for the language student. Video enables you to experience the material in the textbook in a real-life setting. Take a vicarious field trip as you see people interacting at home, at school, at the market, etc. The cultural benefits are limitless as you experience French and Francophone culture while "traveling" through many countries. In addition to its tremendous cultural value, video gives practice in developing good listening and viewing skills. Video allows you to look for numerous clues that are evident in tone of voice, facial expressions, and gestures. Through video you can see and hear the diversity of the target culture and compare and contrast the French-speaking cultures to each other and to your own.

Épisode 1: La tour Eiffel

De nos jours, il est difficile d'imaginer que la tour Eiffel, le symbole de Paris, devait être détruite en 1909. Ce qui l'a sauvée, c'est qu'elle a été transformée en une gigantesque antenne de radio pour communiquer avec le reste de la France. Elle est toujours avec nous et elle continue à offrir une vue spectaculaire sur Paris.

Épisode 2: Le parfum

Depuis longtemps la France est connue pour ses parfums. La fabrication des parfums est un art et une science à la fois. Chaque parfumeur travaille avec environ 1 000 matières premières. Il imagine un mélange, puis en donne la formule à une laborantine qui la réalise. Mais l'instrument principal du parfumeur reste son nez.

Épisode 3: Le CNRS

Le Centre national de la recherche scientifique, ou le CNRS comme on l'appelle, est le plus grand organisme de recherche fondamentale français. Il emploie plus de 30 000 personnes et s'appuie sur plus de 1 200 laboratoires pour produire du savoir et le mettre au service de la société.

Literary Companion

These literary selections develop reading and cultural skills and introduce you to French literature. The exposure to literature early in one's study of a foreign language should be a pleasant experience. As you read these selections, do not expect to understand every word. Try to enjoy the experience of reading literature in a new language. As you read look for the following:

- who the main characters are
- what they are like
- what they are doing—the plot
- what happens to them—the outcome of the story

Table des matières

Le Petit Prince

Vocabulaire pour la lecture 🎧

une épine

une pierre

L'homme flâne dans le jardin.
Il jette un coup d'œil sur les fleurs.
Cette rose a des épines.

Elle taille son crayon.

Elle met de l'encre dans son stylo.

Le jeune homme interroge le savant.

Plus de vocabulaire

entraîner causer, produire
fournir donner, produire quelque chose
se démoder ne plus être à la mode

Quel est le mot?

1 **Synonymes** Exprimez d'une autre façon les mots en italique.

1. L'homme *se promène* dans son jardin.
2. Il *regarde rapidement* ses fleurs.
3. Elle *pose des questions au* savant.
4. Elle lui *donne* tous les matériaux nécessaires.
5. La guerre *cause* beaucoup de maux et de souffrances.

2 **Le mot juste** Complétez.

1. Les roses sont de belles ____.
2. Les roses ont des ____.
3. Son crayon n'a plus de pointe. Il le ____.
4. Ce stylo est vide. Il faut mettre de l'____ dedans.
5. Un stylo à bille ou un feutre n'a pas besoin d'____.
6. En général, les robes ____ rapidement. D'un jour à l'autre elles ne sont plus à la mode.
7. À Paris, toutes les maisons sont en ____.

3 **Définitions** Donnez le mot dont la définition suit.

1. se promener sans avoir de destination
2. regarder rapidement
3. une rose, une violette, une orchidée
4. une personne qui contribue aux progrès d'une science
5. ce que font beaucoup d'agents de police et de détectives

Ils se promènent dans le Jardin des Plantes à Paris

Le Petit Prince

Avant la lecture Antoine de Saint-Exupéry, appelé aussi «Saint-Ex», est né à Lyon en 1900. Il a fait ses études à l'École Navale et à l'École des Beaux-Arts. Pendant son service militaire, il a commencé à piloter des avions. Après son service, il a été pilote de ligne entre Toulouse et Dakar. Il a vécu les débuts de la liaison aérienne entre la France et l'Amérique du Sud. De 1929 à 1931, il a été chef du service aéropostal à Buenos Aires, en Argentine.

Saint-Exupéry était aussi journaliste et écrivain. Ce sont ses romans qui l'ont rendu célèbre. Dans *Courrier Sud,* il parle de ses vols entre Toulouse, Casablanca et Dakar. Dans *Vol de nuit,* trois pilotes attendent un autre pilote à l'aéroport de Buenos Aires. Le pilote qu'ils attendent n'arrivera pas. Il a disparu dans le ciel d'une nuit d'Amérique. Dans *Terre des hommes,* Saint-Exupéry parle de ses camarades qui sont morts. Il parle d'une vie d'action qui unit les hommes pour toujours—même après la mort.

Pendant la Seconde Guerre mondiale, Saint-Exupéry a écrit, et illustré lui-même, un conte pour enfants: *Le Petit Prince.* Dans ce conte, l'auteur évoque la nostalgie de l'amitié. Il cherche aussi à définir le sens de l'action et des valeurs morales dans une société vouée au progrès technique. Il met en scène un personnage imaginaire, le petit prince, qui quitte sa planète pour voyager dans l'univers. Chez lui, le petit prince a une fleur qu'il adore, mais il l'a laissée toute seule parce qu'il voulait voyager. Un pilote, perdu dans le désert, rencontre le petit prince. Le petit prince lui parle de ses voyages à des diverses planètes. Voici ce qu'il dit de sa visite à la sixième planète et de l'étrange savant qui l'habite.

Le Petit Prince ∩

La sixième planète (...) était habitée par un vieux Monsieur qui écrivait d'énormes livres.

—Tiens! Voilà un explorateur! dit-il en voyant le petit prince.

Le petit prince s'était assis sur la table, car il était très fatigué.

5 Il avait déjà tant voyagé!

—D'où viens-tu? lui dit le vieux Monsieur.

—Quel est ce gros livre? dit le petit prince. Que faites-vous ici?

—Je suis géographe, dit le vieux Monsieur.

—Qu'est-ce qu'un géographe?

10 —C'est un savant qui connaît où se trouvent les mers, les fleuves, les villes, les montagnes et les déserts.

—Ça, c'est bien intéressant, dit le petit prince. Ça c'est enfin un véritable métier! Et il jette un coup d'œil autour de lui sur la planète du géographe. Il n'avait

15 jamais vu encore une planète aussi majestueuse.

—Elle est bien belle, votre planète. Est-ce qu'il y a des océans?

—Je ne peux pas le savoir, dit le géographe.

—Ah! (Le petit prince était déçu°.) Et des montagnes?

—Je ne peux pas le savoir, dit le géographe.

20 —Et des villes et des fleuves et des déserts?

—Je ne peux pas le savoir non plus, dit le géographe.

—Mais vous êtes géographe!

—C'est exact, dit le géographe, mais je ne suis pas explorateur. Je manque° absolument d'explorateurs. Ce n'est pas le géographe qui va faire le compte°

25 des villes, des fleuves, des montagnes, des mers, des océans et des déserts. Le géographe est trop important pour flâner. Il ne quitte pas son bureau. Mais il reçoit les explorateurs. Il les interroge, et il prend en note leurs souvenirs. Et si les souvenirs de l'un d'entre eux lui paraissent° intéressants, le géographe fait faire une enquête° sur la moralité de l'explorateur.

30 —Pourquoi ça?

—Parce qu'un explorateur qui mentirait° entraînerait des catastrophes dans les livres de géographie...

—Je connais quelqu'un, dit le petit prince, qui serait mauvais explorateur.

—C'est possible. Donc, quand la moralité de l'explorateur paraît bonne, on

35 fait une enquête sur sa découverte°.

—On va voir?

—Non, c'est trop compliqué. Mais on exige de l'explorateur qu'il fournisse des preuves. S'il s'agit par exemple de la découverte d'une grosse montagne, on exige qu'il en rapporte de grosses pierres.

40 Le géographe soudain s'émeut°.

—Mais toi, tu viens de loin! Tu es explorateur! Tu vas me décrire ta planète!

Et le géographe, ayant ouvert son grand livre, commence à tailler son crayon. On note d'abord au crayon les récits° des explorateurs. On attend, pour noter à l'encre, que l'explorateur ait fourni des preuves.

45 —Alors? demande le géographe.

—Oh! chez moi, dit le petit prince, ce n'est pas très intéressant, c'est tout petit. J'ai trois volcans. Deux volcans en activité, et un volcan éteint°. Mais on ne sait jamais.

—On ne sait jamais, dit le géographe.

50 —J'ai aussi une fleur.

—Nous ne notons pas les fleurs, dit le géographe.

—Pourquoi ça! C'est le plus joli!

déçu *disappointed*

manque *lack*
faire le compte *count*

paraissent *seem*
enquête *investigation*

mentirait *would lie*

découverte *discovery*

s'émeut *gets excited*

récits *accounts*

éteint *extinct*

—Parce que les fleurs sont éphémères.

—Qu'est-ce que signifie: «éphémère»?

55 —Les géographies, dit le géographe, sont les livres les plus sérieux de tous les livres. Elles ne se démodent jamais. Il est très rare qu'une montagne change de place. Il est très rare qu'un océan se vide° de son eau. Nous écrivons des choses éternelles.

se vide *empties*

—Mais, les volcans éteints peuvent se réveiller, dit le petit prince.

60 Qu'est-ce que signifie «éphémère»?

—Que les volcans soient éteints ou soient éveillés°, ça revient au même pour nous, dit le géographe. Ce qui compte pour nous, c'est la montagne. Elle ne change pas.

éveillés *active*

—Mais, qu'est-ce que signifie «éphémère»? répète le petit prince qui, de sa

65 vie, n'avait jamais renoncé à° une question, une fois qu'il l'avait posée.

renoncé à *given up on*

—Ça signifie «qui est menacé de disparition prochaine».

—Ma fleur est menacée de

disparition prochaine?

—Bien sûr.

70 Ma fleur est éphémère, se dit
le petit prince, et elle n'a que quatre
épines pour se défendre contre le monde!
Et je l'ai laissée toute seule chez moi!

C'est là son premier mouvement de regret°.

mouvement de regret
pang of remorse

75 Mais il reprend courage:

—Que me conseillez-vous d'aller visiter?
demande-t-il.

—La planète Terre, lui répond le géographe. Elle a une bonne réputation...

80 Et le petit prince s'en va, songeant à° sa fleur.

songeant à *thinking about*

A **Le géographe** Répondez d'après la lecture.

1. Qui habitait la sixième planète?
2. Que faisait le vieux Monsieur?
3. Qu'est-ce qu'un géographe?
4. Selon le géographe, qui fait le compte des villes, des fleuves, des mers, etc.?
5. Quand le vieux savant écrit-il ses notes à l'encre?
6. Que signifie «éphémère»?

B **Vrai ou faux?**

1. En voyant le petit prince, le vieux Monsieur dit: «Tiens! Voilà un géographe!»
2. Le petit prince a trouvé la planète du géographe vraiment majestueuse.
3. Le géographe quitte souvent son bureau pour flâner sur sa planète.
4. Le géographe va voir ce que l'explorateur a découvert.
5. Le géographe exige de l'explorateur qu'il fournisse des preuves de sa découverte.

C **Le point de vue du géographe** Expliquez d'après la lecture.

1. Pourquoi le géographe ne peut-il pas savoir s'il y a des montagnes, des villes, des fleuves, etc., sur sa planète?
2. Pourquoi les fleurs n'intéressent-elles pas le géographe?
3. Pourquoi est-ce que le géographe ne veut pas savoir si un volcan est actif ou éteint?

D **Le petit prince et sa fleur** Voici le petit prince sur sa planète: il arrose sa fleur qu'il adore et soigne avec amour. Cette fleur est comme une amie pour lui. Expliquez pourquoi le petit prince est triste quand le savant lui donne la définition du mot «éphémère». Qu'est-ce que cette fleur symbolise?

E **Voyage imaginaire** Décrivez un voyage imaginaire que vous allez faire. Vous allez traverser quel océan, explorer quel désert, escalader quelle montagne, naviguer sur quel fleuve, flâner dans quelle ville? Expliquez tout ce qu'il est possible que vous fassiez ou que vous appreniez pendant le voyage. Décrivez aussi tout ce qu'il faut que vous fassiez avant de partir pour le voyage.

Le pic du Midi dans les Pyrénées

Le Sahara

La Seine

Vocabulaire pour la lecture 🎧

un fleuve

La Seine coule à Paris.

une chanson

un quai

Les amants se promènent sur les quais.

Plus de vocabulaire

roucouler faire le cri du pigeon

s'enrouler se mettre autour de

Quel est le mot?

1 **Definitions** Donnez le mot dont la définition suit.

1. ce qu'est la Seine
2. deux personnes qui s'aiment
3. la rive d'un fleuve
4. faire une promenade

Un bateau-mouche sur la Seine, près du Pont-Neuf, à Paris

2 **Des fleuves célèbres** Trouvez le pays où se trouve chaque fleuve.

1. l'Amazone
2. le Nil
3. l'Euphrate
4. le Mississippi
5. le Mékong
6. le Saint-Laurent
7. la Casamance

a. au Québec
b. au Brésil
c. au Sénégal
d. en Iraq et en Syrie
e. au Viêt Nam
f. en Égypte
g. aux États-Unis

Le Saint-Laurent, au Québec

Le Mississippi à la Nouvelle-Orléans, en Louisiane

La Seine

Flavien Monod et Guy Lafarge

Avant la lecture Tous les touristes qui visitent Paris sont fort attirés par la Seine. La Seine est un fleuve très aimé. Avant de passer par beaucoup de jolis villages normands et se jeter dans la Manche, elle traverse la belle ville de Paris.

La Seine a inspiré beaucoup d'artistes dont cette œuvre de Monet *La Seine à Argenteuil* (1874).

N'importe quel jour de l'année on voit des touristes et même des Français se promener le long des quais de la Seine.

La Seine est célébrée dans des chansons populaires. Celle-ci est certainement une des plus jolies. Il faut que vous la chantiez. Les paroles de cette chanson sont très poétiques. Voici une strophe de cette chanson.

Claude Monet: *La Seine à Argenteuil*

Un couple assis sur un quai de la Seine

Une chanson: *La Seine*

Elle roucoule, coule, coule
Dès qu'elle entre dans Paris,
Elle s'enroule, roule, roule
Autour de ses quais fleuris.
5 Elle chante, chante, chante, chante
Chante le jour et la nuit,
Car la Seine est une amante
Et son amant c'est Paris

Vous avez compris?

A **La Seine** Répondez.

1. Qu'est-ce qui attire les touristes à Paris?
2. La Seine «coule et coule» pour arriver où?
3. Qui la Seine a-t-elle inspiré?
4. Qui se promène le long des quais de la Seine?
5. Où la Seine est-elle célébrée?
6. Comment sont les paroles de cette jolie chanson?
7. Où «roule» la Seine?
8. Elle chante? Que veut dire «elle chante»? Que fait la Seine comme bruit?
9. Quand chante-t-elle?
10. À quoi la Seine est-elle comparée?

Notre-Dame et la Seine, à Paris

B **Un fleuve** Y a-t-il un fleuve aux États-Unis qu'on pourrait comparer à la Seine? Lequel? Donnez tous les renseignements possibles sur ce fleuve.

Riverwalk, à San Antonio au Texas

À Pittsburgh, en Pennsylvanie

quatre cent quarante et un ❖ 441

La Ronde autour du Monde

Vocabulaire pour la lecture 🎧

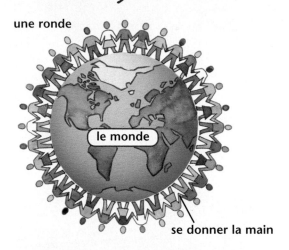

une ronde

le monde

se donner la main

un marin

un pont

une barque

Plus de vocabulaire

un gars *(fam.)* un garçon
l'onde *(lit.)* la mer, l'eau

mêler combiner, réunir
par cœur de mémoire

Quel est le mot?

1 **Quel mot?** Complétez.

1. Pour faire une _____, les enfants forment un cercle et tournent.
2. Aux Nations unies, il y a des pays du _____ entier.
3. Un _____ navigue sur la mer.
4. L'_____ est un mot littéraire qui veut dire «la mer».
5. Ce n'est pas la peine que tu cherches son numéro. Je le sais _____.
6. On ne peut pas traverser de l'autre côté du fleuve: le _____ est fermé.

2 **À quoi ça sert?** Dites à quoi ça peut servir. Vous pouvez donner plusieurs réponses.

1. une barque   2. un pont

Le légendaire «pont d'Avignon»

La Ronde autour du Monde

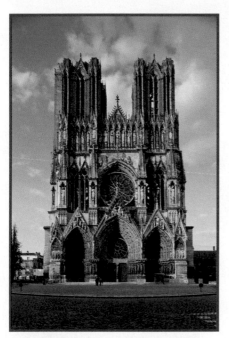

La cathédrale Notre-Dame de Reims,
ville natale de Paul Fort

Avant la lecture Paul Fort (1872–1960) est né à Reims, tout près de la célèbre cathédrale. À l'âge de dix-sept ans, il fonde le «théâtre de l'Art» qui présente des «lectures mises en scène» de grandes œuvres poétiques comme *Le Corbeau*[1] d'Edgar Allen Poe. En 1897, il publie le premier volume de ses *Ballades françaises*. Il en publiera une quarantaine d'autres par la suite. Dans cette œuvre, il s'inspire de l'histoire de France, de ses héros, de ses légendes et reprend les thèmes traditionnels de la poésie. Son style qui mêle prose et poésie plaît beaucoup à ses contemporains et en 1912, il reçoit le titre de «Prince des Poètes». En 1905, il crée la revue *Vers et Prose* qui publiera les œuvres des grands écrivains de l'époque tels que Guillaume Apollinaire et André Gide. Certains de ses poèmes sont restés très célèbres. De nos jours, les enfants des écoles apprennent toujours par cœur son poème *La Ronde autour du Monde*.

---

[1] Corbeau *Raven*

La Ronde autour du Monde

Si toutes les filles du monde voulaient
s'donner la main,
tout autour de la mer elles pourraient
faire une ronde

5 Si tous les gars du monde voulaient
bien êtr' marins,
ils f'raient avec leurs barques un joli
pont sur l'onde

Alors on pourrait faire une ronde
10 autour du monde,
si tous les gens du monde voulaient
s'donner la main.

Une ronde de petits enfants à Paris

Vous avez compris?

A **Le poète** Dites tout ce que vous savez sur Paul Fort.

B **Avec des si...** Répondez aux questions.
1. Que pourraient faire les filles?
2. À quelle condition?
3. Que feraient faire les garçons?
4. À quelle condition?
5. Que pourraient faire les gens?
6. À quelle condition?

C **Interprétation** D'après vous, à quoi ce poème fait-il appel? À des voyages lointains? À l'amitié entre garçons et filles? À la solidarité entre les gens du monde entier? À la fin du racisme?

Vue sur Reims du haut de la cathédrale

L'Organisation des Nations unies en Afghanistan

Montgolfières au-dessus de Gatineau, au Québec

D **Le tour du monde** Imaginez que vous faites le tour du monde. Comment le faites-vous? En bateau, en train, en montgolfière, en avion? Quand le faites-vous, maintenant ou plus tard?

E **Solidarité** *La Ronde autour du Monde* est un poème très populaire qui est presque devenu le symbole de la solidarité. Qu'est-ce que la solidarité pour vous? De quelle(s) façon(s) et dans quelles circonstances peut-on se montrer solidaire? Donnez des exemples concrets. Voici quelques possibilités, mais il y en a d'autres.

La solidarité, c'est...
   aider les autres
   se donner la main
   se serrer les coudes
   donner quand on peut et recevoir
     quand on en a besoin
   être concerné(e) par ce qui arrive
     aux autres

Un médecin de «Médecins sans Frontières» dans un camp de réfugiés éthiopiens

La Symphonie Pastorale
Vocabulaire pour la lecture 🎧

Il se serre contre elle.

Les passants se retournent. Il est embarrassé. Il rougit.

la voix

pleurer

Plus de vocabulaire

le bonheur ce qui fait que nous sommes heureux
la vérité ce qui est vrai—Il faut toujours dire la vérité!
noyé(e) mort par immersion dans l'eau
lâche pas courageux
inutile pas nécessaire
laid(e) pas joli

faire plaisir à être agréable à
se voir être visible
se souvenir de revenir en mémoire
mentir ne pas dire la vérité—Il ne faut jamais mentir!
chercher à essayer de
car parce que

Quel est le mot?

1 Contraires Donnez le contraire des mots suivants.

1. courageux
2. dire la vérité
3. nécessaire
4. oublier

5. rigoler
6. pâlir
7. le mensonge

2 Le mot juste Complétez.

1. S'il te plaît, mets un peu de musique! Pour me ____!
2. Ils sont pauvres, mais heureux: l'argent ne fait pas le ____.
3. Ça ____ que j'ai mangé plein de desserts! J'ai grossi de dix kilos!
4. On ____ savoir ce qui s'est passé, mais sans grands résultats.
5. Le petit enfant a froid, alors il ____ contre son père pour avoir chaud.

3 Définitions Donnez le mot qui correspond.

1. les gens qui passent
2. l'ensemble des sons produits par les vibrations des cordes vocales
3. qui ne voit pas
4. mort(e) asphyxié(e) dans l'eau
5. synonyme de figure
6. regarder derrière soi
7. pas joli
8. pas courageux
9. pas nécessaire
10. être agréable à

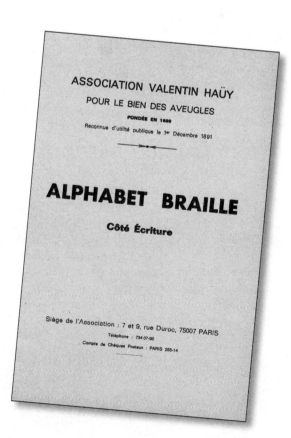

ASSOCIATION VALENTIN HAÜY
POUR LE BIEN DES AVEUGLES
FONDÉE EN 1889
Reconnue d'utilité publique le 1er Décembre 1891

ALPHABET BRAILLE

Côté Écriture

Siège de l'Association : 7 et 9, rue Duroc, 75007 PARIS
Téléphone : 734 07-90
Compte de Chèques Postaux : PARIS 263-14

Avant la lecture André Gide (1869–1951) est un écrivain français qui a eu une très grande influence pendant la période entre la Première et la Seconde Guerre mondiale. Très tôt, il fréquente les cercles littéraires parisiens. En 1909, il est le cofondateur de la prestigieuse *Nouvelle Revue française* (la NRF). Dans son œuvre, comme dans sa vie, Gide est partagé entre deux aspirations contradictoires: la liberté totale et le conformisme. Il publie *La Symphonie Pastorale* en 1919.

Ce roman met en scène un pasteur de la région de Neuchâtel, en Suisse. Le pasteur est marié et père de quatre enfants. Un jour, il est appelé auprès d'une vieille femme mourante[1] dans un village de la région. Il a pitié de la nièce de la morte, Gertrude, une pauvre petite fille d'une quinzaine d'années qui est aveugle et vit[2] comme un petit animal. En effet elle a été abandonnée à elle-même pendant de nombreuses années et est totalement ignorante. Le pasteur la recueille chez lui et entreprend de faire son éducation. Le roman est écrit sous forme de journal. Dans l'extrait qui suit, le pasteur a initié Gertrude à la musique: il l'a emmenée à un concert de Beethoven. Au programme: *La Symphonie Pastorale*.

---

[1]mourante *dying*
[2]vit *lives*

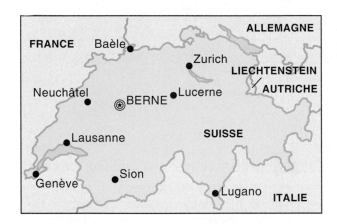

La Symphonie Pastorale 🎧

29 février

Je n'ai pas dit encore l'immense plaisir que Gertrude avait pris à ce concert de Neuchâtel. On y jouait précisément *La Symphonie Pastorale*. Je dis «précisément» car il n'est pas une œuvre que j'aurais pu davantage souhaiter de lui faire entendre. Longtemps après avoir quitté la salle de concert, Gertrude restait
5 encore silencieuse et comme noyée dans l'extase.

—Est-ce que vraiment ce que vous voyez est aussi beau que cela? dit-elle enfin.

—Aussi beau que quoi, ma chérie?

—Que cette «scène au bord du ruisseau»°.

10 —Ceux qui ont des yeux, dis-je, ne connaissent pas leur bonheur.

—Mais moi qui n'en ai pas, s'écria-t-elle° aussitôt, je connais le bonheur d'entendre.

«scène au bord du ruisseau» *"By the brook" (the title of the second movement of the symphony)*

s'écria-t-elle *she exclaimed*

Elle se serrait contre moi tout en marchant et elle pesait à mon bras comme font les petits enfants:

15 —Pasteur, est-ce que vous sentez combien je suis heureuse? Non, non, je ne dis pas cela pour vous faire plaisir. Regardez-moi: est-ce que cela ne se voit pas sur le visage, quand ce que l'on dit n'est pas vrai? Moi, je le reconnais si bien à la voix. Vous vous souvenez du jour où vous m'avez dit que vous ne pleuriez pas, après que ma tante (c'est ainsi qu'elle appelait ma femme) vous avait

20 reproché de ne rien faire pour elle. Je me suis écriée: Pasteur, vous mentez! Oh! Je l'ai senti tout de suite à votre voix que vous ne me disiez pas la vérité. Je n'ai pas eu besoin de toucher vos joues, pour savoir que vous aviez pleuré.

Et elle répéta très haut: Non, je n'avais pas besoin de toucher vos joues— ce qui me fit rougir, parce que des passants se retournaient. Elle continuait:

25 —Il ne faut pas chercher à me tromper, voyez-vous. D'abord parce que ça serait très lâche° de chercher à tromper une aveugle. Et puis parce que ça prendrait pas°, ajouta-t-elle en riant. Dites-moi, pasteur, vous n'êtes pas malheureux, n'est-ce pas.

Je portai sa main à mes lèvres, comme pour lui faire sentir sans le lui avouer°

30 qu'une partie de mon bonheur venait d'elle.

—Non, Gertrude, non, je ne suis pas malheureux. Comment serais-je malheureux?

—Vous pleurez quelquefois, pourtant?

—J'ai pleuré quelquefois.

35 —Pas depuis la fois que j'ai dit?

—Non, je n'ai plus repleuré depuis.

—Vous n'avez plus eu envie de pleurer?

—Non, Gertrude.

—Et dites... est-ce qu'il vous est arrivé depuis, d'avoir envie de mentir?

40 —Non, chère enfant.

—Pouvez-vous me promettre de ne jamais chercher à me tromper?

—Je te le promets.

—Eh bien! dites-moi tout de suite: est-ce que je suis jolie?

Cette brusque question me surprit, d'autant plus que je n'avais pas voulu

45 jusqu'à ce jour accorder attention à l'indéniable beauté de Gertrude. Et je pensais de plus, qu'il était parfaitement inutile qu'elle le sache.

—Que t'importe de le savoir? lui dis-je aussitôt.

—Cela, c'est mon souci, dit-elle. Je voudrais savoir si je ne... comment dites-vous cela?... si je ne détonne pas trop° dans la symphonie. À qui d'autre

50 demanderais-je cela, pasteur?

—Un pasteur n'a pas à s'inquiéter de la beauté des visages, dis-je, me défendant comme je pouvais.

—Pourquoi?

—Parce que la beauté des âmes° lui suffit.

55 —Vous préférez me laisser croire que je suis laide, dit-elle alors avec une moue° charmante; de sorte que, n'y tenant plus, je m'écriai:

—Gertrude, vous savez bien que vous êtes jolie.

lâche *cowardly*

ça ne prendrait pas *it wouldn't work*

sans le lui avouer *without admitting it to her*

si je ne détonne pas trop *if I am not too much out of place*

âmes *souls*

moue *pout*

A **Questions** Répondez.

1. Dans quel pays et dans quelle région de ce pays se passe cette histoire?
2. Où le pasteur et Gertrude sont-ils allés au concert?
3. Quelle œuvre était au programme?
4. Gertrude a-t-elle aimé le concert?
5. Pourquoi Gertrude est-elle heureuse?
6. Comment reconnaît-elle que les gens ne disent pas la vérité?
7. Quand le pasteur lui a-t-il menti? Racontez l'incident.
8. En général, comment font les aveugles pour reconnaître les autres?
9. Pourquoi le pasteur rougit-il?
10. Quelle est la question que Gertrude veut poser dès le début de la conversation?
11. Pourquoi le pasteur ne veut-il pas lui répondre?
12. Qu'est-ce qui le force finalement à répondre?

À Neuchâtel, en Suisse

B **Le pasteur** Quels sont les sentiments du pasteur vis à vis de Gertrude? Est-il honnête avec lui-même? Justifiez vos réponses en donnant des exemples.

C **Gertrude** Comment Gertrude manipule-t-elle la situation? Justifiez vos réponses en donnant des exemples.

D **Heureux ou malheureux?** À quoi peut-on reconnaître que quelqu'un est heureux? À quoi peut-on reconnaître que quelqu'un est malheureux?

Promenade en Provence

E **Images ou sons?** Croyez-vous que le bonheur de voir soit plus intense que le bonheur d'entendre? Donnez des exemples pour justifier votre réponse.

Trois tableaux de Pierre Paul Rubens (1577–1640) représentant Marie de Médicis au musée du Louvre à Paris

L'orchestre à l'Opéra de Paris

F **Miroir, miroir...** Dans *La Symphonie Pastorale*, Gertrude veut savoir à tout prix si elle est jolie. De nos jours aussi, les filles et les garçons attachent beaucoup d'importance à leur apparence physique. Avec des camarades discutez les deux questions qui suivent. Justifiez vos réponses en donnant des exemples concrets. Qu'est-ce qui compte le plus pour vous, la beauté ou la personnalité? Croyez-vous que les personnes qui ont un beau physique aient plus de chances de réussir que les autres?

Les Feuilles Mortes

Vocabulaire pour la lecture 🎧

Les feuilles tombent. On les ramasse à la pelle.

Plus de vocabulaire

fidèle qui manifeste un attachement constant, une fidélité constante

remercier dire merci, exprimer sa gratitude

effacer faire disparaître, causer la disparition

Quel est le mot?

1 **Le bord de la mer en automne** Répondez.

1. Est-ce que la mer a des vagues?
2. Il y a des pas sur le sable?
3. Est-ce que la mer efface les pas?
4. Quand les feuilles tombent, on les ramasse comment?

2 **Familles de mots** Choisissez le mot qui correspond.

🎧
1. disparaître   a. la fidélité
2. attacher   b. un attachement
3. fidèle   c. l'oubli
4. remercier   d. merci
5. oublier   e. une disparition

La jolie ville de Tadoussac au Québec

Les Feuilles Mortes

Avant la lecture   La chanson française a commencé il y a très longtemps. Au Moyen Âge, les troubadours et les trouvères allaient de ville en ville et chantaient l'amour et la guerre. Ils chantaient dans les rues et dans les fêtes. Au dix-huitième siècle, les gens se réunissaient dans des cafés appelés «caveaux» pour écouter des chansons. Au dix-neuvième siècle, le «cabaret» a remplacé le caveau. Les plus fameux des cabarets se trouvaient à Montmartre, un quartier de Paris où les gens aimaient aller le soir. Ensuite, il y a eu les grands music-halls, dont certains existent toujours.

En 1877, le phonographe est inventé, et vers 1900, le disque fait son apparition. Après cela, il n'est plus nécessaire d'aller dans un cabaret ou un music-hall pour écouter des chansons. On peut le faire chez soi.

Un troubadour joue devant le couple royal

Charles Trenet (1913-2001)

La carrière de Charles Trenet a duré près de soixante ans. Le «fou chantant» comme on l'appelle communément est né en 1913 à Narbonne dans le sud de la France. C'est une figure légendaire du music-hall français. Il écrivait ses chansons et les chantait dans un style dynamique, éternellement jeune. Sa chanson *La Mer*—écrite en vingt minutes dans un train entre Narbonne et Carcassonne—a fait le tour du monde et a été interprêtée dans des dizaines de langues.

Édith Piaf (1915-1963)

Après la Seconde Guerre mondiale, la chanson française, c'est Édith Piaf. «La môme Piaf» (*The kid sparrow*), comme on l'appelle, est née sur le trottoir, à Belleville, un quartier pauvre de Paris. Née dans la rue, elle a d'abord chanté dans la rue. «Mon conservatoire, c'est la rue», disait-elle. Piaf était une chanteuse populaire. Elle n'avait pas de public particulier. Elle chantait pour tous. Toute petite et toujours habillée d'une petite robe noire, elle chantait d'une voix forte et profonde. Elle chantait la vie, la mort, l'amour, la gaieté. Elle chantait aussi la pauvreté qu'elle connaissait si bien.

Édith Piaf est l'une des seules chanteuses françaises qui soit venue plusieurs fois en tournée aux États-Unis.

Jacques Brel (1929-1978)

C'est en Belgique, dans la banlieue de Bruxelles, que naît en 1929 la personnalité «la plus volcanique» de la chanson francophone. Sur scène, Jacques Brel se donnait entièrement à ses chansons—il habitait ses personnages, il criait, il pleurait. Il enthousiasmait son public par ses rages, ses passions qu'il exprimait avec une grande sincérité. Mais en 1966, au sommet de sa gloire, il abandonne la chanson parce qu'il n'a plus rien à dire. Après quelques essais en tant qu'acteur, il reviendra à la chanson à la fin de sa vie. Le «grand Jacques» meurt d'un cancer au poumon en 1978.

Des artistes du monde entier chantent encore ses chansons, non seulement des artistes francophones, mais aussi des artistes anglophones.

Aux États-Unis, Jacques Brel lui-même a fait l'objet d'une comédie musicale intitulée *Jacques Brel is alive and well and living in Paris*.

Yves Montand (1921-1991)

Yves Montand est né en Italie en 1921. Il est arrivé tout jeune en France. Il a commencé sa carrière en chantant des chansons de cow-boy. Puis, il a eu la chance de rencontrer Édith Piaf qui lui a donné des conseils et l'a lancé dans le monde de la chanson. Ensuite, Yves Montand a rencontré quelqu'un qui allait changer son répertoire en l'orientant vers la chanson poétique—le poète, Jacques Prévert. Montand a commencé à chanter des poèmes de Prévert, mis en musique par Joseph Kosma.

Les Feuilles Mortes est la plus célèbre de ces chansons poétiques. Chantée par Yves Montand, mais aussi par Édith Piaf, cette chanson a aussi été chantée par des chanteurs de tous les pays du monde, dans toutes les langues du monde!

Le poète des chanteurs: Jacques Prévert (1900-1977)

Jacques Prévert est né à Neuilly-sur-Seine dans la région parisienne en 1900. Toute sa vie, il restera très attaché à Paris qu'il célèbrera dans de nombreux poèmes. Après son service militaire en Turquie, il rentre à Paris et s'installe au 54 rue du Château qui devient bientôt le lieu de rendez-vous du mouvement surréaliste. En 1934, il fait la connaissance d'un musicien venu de Budapest, Joseph Kosma qui mettra en musique de nombreux poèmes de Prévert. En 1945 paraît *Paroles,* le recueil de poèmes le plus vendu à ce jour.

Mais le talent de Jacques Prévert n'est pas limité à la poésie. Prévert a collaboré en tant que dialoguiste et scénariste avec les meilleurs réalisateurs du moment, Jean Renoir et Marcel Carné.

Jacques Prévert a écrit *Les Feuilles Mortes* pour un film dont il était le scénariste: *Les Portes de la Nuit* de Marcel Carné. La musique était de Joseph Kosma et cette chanson était chantée par un jeune acteur découvert par Édith Piaf: Yves Montand.

Les Feuilles Mortes 🎧

Oh! Je voudrais tant que tu te souviennes
des jours heureux où nous étions amis
En ce temps-là la vie était plus belle
et le soleil plus brûlant° qu'aujourd'hui

5 Les feuilles mortes se ramassent à la pelle…
Tu vois je n'ai pas oublié
Les feuilles mortes se ramassent à la pelle
les souvenirs et les regrets aussi
et le vent du nord les emporte°

10 dans la nuit froide de l'oubli°
Tu vois je n'ai pas oublié
la chanson que tu me chantais

C'est une chanson qui nous ressemble
Toi tu m'aimais

15 et je t'aimais
Et nous vivions tous deux ensemble
toi qui m'aimais
et que j'aimais
Mais la vie sépare ceux qui s'aiment

20 tout doucement
sans faire de bruit
et la mer efface sur le sable
les pas des amants° désunis…

Mais mon amour silencieux et fidèle

25 sourit toujours et remercie la vie
Je t'aimais tant tu étais si jolie
Comment veux-tu que je t'oublie
En ce temps-là la vie était plus belle
et le soleil plus brûlant qu'aujourd'hui

30 Tu étais ma plus douce amie°…
Mais je n'ai que faire des regrets
Et la chanson que tu chantais
toujours toujours je l'entendrai

C'est une chanson qui nous ressemble

35 Toi tu m'aimais
et je t'aimais
Et nous vivions tous deux ensemble
toi qui m'aimais
et que j'aimais

40 Mais la vie sépare ceux qui s'aiment
tout doucement
sans faire de bruit
et la mer efface sur le sable
les pas des amants désunis

plus brûlant *hotter*

les emporte
sweeps them away
oubli *oblivion*

amants
lovers

plus douce amie
sweetest love

A **Qu'est-ce qui se passe?**
Répondez d'après la lecture.

1. Qui est «tu» dans «Oh! Je voudrais tant que tu te souviennes»?
2. Comment étaient les jours quand les amants étaient ensemble?
3. Comment était la vie?
4. Comment était le soleil?
5. Que fait le vent du nord?
6. Qu'est-ce que le poète n'a pas oublié?
7. Qu'est-ce que la vie sépare?
8. Que fait la mer?
9. Qui a fait les pas sur le sable?

Automne dans le Beaujolais, en France

B **De quoi s'agit-il?** Analysez.

1. Quelles émotions cette chanson évoque-t-elle?
2. À qui le poète parle-t-il?
3. Où est cette personne? Pourquoi sont-ils séparés?
4. Qu'est-ce que le poète n'oubliera jamais?
5. Pourquoi?
6. Pourquoi le poète a-t-il donné le titre *Les Feuilles Mortes* à ce poème?

La Bretagne sous la neige

C **L'amour et le temps** Expliquez.

1. «Les feuilles mortes se ramassent à la pelle
les souvenirs et les regrets aussi
et le vent du nord les emporte
dans la nuit froide de l'oubli»

2. «Mais la vie sépare ceux qui s'aiment
tout doucement
sans faire de bruit
et la mer efface sur le sable
les pas des amants désunis...»

D **Pourquoi?** Les amants des *Feuilles Mortes* ne sont plus ensemble. Imaginez les raisons qui les ont séparés.

E **La chanson française** Résumez l'histoire de la chanson française en un paragraphe.

F **Chansons** Les quatre chansons suivantes sont très connues en France et ailleurs. Pouvez-vous deviner quels sont leurs titres en anglais?
1. *La mer* (Trenet)
2. *L'hymne à l'amour* (Piaf)
3. *Ne me quitte pas* (Brel)
4. *Quand on n'a que l'amour* (Brel)

a. *If you go away*
b. *Beyond the sea*
c. *If you love me, really love me*
d. *If we only have love*

Édith Piaf en concert

G **Célébrités** Quels sont les chanteurs et chanteuses célèbres dans votre pays? Depuis combien de temps chantent-ils? Est-ce que vous aimez leurs chansons? Est-ce que vos parents les aiment?

H **À votre avis** La vie des chanteurs et chanteuses était-elle plus ou moins intéressante avant l'invention du phonographe et des disques? Pourquoi?

À mon mari

Vocabulaire pour la lecture 🎧

le cou

une cravate

un service de table

une boulette

une natte

un bol de riz

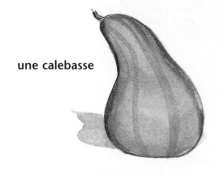

une calebasse

une louche

Plus de vocabulaire

un commandement un ordre qu'on donne à quelqu'un
un fétiche un objet ou un animal auquel on attribue des propriétés magiques
préciser expliquer

sous-alimenté(e) qui n'a pas assez à manger
sous-développé(e) terme qu'on utilisait pour décrire un pays non-industrialisé et souvent pauvre; de nos jours on dit ‹‹en voie de développement››

Quel est le mot?

1 Quel est le mot? Complétez.

1. Un ____ est constitué d'assiettes, de plats à servir, et est souvent en porcelaine.
2. On peut mettre le riz dans un ____.
3. Il n'y a pas de chaise. Je vais m'asseoir sur une ____.
4. Une ____ est un fruit, pas un légume.
5. On sert la soupe avec une ____.
6. Aucun homme n'aime porter de ____ quand il fait très chaud.
7. Ils n'ont jamais assez à manger. Ils sont vraiment ____, les pauvres.
8. Beaucoup de pays du monde sont ____.

Des femmes maliennes de la région de Mopti

2 Définitions Donnez le mot dont la définition suit.

1. une grande cuillère à long manche pour servir le potage
2. la partie du corps qui unit la tête aux épaules
3. dire ou s'exprimer d'une façon directe
4. un objet ou un animal doué de propriétés magiques
5. un ordre, un mandat
6. une petite boule

Le marché à Djenné, au Mali

À mon mari

Yambo Ouologuem

Une famille prépare un repas à
Tombouctou, au Mali

Avant la lecture Yambo Ouologuem est né au Mali en 1940. Il a fait des études de littérature et de sociologie à Paris. Il a reçu en 1968 le Prix Renaudot pour sa première chronique romanesque *Le Devoir de violence*. Ouologuem voit l'Afrique en voie d'une transformation profonde. Il trouve que la forte présence européenne fait disparaître son héritage africain.

Dans le poème aigre-doux[1] *À mon mari* la femme s'adresse à son mari et lui fait remarquer les changements dans leur vie de tous les jours–changements imposés par la culture européenne.

Pour mieux comprendre ce que la femme dit à son mari il faut connaître quelques coutumes africaines.

La façon traditionnelle de manger dans les villages africains, c'est avec les mains. Un bol de riz et un bol de sauce sont placés par terre. Ceux qui vont manger se lavent les mains et s'asseyent sur une natte autour des bols. Le chef de famille distribue la viande et les légumes. Chacun prend un morceau dans la main, fait une boulette avec du riz et la mange.

Dans le poème, la femme parle à son mari des fétiches. Beaucoup de religions traditionnelles en Afrique ont des éléments magiques. Les féticheurs préparent des lotions magiques et donnent des fétiches–des objets ou des animaux qui, selon eux, peuvent faire disparaître les mauvais esprits.

_____

[1]aigre-doux *bitter sweet*

À mon mari 🎧

Tu t'appelais Bimbircokak
Et tout était bien ainsi
Mais tu devins Victor-Émile-Louis-Henri-Joseph
Et achetas un service de table

5 J'étais ta femme
Tu m'appelas ton épouse
Nous mangions ensemble
Tu nous séparas autour d'une table

Calebasse et louche
10 Gourde et couscous
Disparurent de menu oral°
Que me dictait ton commandement paterne°

Nous sommes modernes précisais-tu

Chaud chaud chaud est le soleil
15 À la demande° des tropiques
Mais ta cravate ne quitte
Point ton cou menacé d'étranglement°

menu oral *daily conversation*
paterne *paternal*

À la demande *As demanded by*
étranglement *strangulation*

Et puisque tu boudes° quand je te rappelle ta situation
Eh bien n'en parlons plus mais je t'en prie
20 Regarde-moi
Comment me trouves-tu

Nous mangeons des raisins du lait pasteurisé du pain d'épice°
D'importation
Et mangeons peu

25 Ce n'est pas ta faute
Tu t'appelais Bimbircokak
Et tout était bien ainsi
Tu es devenu Victor-Émile-Louis-Henri-Joseph
Ce qui

30 Autant qu'il m'en souvienne
Ne rappelle point ta parenté
Roqueffelère°
(Excuse mon ignorance je ne m'y connais pas° en finances et
en Fétiches)

35 Mais vois-tu Bimbircokak
Par ta faute
De sous-développée je suis devenue sous-alimentée.

boudes *pout, complain*

pain d'épice
gingerbread

Roqueffelère *with
Rockefeller*
je ne m'y connais pas
I am not an expert

Un repas cérémonial, à Fès au Maroc

Vous avez compris?

A **Yambo Ouologuem** Répondez.

1. Où est né Yambo Ouologuem?
2. Où a-t-il fait des études?
3. Comment voit-il l'Afrique?
4. De quoi la femme parle-t-elle à son mari?
5. Comment les Africains mangent-ils traditionnellement?
6. Qu'est-ce qui existe dans beaucoup de religions traditionnelles africaines?
7. Que sont les fétiches?

Des femmes africaines au marché dans le quartier Barbès-Rochechouart, à Paris

B **Le poème** Répondez.

1. Comment le mari s'appelait-il?
2. Comment était tout quand il portait ce nom?
3. Quel nouveau nom a-t-il pris?
4. Qu'a-t-il acheté après avoir changé de nom?
5. Sa femme, il ne l'appelle plus sa femme. Comment l'appelle-t-il?
6. Quand il s'appelait Bimbircokak, comment mangeait le couple?
7. Qu'est ce qui les sépare maintenant?

C **Trouvez l'information suivante.**

1. ce qu'ils ne mangent plus
2. la raison pour laquelle ils ne les mangent plus
3. comment ils «sont» maintenant
4. le temps qu'il fait où ils habitent
5. ce que le mari porte toujours

Un beau service de table à l'Hôtel Lassay à Paris

D Expliquez.

1. D'une façon ironique la femme dit à son mari que tous ces changements ne sont pas de sa faute. Pourquoi?
2. Expliquez ce que le mari a perdu quand il est devenu Victor-Émile-Louis-Henri-Joseph.
3. Expliquez pourquoi la femme parle de Roqueffelère.
4. Expliquez le sarcasme quand la femme dit, «je ne m'y connais pas en finances et en Fétiches».
5. Pourquoi parle-t-elle des finances et des Fétiches dans la même phrase?
6. La femme dit à son mari que c'est de sa faute si de «sous-développée» elle est devenue «sous-alimentée». Elle lui dit aussi d'autres choses importantes. Expliquez.
7. D'après vous, le poète est d'accord avec le point de vue de la femme ou celui de son mari? Expliquez.

Un étudiant africain, à la Cité Internationale de Paris

Deux petites filles avec des calebasses

E À mon mari
Relisez le poème *À mon mari*. Ensuite écrivez une lettre au mari en lui disant tout ce que sa femme n'aime pas dans son nouveau comportement. Expliquez-lui quelles seront les conséquences de ce comportement selon elle.

La réclusion solitaire

Vocabulaire pour la lecture 🎧

La boîte est carrée et de couleur marron.

Plus de vocabulaire

la réclusion la privation de liberté avec obligation de travailler

le boulot le travail

le rapatriement le fait d'être renvoyé(e) dans son pays

le kabyle le dialecte berbère de Kabylie (en Algérie)

superposé(e)s les uns au-dessus des autres

commode facile, pratique

rieur(euse) qui rit facilement

égorger tuer en coupant la gorge

manier utiliser en ayant en main

enfermer mettre dans un lieu d'où il est impossible de sortir

se dire des injures s'insulter

il est interdit (de) il ne faut pas

Quel est le mot?

1 **Synonymes** Exprimez d'une autre façon ce qui est en italique.

1. Il *va mettre de la peinture* sur le plafond.
2. *Il ne faut* pas fumer ici.
3. Il y a partout des piles de livres *les unes au-dessus des autres*.
4. N'oublie pas de repasser *les chemises, les serviettes et tout le reste*.
5. Nous voulons *changer d'appartement*.
6. Il a été condamné à la *privation de liberté*.
7. *Être renvoyé dans son pays* lui fait peur.
8. Il va au *travail* à vélo.

Un appartement à vendre à Paris

2 **Définitions** Donnez le mot qui correspond.

1. un récipient de porcelaine avec de l'eau courante qui sert à faire sa toilette
2. un objet qui sert à attacher des vêtements à une corde quand ils sèchent
3. un objet carré qui sert à contenir quelque chose
4. une très grosse valise
5. le dialecte berbère de Kabylie

3 **Associations** Choisissez les mots qui sont associés.

1. peindre   **a.** en prison
2. une ampoule   **b.** une valise
3. une malle   **c.** un mur
4. un lavabo   **d.** de la peinture
5. le plafond   **e.** se dire des injures
6. se disputer   **f.** rieur
7. une épingle à linge   **g.** marron
8. une fenêtre   **h.** faire sa toilette
9. joyeux   **i.** la lumière
10. enfermer   **j.** une vitre
11. une couleur   **k.** une corde à linge

Les remparts de la ville de Saint-Malo en Bretagne

La réclusion solitaire

Tahar Ben Jelloun

Avant la lecture Tahar Ben Jelloun est né à Fès, au Maroc, en 1944. Romancier et poète, il reçoit le prix Goncourt en 1987 pour son roman *La nuit sacrée*.

Dans le texte qui suit, extrait de *La réclusion solitaire* (1976), il décrit l'indifférence, la haine, la violence et l'humiliation que rencontre un Arabe qui essaie de gagner sa vie à Paris. Tahar Ben Jelloun y a inclus beaucoup de souvenirs personnels.

La réclusion solitaire 🎧

Aujourd'hui je ne travaille pas.

Je laverai mon linge dans le lavabo de la cour. J'irai ensuite au café. Par arrêté préfectoral° (ou autre), je dois abandonner la malle¹. On me propose une cage dans un bâtiment où les murs lépreux° et fatigués
5 doivent abriter° quelques centaines de solitudes. Il n'y avait rien à déménager: des vêtements et des images; un savon et un peigne; une corde et quelques épingles à linge.

La chambre.

Une boîte carrée à peine éclairée par une ampoule qui colle au
10 plafond. Les couches de peinture° qui se sont succédé sur les murs s'écaillent°, tombent comme des petits pétales et deviennent poussière°.

Quatre lits superposés par deux. Une fenêtre haute. [...]

Le blond aux yeux marron me réveilla, m'offrit du thé et des figues et
15 nous partîmes au travail.

À l'entrée du bâtiment, on nous a donné le règlement°:

—Il est interdit de faire son manger dans la chambre (il y a une cuisine au fond du couloir);

—Il est interdit de recevoir des femmes; [...]
20 —Il est interdit d'écouter la radio à partir de neuf heures;

—Il est interdit de chanter le soir, surtout en arabe ou en kabyle;

—Il est interdit d'égorger un mouton dans le bâtiment; [...]

—Il est interdit de faire du yoga dans les couloirs;

¹ la malle *nom que le narrateur donne à la chambre qu'il doit quitter*

Glossary (margin):

arrêté préfectoral *administrative order*
lépreux *peeling*
abriter *shelter*

couches de peinture *coats of paint*
s'écaillent *are flaking off*
poussière *dust*

règlement *regulations*

—Il est interdit de repeindre les murs, de toucher aux meubles,
25 de casser° les vitres, de changer d'ampoule, de tomber malade,
d'avoir la diarrhée, de faire de la politique, d'oublier d'aller au
travail, de penser à faire venir sa famille, [...] de sortir en pyjama
dans la rue, de vous plaindre° des conditions objectives et
subjectives de vie, [...] de lire ou d'écrire des injures sur les murs,
30 de vous disputer, de vous battre, de manier le couteau, de vous
venger°.
—Il est interdit de mourir dans cette chambre, dans l'enceinte°
de ce bâtiment (allez mourir ailleurs°; chez vous, par exemple,
c'est plus commode);
35 —Il est interdit de vous suicider (même si on vous enferme à
Fleury-Mérogis[2]); votre religion vous l'interdit, nous aussi;
—Il est interdit de monter dans les arbres;
—Il est interdit de vous peindre en bleu, en vert ou en mauve;
—Il est interdit de circuler en bicyclette dans la chambre, de
40 jouer aux cartes, de boire du vin (pas de champagne);
—Il est aussi interdit de [...] prendre un autre chemin pour
rentrer du boulot.
Vous êtes avertis°. Nous vous conseillons de suivre le règlement,
sinon, c'est le retour à la malle et à la cave°, ensuite ce sera le séjour
45 dans un camp d'internement en attendant votre rapatriement.
Dans cette chambre, je dois vivre avec le règlement et trois autres
personnes; le blond aux yeux marron, le brun aux yeux rieurs, et le
troisième est absent, il est hospitalisé parce qu'il a mal dans la tête.

casser *break*

vous plaindre
complain

vous venger
take revenge
l'enceinte *confines*
ailleurs *elsewhere*

avertis *warned*
cave *basement*

---

[2] Fleury-Mérogis *prison près de Paris*

Vous avez compris?

A Journée libre Répondez d'après la lecture.

1. Quels projets le narrateur a-t-il faits pour la journée?
2. Il appelle la chambre qu'il doit quitter, «la malle». Pourquoi doit-il quitter la malle?
3. Comment sont les murs du bâtiment où il va? Qu'est-ce qu'ils abritent?
4. Qu'est-ce qu'il doit déménager?
5. Qui l'a réveillé?
6. Que lui a-t-il offert?
7. Que donne-t-on aux nouveaux locataires (*tenants*) à l'entrée du bâtiment?
8. Avec quoi et avec qui le narrateur doit-il vivre dans sa nouvelle chambre?

Un Marocain dans un café français, à Fès, au Maroc

Deux sœurs devant une H.L.M. à Marseille

B La chambre Décrivez la nouvelle chambre.

1. l'éclairage (la lumière)
2. les murs
3. les lits
4. les fenêtres

C Le règlement Complétez.

1. On doit faire son manger dans...
2. On peut écouter la radio jusqu'à...
3. Il n'est pas permis de chanter le...
4. On peut aller mourir...
5. Il est interdit de monter dans...
6. Il est interdit de se peindre en...
7. Dans le bâtiment, il est interdit de...
8. Dans les couloirs, il est interdit de...
9. Sur les murs, il est interdit de...
10. Dans la chambre, il est interdit de...

D **Les interdictions** Dites ce qu'il est interdit...

1. de toucher
2. de manier
3. de repeindre
4. de changer
5. de casser

6. d'oublier
7. de recevoir
8. de prendre
9. de faire
10. de lire ou d'écrire

E **La souffrance** Dans ce bref extrait que vous venez de lire, Tahar Ben Jelloun a bien réussi à nous faire sentir la souffrance de l'immigré. Retrouvez dans la lecture les descriptions, les expressions, les interdictions qui vous ont surtout touché(e). Expliquez pourquoi.

Des H.L.M. à Paris

F **Aux États-Unis** Croyez-vous que la vie des immigrés aux États-Unis est semblable à celle des immigrés en France ou doutez-vous qu'une telle situation puisse exister. Donnez des exemples et justifiez votre réponse.

Les Misérables

Vocabulaire pour la lecture 🎧

un bagne

un forçat

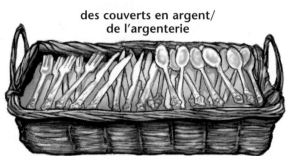

des couverts en argent/
de l'argenterie

un panier

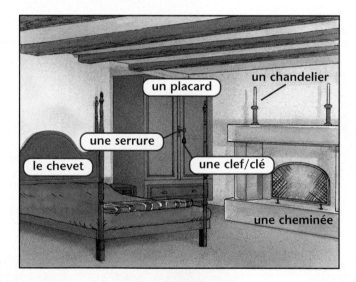

un placard

un chandelier

une serrure

le chevet

une clef/clé

une cheminée

Le voleur escalada le mur.

Il sauta par-dessus.

Il s'enfuit.

un évêque

le soleil levant

L'évêque se promena dans le jardin.

Il se baissa pour cueillir une fleur.

On frappa à la porte.

Plus de vocabulaire

le sommeil état d'une personne qui dort
le bien ce qui possède une valeur, ce qui est juste
le mal ce qui est contraire à la vertu, à la morale, au bien
une méprise le fait de prendre une chose pour une autre, un malentendu, une confusion

briser mettre en pièces, détruire, casser
appartenir être la propriété de quelqu'un
ramasser rendre quelque chose par terre

Quel est le mot?

1 **Historiette** **Dans le jardin de l'évêque**
Répondez.

1. On voit le soleil levant le matin ou le soir?
2. L'évêque se promène dans son jardin pour voir le soleil levant?
3. Il se baisse pour ramasser des fleurs dans son jardin?
4. L'évêque saute par-dessus le mur?
5. La clé est dans la serrure de la porte?
6. L'évêque s'enfuit?

Soleil levant au Congo-Kinshasa

Une chambre royale

2 **Quelle est la définition?** Choisissez.

1. le bagne   a. le contraire du mal
2. un forçat   b. prendre une chose qui est sur le sol
3. le chevet   c. prison avec travaux forcés
4. un évêque   d. partir très rapidement
5. le bien   e. détruire
6. une méprise   f. un condamné aux travaux forcés
7. le sommeil   g. état de quelqu'un qui dort
8. s'enfuir   h. marcher, faire une promenade
9. ramasser   i. un malentendu
10. briser   j. la tête du lit
11. se promener   k. un dignitaire ecclésiastique

3 **D'après vous** Complétez.

1. Le _____ était condamné aux travaux forcés dans un _____.
2. De temps en temps, des prisonniers essaient de _____.
3. Je dors bien. J'ai le _____ profond.
4. Qui a _____ la fenêtre? Il y a des morceaux de verre partout.
5. Il a mis les assiettes et l'argenterie dans le _____.
6. Elle a de très beaux couverts en _____. Cette argenterie lui vient de sa grand-mère.
7. C'est une nuit froide d'hiver. Il y a un feu dans la _____.
8. Il lit à la lumière d'un _____.
9. Un voleur prend ce qui ne lui _____ pas.

Les Misérables

Avant la lecture Victor Hugo occupe une place exceptionnelle dans la littérature française. Il est né en 1802 à Besançon où son père était commandant. Par la suite, son père est devenu général, et Victor Hugo a accompagné le général Hugo dans les pays où l'a appelé le service de l'Empereur Napoléon Ier: Naples en 1808, l'Espagne en 1811–1812. Au retour d'Espagne, Victor Hugo a habité Paris avec sa mère et a souffert de la mésentente[1] entre ses parents.

En 1814, après la séparation de ses parents, Victor Hugo est devenu interne à la pension Cordier et a fait ses études au lycée Louis-le-Grand où il a obtenu de nombreux succès scolaires. C'est au lycée, à quinze ans, qu'il a composé ses premiers poèmes.

En 1822, à l'âge de vingt ans, il a commencé à publier poèmes, drames et romans. Et au cours des années, il est devenu «l'écho sonore» de son siècle. En 1845, Victor Hugo a commencé à méditer sa grande œuvre *Les Misérables*.

Publié en 1862, cet énorme roman est dominé par une thèse humanitaire. Pour Hugo, les misérables sont les infortunés et les infâmes. Il croit qu'il y a des infortunés parce qu'il y a de la misère et de la pauvreté. Il croit aussi que beaucoup d'infortunés deviennent des infâmes, à cause de l'injustice et de l'indifférence de la société.

Le héros, Jean Valjean, est un infortuné qui a été envoyé au bagne pour avoir volé du pain. Quand il sort du bagne, les autorités lui donnent un passeport jaune d'ancien forçat. Ce passeport le rend suspect partout et il ne peut pas trouver de travail. Il commence à devenir criminel. L'Évêque de Digne, surnommé monseigneur Bienvenu pour sa compassion pour les malheureux, accueille chez lui Jean Valjean. Monseigneur Bienvenu a une mission évangélique: il veut aider Jean Valjean.

---

[1] mésentente *dissension*

Paris à l'époque de Victor Hugo

Les Misérables

L'évêque continuait de dormir dans une paix° profonde sous ce regard effrayant°.

Un reflet de lune faisait
5 confusément visible au-dessus de la cheminée le crucifix qui semblait leur ouvrir les bras à tous les deux, avec une bénédiction pour l'un et un pardon pour l'autre. Tout à coup Jean
10 Valjean remit sa casquette sur son front, puis marcha rapidement, le long du lit, sans regarder l'évêque, droit au placard qu'il entrevoyait° près du chevet; il leva le chandelier de fer° comme pour forcer la serrure; la clef y était; il l'ouvrit; la première chose qui lui apparut fut le panier d'argenterie; il le prit, traversa la chambre à grands pas sans précaution et sans s'occuper du bruit,
15 gagna° la porte, rentra dans l'oratoire, ouvrit la fenêtre, saisit son bâton°, enjamba l'appui° du rez-de-chaussée, mit l'argenterie dans son sac, jeta le panier, franchit° le jardin, sauta par-dessus le mur comme un tigre, et s'enfuit.

Le lendemain, au soleil levant, monseigneur° Bienvenu se promenait dans son jardin. Madame Magloire accourut vers lui toute bouleversée°.

20 —Monseigneur, monseigneur, cria-t-elle, votre grandeur° sait-elle où est le panier d'argenterie?

—Oui, dit l'évêque.

—Jésus Dieu soit béni°! reprit-elle. Je ne
25 savais ce qu'il était devenu.

L'évêque venait de ramasser le panier dans une plate-bande°. Il le présenta à Madame Magloire.

—Le voilà.

30 —Eh bien! dit-elle. Rien dedans! et l'argenterie?

—Ah! repartit° l'évêque. C'est donc l'argenterie qui vous occupe? Je ne sais où elle est.

35 —Grand bon Dieu! Elle est volée! C'est l'homme d'hier soir qui l'a volée.

En un clin d'œil°, avec toute sa vivacité de vieille alerte, madame Magloire courut à l'oratoire, entra dans l'alcôve et revint vers
40 l'évêque. L'évêque venait de se baisser et considérait en soupirant° un plant de cochléaria des Guillons[1] que le panier avait brisé, en tombant à travers la plate-bande. Il se redressa° au cri de madame Magloire.

—Monseigneur, l'homme est parti! L'argenterie est volée!

Tout en poussant cette exclamation, ses yeux tombaient sur un angle du
45 jardin où on voyait des traces d'escalade. Le chevron° du mur avait été arraché°.

---

[1] cochléaria des Guillons *type of plant belonging to the family of plants called Cruciferae which includes cabbage, turnip, and mustard*

Glossary (margin):

paix *peace*
effrayant *terrifying*

entrevoyait *caught a glimpse of*
fer *iron*

gagna *reached*
saisit son bâton *grabbed his stick*
enjamba l'appui *stepped over the sill*
franchit *crossed*
monseigneur *His Grace (My Lord)*
bouleversée *upset*
votre grandeur *Your Grace*
béni *blessed*

plate-bande *flowerbed*

repartit *replied*

clin d'œil *wink of an eye*

en soupirant *with a sigh*

se redressa *straightened up*

chevron *top tile*
arraché *broken*

—Tenez! c'est par là qu'il s'en est allé. Il a sauté dans la ruelle Cochefilet! Ah! l'abomination! Il nous a volé notre argenterie.

50   L'évêque resta un moment silencieux, puis leva son œil sérieux, et dit à madame Magloire avec douceur:

    —Et d'abord, cette argenterie était-elle à nous?

55   —Madame Magloire resta interdite°. Il y eut encore un silence, puis l'évêque continua:

    —Madame Magloire, je détenais à tort° et depuis longtemps cette argenterie. Elle

60 était aux pauvres. Qui était cet homme? Un pauvre évidemment.

    —Hélas! Jésus! repartit madame Magloire. Ce n'est pas pour moi ni pour mademoiselle. Cela nous est bien égal.

65 Mais c'est pour monseigneur. Dans quoi monseigneur va-t-il manger maintenant?

    L'évêque la regarda d'un air étonné:

    —Ah ça! est-ce qu'il n'y a pas des couverts d'étain°?

Madame Magloire haussa les épaules.

70   —L'étain a une odeur.

    —Alors, des couverts de fer.

Madame Magloire fit une grimace expressive.

    —Le fer a un goût.

    —Eh bien, dit l'évêque, des couverts de bois.

75   Quelques instants après, il déjeunait à cette même table où Jean Valjean s'était assis la veille°. Tout en déjeunant, monseigneur Bienvenu faisait gaiement remarquer à sa sœur qui ne disait rien, et à madame Magloire qui grommelait sourdement°, qu'il n'est nullement besoin d'une cuiller ni d'une fourchette, même en bois, pour tremper un morceau de pain dans une tasse de lait.

80   —Aussi a-t-on idée! disait madame Magloire toute seule en allant et venant, recevoir un homme comme cela! et le loger à côté de soi! et quel bonheur° encore qu'il n'ait fait que voler! Ah! mon Dieu! Cela fait frémir° quand on songe°!

    Comme le frère et la sœur allaient se lever de table, on frappa à la porte.

85   —Entrez, dit l'évêque.

    La porte s'ouvrit. Un groupe étrange et violent apparut sur le seuil°. Trois hommes en tenaient un quatrième au collet°. Les trois hommes étaient des gendarmes; l'autre était Jean Valjean.

    Un brigadier de gendarmerie, qui semblait conduire le groupe, était près de la

90 porte. Il entra et s'avança vers l'évêque en faisant le salut militaire.

    —Monseigneur... dit-il.

    À ce mot, Jean Valjean, qui était morne° et semblait abattu°, releva la tête d'un air stupéfait.

    —Monseigneur! murmura-t-il. Ce n'est donc pas le curé°?

95   —Silence! dit un gendarme. C'est monseigneur l'évêque.

    Cependant monseigneur Bienvenu s'était approché aussi vivement que son grand âge le lui permettait.

resta interdit *was taken aback*

je détenais à tort *I wrongly kept*

étain *pewter*

veille *night before*

grommelait sourdement *grumbled to herself*

bonheur *luck*
frémir *shudder*
on songe *one thinks about it*

seuil *doorstep, threshold*
au collet *by the scruff of the neck*

morne *glum*
abattu *exhausted, despondent*
curé *parish priest*

—Ah! Vous voilà! s'écria-t-il en regardant Jean Valjean. Je suis aise° de vous voir. Eh bien, mais! Je vous avais donné les chandeliers aussi, qui sont en argent
100 comme le reste et dont vous pourrez bien avoir deux cents francs. Pourquoi ne les avez-vous pas emportés avec vos couverts?

Jean Valjean ouvrit les yeux et regarda le vénérable évêque avec une expression qu'aucune langue humaine ne pourrait rendre.

—Monseigneur, dit le brigadier de gendarmerie, ce que cet homme disait était
105 donc vrai? Nous l'avons rencontré. Il allait comme quelqu'un qui s'en va. Nous l'avons arrêté pour voir. Il avait cette argenterie...

—Et il vous a dit, interrompit l'évêque en souriant, qu'elle lui avait été donnée par un vieux bonhomme de prêtre° chez lequel il avait passé la nuit? Je vois la chose. Et vous l'avez ramené° ici? C'est une méprise°.

110 —Comme cela, reprit le brigadier, nous pouvons le laisser aller?

—Sans doute, répondit l'évêque.

Les gendarmes lâchèrent° Jean Valjean, qui recula°.

—Est-ce que c'est vrai qu'on me laisse? dit-il d'une voix presque inarticulée et comme s'il parlait dans le sommeil.

115 —Oui, on te laisse, tu n'entends donc pas? dit un gendarme.

—Mon ami, reprit l'évêque, avant de vous en aller, voici vos chandeliers. Prenez-les.

Il alla à la cheminée, prit les deux flambeaux° d'argent et les apporta à Jean Valjean. Les deux femmes le regardaient faire sans un mot, sans un geste, sans
120 un regard qui pût déranger° l'évêque.

Jean Valjean tremblait de tous ses membres. Il prit les deux chandeliers machinalement et d'un air égaré°.

—Maintenant, dit l'évêque, allez en paix. À propos, quand vous reviendrez, mon ami, il est inutile de passer par le jardin. Vous pourrez toujours entrer et
125 sortir par la porte de la rue. Elle n'est fermée qu'au loquet° jour et nuit.

Puis se tournant vers la gendarmerie:

—Messieurs, vous pouvez vous retirer.

Les gendarmes s'éloignèrent°.

L'évêque s'approcha de lui, et lui dit à
130 voix basse:

—N'oubliez pas, n'oubliez jamais que vous m'avez promis d'employer cet argent à devenir honnête homme.

Jean Valjean, qui n'avait aucun souvenir
135 d'avoir rien promis, resta interdit. L'évêque avait appuyé sur ces paroles° en les prononçant. Il reprit avec solennité:

—Jean Valjean, mon frère, vous n'appartenez plus au mal, mais au bien.
140 C'est votre âme° que je vous achète; je la retire aux pensées noires° et à l'esprit de perdition°, et je la donne à Dieu.

Gardes républicains à Paris

aise *pleased*

prêtre *priest*
ramené *brought back*
méprise
  misunderstanding

lâchèrent *released*
recula *drew back*

flambeaux
  candlesticks

déranger *disturb*

l'air égaré *distraught*

fermée... au loquet
  latched

s'éloignèrent
  withdrew

paroles *words*

âme *soul*
aux pensées noires
  evil thoughts
l'esprit de perdition
  feeling of despair

A **On a volé l'argenterie de l'évêque.** Répondez d'après la lecture.

1. Qui a volé l'argenterie de l'évêque?
2. Qui a découvert le crime?
3. Où l'évêque était-il quand madame Magloire lui a annoncé que l'argenterie avait été volée?
4. Avec qui l'évêque a-t-il pris le petit déjeuner?
5. Qui a frappé à la porte quand l'évêque se levait de table?
6. Avec qui les gendarmes étaient-ils?

B **L'évêque a pitié de Jean Valjean.**
Complétez d'après la lecture.

1. L'évêque a trouvé le panier qui contenait l'argenterie dans une ____. Mais quand il l'a trouvé, il était vide. Il n'y avait rien dedans.
2. L'évêque a dit que l'argenterie n'était pas à lui, qu'elle appartenait aux ____.
3. L'évêque a dit à Jean Valjean qu'il lui avait donné aussi les ____.
4. Il dit à Jean Valjean que quand il reviendrait, il pourrait entrer dans la maison par la ____.

C **L'évêque veut sauver Jean Valjean.**
Expliquez.

1. Pourquoi l'évêque n'avait-il pas besoin de l'argenterie?
2. Pourquoi l'évêque a-t-il dit: «Je suis aise de vous voir» à Jean Valjean quand il est entré avec les gendarmes?
3. Pourquoi les gendarmes ont-ils arrêté Jean Valjean?
4. Pourquoi les gendarmes l'ont-ils laissé partir?
5. Pourquoi l'évêque donne-t-il les chandeliers à Jean Valjean?

De l'argenterie au Palais de l'Élysée

D **Jean Valjean à la une des journaux** Les vols sont des faits divers qui paraissent tous les jours dans les journaux. Récrivez ce chapitre comme si c'était un fait divers pour un journal français.

E **Le prochain épisode** À votre avis, qu'est-ce que Jean Valjean devient après cet épisode? Il continue sa vie de criminel ou il devient un honnête homme?

Structure avancée

Le passé simple des verbes réguliers
Describing past actions in formal writing

1. Like the passé composé, the passé simple indicates an action completed sometime in the past. But unlike the passé composé, which is used in conversation and informal writing, the passé simple is used in formal writing only. It is common in French literature and history, but is not used in everyday communication.

2. To form the passé simple of regular verbs, the infinitive ending **-er, -ir,** or **-re** is dropped and the passé simple endings are added to the stem. Note that regular **-ir** and **-re** verbs have the same endings in the passé simple.

Infinitive	PARLER	FINIR	ATTENDRE
Stem	parl-	fin-	attend-
Passé simple	je parlai	je finis	j' attendis
	tu parlas	tu finis	tu attendis
	il/elle/on parla	il/elle/on finit	il/elle/on attendit
	nous parlâmes	nous finîmes	nous attendîmes
	vous parlâtes	vous finîtes	vous attendîtes
	ils/elles parlèrent	ils/elles finirent	ils/elles attendirent

3. Remember that verbs ending in **-cer** have a **cedilla** before the vowel **a,** and verbs that end in **-ger** add an **e** before the vowel **a.**

il commença   **il mangea**

4. The verbs below follow the same pattern as regular **-ir** and **-re** verbs in the formation of the passé simple.

Infinitive	Passé simple	
dormir	il dormit	ils dormirent
partir	il partit	ils partirent
sentir	il sentit	ils sentirent
servir	il servit	ils servirent
sortir	il sortit	ils sortirent
offrir	il offrit	ils offrirent
ouvrir	il ouvrit	ils ouvrirent
découvrir	il découvrit	ils découvrirent
suivre	il suivit	ils suivirent
rompre	il rompit	ils rompirent
combattre	il combattit	ils combattirent

Comment dit-on?

1 **Encore** Rélisez le chapitre des *Misérables* et trouvez tous les verbes au passé simple.

2 **Historiette** **Compte rendu oral d'un texte écrit**
Mettez les phrases suivantes au passé composé.

1. La directrice entra dans le salon.
2. Elle se dirigea vers le patron.
3. Ils se saluèrent.
4. La directrice attendit.
5. Enfin le patron commença à parler.
6. La directrice répondit.
7. Ils discutèrent longtemps.
8. La directrice réussit à convaincre le patron.
9. Le patron changea d'avis.
10. Ils se serrèrent la main.
11. Ils partirent déjeuner ensemble.

Ils se serrent la main.

L'Assemblé nationale, à Paris

3 **Historiette** **Pour en faire un événement historique** Récrivez les phrases suivantes au passé simple. Suivez le modèle.

> **Le président est rentré le matin du 15 janvier.**
> **Le président rentra le matin du 15 janvier.**

1. Son avion a atterri à 8 h.
2. À 8 h 03, le président est descendu de l'avion.
3. Il a salué les dignitaires.
4. Les dignitaires l'ont applaudi.
5. Le président s'est dirigé tout de suite vers la capitale.
6. Il est arrivé à l'Assemblée nationale à 9 h.
7. Tous les députés se sont levés quand le président est entré.
8. Le président a commencé à parler.
9. Les députés ont écouté attentivement.
10. Quand le président a fini son discours, les députés se sont levés et l'ont applaudi.
11. Il est sorti de l'Assemblée nationale.
12. Les journalistes l'ont suivi.
13. Le président a refusé de parler aux journalistes.
14. Il est parti pour le palais de l'Élysée, sa résidence.

Le passé simple des verbes irréguliers

Describing past actions in formal writing

1. Many irregular verbs that end in **-ir** and **-re** use the past participle as the stem of the passé simple. Note the forms in the chart below.

Infinitive	Past Participle	Passé simple		
mettre	mis	il	mit	elles	mirent
prendre	pris	il	prit	elles	prirent
conquérir	conquis	il	conquit	elles	conquirent
dire	dis	il	dit	elles	dirent
s'asseoir	assis	il	s'assit	elles	s'assirent
rire	ri	il	rit	elles	rirent
sourire	souri	il	sourit	elles	sourirent
avoir	eu	il	eut	elles	eurent
boire	bu	il	but	elles	burent
connaître	connu	il	connut	elles	connurent
courir	couru	il	courut	elles	coururent
croire	cru	il	crut	elles	crurent
devoir	dû	il	dut	elles	durent
lire	lu	il	lut	elles	lurent
plaire	plu	il	plut	elles	plurent
pouvoir	pu	il	put	elles	purent
recevoir	reçu	il	reçut	elles	reçurent
savoir	su	il	sut	elles	surent
vivre	vécu	il	vécut	elles	vécurent
vouloir	voulu	il	voulut	elles	voulurent
falloir	fallu	il	fallut		
pleuvoir	plu	il	plut		
valoir	valu	il	valut		

Pierre Bonnard: *La place Clichy*

2. The following irregular verbs have irregular stems for the passé simple. The stem is not based on either the infinitive or the past participle.

Infinitive	Passé simple	
être	il fut	elles furent
mourir	il mourut	elles moururent
voir	il vit	elles virent
faire	il fit	elles firent
écrire	il écrivit	elles écrivirent
conduire	il conduisit	elles conduisirent
construire	il construisit	elles construisirent
traduire	il traduisit	elles traduisirent
vaincre	il vainquit	elles vainquirent
naître	il naquit	elles naquirent
craindre	il craignit	elles craignirent
peindre	il peignit	elles peignirent
rejoindre	il rejoignit	elles rejoignirent
tenir	il tint	elles tinrent
venir	il vint	elles vinrent
devenir	il devint	elles devinrent

3. All irregular verbs in the passé simple have endings that belong to one of the following categories.

je	-us	-is	-ins
tu	-us	-is	-ins
il/elle/on	-ut	-it	-int
nous	-ûmes	-îmes	-înmes
vous	-ûtes	-îtes	-întes
ils/elles	-urent	-irent	-inrent

Comment dit-on?

4 **_Les Misérables_** Récrivez les phrases suivantes au passé simple.

1. Tout à coup Jean Valjean remet sa casquette sur son front.
2. Il lève le chandelier de fer.
3. Il ouvre le placard.
4. La première chose qu'il voit est le panier d'argenterie.
5. Il le prend et traverse la chambre à grands pas.
6. Il rentre dans l'oratoire, ouvre la fenêtre, saisit son bâton, enjambe l'appui du rez-de-chaussée, met l'argenterie dans son sac, jette le panier, franchit le jardin, saute par-dessus le mur comme un tigre et s'enfuit.

Les Misérables

5 **Historiette** **Alfred de Vigny** Faites un compte rendu oral de ce texte. Remplacez le passé simple par le passé composé.

Le grand écrivain Alfred de Vigny naquit dans une famille noble en 1797. À cette époque, juste après la Révolution, les aristocrates étaient méprisés (*scorned*) par la plupart des gens. Au collège, les étudiants persécutèrent Vigny à cause de sa noblesse.

Pour gagner honneur et gloire au service de son pays, Vigny décida d'entrer dans l'armée. Il fut envoyé dans le sud de la France. Il passa quelques années dans le Midi où il fit la connaissance d'une belle Anglaise, Lydia Bunbury, fille d'un millionnaire. Il tomba amoureux d'elle et la demanda en mariage. Il obtint la permission. Mais son beau-père, un excentrique, le détestait car il n'aimait pas les Français. Il partit immédiatement après le mariage de sa fille.

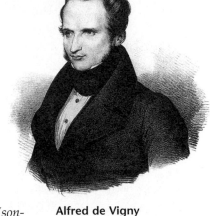

Alfred de Vigny

Il n'écrivit même pas le nom de son gendre (*son-in-law*) dans son carnet d'adresses, tant il avait envie de l'oublier.

Quelques années plus tard, le poète français Lamartine fit la connaissance d'un riche Anglais qui visitait l'Italie. À cette époque, Lamartine était secrétaire d'ambassade à Florence et il invita l'Anglais à dîner à l'ambassade. Pendant le dîner, l'Anglais dit à M. de Lamartine que sa fille avait épousé un grand poète français. Lamartine lui demanda son nom, mais l'Anglais ne put pas se rappeler le nom de son gendre. Lamartine énuméra le nom de plusieurs poètes célèbres, mais à chaque nom l'Anglais disait «Ce n'est pas ça.» Enfin Lamartine nomma le comte de Vigny. Notre excentrique répondit: «Ah oui! Je crois que c'est ça.»

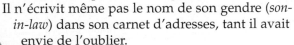

Alphonse de Lamartine

6 **Historiette** **Un écrivain décrit un vol** Complétez au passé simple.

1. Le voleur _____. (écouter)
2. Il n'_____ aucun bruit. (entendre)
3. Il _____ la porte. (pousser)
4. Il _____ dans la chambre. (entrer)
5. Un homme qui y dormait _____ un peu. (bouger)
6. Le voleur _____. (s'arrêter)
7. Il _____ perdu. (se croire)
8. Il _____ autour de lui. (regarder)
9. Il _____ le chandelier. (voir)
10. Il _____ le chandelier. (saisir)
11. Il le _____ sous son bras. (mettre)
12. Il _____ la chambre à grands pas. (traverser)
13. Il ne _____ pas regarder vers l'homme qui dormait. (vouloir)
14. Il _____ le chandelier dans son sac. (jeter)
15. Il _____ la porte. (ouvrir)
16. Il _____. (s'échapper)

7 **Historiette** **La vie de Louis XIV**
Vous êtes historien(ne). Récrivez ces notes
au passé simple.

1. Louis XIV est né à Saint-Germain-en-
   Laye en 1638.
2. À la mort de son père, Louis XIV est
   devenu roi de France à l'âge de cinq ans.
3. Le roi a vécu sous la tutelle (*supervision*)
   de Mazarin.
4. Mazarin lui a fait épouser Marie-Thérèse
   d'Autriche en 1660.
5. Ils ont eu un fils, le Grand Dauphin.
6. À la mort de Mazarin, Louis XIV a pris le
   pouvoir à vingt-trois ans.
7. Il s'est révélé tout de suite un monarque
   absolu.
8. Il a envoyé des représentants dans toutes
   les provinces.
9. Ils ont été chargés de faire exécuter ses ordres.
10. À partir de 1680, il a eu des agents partout.
11. Il a fait construire le château de Versailles.
12. Entre 1661 et 1695, 30 000 hommes ont travaillé à la construction de ce palais.
13. Le roi s'est entouré d'une cour resplendissante composée de plusieurs milliers
    de serviteurs et de toute la haute noblesse de France.
14. Il a gardé les nobles auprès de lui.
15. Les descendants des ducs de Normandie, de Bourgogne et de Bretagne sont
    devenus «les valets» du roi.
16. Louis XIV a soutenu (*supported*) la bourgeoisie.
17. Colbert, fils d'un marchand, est devenu ministre en 1661.
18. Sous Colbert, des industries nouvelles se sont développées dans toutes les
    provinces.
19. Dès le début du règne, Louis XIV a voulu imposer à l'extérieur la
    prédominance française.
20. Tout le temps qu'il a été roi, il y a eu une succession de guerres. Ses difficultés
    ont commencé avec la guerre de Hollande.
21. Les Hollandais ont rompu les digues (*dikes*) du Zuiderzee, et une inondation
    affreuse a chassé les troupes françaises.
22. En 1685, Louis XIV a commis une faute grave. Il a révoqué l'édit de Nantes
    pour supprimer (*suppress*) le protestantisme en France.
23. Des milliers de huguenots ont quitté la France et ont emporté leurs talents à
    l'étranger.
24. Louis XIV, le Roi-Soleil, est mort en 1715, laissant son pays dans un état de
    grande pauvreté.

Une fontaine dans les jardins de Versailles

 8 **Un thème littéraire ou historique** Écrivez un
paragraph original sur un thème littéraire ou historique
en utilisant le passé simple.

Mignonne, allons voir si la rose

Vocabulaire pour la lecture

La femme aime cueillir des roses.
Elle cueille des fleurs dans son jardin.

un pli

Sa robe a beaucoup de plis.

Plus de vocabulaire

une marâtre une belle-mère cruelle (péjoratif)
le teint la couleur du visage

mignon(ne) gentil(le), aimable, qui a de la grâce
tandis que pendant que

Quel est le mot?

 Quel est le mot? Complétez.

1. Je veux aller _____ des fleurs dans le jardin.
2. _____ tu cueilles des fleurs, je vais arroser les autres plantes.
3. Elle est vraiment _____. Tout le monde la trouve adorable.
4. Elle a un _____ foncé et les yeux bleus.

Elle cueille des fleurs au bord de la mer, en Normandie.

Mignonne, allons voir si la rose

Pierre de Ronsard

Avant la lecture Pierre de Ronsard est né en 1524 dans une vieille famille noble. Après un voyage en Allemagne à l'âge de quinze ans, une grande maladie le rend à moitié sourd[1]. Il se découvre alors une vocation pour la poésie.

Ronsard s'est consacré à l'étude des poètes latins, surtout Horace et Virgile. Il est devenu l'un des grands poètes de la Renaissance et a été reconnu comme le «Prince des Poètes». La nature et l'amour sont les sujets favoris de Ronsard. Dans cette ode célèbre Ronsard compare la jeunesse et la beauté d'une fille à celle d'une rose. Mais hélas! La beauté autant que la jeunesse dure si peu de temps.

Avez-vous jamais entendu les proverbes «Carpe Diem» en latin ou «*Gather ye rosebuds while ye may*» en anglais? Réfléchissez-y en lisant cette ode.

PIERRE · DE · RONSARD.

PIERRE DE RONSARD.

---

[1] moitié sourd *partially deaf*

Mignonne, allons voir si la rose 🎧

Mignonne, allons voir si la rose
Qui ce matin avait déclose°
Sa robe de pourpre au soleil,
A point perdu cette vesprée°
5 Les plis de sa robe pourprée,
Et son teint au vôtre pareil.

Las! voyez comme en peu d'espace,
Mignonne, elle a dessus la place°,
Las, las° ses beautés laissé choir°!
10 Ô vraiment marâtre Nature,
Puisqu'une telle fleur ne dure
Que du matin jusques au soir!

Donc, si vous me croyez, mignonne,
Tandis que votre âge fleuronne°
15 En sa plus verte nouveauté,
Cueillez, cueillez votre jeunesse:
Comme à cette fleur, la vieillesse
Fera ternir° votre beauté.

ODES, I, 17

déclose *open*

vesprée *evening*

dessus la place *in short time*
las *alas*
choir *fall*

fleuronne *flowers*

ternir *tarnish*

Vous avez compris?

A **Mignonne** Répondez.

1. Quand la rose s'est-elle ouverte?
2. De quelle couleur est-elle?
3. Qu'est-ce qu'elle a perdu avant l'arrivée de la nuit?
4. En combien de temps la rose a-t-elle perdu sa beauté?
5. Combien de temps dure la fleur?
6. Quel conseil le poète donne-t-il à la jeune fille?
7. Qu'est-ce qui fera ternir sa beauté?

Un marché aux fleurs

B **Analyse** Expliquez...

1. comment le poète fait un compliment à la jeune fille en lui disant «Et son teint au vôtre pareil».
2. pourquoi le poète appelle la Nature «marâtre».
3. l'injustice à laquelle le poète s'adresse.
4. le ton de l'ode.

Le fils prodigue

C **Paraphrase** Comment le poète exprime-t-il les idées suivantes?

1. tandis que vous avez votre jeunesse
2. profitez de votre jeunesse
3. la vieillesse détruira votre beauté

D **Discussion** De toutes les fleurs possibles, pourquoi Ronsard aurait-il choisi une rose?

E **Un peu de philosophie** Avec votre camarade discutez les idées sur le temps et la vie exprimées par Ronsard dans l'ode *Mignonne, allons voir si la rose*. Vous êtes d'accord avec ses idées? Défendez vos opinions.

La Mare au diable

Vocabulaire pour la lecture 🎧

Elle sourit. Elle est contente.

Elle a détourné la tête.
Elle pleure. Elle est triste.

Elle soulève la petite fille dans ses bras.

Plus de vocabulaire

la colère violent mécontentement, rage
craindre (je crains) avoir peur de
ennuyer énerver, irriter
épouser se marier
se moquer de ridiculiser; tourner
   en ridicule

oser avoir le courage de faire quelque chose
davantage plus
en croupe derrière un(e) cavalier(ière) sur
   un cheval

Quel est le mot?

1 **Quel est le mot?** Complétez.

1. Elle ____ quand elle est contente et elle ____ quand elle est très triste.
2. Pour ne pas le voir elle ____ la tête.
3. Je sais qu'elle pleurait parce que j'ai vu des ____ dans ses yeux.
4. Je ne veux pas qu'elle le voie. Je vais le ____.
5. Il a pris le bébé et il l'____ dans ses bras.
6. Il est monté à cheval et a pris sa sœur ____.

Un canal dans le Berry

2 **Paraphrase** Exprimez d'une autre façon les mots en italique.

1. Il n'a pas *le courage de* le faire.
2. Franchement il *a peur* de le faire.
3. Il m'a *mis en colère*.
4. Il ne m'a pas mis en colère mais il m'*a énervé* un peu.
5. Il avait très peur et il tremblait encore *plus*.

La Mare au diable

Avant la lecture George Sand est née Aurore Dupin à Paris en 1804. Elle passe son enfance à Nohant dans le Berry, une région très rurale de la France. Elle épouse un baron. Ils ont deux enfants mais le mariage ne dure pas longtemps.

George Sand a un vif intérêt pour les paysans du Berry qu'elle a appris à connaître dès son enfance. Elle commence à écrire des romans champêtres—des romans dans lesquels elle décrit les paysages et les paysans du Berry qui lui sont tellement chers.

L'extrait qui suit, est tiré de son premier roman champêtre *La Mare au diable*. Le roman est la touchante histoire du second mariage de Germain. La petite Marie croit qu'elle est trop pauvre pour Germain. Qui sait?

La Mare au diable

La petite Marie était seule au coin du feu, si pensive qu'elle n'entendit pas venir Germain. Quand elle le vit devant elle, elle sauta de surprise sur sa chaise et devint toute rouge.

—Petite Marie, lui dit-il en s'asseyant auprès d'elle, je viens te faire de la
5 peine et t'ennuyer, je le sais bien: mais l'homme et la femme de chez nous (désignant ainsi, selon l'usage, les chefs de famille) veulent que je te parle et que je te demande de m'épouser. Tu ne le veux pas, toi, je m'y attends°.

—Germain, répondit la petite Marie, c'est donc décidé que vous m'aimez?

—Ça te fâche, je le sais, mais ce n'est pas ma faute: si tu pouvais changer
10 d'avis, je serais trop content, et sans doute je ne mérite pas que cela soit. Voyons, regarde-moi, Marie, je suis donc bien affreux?

—Non, Germain, répondit-elle en souriant, vous êtes plus beau que moi.

—Ne te moque pas; regarde-moi avec indulgence; il ne me manque encore ni un cheveu ni une dent. Mes yeux te disent que je t'aime. Regarde-moi donc dans
15 les yeux, ça y est écrit, et toute fille sait lire dans cette écriture-là.

Marie regarda dans les yeux de Germain avec son assurance enjouée°: puis, tout à coup°, elle détourna la tête et se mit à trembler.

—Ah! mon Dieu! je te fais peur, dit Germain. Ne me crains pas, je t'en prie, cela me fait trop de mal. Je ne te dirai pas de mauvaises paroles, moi; je ne
20 t'embrasserai pas malgré toi, et quand tu voudras que je m'en aille, tu n'auras qu'à me montrer la porte. Voyons, faut-il que je sorte pour que tu finisses de trembler?

Marie tendit la main au laboureur, mais sans détourner sa tête penchée vers le foyer, et sans dire un mot.

25 —Je comprends, dit Germain; tu me plains°, car tu es bonne; tu es fâchée de me rendre malheureux: mais tu ne peux pourtant° pas m'aimer?

—Pourquoi me dites-vous de ces choses-là, Germain? répondit enfin la petite Marie; vous voulez donc me faire pleurer?

—Pauvre petite fille, tu as bon cœur, je le sais; mais tu ne m'aimes pas, et tu
30 me caches ta figure parce que tu crains de me laisser voir ton déplaisir et ta

je m'y attends
I expect it

enjouée lively
tout à coup all of a sudden

tu me plains you pity me
pourtant however

répugnance. Et moi! je n'ose pas seulement te serrer la main! Dans le bois, quand mon fils dormait, et que tu dormais aussi, j'ai failli° t'embrasser tout doucement. Mais je serais mort de honte° plutôt que° de te le demander, et j'ai autant souffert dans cette nuit-là qu'un homme qui brûlerait à petit feu. Depuis ce
35 temps-là j'ai rêvé à toi toutes les nuits. Ah! comme je t'embrassais, Marie! Mais toi, pendant ce temps-là, tu dormais sans rêver. Et, à présent, sais-tu ce que je pense? c'est que si tu te retournais pour me regarder avec les yeux que j'ai pour toi, et si tu approchais ton visage du mien, je crois que j'en tomberais mort de joie. Et toi, tu penses que si pareille chose t'arrivait tu en mourrais de colère et
40 de honte!

Germain parlait comme dans un rêve sans entendre ce qu'il disait. La petite Marie tremblait toujours; mais comme il tremblait encore davantage, il ne s'en apercevait plus. Tout à coup elle se retourna; elle était toute en larmes et le regardait d'un air de reproche. Le pauvre laboureur crut que c'était le dernier
45 coup, et, sans attendre son arrêt, il se leva pour partir; mais la jeune fille l'arrêta en l'entourant de ses deux bras, et, cachant sa tête dans son sein:

—Ah! Germain, lui dit-elle en sanglotant°, vous n'avez donc pas deviné que je vous aime?

Germain serait devenu fou, si son fils qui le cherchait et qui entra dans la
50 chaumière° au grand galop sur un bâton, avec sa petite sœur en croupe qui fouettait° avec une branche d'osier° ce coursier imaginaire, ne l'eut rappelé à lui-même. Il le souleva dans ses bras, et le mettant dans ceux de sa fiancée:

—Tiens, lui dit-il, tu as fait plus d'un heureux en m'aimant!

j'ai failli *I almost*
honte *shame*
plutôt que *rather than*

sanglotant *sobbing*

chaumière *thatched-
roof cottage*
fouettait *whipped*
osier *wicker*

Des agriculteurs dans un champ du Berry

Vous avez compris?

A **L'arrivée de Germain** Répondez.

1. Où etait la petite Marie quand Germain est arrivé chez elle?
2. Qu'a-t-elle fait quand elle l'a vu devant elle?
3. Pour quelle raison Germain est-il allé chez la petite Marie?
4. Germain croit que la petite Marie sera contente de savoir qu'il l'aime?
5. Germain se considère beau ou laid?
6. Et la petite Marie, comment le trouve-t-elle?
7. Pourquoi Germain veut-il que la petite Marie le regarde dans les yeux?
8. Quand Marie l'a regardé dans les yeux, qu'a-t-elle fait?
9. Pourquoi Marie dit-elle à Germain qu'il va la faire pleurer?

B **Vrai ou faux?**

1. La petite Marie ne veut pas que Germain voie sa figure parce qu'elle craint qu'il y voie la répugnance qu'elle ressent envers lui.
2. Germain a embrassé Marie une nuit quand ils étaient dans le bois.
3. Germain voudrait que la petite Marie le regarde et approche son visage du sien.
4. Marie tremblait et pleurait parce qu'elle ne voulait pas faire de peine à Germain mais elle savait qu'elle ne pourrait jamais l'aimer.
5. Marie a détourné la tête et en sanglotant elle lui a dit qu'elle l'aimait.
6. Au même moment les enfants de Germain sont arrivés en cherchant leur père.

PLANTES DE SERRES

C **Révision** Les verbes suivants se trouvent dans *La Mare au diable* au passé simple. Cherchez-les et écrivez-les.

1. elle n'a pas entendu
2. elle l'a vu
3. elle a sauté
4. elle est devenue
5. a-t-il répondu
6. Marie a regardé
7. elle a détourné
8. elle s'est mise à
9. Marie a tendu
10. Elle s'est retournée
11. il s'est levé
12. il l'a soulevé

D **Analyse** Expliquez pourquoi Germain dit: «Tiens, tu as fait plus d'un heureux en m'aimant.»

E ***La Mare au diable*** Avec des camarades écrivez un sketch basé sur *La Mare au diable* et présentez-le à la classe.

Le Malade imaginaire

Vocabulaire pour la lecture 🎧

des maux de cœur

une douleur de tête

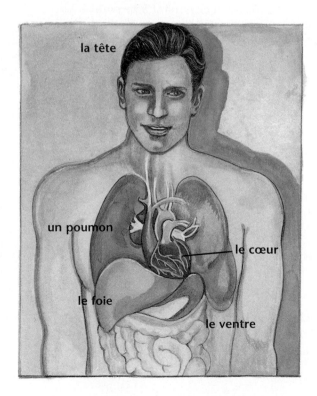

la tête

un poumon

le cœur

le foie

le ventre

Plus de vocabulaire

la lassitude une sensation de fatigue physique
ambulant(e) qui marche, qui voyage
contre son gré contre ses désirs, contre sa volonté

Quel est le mot?

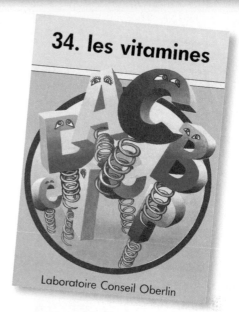

34. les vitamines

Laboratoire Conseil Oberlin

1 **Vrai ou faux?** Corrigez les phrases fausses.

1. L'être humain a un poumon et deux cœurs.
2. Le poumon est un organe vital.
3. Le poumon est le principal organe de l'appareil respiratoire.
4. «Ventre» veut dire «abdomen».
5. Quand on a des maux de cœur ou mal au cœur, on a des troubles cardiaques.
6. Quand on a des douleurs de tête ou mal à la tête, il faut prendre de l'aspirine.

2 **La bonne réplique** Choisissez.

1. Il a des douleurs abdominales.
   a. Il a mal à la tête?
   b. Il a mal au ventre?
   c. Il a mal au foie?
2. Elle l'a fait contre son gré.
   a. Elle voulait le faire?
   b. Elle était contente?
   c. Elle ne voulait pas le faire?
3. Il a des maux de cœur.
   a. Il a une crise cardiaque?
   b. Il souffre de troubles digestifs?
   c. Il a un problème pulmonaire?
4. Quelle lassitude!
   a. Tu es plein d'énergie?
   b. Tu ne peux pas dormir?
   c. Tu es fatigué(e)?
5. Ce sont des comédiens ambulants.
   a. Ils jouent toujours dans le même théâtre?
   b. Ils voyagent dans tout le pays?
   c. Ils sont acrobates?

Une pharmacie à Paris

Avant la lecture Jean-Baptiste Poquelin est né à Paris en 1622, dans une famille de bourgeoise aisée. Il fait de solides études au collège de Clermont (maintenant le lycée Louis-le-Grand).

Quand il était enfant, il allait souvent à la foire, voir les comédiens ambulants, et il a eu très tôt la vocation du théâtre.

À vingt ans, il est devenu comédien, a pris le nom de «Molière» et a fondé une troupe d'acteurs. C'est pour sa troupe que Molière est devenu auteur et a écrit une trentaine de comédies et farces.

La dernière comédie de Molière, *Le Malade imaginaire,* a été présentée en 1673. Elle met en scène un «malade imaginaire», Argan. Pour être sûr d'être bien soigné pendant le reste de sa vie, Argan veut marier, contre son gré, sa fille, Angélique, à un médecin, Thomas. Mais Angélique est amoureuse de Cléante. Elle ne veut pas épouser le médecin. À la fin de la pièce, Argan consent au mariage d'Angélique et de Cléante, et il se fait lui-même médecin.

Dans la scène qui suit, Argan parle avec sa servante Toinette. Mais Argan ne sait pas qu'il a devant lui Toinette car celle-ci est déguisée en médecin.

Le Malade imaginaire 🎧

Toinette De quoi disent-ils que vous êtes malade?

Argan Certains disent de la rate°, d'autres du foie.

Toinette Ce sont des ignorants. C'est le poumon. Que sentez-vous?

Argan Je sens de temps en temps des douleurs de tête.

Toinette Le poumon.

Argan Il me semble que parfois j'ai un voile devant les yeux.

Toinette Le poumon.

Argan J'ai quelquefois des maux de cœur.

Toinette Le poumon.

la rate *spleen; 17th century doctors thought it was the seat of emotions, especially melancholia*

Le Malade imaginaire de Molière au théâtre de l'Atelier à Paris

Le Malade imaginaire de Molière au théâtre de
l'Atelier à Paris

Argan Je sens parfois des lassitudes dans tous
les membres.
Toinette Le poumon.
Argan Et il me prend des douleurs dans
le ventre.
Toinette Le poumon, le poumon, vous dis-je!

Vous avez compris?

A **La consultation** Répondez d'après
la lecture.

1. Qui est Argan?
2. Qui est Toinette?
3. Qui est déguisé en médecin?
4. Argan répond sérieusement à ses questions?
5. Quel est le diagnostic de Toinette?

B **C'est vous le médecin.** Faites une liste de
tous les symptômes du malade.

C **Mort en scène** Quand Molière écrit *Le Malade
imaginaire,* il est malade lui-même. Mais le roi
Louis XIV lui a commandé une comédie-ballet à
l'occasion du carnaval, et Molière s'est mis au
travail. Il présente cette comédie en trois actes le
10 février 1673. C'est lui qui joue le rôle d'Argan.
Le 17 février, pendant la quatrième représentation,
la comédie tourne à la tragédie: alors que Molière
est en scène, il est pris de convulsions. Il meurt
quelques heures après. Décrivez cet événement
tragique, comme si vous étiez journaliste et
écriviez pour un journal français de l'époque.

Cette statue de Molière se trouve
devant le théâtre à Avignon

Le chandail de hockey

Vocabulaire pour la lecture 🎧

une feuille d'érable

du papier à lettres

lacer

découper

s'élancer   arracher

un bâton

troué

Son chandail est déchiré.

Plus de vocabulaire

étroit(e) petit
maigre le contraire de gros
de la colle substance pour fixer deux choses ensemble
arborer porter ostensiblement

Quel est le mot?

1 **Quel est l'intrus?** Décidez.

1. déchiré, habillé, troué, sale
2. un stylo, de la colle, un cahier, un chandail
3. des baskets, des patins, des bottes, des bâtons
4. découper, arracher, débarquer, casser
5. étroit, petit, gros, maigre

Hockey sur glace au Québec

2 **Attention!** Complétez.

1. Il faut _____ tes chaussures! Tu vas tomber.
2. Ne t'_____ pas sur la glace. Attends le coup de sifflet de l'arbitre.
3. Regarde ton fils! Il _____ tous les boutons de sa veste.
4. On ne peut pas jouer au hockey sans _____.
5. Faites un peu attention à vos vêtements! Ils sont tout le temps _____!

L'arbitre d'un match de hockey

Le chandail de hockey

Des futurs champions de hockey

Avant la lecture Roch Carrier est né en 1937 à Sainte-Justine au Québec. Très jeune, Roch Carrier savait déjà qu'il voulait devenir auteur. Il a obtenu un baccalauréat ès arts de l'université Saint-Louis à Edmundston au Nouveau-Brunswick, une maîtrise de l'université de Montréal et un doctorat ès lettres de l'université de Paris. À l'âge de 31 ans il devient célèbre avec *La guerre, yes sir!* (1968). Depuis, il a écrit plusieurs autres romans et nouvelles, des œuvres pour la scène, le cinéma et la télévision. Il a également écrit des essais, des récits de voyage et des poèmes.

Mais Roch Carrier a aussi eu une carrière dans l'enseignement. Ensuite, il a été directeur du Conseil des arts du Canada. Et enfin en 1999, il devient l'administrateur général de la Bibliothèque nationale du Canada.

Plusieurs de ses ouvrages sont devenus des classiques. Il y décrit la vie dans son petit village de Sainte-Justine au cours des années 40. Dans *Le chandail de hockey,* il décrit avec humour et nostalgie son admiration pour le héros de son enfance, le célèbre joueur de hockey, Maurice Richard. En voici un extrait.

Le chandail de hockey ⌒

(...)Tous, nous portions le même costume que [Maurice Richard], ce costume rouge, blanc, bleu des Canadiens de Montréal, la meilleure équipe de hockey au monde. Tous, nous peignions nos cheveux à la manière de Maurice Richard. Pour les tenir en place, nous utilisions une sorte de colle, beaucoup de colle.
5 Nous lacions nos patins à la manière de Maurice Richard. Nous mettions le ruban gommé° sur nos bâtons à la manière de Maurice Richard. Nous découpions dans les journaux toutes ses photographies. Vraiment nous savions tout à son sujet.

le ruban gommé *adhesive tape*

Sur la glace, au coup de sifflet de l'arbitre, les deux équipes s'élançaient sur
10 le disque de caoutchouc°. Nous étions cinq Maurice Richard contre cinq autres Maurice Richard à qui nous arrachions le disque; nous étions dix joueurs qui portions, avec le même brûlant enthousiasme, l'uniforme des Canadiens de Montréal. Tous nous arborions au dos le très célèbre numéro 9.

caoutchouc *rubber*

Un jour, mon chandail des Canadiens de Montréal était devenu trop étroit;
15 puis il était déchiré ici et là, troué. Ma mère me dit: «Avec ce vieux chandail, tu vas nous faire passer pour pauvres!»

Elle fit ce qu'elle faisait chaque fois que nous avions besoin de vêtements. Elle commença à feuilleter le catalogue que la compagnie Eaton nous envoyait par la poste chaque année. Ma mère était fière. Elle n'a jamais voulu nous habiller au
20 magasin général; seule pouvait nous convenir la dernière mode du catalogue Eaton. Ma mère n'aimait pas les formules de commande incluses dans le catalogue; elles étaient écrites en anglais et elle n'y comprenait rien. Pour commander mon chandail de hockey, elle fit ce qu'elle faisait d'habitude; elle prit son papier à lettres et écrivit de sa douce calligraphie d'institutrice: «Cher
25 Monsieur Eaton, auriez-vous l'amabilité de m'envoyer un chandail de hockey des Canadiens pour mon garçon qui a dix ans et qui est un peu trop grand pour son âge, et que le docteur Robitaille trouve un peu trop maigre? Je vous envoie

trois piastres et retournez-moi le reste s'il en reste. J'espère que votre emballage° va être mieux fait que la dernière fois.»

emballage *wrapping*

30   Monsieur Eaton répondit rapidement à la lettre de ma mère. Deux semaines plus tard, nous recevions le chandail.

Ce jour-là, j'eus l'une des plus grandes déceptions de ma vie! Je peux dire que j'ai, ce jour-là, connu une très grande tristesse. Au lieu du chandail bleu, blanc, rouge des Canadiens de Montréal, M. Eaton nous avait envoyé un chandail bleu

35 et blanc, avec la feuille d'érable au devant, le chandail des Maple Leafs de Toronto. J'avais toujours porté le chandail bleu, blanc, rouge des Canadiens de Montréal. Tous mes amis portaient le chandail bleu, blanc, rouge. Jamais dans mon village, quelqu'un n'avait porté le chandail de Toronto, jamais on n'y avait vu un chandail des Maple Leafs de Toronto. De plus, l'équipe de Toronto se

40 faisait terrasser° régulièrement par les triomphants Canadiens.

se faisait terrasser *was slaughtered*

Les larmes aux yeux, je trouvai assez de force pour dire:

—J'porterai jamais cet uniforme-là.

—Mon garçon, tu vas d'abord l'essayer! Si tu te fais une idée sur les choses avant de les essayer, mon garçon, tu n'iras pas loin dans la vie...

Maurice Richard marque un but contre les Boston Bruins.

Vous avez compris?

A   **Maurice Richard** Comment se manifestait l'admiration des petits garçons pour leur héros. Donnez des exemples.

Maurice Richard et ses anciens coéquipiers en 1999

B   **La mère de l'auteur** Qu'est-ce qui montre qu'elle était fière. Donnez des exemples.

C   **Le petit garçon** Expliquez la déception du petit garçon. Pourquoi ne veut-il pas porter le chandail des *Maple Leafs*?

Petits et grands, tout le monde joue au hockey au Québec

D **Rapports familiaux** D'après vous, qui va gagner, le petit garçon ou sa mère? Le petit garçon finira-t-il par porter le chandail? Justifiez votre réponse.

E **Le héros ou l'héroïne de votre jeunesse** Quel était le héros (l'héroïne) de votre jeunesse? Décrivez-le (la) et dites comment se manifestait votre admiration.

F **Pas d'accord** Un(e) de vos camarades a un(e) autre héros ou héroïne. Il/Elle vous décrit le sien (la sienne) et vous discutez de leurs mérites respectifs.

Les aventures de Tintin: On a marché sur la Lune

Vocabulaire pour la lecture 🎧

une fusée
la Lune
la Terre

un paysage lunaire

Elle marche: elle fait des pas.
Elle saute: elle fait un bond.

RRRON, RRON

Il ronfle quand il dort.

une libellule
un tournesol

La libellule est en train de voler.

une tache d'encre noire

Plus de vocabulaire

un cauchemar un mauvais rêve
un micro un microphone
vivant(e) qui vit, qui est en vie, le contraire de mort

sain et sauf en bonne santé
sans doute probablement
s'affoler paniquer

Quel est le mot?

1 Associations Quels mots vont ensemble?

1. ronfler
2. un micro
3. de l'encre
4. un pas
5. une libellule
6. une fusée
7. s'affoler
8. sauter

a. marcher
b. la peur
c. un stylo
d. un bond
e. le ciel
f. parler
g. dormir
h. voler

Maquette de Tintin et Milou en avion à Bruxelles en Belgique

Pleine lune au-dessus des îles de la Société en Polynésie française

2 L'espace Complétez.

1. Pour aller de la _____ à la _____, il faut une fusée.
2. Sur la Lune, il n'y a pas de végétation. Le _____ est lunaire.
3. Rien ne vit sur la Lune; rien n'est _____. Tout semble mort.
4. Le paysage lunaire ressemble à un mauvais rêve, à un _____.
5. Le voyage des astronautes n'a pas été facile, mais ils sont arrivés _____.
6. On construira _____ prochainement une station spatiale sur la Lune.

Avant la lecture La bande dessinée est universelle. Elle s'adresse à des publics très différents. Il y a des bandes dessinées pour enfants, il y a celles pour adultes. Il y a des bandes dessinées qui n'ont aucune prétention intellectuelle ou artistique, d'autres qui sont de véritables œuvres d'art. En France, la bande dessinée est très appréciée. Tous les enfants connaissent *Les aventures de Tintin*, et aussi celles du cow-boy Lucky Luke, «l'homme qui tire plus vite que son ombre» (*the man who shoots faster than his shadow*).

Hergé (1907–1983), le créateur de Tintin s'appelait en réalité Georges Rémi. Ses initiales à l'envers RG deviennent Hergé. Ce dessinateur belge crée le personnage de Tintin en 1929. Il fonde l'école de Bruxelles, un atelier de bandes dessinées qui remportent un succès immense. Les albums de Tintin ont été traduits en 30 langues et ont été suivis par des dessins animés ou des films.

Tintin et Milou en chocolat au musée du Cacao et du Chocolat, à Bruxelles en Belgique

Vous allez lire un épisode d'une aventure de Tintin: *On a marché sur la Lune*. Comme dans toutes les aventures de Tintin, on y retrouve ses fidèles compagnons: Milou, son chien; le capitaine Haddock, un ancien marin qui jure (*swears*) tout le temps—ses jurons favoris étant «Tonnerre de Brest!» et «Mille millions de mille sabords!» (*Blistering barnacles!*); les Dupont et Dupont, deux policiers jumeaux (*twins*) qui font gaffe (*blunder*) sur gaffe. Tout ce petit monde se retrouve dans de nombreuses aventures qui se passent aux quatre coins de la planète. Mais dans l'épisode qui suit ils ont quitté notre planète et ils viennent d'atterrir… sur la Lune!

Les aventures de Tintin: On a marché sur la Lune 🎧

Il se passe quelque chose d'anormal!...Voilà plus d'une demi-heure que nous les appelons...et toujours rien!... Essayez encore!...

Allo, allo, ici la Terre!... J'appelle fusée lunaire!...

Allo, allo, ici fusée lunaire!... Ici, fusée lunaire!...J'appelle la Terre...J'appelle la Terre...

Vivants!... Ils sont vivants!...

Hourrah!...

Ici Tournesol qui vous parle depuis la Lune!!!...Victoire!...Victoire!...Nous sommes tous sains et saufs!...Il n'y a pas eu moyen de vous parler plus tôt: des avaries[1] à la radio, provoquées sans doute par les trépidations[2] qui ont secoué[3] la fusée...Allo, avez-vous bien compris mon message?...

Compris!...Mais ces trépidations n'ont pas cessé, dirait-on; on entend jusqu'ici des espèces de ronflements bizarres...

Je...Hem...Non, ce n'est rien: ne vous inquiétez pas!... Ce que vous entendez...ce sont les deux policiers qui ronflent!...Ils ne sont pas encore réveillés!...

RRRON...

RRRON...

A présent, nous allons sortir de la fusée!...Honneur au plus jeune d'entre nous: c'est Tintin qui a été désigné pour être le premier homme à fouler[4] le sol de la Lune!...Il vient de descendre pour s'équiper...C'est lui-même qui vous décrira, au micro, ses premières impressions... Je vous mets en communication avec lui...A tout à l'heure...

Allo, allo, ici Tintin!...Je viens de revêtir mon scaphandre[5] et me voici dans le sas, ce compartiment dans lequel on va bientôt faire le vide[6]...C'est le capitaine Haddock qui s'occupe de la manœuvre...J'attends ses dernières instructions...

Allo, allo, ici le capitaine!...Pression zéro...Les échelons mobiles[7] sont en place...Vous y êtes?... Attention!...J'ouvre la porte!...

L'instant est solennel...La porte extérieure tourne lentement sur ses gonds et...

OOOOOOH!...

?

?

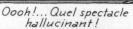

Oooh!...Quel spectacle hallucinant!

C'est...comment vous le décrire?...un paysage de cauchemar, un paysage de mort, effrayant de désolation...Pas un arbre, pas une fleur, pas un brin d'herbe... Pas un oiseau, pas un bruit, pas un nuage... Dans le ciel, d'un noir d'encre, il y a des milliers d'étoiles...

...mais immobiles, glacées, sans ce scintillement qui, de la Terre, nous les fait paraître si vivantes!...

---

[1] avaries *damage*
[2] trépidations *vibrations*
[3] ont secoué *shook*
[4] fouler *to tread*
[5] scaphandre *space suit*
[6] faire le vide *create a vacuum*
[7] échelons mobiles *accommodation ladder*

Je descends à présent les échelons qui courent le long de la fusée...

Plus que quelques échelons...Plus que trois...Plus que deux...Plus qu'un seul...Ça y est!

Ça y est!...J'ai fait quelques pas!...Pour la première fois sans doute dans l'histoire de l'humanité, ON A MARCHÉ SUR LA LUNE!

(À suivre…)

---

[8] prodigieux *prodigious, fantastic*

[9] pesanteur *gravity*

[10] moindre *less*

[11] le plus fort… c'est que *the amazing thing… is*

[12] pourvu que *let's hope that*

[13] me dégourdir les (jambes) pattes *to stretch my legs*

* Nom d'un homme! *Milou's version (a dog's) of the expression "Nom d'un chien!" which means "Golly! Gee!"*

Vous avez compris?

A | **Suspense** Répondez.

1. Pourquoi les ingénieurs sur la Terre s'inquiètent-ils?
2. Qui répond à l'appel de la Terre?
3. Où sont nos amis?
4. Qui ronfle?
5. Qui va sortir le premier de la fusée? Pourquoi?
6. Comment Tintin décrit-il le paysage lunaire?
7. Quelle est la réaction du capitaine Haddock quand il met le pied sur la Lune?
8. Quelle est celle de Milou?
9. Quel est l'effet de la pesanteur lunaire sur nos trois amis?

B | **On a marché sur la Lune.** Cette bande dessinée a été écrite bien avant que l'homme n'ait vraiment marché sur la Lune. Essayez de deviner en quelle année cette bande dessinée a paru. Vous savez certainement en quelle année et qui a marché sur la Lune pour la première fois. Pour savoir la réponse à ces deux questions, demandez-la à votre professeur. Imaginez maintenant que c'est vous qui marchez sur la Lune pour la première fois. Utilisez le vocabulaire de ce texte pour décrire vos impressions.

C | **La suite** La dernière image de cet épisode montre que quelque chose va arriver à nos héros. Imaginez ce que c'est.

D | **Débat: les bandes dessinées** Les parents et les professeurs n'aiment pas toujours que les jeunes lisent des bandes dessinées. En effet, ils trouvent souvent que les bandes dessinées ne sont pas éducatives et qu'au lieu de développer l'esprit, elles le déforment. Qu'en pensez-vous? Préparez vos arguments avant de débattre avec vos camarades.

Le corbeau et le renard

Vocabulaire pour la lecture 🎧

un renard

le bec

un corbeau

un bois

Plus de vocabulaire

saisir prendre
allécher attirer
mentir ne pas dire la vérité

Quel est le mot?

1 **Une bêtise** Répondez.
1. Le corbeau et le renard sont dans les bois?
2. Qui est perché sur l'arbre, le corbeau ou le renard?
3. Quel animal a un grand bec, le corbeau ou le renard?
4. Le renard se saisit de sa proie (*prey*)?

2 **Quel est le mot?** Complétez.
1. La bouche d'un oiseau, c'est un ____.
2. Il y a beaucoup d'arbres dans un ____.
3. Un ____ est un oiseau et un ___ est un mammifère.
4. Il n'a pas dit la vérité. Il a ____.
5. Il a été ____ par l'odeur d'une bonne soupe.

La forêt et le massif de Bavella, en Corse

Le corbeau et le renard

Jean de La Fontaine

Avant la lecture   Jean de La Fontaine (1621–1695) est d'origine bourgeoise et provinciale. Il fréquente les cercles littéraires où il rencontre les grands écrivains de l'époque: Molière, Racine, La Rochefoucault, Mme de Sévigné.

La Fontaine a écrit un roman, des poèmes, des contes et des nouvelles. Mais c'est assez tard, à l'âge de 47 ans, qu'il écrit ces *Fables* qui le rendent immortel. Les fables de La Fontaine sont de petits drames qui mettent en scène des personnages[1]. Ces personnages sont le plus souvent des animaux, mais des animaux qui parlent et se conduisent[2] comme des humains avec toutes leurs qualités et surtout leurs défauts.

Peut-être connaissez-vous déjà les fables de l'écrivain grec Ésope? Jean de La Fontaine s'est inspiré d'Ésope pour écrire ses fables, mais il leur a donné une dimension dramatique. Il a créé de vraies «comédies» où la morale est passée au second plan. Comme vous le verrez dans la fable *Le corbeau et le renard,* les fables de La Fontaine ont une histoire et une morale.

---

[1] personnages *characters*
[2] se conduisent *behave*

Le corbeau et le renard 🎧

Maître corbeau, sur un arbre perché,
   Tenait en son bec un fromage.
Maître renard, par l'odeur alléché,
   Lui tint à peu près ce langage°:
5   «Eh bonjour, Monsieur du Corbeau.
Que vous êtes joli, que vous me semblez beau!
   Sans mentir, si votre ramage°
   Se rapporte° à votre plumage,
Vous êtes le phénix des hôtes de ces bois.»
10   À ces mots, le corbeau ne se sent pas° de joie;
   Et pour montrer sa belle voix,
Il ouvre un large bec, laisse tomber sa proie°.
Le renard s'en saisit, et dit: «Mon bon monsieur,
   Apprenez que tout flatteur
15   Vit aux dépens de° celui qui l'écoute.
Cette leçon vaut bien un fromage sans doute.»
   Le corbeau, honteux° et confus,
Jura, mais un peu tard, qu'on ne l'y prendrait plus°.

lui tint à peu près ce langage *uttered more or less these words*
ramage *voice, song*
se rapporte *resembles*

ne se sent pas *is overcome*

proie *prey*

aux dépens de *at the expense of*
honteux *ashamed*
on ne l'y prendrait plus *never to be fooled again*

Vous avez compris?

A **Qui ou quoi?** Donnez les informations suivantes.

1. le nom d'un oiseau
2. le nom d'un mammifère
3. l'endroit où le corbeau était perché
4. ce que le corbeau avait dans son bec
5. ce qui a attiré le renard

B **Attention!** Répondez.

1. Que fait le corbeau pour montrer sa belle voix?
2. Qu'est-ce qui tombe de son bec?
3. Qui prend ce qui tombe? Qui s'en saisit?
4. D'après le renard, tout flatteur vit aux dépens de qui?
5. Est-ce que le corbeau était content de lui?

C **Dans l'ordre** Mettez les phrases dans l'ordre de l'histoire.

1. Le corbeau est perché sur un arbre.
2. Le fromage tombe.
3. Le renard flatte le corbeau.
4. Le corbeau a un bon fromage dans son bec.
5. Le corbeau ouvre le bec et commence à chanter.
6. Le renard sent l'odeur du fromage.
7. Le renard donne une leçon au corbeau.
8. Le renard s'approche du corbeau et lui parle.

D **Le renard parle.** Dites dans vos propres mots tout ce que le renard dit au corbeau.

E **Une bonne leçon** Discutez la morale de cette fable. Vous êtes d'accord avec la morale de cette fable ou pas? Donnez des exemples qui illustrent (ou n'illustrent pas) cette morale.

F **Une petite pièce** Avec deux camarades, jouez *Le corbeau et le renard*. Choisissez chacun votre rôle: le corbeau, le renard et le narrateur (la narratrice).

Handbook

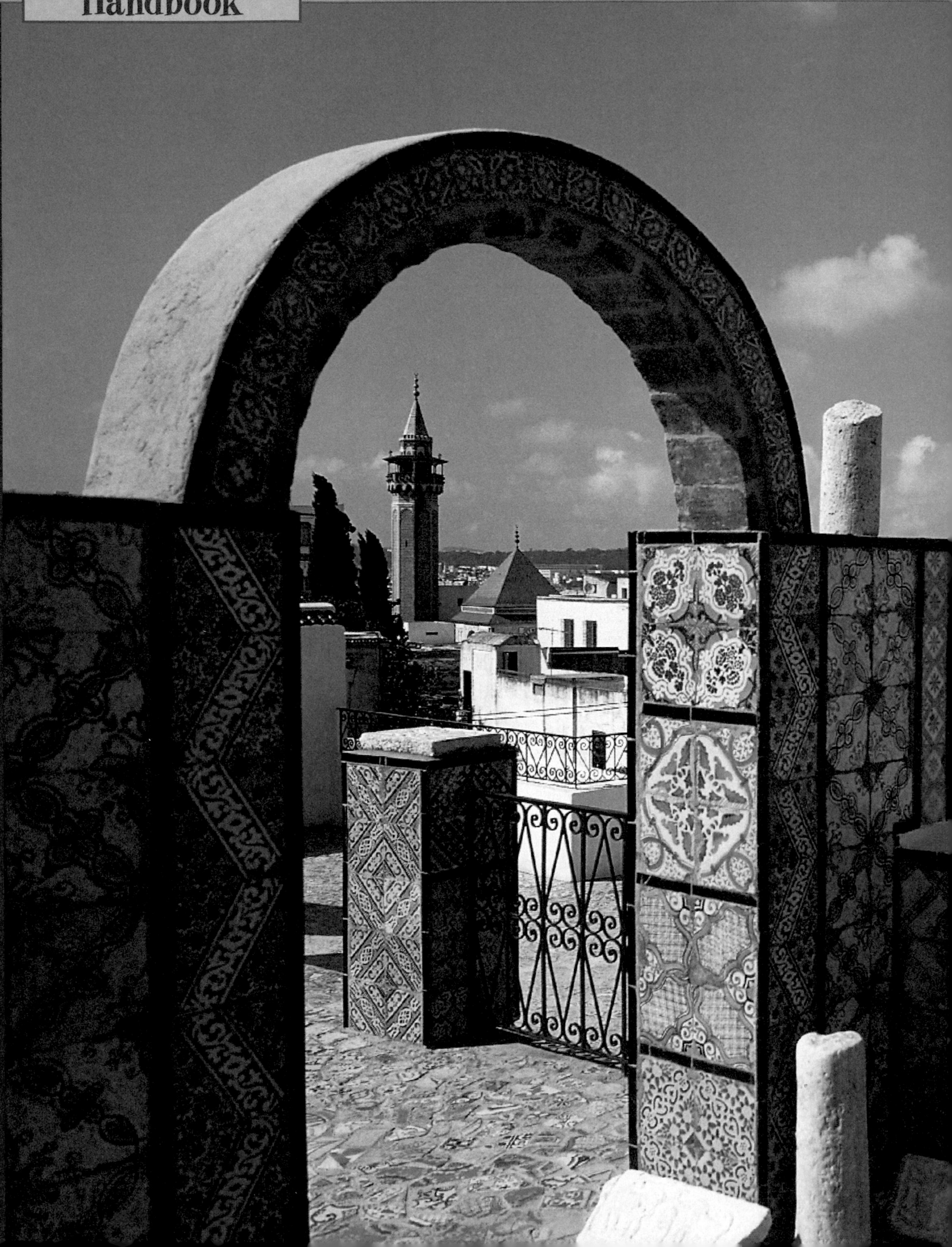

VERBES RÉGULIERS

répondre
to answer

PARTICIPE PRÉSENT	répondant	
PARTICIPE PASSÉ	répondu	
PRÉSENT	je réponds	nous répondons
	tu réponds	vous répondez
	il répond	ils répondent
IMPÉRATIF		répondons
	réponds	répondez
PASSÉ COMPOSÉ	j'ai répondu	nous avons répondu
	tu as répondu	vous avez répondu
	il a répondu	ils ont répondu
PASSÉ SIMPLE	je répondis	nous répondîmes
	tu répondis	vous répondîtes
	il répondit	ils répondirent
IMPARFAIT	je répondais	nous répondions
	tu répondais	vous répondiez
	il répondait	ils répondaient
PLUS-QUE-PARFAIT	j'avais répondu	nous avions répondu
	tu avais répondu	vous aviez répondu
	il avait répondu	ils avaient répondu
FUTUR	je répondrai	nous répondrons
	tu répondras	vous répondrez
	il répondra	ils répondront
FUTUR ANTÉRIEUR	j'aurai répondu	nous aurons répondu
	tu auras répondu	vous aurez répondu
	il aura répondu	ils auront répondu
CONDITIONNEL	je répondrais	nous répondrions
	tu répondrais	vous répondriez
	il répondrait	ils répondraient
CONDITIONNEL PASSÉ	j'aurais répondu	nous aurions répondu
	tu aurais répondu	vous auriez répondu
	il aurait répondu	ils auraient répondu
SUBJONCTIF PRÉSENT	que je réponde	que nous répondions
	que tu répondes	que vous répondiez
	qu'il réponde	qu'ils répondent
SUBJONCTIF PASSÉ	que j'aie répondu	que nous ayons répondu
	que tu aies répondu	que vous ayez répondu
	qu'il ait répondu	qu'ils aient répondu

Verb Charts

VERBES RÉFLÉCHIS

se laver
to wash oneself

PARTICIPE PRÉSENT	se lavant	
PARTICIPE PASSÉ	lavé(e)(s)	
PRÉSENT	je me lave tu te laves il se lave	nous nous lavons vous vous lavez ils se lavent
IMPÉRATIF	lave-toi	lavons-nous lavez-vous
PASSÉ COMPOSÉ	je me suis lavé(e) tu t'es lavé(e) il s'est lavé	nous nous sommes lavé(e)s vous vous êtes lavé(e)(s) ils se sont lavés
PASSÉ SIMPLE	je me lavai tu te lavas il se lava	nous nous lavâmes vous vous lavâtes ils se lavèrent
IMPARFAIT	je me lavais tu te lavais il se lavait	nous nous lavions vous vous laviez ils se lavaient
PLUS-QUE-PARFAIT	je m'étais lavé(e) tu t'étais lavé(e) il s'était lavé	nous nous étions lavé(e)s vous vous étiez lavé(e)(s) ils s'étaient lavés
FUTUR	je me laverai tu te laveras il se lavera	nous nous laverons vous vous laverez ils se laveront
FUTUR ANTÉRIEUR	je me serai lavé(e) tu te seras lavé(e) il se sera lavé	nous nous serons lavé(e)s vous vous serez lavé(e)(s) ils se seront lavés
CONDITIONNEL	je me laverais tu te laverais il se laverait	nous nous laverions vous vous laveriez ils se laveraient
CONDITIONNEL PASSÉ	je me serais lavé(e) tu te serais lavé(e) il se serait lavé	nous nous serions lavé(e)s vous vous seriez lavé(e)(s) ils se seraient lavés
SUBJONCTIF PRÉSENT	que je me lave que tu te laves qu'il se lave	que nous nous lavions que vous vous laviez qu'ils se lavent
SUBJONCTIF PASSÉ	que je me sois lavé(e) que tu te sois lavé(e) qu'il se soit lavé	que nous nous soyons lavé(e)s que vous vous soyez lavé(e)(s) qu'ils se soient lavés

VERBES AVEC CHANGEMENTS D'ORTHOGRAPHE

	acheter *to buy*[1]		appeler *to call*	
PARTICIPE PRÉSENT	achetant		appelant	
PARTICIPE PASSÉ	acheté		appelé	
PRÉSENT	j'achète tu achètes il achète	nous achetons vous achetez ils achètent	j'appelle tu appelles il appelle	nous appelons vous appelez ils appellent
IMPÉRATIF	achète	achetons achetez	appelle	appelons appelez
PASSÉ COMPOSÉ	j'ai acheté tu as acheté il a acheté	nous avons acheté vous avez acheté ils ont acheté	j'ai appelé tu as appelé il a appelé	nous avons appelé vous avez appelé ils ont appelé
PASSÉ SIMPLE	j'achetai tu achetas il acheta	nous achetâmes vous achetâtes ils achetèrent	j'appelai tu appelas il appela	nous appelâmes vous appelâtes ils appelèrent
IMPARFAIT	j'achetais tu achetais il achetait	nous achetions vous achetiez ils achetaient	j'appelais tu appelais il appelait	nous appelions vous appeliez ils appelaient
PLUS-QUE-PARFAIT	j'avais acheté tu avais acheté il avait acheté	nous avions acheté vous aviez acheté ils avaient acheté	j'avais appelé tu avais appelé il avait appelé	nous avions appelé vous aviez appelé ils avaient appelé
FUTUR	j'achèterai tu achèteras il achètera	nous achèterons vous achèterez ils achèteront	j'appellerai tu appelleras il appellera	nous appellerons vous appellerez ils appelleront
FUTUR ANTÉRIEUR	j'aurai acheté tu auras acheté il aura acheté	nous aurons acheté vous aurez acheté ils auront acheté	j'aurai appelé tu auras appelé il aura appelé	nous aurons appelé vous aurez appelé ils auront appelé
CONDITIONNEL	j'achèterais tu achèterais il achèterait	nous achèterions vous achèteriez ils achèteraient	j'appellerais tu appellerais il appellerait	nous appellerions vous appelleriez ils appelleraient
CONDITIONNEL PASSÉ	j'aurais acheté tu aurais acheté il aurait acheté	nous aurions acheté vous auriez acheté ils auraient acheté	j'aurais appelé tu aurais appelé il aurait appelé	nous aurions appelé vous auriez appelé ils auraient appelé
SUBJONCTIF PRÉSENT	que j'achète que tu achètes qu'il achète	que nous achetions que vous achetiez qu'ils achètent	que j'appelle que tu appelles qu'il appelle	que nous appelions que vous appeliez qu'ils appellent
SUBJONCTIF PASSÉ	que j'aie acheté que tu aies acheté qu'il ait acheté	que nous ayons acheté que vous ayez acheté qu'ils aient acheté	que j'aie appelé que tu aies appelé qu'il ait appelé	que nous ayons appelé que vous ayez appelé qu'ils aient appelé

---

[1] Verbes similaires: **emmener, peser, soulever**

Verb Charts

VERBES AVEC CHANGEMENTS D'ORTHOGRAPHE				
	commencer *to begin*[2]		**manger** *to eat*[3]	
PARTICIPE PRÉSENT	commençant		mangeant	
PARTICIPE PASSÉ	commencé		mangé	
PRÉSENT	je commence	nous commençons	je mange	nous mangeons
	tu commences	vous commencez	tu manges	vous mangez
	il commence	ils commencent	il mange	ils mangent
IMPÉRATIF		commençons		mangeons
	commence	commencez	mange	mangez
PASSÉ COMPOSÉ	j'ai commencé	nous avons commencé	j'ai mangé	nous avons mangé
	tu as commencé	vous avez commencé	tu as mangé	vous avez mangé
	il a commencé	ils ont commencé	il a mangé	ils ont mangé
PASSÉ SIMPLE	je commençai	nous commençâmes	je mangeai	nous mangeâmes
	tu commenças	vous commençâtes	tu mangeas	vous mangeâtes
	il commença	ils commencèrent	il mangea	ils mangèrent
IMPARFAIT	je commençais	nous commencions	je mangeais	nous mangions
	tu commençais	vous commenciez	tu mangeais	vous mangiez
	il commençait	ils commençaient	il mangeait	ils mangeaient
PLUS-QUE-PARFAIT	j'avais commencé	nous avions commencé	j'avais mangé	nous avions mangé
	tu avais commencé	vous aviez commencé	tu avais mangé	vous aviez mangé
	il avait commencé	ils avaient commencé	il avait mangé	ils avaient mangé
FUTUR	je commencerai	nous commencerons	je mangerai	nous mangerons
	tu commenceras	vous commencerez	tu mangeras	vous mangerez
	il commencera	ils commenceront	il mangera	ils mangeront
FUTUR ANTÉRIEUR	j'aurai commencé	nous aurons commencé	j'aurai mangé	nous aurons mangé
	tu auras commencé	vous aurez commencé	tu auras mangé	vous aurez mangé
	il aura commencé	ils auront commencé	il aura mangé	ils auront mangé
CONDITIONNEL	je commencerais	nous commencerions	je mangerais	nous mangerions
	tu commencerais	vous commenceriez	tu mangerais	vous mangeriez
	il commencerait	ils commenceraient	il mangerait	ils mangeraient
CONDITIONNEL PASSÉ	j'aurais commencé	nous aurions commencé	j'aurais mangé	nous aurions mangé
	tu aurais commencé	vous auriez commencé	tu aurais mangé	vous auriez mangé
	il aurait commencé	ils auraient commencé	il aurait mangé	ils auraient mangé
SUBJONCTIF PRÉSENT	que je commence	que nous commencions	que je mange	que nous mangions
	que tu commences	que vous commenciez	que tu manges	que vous mangiez
	qu'il commence	qu'ils commencent	qu'il mange	qu'ils mangent
SUBJONCTIF PASSÉ	que j'aie commencé	que nous ayons commencé	que j'aie mangé	que nous ayons mangé
	que tu aies commencé	que vous ayez commencé	que tu aies mangé	que vous ayez mangé
	qu'il ait commencé	qu'ils aient commencé	qu'il ait mangé	qu'ils aient mangé

---

[2] Verbe similaire: **effacer**

[3] Verbes similaires: **changer, exiger, nager, voyager**

VERBES AVEC CHANGEMENTS D'ORTHOGRAPHE

	payer *to pay*[4]		préférer *to prefer*[5]	
PARTICIPE PRÉSENT	payant		préférant	
PARTICIPE PASSÉ	payé		préféré	
PRÉSENT	je paie tu paies il paie	nous payons vous payez ils paient	je préfère tu préfères il préfère	nous préférons vous préférez ils préfèrent
IMPÉRATIF	paie	payons payez	préfère	préférons préférez
PASSÉ COMPOSÉ	j'ai payé tu as payé il a payé	nous avons payé vous avez payé ils ont payé	j'ai préféré tu as préféré il a préféré	nous avons préféré vous avez préféré ils ont préféré
PASSÉ SIMPLE	je payai tu payas il paya	nous payâmes vous payâtes ils payèrent	je préférai tu préféras il préféra	nous préférâmes vous préférâtes ils préférèrent
IMPARFAIT	je payais tu payais il payait	nous payions vous payiez ils payaient	je préférais tu préférais il préférait	nous préférions vous préfériez ils préféraient
PLUS-QUE-PARFAIT	j'avais payé tu avais payé il avait payé	nous avions payé vous aviez payé ils avaient payé	j'avais préféré tu avais préféré il avait préféré	nous avions préféré vous aviez préféré ils avaient préféré
FUTUR	je paierai tu paieras il paiera	nous paierons vous paierez ils paieront	je préférerai tu préféreras il préférera	nous préférerons vous préférerez ils préféreront
FUTUR ANTÉRIEUR	j'aurai payé tu auras payé il aura payé	nous aurons payé vous aurez payé ils auront payé	j'aurai préféré tu auras préféré il aura préféré	nous aurons préféré vous aurez préféré ils auront préféré
CONDITIONNEL	je paierais tu paierais il paierait	nous paierions vous paieriez ils paieraient	je préférerais tu préférerais il préférerait	nous préférerions vous préféreriez ils préféreraient
CONDITIONNEL PASSÉ	j'aurais payé tu aurais payé il aurait payé	nous aurions payé vous auriez payé ils auraient payé	j'aurais préféré tu aurais préféré il aurait préféré	nous aurions préféré vous auriez préféré ils auraient préféré
SUBJONCTIF PRÉSENT	que je paie que tu paies qu'il paie	que nous payions que vous payiez qu'ils paient	que je préfère que tu préfères qu'il préfère	que nous préférions que vous préfériez qu'ils préfèrent
SUBJONCTIF PASSÉ	que j'aie payé que tu aies payé qu'il ait payé	que nous ayons payé que vous ayez payé qu'ils aient payé	que j'aie préféré que tu aies préféré qu'il ait préféré	que nous ayons préféré que vous ayez préféré qu'ils aient préféré

[4] Verbes similaires: **appuyer, employer, essayer, essuyer, nettoyer, tutoyer**

[5] Verbes similaires: **accélérer, célébrer, espérer, oblitérer, récupérer, sécher, suggérer**

VERBES IRRÉGULIERS

	aller *to go*		**avoir** *to have*	
PARTICIPE PRÉSENT	allant		ayant	
PARTICIPE PASSÉ	allé(e)(s)		eu	
PRÉSENT	je vais tu vas il va	nous allons vous allez ils vont	j'ai tu as il a	nous avons vous avez ils ont
IMPÉRATIF	 va	allons allez	 aie	ayons ayez
PASSÉ COMPOSÉ	je suis allé(e) tu es allé(e) il est allé	nous sommes allé(e)s vous êtes allé(e)(s) ils sont allés	j'ai eu tu as eu il a eu	nous avons eu vous avez eu ils ont eu
PASSÉ SIMPLE	j'allai tu allas il alla	nous allâmes vous allâtes ils allèrent	j'eus tu eus il eut	nous eûmes vous eûtes ils eurent
IMPARFAIT	j'allais tu allais il allait	nous allions vous alliez ils allaient	j'avais tu avais il avait	nous avions vous aviez ils avaient
PLUS-QUE-PARFAIT	j'étais allé(e) tu étais allé(e) il était allé	nous étions allé(e)s vous étiez allé(e)(s) ils étaient allés	j'avais eu tu avais eu il avait eu	nous avions eu vous aviez eu ils avaient eu
FUTUR	j'irai tu iras il ira	nous irons vous irez ils iront	j'aurai tu auras il aura	nous aurons vous aurez ils auront
FUTUR ANTÉRIEUR	je serai allé(e) tu seras allé(e) il sera allé	nous serons allé(e)s vous serez allé(e)(s) ils seront allés	j'aurai eu tu auras eu il aura eu	nous aurons eu vous aurez eu ils auront eu
CONDITIONNEL	j'irais tu irais il irait	nous irions vous iriez ils iraient	j'aurais tu aurais il aurait	nous aurions vous auriez ils auraient
CONDITIONNEL PASSÉ	je serais allé(e) tu serais allé(e) il serait allé	nous serions allé(e)s vous seriez allé(e)(s) ils seraient allés	j'aurais eu tu aurais eu il aurait eu	nous aurions eu vous auriez eu ils auraient eu
SUBJONCTIF PRÉSENT	que j'aille que tu ailles qu'il aille	que nous allions que vous alliez qu'ils aillent	que j'aie que tu aies qu'il ait	que nous ayons que vous ayez qu'ils aient
SUBJONCTIF PASSÉ	que je sois allé(e) que tu sois allé(e) qu'il soit allé	que nous soyons allé(e)s que vous soyez allé(e)(s) qu'ils soient allés	que j'aie eu que tu aies eu qu'il ait eu	que nous ayons eu que vous ayez eu qu'ils aient eu

VERBES IRRÉGULIERS

	s'asseoir *to sit*		**boire** *to drink*	
PARTICIPE PRÉSENT	s'asseyant		buvant	
PARTICIPE PASSÉ	assis(e)(es)		bu	
PRÉSENT	je m'assieds	nous nous asseyons	je bois	nous buvons
	tu t'assieds	vous vous asseyez	tu bois	vous buvez
	il s'assied	ils s'asseyent	il boit	ils boivent
IMPÉRATIF		asseyons-nous		buvons
	assieds-toi	asseyez-vous	bois	buvez
PASSÉ COMPOSÉ	je me suis assis(e)	nous nous sommes assis(es)	j'ai bu	nous avons bu
	tu t'es assis(e)	vous vous êtes assis(e)(es)	tu as bu	vous avez bu
	il s'est assis	ils se sont assis	il a bu	ils ont bu
PASSÉ SIMPLE	je m'assis	nous nous assîmes	je bus	nous bûmes
	tu t'assis	vous vous assîtes	tu bus	vous bûtes
	il s'assit	ils s'assirent	il but	ils burent
IMPARFAIT	je m'asseyais	nous nous asseyions	je buvais	nous buvions
	tu t'asseyais	vous vous asseyiez	tu buvais	vous buviez
	il s'asseyait	ils s'asseyaient	il buvait	ils buvaient
PLUS-QUE-PARFAIT	je m'étais assis(e)	nous nous étions assis(es)	j'avais bu	nous avions bu
	tu t'étais assis(e)	vous vous étiez assis(e)(es)	tu avais bu	vous aviez bu
	il s'était assis	ils s'étaient assis	il avait bu	ils avaient bu
FUTUR	je m'assiérai	nous nous assiérons	je boirai	nous boirons
	tu t'assiéras	vous vous assiérez	tu boiras	vous boirez
	il s'assiéra	ils s'assiéront	il boira	ils boiront
FUTUR ANTÉRIEUR	je me serai assis(e)	nous nous serons assis(es)	j'aurai bu	nous aurons bu
	tu te seras assis(e)	vous vous serez assis(e)(es)	tu auras bu	vous aurez bu
	il se sera assis	ils se seront assis	il aura bu	ils auront bu
CONDITIONNEL	je m'assiérais	nous nous assiérions	je boirais	nous boirions
	tu t'assiérais	vous vous assiériez	tu boirais	vous boiriez
	il s'assiérait	ils s'assiéraient	il boirait	ils boiraient
CONDITIONNEL PASSÉ	je me serais assis(e)	nous nous serions assis(es)	j'aurais bu	nous aurions bu
	tu te serais assis(e)	vous vous seriez assis(e)(es)	tu aurais bu	vous auriez bu
	il se serait assis	ils se seraient assis	il aurait bu	ils auraient bu
SUBJONCTIF PRÉSENT	que je m'asseye	que nous nous asseyions	que je boive	que nous buvions
	que tu t'asseyes	que vous vous asseyiez	que tu boives	que vous buviez
	qu'il s'asseye	qu'ils s'asseyent	qu'il boive	qu'ils boivent
SUBJONCTIF PASSÉ	que je me sois assis(e)	que nous nous soyons assis(es)	que j'aie bu	que nous ayons bu
	que tu te sois assis(e)	que vous vous soyez assis(e)(es)	que tu aies bu	que vous ayez bu
	qu'il se soit assis	qu'ils se soient assis	qu'il ait bu	qu'ils aient bu

Verb Charts

VERBES IRRÉGULIERS				
	conduire *to drive*		**connaître** *to know*	
PARTICIPE PRÉSENT	conduisant		connaissant	
PARTICIPE PASSÉ	conduit		connu	
PRÉSENT	je conduis tu conduis il conduit	nous conduisons vous conduisez ils conduisent	je connais tu connais il connaît	nous connaissons vous connaissez ils connaissent
IMPÉRATIF	conduis	conduisons conduisez	connais	connaissons connaissez
PASSÉ COMPOSÉ	j'ai conduit tu as conduit il a conduit	nous avons conduit vous avez conduit ils ont conduit	j'ai connu tu as connu il a connu	nous avons connu vous avez connu ils ont connu
PASSÉ SIMPLE	je conduisis tu conduisis il conduisit	nous conduisîmes vous conduisîtes ils conduisirent	je connus tu connus il connut	nous connûmes vous connûtes ils connurent
IMPARFAIT	je conduisais tu conduisais il conduisait	nous conduisions vous conduisiez ils conduisaient	je connaissais tu connaissais il connaissait	nous connaissions vous connaissiez ils connaissaient
PLUS-QUE-PARFAIT	j'avais conduit tu avais conduit il avait conduit	nous avions conduit vous aviez conduit ils avaient conduit	j'avais connu tu avais connu il avait connu	nous avions connu vous aviez connu ils avaient connu
FUTUR	je conduirai tu conduiras il conduira	nous conduirons vous conduirez ils conduiront	je connaîtrai tu connaîtras il connaîtra	nous connaîtrons vous connaîtrez ils connaîtront
FUTUR ANTÉRIEUR	j'aurai conduit tu auras conduit il aura conduit	nous aurons conduit vous aurez conduit ils auront conduit	j'aurai connu tu auras connu il aura connu	nous aurons connu vous aurez connu ils auront connu
CONDITIONNEL	je conduirais tu conduirais il conduirait	nous conduirions vous conduiriez ils conduiraient	je connaîtrais tu connaîtrais il connaîtrait	nous connaîtrions vous connaîtriez ils connaîtraient
CONDITIONNEL PASSÉ	j'aurais conduit tu aurais conduit il aurait conduit	nous aurions conduit vous auriez conduit ils auraient conduit	j'aurais connu tu aurais connu il aurait connu	nous aurions connu vous auriez connu ils auraient connu
SUBJONCTIF PRÉSENT	que je conduise que tu conduises qu'il conduise	que nous conduisions que vous conduisiez qu'ils conduisent	que je connaisse que tu connaisses qu'il connaisse	que nous connaissions que vous connaissiez qu'ils connaissent
SUBJONCTIF PASSÉ	que j'aie conduit que tu aies conduit qu'il ait conduit	que nous ayons conduit que vous ayez conduit qu'ils aient conduit	que j'aie connu que tu aies connu qu'il ait connu	que nous ayons connu que vous ayez connu qu'ils aient connu

VERBES IRRÉGULIERS

	croire *to believe*		devoir *to have to, to owe*	
PARTICIPE PRÉSENT	croyant		devant	
PARTICIPE PASSÉ	cru		dû	
PRÉSENT	je crois	nous croyons	je dois	nous devons
	tu crois	vous croyez	tu dois	vous devez
	il croit	ils croient	il doit	ils doivent
IMPÉRATIF		croyons		devons
	crois	croyez	dois	devez
PASSÉ COMPOSÉ	j'ai cru	nous avons cru	j'ai dû	nous avons dû
	tu as cru	vous avez cru	tu as dû	vous avez dû
	il a cru	ils ont cru	il a dû	ils ont dû
PASSÉ SIMPLE	je crus	nous crûmes	je dus	nous dûmes
	tu crus	vous crûtes	tu dus	vous dûtes
	il crut	ils crurent	il dut	ils durent
IMPARFAIT	je croyais	nous croyions	je devais	nous devions
	tu croyais	vous croyiez	tu devais	vous deviez
	il croyait	ils croyaient	il devait	ils devaient
PLUS-QUE-PARFAIT	j'avais cru	nous avions cru	j'avais dû	nous avions dû
	tu avais cru	vous aviez cru	tu avais dû	vous aviez dû
	il avait cru	ils avaient cru	il avait dû	ils avaient dû
FUTUR	je croirai	nous croirons	je devrai	nous devrons
	tu croiras	vous croirez	tu devras	vous devrez
	il croira	ils croiront	il devra	ils devront
FUTUR ANTÉRIEUR	j'aurai cru	nous aurons cru	j'aurai dû	nous aurons dû
	tu auras cru	vous aurez cru	tu auras dû	vous aurez dû
	il aura cru	ils auront cru	il aura dû	ils auront dû
CONDITIONNEL	je croirais	nous croirions	je devrais	nous devrions
	tu croirais	vous croiriez	tu devrais	vous devriez
	il croirait	ils croiraient	il devrait	ils devraient
CONDITIONNEL PASSÉ	j'aurais cru	nous aurions cru	j'aurais dû	nous aurions dû
	tu aurais cru	vous auriez cru	tu aurais dû	vous auriez dû
	il aurait cru	ils auraient cru	il aurait dû	ils auraient dû
SUBJONCTIF PRÉSENT	que je croie	que nous croyions	que je doive	que nous devions
	que tu croies	que vous croyiez	que tu doives	que vous deviez
	qu'il croie	qu'ils croient	qu'il doive	qu'ils doivent
SUBJONCTIF PASSÉ	que j'aie cru	que nous ayons cru	que j'aie dû	que nous ayons dû
	que tu aies cru	que vous ayez cru	que tu aies dû	que vous ayez dû
	qu'il ait cru	qu'ils aient cru	qu'il ait dû	qu'ils aient dû

VERBES IRRÉGULIERS

	dire *to say*		**dormir** *to sleep*	
PARTICIPE PRÉSENT	disant		dormant	
PARTICIPE PASSÉ	dit		dormi	
PRÉSENT	je dis tu dis il dit	nous disons vous dites ils disent	je dors tu dors il dort	nous dormons vous dormez ils dorment
IMPÉRATIF	dis	disons dites	dors	dormons dormez
PASSÉ COMPOSÉ	j'ai dit tu as dit il a dit	nous avons dit vous avez dit ils ont dit	j'ai dormi tu as dormi il a dormi	nous avons dormi vous avez dormi ils ont dormi
PASSÉ SIMPLE	je dis tu dis il dit	nous dîmes vous dîtes ils dirent	je dormis tu dormis il dormit	nous dormîmes vous dormîtes ils dormirent
IMPARFAIT	je disais tu disais il disait	nous disions vous disiez ils disaient	je dormais tu dormais il dormait	nous dormions vous dormiez ils dormaient
PLUS-QUE-PARFAIT	j'avais dit tu avais dit il avait dit	nous avions dit vous aviez dit ils avaient dit	j'avais dormi tu avais dormi il avait dormi	nous avions dormi vous aviez dormi ils avaient dormi
FUTUR	je dirai tu diras il dira	nous dirons vous direz ils diront	je dormirai tu dormiras il dormira	nous dormirons vous dormirez ils dormiront
FUTUR ANTÉRIEUR	j'aurai dit tu auras dit il aura dit	nous aurons dit vous aurez dit ils auront dit	j'aurai dormi tu auras dormi il aura dormi	nous aurons dormi vous aurez dormi ils auront dormi
CONDITIONNEL	je dirais tu dirais il dirait	nous dirions vous diriez ils diraient	je dormirais tu dormirais il dormirait	nous dormirions vous dormiriez ils dormiraient
CONDITIONNEL PASSÉ	j'aurais dit tu aurais dit il aurait dit	nous aurions dit vous auriez dit ils auraient dit	j'aurais dormi tu aurais dormi il aurait dormi	nous aurions dormi vous auriez dormi ils auraient dormi
SUBJONCTIF PRÉSENT	que je dise que tu dises qu'il dise	que nous disions que vous disiez qu'ils disent	que je dorme que tu dormes qu'il dorme	que nous dormions que vous dormiez qu'ils dorment
SUBJONCTIF PASSÉ	que j'aie dit que tu aies dit qu'il ait dit	que nous ayons dit que vous ayez dit qu'ils aient dit	que j'aie dormi que tu aies dormi qu'il ait dormi	que nous ayons dormi que vous ayez dormi qu'ils aient dormi

VERBES IRRÉGULIERS

	envoyer *to send*[1]		écrire *to write*	
PARTICIPE PRÉSENT	envoyant		écrivant	
PARTICIPE PASSÉ	envoyé		écrit	
PRÉSENT	j'envoie tu envoies il envoie	nous envoyons vous envoyez ils envoient	j'écris tu écris il écrit	nous écrivons vous écrivez ils écrivent
IMPÉRATIF	 envoie	envoyons envoyez	 écris	écrivons écrivez
PASSÉ COMPOSÉ	j'ai envoyé tu as envoyé il a envoyé	nous avons envoyé vous avez envoyé ils ont envoyé	j'ai écrit tu as écrit il a écrit	nous avons écrit vous avez écrit ils ont écrit
PASSÉ SIMPLE	j'envoyai tu envoyas il envoya	nous envoyâmes vous envoyâtes ils envoyèrent	j'écrivis tu écrivis il écrivit	nous écrivîmes vous écrivîtes ils écrivirent
IMPARFAIT	j'envoyais tu envoyais il envoyait	nous envoyions vous envoyiez ils envoyaient	j'écrivais tu écrivais il écrivait	nous écrivions vous écriviez ils écrivaient
PLUS-QUE-PARFAIT	j'avais envoyé tu avais envoyé il avait envoyé	nous avions envoyé vous aviez envoyé ils avaient envoyé	j'avais écrit tu avais écrit il avait écrit	nous avions écrit vous aviez écrit ils avaient écrit
FUTUR	j'enverrai tu enverras il enverra	nous enverrons vous enverrez ils enverront	j'écrirai tu écriras il écrira	nous écrirons vous écrirez ils écriront
FUTUR ANTÉRIEUR	j'aurai envoyé tu auras envoyé il aura envoyé	nous aurons envoyé vous aurez envoyé ils auront envoyé	j'aurai écrit tu auras écrit il aura écrit	nous aurons écrit vous aurez écrit ils auront écrit
CONDITIONNEL	j'enverrais tu enverrais il enverrait	nous enverrions vous enverriez ils enverraient	j'écrirais tu écrirais il écrirait	nous écririons vous écririez ils écriraient
CONDITIONNEL PASSÉ	j'aurais envoyé tu aurais envoyé il aurait envoyé	nous aurions envoyé vous auriez envoyé ils auraient envoyé	j'aurais écrit tu aurais écrit il aurait écrit	nous aurions écrit vous auriez écrit ils auraient écrit
SUBJONCTIF PRÉSENT	que j'envoie que tu envoies qu'il envoie	que nous envoyions que vous envoyiez qu'ils envoient	que j'écrive que tu écrives qu'il écrive	que nous écrivions que vous écriviez qu'ils écrivent
SUBJONCTIF PASSÉ	que j'aie envoyé que tu aies envoyé qu'il ait envoyé	que nous ayons envoyé que vous ayez envoyé qu'ils aient envoyé	que j'aie écrit que tu aies écrit qu'il ait écrit	que nous ayons écrit que vous ayez écrit qu'ils aient écrit

---

[1] Verbe similaire: **renvoyer**

Verb Charts

	VERBES IRRÉGULIERS			
	être *to be*		**faire** *to make, to do*	
PARTICIPE PRÉSENT	étant		faisant	
PARTICIPE PASSÉ	été		fait	
PRÉSENT	je suis tu es il est	nous sommes vous êtes ils sont	je fais tu fais il fait	nous faisons vous faites ils font
IMPÉRATIF	sois	soyons soyez	fais	faisons faites
PASSÉ COMPOSÉ	j'ai été tu as été il a été	nous avons été vous avez été ils ont été	j'ai fait tu as fait il a fait	nous avons fait vous avez fait ils ont fait
PASSÉ SIMPLE	je fus tu fus il fut	nous fûmes vous fûtes ils furent	je fis tu fis il fit	nous fîmes vous fîtes ils firent
IMPARFAIT	j'étais tu étais il était	nous étions vous étiez ils étaient	je faisais tu faisais il faisait	nous faisions vous faisiez ils faisaient
PLUS-QUE-PARFAIT	j'avais été tu avais été il avait été	nous avions été vous aviez été ils avaient été	j'avais fait tu avais fait il avait fait	nous avions fait vous aviez fait ils avaient fait
FUTUR	je serai tu seras il sera	nous serons vous serez ils seront	je ferai tu feras il fera	nous ferons vous ferez ils feront
FUTUR ANTÉRIEUR	j'aurai été tu auras été il aura été	nous aurons été vous aurez été ils auront été	j'aurai fait tu auras fait il aura fait	nous aurons fait vous aurez fait ils auront fait
CONDITIONNEL	je serais tu serais il serait	nous serions vous seriez ils seraient	je ferais tu ferais il ferait	nous ferions vous feriez ils feraient
CONDITIONNEL PASSÉ	j'aurais été tu aurais été il aurait été	nous aurions été vous auriez été ils auraient été	j'aurais fait tu aurais fait il aurait fait	nous aurions fait vous auriez fait ils auraient fait
SUBJONCTIF PRÉSENT	que je sois que tu sois qu'il soit	que nous soyons que vous soyez qu'ils soient	que je fasse que tu fasses qu'il fasse	que nous fassions que vous fassiez qu'ils fassent
SUBJONCTIF PASSÉ	que j'aie été que tu aies été qu'il ait été	que nous ayons été que vous ayez été qu'ils aient été	que j'aie fait que tu aies fait qu'il ait fait	que nous ayons fait que vous ayez fait qu'ils aient fait

VERBES IRRÉGULIERS

	lire *to read*		**mettre** *to put*²	
PARTICIPE PRÉSENT	lisant		mettant	
PARTICIPE PASSÉ	lu		mis	
PRÉSENT	je lis tu lis il lit	nous lisons vous lisez ils lisent	je mets tu mets il met²	nous mettons vous mettez ils mettent
IMPÉRATIF	lis	lisons lisez	mets	mettons mettez
PASSÉ COMPOSÉ	j'ai lu tu as lu il a lu	nous avons lu vous avez lu ils ont lu	j'ai mis tu as mis il a mis	nous avons mis vous avez mis ils ont mis
PASSÉ SIMPLE	je lus tu lus il lut	nous lûmes vous lûtes ils lurent	je mis tu mis il mit	nous mîmes vous mîtes ils mirent
IMPARFAIT	je lisais tu lisais il lisait	nous lisions vous lisiez ils lisaient	je mettais tu mettais il mettait	nous mettions vous mettiez ils mettaient
PLUS-QUE-PARFAIT	j'avais lu tu avais lu il avait lu	nous avions lu vous aviez lu ils avaient lu	j'avais mis tu avais mis il avait mis	nous avions mis vous aviez mis ils avaient mis
FUTUR	je lirai tu liras il lira	nous lirons vous lirez ils liront	je mettrai tu mettras il mettra	nous mettrons vous mettrez ils mettront
FUTUR ANTÉRIEUR	j'aurai lu tu auras lu il aura lu	nous aurons lu vous aurez lu ils auront lu	j'aurai mis tu auras mis il aura mis	nous aurons mis vous aurez mis ils auront mis
CONDITIONNEL	je lirais tu lirais il lirait	nous lirions vous liriez ils liraient	je mettrais tu mettrais il mettrait	nous mettrions vous mettriez ils mettraient
CONDITIONNEL PASSÉ	j'aurais lu tu aurais lu il aurait lu	nous aurions lu vous auriez lu ils auraient lu	j'aurais mis tu aurais mis il aurait mis	nous aurions mis vous auriez mis ils auraient mis
SUBJONCTIF PRÉSENT	que je lise que tu lises qu'il lise	que nous lisions que vous lisiez qu'ils lisent	que je mette que tu mettes qu'il mette	que nous mettions que vous mettiez qu'ils mettent
SUBJONCTIF PASSÉ	que j'aie lu que tu aies lu qu'il ait lu	que nous ayons lu que vous ayez lu qu'ils aient lu	que j'aie mis que tu aies mis qu'il ait mis	que nous ayons mis que vous ayez mis qu'ils aient mis

² Verbe similaire: **remettre**

Verb Charts

VERBES IRRÉGULIERS

	ouvrir *to open*[3]		**partir** *to leave*[4]	
PARTICIPE PRÉSENT	ouvrant		partant	
PARTICIPE PASSÉ	ouvert		parti(e)(s)	
PRÉSENT	j'ouvre	nous ouvrons	je pars	nous partons
	tu ouvres	vous ouvrez	tu pars	vous partez
	il ouvre	ils ouvrent	il part	ils partent
IMPÉRATIF		ouvrons		partons
	ouvre	ouvrez	pars	partez
PASSÉ COMPOSÉ	j'ai ouvert	nous avons ouvert	je suis parti(e)	nous sommes parti(e)s
	tu as ouvert	vous avez ouvert	tu es parti(e)	vous êtes parti(e)(s)
	il a ouvert	ils ont ouvert	il est parti	ils sont partis
PASSÉ SIMPLE	j'ouvris	nous ouvrîmes	je partis	nous partîmes
	tu ouvris	vous ouvrîtes	tu partis	vous partîtes
	il ouvrit	ils ouvrirent	il partit	ils partirent
IMPARFAIT	j'ouvrais	nous ouvrions	je partais	nous partions
	tu ouvrais	vous ouvriez	tu partais	vous partiez
	il ouvrait	ils ouvraient	il partait	ils partaient
PLUS-QUE-PARFAIT	j'avais ouvert	nous avions ouvert	j'étais parti(e)	nous étions parti(e)s
	tu avais ouvert	vous aviez ouvert	tu étais parti(e)	vous étiez parti(e)(s)
	il avait ouvert	ils avaient ouvert	il était parti	ils étaient partis
FUTUR	j'ouvrirai	nous ouvrirons	je partirai	nous partirons
	tu ouvriras	vous ouvrirez	tu partiras	vous partirez
	il ouvrira	ils ouvriront	il partira	ils partiront
FUTUR ANTÉRIEUR	j'aurai ouvert	nous aurons ouvert	je serai parti(e)	nous serons parti(e)s
	tu auras ouvert	vous aurez ouvert	tu seras parti(e)	vous serez parti(e)(s)
	il aura ouvert	ils auront ouvert	il sera parti	ils seront partis
CONDITIONNEL	j'ouvrirais	nous ouvririons	je partirais	nous partirions
	tu ouvrirais	vous ouvririez	tu partirais	vous partiriez
	il ouvrirait	ils ouvriraient	il partirait	ils partiraient
CONDITIONNEL PASSÉ	j'aurais ouvert	nous aurions ouvert	je serais parti(e)	nous serions parti(e)s
	tu aurais ouvert	vous auriez ouvert	tu serais parti(e)	vous seriez parti(e)(s)
	il aurait ouvert	ils auraient ouvert	il serait parti	ils seraient partis
SUBJONCTIF PRÉSENT	que j'ouvre	que nous ouvrions	que je parte	que nous partions
	que tu ouvres	que vous ouvriez	que tu partes	que vous partiez
	qu'il ouvre	qu'ils ouvrent	qu'il parte	qu'ils partent
SUBJONCTIF PASSÉ	que j'aie ouvert	que nous ayons ouvert	que je sois parti(e)	que nous soyons parti(e)s
	que tu aies ouvert	que vous ayez ouvert	que tu sois parti(e)	que vous soyez parti(e)(s)
	qu'il ait ouvert	qu'ils aient ouvert	qu'il soit parti	qu'ils soient partis

---

[3] Verbes similaires: **couvrir, découvrir, offrir, souffrir**

[4] Verbe similaire: **sortir**

VERBES IRRÉGULIERS

	pouvoir *to be able to*		prendre *to take*[5]	
PARTICIPE PRÉSENT	pouvant		prenant	
PARTICIPE PASSÉ	pu		pris	
PRÉSENT	je peux tu peux il peut	nous pouvons vous pouvez ils peuvent	je prends tu prends il prend	nous prenons vous prenez ils prennent
IMPÉRATIF	(pas d'impératif)		prends	prenons prenez
PASSÉ COMPOSÉ	j'ai pu tu as pu il a pu	nous avons pu vous avez pu ils ont pu	j'ai pris tu as pris il a pris	nous avons pris vous avez pris ils ont pris
PASSÉ SIMPLE	je pus tu pus il put	nous pûmes vous pûtes ils purent	je pris tu pris il prit	nous prîmes vous prîtes ils prirent
IMPARFAIT	je pouvais tu pouvais il pouvait	nous pouvions vous pouviez ils pouvaient	je prenais tu prenais il prenait	nous prenions vous preniez ils prenaient
PLUS-QUE-PARFAIT	j'avais pu tu avais pu il avait pu	nous avions pu vous aviez pu ils avaient pu	j'avais pris tu avais pris il avait pris	nous avions pris vous aviez pris ils avaient pris
FUTUR	je pourrai tu pourras il pourra	nous pourrons vous pourrez ils pourront	je prendrai tu prendras il prendra	nous prendrons vous prendrez ils prendront
FUTUR ANTÉRIEUR	j'aurai pu tu auras pu il aura pu	nous aurons pu vous aurez pu ils auront pu	j'aurai pris tu auras pris il aura pris	nous aurons pris vous aurez pris ils auront pris
CONDITIONNEL	je pourrais tu pourrais il pourrait	nous pourrions vous pourriez ils pourraient	je prendrais tu prendrais il prendrait	nous prendrions vous prendriez ils prendraient
CONDITIONNEL PASSÉ	j'aurais pu tu aurais pu il aurait pu	nous aurions pu vous auriez pu ils auraient pu	j'aurais pris tu aurais pris il aurait pris	nous aurions pris vous auriez pris ils auraient pris
SUBJONCTIF PRÉSENT	que je puisse que tu puisses qu'il puisse	que nous puissions que vous puissiez qu'ils puissent	que je prenne que tu prennes qu'il prenne	que nous prenions que vous preniez qu'ils prennent
SUBJONCTIF PASSÉ	que j'aie pu que tu aies pu qu'il ait pu	que nous ayons pu que vous ayez pu qu'ils aient pu	que j'aie pris que tu aies pris qu'il ait pris	que nous ayons pris que vous ayez pris qu'ils aient pris

[5] Verbes similaires: **apprendre, comprendre**

VERBES IRRÉGULIERS

	recevoir *to receive*		rire *to laugh*[6]	
PARTICIPE PRÉSENT	recevant		riant	
PARTICIPE PASSÉ	reçu		ri	
PRÉSENT	je reçois tu reçois il reçoit	nous recevons vous recevez ils reçoivent	je ris tu ris il rit	nous rions vous riez ils rient
IMPÉRATIF	reçois	recevons recevez	ris	rions riez
PASSÉ COMPOSÉ	j'ai reçu tu as reçu il a reçu	nous avons reçu vous avez reçu ils ont reçu	j'ai ri tu as ri il a ri	nous avons ri vous avez ri ils ont ri
PASSÉ SIMPLE	je reçus tu reçus il reçut	nous reçûmes vous reçûtes ils reçurent	je ris tu ris il rit	nous rîmes vous rîtes ils rirent
IMPARFAIT	je recevais tu recevais il recevait	nous recevions vous receviez ils recevaient	je riais tu riais il riait	nous riions vous riiez ils riaient
PLUS-QUE-PARFAIT	j'avais reçu tu avais reçu il avait reçu	nous avions reçu vous aviez reçu ils avaient reçu	j'avais ri tu avais ri il avait ri	nous avions ri vous aviez ri ils avaient ri
FUTUR	je recevrai tu recevras il recevra	nous recevrons vous recevrez ils recevront	je rirai tu riras il rira	nous rirons vous rirez ils riront
FUTUR ANTÉRIEUR	j'aurai reçu tu auras reçu il aura reçu	nous aurons reçu vous aurez reçu ils auront reçu	j'aurai ri tu auras ri il aura ri	nous aurons ri vous aurez ri ils auront ri
CONDITIONNEL	je recevrais tu recevrais il recevrait	nous recevrions vous recevriez ils recevraient	je rirais tu rirais il rirait	nous ririons vous ririez ils riraient
CONDITIONNEL PASSÉ	j'aurais reçu tu aurais reçu il aurait reçu	nous aurions reçu vous auriez reçu ils auraient reçu	j'aurais ri tu aurais ri il aurait ri	nous aurions ri vous auriez ri ils auraient ri
SUBJONCTIF PRÉSENT	que je reçoive que tu reçoives qu'il reçoive	que nous recevions que vous receviez qu'ils reçoivent	que je rie que tu ries qu'il rie	que nous riions que vous riiez qu'ils rient
SUBJONCTIF PASSÉ	que j'aie reçu que tu aies reçu qu'il ait reçu	que nous ayons reçu que vous ayez reçu qu'ils aient reçu	que j'aie ri que tu aies ri qu'il ait ri	que nous ayons ri que vous ayez ri qu'ils aient ri

---

[6] Verbe similaire: **sourire**

VERBES IRRÉGULIERS

	savoir *to know*		servir *to serve*	
PARTICIPE PRÉSENT	sachant		servant	
PARTICIPE PASSÉ	su		servi	
PRÉSENT	je sais	nous savons	je sers	nous servons
	tu sais	vous savez	tu sers	vous servez
	il sait	ils savent	il sert	ils servent
IMPÉRATIF		sachons		servons
	sache	sachez	sers	servez
PASSÉ COMPOSÉ	j'ai su	nous avons su	j'ai servi	nous avons servi
	tu as su	vous avez su	tu as servi	vous avez servi
	il a su	ils ont su	il a servi	ils ont servi
PASSÉ SIMPLE	je sus	nous sûmes	je servis	nous servîmes
	tu sus	vous sûtes	tu servis	vous servîtes
	il sut	ils surent	il servit	ils servirent
IMPARFAIT	je savais	nous savions	je servais	nous servions
	tu savais	vous saviez	tu servais	vous serviez
	il savait	ils savaient	il servait	ils servaient
PLUS-QUE-PARFAIT	j'avais su	nous avions su	j'avais servi	nous avions servi
	tu avais su	vous aviez su	tu avais servi	vous aviez servi
	il avait su	ils avaient su	il avait servi	ils avaient servi
FUTUR	je saurai	nous saurons	je servirai	nous servirons
	tu sauras	vous saurez	tu serviras	vous servirez
	il saura	ils sauront	il servira	ils serviront
FUTUR ANTÉRIEUR	j'aurai su	nous aurons su	j'aurai servi	nous aurons servi
	tu auras su	vous aurez su	tu auras servi	vous aurez servi
	il aura su	ils auront su	il aura servi	ils auront servi
CONDITIONNEL	je saurais	nous saurions	je servirais	nous servirions
	tu saurais	vous sauriez	tu servirais	vous serviriez
	il saurait	ils sauraient	il servirait	ils serviraient
CONDITIONNEL PASSÉ	j'aurais su	nous aurions su	j'aurais servi	nous aurions servi
	tu aurais su	vous auriez su	tu aurais servi	vous auriez servi
	il aurait su	ils auraient su	il aurait servi	ils auraient servi
SUBJONCTIF PRÉSENT	que je sache	que nous sachions	que je serve	que nous servions
	que tu saches	que vous sachiez	que tu serves	que vous serviez
	qu'il sache	qu'ils sachent	qu'il serve	qu'ils servent
SUBJONCTIF PASSÉ	que j'aie su	que nous ayons su	que j'aie servi	que nous ayons servi
	que tu aies su	que vous ayez su	que tu aies servi	que vous ayez servi
	qu'il ait su	qu'ils aient su	qu'il ait servi	qu'ils aient servi

VERBES IRRÉGULIERS

	suivre *to follow*		venir *to come*[7]	
PARTICIPE PRÉSENT	suivant		venant	
PARTICIPE PASSÉ	suivi		venu(e)(s)	
PRÉSENT	je suis tu suis il suit	nous suivons vous suivez ils suivent	je viens tu viens il vient	nous venons vous venez ils viennent
IMPÉRATIF	suis	suivons suivez	viens	venons venez
PASSÉ COMPOSÉ	j'ai suivi tu as suivi il a suivi	nous avons suivi vous avez suivi ils ont suivi	je suis venu(e) tu es venu(e) il est venu	nous sommes venu(e)s vous êtes venu(e)(s) ils sont venus
PASSÉ SIMPLE	je suivis tu suivis il suivit	nous suivîmes vous suivîtes ils suivirent	je vins tu vins il vint	nous vînmes vous vîntes ils vinrent
IMPARFAIT	je suivais tu suivais il suivait	nous suivions vous suiviez ils suivaient	je venais tu venais il venait	nous venions vous veniez ils venaient
PLUS-QUE-PARFAIT	j'avais suivi tu avais suivi il avait suivi	nous avions suivi vous aviez suivi ils avaient suivi	j'étais venu(e) tu étais venu(e) il était venu	nous étions venu(e)s vous étiez venu(e)(s) ils étaient venus
FUTUR	je suivrai tu suivras il suivra	nous suivrons vous suivrez ils suivront	je viendrai tu viendras il viendra	nous viendrons vous viendrez ils viendront
FUTUR ANTÉRIEUR	j'aurai suivi tu auras suivi il aura suivi	nous aurons suivi vous aurez suivi ils auront suivi	je serai venu(e) tu seras venu(e) il sera venu	nous serons venu(e)s vous serez venu(e)(s) ils seront venus
CONDITIONNEL	je suivrais tu suivrais il suivrait	nous suivrions vous suivriez ils suivraient	je viendrais tu viendrais il viendrait	nous viendrions vous viendriez ils viendraient
CONDITIONNEL PASSÉ	j'aurais suivi tu aurais suivi il aurait suivi	nous aurions suivi vous auriez suivi ils auraient suivi	je serais venu(e) tu serais venu(e) il serait venu	nous serions venu(e)s vous seriez venu(e)(s) ils seraient venus
SUBJONCTIF PRÉSENT	que je suive que tu suives qu'il suive	que nous suivions que vous suiviez qu'ils suivent	que je vienne que tu viennes qu'il vienne	que nous venions que vous veniez qu'ils viennent
SUBJONCTIF PASSÉ	que j'aie suivi que tu aies suivi qu'il ait suivi	que nous ayons suivi que vous ayez suivi qu'ils aient suivi	que je sois venu(e) que tu sois venu(e) qu'il soit venu	que nous soyons venu(e)s que vous soyez venu(e)(s) qu'ils soient venus

---

[7] Verbes similaires: **devenir, revenir, se souvenir**

VERBES IRRÉGULIERS

	vivre *to live*		voir *to see*	
PARTICIPE PRÉSENT	vivant		voyant	
PARTICIPE PASSÉ	vécu		vu	
PRÉSENT	je vis tu vis il vit	nous vivons vous vivez ils vivent	je vois tu vois il voit	nous voyons vous voyez ils voient
IMPÉRATIF	vis	vivons vivez	vois	voyons voyez
PASSÉ COMPOSÉ	j'ai vécu tu as vécu il a vécu	nous avons vécu vous avez vécu ils ont vécu	j'ai vu tu as vu il a vu	nous avons vu vous avez vu ils ont vu
PASSÉ SIMPLE	je vécus tu vécus il vécut	nous vécûmes vous vécûtes ils vécurent	je vis tu vis il vit	nous vîmes vous vîtes ils virent
IMPARFAIT	je vivais tu vivais il vivait	nous vivions vous viviez ils vivaient	je voyais tu voyais il voyait	nous voyions vous voyiez ils voyaient
PLUS-QUE-PARFAIT	j'avais vécu tu avais vécu il avait vécu	nous avions vécu vous aviez vécu ils avaient vécu	j'avais vu tu avais vu il avait vu	nous avions vu vous aviez vu ils avaient vu
FUTUR	je vivrai tu vivras il vivra	nous vivrons vous vivrez ils vivront	je verrai tu verras il verra	nous verrons vous verrez ils verront
FUTUR ANTÉRIEUR	j'aurai vécu tu auras vécu il aura vécu	nous aurons vécu vous aurez vécu ils auront vécu	j'aurai vu tu auras vu il aura vu	nous aurons vu vous aurez vu ils auront vu
CONDITIONNEL	je vivrais tu vivrais il vivrait	nous vivrions vous vivriez ils vivraient	je verrais tu verrais il verrait	nous verrions vous verriez ils verraient
CONDITIONNEL PASSÉ	j'aurais vécu tu aurais vécu il aurait vécu	nous aurions vécu vous auriez vécu ils auraient vécu	j'aurais vu tu aurais vu il aurait vu	nous aurions vu vous auriez vu ils auraient vu
SUBJONCTIF PRÉSENT	que je vive que tu vives qu'il vive	que nous vivions que vous viviez qu'ils vivent	que je voie que tu voies qu'il voie	que nous voyions que vous voyiez qu'ils voient
SUBJONCTIF PASSÉ	que j'aie vécu que tu aies vécu qu'il ait vécu	que nous ayons vécu que vous ayez vécu qu'ils aient vécu	que j'aie vu que tu aies vu qu'il ait vu	que nous ayons vu que vous ayez vu qu'ils aient vu

Verb Charts

VERBES IRRÉGULIERS

vouloir
to want

PARTICIPE PRÉSENT	voulant	
PARTICIPE PASSÉ	voulu	
PRÉSENT	je veux	nous voulons
	tu veux	vous voulez
	il veut	ils veulent
IMPÉRATIF		veuillons
	veuille	veuillez
PASSÉ COMPOSÉ	j'ai voulu	nous avons voulu
	tu as voulu	vous avez voulu
	il a voulu	ils ont voulu
PASSÉ SIMPLE	je voulus	nous voulûmes
	tu voulus	vous voulûtes
	il voulut	ils voulurent
IMPARFAIT	je voulais	nous voulions
	tu voulais	vous vouliez
	il voulait	ils voulaient
PLUS-QUE-PARFAIT	j'avais voulu	nous avions voulu
	tu avais voulu	vous aviez voulu
	il avait voulu	ils avaient voulu
FUTUR	je voudrai	nous voudrons
	tu voudras	vous voudrez
	il voudra	ils voudront
FUTUR ANTÉRIEUR	j'aurai voulu	nous aurons voulu
	tu auras voulu	vous aurez voulu
	il aura voulu	ils auront voulu
CONDITIONNEL	je voudrais	nous voudrions
	tu voudrais	vous voudriez
	il voudrait	ils voudraient
CONDITIONNEL PASSÉ	j'aurais voulu	nous aurions voulu
	tu aurais voulu	vous auriez voulu
	il aurait voulu	ils auraient voulu
SUBJONCTIF PRÉSENT	que je veuille	que nous voulions
	que tu veuilles	que vous vouliez
	qu'il veuille	qu'ils veuillent
SUBJONCTIF PASSÉ	que j'aie voulu	que nous ayons voulu
	que tu aies voulu	que vous ayez voulu
	qu'il ait voulu	qu'ils aient voulu

VERBES IMPERSONNELS

	falloir *to be necessary*	pleuvoir *to rain*
PARTICIPE PRÉSENT	(pas de participe présent)	pleuvant
PARTICIPE PASSÉ	fallu	plu
PRÉSENT	il faut	il pleut
IMPÉRATIF	(pas d'impératif)	(pas d'impératif)
PASSÉ COMPOSÉ	il a fallu	il a plu
PASSÉ SIMPLE	il fallut	il plut
IMPARFAIT	il fallait	il pleuvait
PLUS-QUE-PARFAIT	il avait fallu	il avait plu
FUTUR	il faudra	il pleuvra
FUTUR ANTÉRIEUR	il aura fallu	il aura plu
CONDITIONNEL	il faudrait	il pleuvrait
CONDITIONNEL PASSÉ	il aurait fallu	il aurait plu
SUBJONCTIF PRÉSENT	qu'il faille	qu'il pleuve
SUBJONCTIF PASSÉ	qu'il ait fallu	qu'il ait plu

VERBES AVEC ÊTRE AU PASSÉ COMPOSÉ

aller	*to go*	je suis allé(e)
arriver	*to arrive*	je suis arrivé(e)
descendre	*to go down, to get off*	je suis descendu(e)
devenir	*to become*	je suis devenu(e)
entrer	*to enter*	je suis entré(e)
monter	*to go up*	je suis monté(e)
mourir	*to die*	je suis mort(e)
naître	*to be born*	je suis né(e)
partir	*to leave*	je suis parti(e)

VERBES AVEC ÊTRE AU PASSÉ COMPOSÉ

passer	*to go by*	je suis passé(e)
rentrer	*to go home*	je suis rentré(e)
rester	*to stay*	je suis resté(e)
retourner	*to return*	je suis retourné(e)
revenir	*to come back*	je suis revenu(e)
sortir	*to go out*	je suis sorti(e)
tomber	*to fall*	je suis tombé(e)
venir	*to come*	je suis venu(e)

Près de Bedous, dans la vallée d'Aspe, dans les Pyrénées atlantiques

This French-English Dictionary contains all productive and receptive vocabulary from Levels I, II, and III. The Roman numeral following each productive entry indicates the level in which the word is introduced. The number following the Roman numeral I or II indicates the vocabulary section in which the word is presented. The number following the Roman numeral III indicates the lesson of the chapter in which the word is present. For example **2.2** in dark print means that the word first appeared in this textbook, **Chapitre 2, Leçon 2.** A light print number means that the word first appeared in the Level 1 or 2 textbook. **BV** refers to the introductory **Bienvenue** lessons in Level 1. **L** refers to the optional literary readings. If there is no number or letter following an entry, the word or expression is there for receptive purposes only.

à at, in, to, I-3.1
　à l'avance ahead of time; in advance, II-9.1
　À bientôt! See you soon!, I-BV
　à bord (de) on board, I-8.2
　à cause de because of
　à côté de next to, II-11.1
　À demain. See you tomorrow., I-BV
　à destination de to (destination), II-8.1
　à domicile to the home
　à l'envers inside out, wrong way around, **2.3**
　à l'étranger abroad
　à l'extérieur outside, outside the home
　à l'heure on time, I-8.1
　à l'issue de at the end of
　à moins que unless, **5**
　à mon avis in my opinion, I-7.2
　à nouveau again
　à part apart
　à partir de after
　à peine barely
　à peu près about, approximately
　à pied on foot, I-4.2
　à point medium-rare (meat), I-5.2
　à propos by the way
　À tout à l'heure. See you later., I-BV
　abandonner to abandon
l' **abbé** (m.) priest
　abondant(e) plentiful
　abriter to house, shelter, **8.2**

　absolument absolutely, II-9.1
s' **abstenir** to abstain
　accéder to access
　accélérer to accelerate
l' **accès** (m.) access; admission
l' **accessoire** (m.) accessory
　accompagner to accompany, to go with
　accorder de l'importance à to consider important, **2.1**
　accourir to come running
l' **accroissement** (m.) growth, **7.1**
l' **accueil** (m.) welcome, **1.3**; reception, **7.1**
　accueillir to welcome, to receive, **4.1**
l' **acculturation** (f.) acculturation, **4.3**
l' **achat** (m.) purchase
　faire des achats to shop
　acheter to buy, I-3.2
　acheter à crédit to buy on credit
　acquis(e) acquired
l' **acteur** (m.) actor, II-1.1, **3.2**
　actif (-ive) active
l' **actrice** (f.) actress, II-1.1, **3.2**
l' **actualité** (f.) current events, **5.1**; reality
　actuel(le) of today
　actuellement nowadays
l' **addition** (f.) check, bill, I-5.2
l' **adepte** (m./f.) fan, follower, **3.1**
l' **administration publique** (f.) public office
　adorer to love
l' **adresse** (f.) address, II-5.2

s' **adresser à** to speak to
　aduler to really adore
l' **adversaire** (m./f.) adversary, opponent
　adverse opposing, I-10.1
　aérien(ne) air, flight (adj.)
l' **aérogare** (f.) airport terminal, I-8.1, **1.2**
l' **aéroport** (m.) airport, II-8.1
les **affaires** (f. pl.) business, II-11.1
l' **affiche** (f.) poster
s' **affoler** to panic, **L8**
　affeux, affreuse frightful
　affronter to face, tackle
　afin que in order that, **5**
l' **âge** (m.) age, I-4.1
　Tu as quel âge? How old are you?, I-4.1
　âgé(e) old
l' **agence** (f.) agency
l' **agent** (m.) **de police** police officer, II-11.1
l' **agent** (m.) **de voyages** travel agent
l' **agglomération** (f.) urban area, II-7.2
　agité(e) choppy, rough (sea)
l' **agneau** (m.) lamb, I-6.1, II-6.2, II-11.2
　agréable pleasant, **7.3**
　agricole agricultural, farm (adj.), II-11.2
l' **agriculteur, l'agricultrice** farmer, II-11.2
l' **aide** (f.) aid, help
　à l'aide de with the help of
l' **aide-soignant(e)** (m./f.) auxiliary nurse, **7.1**
　aider to help, II-3.2

aigu(ë) acute, severe, II-2.2; high-pitched, **7.3**

l' **ail** (m.) garlic, II-6.1

ailleurs elsewhere

aimer to like, love, I-3.1

aimer mieux to prefer, I-7.2

aîné(e) older, elder, **6.3**

l' **aîné(e)** older (one), elder, I-L1

ainsi thus, so

ainsi que as well as

l' **air** (m.) air, II-7.1; melody

l'air climatisé air conditioning, II-9.2

avoir l'air to look, II-13.2

aisé(e) well-to-do, **4.3**

ajouter to add, II-6.2

l' **album** (m.) album, **3.3**

l' **aliment** (m.) food, II-6.1

l' **alimentation** (f.) nutrition, diet, **7.2**

allécher to attract, entice, **L8**

l' **Allemagne** (f.) Germany

l' **allemand** (m.) German (language), I-2.2

aller to go, I-5.1

aller chercher to go (and) get, I-6.1

aller mieux to feel better, II-2.2

l' **aller (simple)** one-way ticket, I-9.1

l' **alliance** (f.) wedding ring, II-12.2, **6.1**

allô hello (telephone)

allonger to stretch out

l' **allongement** (m.) extension

allumer to turn on (appliance), I-12.2, II-3.1; to light, II-12.2

l' **allure** (f.): à toute allure at full speed, II-L1

alors so, then, well then, I-BV

l' **alpinisme** (m.) mountain climbing

amabilité: auriez-vous l'amabilité de would you be so kind as to

amaigri(e) emaciated

l' **amande** (f.) almond, **6.1**

l' **amant(e)** (m./f.) lover, **L1**

ambitieux (ambitieuse) ambitious

l' **ambulance** (f.) ambulance, **7.1**

l' **ambulancier(ière)** ambulance attendant, **7.1**

ambulant(e) ambulatory, **L7**

s' **améliorer** to get better; to improve

l' **amende** (f.) fine

l' **amerrissage** (m.) landing at sea

l' **Amérique** (f.) **du Sud** South America

l' **ami(e)** friend, I-1.2

l' **amitié** (f.) friendship, **8.3**

l' **amour** (m.) love, I-L4

amoureux, amoureuse in love, II-L1

ample large, full

l' **ampoule** (f.) light bulb, **L4**

amusant(e) funny; fun, I-1.1, **3.2**

s' **amuser** to have fun, I-12.2

l' **an** (m.) year, I-4.1

avoir... ans to be . . . years old, I-4.1

l' **ancêtre** (m.) ancestor

ancien(ne) old, ancient; former

l' **âne** (m.) donkey

l' **anesthésie** (f.) anesthesia, II-8.2

faire une anesthésie to anesthetize, II-8.2

l' **animateur, l'animatrice** recreation director, **1.3**

l' **angine** (f.) throat infection, tonsillitis, II-2.1

l' **anglais** (m.) English (language), I-2.2

anglais(e) English

l' **Angleterre** (f.) England

l' **angoisse** (f.) anguish, distress

l' **année** (f.) year

l'année dernière last year

l' **anniversaire** (m.) birthday, I-4.1

Bon anniversaire! Happy birthday!

l' **annonce** (f.) announcement, I-8.2

la petite annonce classified ad, II-14.2

annoncer to announce, I-9.1

l' **annuaire** (m.) telephone directory, II-3.2

annuler to cancel, II-4.2

l' **anorak** (m.) ski jacket, II-7.1

Antilles: la mer des Antilles Caribbean Sea

l' **antiquité** (f.) ancient times

l' **apothicaire** (m.) apothecary, II-L4

l' **appareil** (m.) apparatus; machine, II-10.2; appliance; device

l'appareil auditif (m.) auditory system, **7.3**

l' **appartement** (m.) apartment, I-4.2

appartenir to belong, **L5**

l' **appel** (m.) (phone) call, II-3.2

l'appel interurbain toll call

l'appel téléphonique phone call, II-3.2

l'appel urbain local call

appeler to call

s' **appeler** to be called, be named, I-12.1

applaudir to applaud

appliquer to apply

s'appliquer à to work hard at

apporter to bring, I-11.1

apprécier to appreciate

apprendre (à) to learn (to), I-5; to teach

l' **apprentissage** (m.) learning

appuyer sur to press, push, II-3.1; to stress

s'appuyer contre to lean against, II-10.2

après after, I-3.2

d'après according to

l' **après-midi** *(m.)* afternoon, I-3.2

l' **aqueduc** *(m.)* aquaduct

l' **arabe** *(m.)* Arabic *(language)*

l' **arbitre** *(m.)* referee, I-10.1

arborer to sport, **L7**

l' **arbre** *(m.)* tree, I-L3

l'arbre de Noël Christmas tree, II-12.2

l' **archétype** *(m.)* archetype, **4.3**

les **arènes** *(f. pl.)* amphitheater

l' **argent** *(m.)* money, I-5.2; silver, **L5**

l'argent liquide cash, II-5.1

l'argent de poche pocket money, **2.1**

l' **argenterie** *(f.)* silverware, **L5**

l' **argument** *(m.)* plot

l' **arme** *(f.)* weapon

l' **armée** *(f.)* army, I-L3

arracher to snatch, **L7**

arranger to fix, set right

l' **arrêt** *(m.)* stop, I-9.2, II-10.2; judgment, sentence

l'arrêt d'autobus bus stop, II-10.2

arrêter to stop, **5.2**; to arrest

s'arrêter to stop, I-10

les **arrhes** *(f. pl.)* deposit, II-9.1

l' **arrière** *(m.)* rear, back, I-8.2, II-10.2

l' **arrière-garde** *(f.)* rear guard

l' **arrivée** *(f.)* arrival, I-8.1

arriver to arrive, I-3.1; to happen, II-8.1; to succeed

arriver à *(+ inf.)* to manage to, to succeed in, I-9.1

l' **arrobase** *(f.)* "at" symbol

l' **arrondissement** *(m.)* district *(in Paris)*

artistique artistic

l' **ascenseur** *(m.)* elevator, I-4.2, **8.2**

asiatique Asian

l' **aspirine** *(f.)* aspirin, II-2.1

assez fairly, quite; enough, I-1.1

l' **assiette** *(f.)* plate, I-5.2

ne pas être dans son assiette to be feeling out of sorts, II-2.1

assis(e) seated, I-9.2, **4.1**

l' **assistante sociale** *(f.)* social worker, II-14.1

assister à to attend

l' **assurance** *(f.)* insurance

assurer to ensure, to carry out

l' **astre** *(m.)* star, **4.2**

l' **atelier** *(m.)* studio (artist's)

l' **athlétisme** *(m.)* track and field, I-10.2

atroce atrocious

attacher to fasten, I-8.2

attaquer to attack

attendre to wait (for), I-9.1; to expect

Attention! Careful! Watch out!, I-4.2

atterrir to land, I-8.1

l' **atterrissage** *(m.)* landing, II-4.2

attirer to attract

attraper to catch

attraper un coup de soleil to get a sunburn, I-11.1

attribuer to award

au bord de la mer by the ocean; seaside, I-11.1

au contraire on the contrary

au cours de during

au fond in the background

au moins at least

au revoir good-bye, I-BV

Au voleur! Stop, thief!, **5.2**

l' **aube** *(f.)* dawn

l' **auberge** *(f.)* de jeunesse youth hostel

aucun(e) no, not any, II-4.2

au-delà de above

au-dessous (de) below, I-7.2

au-dessus (de) above, I-7.2

la taille au-dessus the next larger size, I-7.2

l' **auditeur, l'auditrice de radio** radio listener, **5.1**

l' **audition** *(f.)* hearing, **7.3**

augmenter to grow, to rise, **3.1**

aujourd'hui today, I-BV

auprès de with, beside, to

ausculter to listen with a stethoscope, II-2.2

aussi also, too, I-1.1; as *(comparisons)*, I-7; so

aussi bien que as well as

aussitôt immediately

autant de as many, as much

autant que as much as, as far as

autant dire one might as well say

l' **auteur** *(m.)* author *(m./f.)*, II-L1

l'auteur *(m.)* **dramatique** playwright

l' **autobus** *(m.)* bus, II-10.2

l' **autocar** *(m.)* bus, coach

l' **auto-école** *(f.)* driving school, II-7.1

l' **automne** *(m.)* autumn, I-11.2

l' **automobiliste** *(m./f.)* driver, II-7.1

l' **autoroute** *(f.)* highway, II-7.2

autour de around, I-4.2

autre other, I-L1

autre chose something else, I-6.2

d'autres some other, I-2.2

l'un... l'autre one . . . the other

autrefois formerly, in the past, **2.2**

autrement dit in other words

avaler to swallow, II-2.2

avance: à l'avance ahead of time; in advance, II-9.1

en avance early, ahead of time, I-9.1

l' **avancement** *(m.)* advancement; promotion

avancer to move ahead, **5.2**

avant before

avant de (+ *inf.*) before
(+ *verb*)

avant J.-C. (Jésus-Christ)
B.C.

avant que before, **5**

l' **avant** (*m.*) front, I-8.2,
II-10.2

l' **avantage** (*m.*) advantage

l' **avant-bras** forearm, II-13.1

avant-hier the day before
yesterday, I-10.2

avec with, I-3.2

Avec ça? What else?
(*shopping*), I-6.1

l' **avenir** (*m.*) future, I-L2, **8.1**

l' **aventure** (*f.*) adventure

aventureux, aventureuse
adventurous

l' **averse** (*f.*) downpour, **1.3**

aveugle blind, **L2**

l' **aviateur, l'aviatrice** aviator

l' **avion** (*m.*) plane, I-8.1,
II-L3, **1.2**

en avion by plane

l' **avis** (*m.*) opinion, I-7.2

à mon avis in my opinion,
I-7.2

changer d'avis to change
one's mind

de l'avis de in the opinion
of

avoir to have, I-4.1

avoir l'air to look, II-13.2

avoir... ans to be . . . years
old, I-4.1

avoir besoin de to need,
I-10.1

avoir de la chance to be
lucky, to be in luck

avoir la cote to be
popular, **2.1**

avoir envie de to want
(to), to feel like, **2.3**

avoir faim to be hungry,
I-5.1

avoir une faim de loup to
be very hungry

avoir lieu to take place,
II-12.1

avoir mal à to have
a(n) . . . -ache, to hurt,
II-2.1

avoir peur to be afraid,
I-L1, II-13.2

avoir du retard to be late
(*plane, train, etc.*), I-8.1

avoir soif to be thirsty,
I-5.1

ne pas avoir à to have no
need to

l' **avocat(e)** lawyer, II-14.1

le **baccalauréat** French high
school exam

la **bactérie** bacterium

bactérien(ne) bacterial,
II-2.1

les **bagages** (*m. pl.*) luggage,
I-8.1

le bagage à main carry-on
bag, I-8.1

le coffre à bagages
baggage compartment,
I-8.2

le **bagne** prison with hard
labor, **L5**

la **bague** ring, **5.3**

la **baguette** loaf of French
bread, I-6.1

se **baigner** to swim, to go in
the water, **7.1**

le **baigneur, la baigneuse**
bather

le **bain** bath, I-12.1

baisser to go down, to
lower, **3.1**

se baisser to bend down,
L5

la **balade** (*slang*) walk, ride,
jaunt, **7.3**

le **baladeur** portable CD
player, **3.1**

le **balafon** balaphon, **4.1**

la **balance** scale, II-5.2

le **balcon** balcony, **3.2**

le **ballon** ball (soccer, etc.),
I-10.1

la **banlieue** suburbs, II-4.1,
II-11.1

le **banc** bench; pew, **6.2**

la **bande dessinée (B.D.)**
comic strip, **2.1**

le **bandit** robber, **5.3**

la **banque** bank, II-5.1

le **baptême** baptism

la **bar-mitsva** bar mitzvah, **6.1**

la **barque** boat, **L2**

bas(se) low

la **base** base; basis

à base de based on

de base basic

le **basilic** basil

la **basilique** basilica

la **basket** sneaker; running
shoe, I-7.1

le **basket(-ball)** basketball,
I-10.2

le **bassin** pool

la **bataille** battle, I-L3

le champ de bataille
battlefield, I-L3

le **bateau** boat, I-L4

le **bâtiment** building, II-11.1,
L4, 8.2

la **bat-mitsva** bat mitzvah, **6.1**

le **bâton** ski pole, I-11.2; stick,
L6; hockey stick, **L7**

battre to beat; to defeat

se battre contre to fight,
5.1

bavarder to chat

beau (bel), belle beautiful,
handsome, I-4.2

beaucoup de a lot of, I-3.1

le **beau-père** stepfather,
father-in-law, I-4.1

la **beauté** beauty

de toute beauté of great
beauty

le **bébé** baby, II-L2, **2.3**

le **bec** beak, **L8**

belge Belgian

la **Belgique** Belgium

la **belle-mère** stepmother,
mother-in-law, I-4.1

ben (*slang*) well

ben oui yeah

la **bénédiction** blessing

bénéficier to benefit, **1.1**

le/la **bénévole** volunteer, **3.3**

le **Bénin** Benin, **4.1**

la **béquille** crutch, II-8.1
berbère Berber
le **berger, la bergère** shepherd, shepherdess
le **besoin** need
  avoir besoin de to need, I-10.1
la **bêtise** stupid thing, nonsense
le **beurre** butter, I-6.1
la **bibliothèque** library, 8.1
le **bicentenaire** bicentennial
la **bicyclette** bicycle, I-10.2
bien fine, well, good, I-BV
  bien à (lui) all (his) own
  bien cuit(e) well-done (*meat*), I-5.2
  bien élevé(e) well-behaved; well-mannered, II-13.1
  bien que although, 5
  bien se porter to be in good health, 7.1, 8.3
  bien sûr of course
le **bien** good, L5
bienfaisant(e) charitable, kind, 4.3
bientôt soon
  À bientôt! See you soon! I-BV
le/la **bienvenu(e)** welcome
bigarré(e) mottled
les **bijoux** (*m. pl.*) jewelry, 5.3
le **billet** ticket, I-8.1; bill, II-5.1, **1.2**
  le billet aller (et) retour round-trip ticket, I-9.1
blanc, blanche white, I-7.2
le **blé** wheat, II-11.2
blessé(e) wounded, I-L3
se **blesser** to hurt oneself, II-8.1
la **blessure** wound, injury, II-8.1
bleu(e) blue, I-7.2
  bleu marine (*inv.*) navy blue, I-7.2
le **bloc** block
le **bloc-notes** notepad, I-3.2
blond(e) blond, I-1.1
bloquer to block, I-10.1

le **blouson** (waist-length) jacket, I-7.1
le **blue-jean** (pair of) jeans
le **bœuf** beef, I-6.1, II-6.2; ox, II-11.2
le **bogue** (computer) bug
bohème bohemian
boire to drink, I-10.2
le(s) **bois** wood(s), **3.3, L8**
la **boisson** beverage, drink, I-5.1
la **boîte** nightclub, **2.1**; box, **L4**
  la boîte de conserve can of food, I-6.2
    la boîte crânienne skull
    la boîte aux lettres mailbox, II-5.2
boiteux, boiteuse lame
le **bol** bowl, **L4**
bon(ne) correct; good, I-6.2
  bon marché (*inv.*) inexpensive
  Bonne Année! Happy New Year!, II-12.2
  Bonne santé! Good health!, II-12.2
  de bonne heure early
le **bonbon** candy, **4.2**
le **bond** leap, **L8**
  faire un bond to leap, **L8**
bondé(e) packed, II-10.1
le **bonheur** happiness, joy, **L2**
le **bonhomme de neige** snowman
bonjour hello, I-BV
le **bonnet** ski cap, hat, I-11.2
la **bonté** goodness
le **bord: à bord (de)** aboard (*plane, etc.*), I-8.2
  au bord de la mer by the ocean, seaside, I-11.1
border to border
la **bosse** mogul (*ski*), I-11.2
la **botanique** botany
le **boubou** boubou (long, flowing garment)
la **bouche** mouth, II-2.1, II-13.1
le **boucher, la bouchère** butcher

la **boucherie** butcher shop, I-6.1
le **bouchon** traffic jam, II-7.2
bouger to move
la **bougie** candle, I-4.1, II-12.2
bouillant(e) boiling, II-6.2
bouillir to boil, II-6.2
la **boulangerie-pâtisserie** bakery, I-6.1
la **boulette** small ball (of food), **L4**
le **boulot** (*slang*) job, **2.3, L4**
bourgeois(e) middle-class
bourguignon(ne) of or from Burgundy
bousculer to push and shove, II-13.1
le **bout** end, tip
la **bouteille** bottle, I-6.2
la **boutique** shop, boutique, I-7.1
le **bouton** button, II-10.2
le **brancard** stretcher, II-8.1
la **branche** branch, II-12.2
le **bras** arm, II-8.1, **L6**
le **break** station wagon, II-7.1
la **brebis** ewe
bref, brève brief
le **Brésil** Brazil
le/la **Brésilien(ne)** Brazilian (person)
la **Bretagne** Brittany
breton(ne) Breton, from Brittany
bricoler to putter around the house, **3.1**
briller to shine, **1.3**
le **brin d'herbe** blade of grass
la **brioche** sweet roll
la **brique** brick
la **brise marine** sea breeze
briser to break, I-L3, **L5**
se **briser** to break
britannique British
la **bronche** bronchial tube
bronzer to tan, I-11.1
la **brosse** brush, I-12.1
  la brosse à dents toothbrush, I-12.1
se **brosser** to brush, I-12.1
le **brouillard** fog, **1.3**

la **brousse** bush (wilderness)

la **bruine** drizzle, **1.3**

le **bruit** noise, I-L3, II-13.1

brûler to burn (down)

brûler un feu rouge to run a red light, II-7.2

la **brume** haze, mist, **1.3**

brun(e) brunette; dark-haired, I-1.1

brusque sudden

bruyant(e) noisy, II-13.1

la **bûche de Noël** cake in the shape of a log

le **buffet** train station restaurant, I-9.1

le **bulletin de remboursement** refund slip

le **bungalow** bungalow

le **bureau** office, II-11.1, II-14.1

le bureau de change foreign exchange office, II-5.1

le bureau de placement employment office, II-14.2

le bureau de poste post office, II-5.1

le bureau de tabac tobacco shop

le bureau de (du) tourisme tourist office

le **bus** bus, I-5.2

le **but** goal, I-10.1, **3.3**

marquer un but to score a goal, I-10.1

le **buveur, la buveuse** drinker

ça that, I-BV

Ça fait... euros. It's (That's) . . . euros., I-6.2

Ça fait mal. It (That) hurts., II-2.1

Ça va. Fine., Okay., I-BV

Ça va? How's it going?, How are you? *(inform.)*, I-BV; How does it look?, I-7.2

C'est ça. That's right., That's it.

la **cabine** cabin *(plane)*, I-8.1

la cabine d'essayage fitting room

la cabine téléphonique telephone booth, II-3.2

cacher to hide, I-L3, **L6**

le **cadeau** gift, present, I-4.1

le **cadet, la cadette** younger, I-L1

le **cadre** manager, executive, II-14.1

le **café** café I-BV; coffee, I-5.1

le **cahier** notebook, I-3.2

la **caisse** cash register, checkout counter, I-3.2

le **caissier, la caissière** cashier, II-5.1

le **calcul** arithmetic, I-2.2

le calcul différentiel differential calculus

le calcul intégral integral calculus

la **calculatrice** calculator, I-3.2

la **calebasse** calabash, **L4**

le **calendrier** calendar, schedule

le **calligramme** picture-poem

le **cambriolage** burglary, **5.1**

le/la **cambrioleur(euse)** burglar, **5.1**

le **camembert** Camembert cheese

le **camion** truck, II-7.1

la **camionnette** small truck, van

le **camp** side *(in a sport or game)*, I-10.1

le camp adverse opponents, other side, I-10.1

la **campagne** country(side), II-11.2, **1.1**; campaign

le **campeur** camper, **3.3**

le **camping** camping, **1.1**

le **canard** duck

le/la **candidat(e) à un poste** job applicant, II-14.2

la **candidature: poser sa candidature** to apply for a job, II-14.2

la **canne à sucre** sugar cane

la **canneberge** cranberry

le **canoë** canoe

le **canot** (open) boat

la **cantine** school dining hall, I-3.1

le **canton** canton (Swiss state)

capable able

car for, because, **L2**

le **car** bus (coach)

Caraïbes: la mer des Caraïbes Caribbean Sea

la **caravane** caravan; trailer, **1.1**

la **carbonnade** charcoal-grilled meat

cardiaque cardiac, heart *(adj.)*, **7.2**

le **carnaval** carnival (season), II-12.1

le **carnet** booklet; book of ten subway tickets, II-10.1

le carnet du jour personal announcements

la **carotte** carrot, I-6.2

carré(e) square, **L4**

le **carrefour** intersection, II-11.1

la **carrière** career; (employment) field, II-14.2

la **carte** menu, I-5.1; map; card

la carte d'adhésion membership card

la carte de crédit credit card, II-9.2, **1.3**

la carte de débarquement landing card, I-8.2

la carte d'embarquement boarding pass, I-8.1

la carte postale postcard, I-9.1, II-5.2

la carte (routière) road map, II-7.2

la carte de vœux greeting card, II-12.2

le **carton** cardboard

le **cas** case

en cas de in case of

le **casque** helmet, II-7.1

la **casquette** cap, baseball cap, I-7.1

casse-pieds pain in the neck *(slang)*

casser to break, **5.1**
  se casser to break (one's leg, etc.), II-8.1
la **casserole** pot, II-6.2
la **cassette** cassette, tape, I-3.1
  la cassette vidéo videocassette, I-12.2
le **cauchemar** nightmare, **L8**
cause: à cause de because of
causer to cause
le **cavalier, la cavalière** rider, **7.1**
la **cave** cellar
ce (cet), cette this, that, I-9
  ce soir tonight
céder to give up
  céder la place to give way
la **ceinture** belt, I-L3
  la ceinture de sécurité seat belt, I-8.2, II-7.1
cela this, that
célèbre famous
célébrer to celebrate, I-L4
célibataire unmarried, **4.3**
la **cellule** cell, I-L4
celte Celtic
celui-là, celle-là this/that one, II-11.2
cent hundred, I-2.2
  pour cent percent
les **centaines** (f. pl.) hundreds
le **centre** center; downtown
  le centre commercial shopping center, mall, I-7.1
le **centre-ville** downtown, II-11.1
cependant however
le **cercle** circle
le **cercueil** coffin, **6.1**
les **céréales** (f. pl.) cereal, grain(s), II-11.2
certainement certainly
certains (pron.) some
le **cerveau** brain
cesser to stop, cease
c'est it is, it's, I-BV
  C'est combien? How much is it?, I-3.2

C'est quel jour? What day is it? I-BV
  C'est tout. That's all., I-6.1
c'est-à-dire that is
chacun(e) each (one), I-5.2
la **chaîne** chain; TV channel, I-12.2
la **chaise** chair
la **chaleur** heat
la **chambre** room (hotel), II-9.1
  la chambre à coucher bedroom, I-4.2
le **chameau** camel, **4.3**
le **champ** field, I-L1, II-11.2, II-L2
  le champ de bataille battlefield, II-L3
champêtre pastoral
le **champignon** mushroom, II-6.1
le/la **champion(ne)** champion
la **chance** luck, chance
le **chandail** sweater, **L7**
le **chandelier** candelabra, II-12.2; candlestick, **L5**
le **changement** change
changer to exchange, II-5.1
  changer (de) to change, I-9.2
la **chanson** song, **L1**
le **chant** song
  le chant de Noël Christmas carol, II-12.2
  le chant d'oiseau birdsong, **7.3**
chanter to sing, II-1.1
le **chanteur, la chanteuse** singer, II-1.1
le **chantier** work site, **3.3**
chaque each, every, II-4.1
le **char** float, II-12.1
la **charcuterie** deli(catessen), I-6.1
chargé(e) de in charge of
charger to load
  se charger de to be in charge of
le **chariot** shopping cart, I-6.2; baggage cart, I-9.1
charmant(e) charming

le **charpentier** carpenter
chasser to chase away, blow away
le **chasseur, la chasseuse** hunter
le **chat** cat, I-4.1
le **château** castle, mansion
le **chaton** kitten, **5.3**
la **chatte** female cat, **5.3**
chaud(e) warm, hot
le **chauffeur** driver
la **chaumière** thatched cottage, **L6**
la **chaussette** sock, I-7.1
la **chaussure** shoe, I-7.1
  les chaussures de ski ski boots, I-11.2
le **chef** head, boss
  le chef de service department head, II-14.1
le **chef-d'œuvre** masterpiece
le **chemin** route; road; path, **3.1**
  le chemin de fer railroad
la **cheminée** chimney, II-12.2; fireplace, **L5**
la **chemise** shirt, I-7.1
le **chemisier** blouse, I-7.1
le **chêne** oak, **8.1**
le **chèque** check, II-5.1
  le chèque de voyage traveler's check
cher, chère dear; expensive, I-7.1
chercher to look for, seek
  aller chercher to go (and) get, I-6.1
  chercher à to try to, **L2**
le **cheval** horse, II-11.2
  faire du cheval to go horseback riding, II-11.2
le **chevalier** knight
la **chevelure** head of hair, **8.3**
le **chevet** head of a bed, **L5**
les **cheveux** (m. pl.) hair, I-12.1
la **cheville** ankle, II-8.1
la **chèvre** goat, **4.3**
chez at (to) the home (business) of, I-3.2
le **chien** dog, I-4.1

la **chimie** chemistry, I-2.2
chimique chemical
chinois(e) Chinese
le **chirurgien** surgeon *(m./f.)*, II-8.2
le **chirurgien-orthopédiste** orthopedic surgeon, II-8.2
le **chœur** choir
choisir to choose, I-8.1
le **choix** choice
le **chômage** unemployment, II-14.2, **5.3**
être au chômage to be unemployed, II-14.2
le **chômeur, la chômeuse** unemployed person, II-14.2
le/la **choriste** backup singer, **3.3**
la **chose** thing
la **choucroute** sauerkraut, II-6.1
ciao good-bye *(inform.)*, I-BV
ci-dessous below
le **ciel** sky, I-11.1, II-L3, **1.3**, **4.2**
le **Ciel** heaven
la **cigale** cicada, **2.3**
le **cimetière** cemetery
le/la **cinéaste** filmmaker, II-14.1
le **cinéma** movie theater, movies, II-1.1, **3.1**
le **cintre** hanger, II-9.2
le **cirque** circus
la **circulation** circulation; traffic, II-7.2, **1.2**
circuler to move about, get around; to make its rounds, II-11.1
la **cité** city; high-rise housing projects, **2.3**
citer to cite, mention
le **citron** lemon, II-6.1
le **citron pressé** lemonade, I-5.1
clair(e) light *(color)*
clairement clearly
la **classe** class, I-2.1
la **classe économique** coach class *(plane)*
le **classement** ranking

le **classeur** loose-leaf binder, I-3.2
classifier to classify
le **clavier** keyboard, II-3.1
la **clé** key, II-7.1, **L5**
la **clef** key, **L5**
le **clignotant** turn signal, II-7.2
le **climat** climate
climatique climatic
climatisé(e) air conditioned, II-9.2
la **clinique** clinic
cliquer to click, II-3.1
le **club d'art dramatique** drama club
le **coca** cola, I-5.1
le **cochon** pig, II-11.2
le **code** code, I-4.2
le **code postal** zip code, II-5.2
le **code de la route** the rules of the road, II-11.1
le **coéquipier, la coéquipière** teammate
le **cœur** heart, **L7**
le **coffre** chest, I-L4; trunk, II-7.1
le **coffre à bagages** (overhead) baggage compartment, I-8.2
le **coin** corner, II-10.1, II-11.1, **4.1**
au coin de la rue on the street corner, **4.1**
du coin neighborhood *(adj.)*
le **col roulé** turtleneck, **2.2**
la **colère** anger, **L6**
le **colis** package, II-5.2
la **collation** snack, II-4.2
la **colle** glue, **L7**
le **collège** junior high, middle school, I-1.2
le/la **collégien(ne)** middle school/junior high student
coller to stick
le **collier** necklace, **5.3**
le **combat** fight, battle, I-L3

combien (de) how much, how many, I-3.2
C'est combien? How much is it (that)?, I-3.2
comble packed *(stadium)*, I-10.1
la **comédie** comedy, II-1.1, **3.2**
le **comédien** actor, **3.2**
la **comédien** actress, **3.2**
comique comic; funny, II-1.1
le **film comique** comedy, II-1.1
le **commandement** order, **L4**
commander to order, I-5.1
comme like, as; for; since
comme ci, comme ça so-so
comme d'habitude as usual, **2.3**
commémorer to commemorate
commencer to begin, I-9.2
comment how, what, I-1.1
Comment ça? How is that?
le/la **commerçant(e)** shopkeeper, II-14.1
le **commerce** trade
commettre to commit
le **commissariat de police** police station, **5.2**
commode convenient, **L4**
commun(e) common, in common
en commun in common
les transports en commun mass transit
la **communauté** community
communiquer to communicate
la **compagnie aérienne** airline, I-8.1
la **comparaison** comparison
le **compartiment** compartment, II-4.1
la **compétition** contest
le **complet** suit *(man's)*, I-7.1
complet, complète full; complete, II-4.1

complètement completely, totally

compléter to complete

le **complice** accomplice, **5.2**

la **complicité** complicity, **6.3**

compliqué(e) complicated

comploter to conspire

comporter to call for, to behave

composer to dial *(phone number)*, II-3.2

composter to stamp, validate *(a ticket)*, I-9.1, **1.2**

comprendre to understand, I-5; to include

le **comprimé** pill, II-2.2

compris(e) included, I-5.2, II-9.1

  tout compris all included, II-9.1

la **comptabilité** accounting

le/la **comptable** accountant, II-14.1

le **compte** account

  le compte courant checking account, II-5.1

  le compte d'épargne savings account, II-5.1

  être à son compte to be self-employed, II-14.2

compter to count, II-5.1

le **compteur** meter, **1.2**

le **comptoir** counter, I-8.1

le **comte** count, I-L4

le/la **concierge** doorkeeper

le **concombre** cucumber

le **concours** competition, contest

la **concurrence** competition

le **conducteur, la conductrice** driver, II-7.1

  conduire to drive, II-7.1, II-11.1

  confier to entrust, **5.3**

la **confiture** jam, I-6.2

confortable comfortable

confus(e) embarrassed

le **congé** day off; vacation day, **1.1**

le **congé(lateur)** freezer, II-6.1

la **connaissance** acquaintance

faire la connaissance de to meet, II-13.2

connaître to know, II-1.2; to meet, II-13.2

  se connaître to be acquainted, to know one another, II-13.2

connu(e) well-known; famous, II-1.1

conquérir to conquer

consacrer to devote, **3.1**

conseiller to advise

le **conseiller, la conseillère** counselor, adviser

la **conserve: la boîte de conserve** can of food, I-6.2

conserver to preserve, save

la **console de jeux vidéo** video game player, **2.1**

la **consommation** drink, beverage, I-5.1

conspirer to plot

constater to note

construire to build

la **consultation** medical visit

  donner des consultations to have office hours *(doctor)*

consulter to consult

le **contact** contact

  être en contact avec to be in touch with

contenir to contain

content(e) happy, glad, II-13.2, **L6**

continuer to continue

le **contraire** opposite

la **contravention** traffic ticket, II-7.2

contre against, I-10.1

  contre son gré against his/her wishes, **L7**

  par contre on the other hand, however

le **contremaître, la contremaîtresse** foreman, forewoman

le **contrôle** check, control

  le contrôle des passeports passport check, II-4.2

  le contrôle de sécurité security *(airport)*, I-8.1

contrôler to check; to control, II-4.1

le **contrôleur** conductor *(train)*, I-9.2

convaincre to convince, **2.1**

le **copain** friend, pal *(m.)*, I-2.1

la **copine** friend, pal *(f.)*, I-2.1

le **coq** rooster

le **cor** horn, I-L3

  sonner du cor to blow a horn, I-L3

le **corbeau** crow, **L8**

la **corbeille** dress circle, **3.2**

le **corbillard** hearse, **6.1**

la **corde à linge** clothesline, **L4**

la **cornemuse** bagpipes

le **corps** body, II-8.1

  le corps médical the medical profession

la **correspondance** correspondence; connection *(between trains)*, I-9.2, II-10.1

corriger to correct

cosmopolite cosmopolitan

le **costume** costume, **3.2**; uniform

la **cote: avoir la cote** to be popular, **2.1**

la **côte** coast

  la Côte d'Azur French Riviera

  la Côte d'Ivoire Ivory Coast, **4.1**

le **côté** side, II-4.1

  à côté de next to, II-11.1

  côté couloir aisle *(seat)*, I-8.1

  côté fenêtre window *(seat)*, I-8.1

la **côtelette de porc** pork chop, II-6.2

le **cou** neck, **L4**

le **coucher du soleil** sunset, **4.2**

se **coucher** to go to bed, I-12.1; to set *(sun)*

la **couchette** berth *(on a train)*

le **coude** elbow, II-13.1

  couler to flow, **L1**

avoir le nez qui coule to
have a runny nose, II-2.1
la **couleur** color, I-7.2
les **coulisses** (*f. pl.*) the wings
(*theater*), backstage, **3.2**
le **couloir** aisle, corridor, hall,
I-8.2
le **coup (de pied, de tête, etc.)**
a hit, a kick, II-10.1
le **coup de chapeau** tip of
the hat
le **coup de fil** phone call,
II-3.2
le **coup de soleil** sunburn,
I-11.1
le **coup de téléphone**
telephone call, II-3.2
le **coup de tonnerre** thunder
clap, **1.3**
le **coup d'œil** glance, **8.2**
la **coupe** winner's cup, I-10.2
couper to cut, II-6.2
se couper to cut (*one's
finger, etc.*), II-8.1
la **cour** courtyard, I-3.2; court
courageux, courageuse
courageous, brave
courant(e) fluent; common;
current
le **coureur, la coureuse**
runner, I-10.2
**le coureur (la coureuse)
cycliste** racing cyclist,
I-10.2
courir to run, **7.3**
la **couronne de fleurs** wreath
of flowers, **6.2**
le **courrier** mail, II-5.2
le **cours** course, class, I-2.1
au cours de during
**en cours de (français,
etc.)** in (French, etc.)
class
le cours du change
exchange rate, II-5.1
la **course** race, I-10.2
la course cycliste bicycle
race, I-10.2
les **courses** (*f. pl.*): faire des
courses to go shopping,
I-6.1
court(e) short, I-7.1

le **court-métrage** short subject,
8.3
le **couscous** couscous
le **coût** cost
le **couteau** knife, I-5.2
coûter to cost, I-3.2
Ça coûte combien? How
much does this cost?,
I-3.1
coûter cher to be
expensive
coûteux, coûteuse costly
la **coutume** custom, **4.1**
le **couturier** designer (*of
clothes*)
le **couvent** convent
le **couvercle** lid, II-6.2
couvert(e) covered; overcast
(*sky*), **1.3**
le **couvert** table setting;
silverware, I-5.2
les couverts en argent
silverware, **L5**
la **couverture** blanket, II-4.2
couvrir to cover
craindre to fear, **L6**
de crainte que for fear
that, **5**
la **cravate** tie, I-7.1, **L4**
le **crayon** pencil, I-3.2
la **crèche** day-care center, **6.3**
créer to create
la **crème** cream
la crème solaire suntan
lotion, I-11.1
le **crème** coffee with cream (*in
a café*), I-5.1
la **crémerie** dairy store, I-6.1
le **créole** Creole (*language*)
la **crêpe** crepe, pancake, I-BV
creuser to dig, I-L4, **8.1**
crevé(e) exhausted
crever to die, II-L4
la **crevette** shrimp, I-6.1
crier to shout, I-L4
crisser to screech
la **critique** review
croire to believe, think, I-7.2
le **croisement** intersection,
II-7.2
se **croiser** to cross, intersect,
II-10.1

la **croissance** growth
le **croissant** croissant, crescent
roll, I-5.1
le **croque-monsieur** grilled
ham and cheese
sandwich, I-5.1
la **crosse** hockey stick
la **croyance** belief
cueillir to pick, gather, **L6**
la **cuillère** spoon, I-5.2
le **cuir** leather
cuire to cook, II-6.2
la **cuisine** kitchen, I-4.2;
cuisine (*food*)
faire la cuisine to cook,
I-6
le **cuisinier, la
cuisinière** cook, II-6.2
la **cuisinière** stove, II-6.1
cuit(e) cooked
bien cuit(e) well-done
(*meat*), I-5.2
le **cuivre** copper
cultiver to cultivate; to
grow; to farm (*land*),
II-11.2
la **culture** culture, growing
culturel(le) cultural
curieux, curieuse odd
le **curriculum vitae
(C.V.)** résumé, II-14.2
le **cyclisme** cycling, bicycle
riding, I-10.2
le/la **cycliste** cyclist, bicycle rider
cycliste bicycle, cycling
(*adj.*), I-10.2
les **cymbales** (*f. pl.*) cymbals,
II-12.1

d'abord first, I-12.1, **6.3**
d'accord okay, all right
(*agreement*)
être d'accord to agree,
I-2.1
se mettre d'accord to
come to an agreement
d'ailleurs however,
moreover
la **dame** lady

les dames checkers
dangereux, dangereuse dangerous
dans in, I-1.2
la **danse** dance
danser to dance, II-1.1
le **danseur, la danseuse** dancer, II-1.1
　la danseuse ballerina, II-1.1
d'après according to
dater de to date from
la **datte** date
le **dattier** date palm
d'autant plus que especially because
d'autres some other, I-2.2
davantage more, L6
de from, I-1.1; of, belonging to, I-1.2; about
　de bonne heure early
　de crainte que for fear that, 5
　de façon que so that, 5
　de manière que so that, 5
　de même likewise
　de peur que for fear that, 5
　de près close, II-11.1
　de sorte que so that, 5
　de temps en temps from time to time, occasionally
le **débarquement** landing, deplaning
　débarquer to get off (plane), II-4.2
　débarrasser la table to clear the table, I-12.2
debout standing, I-9.2
se **débrouiller** to manage, to get out of trouble, 2.3
le **début** beginning, 2.1
　au début in the beginning
le/la **débutant(e)** beginner, I-11.2
débuter to begin
le **décalage** horaire time difference
la **décapotable** convertible, II-7.1
la **déception** disappointment

décerner to bestow
le **décès** death, 6.1
le **déchet** waste
déchiré(e) torn, 5.1, L7
décider (de) to decide (to)
déclarer to declare, call; to report (a crime), 5.2
　se déclarer to be reported
le **décollage** takeoff (plane), II-4.2
décoller to take off (plane), I-8.1
les **décombres** (m. pl.) ruins, rubble, debris, 4.3
le **décor** stage set, 3.2
décoré(e) decorated, 6.1
décorer to decorate
découper to cut out, L7
découvert(e) uncovered, discovered, 4.3
la **découverte** discovery
découvrir to discover
le **décret** decree
décrire to describe
décrocher (le téléphone) to pick up the (telephone) receiver, II-3.2
déçu(e) disappointed, 2.1
dedans into it; inside
dédié(e) dedicated
défaire to unpack, II-9.1
le **défilé** parade, II-12.1
défiler to march, II-12.1
définir to define
définitif (-ive) permanent, 7.3
définitivement permanently, 7.3
déformer to distort
se **défouler** to let off steam, 7.3
le/la **défunt(e)** deceased, 6.1
dégager to pull out, release
　se dégager to be given off; to be clearing (sky), 1.3
se **déguiser** to wear a disguise, 2.3
déguster to savor, 4.3
dehors outdoors
　au dehors de outside
déjà already; ever; yet, I-BV

déjeuner to eat lunch, I-3.1
le **déjeuner** lunch, I-5.2
　le petit déjeuner breakfast, I-5.2
délicieux, délicieuse delicious
la **délinquance** crime
le **délit** crime, 5.1
le **deltaplane** hang gliding, hang glider, 3.1
demain tomorrow, I-BV
　À demain. See you tomorrow., I-BV
demander to ask, to ask for, I-3.2
déménager to move (one's residence), L4
demeurer d'accord to agree, II-L4
demi(e) half
　et demie half past (time), I-BV
le **demi-cercle** semi-circle; top of the key (on a basketball court), I-10.2
le **demi-frère** half brother, I-4.1
la **demi-heure** half hour
la **demi-pension** breakfast and dinner included
la **demi-sœur** half sister, I-4.1
le **demi-tarif** half price
le **demi-tour** about-face
　faire demi-tour to turn around, II-11.1
se **démoder** to become outdated, L1
la **demoiselle d'honneur** maid of honor, II-12.2, 6.1
le **dénouement** ending
la **dent** tooth, I-12.1
le **dentifrice** toothpaste, I-12.1
le **départ** departure, I-8.1
le **département d'outre-mer** French overseas department
dépasser to pass, II-L1
se **dépêcher** to hurry, I-12.1
dépendre (de) to depend (on)
la **dépense** expense; expenditure, 1.3

dépenser to spend (money), II-5.1

depuis since, for, I-9.2, II-10.2

le **déplacement** travel, journey

se **déplacer** to move (around), **1.2**

déposer to deposit; to register

se **déposer** to form a deposit

le **dérangement** disturbance

déranger to bother, to disturb, **2.2**

dernier, dernière last, I-10.2

se **dérouler** to take place, to develop

derrière behind, II-11.1

dès since, from (the moment of)

dès que as soon as, **4**

désagréable disagreeable, unpleasant

la **descendance** lineage

descendre to get off (train, bus, etc.), I-9.2; to take down, I-9; to go down, I-9; to take downstairs, II-9; to stay at (hotel)

descendre à la prochaine to get off at the next station, II-10.1

la **descente** getting off, II-10.2

le **désert** desert

désert(e) deserted

désespéré(e) desperate, I-L4

le **désir** desire; wish

désirer to want, I-5.1

désolé(e) sorry, II-3.2, II-13.2

désormais from then on

le **dessert** dessert

desservir to serve, go to (transp.), II-4.1

le **dessin** drawing, illustration; design

le dessin animé cartoon, II-1.1

dessiner to design, draw, **6.3**

dessus on it

le **destin** destiny

le/la **destinataire** addressee

la **destination** destination

à destination de to (destination), I-8.1

destiné(e) à intended for

la **destinée** destiny

désuni(e)s separated

la **détente** relaxation, **1.3**, **3.1**

déterrer to unearth

détester to hate, I-3.1

détourner l'attention de quelqu'un to divert someone's attention, **5.2**

détourner la tête to turn one's head, **L6**

se **détruire** to be destroyed

déverser to spill

le **dévot** devout (person)

deux: tous (toutes) les deux both

deuxième second, I-4.2

devant in front of, I-8.2, II-11.1

développer to develop

devenir to become, II-4

Qu'est-ce qu'il est devenu? What became of it?

deviner to guess

la **devinette** riddle

la **devise** currency

le **devoir** homework (assignment)

faire ses devoirs to do homework, I-6

devoir to owe, I-10; must, to have to (+ verb), I-10.2

dévoué(e) devoted

d'habitude usually, I-12.2

comme d'habitude as usual, **2.3**

le **diagnostic** diagnosis, II-2.2

le **diamant** diamond

dicter to dictate

le **dictionnaire** dictionary

difficile difficult, I-2.1

la **difficulté** problem, difficulty

être en difficulté to be in trouble

diffuser to spread, to propagate

la **dinde** turkey

le **dindon** turkey

le **dîner** dinner, I-5.2

dîner to eat dinner, I-5.2

le **diplôme** diploma

diplômé(e): être diplômé(e) to graduate

dire to say, tell, I-9.2

Ça me dit! I'd like that!

dire du mal de to speak ill of, **8.2**

se **dire des injures** to insult one another, **L4**

le **directeur (la directrice) des ressources humaines (D.R.H.)** director of human resources, II-14.2

diriger to manage, II-14.1

le **discours** speech

discuter to discuss

disparaître to disappear, **2.1**

la **disparition** disappearance, **6.3**

disparu(e) disappeared, lost

disponible available, II-4.1

disposer de to have available

la **disposition: à votre disposition** for your use

disputer to play, to contest, **7.3**

se **disputer** to argue

le **disque** record

la **disquette** diskette, II-3.1

distinguer to distinguish, to tell apart

distribuer to distribute, II-5.2

le **distributeur automatique** ATM, II-5.1; stamp machine, II-5.2; ticket machine, II-10.1

divers(e) various, **3.3**

diviser to divide

la **djellaba** djellaba (long, loose garment)

le **doigt** finger, II-8.1, II-13.1

le **doigt de pied** toe, II-8.1

le **dolmen** dolmen

le **domaine** domain, field

le **domicile: à domicile** to the home

dominer to overlook

dommage: c'est dommage it's a shame, **3**

donc so, therefore

les **données** (*f. pl.*) data, II-3.1

donner to give, I-4.1

donner à manger à to feed

donner un coup de fil to call on the phone, II-3.2

donner un coup de pied to kick, I-10.1

donner une fête to throw a party, I-4.1

donner le jour à to give birth to

donner sur to face, overlook, I-4.2

se donner la main to hold hands, **L2**

se donner la peine de to take pains to

dont of which, whose

doré(e) golden

dormir to sleep, I-8.2

le **dortoir** dormitory

le **dos** back, II-L2

le **dossier du siège** seat back, II-4.2

la **douane** customs, II-4.2

doublé(e) dubbed (*movies*), II-1.1

doubler to pass, II-7.2

la **douche** shower, I-12.1

la **douleur** pain

la **douleur de tête** headache, **L7**

douloureux, douloureuse painful

le **doute** doubt

douter to doubt, II-14

doux, douce mild

la **douzaine** dozen, I-6.2

la **dragée** sugared almond, **6.1**

le **drame** drama, II-1.1

le **drap** sheet, II-9.2

le **drapeau** flag, II-12.1

dribbler to dribble (*basketball*), I-10.2

le **droit** right

droite: à droite right, II-7.2

la **drôle de tête** strange expression

dû (due) à due to

du coin neighborhood (*adj.*)

dur(e) hard

dur hard (*adv.*)

durant during

la **durée** duration

durer to last

l' **eau** (*f.*) water, I-6.2

l'eau minérale mineral water, I-6.2

l' **échange** (*m.*) exchange

échanger to exchange

s' **échapper** to escape

l' **écharpe** (*f.*) scarf, I-11.2

l' **éclair** (*m.*) lightning, **1.3**

l' **éclaircie** (*f.*) clearing, break in the clouds, **1.3**

éclairer to illuminate

éclaté(e) burst

éclater to break out

l' **école** (*f.*) school, I-1.2

l'école primaire elementary school

l'école secondaire secondary school, I-1.2

écologique ecological

l' **économie** (*f.*) economics, I-2.2

faire des économies to save money, II-5.1

économique inexpensive

économiser to save money

l' **écoute** (*f.*) **de** listening to, **3.1**

écouter to listen (to), I-3.1

l' **écouteur** (*m.*) earphone, headphone, II-L3

l' **écran** (*m.*) screen, I-8.1, II-3.1, **3.1**

écrasé(e) crushed

écrire to write, I-9.2

l' **écriture** (*f.*) writing

l' **écrivain** (*m.*) writer (*m./f.*), I-L2, II-14.1

l' **édifice** (*m.*) building

effacer to erase, **L3**

effectuer to carry out

efficace efficient

effrayant(e) terrifying

égal(e): Ça m'est égal. I don't care.; It's all the same to me., II-1.1

également as well, also; equally

égaliser to tie (*score*)

l' **égalité** (*f.*) equality

l' **église** (*f.*) church, II-11.1, II-12.2

égoïste egotistical, I-1.2

égorger to cut the throat of, **L4**

égyptien(ne) Egyptian

s' **élancer sur** to launch oneself at, to rush at, **L7**

l' **électricien(ne)** electrician, II-14.1

l' **électroménager** (*m.*) home appliances

l' **élevage** (*m.*): **faire de l'élevage de chevaux** to raise horses

l' **élève** (*m./f.*) student, I-1.2

élevé(e) high

bien élevé(e) well-behaved, II-13.1

mal élevé(e) impolite, II-13.1

éliminer to eliminate

éloigné(e) distant, remote

éloigner to distance

l' **embarquement** (*m.*) boarding, leaving

embarquer to board (plane, etc.), II-4.2

embarrassé(e) embarrassed, **L2**

l' **embellie** (*f.*) clearing (in the weather)

l' **embouteillage** (*m.*) traffic jam, **1.2**

s' **embrasser** to kiss (each other), II-12.2, II-13.1

l' **émission** *(f.)* program, show *(TV)*, I-12.2

emmagasiner to store

emmener to send, I-L4; to take, II-8.1

l' **emploi** *(m.)* use; job, II-14.2

l'emploi du temps schedule

l' **employé(e)** employee, II-14.1

l'employé(e) des postes postal employee, II-5.2

l' **employeur, l'employeuse** employer, II-14.2

l' **empoisonnement** *(m.)* poisoning

emporter to take (away)

emprisonné(e) imprisoned

l' **emprunt** *(m.)* loan

emprunter to borrow, II-5.1

ému moved (emotionally), **6.3**

en in, I-3.2; by, I-5.2; as; on

en avance early, ahead of time, I-9.1

en avion plane *(adj.)*, by plane, I-8

en bonne santé in good health, **7.2**

en bref in short

en ce moment right now

en classe in class

en croupe behind (the rider in the saddle), **L6**

en dehors de outside of

en différé prerecorded, **5.1**

en direct live *(broadcast)*

en effet indeed, as a matter of fact

en face de across from, II-11.1

en fait in fact

en général in general

en hausse rising, **6.1**

en haut de at the top of

en l'honneur de in honor of

en parfaite santé in perfect health, **7.2**

en particulier in particular

en plein air outdoors

en plus (de) besides, in addition

en première (seconde) in first (second) class, I-9.1

en provenance de arriving from *(flight, train)*, I-8.1

en quête de in search of

en retard late, I-9.1

en sécurité safe

en solde on sale, I-7.1

en train de in the process of, **L8**

en vain in vain

en voie de in the process of

en voiture by car, I-5.2

en vue de in order to, **8.3**

encaisser to cash

l' **enceinte** *(f.)* **de résidences** compound, II-L2

enchanté(e) delighted, II-13.2

encore still, I-11; another; again

l' **encre** *(f.)* ink, **L1, L8**

s' **endetter** to go into debt

s' **endormir** to fall asleep

l' **endroit** *(m.)* place; spot, **1.1**

par endroits in (some) places

énervé(e) irritable

l' **enfance** *(f.)* childhood

l' **enfant** *(m./f.)* child, I-4.1

enfermer to lock up, confine, **L4**

enfin finally, at last, I-12.1

s' **enfuir** to run away, **L5**

l' **engagement** *(m.)* commitment

l' **engin** *(m.)* machine; tool; (large) vehicle, **7.3**

l' **enneigement** *(m.)* snow conditions

l' **ennemi(e)** *(m./f.)* enemy

ennuyer to annoy, to bother, **L6**

s' **ennuyer** to be bored, **2.3**

ennuyeux, ennuyeuse boring

l' **enquête** *(f.)* inquiry; survey; investigation, **8.3**

enragé(e) rabid

enregistrer to tape, to record, I-12.2, **3.3**

(faire) enregistrer to check *(baggage)*, I-8.1

enrhumé(e): être enrhumé(e) to have a cold, II-2.1

enrobé(e) de coated with, **6.1**

s' **enrouler** to wind (around), **L1**

ensemble together, I-5.1

l' **ensemble** *(m.)* outfit; whole, entirety

ensoleillé(e) sunny

ensuite then *(adv.)*, I-12.1, **6.3**

entendre to hear, I-9.1

s' **entendre bien (mal)** to get along well (badly), **2.1, 3.3**

l' **entente** *(f.)* understanding

l' **enterrement** *(m.)* burial, **6.1**

enthousiaste enthusiastic, I-1.2

entier, entière entire, whole

entourer to surround

l' **entracte** *(m.)* intermission, II-1.1, **3.2**

entraîner to lead to, to cause, to bring **L1**

entre between, among, I-3.2

l' **entrée** *(f.)* entrance, I-4.2; admission

entreposer to store, II-11.2

entreprendre to undertake

l' **entreprise** *(f.)* firm, company, II-14.2, **8.2**

entrer to enter, I-7.1

l' **entretien** *(m.)* interview, II-14.2

l' **envahisseur** *(m.)* invader

l' **enveloppe** *(f.)* envelope, II-5.2

environ about

envoyer to send, I-10.1, II-3.1

l' **épée** *(f.)* sword, I-L3

épeler to spell
éperdument madly
l' **épice** (f.) spice
épicé(e) spicy
l' **épicerie** (f.) grocery store, I-6.1
les **épinards** (m. pl.) spinach, I-6.2
l' **épine** (f) thorn, **L1**
l' **épingle** (f.) **à linge** clothespin, **L4**
éplucher to peel, II-6.2
l' **époque** (f.) period, times
épouser to marry, **L6**
épuisé(e) exhausted
épurer to purify
l' **équateur** (m.) equator
l' **équilibre** (m.) balance
équilibré(e) balanced
l' **équipe** (f.) team, I-10.1
l' **équipement** (m.) equipment
l' **erreur** (f.) error; wrong number (phone), II-3.2
escalader to climb over, **L5**
l' **escale** (f.) stopover, II-4.2
l' **escalier** (m.) staircase, I-4.2
l'escalier mécanique escalator, II-10.1
l' **escalope** (f.) **de veau** veal cutlet, II-6.2
l' **esclave** (m./f.) slave
l' **escrime** (f.) fencing, **7.3**
l' **espace** (m.) space
les grands espaces open spaces
l' **espagnol** (m.) Spanish (language), I-2.2
l' **espèce** (f.) species; sort, kind
payer en espèces to pay cash, II-9.2
l' **espérance** (f.) **de vie** life expectancy
espérer to hope, II-6.2
l' **esprit** (m.) spirit; mind
essayer to try on, I-7.2; to try
l' **essence** (f.) gas(oline), II-7.1
essuyer to wipe, II-L2

s'essuyer la bouche to wipe one's mouth, II-13.1
l' **estomac** (m.) stomach
et and, I-BV
l' **étable** (f.) cow shed, II-11.2
établir to establish
l' **établissement** (m.) establishment
l' **étage** (m.) floor (of a building), I-4.2
l' **étal** (m.) stand, stall
l' **étape** (f.) stage, lap
l' **état** (m.) state; condition
l' **État** (m.) (national) government
les **États-Unis** (m. pl.) United States
l' **été** (m.) summer, I-11.1
en été in summer, I-11.1
éteindre to turn off (appliance), I-12.2, II-3.1, **5.1**
éternuer to sneeze, II-2.1
l' **étirement** (m.) stretching, **7.3**
l' **étoile** (f.) star, **4.2**
étonné(e) surprised, II-13.2
étonner to surprise
s'étonner to be surprised
étranger, étrangère foreign, II-1.1
l' **étranglement** m.) strangling
être to be, I-1.1
être accro de to be a fan of, **2.1**
être d'accord to agree, I-2.1
être enrhumé(e) to have a cold, II-2.1
ne pas être dans son assiette to be feeling out of sorts, II-2.1
l' **être** (m.) being
l'être humain human being
étroit(e) narrow, **8.1**; small (clothes), **L7**; close (relationship)
l' **étudiant(e)** (university) student
l' **étude** (f.) study

étudier to study, I-3.1
l' **euro** (m.) euro, I-6.2
s' **évader** to escape, I-L4
l' **événement** (m.) event
l' **évêque** (m.) bishop, **L5**
évidemment evidently
évident(e) obvious, II-14
l' **évier** (m.) kitchen sink, I-12.2
éviter to avoid, I-12.2
évoquer to evoke
exagérer to exaggerate
l' **examen** (m.) test, exam, I-3.1
l'examen médical (m.) medical exam, **7.2**
passer un examen to take a test, I-3.1
réussir à un examen to pass a test
examiner to examine, II-2.2
exclure to exclude
l' **excursion** (f.) excursion, outing
excuser to excuse
exécuter to execute, carry out
l' **exemplaire** (m.) copy
l' **exemple** (m.): **par exemple** for example
l' **exercice** (m.) exercise
exigeant(e) demanding
exiger to demand, **2, 7.2**
exister to exist, to be
l' **expéditeur, l'expéditrice** sender
expliquer to explain
l' **exposé** (m.) **oral** oral report
exposer to exhibit
l' **exposition** (f.) exhibit, show, II-1.2
exprès on purpose, **2.2**
l' **express** (m.) espresso, black coffee, I-5.1; express (train)
exprimer to express
expulser to expel, banish
exquis(e) exquisite
l' **extrait** (m.) excerpt

la **fable** fable

la **fabrication** manufacture

fabriquer to build

fabuleux, fabuleuse fabulous

la **face** side (of paper), II-3.1

face écrite non visible face down (paper), II-3.1

face écrite visible face up (paper), II-3.1

fâcher to grieve, to annoy

se fâcher to quarrel; to get angry, **2.1**

facile easy, I-2.1

facilement easily

faciliter to facilitate

la **façon** way, manner

de façon que so that, **5**

d'une façon générale generally speaking

le **facteur, la factrice** mail carrier, II-5.2

la **facture** bill

facultatif (-ive) optional

faible weak, I-L1, **7.3**

la **faim** hunger, **5.3**

avoir faim to be hungry, I-5.1

faire to do, make, I-6.1

s'en faire to worry, II-8.1, **8.2**

Ça fait mal. It (That) hurts., II-2.1

faire du (+ nombre) to take size (+ number), I-7.2

faire des achats to shop

faire un appel to make a (phone) call, II-3.2

faire attention to pay attention, I-6; to be careful, I-11.1

faire une bouffe (slang) to cook a meal, **2.3**

faire du cheval to go horseback riding, II-11.2

faire des courses to go shopping, I-7.2

faire les courses to do the grocery shopping, I-6.1

faire la cuisine to cook, I-6

faire ses devoirs to do homework, I-6

faire des économies to save money, II-5.1

faire de l'équitation to go horseback riding, **7.1**

faire enregistrer to check (luggage), I-8.1

faire escale to stop (plane), II-4.2

faire des études to study

faire l'expérience de to experience

faire figure de to give the impression of

faire du français (des maths, etc.) to study French (math, etc.), I-6

faire du jogging to jog

faire du mal to hurt, **5.3**

se faire mal to hurt oneself, II-8.1

faire de la marche to walk (for exercise), **7.1**

faire la monnaie de to make change for (bill), II-5.1

faire de la natation to swim, **7.1**

faire la navette to go back and forth, make the run

faire le numéro to dial the number, II-3.2

faire de l'orage to be storming, **1.3**

faire une ordonnance to write a prescription, II-2.2

faire un pansement to bandage, II-8.1

faire partie de to be a part of

faire un pas to take a step, II-L2

faire plaisir à to please, **L2**

faire de la planche à voile to go windsurfing, I-11.1

faire le plein to fill up the gas tank, II-7.1

faire de la plongée sous-marine to go scuba diving or snorkeling, **1.1**

faire une prise de sang to draw blood, **7.2**

faire une promenade to take a walk, I-11.1

faire la queue to wait in line, I-9.1

faire une radio(graphie) to take an x-ray, **7.2**

faire de la raquette to go snowshoeing, **3.1**

faire du ski alpin to downhill ski, **1.1**

faire du ski nautique to water-ski, I-11.1

faire un stage to intern, II-14.2

faire du surf to go surfing, I-11.1

faire la vaisselle to do the dishes, I-12.2

faire les valises to pack (suitcases), I-8.1

faire du vent to be windy, **1.3**

faire un voyage to take a trip, I-8.1

Il fait quel temps? What's the weather like?, I-11.1

Vous faites quelle pointure? What size shoe do you take?, I-7.2

Vous faites quelle taille? What size do you take (wear)?, I-7.2

le **faire-part** announcement (birth, marriage, death), **6.1**

le **fait** fact

les faits divers local news items

fait(e) à la main handmade

falloir to be necessary

la **famille** family, I-4.1

la famille étendue extended family

le nom de famille last name

le/la **fana** fan

la **fanfare** brass band, II-12.1

la **farce** stuffing

la **farine de sorgo** sorghum flour

farouchement fiercely

fatigué(e) tired

fauché(e) *(slang)* broke, II-5.1

faut: il faut *(+ inf.)* one must, it is necessary to, I-8.2

il faut que one must, it is necessary that, II-12.2

la **faute** fault, mistake

le **fauteuil** seat *(theater)*, **3.2**; armchair, **4.1**

le fauteuil roulant wheelchair, II-8.1

faux, fausse false

le faux pas social blunder

favori(te) favorite, I-7.2

favoriser to favor; to promote

le **fax** fax; fax machine, II-3.1

féliciter to congratulate, **6.2**

la **femelle** female

la **femme** woman, I-7.1; wife, I-4.1

la femme de chambre maid *(hotel)*, II-9.2

la **fenêtre** window

côté fenêtre window *(seat)* *(adj.)*, I-8.1

la **fente** slot, II-3.2

la **ferme** farm, II-11.2

fermer to close, II-9.1

fermer à clé to lock, II-9.1

le **fermier, la fermière** farmer, II-11.2

ferroviaire rail *(adj.)*

les **festivités** *(f. pl.)* festivities, **4.2**

la **fête** party, I-4.1; holiday, II-12.1

de fête festive

la fête des Lumières Festival of Lights, Chanouka, II-12.2

le **fétiche** fetish, **L4**

le **feu** heat, II-6.2; traffic light, II-7.2, II-11.1; fire, II-L2, **3.3**

le feu doux low heat, II-6.2

le feu vif high heat, II-6.2

le feu d'artifice fireworks, II-12.1

la **feuille** leaf, **L3, 7.3**

la feuille d'érable maple leaf, **L7**

la feuille de papier sheet of paper, I-3.2

le **feutre** felt-tip pen, I-3.2

les **fiançailles** *(f. pl.)* engagement, I-L4, **6.3**

se **fiancer** to get engaged, **6.3**

la **fiche** registration card, II-9.1

le **fichier** file *(computer)*

fictif (-ive) fictional

fidèle faithful, **L3**

fier, fière (de) proud (of), **4.1**

la **fièvre** fever, II-2.1

avoir de la fièvre to have a fever, II-2.1

la **figue** fig

la **figure** face, I-12.1

figurer to be written, to appear, **2.3**

la **file d'attente** waiting line, **1.1**

la **file de voitures** line of cars, II-7.2

le **filet** net *(tennis, etc.)*, I-10.2; string bag

le filet de sole fillet of sole, II-6.2

la **fille** girl, I-1.1; daughter, I-4.1

le **film** film, movie, II-1.1

le film d'amour love story, II-1.1

le film d'aventures adventure movie, II-1.1

le film comique comedy, II-1.1

le film étranger foreign film, II-1.1

le film d'horreur horror film, II-1.1

le film policier detective movie, II-1.1

le film de science-fiction science-fiction movie, II-1.1

le film en vidéo movie video, II-1.1

le **fils** son, I-4.1

la **fin** end, **2.2**

financier, financière financial

la **fine herbe** herb, II-6.1

finir to finish, I-8.2

fixe fixed

fixement: regarder fixement to stare at

fixer un rendez-vous to make an appointment

flâner to stroll, wander, **1.1, L1**

le **flatteur** flatterer

le **fléau** plague, evil, **5.3**

la **flèche** arrow, II-7.2

la **fléchette** dart, **1.3**

la **fleur** flower, I-4.2, **L1, 6.1**

fleuri(e) in bloom, I-L2; decorated with flowers

fleurir to bloom

le **fleuve** river, **L1**

la **flûte** flute

la **foi** faith

le **foie** liver, **L7**

avoir mal au foie to have indigestion

la **fois** time *(in a series)*, I-10.2

à la fois at the same time

deux fois twice

la **fonction** function

le/la **fonctionnaire** civil servant, II-14.1

le **fonctionnement** functioning

fonctionner to work, function

le **fond** back, **2.2**

au fond in the background

respirer à fond to breathe deeply, II-2.2

au fond de at the bottom of

fonder to found

le **foot(ball)** soccer, I-10.1

le **football américain** football

le **forçat** convict, **L5**

la **force** strength

forcément necessarily

la **forêt** forest

le **forfait** package price, **1.3**

le **forgeron** blacksmith, II-L2, **4.3**

la **formation** training, **3.3**

former to form; to train

le **formulaire** form, II-8.2

la **formule** phrase

la **formule de commande** order form

fort hard (adv.); very

fort(e) strong, I-2.2, **7.3**

fort(e) en maths good in math, I-2.2

fou, folle crazy; insane

la **fouille** dig (archaeol.)

se **fouler** to sprain, II-8.1

le **four** oven, II-6.1

le **four à micro-ondes** microwave oven, II-6.1

la **fourchette** fork, I-5.2

la **fourmi** ant

fournir to provide, to produce, to furnish, **L1**

la **fourniture** supply

les **fournitures scolaires** school supplies, I-3.2

le **foyer** hearth

la **fracture** fracture (of bone), II-8.2

la **fracture compliquée** compound fracture, II-8.2

frais, fraîche cool

Il fait frais. It's cool. (weather), I-11.2

les **frais** (m. pl.) expenses; charges, II-9.2, II-13.1

la **fraise** strawberry, I-6.2

le **français** French (language), I-2.2

franchement frankly

franchir la frontière to cross the border

francophone French-speaking, **4.1**

frapper to hit, I-L3; to knock, I-L4, II-L2, **L5**

la **fraude fiscale** tax evasion

freiner to break (slow down), II-7.1

fréquemment frequently

fréquenter to frequent, patronize

le **frère** brother, I-1.2

la **fresque** fresco

le **fric** (slang) money, II-5.1

le **frigidaire** refrigerator, I-12.2, II-6.1

le **frigo** "fridge," II-6.1

les **fringues** (f. pl.) (slang) clothes

les **frissons** (m. pl.) chills, II-2.1

les **frites** (f. pl.) French fries, I-5.1

froid(e) cold

Il fait froid. It's cold. (weather), I-11.2

le **fromage** cheese, I-5.1

le **front** forehead

la **frontière** border

frugal(e) light, simple

le **fruit** fruit, I-6.2, II-6.1

les **fruits de mer** seafood, II-6.2

la **fumée** smoke

fumer to smoke, II-4.2

les **funérailles** (f. pl.)

le **funiculaire** funicular

furieux, furieuse furious, II-13.2

la **fusée** rocket, **L8**

le **futur** future, I-L2

le/la **gagnant(e)** winner, I-10.2

gagner to earn; to win, I-10.1

la **galerie** upper balcony, **3.2**

la **gamme** range

le **gant** glove, I-11.2

le **gant de toilette** washcloth, I-12.1, II-9.2

le **garage** garage, I-4.2

le **garçon** boy, I-1.1

le **garçon d'honneur** best man, II-12.2, **6.1**

garder to guard, watch; to keep, **2.2**

le **gardien** guard, I-L4

le **gardien de but** goalie, I-10.1

la **gare** train station, I-9.1, **1.2**

la **gare routière** bus terminal (Africa)

se **garer** to park, II-7.1

le **gars** (slang) boy, **L2**

gastronomique gastronomic, gourmet

le **gâteau** cake, I-4.1

gâter to spoil

gauche: à gauche left, II-7.2

le **gaz** gas

le **gaz carbonique** carbon dioxide

le **gaz GPL** liquefied petroleum gas

le/la **géant(e)** giant

geler to freeze

Il gèle. It's freezing. (weather), I-11.2

la **gendarmerie** police force

la **généralisation** extension to cover everyone

génial(e) brilliant, **3.2**

le **génie** genius

le **genou** knee, II-8.1

le **genre** type, kind, II-1.1; genre

les **gens** (m. pl.) people

gentil(le) nice (person), I-6.2

le **gentilhomme** gentleman

gérer to manage

le **gigot d'agneau** leg of lamb, II-6.2

le **gilet de sauvetage** life vest, II-4.2

la **glace** ice cream, I-5.1; ice, I-11.2; mirror, I-12.1

glisser to slip, II-8.1

la **gomme** eraser, I-3.2

le **gommier** Caribbean flat-bottomed fishing boat

les **gonds** (*m. pl.*) hinges

le/la **gosse** kid, **2.3**

la **gorge** throat, II-2.1

   avoir mal à la gorge to have a sore throat, II-2.1

la **gousse d'ail** clove of garlic, II-6.1

le **goût** taste, **2.1**

la **goutte de pluie** raindrop, **1.3**

le **gouvernement** government

gouverner to govern

grâce à thanks to

le **gradin** bleacher (*stadium*), I-10.1

la **graisse** fat

le **gramme** gram, I-6.2

grand(e) tall, big, I-1.1; great

   le grand magasin department store, I-7.1

   de grand standing luxury (*adj.*)

   la grande surface large department store; large supermarket

grandir to grow (up) (*children*)

la **grand-mère** grandmother, I-4.1

le **grand-père** grandfather, I-4.1

les **grands-parents** (*m. pl.*) grandparents, I-4.1

la **grange** barn, II-11.2

gratter to scratch, II-2.1

gratuit(e) free

grave serious, II-3.2

   Ce n'est pas grave. It's not serious., II-3.2

grec, grecque Greek

le **grec** Greek (*language*)

la **Grèce** Greece

la **grêle** hail, **1.3**

la **grève** strike, **5.3**

la **griffe** label

le **grincheux, la grincheuse** whiner

le **griot** griot (*African musician-entertainer*)

la **grippe** flu, II-2.1

gris(e) gray, I-7.2

gros(se) big, large, II-14.2

   le gros titre headline, **5.1**

la **grotte** cave, I-L4

guérir to cure, II-L4

la **guerre** war, I-L3

le **guerrier** warrior, I-L3

le **guichet** ticket window, I-9.1, II-10.1; box office, II-1.1; counter window (*post office*), II-5.2

le **guide** guidebook; guide

guillotiné(e) guillotined

le **gymnase** gymnasium

la **gymnastique** gymnastics, I-2.2

habillé(e) dressy, I-7.1

s' **habiller** to get dressed, I-12.1

l' **habitant(e)** inhabitant

habiter to live (*in a city, house, etc.*), I-3.1

hacher to grind, II-6.2

la **haine** hatred, hate

le **hall** lobby, I-8.1, II-9.1

le **hameau** hamlet

handicapé(e) handicapped

le **hangar** shed, II-11.2

Hanouka Hanukkah, II-12.2

les **haricots** (*m. pl.*) **verts** green beans, I-6.2, II-6.1

la **harpe** harp

la **hausse** rise, increase, **5.1**

hausser les épaules to shrug

haut(e) high, II-11.1

   en haut de at the top of

   haut de gamme state-of-the-art

le **hautbois** oboe

l' **hebdomadaire** (*m.*) weekly

l' **hectare** (*m.*) hectare (*2.47 acres*)

l' **herbe** (*f.*) grass, II-11.2

la **fine herbe** herb, II-6.1

le **héros** hero

l' **heure** (*f.*) time (*of day*), I-BV; hour, I-3.2

   à l'heure on time, I-8.1

   à quelle heure? at what time?, I-2

   À tout à l'heure. See you later., I-BV

   de bonne heure early

   les heures de pointe rush hour, II-10.1

heureusement fortunately

heureux, heureuse happy, II-13.2

hier yesterday, I-10.1

   avant-hier the day before yesterday, I-10.2

   hier matin yesterday morning, I-10.2

   hier soir last night, I-10.2

l' **histoire** (*f.*) history, I-2.2; story

l' **hiver** (*m.*) winter, I-11.2

l' **H.L.M.** low-income housing

le **homard** lobster, II-6.2

l' **homme** (*m.*) man, I-7.1

honnête honest

les **honoraires** (*m. pl.*) fees (*doctor*)

la **honte** shame, **2.3**

l' **hôpital** (*m.*) hospital, II-8.1, **7.1**

l' **horaire** (*m.*) schedule, timetable, I-9.1

l' **horloger, l'horlogère** clockmaker

l' **horodateur** (*m.*) time-stamp machine, II-11.1

l' **horreur** (*f.*) horror

l' **hôte** (*m.*) host

l' **hôtel** (*m.*) hotel, II-9.1

   l'hôtel de ville city hall

l' **Hôtel-Dieu** hospital

l' **hôtesse** (*f.*) **de l'air** flight attendant (*f.*), I-8.2

l' **huile** (*f.*) oil, I-6.1

   l'huile d'olive olive oil, II-6.1

l' **huître** (*f.*) oyster, II-6.2

humain(e) human

la **hutte** hut

l' **hydrate** *(m.)* de carbone carbohydrate

l' **hymne** *(m.)* anthem, II-12.1

hyper: J'ai hyper faim. I'm super hungry.

l' **hypermarché** *(m.)* large department store, supermarket

l' **hypothèque** *(f.)* mortgage

l' **icône** *(f.)* icon

idéal(e) ideal

l' **idée** *(f.)* idea

idée fixe fixed idea; obsession

identifier to identify

ignorer not to know

il: il y a there is, there are, I-4.1

il y a dix ans ten years ago

l' **île** *(f.)* island, I-L4, **8.3**

illisible illegible

l' **immeuble** *(m.)* apartment building, I-4.2

s' **implanter** to be established

impoli(e) impolite

l' **importance** *(f.)* importance

accorder de l'importance à to consider important, **2.1**

important(e) important; significant

s' **imposer** to win out

impressionnant(e) impressive

impressionner to impress; to upset

les **impressionnistes** *(m. pl.)* Impressionists *(artists)*

l' **imprimante** *(f.)* printer, II-3.1

imprimer to print

l' **imprimerie** *(f.)* printing press

inaugurer to inaugurate

l' **incendie** *(m.)* fire, **5.1**

inciter to prompt

inconnu(e) unknown

l' **inconvénient** *(m.)* disadvantage

incroyable incredible

l' **indicatif** *(m.):* **l'indicatif du pays** country code, II-3.2

l'indicatif régional area code, II-3.2

l' **indication** *(f.)* cue

l' **indigène** *(m./f.)* native

indiquer to indicate, to show

l' **individu** *(m.)* individual

infâme infamous

inférieur(e) lower

infini(e) infinite

l' **infirmier, l'infirmière** nurse, II-8.1, **7.1**

l' **informaticien(ne)** computer expert, II-14.1

l' **information** *(f.)* information; data

les informations *(f. pl.)* news *(TV)*, **2.1**

l' **informatique** *(f.)* computer science, I-2.2

l' **infrason** *(m.)* infrasonic vibration

l' **ingénieur** *(m.)* engineer *(m./f.)*, II-14.1

l' **inhumation** *(f.)* burial, **6.3**

initier to introduce

inlassablement tirelessly, **8.1**

innombrable countless

s' **inquiéter** to worry

l' **inquiétude** *(f.)* worry

installé(e) settled, **6.3**

s' **installer** to settle

l' **instant** *(m.)* moment, II-3.2

l' **institut** *(m.)* institute

l' **instituteur, l'institutrice** elementary school teacher, **2.3**

l' **instrument** *(m.)* instrument

l'instrument à clavier keyboard instrument

l'instrument à cordes string instrument

l'instrument à vent wind instrument

interdit(e) forbidden, II-4.2, **L4**

intéressant(e) interesting, I-1.1

intéresser to interest

s'intéresser à to be interested in

l' **intérêt** *(m.)* interest

intérieur(e) domestic *(flight)*, I-8.1

interne internal; inner

l' **interne** *(m./f.)* boarder

l' **interprète** *(m./f.)* interpreter

l' **interro(gation)** *(f.)* quiz

interroger to question, **L1**

interurbain(e): appel interurbain toll call

intervenir to step in

l' **intervention** *(f.)* **chirurgicale** operation

intime intimate

intitulé(e) entitled

introduire to insert

inutile useless, **L2**

inventer to make up; to invent

l' **invité(e)** guest

inviter to invite, I-4.1

isoler to isolate

l' **issue** *(f.)* **de secours** emergency exit

l' **italien** *(m.)* Italian *(language)*, I-2.2

l' **Ivoirien(ne)** *(m./f.)* Ivorian *(inhabitant of Côte d'Ivoire)*

jaloux, jalouse jealous

jamais ever

ne... jamais never, I-11.2

la **jambe** leg, II-8.1

le **jambon** ham, I-5.1

janvier *(m.)* January, I-BV

japonais(e) Japanese

le **jardin** garden, I-4.2, **L5**

jaune yellow, I-7.2

Je vous en prie. You're welcome. *(form.)*, I-BV
le **jean** jeans, I-7.1
jeter to throw, I-L4; to throw away
  jeter un coup d'œil sur to look over, **L1**
  se jeter dans to flow into
le **jeu** game
  le jeu vidéo video game, **2.1**
jeune young
jeûner to fast, **4.2**
les **jeunes** *(m. pl.)* young people
la **jeunesse** youth
le **jogging: faire du jogging** to jog
la **joie** joy
joli(e) pretty, I-4.2
la **joue** cheek, II-13.1
jouer to play, I-3.2; to show *(movie)*; to perform, II-1.1, **3.2**
  jouer à (un sport) to play *(a sport)*, I-10.1
  jouer de to play *(a musical instrument)*
le **jouet** toy
le **joueur, la joueuse** player, I-10.1
jouir de to enjoy
le **jour** day, I-BV
  huit jours a week
  le jour de l'An New Year's Day, II-12.2
  le jour férié holiday
  de nos jours today, nowadays
  quinze jours two weeks
  tous les jours every day, II-1.2
le **journal** newspaper, I-9.1, **5.1**
  le journal télévisé TV news, II-6.1
le/la **journaliste** reporter, II-14.1
la **journée** day, I-3.1
  Belle journée! What a nice day!, I-4.2
joyeux, joyeuse joyous

Joyeux anniversaire! Happy birthday!
Joyeux Noël! Merry Christmas!
le/la **juge** judge, II-14.1
juif, juive Jewish, II-12.2
le **jumeau, la jumelle** twin, I-L1
la **jupe** skirt, I-7.1
jurer to swear
le **jus** juice, I-5.1
jusqu'à (up) to, until, I-10.2
  jusqu'à ce que until
jusque up to, until
jusques ici up to now
jusqu'où? how far?
juste just, I-2.1
  juste à sa taille fitting (him/her) just right
  juste là right there
  tout juste just barely
justement exactly

le **kabyle** Kabyle, **L4**
le **kilo(gramme)** kilogram, I-6.2
le **kilomètre** kilometer
le **kiosque** newsstand, I-9.1, **5.1**
le **klaxon** car horn, **7.3**
le **kleenex** tissue, II-2.1

là there; here, II-3.2
là-bas over there, II-10.1
le/la **laborantin(e)** lab technician, **7.1**
le **laboratoire** laboratory, **7.1**
là-haut up there
le **lac** lake
lacer to lace (up), **L7**
lâche cowardly, **L2**
la **lagune** lagoon
laid(e) ugly, **L2**
laisser to leave *(something behind)*, I-5.2; to let, allow

le **lait** milk, I-6.1
la **laitue** lettuce
lancer to throw, to shoot *(ball)*, I-10.2, II-12.1; to launch
le **langage** language
  en langage courant commonly known as
la **langue** language, I-2.2
  la langue maternelle mother tongue
  la langue d'usage everyday language
le **lapin** rabbit, II-11.2
large loose, wide, I-7.2
la **larme** tear, II-L2, **L6**
la **lassitude** lassitude, fatigue, **L7**
le **laurier** bay (leaves), II-6.1
le **lavabo** *(bathroom)* sink, **L4**
la **lavande** lavender
laver to wash, I-12
se **laver** to wash oneself, I-12.1
le **lave-vaisselle** dishwasher, I-12.2
lécher to lick, **5.3**
la **leçon** lesson, I-11.1
  la leçon de conduite driving lesson, II-7.1
le **lecteur, la lectrice** reader
  le lecteur de disquettes diskette drive, II-3.1
la **lecture** reading
  léger, légère light, slight, **8.2**
  en légère baisse slightly lower
le **légume** vegetable, I-6.2, II-6.1
  les légumes secs dried vegetables *(beans, pea, lentils, etc.)*, **4.2**
lentement slowly
les **lentilles** *(f. pl.)* lentils, **4.2**
la **lésion** injury
lever to raise, I-3.1
  lever la main to raise one's hand, I-3.1
  se lever to get up, I-12.1
le **lever du soleil** sunrise, **4.2**
la **lèvre** lip, II-13.1

la **libellule** dragonfly, **L8**
libérer to free; to vacate, II-9.2
la **liberté** freedom
libre free, I-5.1; available, II-14.2
le **lieu** place; setting, II-14.1
au lieu de instead of
avoir lieu to take place, II-12.1
le lieu de passage thoroughfare
le lieu de travail workplace, II-14.1
la **ligne** line, II-4.1
les grandes lignes main lines *(train)*, II-4.1; broad outline
les lignes de banlieue commuter trains, II-4.1
la **limitation de vitesse** speed limit, II-7.2, **5.1**
la **limite** limit
la **limonade** lemon-lime drink, I-BV
le **linge** laundry, **L4**
le **lipide** fat
le **liquide** liquid
l'argent liquide cash, II-5.1
en liquide in cash, II-9.2
lire to read, I-9.2
le **lit** bed, II-9.1, II-L2
le **litre** liter, I-6.2
le **littoral** coastal region
la **livre** pound, I-6.2
le **livre** book, I-3.2
livrer to deliver, **6.2**
le **livret de caisse d'épargne** savings passbook
le **local** building, center
localement locally
la **location** rental
le **logement** housing
loger to house
Vous êtes logé(e). Lodging is included., **3.3**
le **logiciel** software, II-3.1
loin far (away)
loin de far from, I-4.2

plus loin further
le **long: le long de** along
long(ue) long, I-7.1
le **long-métrage** feature film, **8.3**
longtemps (for) a long time, I-11.1
trop longtemps (for) too long, I-11.1
la **longueur** lap, **7.3**
le **look** style
lorsque when, **4**
la **louche** ladle, **L4**
louer to rent, II-1.1; to reserve
lourd(e) heavy, **8.2**
la **lumière** light, **7.3**
lunaire lunar, **L8**
la **lune** moon, **L8**
la lune de miel honeymoon
les **lunettes** *(f. pl.)* de soleil sunglasses, I-11.1
la **lutte** fight, battle, I-L3, **5.3**
lutter to fight, I-L3
luxueux, luxueuse luxurious
le **lycée** high school, I-2.1
le/la **lycéen(ne)** high school student

la **machine** machine, II-10.2
Madame (Mme) Mrs., Ms., I-BV
Mademoiselle (Mlle) Miss, Ms., I-BV
le **magasin** store, I-3.2, II-14.1
le grand magasin department store, I-7.1
le **magazine** magazine, I-9.1, **5.1**
le **Maghreb** Maghreb
le **magnétoscope** VCR, I-12.2
magnifique magnificent
maigre thin, skinny, **L7**
le **mail** e-mail, II-3.1
le **maillot** jersey

le **maillot de bain** bathing suit, I-11.1
la **main** hand, I-3.1, II-13.1
fait(e) à la main handmade
maintenant now, I-2.2
maintenir to maintain; to uphold
le **maire** mayor, II-12.1
la **mairie** town hall, II-12.2, II-14.1
mais but, I-2.1
Mais oui (non)! Of course (not)!
la **maison** house, I-3.1
la maison d'édition publishing house
la maison de retraite old people's home
la **maisonnette** cottage
maître, maîtresse main, chief
le **maître, la maîtresse** elementary school teacher; master, mistress
la **maîtrise** master's degree
maîtriser to bring under control, **5.3**
la **majorité** majority
mal badly, II-2.1
avoir mal à to have a(n) . . . -ache, to hurt, II-2.1
Ça fait mal. It (That) hurts., II-2.1
Pas mal. Not bad., I-BV
le **mal** evil, **L5**
dire du mal de to speak ill of, **8.2**
le/la **malade** sick person, patient, II-2.2
malade ill, sick, I-L1, II-2.1
la **maladie** illness, disease
le **mâle** male
malfaisant(e) harmful, **4.3**
malgré in spite of, despite
malheureusement unfortunately, **1.2**
malheureux, malheureuse unhappy
le **Mali** Mali, **4.1**

malin, maligne: C'est malin! Very clever! *(ironic)*

la **malle** trunk, **L4**

la **maman** mom

la **mamie** grandma, **6.3**

la **Manche** English Channel

la **manche** sleeve, I-7.1

   à manches longues (courtes) long- (short-) sleeved, I-7.1

le **mandat** money order

   manger to eat, I-5.1

   manier to handle, **L4**

la **manifestation culturelle** cultural event

la **manœuvre: instructions pour la manœuvre** operating instructions

la **manque** lack

   manquer to be missed, **2.1**

   Elle me manque. I miss her., **2.1**

le **manteau** coat, I-7.1

se **maquiller** to put on makeup, I-12.1

la **marâtre** wicked stepmother, **L6**

le/la **marchand(e) (de fruits et légumes)** (produce) seller, merchant, I-6.2

la **marchandise** merchandise

la **marche** (stair) step

le **marché** market, I-6.2

   bon marché inexpensive

   le marché aux puces flea market

   marcher to walk, II-8.1

la **mare** pond

   marginal(e) living on the fringes of organized society

le **mari** husband, I-4.1

le **mariage** marriage; wedding, II-12.2

   le mariage civil civil wedding ceremony, **6.1**

le **marié** groom, II-12.2, **6.1**

la **mariée** bride, II-12.2, **6.1**

se **marier** to get married, I-L4, II-12.2

le **marin** sailor, I-L4, **L2**

le **Maroc** Morocco, **4.1**

   marocain(e) Moroccan

la **marque** brand, II-7.1; sign, II-L4

   marquer un but to score a goal, I-10.1

la **marraine** godmother, **6.1**

   marrant(e) *(slang)* very funny, hilarious

   marron *(inv.)* brown, I-7.2, **L4**

   marseillais(e) from Marseille

le **marteau** hammer, **7.3**

le **marteau-piqueur** jackhammer, **7.3**

   martiniquais(e) from or of Martinique

le **masque à oxygène** oxygen mask, II-4.2

   masqué(e) masked, II-12.1

   un groupe masqué group of masqueraders, II-12.1

le **mat** *(fam.)* morning

le **match** game, I-10.1

le **matériel** equipment, II-11.2

la **matière** subject (school), I-2.2; matter

le **matin** morning, I-BV

   du matin A.M. *(time)*, I-BV

la **matinée** morning

   mauvais(e) bad; wrong, I-1.1

   Il fait mauvais. It's bad weather., I-1.1

   maux: avoir des maux de cœur to feel nauseous, **L7**

la **mèche de cheveux** lock of hair, **8.3**

le **médecin** doctor *(m./f.)*, II-2.2, **7.1**

   chez le médecin at (to) the doctor's office, II-2.2

le **médicament** medicine, II-2.1

   meilleur(e) better, II-8

le **mélange** mixture

   mêler to mix, **L2**

le **membre** member; limb

   même *(adj.)* same; very, I-2.1; *(adv.)* even

   tout de même all the same, I-5.2

   menacer to threaten

   mener to lead, carry on

le **mensonge** lie, **2.1**

   mensuel(le) monthly

   mentir to lie, **L2, L8**

le **menuisier** carpenter, II-14.1

la **méprise** misunderstanding, **L5**

la **mer** sea, I-11.1, **1.1, L3**

   la mer des Antilles Caribbean Sea

   la mer des Caraïbes Caribbean Sea

   la mer Méditerranée Mediterranean Sea

   merci thank you, thanks, I-BV

la **mère** mother, I-4.1

   mériter to deserve

la **merveille** marvel, wonder

   merveilleux, merveilleuse marvelous

le **messager, la messagère** messenger

la **messe de minuit** midnight mass, II-12.2

la **mesure** measurement

   mesurer to measure

le **métier** trade, profession, II-14.1

le **métis** of mixed blood

le **mètre** meter

le **métro** subway, I-4.2, II-10.1

   la station de métro subway station, I-4.2, II-10.1

   mettre to put (on), to place, I-7.1; to turn on *(appliance)*, I-7

   mettre le contact to start the car, II-7.1

   mettre de côté to save, to put aside, II-5.1

   mettre en évidence to reveal

   mettre une lettre à la poste to mail a letter, II-5.2

   mettre en scène to feature

mettre la table to set the table, I-7

mettre en valeur to feature, set off

se mettre à to begin, **6.3**

se mettre à l'heure de to march to the same drummer

les **meubles** *(m. pl.)* furniture

le **meurtre** murder, **5.1**

le **micro** mike (microphone), **L8**

le **microbe** microbe, germ

la **micropuce** microchip

midi *(m.)* noon, I-BV

le **miel** honey

mieux better, I-7.2

aimer mieux to prefer, I-7.2

aller mieux to feel better, II-2.2; to be better, II-8.1

il vaut mieux it is better, II-13.2

mignon(ne) darling; dainty, **L6**

le **milieu** middle, II-10.2

mille (one) thousand, I-3.2

le **millénaire** millennium

le **million** million

mimer to mime

le **ministère** ministry

minuit *(m.)* midnight, I-BV

la **minute** minute, I-9.2

la **mise en scène** staging

la **mise en terre** burial, **6.3**

la **mi-temps** halftime *(sporting event)*

le **mobile** motive, **5.1**

la **mode** fashion

à la mode in style

le **mode** means

modéré(e) moderate

la **moelle épinière** spinal cord

moi de même the same with me, II-13.2

moi-même myself

moins less, fewer, I-7.1; minus

au moins at least

pour le moins at the very least

le **moins** minus(es) *(disadvantages)*, **3.3**

le **mois** month, I-BV

le **monde** world, **L2**

beaucoup de monde a lot of people, I-10.1

tout le monde everyone, everybody, I-1.2

le **moniteur** (computer) monitor

le **moniteur, la monitrice** instructor, I-11.1

la **monnaie** change *(money)*; currency, II-5.1

la pièce de monnaie coin

monoparental(e) single-parent, **6.1**

Monsieur *(m.)* Mr., sir, I-BV

le **mont** mount, mountain

la **montagne** mountain, I-11.2, **1.1**

le **montant** amount, **1.2, 3.3**

monter to go up, I-4.2; to get on, get in, I-9.2; to take (something) upstairs, II-9.1

monter une pièce to put on a play, II-1.1

la **montre** watch, II-L1, **5.3**

montrer to show

se **moquer de** to make fun of, **L6**

le **morceau** piece, II-6.2

le **morse** Morse code

la **mort** death, **8.3**

mortel(le) fatal, **5.1**

la **mosquée** mosque

le **mot** word

le mot apparenté cognate

le **motard** motorcycle cop, II-7.2

la **moto** motorcycle, II-7.1

le **mouchoir** handkerchief, II-2.1

la **moule** mussel, II-6.2

mourir to die, I-11

la **moutarde** mustard, I-6.2

le **mouton** mutton; sheep, II-11.2

moyen(ne) average, intermediate, **3.1**

le **Moyen Âge** Middle Ages

le **moyen de transport** mode of transportation

multicolore multicolored

la **multinationale** multinational corporation, II-14.2

multiplier to multiply

muni(e) de with

la **municipalité** city government

les **munitions** *(f. pl.)* ammunition

le **mur** wall, I-L4, **L4, 8.3**

la **musculation** muscle-building exercises

le **musée** museum, II-1.2

le/la **musicien(ne)** musician, **3.3**

la **musique** music, I-2.2

musulman(e) Moslem

le **mystère** mystery

mystérieux, mystérieuse mysterious

nager to swim, I-11.1, **1.1**

le **nageur, la nageuse** swimmer, **7.1**

la **naissance** birth, **6.1**

naître to be born, I-11, **6.1**

la **nappe** tablecloth, I-5.2

la **natation** swimming, I-11.1

la **natte** mat, **4.3, L4**

nature plain *(adj.)*, I-5.1

naturel(le) natural

le **navarin** mutton stew

la **navette** shuttle

faire la navette to go back and forth, make the run

naviguer sur Internet to surf the Net

ne: ne… jamais never, I-11.2

ne… pas not, I-1.2

ne… personne no one, nobody, I-11

ne… plus no longer, no more, I-6.1

ne... point not at all

ne... que only, **2.1**

ne... rien nothing, I-11

né(e): elle est née she was born

néanmoins nevertheless

la **nébulosité** cloud cover

la **nécessité** necessity

de première nécessité essential

la **négritude** black pride

la **neige** snow, I-11.2, **1.1**

neiger to snow, I-11.2

nerveux, nerveuse nervous

n'est-ce pas? isn't it?, doesn't it (he, she, etc.)?, I-2.2

le **neveu** nephew, I-4.1

le **nez** nose, II-2.1

avoir le nez qui coule to have a runny nose, II-2.1

ni... ni neither . . . nor

niçois(e) of or from Nice

la **nièce** niece, I-4.1

nier to deny, **5.3**

n'importe où anywhere at all

le **niveau** level, II-7.1

le niveau sonore volume

Noël Christmas, II-12.2

noir(e) black, I-7.2, **L8**

le **nom** name; noun

le nom de famille last name

le **nombre** number

nombreux, nombreuse numerous, many

peu nombreux few

nommer to name, mention

non no; not

non plus either, neither

non-fumeurs non-smoking (section), I-8.1

non-polluant(e) nonpolluting

le **nord** north

nord-africain(e) North African

les **notables** (m. pl.) dignitaries, II-12.1

notamment notably

la **note** note; grade; bill (hotel), II-9.2

nourrir to feed

Vous êtes nourri(e). Food is included., **3.3**

la **nourriture** food, nutrition, **7.2**

nouveau (nouvel), nouvelle new, I-4.2

à nouveau again

les nouveaux venus newcomers

la **nouveauté** newness

la **nouvelle** short story

les nouvelles news, II-L3

la **Nouvelle-Angleterre** New England

La **Nouvelle-Orléans** New Orleans

noyé(e) drowned, **L2**

le **nuage** cloud, I-11.1, **1.3**

nuageux, nuageuse cloudy, **1.3**

nuire to be harmful, **2.3**

la **nuit** night, **7.3**

la nuit tombée nightfall, **4.1**

nul(le) (slang) bad

nullement by no means

le **numéro** number, II-5.2

le bon numéro right number, II-3.2

composer/faire le numéro to dial the number, II-3.2

le mauvais numéro wrong number, II-3.2

numéroté(e) numbered

ô oh

l' **objet** (m.) object

obligatoire mandatory

obliger to force, compel

les **obsèques** (f. pl.) funeral, **6.3**

obtenir to obtain, get

l' **occasion** (f.) opportunity

occidental(e) western

occupé(e) occupied, taken, I-5.1; busy

Ça sonne occupé. The line's busy, II-3.2

occuper to occupy, take up

s'occuper de to take care of, **2.3**

l' **œuf** (m.) egg, I-6.1

l'œuf à la coque poached egg

l'œuf brouillé scrambled egg

l'œuf sur le plat fried egg

l' **œuvre** (f.) work(s) (of art or literature), II-1.1

offrir to offer

l' **oignon** (m.) onion, I-5.1, II-6.1

l' **oiseau** (m.) bird

l' **omelette** (f.) omelette, I-5.1

l'omelette aux fines herbes omelette with herbs, I-5.1

l'omelette nature plain omelette, I-5.1

on we, they, people, I-3.2

On y va? Let's go.; Shall we go?

l' **oncle** (m.) uncle, I-4.1

l' **onde** sea (literary), **L2**

l' **ondée** (f.) heavy shower

opérer to operate

l' **or** (m.) gold, I-L4, **8.3**

l' **orage** (m.) storm, **1.2, 1.3**

orageux, orageuse stormy, **1.3**

l' **oraison** (f.) prayer, **4.2**

l' **oranger** (m.) orange tree, I-L2

l' **oratoire** (m.) private chapel

l' **orchestre** (m.) orchestra (seats), **3.2**

l' **ordinateur** (m.) computer, II-3.1

l' **ordonnance** (f.) prescription, II-2.2

faire une ordonnance to write a prescription, II-2.2

ordonner to command

l' **ordre** (m.) order

d'ordre personnel of a personal nature, **1.3**

l' **oreille** (f.) ear, II-2.1, **7.3**
   avoir mal aux oreilles to have an earache, II-2.1

l' **oreiller** (m.) pillow, II-4.2

organiser to organize

l' **organisme** (m.) agency

l' **orgue** (m.) organ (musical instrument)

oriental(e) eastern

originaire de native of

l' **origine** (f.): **d'origine américaine (française, etc.)** from the U.S. (France, etc.)

orner to decorate

l' **os** (m.) bone, II-8.2

oser to dare, **L6**

l' **osier** (m.) willow

ou or, I-1.1

où where, I-1.1
   d'où from where, I-1.1

oublier to forget, II-7.2

l' **ouest** (m.) west

oui yes, I-BV

l' **outil** (m.) tool, **4.3**

ouvert(e) open, II-1.2

l' **ouvrage** (m.) work

l' **ouvrier, l'ouvrière** worker, II-11.1

ouvrir to open, II-2.2, II-13.2

P

le **paiement** payment

le **paillasson** doormat, **5.3**

le **pain** bread, I-6.1
   le pain complet whole-wheat bread
   le pain grillé toast
   la tartine de pain beurré slice of bread and butter

la **paire** pair, I-7.1

la **paix** peace

le **palais** palace, **8.3**

le **palet** puck

le **palmier** palm tree

le **pamplemousse** grapefruit, II-6.1

le **panier** basket, I-10.2, **L5**
   réussir un panier to make a basket, I-10.2

la **panne** breakdown, II-7.1
   tomber en panne to break down, II-7.1

le **panneau** road sign, II-7.2

le **pansement** bandage, II-8.1

le **pantalon** pants, I-7.1

le **pape** pope, **8.3**

la **papeterie** stationery store, I-3.2

le **papier** paper, I-3.2
   la feuille de papier sheet of paper, I-3.2
   le papier à lettres stationery, **L7**
   le papier hygiénique toilet paper, II-9.2

le **papillon** butterfly, **6.3**

Pâques Easter

le **paquet** package, I-6.2

par by, through
   par cœur by heart, **L2**
   par conséquent as a result
   par effraction: entrer par effraction to break into (a house, etc.), **5.1**
   par exemple for example
   par rapport à in comparison to
   par semaine a (per) week, I-3.2
   par la suite eventually
   par voie orale orally, **4.1**

paraître to be published

le **parc** park

parce que because

le **parcmètre** parking meter, II-11.1

parcourir to cover (distance)

le **parcours** run, trip

par-dessus over (prep.), I-10.2

le **pare-brise** windshield, II-7.1

paresseux, paresseuse lazy

parfait(e) perfect

parfois at times, **2.3, 3.3**

le **parfum** flavor

le **parking** parking lot, II-11.1

parler to speak, talk, I-3.1
   parler au téléphone to talk on the phone, I-3.2, II-L3

le **parler** speech, language

parmi among

paroissial(e) parish (adj.)

les **paroles** (f. pl.) words, lyrics

le **parrain** godfather, **6.1**

la **part:**
   C'est de la part de qui? Who's calling?, II-3.2
   d'autre part on the other hand
   de part et d'autre on each side
   de sa part on his (her) part

partager to share, II-13.1, **2.1**; to divide

particulier, particulière private (room, house, etc.)

la **partie** part
   faire partie de to be a part of

partir to leave, I-8.1, **1.2**

partout everywhere

le **parvis de l'église** square in front of a church, **6.1**

pas not, I-2.1
   pas du tout not at all, I-3.1
   Pas mal. Not bad., I-BV
   Pas question! Out of the question! Not a chance!

le **pas** step, footstep, II-L2, **L3, L8**
   faire un pas to take a step, II-L2

le **passage pour piétons** crosswalk, II-11.1

passager, passagère passing, temporary, **7.3**

le **passager, la passagère** passenger, I-8.1

le/la **passant(e)** (m./f.) passerby, **L2**

la **passe** pass

le **passeport** passport, I-8.1

passer to spend *(time)*, I-3.1; to go (through), I-8.1; to pass, I-10.1

  passer à la douane to go through customs, II-4.2

  passer avant tout to come first

  passer un coup de fil to phone

  passer un examen to take an exam, I-3.1

  se passer to happen

se **passionner** to become enthusiastic

le **pasteur** shepherd, **4.3**

la **patate douce** sweet potato

les **pâtes** *(f. pl.)* pasta, II-6.1

le **patin** skate; skating, I-11.2

  faire du patin à glace to ice-skate, I-11.1

la **patinoire** skating rink, I-11.2

le **patrimoine** heritage

le/la **patron(ne)** boss

le **pâturage** pasture, **4.3**

  pauvre poor, I-L1, II-2.1

le **pavillon** small house, bungalow

  payer to pay, I-3.2

le **pays** country, I-8.1

le **paysage** landscape, II-4.1, **2.3, L8**

le/la **paysan(ne)** peasant, I-L1

le **péage** toll, II-7.2

la **pêche** fishing, **1.1**

le **pêcheur, la pêcheuse** fisherman (-woman)

le **pédalo** pedal boat

le **peigne** comb, I-12.1

se **peigner** to comb one's hair, I-12.1

  peindre to paint, **L4**

la **peine: Ce n'est pas la peine.** It's not worth it. Don't bother., **2.1**

  peint(e) painted, **8.1, 8.3**

  peint(e) en rouge painted red, **8.1**

le **peintre** painter, artist *(m./f.),* II-1.2

le **peintre (en bâtiment)** (house) painter, II-14.1

la **peinture** painting, II-1.2

la **pelle** shovel, **L3**

  pencher to bend

  pendant during, for *(time),* I-3.2

la **péniche** barge

  penser to think

la **pension** boarding school

le/la **pensionnaire** boarder, resident, **6.3**

la **pente** slope

  percevoir to perceive

  perdre to lose, I-9.2

le **père** father, I-4.1

  le Père Noël Santa Claus, II-12.2

  perfectionner to perfect

la **période** period

  la période de l'année the time of the year

la **périphérie** outskirts

la **perle** pearl

  permettre to permit, allow, let

le **permis de conduire** driver's license, II-7.1

le **persil** parsley, II-6.1

le **personnage** character *(in a story)*

la **personne** person

  ne... personne no one, nobody, I-11

le **personnel de bord** flight crew, I-8.2

la **perte** loss

  perturber to disturb

  peser to weigh, II-5.2, **8.2**

  petit(e) short, small, I-1.1

  le petit ami boyfriend

  la petite amie girlfriend

  le petit déjeuner breakfast, I-5.2

  les petits pois *(m.)* peas, I-6.2

la **petite-fille** granddaughter, I-4.1

le **petit-fils** grandson, I-4.1

les **petits-enfants** *(m. pl.)* grandchildren, I-4.1

le **pétrole** oil

le **pétrolier** oil tanker

  peu (de) few, little

  à peu près about, approximately, **4.1**

  un peu a little, I-2.1

  en très peu de temps in a short time

  très peu seldom, I-5.2

la **peur** fear

  avoir peur to be afraid, I-L1, II-13.2

  de peur que for fear that, **5**

  peut-être perhaps, maybe

le/la **pharmacien(ne)** pharmacist, II-2.2

la **phrase** sentence

le/la **physicien(ne)** physicist

la **physique** physics, I-2.2

  physique physical

la **piastre** dollar *(Fr. Canadian)*

le **pickpocket** pickpocket, **5.2**

la **pie** magpie

la **pièce** room, I-4.2; play, II-1.1, **3.2**; coin, II-5.1

  la pièce montée wedding cake, **6.1**

le **pied** foot, I-10.1, II-8.1

  à pied on foot, I-4.2

  donner un coup de pied to kick, I-10.1

  être vite sur pied to be better soon, II-2.1

la **pierre** stone, **3.3**

  la pierre précieuse gem, I-L4

le **piéton, la piétonne** pedestrian, II-11.1

  piétonnier, piétonnière pedestrian *(adj.)*, **8.1**

  pieux, pieuse pious

le/la **pilote** pilot, I-8.2

  le pilote de ligne airline pilot

  piloter to pilot, to fly

le **pilotis** piling

  piquer to sting, II-2.1

la **piqûre** injection, II-8.2

le **piratage** piracy

la **pirogue** pirogue (*dugout canoe*)

la **piscine** pool, I-11.1, **7.1**

la **piste** runway, I-8.1; track, I-10.2; ski slope, I-11.2, **1.1**

pittoresque picturesque

le **placard** closet, II-9.2, **L5**

la **place** seat (*plane, train, movie, etc.*), I-8.1, **3.2**; place; square

  à ta place if I were you, II-7.1

le **plafond** ceiling, **L4**

la **plage** beach, I-11.1, **1.1**

se **plaindre** to complain, **7.1**

la **plaine** plain

plaire à to please, **2.2**

  Ça me plaît. I like that., **2.2**

la **plaisanterie** joke

le **plaisir** pleasure

le **plan** street map, II-7.2

  le plan du métro subway map, II-10.1

la **planche à voile: faire de la planche à voile** to windsurf, I-11.1

le **plat** dish (*food*); serving dish, II-6.1

le **plateau** tray, I-8.2

le **plâtre** cast, II-8.2

  plâtrer to put in a cast, II-8.2

  plein(e) full, I-10.1, II-13.1

  avoir plein d'argent (*slang*) to have a lot of money, II-5.1

  pleurer to cry, I-L1, **L2, 3.2, L6**

  pleut (*inf.* **pleuvoir**): Il pleut. It's raining., I-11.1

le **pli** pleat, **L6**

  plissé(e) pleated, I-7.1

le **plombier** plumber, II-14.1

la **plongée sous-marine** scuba diving; snorkeling, **1.1**

  faire de la plongée sous-marine to go scuba diving or snorkeling, **1.1**

le **plongeon** dive

  plonger to dive, I-11.1

la **pluie** rain, **1.3**

la **plupart (de)** most (of), I-9.2

plus plus; more, I-7.1

  de plus en plus more and more

  en plus de in addition to

  ne... plus no longer, no more, I-6.1

  plus ou moins more or less

  plus tard later

le **plus** plus(es) (*advantages*), **3.3**

plusieurs several

plutôt rather

pluvieux, pluvieuse rainy, **1.3**

le **pneu** tire, II-7.1

  le pneu à plat flat tire, II-7.1

la **poêle** frying pan, II-6.2

la **poésie** poetry

le **poids** weight

le **poignet** wrist, II-13.1

point at all

le **point** period; dot

  le point de suture stitch, II-8.2

  à point medium-rare (*meat*), I-5.2

la **pointure** size (*shoes*), I-7.2

  Vous faites quelle pointure? What (shoe) size do you take?, I-7.2

la **poire** pear, I-6.2

les **pois chiches** (*m. pl.*) chickpeas, **4.2**

le **poisson** fish, I-6.1, II-6.2

la **poissonnerie** fish store, I-6.1

la **poitrine** chest

le **poivre** pepper, I-6.1

le **poivron rouge** red pepper, II-6.1

la **polémique** controversy

poli(e) polite, II-13.1

  malpoli(e) impolite, II-13.1

la **police** police, **5.1**

  appeler police secours to call 911, II-8.1

le **policier** police officer, detective

poliment politely, II-9.2

la **politesse** courtesy, politeness, I-BV

polluant(e) polluting

pollué(e) polluted

le **polo** polo shirt, I-7.1

la **pomme** apple, I-6.2

  la tarte aux pommes apple tart, I-6.1

la **pomme de terre** potato, I-6.2, II-6.1

le **pompier** firefighter, **2.3, 5.1**

le/la **pompiste** gas station attendant, II-7.1

le **pont** bridge, **L2**

le **porc** pork, I-6.1, II-6.2

le **portable** mobile phone, laptop computer, II-3.2, **2.1**

la **porte** gate (*airport*), I-8.1; door, I-L4, II-9.1, II-L2

le **porte-monnaie** change purse, II-5.1

le **portefeuille** wallet, **5.2**

  porter to wear, I-7.1; to bear, carry, II-L2

  porter secours à to help

  porter un toast à to toast

  se porter bien to be in good health, II-L4

portugais(e) Portuguese

poser sa candidature to apply for a job, II-14.2

poser une question to ask a question, I-3.1

posséder to possess, own

la **poste** mail; post office, II-5.2

  le bureau de poste post office, II-5.2

  mettre une lettre à la poste to mail a letter, II-5.2

  la poste par avion airmail

le **poste** job, II-14.2

le **pot** jar, I-6.2; drink

  potable drinkable, **4.3**

le **pote** (*slang*) friend, **2.3**

le **pouce** thumb, II-13.1

la **poule** hen, II-11.2
   la poule au pot boiled chicken, **8.1**
le **poulet** chicken, I-6.1
le **pouls** pulse, II-8.2, **7.2**
le **poumon** lung, **7.2, L7**
   pour for, I-2.1; in order to
      pour cent percent
      pour que in order that, **5**
le **pourboire** tip *(restaurant)*, I-5.2
   pourchasser to pursue, hunt
le **pourpre** crimson
   pourpré(e) crimson
   pourquoi why, I-6.2
      pourquoi pas? why not?
   poursuivre to pursue, **5.1**
   pourtant yet, still, nevertheless
   pourvu que provided that, **5**
   pousser to push, II-10.2, **5.2**
   pouvoir to be able to, can, I-6.1
   pratique practical
la **pratique** practice
   pratiquer to practice
le **pré** meadow, II-11.2
   précaire precarious
se **précipiter** to dash, to rush, **5.3**
   précis(e) specific
   précisément precisely
   préciser to specify, **4.3, L4**; to give the details of
la **préfecture de police** police headquarters
   préféré(e) favorite
   préférer to prefer, I-6
le **préjugé** prejudice, **6.3**
   prélever to take *(a sample)*
   premier, première first, I-4.2
      en première in first class, I-9.1
   prendre to have *(to eat or drink)*, I-5.1; to take, I-5.2; to buy
      prendre l'air frais to get some fresh air

   prendre un bain (une douche) to take a bath (shower), I-12.1
   prendre un bain de soleil to sunbathe, I-11.1
   prendre des kilos to gain a few pounds
   prendre le métro to take the subway, I-5.2
   prendre le petit déjeuner to eat breakfast, I-5.2
   prendre possession de to take possession of
   prendre le pouls to take (someone's) pulse, **7.2**
   prendre rendez-vous to make an appointment
   prendre sa retraite to retire
   prendre un taxi to take a cab, **1.2**
le **prénom** first name
   près: de près close, II-11.1
      près de near, I-4.2
   prescrire to prescribe, II-2.2
le **présentateur, la présentatrice** news anchor, **5.1**
la **présentation** introduction, II-13.2
   présenter to present; to introduce, II-13.2
      se présenter to occur
   presque almost
   pressé(e) in a hurry, **1.2**
la **pression** pressure, II-7.1
   prestigieux, prestigieuse prestigious
   prêt(e) ready
   prêter to lend, II-5.1
le **prêtre** priest, **6.1**
   prévoir to foresee; to predict, **1.2**
   prier to pray, **6.1**
      Je vous en prie. You're welcome., I-BV
   primaire: l'école *(f.)* **primaire** elementary school
le **principe** principle, **4.1**
le **printemps** spring, I-11.1

   au printemps in the spring
   prisé(e) prized, treasured, **1.1**
le **prisonnier, la prisonnière** prisoner, I-L4
   privé(e) private
   privilégier to favor, **7.1**
le **prix** price, cost, I-7.1
   le prix forfaitaire flat fee
le **problème** problem
le **procédé** procedure
le **processus** process
   prochain(e) next, I-9.2
      descendre à la prochaine to get off at the next station, II-10.1
   proche close, nearby
   procurer to provide
      se procurer to obtain, get
   produire to produce
      se produire to appear *(in a production)*, **8.3**
le **produit** product
le/la **prof** teacher *(inform.)*, I-2.1
le **professeur** teacher *(m./f.)*, I-2.1
   profiter de to take advantage of
   profond(e) deep; profound
la **profondeur** depth
la **programmation** programming
le **programme** program, **2.1**
le **progrès** progress; improvement
le **projet** plan
le **prolongement** extension
se **prolonger** to be prolonged, II-L3
la **promenade: faire une promenade** to take a walk, I-11.1
se **promener** to take a walk, **L1, L5**
la **promesse** promise
   promotion: en promotion on special, on sale
   promouvoir to promote
   prononcer to pronounce

propos: à propos de on the subject of

proposer to suggest

propre clean, II-9.2

le/la **propriétaire** owner

la **propriété** property

protéger to protect

la **prothèse auditive** hearing aid

provenance: en provenance de arriving from (*train, plane, etc.*), I-8.1

provençal(e) of or from Provence, **2.3**

la **Provence** Provence, **2.3**

la **province** province

en province outside Paris

les **provisions** (*f. pl.*) food

provoquer to cause

prudemment carefully, II-7.2

la **publicité** commercial (*TV*), I-12.2; advertisement

publier to publish

les **puces** (*f. pl.*): **le marché aux puces** flea market

puisque since

la **puissance** power, **4.3**

le **puits** well, **3.3, 4.3**

le **pull** sweater, I-7.1

pulmonaire pulmonary, **7.2**

punir to punish

purifié(e) purified

le **quai** platform (*railroad*), I-9.1, II-10.1, **1.2**; quay, **L1**

quand when, I-4.1

la **quantité** amount, number

le **quart: et quart** a quarter past (*time*), I-BV

moins le quart a quarter to (*time*), I-BV

le **quartier** neighborhood, district, I-4.2, II-11.1, **8.2**

le quartier d'affaires business district, II-11.1

quatrième fourth

québécois(e) from or of Quebec

quel(le) which, what

Quel(le)… ! What a . . . !

quelque some

quelque chose something, I-11

quelque chose de spécial something special

quelque chose à manger something to eat, I-5.1

quelque part somewhere

quelquefois sometimes, I-5.2

quelques some, a few, I-9.2

quelqu'un somebody, someone, I-10.1

quelqu'un d'autre someone else, II-L3

qu'est-ce que what, II-8

qu'est-ce qui what, II-8

la **question** question, I-3.1

Pas question! Out of the question! Not a chance!

poser une question to ask a question, I-3.1

la **queue** line, I-9.1

faire la queue to wait in line, I-9.1

qui who, I-1.1; whom, I-10; which, that

qui que ce soit anyone at all

quitter to leave (*a room, etc.*), I-3.1

Ne quittez pas. Please hold. (*telephone*), II-3.2

quoi what (*after prep.*)

quoique although, **5**

quotidien(ne) daily, everyday

le **rabbin** rabbi, **6.1**

raccrocher to hang up (*telephone*), II-3.2

la **racine** root, **4.1**

raconter to tell (about)

radieux, radieuse dazzling

la **radio** radio, I-3.2; X-ray, II-8.2

la **radiographie** X-ray, II-8.2

la **rafale** wind gust, **1.3**

le **raisin** grape(s), II-6.1

le raisin sec raisin

la **raison** reason

ralentir to slow down, II-7.1

ramasser to pick up, I-8.2, **L5**; to gather up, **L3**

ramener to bring back

la **randonnée** hiking, **1.1**

le **randonneur, la randonneuse** hiker

le **rang** row, II-12.1, **6.2**; rank, ranking

au premier rang at the top, in first place

le **range CD** CD cabinet, CD case, **2.2**

le **rap** rap (*music*)

le **rapatriement** repatriation, **L4**

râper to grate, II-6.2

rapide quick, fast

rapidement rapidly, quickly

rappeler to call back; to call again, II-3.2

se rappeler to remember

le **rapport** relationship; report

rapporter to bring back

se **raser** to shave, I-12.1

le **rasoir** razor, shaver, I-12.1

se **rassembler** to gather

rassurer to reassure

rater to miss (*train, etc.*), I-9.2, **1.2**

ravager to devastate

ravi(e) delighted, **6.3**

le **rayon** department (*in a store*), I-7.1

le rayon des manteaux coat department, I-7.1

réagi to react

le **réalisateur** producer

la **réalisation** achievement

réaliser to achieve; to create; to carry out

récemment recently

la **réception** front desk, II-9.1

le/la **réceptionniste** desk clerk, II-9.1

la **recette** recipe, II-6.1

recevoir to receive, I-10.2

la **recherche** research, **7.1**

à la recherche de in search of

rechercher to search for

la **réclusion** hard labor, **L4**

la **récolte** harvest, II-11.2

recommander to recommend

la **récompense** reward, **3.1**

la **reconnaissance** recognition

reconnaître to recognize

la **récré** recess, I-3.2

la **récréation** recess, I-3.2

recueillir to pick up

récupérer to claim *(luggage)*, II-4.2

le **recyclage** recycling

la **rédaction** composition

rédiger to write

la **réduction** discount

réduire to reduce

réduit(e) reduced, **1.1**

réfléchir to think

le **reflet** reflection

le **réfrigérateur** refrigerator, I-12.2, II-6.1

le/la **réfugié(e)** refugee

le **regard** look

regarder to look at, I-3.1

regarder fixement to stare at

le **régime** diet

faire un régime to follow a diet

réglable adjustable, II-4.1

la **règle** ruler, I-3.2; rule

régler to order, plan; to pay; to set, II-L1

régler la circulation to direct traffic, II-11.1

regretter to be sorry, I-6.1, II-13.2; to regret

regrouper to amalgamate, unite

la **reine** queen

relancer to give a new impetus to

la **relation** relationship

le **relevé** statement *(bank)*

se **relever** to get up (again)

relier to connect, **8.1**

religieux, religieuse religious, II-12.2

remarquer to notice

rembourser to pay back, reimburse, refund

remercier to thank, **L3, 6.2**

remettre to put back on

remettre un os en place to set a bone, II-8.2

se **remettre au travail** to go back to work

la **remontée mécanique** ski lift, **1.1**

le **rempart** rampart

remplacer to replace

remplir to fill out, I-8.2, II-8.2

remporter to achieve

remuer to stir, II-6.2

la **rémunération** payment, **7.1**

le **renard** fox, **L8**

rencontrer to meet

le **rendez-vous** meeting, appointment, II-10.2

prendre rendez-vous to make an appointment

rendre to give back, II-5.1; to make, render

rendre bien service to be a big help

rendre hommage to pay tribute

rendre visite à to visit

se **rendre compte de/que** to notice, to realize, **5.1**

renier to renounce, **4.3**

renommé(e) renowned

la **renommée** renown, fame

renoncer à to forgo

se **renouveler** to be repeated

rénover to renovate

les **renseignements** *(m. pl.)* information

rentrer to go home; to return, I-3.2

renvoyer to return *(a ball)*, I-10.2

réparer to repair

réparti(e) spread, distributed

le **repas** meal, I-5.2

répéter to repeat

le **répondeur automatique** answering machine, II-3.2

répondre (à) to answer, I-9.2

la **réponse** answer

le **reportage** news article

le **repos** rest, **3.1**

reposer to lie

reprendre to take again, **3.1**; to go back to; to reply

la **représaille** reprisal

la **représantation** performance *(play)*, **3.2**

réputé(e) reputed

le **réseau** network

la **réserve: mettre en réserve** to store

réservé(e) reserved

réserver to reserve, II-9.1; to have in store

le **réservoir** gas tank, II-7.1

résoudre to resolve

respecter to abide by, II-7.2, II-11.1

la **respiration** breathing; respiration

respirer to breathe, II-2.2

respirer à fond to take a deep breath, II-2.2

resquiller to cut in line, II-13.1

ressembler à to resemble

ressortir to leave

le **restaurant** restaurant, I-5.2

la **restauration** food service

la restauration rapide fast food

rester to stay, remain, I-11.1

il reste there remains

rester en contact to keep in touch

les **restes** *(m. pl.)* leftovers

le **restoroute** roadside restaurant

le **résultat** result(s)

le **retard** delay, **1.2**; gap

avec une heure de **retard** one hour late, II-4.2

avoir du retard to be late *(plane, train, etc.)*, I-8.1

en retard late, I-9.1

retarder to delay

retenu(e) cautious, **3.3**

retirer to remove; to take out, II-3.1; to withdraw, II-5.1; to remove

le **retour** return

retourner to return, to go back

se retourner to turn around, **L2**

retracer to recount

la **retraite** retreat, retirement

retrouver to find, to find again

se retrouver to get together, II-13.1

réuni(e) reunited

se **réunir** to gather, get together

réussir to succeed, I-10.2

réussir un panier to make a basket, I-10.2

réussir à un examen to pass an exam

la **réussite** success

le **rêve** dream, **2.1**

réveiller to wake (up)

se réveiller to wake up, I-12.1

le **réveillon** Christmas Eve or New Year's Eve dinner, II-12.2

réveillonner to celebrate Christmas Eve or New Year's Eve, II-12.2

revenir to come back, II-4

rêver to dream

la **revue** magazine, I-L2; journal, **8.3**

le **rez-de-chaussée** ground floor, I-4.2

le **rhume** cold *(illness)*, II-2.1

la **richesse** richness

rien nothing

ne... rien nothing

rien à voir avec nothing to do with

rieur (rieuse) laughing, **L4**

rigoler to joke around, I-3.2

Tu rigoles! You're kidding!, I-3.2

rigolo(tte) funny, I-4.2

la **rigueur** harshness

la **rime** rhyme

rimer to rhyme

rincer to rinse

rire to laugh, **3.2**

risquer to risk

la **rivalité** rivalry

la **rive** bank, shore

la **rivière** river, II-L2

le **riz** rice, **L4**, **6.1**

la **robe** dress, I-7.1

le **rocher** rock, boulder, I-L3

le **roi** king, I-L3, **8.1**

le **rôle** role

romain(e) Roman

le **roman** novel, II-L1

le **roman policier** mystery

le **romancier, la romancière** novelist, II-L1

le **romanche** Romansh

romanesque fictional

rompre le jeûne to break the fast

le **romarin** rosemary

rond(e) round

la **ronde** round *(dance)*, **L2**

la **rondelle** round, slice *(piece)*, II-6.2

le **rond-point** traffic circle, II-7.2, II-11.1

ronfler to snore, **L8**

rose pink, I-7.2

le **rôti de bœuf** roast beef, II-6.2

roucouler to coo, **L1**

la **roue de secours** spare tire, II-7.1

rouge red, I-7.2

rougir to blush, **L2**

le **rouleau de papier hygiénique** roll of toilet paper, II-9.2

rouler (vite) to go, drive, ride (fast), I-10.2, II-7.2

la **route** road, II-7.2

le **ruban** ribbon, **6.1**

le **rubis** ruby

la **rubrique** section *(newspaper)*, heading, column, **5.1**

rude harsh, **3.3**

la **rue** street, I-3.1, II-5.2, II-11.1

la rue à sens unique one-way street, II-11.1

la **ruelle** alley, narrow street, **1.1**

russe Russian

le **sable** sand, **1.1**

le **sac** bag, I-6.1

le sac à dos backpack, I-3.2

le sac besace bike messenger bag, **2.2**

sage wise; well-behaved, II-12.2

saignant(e) rare *(meat)*, I-5.2

sain(e) healthy, healthful, **7.2**

sain et sauf safe and sound, **L8**

saisir to seize, **L8**

la **saison** season

la **salade** salad, I-5.1; lettuce, I-6.2

le **salaire** salary, II-14.2

sale dirty, II-9.2

la **salle** room

la salle à manger dining room, I-4.2

la salle d'attente waiting room, I-9.1

la salle de bains bathroom, I-4.2

la salle de cinéma movie theater, II-1.1

la salle de classe classroom, I-2.1

la salle de jeux game room, **6.3**

la salle d'opération operating room, II-8.2

la **salle de séjour** living room, I-4.2

saluer to greet, II-L1

Salut. Hi.; Bye. I-BV

la **salutation** greeting, **4.1**

les **sandales** (f. pl.) sandals, I-7.1

le **sandwich** sandwich, I-BV

le **sang** blood

sanglant(e) bloody

sans without, **1.2**

sans doute probably, **L8**

sans escale nonstop (flight), II-4.2

sans que without, **5**

la **santé** health, II-2.1, **7.2**

le **sapin** fir tree, II-12.2

le **sas** airlock

satisfaire to satisfy

la **saucisse** sausage, II-6.1

la **saucisse de Francfort** hot dog, I-BV

le **saucisson** salami, I-6.1

sauf except (for), II-1.2

le **saumon** salmon, II-6.2

sauter to jump, **L5, L8**

sauvegarder to safeguard; to save, II-3.1

sauver to save

le **savant** scientist, **L1**

savoir to know (information), II-1.2

le **savoir-vivre** good manners

le **savon** soap, I-12.1, II-9.2

la **scène** stage, **3.2**

scintiller to sparkle

scolaire school (adj.), I-3.2

la **scolarité** schooling, education

scruter to scrutinize, **4.2**

le **sculpteur** sculptor (m./f.), II-1.2

la **séance** show(ing) (movie), II-1.1

sec, sèche dry

sécher to dry

se sécher to dry oneself, II-9.2

la **sécheresse** drought, **4.3**

le **secours** help, aid, II-8.1

le/la **secouriste** paramedic, II-8.1

le **sein** breast

le **séjour** stay, II-9.1, **1.1**

le **sel** salt, I-6.1

selon according to

la **semaine** week, I-3.2; allowance

la **semaine dernière** last week, I-10.2

la **semaine prochaine** next week

par semaine a (per) week, I-3.2

semblable similar, I-L1

sembler to seem, to appear, **5.3**

le **Sénégal** Senegal, **4.1**

le/la **Sénégalais(e)** Senegalese (person)

le **sens** direction, II-7.2; meaning, **2.3**; sense

dans le bon (mauvais) sens in the right (wrong) direction, II-11.1

sensible sensitive

le **sentiment** feeling

se **sentir** to feel (well, etc.), II-2.1; to be felt

séparer to separate

sérieux, sérieuse serious, I-7

le **serpentin** streamer, II-12.1

serré(e) tight, I-7.2; packed in, **8.2**

se **serrer contre** to snuggle up to, **L2**

se **serrer la main** to shake hands, II-13.1

la **serrure** lock, **L5**

le **serveur, la serveuse** waiter, waitress, I-5.1

le **service** service, I-5.2

Le service est compris. The tip is included., I-5.2

le service radio radiology department

le service de table dinnerware, **L4**

le service des urgences emergency room, II-8.1

la **serviette** napkin, I-5.2, II-13.1; towel, I-11.1, II-9.2

servir to serve, I-8.2; I-10.2

se **servir de** to use, II-3.2, II-L4

seul(e) alone, I-5.2; single; only (adj.)

tout(e) seul(e) all alone, by himself/herself, I-5.2

seulement only (adv.)

le **shampooing** shampoo, I-12.1

le **shopping** shopping, I-7.2

le **short** shorts, I-7.1

si if; yes (after neg. question), I-7.2; so (adv.)

le **sida (syndrome immuno-déficitaire acquis)** AIDS

le **siècle** century, II-L4

le **siège** seat, I-8.2

siffler to (blow a) whistle, I-10.1, II-L1

le **sifflet** whistle, **7.3**

le **sifsari** type of veil worn by Tunisian women

la **signalisation** road signs, **5.1**

la **signification** meaning, significance

signifier to mean

silencieux, silencieuse silent

simplement simply

sinon or else, otherwise, I-9.2

la **sinusite** sinus infection, II-2.2

la **sirène d'alarme** fire alarm, **7.3**

le **sirop** syrup, II-2.1

le **site** site; Web site

situé(e) located

le **ski** ski, skiing, I-11.2

faire du ski to ski, I-11.2

faire du ski alpin to downhill ski, **1.1**

faire du ski nautique to water-ski, I-11.1

le ski alpin downhill skiing, I-11.2, **1.1**

le ski de fond cross-country skiing, I-11.2, **1.1**

le **skieur, la skieuse** skier, I-11.2

le **snack-bar** snack bar, I-9.2

sociable sociable, outgoing, I-1.2

la **société** company; corporation, II-14.2

   la grosse société large corporation, II-14.2

la **sœur** sister, I-1.2

soi oneself, himself, herself

la **soif (de)** thirst (for)

   avoir soif to be thirsty, I-5.1

soigner to take care of, II-8.1, II-L4

soigneusement carefully, II-9.1

le **soin** care

   de soins polyvalents general care (adj.)

   prendre soin de to take care of, II-L4

le **soir** evening , I-BV

   ce soir tonight

   du soir in the evening, P.M. (time), I-BV

   le soir in the evening, I-5.2

la **soirée** evening, 3.3

le **sol** ground, I-10.2

le **soldat** soldier, I-L3, II-12.1

le **solde** balance

les **soldes** sale (in a store), I-7.1

la **sole** sole, II-6.2

le **soleil** sun, I-11.1, 1.3

   au soleil in the sun, I-11.1

   Il fait du soleil. It's sunny., I-11.1

   le soleil levant rising sun, L5

solennel(le) solemn

sombre dark

la **somme** sum

le **sommeil** sleep, L5, 7.3

le **sommet** summit, mountaintop, I-11.2

le **son** sound, I-L3

le **sondage** survey, opinion poll

sonner to ring (telephone), II-3.2

Ça sonne occupé. The line's busy, II-3.2

sonner du cor to blow a horn, I-L3

la **sonnerie** ringing

sonore sound (adj.); resounding

le **sort** fate, 4.1

la **sorte** sort, kind, type, 7.3

   de sorte que so that, 5

la **sortie** exit, II-7.2; outing, excursion, 2.1

sortir to go out; to take out, I-8.2

   sortir victorieux (victorieuse) to win (the battle)

la **souche** tree stump

   dormir comme une souche to sleep like a log

le **souci** concern

se **soucier de** to worry about, to care about, 7.1

soudain suddenly

souffler to blow, 1.3

souffrir to suffer; to be hurt, to be in pain, II-2.2

souhaiter to wish, II-9.1, II-12.2

le **souk** North African market

soulever to lift up, L6

le **soulier** shoe, II-12.2

la **soupe** soup, I-5.1

   la soupe à l'oignon onion soup, I-5.1

la **source** source; spring

sourd(e) deaf, 7.3

sourire to smile, L6

le **sourire** smile, L6

la **souris** mouse, II-3.1

sous under, I-8.2

sous-alimenté(e) underfed, L4

sous-développé(e) underdeveloped, L4

sous-estimer to underestimate

les **sous-titres** (m. pl.) subtitles, II-1.1

soustraire to subtract

soutenu(e) (wind) constant; supported

souterrain(e) underground

le **souvenir** memory

se **souvenir de** to remember, L2

souvent often, I-5.2

le **souverain** sovereign

le **spectacle** show

le **spectateur, la spectatrice** spectator, I-10.1; moviegoer, 3.1

sport (inv.) casual (clothes), I-7.1

le **sport** sport, I-10.2

   le sport collectif team sport

   le sport d'équipe team sport, I-10.2

sportif (-ive) athletic

le **sportif, la sportive** athlete

   le sportif en chambre armchair athlete

le **squelette** skeleton

le **stade** stadium, I-10.1

le **stage** internship, II-14.2

   faire un stage to intern, II-14.2

le/la **stagiaire** intern, II-14.2

standing: de grand standing luxury

la **station** station, I-4.2, II-10.1; resort

   la station balnéaire seaside resort, I-11.1, 1.1

   la station de métro subway station, I-4.2

   la station de sports d'hiver ski resort, I-11.2, 1.1

   la station de taxis taxi stand, 1.2

   la station thermale spa

stationner to park, II-11.1

la **station-service** gas station, II-7.1

la **statue** statue, II-1.2

le **steak frites** steak and French fries, I-5.2

le **steward** flight attendant (m.), I-8.2

le **stigmate** mark

stimuler to stimulate

stocker to store

le **studio** studio *(apartment)*

le **stylo** pen, **L1**

le **stylo-bille** ballpoint pen, I-3.2

subir to undergo

subventionner to subsidize

succéder à to follow (after)

le **succès fou** smash hit

le **sucre** sugar

le **sud** south

suffire à to satisfy

suffisant(e) enough

suggérer to suggest

suivant(e) following

suivre to follow, II-11.1

suivre une voiture de trop près to tailgate, II-11.1

le **sujet** subject

au sujet de about

super terrific, super

supérieur(e) higher

le **supermarché** supermarket, I-6.2

superposé(e) on top of each other, **L4**

le **supplément** additional charge

supporter to tolerate; to withstand

sur on, I-4.2

sûr(e) sure, certain

le **surf: faire du surf** to go surfing, I-11.1

le **surf des neiges** snowboarding, **3.1**

le **surfeur, la surfeuse** surfer, I-11.1

surgelé(e) frozen, I-6.2

surtout especially, above all; mostly

surveiller to watch (over), keep an eye on, II-7.2, **4.3**

le **survêtement** warmup suit, I-7.1

la **survie** survival

survoler to fly over

susciter to give rise to

le **sweat-shirt** sweatshirt, I-7.1

sympa *(inv.; abbrev. for **sympathique**)* nice, I-1.2

sympathique nice *(person)*, I-1.2

le **symptôme** symptom

le **syndicat d'initiative** tourist office

le **tabac: le bureau de tabac** tobacco shop

la **table** table, I-5.1

à table at the table, II-13.1

le **tableau** painting, II-1.2; chart; arrival/departure board *(train)*, II-4.1; chalkboard

le **tableau noir** blackboard

la **tache** spot, stain, **L8**

la **tâche** chore, task, **2.3**

la **taille** size *(clothes)*, I-7.2

juste à sa taille fitting (him/her) just right

la **taille au-dessous** next smaller size, I-7.2

la **taille au-dessus** next larger size, I-7.2

Vous faites quelle taille? What size do you take/wear?, I-7.2

tailler to sharpen, **L1**

le **tailleur** suit *(woman's)*, I-7.1

le **tambour** drum, II-12.1

tandis que while, **L6**

tant so much

la **tante** aunt, I-4.1

taper to type; to keyboard, II-3.1

tard late, I-12.1

plus tard later

le **tarif** fare; fee, **1.1**

la **tarte** pie, tart, I-6.1

la **tarte aux pommes** apple tart, I-6.1

la **tartine** slice of bread with butter or jam

la **tasse** cup, I-5.2

le **taux** level; rate

le **taux d'intérêt** interest rate

technique technical

la **techno** techno *(music)*

le **teint** complexion, **L6**

teinté(e) dyed

tel(le) que such as

la **télécabine** cable car, **1.1**

la **télécarte** phone card, II-3.2

télécharger to download, **2.1**

la **télécommande** remote control, I-12.2

la **télécopie** fax, II-3.1

le **télécopieur** fax machine, II-3.1

le **téléphone** telephone, I-3.2, II-3.1

le **numéro de téléphone** telephone number

le **téléphone à cadran** rotary phone

le **téléphone à touches** touch-tone telephone, II-3.2

téléphoner to call *(telephone)*

le **télésiège** chairlift, I-11.2, **1.1**

le **téléspectateur, la téléspectatrice** television viewer, **3.1**

tellement so many, so much

témoigner de to prove

le **témoin** witness, **6.1**

la **tempe** temple

tempéré(e) temperate

la **tempête** tempest, storm, **1.3**

temporaire temporary

le **temps** weather, I-11.1, **1.3**; time; tense

de temps en temps from time to time, I-11.1, **1.3**

l'emploi *(m.)* **du temps** schedule

en ce temps-là in those days

en très peu de temps in a short time

Il fait quel temps? What's the weather like?, I-11.1

tendre affectionate

tendre la main to hold out one's hand

tenir to hold; to stand

tenir lieu de to take the place of

se **tenir** to behave, II-13.1

la **tension (artérielle)** blood pressure, II-8.2, **7.2**

la **tente** tent, **4.3**

tenter to attempt

le **terme** term

le **terminal** terminal (bus, etc.), **1.2**

le **terminus** last stop, II-10.2

le **terrain de camping** campground

le **terrain de football** soccer field, I-10.1

le **terrain de plein air** playing field (sports), **7.1**

la **terrasse** terrace, patio, I-4.2

la terrasse d'un café sidewalk café, I-5.1

la **terre** earth, land, II-11.2, **L8**

à terre on the ground

tester to test

la **tête** head, I-10.1, **L6**

avoir mal à la tête to have a headache, II-2.1

le **TGV (train à grande vitesse)** high-speed train, II-4.1

thaïlandais(e) Thai

le **thé** tea

le **théâtre** theater, II-1.1

le **thèse** message (of a novel)

le **thon** tuna

le **thym** thyme, II-6.1

le **ticket** bus or subway ticket, II-10.1

tiens! hey!

le **tiers** one-third

timide shy, timid, I-1.2

le **timbre** stamp, II-5.2

tirer to take, to draw

tirer du sommeil to wake, **7.3**

le **tir à l'arc** archery, **1.3**

le **tirage** printing, **5.1**

la **toilette: faire sa toilette** to wash

les toilettes (f. pl.) bathroom, toilet, I-4.2

le **toit** roof, **8.1**

le toit de chaume thatched roof

tomber to fall, I-11.2, II-8.1

tomber malade to get sick, I-L1

tomber en panne to break down, II-7.1

la **tonalité** dial tone, II-3.2

se **tordre** to twist (one's knee, etc.), II-8.1

tôt early, I-12.1

totalement totally

le/la **Touareg** Tuareg, **4.3**

la **touche** button, key, II-3.1

toucher to touch, I-10.2; to cash, II-5.1

le **toucher** (sense of) touch

toujours always, I-4.2; still, II-10.2

la **tour** tower, II-11.1

le **tour: à son tour** in turn

À votre tour. (It's) your turn.

le/la **touriste** tourist

touristique tourist (adj.)

la **tournée** tour

tourner to turn, II-7.2

tourner en rond to go around in a circle

le **tournesol** sunflower, **L8**

le **tourniquet** turnstile, II-10.1

tous, toutes (adj.) all, every, I-2.1, I-8

tous (toutes) les deux both

tous les jours every day, II-1.2

tousser to cough, II-2.1

tout (pron.) all, everything

C'est tout. That's all., I-6.1

en tout in all

pas du tout not at all, I-3.1

tout le monde everyone, everybody, I-1.2

toutes les cinq minutes every five minutes, II-10.1

tout (adv.) very, completely, all, I-4.2

À tout à l'heure. See you later., I-BV

tout d'abord first of all

tout à coup suddenly

tout au long de la journée during the whole day

tout autour de all around (prep.)

tout compris all inclusive, II-9.1

tout droit straight ahead, II-7.2

tout de même all the same, I-5.2

tout près de very near, I-4.2

tout(e) seul(e) all alone, all by himself/herself, I-5.2

tout de suite right away

toutefois however

toxique toxic

la **tradition** tradition

traditionnel(le) traditional

la **tragédie** tragedy, II-13.1, **3.2**

tragique tragic

le **train** train, II-9.1

le **trait** characteristic

la **traite** monthly payment

le **traitement** treatment

traiter to treat

le **trajet** trip, II-10.2

le **tramway** streetcar

la **tranche** slice, I-6.2

tranquillement peacefully

transmettre to transmit, II-3.1

les **transports** (m. pl.) **en commun** mass transit

transporter to transport

le **travail** work

travailler to work, I-3.1, II-14.2; to practice

travailler à mi-temps to work part-time, II-14.2

travailler à plein temps to work full-time, II-14.2

traverser to cross, II-11.1

tremper to soak, **8.3**

très very, I-BV

le **trésor** treasure, I-L4

le **tribunal** court, II-14.1

la **tribune** grandstand, II-12.1

triste sad, I-L1, II-13.2, **L6**

troisième third, I-4.2

tromper to deceive

  se tromper to be mistaken, **2.3**

le **tronc cérébral** brain stem

le **trône** throne

  trop too (excessive), I-2.1

  trop de too many, too much

le **trottoir** sidewalk, II-11.1

le **trou** hole, I-L4

le **trouble digestif** indigestion, upset stomach

se **troubler** to become flustered, II-L3

  troué(e) having holes, **L7**

la **troupe (de théâtre)** troupe (actors), **3.2**

le **troupeau** flock, herd, II-11.2, **4.3**

  trouver to find, I-5.1; to think (opinion), I-7.2

  se trouver to be located, **8.2**

le **trouvère** wandering minstrel

le **truc** trick, **5.2**

  C'est pas mon truc. It's not my thing., **2.2**

le **t-shirt** T-shirt, I-7.1

  tuer to kill, **5.1**

la **Tunisie** Tunisia, **4.1**

le **tutoiement** the use of **tu**, II-13.1

  tutoyer to call someone tu, II-13.1

le **tuyau** pipe, **8.1**

le **type** type; guy (inform.)

  typique typical

U

l' **ultrason** (m.) ultrasound

l' **un(e)... l'autre** one . . . the other

  un(e) à un(e) one by one

la **une** front page, **5.1**

  unique single, only one

  uniquement solely, only

l' **unité** (f.) unit

l' **université** (f.) university

  urbain(e): appel urbain local call

l' **urgence** (f.) emergency

l' **usage** (m.) use, usage

  user de to make use of

l' **usine** (f.) factory, II-11.1

  utile useful

  utiliser to use, II-3.1

V

les **vacances** (f. pl.) vacation

  en vacances on vacation

  les grandes vacances summer vacation

la **vache** cow, II-11.2

la **vague** wave, I-11.1

le **vaisseau** sanguin blood vessel

la **vaisselle** dishes, I-12.2

  faire la vaisselle to do the dishes, I-12.2

  valable valid

la **valeur** value

  valider to validate, II-10.1, **1.2**

la **valise** suitcase, I-8.1

  faire les valises to pack, I-8.1

la **vallée** valley

  valoir to be worth; to earn

  il vaut mieux it is better, II-13.2

  valoriser to increase the value of

la **vanille: à la vanille** vanilla (adj.), I-5.1

le **veau** veal, II-6.2; calf, II-11.2

la **veille** eve, II-12.2

  veiller sur to watch over, guard, **4.3**

la **veine** vein

le **vélo** bicycle, bike, I-10.2

le **vélomoteur** lightweight motorcycle, II-7.1

la **vendange** grape harvest

le **vendeur, la vendeuse** salesperson, I-7.1

  vendre to sell, I-9.1

  vengé(e) avenged

la **vengeance** vengence

se **venger** to get revenge

  venir to come, II-4.2

  venir chercher (quelqu'un) to meet; to pick up, II-4.2

  venir de to have just (done something), II-10

le **vent** wind, I-11.1, **1.3**

  faire du vent to be windy, **1.3**

  Il y a du vent. It's windy., II-11.1

le **ventre** abdomen, stomach, II-2.1, **L7**

  avoir mal au ventre to have a stomachache, II-2.1

  vérifier to check, verify, I-8.1

  vérifier les niveaux to check under the hood, II-7.1

  véritable real

  véritablement truly

la **vérité** truth, **L2**

le **verre** glass, I-5.2

  vers toward

le **vers** verse

  verser to deposit, II-5, **1.2.1**; to pour, II-6.2

  verser des arrhes to pay a deposit, II-9.1

le **verso** back (of a paper)

  vert(e) green, I-5.1

le **vertige** dizziness, **8.2**

  avoir le vertige to be dizzy, **8.2**

la **veste** (sport) jacket, I-7.1

les **vestiges** *(m. pl.)* remains

les **vêtements** *(m. pl.)* clothes, I-7.1

vêtu(e) (de) dressed (in)

la **viande** meat, I-6.1, II-6.2

la **victime** victim, **5.1**

vide empty, II-7.1

le **vide** empty space

la **vidéo** video, I-3.1

    la cassette vidéo videocassette, I-12.2

    le film en vidéo movie video, II-1.1

la **vie** life

    en vie alive

la **vieillesse** old age

    vieux (vieil) vieille old, I-4.2

    mon vieux buddy

    vieille ville old town, **1.1**

vif, vive bright *(color)*, **8.1**; lively

le **vignoble** vineyard, II-11.2

la **villa** house

le **village** village, small town

la **ville** city, town, I-8.1, II-5.2, II-11.1

    en ville in town, in the city, II-11.1

le **vin** wine

le **vinaigre** vinegar, I-6.1

    violent(e) violent, **1.3**

la **virgule** comma

le **visage** face, **L2**

    viser à to aim at

    visionner to view

    visiter to visit *(a place)*, II-1.2

    vite fast *(adv.)*, I-10.2

la **vitesse** speed, II-4.1

    à grande vitesse high-speed, II-4.1

la **vitre** windowpane, **L4, 5.1**

la **vitrine** (store) window, I-7.1

    vivant(e) alive, **L8**

    Vive… ! Long live . . . !, Hooray for . . . !

    vivre to live, II-11

    voici here is, here are, I-4.1

la **voie** track *(railroad)*, I-9.1; lane *(highway)*, II-7.2

voilà there is, there are; here is, here are, I-1.2

le **voile** veil

    voilé(e) overcast *(sky)*, **1.3**

    voir to see, I-7.1

    rien à voir avec nothing to do with

    se voir to be seen, **L2**

    voir le jour to be born

    voir en rose to look on the bright side

le/la **voisin(e)** neighbor, I-4.2

la **voiture** car, I-4.2

    en voiture by car, I-5.2; "All aboard!"

la **voix** voice, **L2, 7.3**

le **vol** flight, I-8.1; theft, **5.1**

    le vol à main armée armed robbery, **5.3**

    le vol intérieur domestic flight, I-8.1

    le vol international international flight, I-8.1

    le vol sans escale nonstop flight, II-4.2

le **volant** steering wheel, **5.3**

    au volant behind the wheel, at the wheel

    voler to fly, II-L3, **L8**; to steal, **5.1**

le/la **voleur(euse)** thief, **5.1, L5**

le **volley(-ball)** volleyball, I-10.2

le/la **volontaire** volunteer

la **volonté** willpower, will

    voué(e) dedicated

    vouloir to want, I-6.1

    vouloir dire to mean, **2.3**

le **vouvoiement** the use of **vous**

le **voyage** trip, I-8.1; voyage

    faire un voyage to take a trip, I-8.1

    le voyage de noces honeymoon trip

    voyager to travel, I-8.1

le **voyageur, la voyageuse** traveler, passenger, I-9.1, **1.2**

vrai(e) truc, real, I-2.2

vraiment really, I-1.1

la **vue** view

le **wagon** car *(railroad)*, I-9.2

le **wagon-restaurant** dining car

le **week-end** weekend

le **western** Western movie

le **wolof** Wolof *(West African language)*

x-ray une radio(graphie), **7.2**

le **yaourt** yogurt, I-6.1

les **yeux** *(m. pl; sing. œil)* eyes, I-L1, II-2.1

    avoir les yeux qui piquent to have itchy eyes, II-2.1

zapper to zap, to channel surf, I-12.2

la **zone** zone

    la zone de conflit war zone

    la zone littoral coastal area, **4.1**

Zut! Darn!, I-BV

*This English-French Dictionary contains all productive vocabulary from the text. The Roman numeral following each productive entry indicates the level in which the word is introduced. The number following the Roman numeral I or II indicates the vocabulary section in which the word is presented. The number following the Roman numeral III indicates the lesson of the chapter in which the word is present. For example **2.2** in dark print means that the word first appeared in this textbook, **Chapitre 2, Leçon 2**. A light print number means that the word first appeared in the Level 1 or 2 textbook. **BV** refers to the introductory **Bienvenue** lessons in Level 1. **L** refers to the optional literary readings. If there is no number or letter following an entry, the word or expression is there for receptive purposes only.*

A

a lot beaucoup, I-3.1
to **abandon** abandonner
able capable
to **be able to** pouvoir, I-6.1
aboard à bord (de), I-8.2
about *(on the subject of)* de, au sujet de; *(approximately)* à peu près, **4.1**
about-face le demi-tour
above au-dessus (de)
  above all surtout
abroad à l'étranger
absolutely absolument, II-9.1
access l'accès *(m.)*
to **access** accéder
accident l'accident *(m.)*, II-8.1
to **accompany** accompagner
accomplice le complice, **5.1**
according to d'après; selon
account le compte
  checking account le compte courant, II-5.1
  savings account le compte d'épargne, II-5.1
accountant le/la comptable, II-14.1
accounting la comptabilité
acculturation l'acculturation, **4.3**
to **accuse** accuser
to **achieve** réaliser
acquaintance la connaissance
acquainted: to be acquainted (se) connaître, II-13.2
across from en face de, II-11.1

act l'acte, *(m.)*, II-1.1
action l'action *(f.)*
active actif (-ive)
activity l'activité *(f.)*
actor l'acteur *(m.)*, II-1.1, **3.2**; le comédien, **3.2**
actress l'actrice *(f.)*, II-1.1, **3.2**; la comédienne, **3.2**
acute aigu(ë), II-2.2
to **add** additionner; ajouter, II-6.2
adjustable réglable, II-4.1
administrative assistant l'assistant administratif, l'assistante administrative, II-14.1
to **admire** admirer
admission l'entrée *(f.)*; l'accès *(m.)*
adolescent l'adolescent(e)
address l'adresse *(f.)*
addressee le/la destinataire
adult l'adulte *(m./f.)*
advance: in advance à l'avance, II-9.1
advancement l'avancement *(m.)*
advantage l'avantage *(m.)*
  to take advantage of profiter de
adventure l'aventure *(f.)*
adventurous aventureux, aventureuse
adversary l'adversaire *(m./f.)*
advertisement la publicité
afraid: to be afraid avoir peur, I-L1, II-13.2
Africa l'Afrique *(f.)*
African africain(e)
African-American afro-américain(e)
after après, I-3.2

afternoon l'après-midi *(m.)*, I-3.2
again encore; à nouveau
against contre, I-10.1
  against his/her wishes contre son gré, **L7**
age l'âge *(m.)*, I-4.1
agency l'agence *(f.)*
agent *(m./f.)* l'agent *(m.)*, I-8.1
ago: ten years ago il y a dix ans
to **agree** être d'accord, I-2.1
agricultural agricole, II-11.2
ahead of time à l'avance, II-9.1
aid l'aide *(f.)*; le secours, II-8.1
AIDS le sida
air l'air *(m.)*, II-7.1; *(adj.)* aérien(ne)
  air conditioning l'air climatisé; la climatisation, II-9.2
airline la compagnie aérienne, I-8.1
airplane l'avion *(m.)*, I-8.1, II-L3, **1.2**
airport l'aéroport *(m.)*, I-8.1
  airport terminal l'aérogare *(f.)*, I-8.1, **1.2**
aisle le couloir, I-8.2
  aisle seat (une place) côté couloir, I-8.1
album l'album *(m.)*, **3.3**
algebra l'algèbre *(f.)*, I-2.2
Algeria l'Algérie *(f.)*
Algerian algérien(ne)
alive en vie; vivant(e), **L8**
all tout(e), tous, toutes, I-2.1
  All aboard! En voiture!
  all alone tout(e) seul(e), I-5.2

all around tout autour de

all inclusive tout compris, II-9.1

all the same tout de même, I-5.2

in all en tout

all right (agreement) d'accord, I-2.1

not at all pas du tout

That's all. C'est tout., I-6.1

allergic allergique, II-2.1

allergy l'allergie (f.), II-2.1

alley la ruelle, 1.1

to allow laisser; permettre

almond l'amande, 6.1

almost presque

alone seul(e), I-5.2

all alone tout(e) seul(e), I-5.2

along le long de

already déjà, I-BV

also aussi, I-1.1; également

although bien que, 5; quoique, 5

always toujours, I-4.2

a.m. du matin, I-BV

ambitious ambitieux, ambitieuse

ambulance l'ambulance (f.), II-8.1, 7.1

ambulance attendant l'ambulancier(ière), 7.1

ambulatory ambulant(e), L7

American (adj.) américain(e), I-1.1

ammunition les munitions (f. pl.)

among entre, I-3.2; parmi

amount la quantité; le montant, 1.2, 3.3

to analyse analyser

analysis l'analyse (f.)

ancestor l'ancêtre (m.)

and et, I-BV

anesthetist l'anesthésiste (m./f.)

to anesthetize faire une anesthésie, II-8.2

anger la colère, L6

angry: to get angry se fâcher, 2.1

animal l'animal (m.), II-11.2

ankle la cheville, II-8.1

to announce annoncer, I-9.1

announcement l'annonce, (f.), I-8.2; (birth, marriage, death) le faire-part, 6.1

to annoy ennuyer, L6

anonymous anonyme

another un(e) autre; encore

to answer répondre (à), I-9.2

answering machine le répondeur automatique, II-3.2

anthem l'hymne (f.), II-12.1

antibiotic l'antibiotique (m.), II-2.1

Anything else? Avec ça?, I-6.1; Autre chose?, I-6.2

apartment l'appartement (m.), I-4.2

apartment building l'immeuble (m.), I-4.2

apothecary l'apothicaire (m.), II-L4

apparatus l'appareil (m.)

to appear figurer, 2.3; (in a production) se produire, 8.3

to applaud applaudir

apple la pomme, I-6.2

apple tart la tarte aux pommes, I-6.1

appliance l'appareil (m.)

home appliances l'électroménager (m.)

to apply for a job poser sa candidature, II-14.2

appointment le rendez-vous

to make an appointment prendre rendez-vous; fixer un rendez-vous

to appreciate apprécier

approximately à peu près, 4.1

April avril (m.), I-BV

Arab arabe

Arabic (language) l'arabe (m.)

archaeologist l'archéologue (m./f.)

archaeology l'archéologie (f.)

archery le tir à l'arc, 1.3

archetype l'archétype (m.), 4.3

architect l'architecte (m./f.), II-14.1

area code l'indicatif régional, II-3.2

arithmetic le calcul

arm le bras, II-8.1, L6

armchair le fauteuil, 4.1

armed robbery le vol à main armée, 5.3

army l'armée (f.), I-L3

around autour de, I-4.2

to arrest arrêter

arrival l'arrivée (f.), I-8.1

arrival/departure board le tableau, II-4.1

to arrive arriver, I-3.1

arriving from (flight) en provenance de, I-8.1

arrow la flèche, II-7.2

art l'art (m.), I-2.2

artery l'artère (f.)

article l'article (m.)

artist l'artiste (m./f.); le/la peintre (painter)

artistic artistique

Asian asiatique

as aussi (comparisons), I-7; comme

as . . . as aussi… que, I-7

as many autant de

as much autant de

as soon as dès que, 4

as usual comme d'habitude, 2.3

as well également

as well as ainsi que

the same . . . as le (la, les) même(s)… que

to ask (for) demander, I-3.2

aspirin l'aspirine (f.), II-2.1

at à, I-3.1; chez, I-3.2

at last enfin, I-12.1

at least au moins

at the home (business) of chez, I-3.2

at times parfois, 2.3, 3.3

"at" symbol l'arrobase (f.)

athletic sportif (-ive)

Atlantic Ocean l'océan Atlantique

ATM le distributeur automatique (de billets), II-5.1

atrocious atroce

to **attach** attacher

to **attack** attaquer

to **attempt (to)** tenter (de)

to **attend** assister à

attention l'attention *(f.)*

attitude l'attitude *(f.)*

to **attract** attirer; allécher, **L8**

auditory system l'appareil auditif *(m.)*, **7.3**

August août *(m.)*, I-BV

aunt la tante, I-4.1

author l'auteur *(m.)*, II-L1

automatic automatique

autumn l'automne *(m.)*, I-11.2

auxiliary nurse l'aide-soignant(e), **7.1**

available disponible, II-4.1; libre, II-14.2

avenged vengé(e)

avenue l'avenue *(f.)*, II-11.1

average moyen(ne), **3.1**

aviator l'aviateur *(m.)*, l'aviatrice *(f.)*

to **avoid** éviter, I-12.2

baby le bébé, II-L2, **2.3**

back l'arrière *(m.)*, I-8.2, II-10.2; le fond, **2.2**; le dos, II-L2

seat back le dossier du siège, II-4.2

background le fond

backpack le sac à dos, I-3.2

backstage les coulisses *(f. pl.)*, **3.2**

backup singer le/la choriste, **3.3**

bacon le bacon

bacterial bactérien(ne), II-2.1

bad mauvais(e), I-1.1; nul(le) *(slang)*

Not bad. Pas mal., I-BV

badly mal, II-2.1

bag le sac, I-6.1

bike messenger bag le sac besace, **2.2**

baggage les bagages *(m. pl.)*, I-8.1

baggage cart le chariot, I-9.1

baggage compartment le coffre à bagages, I-8.2

bagpipes la cornemuse

bakery la boulangerie-pâtisserie, I-6.1

balance l'équilibre *(m.)*; le solde

balaphon le balafon, **4.1**

balcony le balcon, I-4.2, **3.2**

upper balcony *(theater)* la galerie, **3.2**

ball *(soccer, etc.)* le ballon, I-10.1; *(of food)* la boulette, **L4**

ballerina la danseuse, II-1.1

ballet le ballet

ballpoint pen le stylo-bille, I-3.2

banana la banane, I-6.2

band *(brass)* la fanfare, II-12.1

bandage le pansement, II-8.1

to **bandage** faire un pansement, II-8.1

bank la banque, II-5.1; *(river)* la rive

bar mitzvah la bar-mitzva, **6.1**

barn la grange, II-11.2

base la base

baseball le base-ball, II-10.2

baseball cap la casquette, I-7.1

based on à base de

basil le basilic

basilica la basilique

basis la base

basket le panier, I-10.2, **L5**

basketball le basket(-ball), I-10.2

bat mitzvah la bat-mitzva, **6.1**

bath le bain, I-12.1

to take a bath prendre un bain, I-12.1

bather le baigneur, la baigneuse

bathing suit le maillot (de bain), I-11.1

bathroom la salle de bains, les toilettes *(f. pl.)*, I-4.2

battle la bataille, I-L3; la lutte, **5.3**

battlefield le champ de bataille, I-L3

bay (leaves) le laurier, II-6.1

b.c. avant J.-C. (Jésus-Christ)

to **be** être, I-1.1

to be able to pouvoir, I-6.1

to be afraid avoir peur, I-L1, II-13.2

to be better soon être vite sur pied, II-2.1

to be bored s'ennuyer, **2.3**

to be born naître, I-11, **6.1**

to be called s'appeler, I-12.1

to be careful faire attention, I-11.1

to be clearing *(sky)* se dégager, **1.3**

to be dizzy avoir le vertige, **8.2**

to be early être en avance, I-9.1

to be a fan of être accro de, **2.1**

to be in good health bien se porter, **7.1, 8.3**

to be harmful nuire, **2.3**

to be hungry avoir faim, I-5.1

to be in luck avoir de la chance

to be late être en retard, I-9.1; avoir du retard *(plane, train, etc.)*, I-8.1

to be lucky avoir de la chance

to be mistaken se tromper, **2.3**

to be on time être à l'heure, I-8.1

to be part of faire partie de

to be popular avoir la cote, **2.1**

to be seen se voir, **L2**

to be sorry regretter, I-6.1, II-13.2

to be storming faire de l'orage, **1.3**

to be thirsty avoir soif, I-5.1

to be windy faire du vent, **1.3**

to be written figurer, **2.3**

to be . . . years old avoir… ans, I-4.1

beach la plage, I-11.1, **1.1**

beak le bec, **L8**

bean: green beans les haricots verts (m. pl.), I-6.2

to **beat** battre

beautiful beau (bel), belle, I-4.2

beauty la beauté

because parce que; car, **L2**

because of à cause de

to **become** devenir, II-4

bed le lit, II-9.1, II-L2

to go to bed se coucher, I-12.1

bedroom la chambre à coucher, I-4.2

beef le bœuf, I-6.1, II-6.2

roast beef le rôti de bœuf, II-6.2

beet la betterave, II-L1

before avant; avant de; avant que, **5**

to **begin** commencer, I-9.2; se mettre à, **6.3**; débuter

beginner le/la débutant(e), I-11.2

beginning le début, **2.2**

in the beginning au début

to **behave** se tenir, II-13.1

beige beige (inv.), I-7.2

being l'être (m.)

human being l'être humain (m.)

Belgian belge

Belgium la Belgique

belief la croyance

to **believe** croire, I-7.2

to **belong** appartenir, **L5**

below au-dessous (de); ci-dessous

belt la ceinture, I-L3

seat belt la ceinture de sécurité, I-8.2, II-7.1

bench le banc, **6.2**

to **bend down** se baisser, **L5**

to **benefit** bénéficier, **1.1**

Benin le Bénin, **4.1**

best (adj.) le (la, les) meilleur(e)(s), II-8; (adv.) le mieux, II-8

best man le garçon d'honneur, II-12.2, **6.1**

better (adv.) mieux, I-7.2; (adj.) meilleur(e), II-8

it is better il vaut mieux, II-13.2

to feel better aller mieux, II-2.2

between entre, I-3.2

beverage la boisson; la consommation, I-5.1

bicycle la bicyclette, I-10.2; le vélo, I-10.2

bicycle race la course cycliste, I-10.2

bicycle racer le coureur cycliste, I-10.2

big grand(e), I-1.1; gros(se), II-14.2

bike le vélo, I-10.2

to go for a bike ride faire une promenade à vélo

bill (money) le billet, II-5.1; (invoice) la facture; (hotel) la note, II-9.2

biological biologique

biologist le/la biologiste

biology la biologie, I-2.2

bird l'oiseau (m.)

birdsong le chant d'oiseau, **7.3**

birth la naissance, **6.1**

birthday l'anniversaire (m.), I-4.1

Happy birthday! Bon (Joyeux) anniversaire!

black noir(e), I-7.2, **L8**

black pride la Négritude

blacksmith le forgeron, II-L2, **4.3**

blanket la couverture, II-4.2

bleacher le gradin, I-10.1

blind aveugle

to **block** bloquer, I-10.1

blond blond(e), I-1.1

blood le sang

blood pressure la tension (artérielle), II-8.2, **7.2**

blood vessel le vaisseau sanguin

bloom: in bloom fleuri(e), I-L2

blouse le chemisier, I-7.1

to **blow** souffler, **1.3**

to blow a whistle siffler, I-10.1

to **blow a horn** sonner du cor, I-L3

blue bleu(e), I-7.2

navy blue bleu marine (inv.), I-7.2

to **blush** rougir, **L2**

to **board** (plane) embarquer, II-4.2

boarder le/la pensionnaire, **6.3**

boarding l'embarquement (m.)

boarding pass la carte d'embarquement, I-8.1

boat le bateau, I-L4; la barque, **L2**

body le corps, II-8.1

to **boil** bouillir, II-6.2

boiled chicken la poule au pot, **8.1**

boiling bouillant(e), II-6.2

bone l'os (m.), II-8.2

book le livre, I-3.2

booklet le carnet

border la frontière

to **border** border

bored: to be bored s'ennuyer, **2.3**

boring ennuyeux, ennuyeuse

to **borrow** emprunter, II-5.1

boss le chef; le/la patron(ne)

botany la botanique

both tous (toutes) les deux

to **bother** déranger, **2.2**; ennuyer, **L6**

bottle la bouteille, I-6.2

boulevard le boulevard, II-11.1

boutique la boutique, I-7.1

bowl le bol, **L4**

box la boîte, **L4**

box office le guichet, II-1.1

boy le garçon, I-1.1; le gars (*slang*), **L2**

boyfriend le petit ami

brain le cerveau

branch la branche, II-12.2

brand la marque, II-7.1

brass band la fanfare, II-12.1

brave courageux, courageuse; brave

Brazil le Brésil

Brazilian (*person*) le/la Brésilien(ne)

bread le pain, I-6.1

loaf of French bread la baguette, I-6.1

slice of bread and butter la tartine de pain beurré

whole-wheat bread le pain complet

to **break** briser, **L5**; casser, II-8.1, **5.1**; (*slow down*) freiner, II-7.1

to break down tomber en panne, II-7.1

to break into (a house, etc.) entrer par effraction, **5.1**

break in the clouds l'éclaircie (*f.*), **1.3**

breakdown la panne, II-7.1

breakfast le petit déjeuner, I-5.2

to **breathe** respirer, II-2.2

to breathe deeply respirer à fond, II-2.2

Breton breton(ne)

bride la mariée, II-12.2, **6.1**

bride and groom les mariés, II-12.2

bridge le pont, **L2**

brief bref, brève

bright (*color*) vif, vive, **8.1**

brilliant génial(e), **3.2**

to **bring** apporter, I-11.1

to bring under control maîtriser, **5.3**

brick la brique

British britannique

Brittany la Bretagne

broke fauché(e) (*slang*), II-5.1

brother le frère, I-1.2

brown brun(e), marron (*inv.*), I-7.2, **L4**

brunette brun(e), I-1.1

brush la brosse, I-12.1

to **brush (one's teeth, hair, etc.)** se brosser (les dents, les cheveux, etc.), I-12.1

bug (*computer*) le bogue

to **build** construire; fabriquer

building le bâtiment, II-11.1, **L4, 8.2**; l'édifice (*m.*)

built up area l'agglomération (*f.*), II-7.2

bungalow le bungalow

burglar le/la cambrioleur(euse), **5.1**

burglary le cambriolage, **5.1**

burial l'enterrement (*m.*), **6.1**; l'inhumation (*f.*), **6.3**; la mise en terre, **6.3**

to **burn** brûler

burst éclaté(e)

bus le bus; l'autocar (*m.*); l'autobus (*m.*), II-10.2

bus stop l'arrêt (*m.*) d'autobus, II-10.2

bus terminal la gare routière (Africa)

by bus en bus

bush (*wilderness*) la brousse

business les affaires (*f. pl.*), II-11.1

busy occupé(e)

I'm getting a busy signal. Ça sonne occupé., II-3.2

but mais, I-2.1

butcher le boucher, la bouchère

butcher shop la boucherie, I-6.1

butter le beurre, I-6.1

butterfly le papillon, **6.3**

button le bouton, II-10.2; la touche, II-3.1

to **buy** acheter, I-3.2

to buy on credit acheter à crédit

by par

by heart par cœur, **L2**

Bye. Salut., I-BV

cabaret le cabaret

cabin (*plane*) la cabine, I-8.1

cable car la télécabine, **1.1**

café le café, I-BV

cafeteria la cafétéria

cake le gâteau, I-4.1

calabash la calebasse, **L4**

calcium le calcium

calculator la calculatrice, I-3.2

calendar le calendrier

calf le veau, II-11.2

call (*telephone*) l'appel (*m.*), II-3.2

local call l'appel urbain

toll call l'appel interurbain

to **call** appeler; (*telephone*) téléphoner; donner un coup de fil, II-3.2

to call a penalty déclarer un penalty

to call back rappeler, I-3.2

to call 911 appeler police secours, II-8.1

calm calme

calorie la calorie

camel le chameau, **4.3**

Camembert cheese le camembert

campaign la campagne

campground le terrain de camping

camping le camping, **1.1**

can pouvoir, I-6.1

can of food la boîte de conserve, I-6.2

Canadian (*adj.*) canadien(ne), I-6

to **cancel** annuler, II-4.2

candelabra le chandelier, II-12.2

candle la bougie, I-4.1, II-12.2

candlestick le chandelier, **L5**

candy le bonbon, **4.2**

cap la casquette, I-7.1

capital la capitale

car la voiture, I-4.2; (railroad) le wagon

  by car en voiture, I-5.2

  dining car le wagon-restaurant

  sleeping car le wagon-couchettes (lits)

caravan la caravane, **1.1**

carbohydrate la glucide; l'hydrate (m.) de carbone

carbon dioxide le gaz carbonique

card la carte

  credit card la carte de crédit, II-9.2, **1.3**

  greeting card la carte de vœux, II-12.2

cardboard le carton

cardiac cardiaque, **7.2**

care le soin

to **care: I don't care.** Ça m'est égal., II-1.1

career la carrière, II-14.2

Careful! Attention!, I-4.2

carefully prudemment, II-7.2; soigneusement

Caribbean Sea la mer des Caraïbes, la mer des Antilles

carnival (season) le carnaval, II-12.1

carpenter le charpentier; le menuisier, II-14.1

carrot la carotte, I-6.2

to **carry** porter, II-L2

  carry-on luggage les bagages (m. pl.) à main, I-8.1

to **carry out** exécuter; assurer

  cartoon le dessin animé, II-1.1

case le cas

  in case of en cas de

cash l'argent liquide, II-5.1

cash register la caisse, I-3.2

  in cash en liquide, II-9.2

  to pay cash payer en espèces, II-9.2

to **cash** toucher, II-5.1

cashier le caissier, la caissière, II-5.1

cassette la cassette, I-3.1

cast le plâtre, II-8.2

  to put in a cast plâtrer, II-8.2

castle le château

casual (clothes) sport, I-7.1

cat le chat, I-4.1

  female cat la chatte, **5.3**

catalog le catalogue

to **catch** attraper

to **cause** causer

  cautious retenu(e), **3.3**

cave la grotte, I-L4

CD le CD, I-3.1

  CD cabinet (case) le range CD, **2.2**

  portable CD player le baladeur, **3.1**

CD-ROM le CD-ROM, II-3.1

ceiling le plafond, **L4**

to **celebrate** célébrer, I-L4

  to celebrate Christmas Eve or New Year's Eve réveillonner, I-12.2

cell la cellule, I-L4

Celtic celte, celtique

center le centre

century le siècle, II-L4

cereal les céréales (f. pl.)

ceremony la cérémonie, II-12.2

certainly certainement

chairlift le télésiège, I-11.2, **1.1**

champion le/la champion(ne)

change le changement; (money) la monnaie, II-5.1

  change purse le porte-monnaie, II-5.1

  to make change for faire la monnaie de, II-5.1

to **change** changer (de), I-9.2

channel (TV) la chaîne, I-12.2

  to channel surf zapper, I-12.2

character (in a story) le personnage

characteristic la caractéristique; le trait

charge: in charge of chargé(e) de

charges les frais (m. pl.), II-9.2, II-13.1

charitable bienfaisant(e), **4.3**

charm le charme

charming charmant(e)

to **chat** bavarder

check le chèque, II-5.1; (in restaurant) l'addition (f.), I-5.2

  traveler's check le chèque de voyage

to **check** vérifier, I-8.1; contrôler, II-4.1

  to check (luggage) (faire) enregistrer, I-8.1

  to check under the hood vérifier les niveaux, II-7.1

cheek la joue, II-13.1

cheese le fromage, I-5.1

chemical chimique

chemist le/la chimiste

chemistry la chimie, I-2.2

chest la poitrine; le coffre, I-L4

chewing gum le chewing-gum

chic chic (inv.)

chicken le poulet, I-6.1

chickpeas les pois chiches (m. pl.), **4.2**

child l'enfant (m./f.), I-4.1

childhood l'enfance (f.)

chills les frissons (m. pl.), II-2.1

chimney la cheminée, II-12.2

Chinese chinois(e)

chocolate le chocolat; (adj.) au chocolat, I-5.1

choir le chœur

to **choose** choisir, I-8.1

choppy (*sea*) agité(e)

chore la tâche, **2.3**

Christmas le Noël, II-12.2

Christmas carol le chant de Noël, II-12.2

Christmas Eve dinner le réveillon, II-12.2

Christmas gift le cadeau de Noël, II-12.2

Christmas tree l'arbre (*m.*) de Noël, II-12.2

church l'église (*f.*), II-11.1, II-12.2

cicada la cigale, **2.3**

circle le cercle

traffic circle le rond-point, II-7.2, II-11.1

circuit le circuit

circus le cirque

to **cite** citer

city la ville, I-8.1, II-5.2, II-11.1

city hall l'hôtel (*m.*) de ville

in the city en ville, II-11.1

civil civil(e)

civil servant le/la fonctionnaire, II-14.1

civil wedding ceremony le mariage civil, **6.1**

civilization la civilisation

civilized civilisé(e)

to **claim** (*luggage*) récupérer, II-4.2

clarinet la clarinette

class (*people*) la classe, I-2.1; (*course*) le cours, I-2.1

in class en classe

in (French, etc.) class en cours de (français, etc.)

classical classique

classified ad la petite annonce, II-14.2

classroom la salle de classe, I-2.1

clean propre, II-9.2

clearing (*weather*) l'éclaircie (*f.*), **1.3**

to be clearing (*sky*) se dégager, **1.3**

clearly clairement

to **clear the table** débarrasser la table, I-12.2

clever: Very clever! (*ironic*) C'est malin!

to **click** cliquer, II-3.1

climate le climat

to **climb over** escalader, **L5**

clinic la clinique

close (*adv.*) de près, II-11.1; (*adj.*) proche

to **close** fermer, II-9.1

closet le placard, II-9.2, **L5**

clothes les vêtements (*m. pl.*), I-7.1

clothesline la corde à linge, **L4**

clothespin l'épingle (*f.*) à linge, **L4**

cloud le nuage, I-11.1, **1.3**

cloudy nuageux, nuageuse, **1.3**

clove of garlic la gousse d'ail, II-6.1

clown le clown

coach l'autocar (*m.*)

coast la côte

coastal area la zone littorale, **4.1**

coat le manteau, I-7.1

coated with enrobé(e) de, **6.1**

code le code, I-4.2

coffee le café, I-5.1

black coffee l'express (*m.*), I-5.1

coffee with cream (in a café) le crème, I-5.1

coffin le cercueil, **6.1**

coin la pièce, II-5.1

cola le coca, I-5.1

cold froid(e) (*adj.*); (*illness*) le rhume, II-2.1

to have a cold être enrhumé(e), II-2.1

collection la collection

color la couleur, I-7.2

What color is . . . ? De quelle couleur est… ?, I-7.2

column la rubrique, **5.1**

comb le peigne, I-12.1

to **comb one's hair** se peigner, I-12.1

to **come** venir, II-4.2

to come back revenir, II-4

Come on! Allez!, I-9.2

comedy la comédie, II-1.1, **3.2**; le film comique, II-1.1

musical comedy la comédie musicale, II-1.1

comfortable confortable

comic comique, II-1.1

comic strip la bande dessinée (B.D.), **2.1**

commercial (*TV*) la publicité, I-12.2

to **commit** commettre

common commun(e); courant(e)

in common en commun

to **communicate** communiquer

communication la communication

community la communauté

commuter trains les lignes de banlieue, II-4.1

company la société, II-14.2; l'entreprise, II-14.2, **8.2**

in the company of en compagnie de

to **compare** comparer

compartment le compartiment, II-4.1

to **complain** se plaindre, **7.1**

complete complet, complète

to **complete** compléter

completely complètement

complexion le teint, **L6**

complicated compliqué(e)

complicity la complicité, **6.3**

composed of composé(e) de

composer le compositeur, la compositrice

composition la composition; la rédaction

compound enceinte de résidences, II-L2

compound fracture la fracture compliquée, II-8.2

computer l'ordinateur (m.),
II-3.1
  computer expert
    l'informaticien(ne), II-14.1
  computer science
    l'informatique (f.), I-2.2
concept le concept
concert le concert
concisely brièvement
condition la condition
conductor (train) le
  contrôleur, I-9.2
to congratulate féliciter, **6.2**
to connect connecter; relier,
  8.1
  connection (between trains)
    la correspondance, I-9.2,
    II-10.1
to **consider important**
  accorder de l'importance
  à, **2.1**
to conspire comploter
to consult consulter
  contamination la
    contamination
to contain contenir
  contest la compétition, le
    concours
  continent le continent
to continue continuer
  contrary: on the
    contrary au contraire
to control contrôler, II-4.1
  convenient commode, **L4**
  convent le couvent
  conversation la
    conversation, II-L3
to converse converser
  convertible la décapotable,
    II-7.1
  convict le forçat, **L5**
to convince convaincre, **2.1**
to coo roucouler, **L1**
  cook le cuisinier, la
    cuisinière, II-6.2
to cook faire la cuisine, I-6;
  cuire, I-6.2
  to cook a meal faire une
    bouffe (slang), **2.3**
  cooked cuit(e)
  cool frais, fraîche I-11.2
  copper le cuivre

corner le coin, II-10.1,
  II-11.1, **4.1**
  on the corner au coin,
    II-11.1
corporation la société,
  II-14.2
  large corporation la
    grosse société, II-14.2
correspondence la
  correspondance
corridor le couloir, I-8.2
cosmopolitan cosmopolite
cost le prix, I-7.1; le coût
to cost coûter, I-3.2
  costly coûteux, coûteuse
  costume le costume, **3.2**
to cough tousser, II-2.1
  counselor le conseiller, la
    conseillère
  count le comte, I-L4
to count compter, II-5.1
  counter le comptoir, I-8.1
  counter window (post
    office) le guichet, II-5.2
  country le pays, I-8.1
  country code (telephone)
    l'indicatif (m.) du pays,
    II-3.2
  country(side) la campagne,
    II-11.2, **1.1**
  courage le courage
  courageous courageux,
    courageuse
  course le cours, I-2.1
  of course bien sûr; mais
    oui
  of course not mais non
  court la cour; le tribunal,
    II-14.1
  courtesy la politesse, I-BV
  courtyard la cour, I-3.2
  cousin le/la cousin(e), I-4.1
to cover couvrir
  covered couvert(e)
  cow la vache, II-11.2
  cowardly lâche, **L2**
  crab le crabe, I-6.1, II-6.2
  crazy fou, folle
  cream la crème
  coffee with cream (in a
    café) le crème, I-5.1

to create créer; réaliser
  credit card la carte de
    crédit, II-9.2, **1.3**
  Creole (language) le créole
  crepe la crêpe, I-BV
  crime le délit, **5.1**; le crime;
    la délinquance
  criminal le/la criminel(le),
    I-L4
  critic le/la critique
  croissant le croissant, I-5.1
to cross traverser, II-11.1; se
  croiser, II-10.1
  cross-country skiing le ski
    de fond, **1.1**
  crosswalk le passage pour
    piétons, II-11.1
  crow le corbeau, **L8**
  crushed écrasé(e)
  crutch la béquille, II-8.1
to cry pleurer, I-L1, **L2, 3.2, L6**
  cucumber le concombre
to cultivate cultiver, II-11.2
  cultural culturel(le)
  cultural event la
    manifestation culturelle
  culture la culture
  cup la tasse, I-5.2
  winner's cup la coupe,
    I-10.2
to cure guérir, II-L4
  currency la devise; la
    monnaie, II-5.1
  current courant(e)
  current events l'actualité
    (f.), **5.1**
  custom la coutume, **4.1**
  customer le/la client(e)
  customs la douane, II-4.2
  to go through customs
    passer à la douane, II-4.2
to cut couper, II-6.2
  to cut (one's finger, etc.)
    se couper, II-8.1
  to cut in line resquiller,
    II-13.1
  to cut out découper, **L7**
  to cut the throat of
    égorger, **L4**
  cycling le cyclisme, I-10.2;
    (adj.) cycliste

cyclist *(in race)* le coureur (la coureuse) cycliste, I-10.2

cymbals les cymbales *(f. pl.)*, II-12.1

dad papa

daily quotidien(ne)

dairy store la crémerie, I-6.1

dance la danse

to **dance** danser, II-1.1

dancer le danseur, la danseuse, II-1.1

dangerous dangereux, dangereuse

dangerously dangereusement, II-7.2

to **dare** oser, L6

dark sombre

dark haired brun(e), I-1.1

darling mignon(ne), L6

Darn! Zut!, I-BV

dart la fléchette, 1.3

to **dash** se précipiter, 5.3

data les données *(f. pl.)*, II-3.1

date la date; *(fruit)* la datte

date palm le dattier

What is today's date? Quelle est la date aujourd'hui?, I-BV

to **date from** dater de

daughter la fille, I-4.1

dawn l'aube *(f.)*

day le jour, I-BV; la journée, I-3.1

the day before yesterday avant-hier, I-10.2

day off le congé, 1.1

every day tous les jours

What a nice day! Belle journée!, I-4.2

day-care center la crèche, 6.3

deaf sourd(e), 7.3

dear cher, chère

death la mort, 8.3; le décès, 6.1

debris les décombres *(m. pl.)*, 4.3

debt: to go into debt s'endetter

deceased le/la défunt(e), 6.1

December décembre *(m.)*, I-BV

to **decide (to)** décider de

decision la décision

the decision is made la décision est prise

to **declare** déclarer

to **decorate** orner; décorer

decorated décoré(e), 6.1

dedicated dédié(e)

to **defeat** battre

delay le retard, 1.2

to **delay** retarder

delicatessen la charcuterie, I-6.1

delicious délicieux, délicieuse

delighted enchanté(e), II-13.2; ravi(e), 6.3

to **deliver** livrer, 6.2

to **demand** exiger, 2, 7.2

demanding exigeant(e)

dentist le/la dentiste

to **deny** nier, 5.3

deodorant le déodorant

department *(in a store)* le rayon, I-7.1; *(in a company)* le service

coat department le rayon des manteaux, I-7.1

department head le chef de service, II-14.1

department store le grand magasin, I-7.1

departure le départ, I-8.1

to **depend (on)** dépendre (de)

deplaning le débarquement

deposit les arrhes *(f. pl.)*, II-9.1

to pay a deposit verser des arrhes, II-9.1

to **deposit** verser, II-5.1, 1.2

descendant le/la descendant(e)

to **describe** décrire

description la description

desert le désert

deserted désert(e)

to **deserve** mériter

to **design** dessiner

designer *(clothes)* le couturier

to **desire** désirer, I-3.2

desk clerk le/la réceptionniste, II-9.1

desparate désespéré(e), I-L4

despite malgré

dessert le dessert

destination la destination

destiny la destinée

detail le détail

to **devastate** ravager

to **develop** développer

to **devote** consacrer, 3.1

devoted dévoué(e)

diagnosis le diagnostic, II-2.2

to **dial** *(telephone)* composer, II-3.2; faire le numéro, II-3.2

dial tone la tonalité, II-3.2

dialect le dialecte

diamond le diamant

dictionary le dictionnaire

to **die** mourir, I-11; crever, II-L4

diet l'alimentation *(f.)*, 7.2; le régime

to follow a diet faire un régime

difference la différence

different différent(e), I-8.1

difficult difficile, I-2.1

difficulty la difficulté

with difficulty difficilement

dig *(archaeol.)* la fouille

to **dig** creuser, I-L4, 8.1

dignitaries les notables *(m. pl.)*, II-12.1

dining car la voiture-restaurant

dining hall *(school)* la cantine, I-3.1

dining room la salle à manger, I-4.2

dinner le dîner, I-5.2

to eat dinner dîner, I-5.2

dinnerware le service de table, **L4**

diploma le diplôme

direction la direction, II-10.1; le sens, II-7.2

  in the right (wrong) direction dans le bon (mauvais) sens, II-11.1

directly directement

director of human resources le directeur (la directrice) des ressources humaines (D.R.H.), II-14.2

to **direct traffic** régler la circulation, II-11.1

dirty sale, II-9.2

disadvantage l'inconvénient *(m.)*

disagreeable désagréable

to **disappear** disparaître, **2.1**

disappearance la disparition, **6.3**

disappointed déçu(e), **2.1**

discount la réduction

to **discover** découvrir

discovered découvert(e), **4.3**

discovery la découverte

to **discuss** discuter

disease la maladie

disguise: to wear a disguise se déguiser, **2.3**

dish *(food)* le plat

dishes la vaisselle, I-12.2

  to do the dishes faire la vaisselle, I-12.2

dishwasher le lave-vaisselle, I-12.2

diskette la disquette, II-3.1

  diskette drive le lecteur de disquettes, II-3.1

to **distinguish** distinguer

to **distribute** distribuer, II-5.2

district le quartier, I-4.2, II-11.1, **8.2**; *(Paris)* l'arrondissement *(m.)*

  business district le quartier d'affaires, II-11.1

to **disturb** déranger, **2.2**

dive le plongeon

to **dive** plonger, I-11.1

to **divert someone's attention** détourner l'attention de quelqu'un, **5.2**

to **divide** diviser

dizziness le vertige, **8.2**

to **do** faire, I-6.1

  to do the grocery shopping faire les courses, I-6.1

doctor le médecin *(m./f.)*, II-2.2, **7.1**

  at (to) the doctor's office chez le médecin, II-2.2

document le document, II-3.1

documentary le documentaire, II-1.1

dog le chien, I-4.1

domain le domaine

domestic *(flight)* intérieur(e), I-8.1

donkey l'âne *(m.)*

door la porte, I-L4, II-9.1, II-L2

doormat le paillasson, **5.3**

dormitory le dortoir

to **doubt** douter, II-14

to **downhill ski** faire du ski alpin, **1.1**

  downhill skiing le ski alpin, **1.1**

to **download** télécharger, **2.1**

downpour l'averse *(f.)*, **1.3**

downtown le centre-ville, II-11.1

dozen la douzaine, I-6.2

dragonfly la libellule, **L8**

drama le drame, II-1.1

  drama club le club d'art dramatique

to **draw** dessiner, **6.3**

  to draw blood faire une prise de sang, **7.2**

drawing le dessin

dream le rêve, **2.1**

to **dream** rêver

dress la robe, I-7.1

  dress circle la corbeille, **3.2**

dressed: to get dressed s'habiller, I-12.1

dressy habillé(e), I-7.1

to **dribble** *(basketball)* dribbler, I-10.2

dried vegetables (peas, beans, etc.) les légumes *(m. pl.)* secs, **4.2**

to **drink** boire, I-10.2

drink la boisson; la consommation, I-5.1; le pot

drinkable potable, **4.3**

to **drive** conduire, II-7.1, II-11.1

driver l'automobiliste *(m./f.)*, II-7.1; le conducteur, la conductrice, II-7.1; le chauffeur

driver's license le permis de conduire, II-7.1

driving lesson la leçon de conduite, II-7.1

driving school l'auto-école *(f.)*, II-7.1

drizzle la bruine, **1.3**

drought la sécheresse, **4.3**

drowned noyé(e), **L2**

drugstore la pharmacie, II-2.2

druid le druide

drum le tambour, II-12.1

dry sec, sèche

to **dry** sécher

dubbed *(movie)* doublé(e), II-1.1

duck le canard

duration la durée

during pendant, I-3.2; au cours de

dynamic dynamique, I-1.2

E

each *(adj.)* chaque, II-4.1

each (one) chacun(e), I-5.2

ear l'oreille *(f.)*, II-2.1, **7.3**

earache: to have an earache avoir mal aux oreilles, II-2.1

early en avance, I-9.1; de bonne heure; tôt, I-12.1

to **earn** gagner

earphone l'écouteur (m.), II-L3

earth la terre, II-11.2, **L8**

easily facilement

Easter Pâques

eastern oriental(e)

easy facile, I-2.1

to **eat** manger, I-5.1

ecological écologique

ecology l'écologie (f.)

economics l'économie (f.), I-2.2

egg l'œuf (m.), I-6.1

  fried egg l'œuf sur le plat

  poached egg l'œuf à la coque

  scrambled egg l'œuf brouillé

egotistical égoïste, I-1.2

Egyptian égyptien(ne)

elbow le coude, II-13.1

electric électrique

electrician l'électricien(ne), II-14.1

electronic électronique

element l'élément (m.)

elevator l'ascenseur (m.), I-4.2, **8.2**

to **eliminate** éliminer

elsewhere ailleurs

e-mail l'e-mail (m.), le mail, II-3.1

embarrassed embarrassé(e), **L2**

emergency l'urgence (f.)

  emergency exit l'issue (f.) de secours

  emergency medical technician le/la secouriste, II-8.1

  emergency room le service des urgences, II-8.1

emission l'émission (f.)

emotion l'émotion (f.), II-13.2

employee (m./f.) l'employé(e), II-14.1

employer l'employeur, l'employeuse, II-14.2

employment office le bureau de placement, II-14.2

empty vide, II-7.1

encyclopedia l'encyclopédie (f.)

end la fin, **2.2**; le bout

ending le dénouement

enemy l'ennemi(e) (m./f.)

energetic énergique, I-1.2

energy l'énergie (f.)

engagement les fiançailles (f. pl.), I-L4, **6.3**

engineer l'ingénieur (m.), II-14.1

England l'Angleterre (f.)

English anglais(e)

English (language) l'anglais (m.), I-2.2

English Channel la Manche

to **enjoy** jouir de

enormous énorme

enough assez, I-1.1

to **ensure** assurer

enriched enrichi(e)

to **enter** entrer, I-7.1

enthusiastic enthousiaste, I-1.2

entire entier, entière

entitled intitulé(e)

entrance l'entrée (f.), I-4.2

to **entrust** confier, **5.3**

envelope l'enveloppe (f.)

equality l'égalité (f.)

equipment l'équipement (m.); le matériel, II-11.2

equivalent l'équivalent (m.)

to **erase** effacer, **L3**

eraser la gomme, I-3.2

escalator l'escalier mécanique, II-10.1

to **escape** s'échapper; s'évader, I-L4

especially surtout

espresso l'express (m.), I-5.1

essential essentiel(le); de première nécessité, indispensable

to **establish** établir

establishment l'établissement (m.)

euro l'euro (m.)

Europe l'Europe (f.)

European (adj.) européen(ne)

eve la veille, II-12.2

evening le soir, I-BV; la soirée, **3.3**

event l'événement (m.)

ever jamais

every tous, toutes, I-2.1, I-8; chaque, II-4.1

  every day (adj.) tous les jours, II-1.2

  every five minutes toutes les cinq minutes, II-10.1

everybody tout le monde, I-1.2

everyday (adj.) quotidien(ne)

everyone tout le monde, I-1.2

everything tout

everywhere partout

evidently évidemment

evil le mal, **L5**

exact exact(e)

exactly exactement; justement

to **exaggerate** exagérer

exam l'examen (m.), I-3.1

  to pass an exam réussir à un examen

  to take an exam passer un examen, I-3.1

to **examine** examiner, II-2.2

example: for example par exemple

excellent excellent(e)

except excepté(e); sauf, II-1.2

exception l'exception (f.)

exceptional exceptionnel(le)

exchange l'échange (m.)

  exchange rate le cours du change, II-5.1

to **exchange** échanger; changer, II-5.1

excursion l'excursion (f.)

exclusively exclusivement

to **excuse** excuser

  excuse me pardon

to **execute** exécuter

exercise l'exercice (m.)

exhausted crevé(e); épuisé(e)

to **exist** exister
exhibit l'exposition (f.),
II-1.2
existence l'existence (f.)
exit la sortie, II-7.2
to **expel** expulser
expense la dépense, **1.3**
expenses les frais (m. pl.),
II-9.2, II-13.1
expensive cher, chère, I-7.1
experience l'expérience (f.)
expert (adj.) expert(e)
to **explain** expliquer
explanation
l'explication (f.)
explosion l'explosion (f.)
express (train) l'express (m.)
to **express** exprimer
expression l'expression (f.)
exquisite exquis(e)
exterior l'extérieur (m.)
extraordinary
extraordinaire
extreme extrême
extremely extrêmement
eye l'œil (m., pl. **yeux**),
II-2.1
to have itchy eyes avoir
les yeux qui piquent,
II-2.1
eyes les yeux (m. pl.), I-L1

fable la fable
fabulous fabuleux,
fabuleuse
face la figure, I-12.1;
le visage, **L2**
face down (paper) face
écrite non visible, II-3.1
face up (paper) face écrite
visible, II-3.1
to **face** donner sur, I-4.2
to **facilitate** faciliter
factory l'usine (f.), II-11.1
fairly assez, I-1.1
faith la foi
faithful fidèle, **L3**
fall (season) l'automne (m.),
I-11.2

to **fall** tomber, I-11.2, II-8.1
to fall asleep s'endormir
false faux, fausse
to **falsify** falsifier
family la famille, I-4.1
famous célèbre; connu(e),
II-1.1
fan le/la fana, l'adepte
(m./f.), **3.1**
to be a fan of être accro
de, **2.1**
fantastic fantastique
far (away) loin
far from loin de, I-4.2
fare le tarif, **1.1**
farm la ferme, II-11.2; (adj.)
agricole, II-11.2
to **farm** (land) cultiver, II-11.2
farmer l'agriculteur,
l'agricultrice, I-11.2; le
fermier, la fermière,
II-11.2
fast (adj.) rapide; (adv.) vite
I-10.2
to **fast** jeûner, **4.2**
to **fasten** attacher, I-8.2
fast-food (adj.) de
restauration rapide
fast-food restaurant
le fast-food
fat la graisse; le lipide
fatal mortel(le), **5.1**
fate le sort, **4.1**
father le père, I-4.1
fault la faute
to **favor** privilégier, **7.1**;
favoriser
favorite favori(te);
préféré(e)
fax le fax; la télécopie, II-3.1
fax machine le fax; le
télécopieur, II-3.1
to **fear** craindre, **L6**
February février (m.), I-BV
fee le tarif, **1.1**
to **feed** nourrir; donner à
manger
to **feel (well, etc.)** se sentir,
II-2.1
to feel better aller mieux,
II-2.2

to feel like avoir envie de,
2.3
to feel out of sorts ne pas
être dans son assiette,
II-2.1
feeling le sentiment;
la sensation
fees (doctor) les honoraires
(m. pl.)
felt-tip pen le feutre, I-3.2
female la femelle
fencing l'escrime (f.), **7.3**
festival le festival, **4.2**
Festival of Lights la fête
des Lumières, II-12.2
festive de fête
festivities les festivités
(f. pl.), **4.2**
fetish le fétiche, **L4**
fever la fièvre, II-2.1
to have a fever avoir de la
fièvre, II-2.1
few peu (de); peu
nombreux
a few quelques, I-9.2
fiancé(e) le/la fiancé(e),
I-L4
fictional fictif (-ive)
field le champ, I-L1, II-11.2,
II-L2; le domaine;
(employment) la carrière, II-
14.2
fig la figue
fight le combat, I-L3; la
lutte, I-L3, **5.3**
to **fight** lutter, I-L3; se battre
contre, **5.1**
file le fichier (computer)
to **fill out** remplir, I-8.2, II-8.2
to **fill up the gas tank** faire le
plein, II-7.1
fillet of sole le filet de sole,
II-6.2
film le film, II-1.1
adventure film le film
d'aventures, II-1.1
detective film le film
policier, II-1.1
foreign film le film
étranger, II-1.1
horror film le film
d'horreur, II-1.1

science fiction film le film de science-fiction, II-1.1

filmmaker le/la cinéaste, II-14.1

finally enfin, I-12.1; finalement

financial financier, financière

to **find** trouver, I-5.1

fine ça va, bien, I-BV

fine l'amende (f.)

finger le doigt, II-8.1, II-13.1

to **finish** finir, I-8.2

fir (tree) le sapin, II-12.2

fire le feu, II-L2, **3.3**; l'incendie (m.), **5.1**

fire alarm la sirène d'alarme, **7.3**

firefighter le pompier, **2.3**, **5.1**

fireplace la cheminée, **L5**

fireworks le feu d'artifice, II-12.1

firm l'entreprise (f.), II-14.2, **8.2**

first premier, première (adj.), I-4.2; d'abord (adv.), I-12.1, **6.3**

in first class en première, I-9.1

fish le poisson, I-6.1, II-6.2

fish store la poissonnerie, I-6.1

fishing la pêche, **1.1**

fitting room la cabine d'essayage

to **fix** réparer; arranger

flag le drapeau, II-12.1

flat tire le pneu à plat, II-7.1

flavor le parfum

flea market le marché aux puces

flight le vol, I-8.1

domestic flight le vol intérieur, I-8.1

flight attendant l'hôtesse (f.) de l'air, le steward, I-8.2

flight crew le personnel de bord, I-8.2

international flight le vol international, I-8.1

float le char, II-12.1

flock (sheep) le troupeau, II-11.2, **4.3**

floor (of a building) l'étage (m.), I-4.2

ground floor le rez-de-chaussée, I-4.2

to **flow** couler, **L1**

flower la fleur, I-4.2, **6.1**

flu la grippe, II-2.1

fluent courant(e)

flute la flûte

to **fly** (plane) piloter; voler, II-L3, **L8**

to fly over survoler

fog le brouillard, **1.3**

to **follow** suivre, II-11.1

following suivant(e)

food la nourriture, **7.2**; l'aliment (m.); les provisions (f. pl.)

Food is included. Vous êtes nourri(e)., **3.3**

food service la restauration

foot le pied, I-10.1, II-8.1

on foot à pied, I-4.2

football le football américain

footstep le pas

for (prep.) pour; (time) pendant, I-3.2; depuis, I-9.2; (conj.) car, **L2**

for example par exemple

for fear that de crainte que, **5**; de peur que, **5**

forbidden interdit(e), II-4.2, **L4**

to **force** obliger

forearm l'avant-bras (m.), II-13.1

foreign étranger, étrangère, II-1.1

foreign exchange office le bureau de change, II-5.1

foreman, forewoman le contremaître, la contremaîtresse

to **foresee** prévoir, **1.2**

forest la forêt

to **forget** oublier, II-7.2

fork la fourchette, I-5.2

form la forme; le formulaire, II-8.2

to **form** former

formality la formalité

format le format

former ancien(ne)

formerly autrefois, **2.2**

fortune la fortune

fortunately heureusement

to **found** fonder

fox le renard, **L8**

fracture la fracture, II-8.2

compound fracture la fracture compliquée, II-8.2

frankly franchement

free libre, I-5.1; gratuit(e)

to **free** libérer

freedom la liberté

freezer le congé(lateur), II-6.1

French français(e) (adj.), I-1.1; (language) le français, I-2.2

French fries les frites (f. pl.), I-5.1

French-speaking francophone, **4.1**

to **frequent** fréquenter

frequently fréquemment

Friday vendredi (m.), I-BV

friend l'ami(e), I-1.2; (pal) le copain, la copine, I-2.1; le/la camarade; le pote (slang), **2.3**

friendship l'amitié (f.), **8.3**

from de, I-1.1

from then on désormais

from time to time de temps en temps, I-11.1, **1.3**

front l'avant (m.), I-8.2, II-10.2

front desk la réception, II-9.1

front page la une, **5.1**

in front of devant, I-8.2, II-11.1

frozen surgelé(e), I-6.2

fruit le fruit, I-6.2, II-6.1

frying pan la poêle, II-6.2

full plein(e), I-10.1, II-13.1; complet, complète, II-4.1
  at full speed à toute allure, II-L1
fun amusant(e), I-1.1, **3.2**
  to have fun s'amuser, I-12.2
function la fonction
funeral les obsèques (f. pl.), **6.3**; les funérailles (f. pl.)
funny amusant(e), I-1.1, **3.2**; rigolo, I-4.2; comique, II-1.1
furious furieux, furieuse, II-13.2
furniture les meubles (m. pl.)
further plus loin
future l'avenir (m.), **8.1**; le futur, I-L2

to **gain a few pounds** prendre des kilos
game le match, I-10.1; le jeu
  game room la salle de jeux, **6.3**
  video game le jeu vidéo, **2.1**
garage le garage, I-4.2
garden le jardin, I-4.2, **L5**
garlic l'ail (m.), II-6.1
  gas station la station-service
  gas station attendant le/la pompiste, II-7.1
  gas tank le réservoir, II-7.1
gasoline l'essence (f.), II-7.1
gate (airport) la porte, I-8.1
to **gather** se rassembler
  to gather up ramasser, **L3**
gem la pierre précieuse, I-L4
general le général
generally généralement
  generally speaking d'une façon générale
generosity la générosité

genre le genre
geography la géographie, I-2.2
geometry la géométrie, I-2.2
germ le microbe
German (language) l'allemand (m.), I-2.2
Germany l'Allemagne (f.)
to **get** recevoir, I-10.2; obtenir; se procurer
  to get along well (badly) s'entendre bien (mal), **2.1, 3.3**
  to get angry se fâcher, **2.1**
  to get dressed s'habiller, I-12.1
  to get engaged se fiancer, **6.3**
  to get married se marier, I-L4, II-12.2
  to get sick tomber malade, I-L1
  to get a sunburn attraper un coup de soleil, I-11.1
  to get off a plane débarquer, II-4.2
  to get off (bus, train, etc.) descendre, I-9.2
  to get off at the next station descendre à la prochaine, II-10.1
  to get on (board) monter, I-9.2
  to get out of trouble se débrouiller, **2.3**
  to get some fresh air prendre l'air frais, **4.1**
  to get together se retrouver, II-13.1
  to get up se lever, I-12.1
getting off la descente, II-10.2
gift le cadeau, I-4.1
gigantic gigantesque
girl la fille, I-1.1
girlfriend la petite amie
to **give** donner, I-4.1
  to give back rendre, II-5.1
  to give change for faire la monnaie de, II-5.1
  to give way céder la place
glad content(e), II-13.2, **L6**
glance le coup d'œil, **8.2**

glass le verre, I-5.2
glove le gant, I-11.2
glue la colle, **L7**
to **go** aller, I-5.1
  to go down descendre, I-9; baisser, **3.1**
  to go fast rouler vite, I-10.2, II-7.2
  to go (and) get aller chercher, I-6.1
  to go home rentrer, I-3.2
  to go horseback riding faire de l'équitation, **7.1**
  to go out sortir, I-8.2
  to go out of style se démoder, **L1**
  to go scuba diving or snorkeling faire de la plongée sous-marine, **1.1**
  to go snowshoeing faire de la raquette, **3.1**
  to go surfing faire du surf, I-11.1
  to go to (transp.) desservir, II-4.1
  to go to bed se coucher, I-12.1
  to go up monter, I-4.2
  to go walking faire de la marche, **7.1**
  to go windsurfing faire de la planche à voile, I-11.1
  to go with accompagner
  Should we go? On y va?
goal le but, I-10.1, **3.3**
  to score a goal marquer un but, I-10.1
goalie le gardien de but, I-10.1
goat la chèvre, **4.3**
God bless you! À tes souhaits!, II-2.1
godfather le parrain, **6.1**
godmother la marraine, **6.1**
gold l'or (m.), I-L4, **8.3**
golden doré(e)
good (adj.) bon(ne), I-6.2; (n.) le bien, **L5**
  Good health! Bonne santé!, II-12.2
  good manners le savoir-vivre

good in math fort(e) en maths, I-2.2

good-bye au revoir; ciao *(inform.)*, I-BV

goodness la bonté

goods les produits

gourmet le gourmet

government le gouvernement

grade la note

to **graduate** être diplômé(e)

grain(s) les céréales *(f. pl.)*, II-11.2

gram le gramme, I-6.2

grammar la grammaire

granddaughter la petite-fille, I-4.1

grandfather le grand-père, I-4.1

grandma la mamie, **6.3**

grandmother la grand-mère, I-4.1

grandparents les grands-parents *(m. pl.)*, I-4.1

grandson le petit-fils, I-4.1

grandstand la tribune, II-12.1

grape(s) le raisin, II-6.1

grapefruit le pamplemousse, II-6.1

grass l'herbe *(f.)*, II-11.2

to **grate** râper, II-6.2

gray gris(e), I-7.2

great grand(e)

Greece la Grèce

green vert(e), I-5.1

green beans les haricots *(m. pl.)* verts, I-6.2

to **greet** saluer, II-L1

greeting card la carte de vœux, II-12.2

greeting la salutation, **4.1**

grilled ham and cheese sandwich le croque-monsieur, I-5.1

to **grind** hacher, II-6.2

grocery store l'épicerie *(f.)*, I-6.1

groom le marié, II-12.2, **6.1**

ground le sol, I-10.2

ground floor le rez-de-chaussée, I-4.2

on the ground à terre

group le groupe

to **grow** *(crop)* cultiver, II-11.2; augmenter, **3.1**

to grow (up) grandir

growth la croissance

guard le gardien, I-L4

to **guard** garder; veiller sur, **4.3**

to **guess** deviner

guest l'invité(e)

guide le guide

guidebook le guide

guillotined guillotiné(e)

guitar la guitare

guitarist le/la guitariste

guy le type

gymnasium le gymnase

gymnastics la gymnastique, I-2.2

habitual habituel(le)

hail la grêle, **1.3**

hair les cheveux *(m. pl.)*, I-12.1

Haitian haïtien(ne)

halftime *(sporting event)* le mi-temps

half demi(e)

half brother le demi-frère, I-4.1

half hour la demi-heure

half past *(time)* et demie, I-BV

half price le demi-tarif

half sister la demi-sœur, I-4.1

ham le jambon, I-5.1

hamburger le hamburger

hamlet le hameau

hammer le marteau, **7.3**

hand la main, I-3.1, II-13.1

handicapped handicappé(e)

handkerchief le mouchoir, II-2.1

to **handle** manier, **L4**

handmade fait(e) à la main

handsome beau (bel), I-4.2

hang glider le deltaplane, **3.1**

hang gliding le deltaplane, **3.1**

to **hang up** raccrocher, II-3.2

hanger le cintre, II-9.2

Hanukkah la Hanouka, II-12.2

to **happen** arriver, II-8.1; se passer

happiness le bonheur, **L2**

happy content(e), II-13.2, **L6**; heureux, heureuse, II-13.2

Happy birthday! Bon (Joyeux) anniversaire!

Happy New Year! Bonne Année!, II-12.2

harbor le port

hard dur(e); *(adv.)* fort

hard labor la réclusion, **L4**

hardware *(computer)* le hardware

harmful malfaisant(e), **4.3**

harsh rude, **3.3**

harshness la rigueur

harp la harpe

harvest la récolte, II-11.2

hat *(ski)* le bonnet, I-11.2

to **hate** détester, I-3.1

to **have** avoir, I-4.1; *(to eat or drink, in café or restaurant)* prendre, I-5.1

to have a(n) . . . -ache avoir mal à (aux)… , II-2.1

to have just (done something) venir de, II-10

haze la brume, **1.3**

head la tête, I-10.1, **L6**; *(of department or company)* le chef

head of a bed le chevet, **L5**

head of hair la chevelure, **8.3**

headache la douleur de tête, **L7**

heading la rubrique, **5.1**

headline le gros titre, **5.1**

headphones les écouteurs *(m. pl.)*, II-4.2

health la santé, II-2.1

  to be in good health bien se porter, **7.1**; être en bonne santé, **7.2**

  to be in perfect health être en parfaite santé, **7.2**

healthful sain(e), **7.2**

healthy sain(e), **7.2**

to **hear** entendre, I-9.1

hearing l'audition (f.), .3

hearse le corbillard, **6.1**

heart le cœur, **L7**

heat: high heat le feu vif, II-6.2

  low heat le feu doux, II-6.2

heaven le Ciel

heavy lourd(e), **8.2**

hello bonjour, I-BV; (telephone) allô

helmet le casque, II-7.1

help l'aide (f.); le secours, II-8.1

  to be a big help rendre bien service

  with the help of à l'aide de

to **help** aider, II-3.2

hemisphere l'hémisphère (m.)

hen la poule, II-11.2

herb la fine herbe, II-6.1

herd le troupeau, II-11.2, **4.3**

here is, here are voici, I-4.1; voilà, I-1.2

heritage le patrimoine

hero le héros

to **hesitate** hésiter

hey! tiens!

hi salut, I-BV

to **hide** cacher, I-L3

high élevé(e); haut(e), II-11.1

  high school le lycée, I-2.1

high-pitched aigu(ë), **7.3**

high-rise housing projects la cité, **2.3**

high-speed train le TGV, II-4.1

highway l'autoroute (f.), II-7.2

higher supérieur

hiker le randonneur, la randonneuse

hiking la randonnée, **1.1**

history l'histoire (f.), I-2.2

to **hit** frapper, I-L3; donner un coup (de pied, de tête, etc.), I-10.1

hockey le hockey

  hockey stick la crosse

hold: to hold hands se donner la main, **L2**

  Please hold. (telephone) Ne quittez pas., II-3.2

hole le trou, I-L4

  having holes troué(e), **L7**

holiday la fête, II-12.1; le jour férié

home: at (to) the home of chez, I-3.2

  to go home rentrer, I-3.2

homework (assignment) le devoir

  to do homework faire ses devoirs, I-6

honest honnête

honey le miel

honeymoon la lune de miel

to **hope** espérer, II-6.2

horn le cor, I-L3; (car) le klaxon, **7.3**

horrible horrible

horror l'horreur (f.)

horse le cheval, II-11.2

horseback: to go horseback riding faire du cheval, II-11.2

hospital l'hôpital (m.), II-8.1, **7.1**; (adj.) hospitalier, hospitalière

hot chaud(e)

  hot dog la saucisse de Francfort, I-BV

hotel l'hôtel (m.), II-9.1

house la maison, I-3.1; la villa

  publishing house la maison d'édition

  small house le pavillon

to **house** loger; abriter, **8.2**

housing le logement

how comment, I-1.1

  how far? jusqu'où?

How's it going? Ça va?, I-BV

How is that? Comment ça?

how many, how much combien (de), I-3.2

however cependant

human humain(e)

  human being l'être humain (m.)

hundred cent, I-2.2

hunger la faim, **5.3**

hungry: to be hungry avoir faim, I-5.1

hunter le chasseur, la chasseuse

hurry: in a hurry pressé(e), **1.2**

to **hurry** se dépêcher, I-12.1

to **hurt** avoir mal à, II-2.1; faire du mal, **5.3**

  to hurt oneself se faire mal, II-8.1; se blesser, II-8.1

  It (That) hurts. Ça fait mal., II-2.1

husband le mari, I-4.1

ice la glace, I-11.2

  ice cream la glace, I-5.1

icon l'icône (f.)

idea l'idée (f.)

ideal idéal(e)

identify identifier

if si

  if I were you à ta place, II-7.1

ill malade, I-L1, II-2.1

illegible illisible

illness la maladie

illustration le dessin

to **imagine** imagine

immediate immédiat(e)

immediately immédiatement, II-14.2

immense immense

impolite mal élevé(e), II-13.1; malpoli(e), II-13.1

important important(e),
II-13

impossible impossible,
II-13

impressed impressionné(e)

Impressionists les
impressionnistes *(m. pl.)*

impressive
impressionnant(e)

imprisoned emprisonné(e)

to **improve** s'améliorer

improvement le progrès

in dans, I-1.2; à, I-3.1; en,
I-3.2

in addition to en plus de

in fact en fait

in first (second) class en
première (seconde), I-9.1

in front of devant, I-8.2,
II-11.1

in general en général

in order that pour que, 5;
afin que, 5

in order to en vue de, 8.3

in particular en
particulier

in search of à la recherche
de

in spite of malgré

in vain en vain

In what month? En quel
mois?, I-BV

to **include** comprendre

included compris(e), I-5.2,
II-9.1

The tip is included. Le
service est compris., I-5.2

increase la hausse, 5.1

incredible incroyable

to **indicate** indiquer

indigestion le trouble
digestif

to have indigestion avoir
mal au foie

indiscreet indiscret,
indiscrète

indispensable
indispensable

individual l'individu *(m.)*;
(adj.) individuel(le)

industrial industriel(le)

inexpensive bon marché
(inv.)

infection l'infection *(f.)*,
II-2.1

influence l'influence *(f.)*

information l'information
(f.); les renseignements
(m. pl.)

ingredient l'ingrédient *(m.)*

inhabitant l'habitant(e)

injection la piqûre, II-8.2

to give an injection faire
une piqûre, II-8.1

injury la blessure, I-8.1

ink l'encre *(f.)*, **L1, L8**

innocent innocent(e)

insane fou, folle

inside out à l'envers, **2.3**

to **insist** insister

instead of au lieu de

institute l'institut *(m.)*

instructions les instructions
(f. pl.)

instructor le moniteur, la
monitrice, I-11.1

instrument l'instrument *(m.)*

keyboard instrument
l'instrument à clavier

percussion instrument
l'instrument à
percussion

string instrument
l'instrument à cordes

wind instrument
l'instrument à vent

to **insult one another** se dire
des injures, **L4**

intellectual intellectuel(le)

intelligent intelligent(e),
I-1.1

intended for destiné(e) à

interest l'intérêt *(m.)*

interest rate le taux
d'intérêt

**interested: to be interested
in** s'intéresser à

interesting intéressant(e),
I-1.1

intermediate moyen(ne)

intermission l'entracte *(m.)*,
II-1.1, **3.2**

intern le/la stagiaire,
II-14.2

to **intern** faire un stage, II-14.2

internal interne

international
international(e), I-8.1

Internet Internet, II-3.1

internship le stage, II-14.2

interpreter l'interprète
(m./f.)

to **intersect** se croiser, II-10.1

intersection le croisement,
II-7.2; le carrefour, II-11.1

intimate intime

to **introduce** présenter, II-13.2

introduction la
présentation, II-13.2

to **invent** inventer

investigation l'enquête *(f.)*,
8.3

invitation l'invitation *(f.)*

to **invite** inviter, I-4.1

irritable énervé(e)

to **irritate** irriter

island l'île *(f.)*, I-L4, **8.3**

Italian *(adj.)* italien(ne)

Italian *(language)* l'italien
(m.), I-2.2

to **itch** piquer, II-2.1

Ivory Coast la Côte
d'Ivoire, **4.1**

jacket le blouson, I-7.1

(sport) jacket la veste,
I-7.1

ski jacket l'anorak *(m.)*,
I-7.1

jackhammer le marteau-
piqueur, **7.3**

jam la confiture, I-6.2

January janvier *(m.)*, I-BV

Japanese japonais(e)

jar le pot, I-6.2

jazz le jazz

jealous jaloux, jalouse

jeans le jean, I-7.1; le blue-
jean

jersey le maillot

jewelry les bijoux *(m. pl.)*,
5.3

Jewish juif, juive, II-12.2

job l'emploi (*m.*), II-14.2; le
poste, II-14.2; le boulot
(*slang*), **2.3**, **L4**
job applicant le/la
candidat(e) à un poste, II-
14.2
to **jog** faire du jogging
to **joke around** rigoler, I-3.2
journal la revue, **8.3**
joy la joie, le bonheur
judge le/la juge, II-14.1
juice le jus, I-5.1
July juillet (*m.*), I-BV
to **jump** sauter, **L5**, **L8**
June juin (*m.*), I-BV
junior high student le/la
collégien(ne)
just juste, I-2.1
**fitting (him/her) just
right** juste à sa taille
just barely tout juste

Kabyle le kabyle, **L4**
to **keep** garder, **2.2**
**to keep an eye
on** surveiller, II-7.2
to keep in touch rester en
contact
key la clé, II-7.1, **L5**; la clef,
L5; le demi-cercle
(*basketball*), I-10.2; (*button*)
la touche, II-3.1
keyboard le clavier, II-3.1
to **keyboard** taper, II-3.1
to **kick** donner un coup de
pied, I-10.1
kid le/la gosse, **2.3**
to **kid: You're kidding!** Tu
rigoles!, I-3.2
to **kill** tuer, **5.1**
kilo(gram) le kilo(gramme),
I-6.2
kilometer le kilomètre
kind la sorte, **7.3**; le genre,
II-1.1; (*adj.*) bienfaisant(e),
4.3
king le roi, I-L3, **8.1**
to **kiss (each other)**
s'embrasser, II-12.2, II-13.1

kitchen la cuisine, I-4.2
kitchen sink l'évier (*m.*),
I-12.2
kitten le chaton, **5.3**
knee le genou, II-8.1
knife le couteau, I-5.2
knight le chevalier
to **knock** frapper, I-L4, II-L2,
L5
to **know** connaître (*be
acquainted with*); savoir
(*information*), II-1.2

lab technician le/la
laborantin(e), **7.1**
label la griffe
laboratory le laboratoire,
7.1
to **lace (up)** lacer, **L7**
ladle la louche, **L4**
lagoon la lagune
lake le lac
lamb l'agneau (*m.*), I-6.1
lame boiteux, boiteuse
land la terre, II-11.2
to **land** atterrir, I-8.1
landing l'atterrissage (*m.*)
II-4.2
landing card la carte de
débarquement, I-8.2
landscape le paysage,
II-4.1, **2.3**, **L8**
lane la voie, II-7.2
language la langue, I-2.2
lap (*race*) l'étape (*f.*);
(*swimming*) la longueur,
7.3
large grand(e); ample;
gros(se), II-14.2
lassitude la lassitude, **L7**
last dernier, dernière, I-10.2
last name le nom de
famille
last night hier soir, I-10.2
last stop le terminus,
II-10.2
last week la semaine
dernière, I-10.2

last year l'année (*f.*)
dernière
to **last** durer
late en retard, I-9.1; (*adv.*)
tard, I-12.1
to be late être en retard,
I-9.1; avoir du retard
(*plane, train, etc.*), I-8.1
one hour late avoir une
heure de retard, II-4.2
later plus tard
See you later. À tout à
l'heure., I-BV
Latin le latin, I-2.2
Latin American latino-
américain(e)
to **laugh** rire, **3.2**
laughing rieur, rieuse, **L4**
to **launch oneself at** s'élancer
sur, **L7**
laundry le linge, **L4**
lavender la lavande
lawyer l'avocat(e), II-14.1
lazy paresseux, paresseuse
to **lead** mener
to lead to entraîner, **L1**
leaf la feuille, **L3**, **7.3**
to **lean against** s'appuyer
contre, II-10.2
leap le bond, **L8**
to **leap** faire un bond, **L8**
to **learn (to)** apprendre (à), I-5
leather le cuir
to **leave** partir, I-8.1
to leave (*a room,
etc.*) quitter, I-3.1
to leave (*something
behind*) laisser, I-5.2
left à gauche, II-7.2
leftovers les restes (*m. pl.*)
leg la jambe, II-8.1
leg of lamb le gigot
d'agneau, II-6.2
legend la légende
lemon le citron, II-6.1
lemonade le citron pressé,
I-5.1
lemon-lime drink la
limonade, I-BV
to **lend** prêter, II-5.1
lentils les lentilles (*f. pl.*),
4.2

less moins, I-7.1
  less than moins de
lesson la leçon, I-11.1
to **let** laisser; permettre
  to let off steam se
  défouler, **7.3**
letter la lettre, II-5.2
lettuce la salade, I-6.2; la
  laitue
level le taux; le niveau,
  II-7.1
liaison la liaison
library la bibliothèque, **8.1**
to **lick** lécher, **5.3**
  lid le couvercle, II-6.2
life la vie
  life expectancy
  l'espérance (f.) de vie
  life vest le gilet de
  sauvetage, II-4.2
to **lift up** soulever, **L6**
  light léger, légère, **8.2**;
  (color) clair(e)
  light la lumière, **7.3**;
  (traffic) le feu, II-7.2,
  II-11.1
  light bulb l'ampoule (f.),
  L4
to **light** allumer, II-12.2
  lightning l'éclair (m.), **1.3**
like comme
to **like** aimer, I-3.1
  I'd like that! Ça me dit!
  I like that. Ça me plaît.,
  2.2
  I would like je voudrais,
  I-5.1
  What would you
  like? (café) Vous
  désirez?, I-5.1
lie le mensonge, **2.1**
to **lie** mentir, **L2, L8**
  limit la limite
  line la ligne, II-4.1; (of
  people) la queue, I-9.1;
  la file d'attente, **1.1**
  line of cars la file de
  voitures, II-7.2
  main lines (trains) les
  grandes lignes, II-4.1
  to wait in line faire la
  queue, I-9.1

lip la lèvre, II-13.1
liquid le liquide
to **listen (to)** écouter, I-3.1
  to listen with a
  stethoscope ausculter,
  II-2.2
  listening to l'écoute (f.) de,
  3.1
literature la littérature, I-2.2
little: a little un peu, I-2.1;
  un peu de
to **live** vivre, II-11; (in a city,
  house, etc.) habiter, I-3.1
  liver le foie, **L7**
  living room la salle de
  séjour, I-4.2
to **load** charger
  loan l'emprunt (m.)
  lobby le hall, I-8.1, II-9.1
  lobster le homard, II-6.2
  local local(e)
  local call l'appel urbain
  located situé(e)
  to be located se trouver,
  8.2
to **lock** fermer à clé, II-9.1
  lock la serrure, **L5**
  lock of hair la mèche de
  cheveux, **8.3**
to **lock** fermer à clé, II-9.1
  to lock up enfermer, **L4**
  Lodging is included. Vous
  êtes logé(e)., **3.3**
  lonely solitaire
  long long(ue), I-7.1
  (for) a long
  time longtemps, I-11.1
  (for) too long trop
  longtemps, I-11.1
  Long live . . . ! Vive… !
  longer: no longer ne…
  plus, I-6.1
to **look (seem)** avoir l'air,
  II-13.2
  to look at regarder, I-3.1
  to look for chercher
  to look over jeter un coup
  d'œil sur, **L1**
  loose (clothing) large, I-7.2
  loose-leaf binder le
  classeur, I-3.2
to **lose** perdre, I-9.2

  to lose patience perdre
  patience, I-9.2
loss la perte
lot: a lot of beaucoup de,
  I-3.2
  a lot of people beaucoup
  de monde, I-10.1
to **love** aimer, I-3.1; adorer
  love l'amour (m.), I-L4
  in love amoureux,
  amoureuse, II-L1
  lover l'amant(e) (m./f.), **L1**
  low bas(se)
  lower inférieur(e)
to **lower** baisser, **3.1**
  low-income housing
  l' H.L.M.
  luck la chance
  to be in luck avoir de la
  chance
  luggage les bagages (m. pl.),
  I-8.1
  lunar lunaire, **L8**
  lunch le déjeuner, I-5.2
  lung le poumon, **7.2, L7**
  luxurious luxueux,
  luxueuse
  luxury (adj.) de grand
  standing
  lyrics les paroles (f. pl.)

ma'am madame, I-BV
machine la machine,
  II-10.2; l'appareil (m.),
  II-10.2; l'engin (m.), **7.3**
magazine le magazine,
  I-L2, I-9.1, **5.1**; la revue, I-
  L2
Maghreb le Maghreb
magnificent magnifique
maid (hotel) la femme de
  chambre, II-9.2
  maid of honor la
  demoiselle d'honneur,
  II-12.2, **6.1**
mail la poste; le courrier,
  II-5.2
  mail carrier le facteur, la
  factrice, II-5.2

to **mail** mettre à la poste, II-5.2
mailbox la boîte aux lettres, II-5.2
main principal(e)
majority la majorité
to **make** faire, I-6.1; fabriquer
to make a basket réussir un panier (*basketball*), I-10.2
to make fun of se moquer de, **L6**
to make its rounds circuler, II-11.1
to make up inventer
male le mâle
Mali le Mali, **4.1**
mall le centre commercial, I-7.1
man l'homme (*m.*), I-7.1
to **manage** diriger, II-14.1; se débrouiller, **2.3**
to manage to arriver à, I-9.1
manager le cadre, II-14.1
mandatory obligatoire
manner la façon
good manners le savoir-vivre
manufacture la fabrication
many beaucoup de, I-3.2
map la carte
road map la carte routière, II-7.2
street map le plan, II-7.2
subway map le plan du métro, II-10.1
maple leaf la feuille d'érable, **L7**
to **march** défiler, II-12.1
March mars (*m.*), I-BV
to **mark** marquer
market le marché, I-6.2
flea market le marché aux puces
marriage le mariage, II-12.2
married marié(e)
to get married se marier, I-L4, II-12.2
to **marry** épouser, **L6**
marvelous merveilleux, merveilleuse
masculine masculin(e)

masked masqué(e), II-12.1
mass transit les transports (*m. pl.*) en commun
masterpiece le chef-d'œuvre
mat la natte, **4.3, L4**
math les maths (*f. pl.*), I-2.2
mathematics les mathématiques (*f. pl.*), I-2.2
matter: What's the matter with you? Qu'est-ce que tu as?, I-10
May mai (*m.*), I-BV
maybe peut-être
mayor le maire, II-12.1
meadow le pré, II-11.2
meal le repas, I-5.2
to **mean** signifier; vouloir dire, **2.3**
meaning la signification; le sens, **2.3**
means le mode
to **measure** mesurer
measurement la mesure
meat la viande, I-6.1, II-6.2
medical médical(e), I-2.1
medical exam l'examen (*m.*) médical, **7.2**
the medical profession le corps médical
medicine (*medical profession*) la médecine; (*remedy*) le médicament, II-2.1
medina la médina
Mediterranean Sea la mer Méditerranée
medium-rare (*meat*) à point, I-5.2
to **meet** rencontrer; retrouver (*get together with*); faire la connaissance de, II-13.2; connaître, II-13.2; venir chercher (quelqu'un), II-4.2
melody l'air (*m.*)
melon le melon, I-6.2
member le membre
membership card la carte d'adhésion
memory le souvenir; la mémoire

menorah la menorah, II-12.2
to **mention** citer; mentionner
menu la carte, I-5.1
merchandise la marchandise
merchant le/la marchand(e), I-6.2
produce merchant le/la marchand(e) de fruits et légumes, I-6.2
message le message, II-3.1
messenger le messager, la messagère
metal le métal
meter le mètre; (*taxi*) le compteur, **1.2**
metric system le système métrique
microbe le microbe
microchip la micropuce
microprocessor le microprocesseur
microscope le microscope
microwave oven le four à micro-ondes, II-6.1
middle le milieu
middle school student le/la collégien(ne)
midnight minuit (*m.*), I-BV
midnight mass la messe de minuit, II-12.2
mike le micro, **L8**
mild doux, douce
military militaire
milk le lait, I-6.1
mineral le minéral
mineral water l'eau (*f.*) minérale, I-6.2
minus moins; le moins, **3.3**
minute la minute, I-9.2
miracle le miracle
mirror la glace, I-12.1
Miss (Ms.) Mademoiselle (Mlle), I-BV
to **miss** (*train, etc.*) rater, I-9.2, **1.2**
I miss her. Elle me manque., **2.1**
mist la brume, **1.3**
mistake la faute

mistaken: to be mistaken
se tromper, **2.3**

misunderstanding la
méprise, **L5**

to **mix** mêler, **L2**

mixture le mélange

mobile phone le portable,
II-3.2, **2.1**

model le modèle

modem le modem

moderate modéré(e)

modern moderne

modest modeste

mogul la bosse, I-11.2

mom la maman

moment le moment;
l'instant *(m.)*

Monday lundi *(m.)*, I-BV

money l'argent *(m.)*, I-5.2; le
fric *(slang)*, II-5.1

  **to have a lot of
money** avoir plein
d'argent *(slang)*, I-5.1

  money order le mandat

  pocket money l'argent
(m.) de poche, **2.1**

monitor *(computer)* le
moniteur

monster le monstre

month le mois, I-BV

monthly mensuel(le)

  monthly payment la traite

monument le monument

moon la lune, **L8**

more *(comparative)* plus,
I-7.1; *(to a greater extent)*
davantage, **L6**

  more or less plus ou
moins

  more and more de plus en
plus

  no more ne… plus, I-6.1

  more . . . than plus… que,
I-7

morning le matin, I-BV; le
mat *(fam.)*

  in the morning le matin

mortgage l'hypothèque *(f.)*

Morocco le Maroc, **4.1**

Moroccan marocain(e)

Moslem musulman(e)

mosque la mosquée

most (of) la plupart (de), I-
9.2

mother la mère, I-4.1

  mother tongue la langue
maternelle

motive le mobile, **5.1**

motorcycle la moto, II-7.1

  lightweight motorcycle le
vélomoteur, II-7.1

  motorcycle cop le motard,
II-7.2

mountain le mont; la
montagne, I-11.2, **1.1**

mountaintop le sommet,
I-11.2

mouse la souris, II-3.1

mouth la bouche, II-2.1,
II-13.1

to **move** bouger; se déplacer,
1.2; *(change one's residence)*
déménager, **L4**

  to move ahead avancer,
5.2

moved *(emotionally)* ému(e),
6.3

movement le mouvement

movie le film, II-1.1

  detective movie le film
policier, II-1.1

  movies le cinéma, II-1.1,
3.1

  movie theater le cinéma,
la salle de cinéma, II-1.1,
3.1

  movie video le film en
vidéo, II-1.1

  science-fiction movie le
film de science-fiction,
II-1.1

moviegoer le spectateur, la
spectatrice, **3.1**

Mr. Monsieur *(m.)*, I-BV

Mrs. (Ms.) Madame (Mme),
I-BV

multicolored multicolore

multinational corporation
la multinationale, II-14.2

to **multiply** multiplier

municipal municipal(e)

murder le meurtre, **5.1**

muscle le muscle

muscular musculaire

museum le musée, II-1.2

mushroom le champignon,
II-6.1

music la musique, I-2.2

musical comedy la comédie
musicale, II-1.1

musician le/la
musicien(ne), **3.3**

mussel la moule, II-6.2

must devoir, I-10.2

  one must il faut, I-8.2

mustard la moutarde, I-6.2

myself moi-même

mysterious mystérieux,
mystérieuse

mystery (novel) le roman
policier

myth le mythe

name le nom

  first name le prénom

  last name le nom de
famille

  My name is . . . Je
m'appelle… , I-BV

napkin la serviette, I-5.2,
II-13.1

narrow étroit(e), **8.1**

nationality la nationalité

native of originaire de

natural naturel(le)

  natural sciences les
sciences naturelles
(f. pl.), I-2.1

nature la nature

nauseous: to feel nauseous
avoir des maux de cœur,
L7

navy blue bleu marine
(inv.), I-7.2

near près de, I-4.2

  very near tout près, I-4.2

nearby proche

necessarily nécessairement;
forcément

necessary nécessaire

  to be necessary falloir

  it is necessary il faut,
I-8.2; il faut que, II-12.2;
il est nécessaire que, II-13

neck le cou, **L4**

necklace le collier, **5.3**

need le besoin

to **need** avoir besoin de, I-10.1

neighbor le/la voisin(e), I-4.2

neighborhood le quartier, I-4.2, II-11.1, **8.2**; (adj.) du coin

nephew le neveu, I-4.1

nervous nerveux, nerveuse

net le filet, I-10.2

network le réseau

never ne… jamais, I-11.2

nevertheless néanmoins

new nouveau (nouvel), nouvelle, I-4.2

  New England la Nouvelle-Angleterre

  New Orleans La Nouvelle-Orléans

  New Year's Day le jour de l'An, II-12.2

  New Year's Eve dinner le réveillon, II-12.2

news les nouvelles (f. pl.), II-L3

  news anchor le présentateur, la présentatrice, **5.1**

  news article le reportage

  TV news les informations (f. pl.), **2.1**; le journal télévisé, II-6.1

newspaper le journal, I-9.1, **5.1**

newsstand le kiosque, I-9.1, **5.1**

next prochain(e), I-9.2

  next to à côté de, II-11.1

nice (person) sympa, I-1.2; aimable; sympathique; gentil(le), I-6.2

niece la nièce, I-4.1

night la nuit, **7.3**

  last night hier soir, I-10.2

nightclub la boîte, **2.1**

nightfall la nuit tombée, **4.1**

nightmare le cauchemar, **L8**

no non; aucun(e), II-4.2

  no longer ne… plus, I-6.1

  no more ne… plus, I-6.1

no one ne… personne, I-11; personne ne… , II-5

  no smoking (section) (la zone) non-fumeurs, I-8.1

nobody ne… personne, I-11; personne ne… , II-5

noise le bruit, I-L3, II-13.1

noisy bruyant(e), II-13.1

non-smoking (section) non-fumeurs, I-8.1

nonstop (flight) sans escale, II-4.2

noon midi (m.), I-BV

north le nord

North African nord-africain(e), maghrébin(e)

nose le nez, II-2.1

  to have a runny nose avoir le nez qui coule, II-2.1

not any aucun(e), II-4.2

not at all pas du tout, I-3.1

not bad pas mal, I-BV

note la note

notebook le cahier, I-3.2

notepad le bloc-notes, I-3.2

nothing ne… rien, I-11; rien ne… , II-5

  nothing to do with rien à voir avec

to **notice** remarquer; se rendre compte de, **5.2**

novel le roman, II-L1

novelist le romancier, la romancière, II-L1

November novembre (m.), I-BV

now maintenant, I-2.2

  right now en ce moment

nowadays de nos jours; actuellement

number le nombre; le numéro, II-5.2

  right number le bon numéro, II-3.2

  telephone number le numéro de téléphone

  wrong number l'erreur (f.); le mauvais numéro, II-3.2

numbered numéroté(e)

numerous nombreux, nombreuse

nurse l'infirmier, l'infirmière, II-8.1, **7.1**

nutrition l'alimentation (f.), **7.2**

oak le chêne, **8.1**

oboe le hautbois

object l'objet (m.)

to **oblige** obliger

to **observe** observer

obsession l'idée (f.) fixe

to **obtain** obtenir; se procurer

obvious évident(e), II-14

occupied occupé(e)

to **occupy** occuper

ocean l'océan (m.)

o'clock: It's . . . o'clock. Il est… heure(s)., I-BV

October octobre (m.), I-BV

odd curieux, curieuse

of (belonging to) de, I-1.2

  of course bien sûr

  Of course (not)! Mais oui (non)!

to **offer** offrir

office le bureau, II-11.1, II-14.1

official officiel(le)

often souvent, I-5.2

oil l'huile (f.), I-6.1; le pétrole

  oil tanker le pétrolier

okay (health) Ça va.; (agreement) d'accord, I-BV

  Okay! Bon!, I-6.1

old vieux (vieil), vieille, I-4.2; âgé(e); ancien(ne)

  How old are you? Tu as quel âge? (fam.), I-4.1

  old people's home la maison de retraite

  old town la vieille ville, **1.1**

older (adj.) aîné(e), **6.3**; (n.) l'aîné(e), I-L1

olive oil l'huile *(f.)* d'olive, II-6.1

omelette (with herbs/plain) l'omelette *(f.)* (aux fines herbes/nature), I-5.1

on sur, I-4.2

  on board à bord de, I-8.2

  on foot à pied, I-4.2

  on purpose exprès, **2.2**

  on sale en solde, I-7.1

  on time à l'heure, I-8.1

  on Tuesdays le mardi, II-1.2

one by one un(e) à un(e)

oneself soi

one-way street la rue à sens unique, II-11.1

one-way ticket l'aller simple *(m.)*, I-9.1

onion l'oignon *(m.)*, I-5.1, II-6.1

only seulement; uniquement; ne… que, **2.1**; *(adj.)* seul(e)

open ouvert(e), II-1.2

to **open** ouvrir, II-2.2, II-13.2

  opera l'opéra *(m.)*

    comic light opera l'opéra bouffe

    light opera l'opéra comique

to **operate** opérer

  operating room la salle d'opération, II-8.2

  operation l'opération *(f.)*; l'intervention *(f.)* chirurgicale

  opinion l'avis *(m.)*, I-7.2

  in my opinion à mon avis, I-7.2

opponent l'adversaire *(m./f.)*

  opponents le camp adverse, I-10.1

opportunity l'occasion *(f.)*

to **oppose** opposer, I-10.1

opposing adverse, I-10.1

opposite le contraire

optional facultatif (-ive)

or ou, I-1.1

  or else sinon, I-9.2

orally par voie orale, **4.1**

orange *(fruit)* l'orange *(f.)*, I-6.2, II-6.1; *(color)* orange *(inv.)*, I-7.2

  orange tree l'oranger *(m.)*, I-L2

orchestra l'orchestre *(m.)*

  orchestra seats l'orchestre *(m.)*, **3.2**

  symphony orchestra l'orchestre symphonique

order le commandement, **L4**

  in order to pour

to **order** commander, I-5.1

ordinary ordinaire

organ *(of the body)* l'organe *(m.)*; *(musical instrument)* l'orgue *(m.)*

to **organize** organiser

orthopedic surgeon le chirurgien-orthopédiste, II-8.2

other autre

  in other words autrement dit

  on the other hand par contre; d'autre part

  some others d'autres, I-2.2

otherwise sinon, I-9.2

outing l'excursion *(f.)*; la sortie, **2.1**

outdoors en plein air; dehors

outgoing sociable, I-1.2

outfit l'ensemble *(m.)*

outside *(n.)* l'extérieur *(m.)*; *(adv.)* à l'extérieur, dehors; *(prep.)* au dehors de

  to work outside the home travailler à l'extérieur

outskirts la périphérie

oven le four, II-6.1

  microwave oven le four à micro-ondes, II-6.1

over *(prep.)* par-dessus, I-10.2

  over there là-bas, II-10.1

overcast *(sky)* couvert(e), **1.3**; voilé(e), **1.3**

to **overlook** donner sur, I-4.2; dominer

overseas *(adj.)* d'outre-mer

to **owe** devoir, I-10

to **own** posséder

  owner le/la propriétaire

ox le bœuf, II-11.2

oxygen l'oxygène *(m.)*

  oxygen mask le masque à oxygène, II-4.2

oyster l'huître *(f.)*, II-6.2

to **pack** *(suitcases)* faire les valises, I-8.1

package le paquet, I-6.2; le colis, II-5.2

  package price le forfait, **1.3**

packed *(stadium)* comble, I-10.1; *(train)* bondé(e), II-10.1

  packed in serré(e), **8.2**

pain in the neck *(slang)* casse-pieds

painful douloureux, douloureuse

to **paint** peindre, **L4**

  painted peint(e), **8.1, 8.3**

  painted red peint(e) en rouge, **8.1**

painter l'artiste peintre *(m./f.)*, le/la peintre, II-1.2

  house painter le peintre en bâtiment, II-14.1

painting la peinture, II-1.2; le tableau, II-1.2

pair la paire, I-7.1

pal le copain, la copine, I-2.1

palace le palais, **8.3**

pancake la crêpe, I-BV

to **panic** s'affoler, **L8**

pants le pantalon, I-7.1

paper le papier, I-3.2

  sheet of paper la feuille de papier, I-3.2

parade le défilé, II-12.1

paragraph le paragraphe

parents les parents *(m. pl.)*, I-4.1

Parisian *(adj.)* parisien(ne)

park le parc

to **park** se garer, II-7.1; stationner, II-11.1

parking lot le parking, II-11.1

parking meter le parcmètre, II-11.1

parsley le persil, II-6.1

part la partie

to be part of faire partie de

to **participate (in)** participer (à)

party la fête, I-4.1

to throw a party donner une fête, I-4.1

pass la passe

to **pass** passer, I-10.1; doubler, II-7.2

to pass an exam réussir à un examen

passage le passage

passageway le passage

passbook le livret de caisse d'épargne

passenger le passager, la passagère, I-8.1; le voyageur, la voyageuse, **1.2**

passerby le/la passant(e), **L2**

passing passager (-ère), **7.3**

passport le passeport, I-8.1

passport check le contrôle des passeports, II-4.2

past passé(e)

in the past autrefois, **2.2**

pasta les pâtes (f. pl.), II-6.1

pasture le pâturage, **4.3**

pâté le pâté

path le chemin, **3.1**

patience la patience, I-9.2

to lose patience perdre patience, I-9.2

patient le/la malade, II-2.2; (adj.) patient(e), I-1.1

patio la terrasse, I-4.2

to **pay** payer, I-3.2

to pay attention faire attention

to pay back rembourser

to pay cash payer en espèces, II-9.2

to pay a deposit verser des arrhes, II-9.1

payment le paiement; la rémunération, **7.1**

peace la paix

pear la poire, I-6.2

peas les petits pois (m. pl.), I-6.2

peasant le/la paysan(ne), I-L1

pedestrian le piéton, la piétonne, II-11.1; (adj.) piétonnier (-ière), **8.1**

to **peel** éplucher, II-6.2

pen le stylo, **L1**

ballpoint pen le stylo-bille, I-3.2

felt-tip pen le feutre, I-3.2

penalty (soccer) le penalty

pencil le crayon, I-3.2

penicillin la pénicilline, II-2.1

people les gens (m. pl.)

pepper le poivre, I-6.1

percent pour cent

perfect parfait(e)

to **perfect** perfectionner

perfectly parfaitement

to **perform** jouer, II-1.1, **3.2**

performance (play) la représentation, **3.2**

perhaps peut-être

period l'époque (f.); la période; le point

permanent définitif (-ive), **7.3**

permanently définitivement, **7.3**

to **permit** permettre

person la personne

personal personnel(le)

of a personal nature d'ordre personnel

personality la personnalité

personally personnellement, II-1.2

pew le banc, **6.2**

pharmacist le/la pharmacien(ne), II-2.2

pharmacy la pharmacie, I-2.2

phenomenon le phénomène

phone card la télécarte, II-3.2

photograph la photo

physical physique

physicist le/la physicien(ne)

physics la physique, I-2.2

to **pick up** ramasser, I-8.2, **L5**; recueillir; venir chercher (quelqu'un), II-4.2; cueillir, **L6**

to pick up the (telephone) receiver décrocher (le téléphone), II-3.2

pickpocket le pickpocket, **5.2**

pickup truck le pick-up

picnic le pique-nique

picturesque pittoresque

pie la tarte, I-6.1

piece le morceau, II-6.2

pig le cochon, II-11.2

pill le comprimé, II-2.2

pillow l'oreiller (m.), II-4.2

pilot le/la pilote, I-8.2

pink rose, I-7.1

pipe le tuyau, **8.1**

piracy le piratage

pizza la pizza, I-BV

place l'endroit (m.), **1.1**; la place, le lieu

to take place avoir lieu, II-12.1

to **place** mettre, I-7.1

plague le fléau, **5.3**

plain la plaine

plan le projet

plane l'avion (m.), I-8.1, II-L3

by plane en avion

plant la plante

plastic le plastique

plate l'assiette (f.), I-5.2

platform (railroad) le quai, I-9.1, II-10.1, **1.2**

play la pièce (de théâtre), II-1.1, **3.2**

to put on a play monter une pièce, II-1.1

to **play** jouer, I-3.2; disputer, **7.3**
   to play *(a sport)* jouer à, I-10.1; *(instrument)* jouer de, II-12.1
player le joueur, la joueuse, I-10.1
playing field *(sports)* le terrain de plein air, **7.1**
playwright l'auteur *(m.)* dramatique
pleasant agréable, **7.3**
please s'il vous plaît *(form.)*, s'il te plaît *(fam.)*, I-BV
to **please** plaire à, **2.2**; faire plaisir à, **L2**
pleasure le plaisir
pleat le pli, **L6**
pleated plissé(e), I-7.1
plot l'argument *(m.)*
plumber le plombier, II-14.1
plus plus; le plus, **3.3**
P.M. de l'après-midi; du soir, I-BV
pocket money l'argent *(m.)* de poche, **2.1**
poem le poème
poet *(m./f.)* le poète
police la police, **5.1**
   police officer l'agent *(m.)* de police, II-11.1
   police station le commissariat de police, **5.2**
polite poli(e), II-13.1
politely poliment
politeness la politesse, I-BV
political politique
polluted pollué(e)
pollution la pollution
polo shirt le polo, I-7.1
pool la piscine, I-11.1, **7.1**
poor pauvre, I-L1, II-2.1
pop *(music)* pop
pope le pape, **8.3**
popular populaire, I-1.2
   to be popular avoir la cote, **2.1**
pork le porc, I-6.1, II-6.2
   la côtelette de porc pork chop, II-6.2

port le port
portable CD player le baladeur, **3.1**
Portuguese portugais(e)
position la position
to **possess** posséder
possession la possession
possibility la possibilité
possible possible
post office la poste, II-5.2; le bureau de poste, II-5.2
postal postal(e)
   postal employee l'employé(e) des postes, II-5.2
postcard la carte postale, I-9.1, II-5.2
poster l'affiche *(f.)*
pot la casserole, II-6.2
potato la pomme de terre, I-6.2, II-6.1
pound la livre, I-6.2
power la puissance, **4.3**
practical pratique
to **practice** pratiquer; travailler
to **pray** prier, **6.1**
prayer l'oraison *(f.)*, **4.2**
to **predict** prévoir, **1.2**
to **prefer** préférer, I-6
prehistoric préhistorique
prejudice le préjugé, **6.3**
to **prepare** préparer
prerecorded en différé, **5.1**
to **prescribe** prescrire, II-2.2
prescription l'ordonnance *(f.)*, II-2.2
   to write a prescription faire une ordonnance, II-2.2
present le cadeau, I-4.1
to **present** présenter
press la presse
to **press** appuyer sur, II-3.1
pressure la pression, II-7.1
prestigious prestigieux, prestigieuse
pretty joli(e), I-4.2
price le prix, I-7.1
priest le prêtre, **6.1**; l'abbé *(m.)*
principal principal(e)
principle le principe, **4.1**

to **print** imprimer
printer l'imprimante *(f.)*, II-3.1
printing le tirage, **5.1**
prison la prison, I-L4
   prison with hard labor le bagne, **L5**
prisoner le prisonnier, la prisonnière, I-L4
private individuel(le); privé(e)
prized prisé(e), **1.1**
probably sans doute, **L8**
problem le problème; la difficulté
process: in the process of en train de, **L8**
to **produce** produire
product le produit
profession la profession
professional professionnel(le)
program le programme, **2.1**; *(TV)* l'émission *(f.)*, I-12.2
programming la programmation
progress le progrès
promise la promesse
promotion l'avancement *(m.)*
to **pronounce** prononcer
property la propriété
protein la protéine
proud (of) fier, fière (de), **4.1**
Provence la Provence, **2.3**
   of or from Provence provençal(e), **2.3**
to **provide** fournir, **L1**
provided that pourvu que, **5**
public public, publique
to **publish** publier
pulmonary pulmonaire, **7.2**
pulse le pouls, II-8.2, **7.2**
to **punish** punir
purchase achat *(m.)*
purpose: on purpose exprès, **2.2**
to **pursue** poursuivre, **5.1**
to **push** pousser, II-10.2, **5.2**; *(button, etc.)* appuyer sur, II-3.1

to push and shove
bousculer, II-13.1

to **put (on)** mettre, I-7.1

to put on makeup se
maquiller, I-12.1

to put on a play monter
une pièce, II-1.1

to **putter around the house**
bricoler, **3.1**

quality la qualité

to **quarrel** se fâcher

quay le quai, **L1**

**Quebec: from or of
Quebec** québécois

queen la reine

question la question, I-3.1

to ask a question poser
une question, I-3.1

to **question** interroger, **L1**

quick rapide

quickly rapidement

quite assez, I-1.1

quiz l'interro(gation) (f.)

rabbi le rabbin, **6.1**

rabbit le lapin, II-11.2

race (human population) la
race; (competition) la
course, I-10.2

bicycle race la course
cycliste, I-10.2

radio la radio, I-3.2

radio listener l'auditeur,
l'auditrice de radio, **5.1**

rail (adj.) ferroviaire

railroad le chemin de fer

rain la pluie, **1.3**

to **rain: It's raining.** Il pleut.,
I-11.1

raindrop la goutte de pluie,
1.3

rainy pluvieux, pluvieuse,
1.3

to **raise** lever

to raise one's hand lever
la main, I-3.1

raisin le raisin sec

rap (music) le rap

rapidly rapidement

rare (meat) saignant(e), I-5.2;
rare

rather plutôt

razor le rasoir, I-12.1

to **react** réagir

to **read** lire, I-9.2

reading la lecture

ready prêt(e)

real vrai(e), I-2.2; véritable

reality la réalité

to **realize** se rendre compte,
5.2

really vraiment, I-1.1

rear l'arrière (m.), I-8.2,
II-10.2

rear guard l'arrière-garde (f.)

reason la raison

to **reassure** rassurer

to **receive** recevoir, I-10.2

recently récemment

reception l'accueil (m.), **7.1**

recess la récré(ation), I-3.2

research la recherche, **7.1**

recipe la recette, II-6.1

to **recognize** reconnaître

to **recommend** recommander

record le disque

to **record** enregistrer, **3.3**

recreation director
l'animateur, l'animatrice,
1.3

recycling le recyclage

red rouge, I-7.1

reduced réduit(e), **1.1**

referee l'arbitre (m.), I-10.1

refrigerator le frigidaire,
I-12.2; le réfrigérateur,
I-12.2, II-6.1; le frigo
(slang), II-6.1

region la région

registration card la fiche,
II-9.1

police registration card la
fiche de police, II-9.1

regular régulier, régulière

to **reimburse** rembourser

relaxation la détente, **1.3**,
3.1

religious religieux,
religieuse, II-12.2

to **remain** rester, I-11.1

remains les vestiges (m. pl.)

to **remember** se rappeler; se
souvenir de, **L2**

remote éloigné(e)

remote control la
télécommande, I-12.2

to **renounce** renier, **4.3**

to **renovate** rénover

renowned renommé(e)

to **rent** louer, II-1.1

rental la location

to **repair** réparer

repatriation le
rapatriement, **L4**

to **replace** remplacer

to **report (a crime)** déclarer,
5.2

reporter le/la journaliste,
II-14.1

to **represent** représenter

research la recherche

to **resemble** ressembler à

to **reserve** réserver, II-9.1

to **resolve** résoudre

respective respectif (-ive)

respiratory respiratoire

responsible responsable

rest le repos, **3.1**

restaurant le restaurant,
I-5.2; le resto (inform.)

result le résultat

as a result par conséquent

résumé le curriculum vitae
(C.V.), II-14.2

return le retour

to **return** rentrer, I-3.2;
(volleyball) renvoyer,
I-10.2; retourner

reunited réuni(e)

revolution la révolution

revolutionary
révolutionnaire

reward la récompense, **3.1**

rhyme la rime

to **rhyme** rimer

rhythm le rythme

ribbon le ruban, **6.1**

rice le riz, **L4**, **6.1**

rich riche

richness la richesse

rider le cavalier, la cavalière, **7.1**

ridiculous ridicule

right le droit; *(adv.)* à droite, II-11.1

right away tout de suite

right there juste là

ring la bague, **5.3**

to **ring** *(telephone)* sonner, II-3.2

ringing la sonnerie

to **rinse** rincer

rise la hausse, **5.1**

to **rise** augmenter, **3.1**

rising en hausse, **6.1**

rising sun le soleil levant, **L5**

rivalry la rivalité

river le fleuve, **L1**; la rivière, II-L2

Riviera (French) la Côte d'Azur

road la route, II-7.2; le chemin, **3.1**

road map la carte (routière), II-7.2

road sign le panneau, II-7.2

road signs la signalisation, **5.1**

roast beef le rôti de bœuf, II-6.2

robber le bandit, **5.3**

rock le rocher, I-L3; *(music)* le rock

rocket la fusée, **L8**

role le rôle

roll of toilet paper le rouleau de papier hygiénique, II-9.2

Roman romain(e)

romantic romantique

roof le toit, **8.1**

thatched roof le toit de chaume

room *(in house)* la pièce, I-4.2; la salle; *(in hotel)* la chambre, II-9.1

dining room la salle à manger, I-4.2

living room la salle de séjour, I-4.2

rooster le coq

root la racine, **4.1**

rose la rose, **L1**

rosemary le romarin

round *(adj.)* rond(e); *(n.)* la ronde *(dance)*, **L2**

round (piece) la rondelle, II-6.2

round-trip ticket le billet aller-retour, I-9.1

route le chemin, **3.1**

routine la routine, I-12.1

row le rang, II-12.1, **6.2**

royal royal(e)

rubble les décombres *(m. pl.)*, **4.3**

ruin la ruine

to **ruin** ruiner

rule la règle

rules of the road le code de la route, II-11.1

ruler la règle, I-3.2

to **run** courir, **7.3**

to run away s'enfuir, **L5**

to run a red light brûler un feu rouge, II-7.2

runner le coureur, I-10.2

running shoe la basket, I-7.1

runway la piste, I-8.1

rural rural(e)

to **rush** se précipiter, **5.3**

rush hour les heures *(f.)* de pointe, II-10.1

Russian *(language)* le russe

sad triste, I-L1, II-13.2, **L6**

safe and sound sain et sauf, **L8**

sailor le marin, I-L4, **L2**

salad la salade, I-5.1

salami le saucisson, I-6.1

salary le salaire, II-14.2

sale: on sale en solde, I-7.1; en promotion

salesperson le vendeur, la vendeuse, I-7.1

salmon le saumon, II-6.2

salt le sel, I-6.1

same même, I-2.1

all the same tout de même, I-5.2

It's all the same to me. Ça m'est égal., II-1.1

the same goes for me moi de même, II-13.2

sand le sable, **1.1**

sandals les sandales *(f. pl.)*, I-7.1

sandwich le sandwich, I-BV

Santa Claus le Père Noël, II-12.2

sardine la sardine

to **satisfy** satisfaire

Saturday samedi *(m.)*, I-BV

sauce la sauce, II-6.2

sauerkraut la choucroute, II-6.1

sausage la saucisse, II-6.1

to **save** sauver; sauvegarder, II-3.1; *(money)* faire des économies, II-5.1; économiser; mettre de côté, II-5.1

to **savor** déguster, **4.3**

saxophone le saxophone

to **say** dire, I-9.2

scale la balance, II-5.2

scarf l'écharpe *(f.)*, I-11.2

scene la scène, II-1.1

schedule l'emploi *(m.)* du temps; l'horaire *(m.)*, I-9.1

school l'école *(f.)*, I-1.2; *(adj.)* scolaire, I-3.2

elementary school l'école primaire

junior high/high school l'école secondaire, I-1.2

high school le lycée, I-2.1

school supplies la fourniture scolaire, I-3.2

schooling la scolarité

science les sciences *(f. pl.)*, I-2.1

natural sciences les sciences naturelles, I-2.1

social sciences les sciences sociales, I-2.1

scientific scientifique

scientist le savant, **L1**

to **score a goal** marquer un but, I-10.1

to **scratch** gratter, II-2.1

screen l'écran (m.), I-8.1, II-3.1, **3.1**

to **scrutinize** scruter, **4.2**

scuba diving la plongée sous-marine, **1.1**

sculptor le sculpteur (m./f.), II-1.2

sculpture la sculpture, II-1.2

sea la mer, I-11.1, **1.1, L3;** l'onde (f.) (literary), **L2**

   by the sea au bord de la mer, I-11.1

seafood les fruits de mer, II-6.2

seashore le bord de la mer, I-11.1

seaside resort la station balnéaire, I-11.1, **1.1**

season la saison

seat le siège, I-8.2; la place (plane, train, movie, etc.), I-8.1; le fauteuil (theater), **3.2**

   seat back le dossier du siège, II-4.2

   seat belt la ceinture de sécurité, I-8.2, II-7.1

seated assis(e), I-9.2, **4.1**

second (adj.) deuxième, I-4.2; second(e)

   in second class en seconde, I-9.1

secret (adj.) secret, secrète; (n.) le secret

secretary le/la secrétaire, II-14.1, II-L3

section (newspaper) la rubrique, **5.1**

security (airport) le contrôle de sécurité, I-8.1

to **see** voir, I-7.1

   See you later. À tout à l'heure., I-BV

   See you soon! À bientôt!, I-BV

   See you tomorrow. À demain., I-BV

to **seem** sembler, **5.3**

to **seize** saisir, **L8**

   seldom très peu

   self-employed: to be self-employed être à son compte, II-14.2

to **sell** vendre, I-9.1

to **send** envoyer, I-10.1, II-3.1; emmener, I-L4

sender l'expéditeur, l'expéditrice

Senegal le Sénégal, **4.1**

sense le sens

sensitive sensible

separate séparer

September septembre (m.), I-BV

serious sérieux, sérieuse, I-7; grave, II-3.2

to **serve** servir, I-8.2; I-10.2; (go to) desservir, II-4.1

service le service, I-5.2

serving dish le plat, II-6.1

to **set** régler, II-L1

   to set a bone remettre un os en place, II-8.2

   to set the table mettre la table, I-7; mettre le couvert

to **settle** s'installer

settled installé(e), **6.3**

several plusieurs

to **shake hands** se serrer la main, II-13.1

   Shall we go? On y va?

shame la honte, **2.3**

   it's a shame c'est dommage, **3**

shampoo le shampooing, I-12.1

shape la forme

to **share** partager, II-13.1, **2.1**

to **sharpen** tailler, **L1**

to **shave** se raser, I-12.1

shaver le rasoir, I-12.1

shed le hangar, II-11.2

sheep le mouton, II-11.2

sheet le drap, II-9.2

   sheet of paper la feuille de papier, I-3.2

to **shelter** abriter, **8.2**

shepherd le berger; le pasteur, **4.3**

to **shine** briller, **1.3**

shirt la chemise, I-7.1

shoe la chaussure, I-7.1; le soulier, II-12.2

to **shoot** (ball) lancer, I-10.2

shop la boutique, I-7.1

to **shop** faire des achats

shopkeeper le/la commerçant(e), II-14.1

shopping le shopping, I-7.2

   to do the grocery shopping faire les courses, I-6.1

   to go shopping faire des courses, I-7.2

   shopping cart le chariot, I-6.2

   shopping center le centre commercial, I-7.1

short petit(e), I-1.1; court(e), I-7.1

   in a short time en très peu de temps

   short story la nouvelle

   short subject le court-métrage, **8.3**

shorts le short, I-7.1

to **shout** crier, I-L4

shovel la pelle, **L3**

show (TV) l'émission (f.), I-12.2; le spectacle

show(ing) (movies) la séance, II-1.1

to **show** montrer; (movie) jouer

shower la douche, I-12.1

   to take a shower prendre une douche, I-12.1

shrimp la crevette, I-6.1

shuttle la navette

shy timide, I-1.2

sick malade, II-2.1, I-L1

   to get sick tomber malade, I-L1

   sick person le/la malade, II-2.2

side le côté, II-4.1; (in a sporting event) le camp, I-10.1

sidewalk le trottoir, II-11.1

   sidewalk café la terrasse (d'un café), I-5.1

sign le signal; la marque, II-L4

to **sign** signer

signal le signal

silent silencieux, silencieuse

silverware les couverts (*m. pl.*) en argent, **L5**; l'argenterie (*f.*), **L5**

similar semblable, I-L1

simply simplement

since (*time*) depuis, I-9.2, II-10.2

to **sing** chanter, II-1.2

singer le chanteur, la chanteuse, II-1.1

single unique; seul(e)

single-parent monoparental(e), **6.1**

sink (*kitchen*) l'évier (*m.*), I-12.2; (*bathroom*) le lavabo, **L4**

sinus infection la sinusite, II-2.2

sir monsieur, I-BV

sister la sœur, I-1.2

to **sit: Where would you like to sit?** Qu'est-ce que vous voulez comme place?, I-8.1

site le site

size (*clothes*) la taille; (*shoes*) la pointure, I-7.2

the next larger size la taille au-dessus, I-7.2

the next smaller size la taille au-dessous, I-7.2

to wear size (number) faire du (numéro), I-7.2

What size do you wear? Vous faites quelle taille (pointure)?, I-7.2

skate le patin, I-11.2

to **skate** (*ice*) faire du patin (à glace), I-11.1

to go skating faire du patin, I-11.1

skating rink la patinoire, I-11.2

skeleton le squelette

ski le ski, I-11.2

ski boot la chaussure de ski, I-11.2

ski cap le bonnet, I-11.2

ski jacket l'anorak (*m.*), I-7.1

ski lift la remontée mécanique, **1.1**

ski pole le bâton, I-11.2

ski resort la station de sports d'hiver, I-11.2, **1.1**

ski slope la piste, I-11.2, **1.1**

to **ski** faire du ski, I-11.2

skier le skieur, la skieuse, I-11.2

skiing le ski, I-11.2

cross-country skiing le ski de fond, I-11.2, **1.1**

downhill skiing le ski alpin, I-11.2, **1.1**

skirt la jupe, I-7.1

skull la boîte crânienne

sky le ciel, I-11.1, **1.3, 4.2**

sleep le sommeil, **L5, 7.3**

to **sleep** dormir, I-8.2

sleeping car le wagon-couchette

sleeve la manche, I-7.1

long-(short-)sleeved à manches longues (courtes), I-7.1

slice la tranche, I-6.2

slice of bread with butter or jam la tartine

to **slip** glisser, II-8.1

slope la pente

slot le fente, II-3.2

to **slow down** ralentir, II-7.1

small petit(e), I-1.1: (*clothes*) étroit(e), **L7**

smile le sourire, **L6**

to **smile** sourire, **L6**

smoke la fumée

to **smoke** fumer, II-4.2

snack la collation, II-4.2

snack bar (*train*) le snack-bar, I-9.2

to **snatch** arracher, **L7**

sneaker la basket, I-7.1

to **sneeze** éternuer, II-2.1

to **snore** ronfler, **L8**

snorkeling la plongée sous-marine, **1.1**

snow la neige, I-11.2, **1.1**

to **snow: It's snowing.** Il neige., I-11.2

snowboarding le surf des neiges, **3.1**

snowman le bonhomme de neige

to **snuggle up to** se serrer contre, **L2**

so alors, I-BV; donc; si (*adv.*)

so that de sorte que, **5**; de façon que, **5**; de manière que, **5**

to **soak** tremper, **8.3**

soap le savon, I-12.1, II-9.2

soccer le foot(ball), I-10.1

soccer field le terrain de football, I-10.1

sociable sociable, I-1.2

social social(e)

social blunder le faux pas

social sciences les sciences sociales (*f. pl.*), I-2.1

social worker l'assistant(e) social(e), II-14.1

sock la chaussette, I-7.1

software le software, II-3.1; le logiciel, II-3.1

soldier le soldat, I-L3, II-12.1

sole le sole, II-6.2

solely uniquement

solid solide

solution la solution

some quelques, I-9.2; certains

some other d'autres, I-2.2

somebody quelqu'un, I-10.1

someone quelqu'un, I-10.1

someone else quelqu'un d'autre, II-L3

something quelque chose, I-11

something else autre chose

something special quelque chose de spécial

sometimes quelquefois, I-5.2

somewhere quelque part

son le fils, I-4.1

song la chanson, **L1**

soon bientôt

  See you soon. À bientôt., I-BV

sore throat: to have a sore throat avoir mal à la gorge, II-2.1

sorry désolé(e), II-3.2, II-13.2

  to be sorry regretter, I-6.1, II-13.2

  I'm sorry. Désolé(e)., II-3.2

sort la sorte, **7.3**

so-so comme ci, comme ça

sound le son, I-L3; *(adj.)* sonore

soup la soupe, I-5.1

source la source

south le sud

south-east le sud-est

South America l'Amérique *(f.)* du Sud

space l'espace *(m.)*

  open spaces les grands espaces

spaghetti les spaghettis *(m. pl.)*

Spanish espagnol(e)

Spanish *(language)* l'espagnol *(m.)*, I-2.2

spare tire la roue de secours, II-7.1

to **sparkle** scintiller

to **speak** parler, I-3.1

  to speak ill of dire du mal de, **8.2**

  to speak to s'adresser à

special spécial(e)

specialty la spécialité

specific précis(e)

to **specify** préciser, **4.3, L4**

spectator le spectateur, la spectatrice, I-10.1, **3.1**

speech le discours

speed la vitesse, II-4.1

  speed limit la limitation de vitesse, II-7.2, **5.1**

to **spell** épeler

to **spend** *(time)* passer, I-3.1; *(money)* dépenser, II-5.1

spice l'épice *(f.)*

spicy épicé(e)

to **spill** déverser

spinach les épinards *(m. pl.)*, I-6.2

spinal cord la moelle épinière

spirit l'esprit *(m.)*

splendid splendide, II-4.1

to **spoil** gâter

spoon la cuillère, I-5.2

sport le sport, I-10.2

  sports car la voiture de sport, II-7.1

  team sport le sport collectif; le sport d'équipe, I-10.2

to **sport** arborer, **L7**

spot *(place)* l'endroit *(m.)*, **1.1**; *(stain)* la tache, **L8**

to **sprain one's ankle** se fouler la cheville, II-8.1

spring *(season)* le printemps, I-11.1; *(water)* la source

square *(adj.)* carré(e), **L4**; *(n.)* la place

  square in front of a church le parvis de l'église, **6.1**

stable l'étable *(f.)*, II-11.2

stadium le stade, I-10.1

stage *(of a race)* l'étape *(f.)*; *(theater)* la scène, **3.2**

  stage set le décor, **3.2**

stain la tache, **L8**

staircase l'escalier *(m.)*, I-4.2

stall *(market)* l'étal *(m.)*

stamp le timbre II-5.2

  stamp machine le distributeur automatique (de timbres), II-5.2

to **stamp** *(a ticket)* composter, I-9.1, **1.2**

stand l'étal *(m.)*

standing debout, I-9.2

star l'astre *(m.)*, **4.2**; l'étoile, **4.2**

to **stare at** regarder fixement

to **start** commencer, I-9.2

  to start the car mettre le contact, II-7.1

state l'état *(m.)*

  state of the art haut de gamme

statement *(bank)* le relevé

station la station, I-4.2, II-10.1

  gas station la station-service, II-7.1

  station wagon le break, II-7.1

  subway station la station de métro, I-4.2

stationery le papier à lettres, **L7**

  stationery store la papeterie, I-3.2

statue la statue, II-1.2

stay le séjour, II-9.1, **1.1**

to **stay** rester, I-11.1

  steak and French fries le steak frites, I-5.2

to **steal** voler, **5.1**

  steering wheel le volant, **5.3**

  step le pas, II-L2, **L3, L8**; *(stair)* la marche

  to take a step faire un pas, II-L2

to **step in** intervenir

stepfather le beau-père, I-4.1

stepmother la belle-mère, I-4.1

stick le bâton, **L7**

still toujours, II-10.2; encore, I-11

to **stir** remuer, II-6.2

stitch le point de suture, II-8.2

stomach le ventre, II-2.1, **L7**

stone la pierre, **3.3**

stop l'arrêt *(m.)*, I-9.2, II-10.2

  bus stop l'arrêt d'autobus, II-10.2

to **stop** arrêter, **5.2**; s'arrêter, I-10.1; cesser; *(plane)* faire escale, II-4.2

  Stop, thief! Au voleur!, **5.2**

  stopover l'escale *(f.)*, II-4.2

store le magasin, I-3.2, II-14.1

  department store le grand magasin, I-7.1

to **store** stocker; emmagasiner; entreposer, II-11.2; mettre en réserve

storm l'orage (m.), **1.2, 1.3**; la tempête, **1.3**

storming: to be storming faire de l'orage, **1.3**

stormy orageux, orageuse, **1.3**

story l'histoire (f.)

  short story la nouvelle

stove la cuisinière, II-6.1

straight ahead tout droit, II-7.2

strategy la stratégie

strawberry la fraise, I-6.2

streamer le serpentin, II-12.1

street la rue, I-3.1, II-5.2, II-11.1

  narrow street la ruelle, **1.1**

  one-way street la rue à sens unique, II-11.1

  on the street corner au coin de la rue, **4.1**

  street map le plan, II-7.2

strength la force

to **stretch out** allonger

stretcher le brancard, II-8.1

stretching l'étirement (m.), **7.3**

strict strict(e), I-2.1

strike la grève, **5.3**

to **stroll** flâner, **1.1, L1**

strong fort(e), I-2.2, **7.3**

student l'élève (m./f.), I-1.2; l'étudiant(e) (university)

studio (artist's) l'atelier (m.); (apartment) le studio

study l'étude (f.)

to **study** étudier, I-3.1; faire des études

  to study French (math, etc.) faire du français (des maths, etc.), I-6

stuffing la farce

stupid stupide

  stupid thing la bêtise

style le look

in style à la mode

subject le sujet; (in school) la matière, I-2.2

  on the subject of à propos de

subtitles les sous-titres (m. pl.), II-1.1

to **subtract** soustraire

suburbs la banlieue, II-4.1, II-11.1

subway le métro, I-4.2, II-10.1

  subway map le plan du métro, II-10.1

  subway station la station de métro, I-4.2, II-10.1

to **succeed in (doing)** arriver à (+ inf.), I-9.1

success le succès; la réussite

such as tel(le) que

suddenly soudain

to **suffer** souffrir, II-2.2

  sugar le sucre

  sugared almond la dragée, **6.1**

to **suggest** proposer; suggérer

suit (men's) le complet; (women's) le tailleur, I-7.1

suitcase la valise, I-8.1

sum la somme

summer l'été (m.)

  in summer en été, I-11.1

summit le sommet, I-11.2

sun le soleil, I-11.1, **1.3**

to **sunbathe** prendre un bain de soleil, I-11.1

sunburn le coup de soleil, I-11.1

Sunday dimanche (m.), I-BV

sunflower le tournesol, **L8**

sunglasses les lunettes (f. pl.) de soleil, I-11.1

sunny ensoleillé(e)

  It's sunny. Il fait du soleil., I-11.1

sunrise le lever du soleil, **4.2**

sunset le coucher du soleil, **4.2**

suntan lotion la crème solaire, I-11.1

super super

superbe superbe

supermarket le supermarché, I-6.2

supply la fourniture

  school supplies les fournitures scolaires, I-3.2

sure sûr(e)

surfer le surfeur, la surfeuse, I-11.1

surfing le surf, I-11.1

  to go surfing faire du surf, I-11.1

to **surf the Net** naviguer sur Internet

surgeon le chirurgien, II-8.2

  orthopedic surgeon le chirurgien-orthopédiste, II-8.2

surprise la surprise

to **surprise** étonner

surprised étonné(e), II-13.2

survey le sondage, l'enquête (f.)

survival la survie

to **swallow** avaler, II-2.2

sweater le pull, I-7.1; le chandail, **L7**

sweatshirt le sweat-shirt, I-7.1

sweet potato la patate douce

to **swim** nager, I-11.1, **1.1**; se baigner, **7.1**; faire de la natation, **7.1**

swimmer le nageur, la nageuse, **7.1**

swimming la natation, I-11.1

sword l'épée (f.), I-L3

symphony la symphonie

symptom le symptôme

syrup le sirop, II-2.1

system le système

table la table, I-5.1

  table setting le couvert, I-5.2

tablecloth la nappe, I-5.2

to **tailgate** suivre une voiture de trop près, II-11.1

to **take** prendre, I-5.2; *(someone somewhere)* emmener, II-8.1

to take again reprendre, **3.1**

to take a cab prendre un taxi, **1.2**

to take care of s'occuper de, **2.3**; soigner, II-8.1, II-L4; prendre soin de, II-L4

to take down descendre, I-9

to take an exam passer un examen, I-3.1

to take the . . . line *(subway)* prendre la direction… , II-10.1

to take off *(plane)* décoller, I-8.1

to take out retirer, II-3.1

to take place avoir lieu, II-12.1

to take possession of prendre possession de

to take size (number) faire du (numéro), I-7.2

to take the subway prendre le métro, I-5.2

to take a trip faire un voyage, I-8.1

to take up occuper

to take (something) upstairs monter, II-9.1

to take a walk faire une promenade, I-11.1; se promener, **L1, L5**

to take an x-ray faire une radio(graphie), **7.2**

What size do you take? Vous faites quelle taille (pointure)?, I-7.2

taken occupé(e)

takeoff *(plane)* le décollage, II-4.2

talent le talent

to **talk** parler, I-3.1

to talk on the phone parler au téléphone, I-3.2, II-L3

tall grand(e), I-1.1

to **tan** bronzer, I-11.1

tape la cassette, I-7.1

to **tape** enregistrer, **3.3**

tart la tarte, I-6.1

apple tart la tarte aux pommes, I-6.1

task la tâche, **2.3**

taste le goût, **2.1**

taxi le taxi

taxi stand la station de taxis, **1.2**

tea le thé

to **teach (someone to do something)** apprendre (à quelqu'un à faire quelque chose)

teacher le/la prof *(inform.)*, I-2.1; le professeur, I-2.1

elementary school teacher le maître, la maîtresse; l'instituteur, l'institutrice, **2.3**

team l'équipe *(f.)*, I-10.1

teammate le coéquipier, la coéquipière, I-10.1

tear la larme, II-L2, **L6**

technical technique

techno (music) la techno

technology la technologie

teenager l'adolescent(e)

telephone le téléphone, I-3.2, II-3.1; *(adj.)* téléphonique, II-3.2

telephone booth la cabine téléphonique, II-3.2

telephone call l'appel (téléphonique), II-3.2; le coup de téléphone

telephone card la télécarte, II-3.2

telephone directory l'annuaire *(m.)*, II-3.2

telephone number le numéro de téléphone

touch-tone telephone le téléphone à touches, II-3.2

television viewer le téléspectateur, la téléspectatrice, **3.1**

to **tell** dire, I-9.2

to tell (about) raconter

temperate tempéré

temperature la température

tempest la tempête, **1.3**

temple la tempe

temporary temporaire; passager (-ère), **7.3**

tendon le tendon

tent la tente, **4.3**

term le terme

terminal *(bus, etc.)* le terminal, **1.2**

terrace la terrasse, I-4.2

terrible terrible

terrific super; terrible

test l'examen *(m.)*, I-3.1

to take a test passer un examen, I-3.1

to pass a test réussir à un examen

text le texte, II-3.1

Thai thaïlandais(e)

to **thank** remercier, **L3, 6.2**

thank you merci, I-BV

thanks merci, I-BV

thanks to grâce à

that ça; ce (cet), cette; cela

that is (to say) c'est-à-dire

that one celui-là, celle-là, II-11.2

That's all. C'est tout., I-6.1

That's it., That's right. C'est ça.

thatched cottage la chaumière, **L6**

thatched roof le toit de chaume

theater le théâtre, II-1.1

theft le vol, **5.1**

theme le thème

then alors, I-BV; ensuite, I-12.1, **6.3**

there là, II-3.2

over there là-bas, II-10.1

there are il y a, I-4.1

there is il y a, I-4.1

therefore donc

thief le/la voleur(euse), **5.1, L5**

thin maigre, **L7**

thing la chose

It's not my thing. C'est pas mon truc., **2.2**

to **think** penser; croire, I-7.2; (*opinion*) trouver, I-7.2; réfléchir

thorn l'épine (*f.*), **L1**

thousand mille, I-3.2

throat la gorge, II-2.1

throat infection l'angine (*f.*), II-2.1

through par

to **throw** lancer, I-10.2, II-12.1

to throw a party donner une fête, I-4.1

thumb le pouce, II-13.1

thunder clap le coup de tonnerre, **1.3**

Thursday jeudi (*m.*), I-BV

thyme le thym, II-6.1

ticket le billet, I-8.1, **1.2**

bus or subway ticket le ticket, II-10.1

one-way ticket l'aller (simple), I-9.1

round-trip ticket le billet aller (et) retour, I-9.1

ticket machine le distributeur automatique, II-10.1

ticket window le guichet, I-9.1, II-10.1

traffic ticket la contravention, II-7.2

to **tie** (*score*) égaliser

tie la cravate, I-7.1, **L4**

tight serré(e), I-7.2

time (*of day*) l'heure (*f.*), I-BV; (*in a series*) la fois, I-10.2; le temps

(for) a long time longtemps, I-11.1

at the same time à la fois

at what time? à quelle heure?, I-2

from time to time de temps en temps, I-11.1, **1.3**

in a short time en très peu de temps

it's time that il est temps que, II-13

on time à l'heure, I-8.1

time difference le décalage horaire

times l'époque (*f.*)

What time is it? Il est quelle heure?, I-BV

timetable l'horaire (*m.*)

tip le bout; (*restaurant*) le pourboire, I-5.2

to leave a tip laisser un pourboire, I-5.2

The tip is included. Le service est compris., I-5.2

tire le pneu, II-7.1

flat tire le pneu à plat, II-7.1

spare tire la roue de secours, II-7.1

tired fatigué(e)

tirelessly inlassablement, **8.1**

tissue le kleenex, II-2.1

to à, I-3.1; à destination de (*plane, train, etc.*), I-8.1; (*in order to*) pour (*up*) **to** jusqu'à

toast le pain grillé

to **toast** porter un toast à

tobacco shop le bureau de tabac

today aujourd'hui, I-BV; de nos jours

toe le doigt de pied, II-8.1

together ensemble, I-5.1

to get together with retrouver

toilet paper le papier hygiénique, II-9.2

toll le péage, II-7.2

toll call l'appel interurbain

tomato la tomate, I-6.2

tomorrow demain, I-BV

See you tomorrow. À demain., I-BV

tonight ce soir

tonsillitis l'angine (*f.*), II-2.1

too (*also*) aussi, I-1.1; (*excessively*) trop, I-2.1

tool l'outil (*m.*), **4.3**; l'engin (*m.*), **7.3**

tooth la dent

toothbrush la brosse à dents, I-12.1

toothpaste le dentifrice, I-12.1

top: on top of each other superposé(e), **L4**

torn déchiré(e), **5.2, L7**

totally complètement; totalement

to **touch** toucher, I-10.2

to be in touch with être en contact avec

touch-tone telephone le téléphone à touches, II-3.2

tourist le/la touriste; (*adj.*) touristique

tourist office le bureau de (du) tourisme; le syndicat d'initiative

toward vers

towel la serviette, I-11.1, II-9.2

tower la tour, II-11.1

town la ville, I-8.1, II-5.2, II-11.1; le village

in town en ville, II-11.1

old town la vieille ville, **1.1**

small town le village

town hall la mairie, II-12.2, II-14.1

toxic toxique

toy le jouet

track la piste, I-10.2; (*railroad*) la voie, I-9.1

track and field l'athlétisme (*m.*), I-10.2

trade le métier, II-14.1; le commerce

tradition la tradition

traditional traditionnel(le)

traffic la circulation, **1.2**

traffic circle le rond-point, II-7.2, II-11.1

traffic jam le bouchon, II-7.2; l'embouteillage (*m.*), **1.2**

traffic light le feu, II-7.2, II-11.1

traffic ticket la contravention, II-7.2

tragedy la tragédie, II-13.1, **3.2**

tragic tragique

trailer la caravane, **1.1**

train le train, I-9.1

train station la gare, I-9.1, **1.2**

train station restaurant le buffet, I-9.1

training la formation, **3.3**

traitor le traître, la traîtresse

to **transform** transformer

to **transmit** transmettre, II-3.1

to **transport** transporter

transportation le transport

to **travel** voyager, I-8.1

travel agent l'agent (m.) de voyages

traveler le voyageur, la voyageuse, I-9.1, **1.2**

tray le plateau, I-8.2

treasure le trésor, I-L4

treasured prisé(e), **1.1**

to **treat** traiter

treatment le traitement

tree l'arbre (m.), I-L3

trick le truc, **5.2**

trigonometry la trigonométrie, I-2.2

trip le voyage, I-8.1; le trajet, II-10.2

to take a trip faire un voyage, I-8.1

trombone le trombone, II-12.1

tropical tropical(e)

trouble: to be in trouble être en difficulté

troupe (actors) la troupe (de théâtre), **3.2**

truck le camion, II-7.1

small truck la camionnette

true vrai(e), I-2.2

trumpet la trompette, II-12.1

trunk la malle, **L4**

truth la vérité, **L2**

to **try to** chercher à, **L2**

to **try on** essayer, I-7.2

T-shirt le t-shirt, I-7.1

Tuareg le/la Touareg, **4.3**

Tuesday mardi (m.), I-BV

tuna le thon

tunic la tunique

Tunisia la Tunisie, **4.1**

Tunisian tunisien(ne)

tunnel le tunnel

turkey le dindon; la dinde

turn signal le clignotant, I-7.2

to **turn** tourner, II-7.2

to turn around faire demi-tour, II-11.1; se retourner, **L2**

to turn off (appliance) éteindre, I-12.2, II-3.1, **5.1**

to turn on (appliance) mettre, I-7; allumer, I-12.2, II-3.1

to turn one's head détourner la tête, **L6**

turn signal le clignotant, II-7.2

turnstile le tourniquet, II-10.1

turtleneck le col roulé, **2.2**

TV la télé, I-12.2

on TV à la télé, I-12.2

TV news les informations (f. pl.), **2.1**

twin le jumeau, la jumelle, I-L1

to **twist** (one's knee, etc.) se tordre, II-8.1

type le type; la sorte, **7.3**; le genre, II-1.1

to **type** taper

typical typique

typically typiquement

ugly laid(e), **L2**

uncle l'oncle (m.), I-4.1

under sous, I-8.2

underdeveloped sous-développé(e), **L4**

underfed sous-alimenté(e), **L4**

underground souterrain(e)

to **understand** comprendre, I-5

to **unearth** déterrer

unemployed au chômage, II-14.2

unemployed person le chômeur, la chômeuse, II-14.2

unemployment le chômage, II-14.2, **5.3**

unfortunately malheureusement, **1.2**

unhappy malheureux, malheureuse

unit l'unité (f.)

United States les États-Unis (m. pl.)

university l'université (f.)

unknown inconnu(e)

unless à moins que, **5**

unmarried célibataire, **4.3**

to **unpack** défaire, II-9.1

until jusqu'à; jusqu'à ce que, **5**

up there là-haut

upper balcony (theater) la galerie, **3.2**

upset stomach le trouble digestif

use l'emploi (m.)

to **use** utiliser, II-3.1; se servir de, II-3.2, II-L4

useful utile

useless inutile, **L2**

usually d'habitude, I-12.2

to **vacate** libérer, II-9.2

vacation les vacances (f. pl.)

on vacation en vacances

summer vacation les grandes vacances

vacation day le congé, **1.1**

valid valable

to **validate** valider, II-10.1, **1.2**; (a ticket) composter, **1.2**

valley la vallée; le val

value la valeur

vanilla (adj.) à la vanille, I-5.1

varied varié(e)

variety la variété

various divers(e), **3.3**

VCR le magnétoscope, I-12.2

to **vary** varier

veal le veau, II-6.2

veal cutlet l'escalope (f.) de veau, II-6.2

vegetable le légume, I-6.2, II-6.1

vehicle (*large*) l'engin (*m.*), **7.3**

veil le voile

vein la veine

vengence la vengeance

to **verify** vérifier, I-8.1

very très, I-BV; tout

  very near tout près, I-4.2

  very well très bien, I-BV

victim la victime, **5.1**

victorious victorieux, victorieuse

victory la victoire

video la vidéo, I-3.1

  movie video le film en vidéo, II-1.1

  video game le jeu vidéo, **2.1**

  video game player la console de jeux vidéo, **2.1**

videocassette la cassette vidéo, I-12.2

Vietnamese vietnamien(ne), I-6

view la vue

village le village

vinegar le vinaigre, I-6.1

vineyard le vignoble, II-11.2

violent violent(e), **1.3**

violin le violon

viral viral(e)

virus le virus

visit la visite

to **visit** (*a place*) visiter, II-1.2; (*a person*) rendre visite à

vitamin la vitamine

voice la voix, **L2, 7.3**

volleyball le volley(-ball), I-10.2

voluntary bénévole, **3.2**

volunteer le/la bénévole, **3.2**; le/la volontaire

voyage le voyage

to **wait (for)** attendre, I-9.1

  to wait in line faire la queue, I-9.1

waiter le serveur, I-5.1

waiting line la file d'attente, **1.1**

waiting room la salle d'attente, I-9.1

waitress la serveuse, I-5.1

to **wake** tirer du sommeil, **7.3**

walk la promenade, I-11.1; la balade (*slang*), **7.3**

  to take a walk faire une promenade, I-11.1

to **walk** marcher, II-8.1; (*for exercise*) faire de la marche, **7.1**

walkway le passage piéton

wall le mur, I-L4, **L4, 8.3**

wallet le portefeuille, **5.2**

to **wander** flâner, **1.1**

to **want** désirer, vouloir, avoir envie de, **2.3**

war la guerre, I-L3

  war zone la zone de conflit

warm chaud(e)

warmup suit le survêtement, I-7.1

warrior le guerrier, I-L3

to **wash** se laver, I-12.1; faire sa toilette

  to wash one's hair (face, etc.) se laver les cheveux (la figure, etc.), I-12.1

washcloth le gant de toilette, I-12.1, II-9.2

waste le déchet

watch la montre, II-L1, **5.3**

to **watch** surveiller, II-7.2, **4.3**

  Watch out! Attention!, I-4.2

  to watch over surveiller, **4.3**; veiller sur, **4.3**

water l'eau (*f.*), I-6.2

to **water-ski** faire du ski nautique, I-11.1

way la façon

weak faible, I-L1, **7.3**

weapon l'arme (*f.*)

to **wear** porter, I-7.1

  to wear a disguise se déguiser, **2.3**

weather le temps, I-11.1, **1.3**

Web site le site

wedding le mariage, II-12.2

wedding cake la pièce montée, **6.1**

wedding ring l'alliance (*f.*), II-12.2, **6.1**

Wednesday mercredi (*m.*), I-BV

week la semaine, I-3.2

  a week huit jours

  a (per) week par semaine, I-3.2

  last week la semaine dernière, I-10.2

  next week la semaine prochaine

  two weeks quinze jours

weekend le week-end

to **weigh** peser, II-5.2, **8.2**

weight le poids

welcome le/la bienvenu(e); l'accueil (*m.*), **1.3**

  Welcome! Bienvenue!

  You're welcome. Je t'en prie. (*fam.*), I-BV; Je vous en prie. (*form.*), I-BV

to **welcome** accueillir, **4.1**

well (*adv.*) bien, I-BV; eh bien; ben (*slang*); (*n.*) le puits, **3.3, 4.3**

  well then alors, I-BV

well-behaved bien élevé(e), II-13.1; sage, II-12.2

well-done (*meat*) bien cuit(e), I-5.2

well-known connu(e), II-1.1

well-mannered bien élevé(e), II-13.1

well-to-do aisé(e), **4.3**

west l'ouest (*m.*)

western occidental(e)

western (*movie*) le western

wheat le blé, II-11.2

wheelchair le fauteuil roulant, II-8.1

when quand, I-4.1; lorsque, **4**

where où, I-1.1

  from where d'où, I-1.1

which quel(le), I-6

while pendant que, tandis que, **L6**

whistle le sifflet, **7.3**

to **whistle** siffler, I-10.1, II-L1

white blanc, blanche, I-7.2

who qui, I-1.1

whole *(adj.)* entier, entière; *(n.)* l'ensemble *(m.)*

whole-wheat bread le pain complet

whom qui, I-10

why pourquoi, I-6.2

  why not? pourquoi pas?

wicked stepmother la marâtre, **L6**

wide large, I-7.2

wife la femme, I-4.1

to **win** gagner, I-10.1; sortir victorieux (victorieuse)

wind le vent, I-11.1, **1.3**

  wind gust la rafale, **1.3**

to **wind (around)** s'enrouler, **L1**

window (seat) (une place) côté fenêtre, I-8.1

window *(store)* la vitrine, I-7.1

windowpane la vitre, **L4, 5.1**

windshield le pare-brise, II-7.1

windsurfing la planche à voile, I-11.1

  to go windsurfing faire de la planche à voile, I-11.1

windy: to be windy faire du vent, **1.3**

  It's windy. Il y a du vent., I-11.1

wine le vin

wings *(theater)* les coulisses *(f. pl.)*, **3.2**

winner le/la gagnant(e), I-10.2

  winner's cup la coupe, I-10.2

winter l'hiver *(m.)*, I-11.2

to **wipe** essuyer, II-L2

wise sage

wish le désir

to **wish** souhaiter, II-9.1, II-12.2

with avec, I-3.2; auprès de; muni(e) de

to **withdraw** retirer, II-5.1

without sans, **1.2**; sans que, **5**

witness le témoin, **6.1**

woman la femme, I-7.1

wood(s) le(s) bois, **3.3, L8**

word le mot

  words *(of song, etc.)* les paroles *(f. pl.)*

work le travail; *(of art or literature)* l'œuvre *(f.)*, II-1.1; l'ouvrage *(m.)*

  work site le chantier, **3.3**

to **work** travailler, I-3.1, II-14.2

  to work full-time (part-time) travailler à plein temps (à mi-temps), II-14.2

worker l'ouvrier, l'ouvrière, II-11.1

workplace le lieu de travail, II-14.1

world le monde, **L2**

worry l'inquiétude *(f.)*

to **worry** s'en faire, II-8.1, **8.2**

  to worry about se soucier de, **7.1**

worth: It's not worth it. Ce n'est pas la peine., **2.1**

wound la blessure, II-8.1

wounded blessé(e)

wreath of flowers la couronne de fleurs, **6.2**

wrist le poignet, II-13.1

to **write** écrire, I-9.2; rédiger

  to write a prescription faire une ordonnance, II-2.2

writer l'écrivain *(m.)*, I-L2, II-14.1

wrong mauvais(e), I-1.1

  What's wrong? Qu'est-ce qui ne va pas?

What's wrong with him? Qu'est-ce qu'il a?, II-2.1

wrong number l'erreur *(f.)*; le mauvais numéro, II-3.2

x-ray la radio(graphie), II-8.2

year l'an *(m.)*, I-4.1; l'année *(f.)*

yellow jaune, I-7.2

yes oui, I-BV; si *(after neg. question)*, I-7.2

yesterday hier, I-10.1

  the day before yesterday avant-hier, I-10.2

yogurt la yaourt, I-6.1

young jeune

  young people les jeunes *(m. pl.)*

younger le cadet, la cadette, I-L1

youth la jeunesse

  youth hostel l'auberge *(f.)* de jeunesse

to **zap** zapper, I-12.2

zero zéro

zip code le code postal, II-5.2

zone la zone

zoology la zoologie

Glencoe would like to acknowledge the artists and agencies who participated in illustrating this program: Matthew Pippin represented by Beranbaum Artist's Representative; Meg Aubrey represented by Cornell & McCarthy; Four Lakes Colorgraphics Inc.; Glencoe; Fanny Mellet Berry and Higgins Bond represented by Anita Grien Representing Artists; Viviana Diaz represented by Irmeli Holmberg; Karen Maizel; Jane McCreary and DJ Simison represented by Remen-Willis Design Group; Karen Rhine; Don Stewart; Studio InkLink; Carlotta Tormey; Ann Barrow and Kathleen O'Malley represented by Christina A. Tugeau; Barbara Kiwak and Gary Torrisi represented by Gwen Walters.

COVER (t to b)Robert Frerck Odyssey/Chicago, Koji Yamashita/Photothèque, Oleg Cajko/Panoramic Images, Montrésor/Panoramic Images, Mark Segal/Panoramic Images, (students)Philippe Gontier; **i** (t to b)Robert Frerck Odyssey/Chicago, Koji Yamashita/Photothèque, Oleg Cajko/Panoramic Images, Montrésor/Panoramic Images, Mark Segal/Panoramic Images, (students)Philippe Gontier; **iv** Ludovic Maisant/CORBIS; **v vi** Andrew Payti; **vii** (l)Sharpe/Masterfile, (r)CORBIS; **viii** Arthur Thevenart/CORBIS; **ix** Spencer Grant/Photo Edit; **x** Andrew Payti; **xi** Owen Franken/CORBIS; **xii** Buffa Christian/CORBIS; **xiii** (l)Andrew Payti, (r)Robert Fried Photography; **xiv** Owen Franken/CORBIS; **xvi** Aaron Haupt; **xvii xviii** Owen Franken/CORBIS; **xix** Jack Hollingsworth/CORBIS; **xx** Massimo Listri/CORBIS; **xLii-1** George Hunter/SuperStock; **2** Brian Lawrence/ImageState; **3** (coast)International Stock, (chalet)GoodShot/SuperStock, (swimmer)ThinkStock/SuperStock, (others)Getty Images; **4** (tl)John VanHasselt/CORBIS, (tr)CORBIS, (bl)StockImage/ImageState, (br)Andrew Payti; **5** Getty Images; **6** (l)SuperStock, (r)Mark Tomalty/Masterfile; **7** (l)Jean-Claude Dewolf/La Phototheque, (r)Holton Collection/SuperStock; **8** Jack Hollingsworth/CORBIS; **9** Swim Ink/CORBIS; **12** Andrew Payti; **13** Larry Hamill; **15** (l)Bettmann/CORBIS, (r)CORBIS; **16** (l)CORBIS, (r)AFP/CORBIS; **17** Macduff Everton/CORBIS; **18** Andrew Payti; **20** Annebicque Bernard/CORBIS; **21** (t)Andrew Payti, (bl)Cindy Charles/Photo Edit, (br)Timothy Fuller; **22** P. Zachman/Magnum Photos; **23** Getty Images; **24 25** Catherine et Bernard Desjeux; **26** Getty Images; **27** Andrew Payti; **28** (l)Mark Antman/The Image Works, (r)Bruno Barbey/Magnum Photos; **29** (l)CORBIS, (r)Mark Antman/The Image Works; **30** Curt Fischer; **31** Mark Antman/The Image Works; **33** Andrew Payti; **34** (tl)Image Source, (tr b)CORBIS; **35** (l to r, t to b)Carl Lyttle/ImageState, Mark Tomalty/Masterfile, CORBIS, CORBIS, Mark Tomalty/Masterfile; **36** (l)Getty Images, (r)Mark Tomalty/Masterfile; **39** CORBIS; **40** file photo; **42** Oldrich Karasek/Getty Images; **43** Larry Hamill; **44** Getty Images; **45** Steve Vidler/SuperStock; **46** (t)Zefa/Kohlhas, (c)file photo, (b)Ludovic Maisant/CORBIS; **49** (t)Jose Fuste Raga/The Stock Market/CORBIS, (b)John Madere/CORBIS; **50** Mark Tomalty/Masterfile; **51** Andrew Payti; **52** Getty Images; **55** One Nation Films, LLC; **56–57** Andrew MacColl/Lonely Planet Images; **58** Martin Moos/Lonely Planet Images; **59** (cw from top)Getty Images, Aaron Haupt, CORBIS, Aaron Haupt; **61** Timothy Fuller; **62** CORBIS; **63** F. Bouillot/Marco Polo; **64** (l)Getty Images, (r)Nathan Benn/CORBIS; **65** Curt Fischer; **66** Sara-Jane Cleland/Lonely Planet Images; **67** Andrew Payti; **68** Setboun/CORBIS; **69** Charles O'Rear/CORBIS; **70** Setboun/CORBIS; **71** Isabelle Rozenbaum/PhotoAlton/PictureQuest; **72** Larry Hamill; **73** Curt Fischer; **74** (tl)Aaron Haupt, (tr)Doug Martin, (b)J.A. Kraulis/Masterfile; **75** Andrew Payti; **76** Georgi G. Shablovsky/Lonely Planet Images; **77** John Evans; **78** Beryl Goldberg; **81** Pierre Schwartz/CORBIS; **84** F. Damm/Masterfile; **85** Stockman/International Stock; **86** (t)CORBIS, (b)Curt Fischer; **87** CORBIS; **89** Sharpe/Masterfile; **90** J.A.Kraulis/Masterfile; **91** Andrew Payti; **92** (t)Andrew Payti, (bl)Getty Images, (br)Michele Westmorland/CORBIS; **93** Adina Tovy/Lonely Planet Images; **96 97 98** Getty Images; **99** (t)Owen Franken/CORBIS, (b)Curt Fischer; **100 101** Stephan Zaubitzer pour Phosphore; **102** Peter Turnley/CORBIS; **103** Melissa Gerr; **104** Getty Images; **105** Curt Fischer; **106** (l)Larry Hamill, (r)Marc Garanger/CORBIS; **107** ImageState; **108** Gely/Imapress, Paris; **109** Curt Fischer; **110** Garneau/Prevost/SuperStock; **111** Curt Fischer; **112** Getty Images; **115** One Nation Films, LLC; **116–117** Setboun/CORBIS; **118** David Else/Lonely Planet Images; **119** Robert Holmes/CORBIS; **120** Susan VanEtten/PhotoEdit; **121** (t)Charles Jean Marc/CORBIS, (b)Aaron Haupt; **122** Eddie Brady/Lonely Planet Images; **123** AFP/CORBIS; **124** Gail Mooney/CORBIS; **125** (t)Réunion des Musées Nationaux/Art Resource, NY, (b)Brenda Turnnidge/Lonely Planet Images; **126** Wolfgang Kaehler/CORBIS; **127** Andrew Payti; **128** Arthur Thevenart/CORBIS; **130** (l)CORBIS, (r)Spencer Grant/PhotoEdit; **132** Gail Mooney/CORBIS; **133** Art on File/CORBIS; **134** SuperStock; **135** (t)Balet Catherine/CORBIS, (b)Martine Franck/Magnum Photos; **136 137 138** Curt Fischer; **140** Jackson Smith/ImageState/Picture Quest; **143** Gail Mooney/CORBIS; **144** Martine Franck/Magnum Photos; **145** Robert Holmes/CORBIS; **146** (l)Aaron Haupt, (r)Lancrenon Sylvie/CORBIS; **147** Aaron Haupt; **148** Francois Guillot/AFP; **149** (l)Michael Busselle/CORBIS, (r)Owen Franken/CORBIS; **150** Sunset; **151** Rob & SAS/CORBIS; **153** AFP/CORBIS; **155** Timothy Fuller; **156** Getty Images; **157** Reuters NewMedia/CORBIS; **158** (l)Aaron Haupt, (r)Japack/Sunset; **160** Peter Turnley/CORBIS; **161** Kontos Yannis/CORBIS; **164** Getty Images; **167** One Nation Films, LLC; **168–169** Bruno Barbey/Magnum Photos; **170** Andrew Payti; **171** (cw from top)John Brettell/Lonely Planet Images, Image Source/Picture Quest, Dennis Wisken/Lonely Planet Images, Getty Images; **173** Andrew Payti; **172** (t)Erich Lessing/Art Resource, (b)Joana M./La Phototheque; **174** (t)Ingrid Roddis/Lonely Planet Images, (b)Andrew Payti; **175** (t)Andrew Payti, (b)Jason Laure; **176** Andrew Payti; **177** Richard Klune/CORBIS; **178** R. Burch/Bruce Coleman, Inc; **179** (l)Yann Arthus-Bertrand/CORBIS, (r)J.A. Kraulis/Masterfile; **180** Réunion des Musées Nationaux/Art Resource, NY; **181** (l)Amerens Hedwich/Lonely Planet Images, (r)Andrew Burke/Lonely Planet Images; **182** Andrew Payti; **183** (t)Mark Honan/Lonely Planet Images, (c)Neil Setchfield/Lonley Planet Images, (b)Jean-Bernard Carillet/Lonely Planet Images; **184** Aaron Haupt; **186** (tl)Roger Ressmeyer/CORBIS, (tr)RF/CORBIS, (bl)Aaron Haupt, (br)Andrew Payti; **187** Annie Griffiths Belt/CORBIS; **188** (l)Que-Net Media, (r)Bettmann/CORBIS; **189** Chris Lisle/CORBIS; **190** John Evans; **191** Catherine Hanger/Lonely Planet Images;

192 Michael Boys/CORBIS; 193 Andrew Payti; 196 Eric Robert/CORBIS; 197 Andrew Payti; 198 Bruce Burkhardt/CORBIS; 199 Andrew Payti; 200 (tl)Lloyd Cluff/CORBIS, (tr)CORBIS, (bl)Philip Gould/CORBIS, (br)Julio Donoso/CORBIS; 201 (t)Zephyr Images/Sunset, (b)Pictor; 202 (l)AFP/CORBIS, (r)Jean Claude N'Diaye/Imapress, Paris; 203 Andrew Burke/Lonely Planet Images; 204 (l)Jose Nicolas/Hémisphères Images, (r)Andrew Burke/Lonely Planet Images; 205 Owen Franken/CORBIS; 206 (t)K.M. Westermann/CORBIS, (b)Craig Aurness/CORBIS; 208 Fred Bavendam/Peter Arnold, Inc; 209 (l)M. Ascani/Agence Hoa-Qui, (r)Fred Bavendam/Peter Arnold, Inc; 210–211 M. Ascani/Agence Hoa-Qui; 211 (t)Fred Bavendam/Peter Arnold, Inc, (b)M. Renaudeau/Agence Hoa-Qui; 212 (l)Fred Bavendam/Peter Arnold, Inc, (c)Jean-Claude Dewolf/La Phototheque, (r)J. Jaffre/Agence Hoa-Qui; 213 Tiziana and Gianni Baldizzone/CORBIS; 214 Andrew Payti; 215 (t)Aaron Haupt, (b)Andrew Payti; 216 Robert Holmes/CORBIS; 217 Peter Turnley/CORBIS; 218 221 Andrew Payti; 223 Getty Images; 225 One Nation Films, LLC; 226–227 Reuters NewMedia/CORBIS; 228 Owen Franken/CORBIS; 229 (t)Chris Bland/Eye Ubiquitous/CORBIS, (bl)Curt Fischer, (br)Getty Images; 230 (l)Aim Patrice/CORBIS, (r)Owen Franken/CORBIS; 231 (l)Curt Fischer, (r)Andrew Payti; 232 Curt Fischer; 233 Robert Fried Photography; 234 Alain Goulard/Imapress, Paris; 235 Robert Fried Photography; 236 Curt Fischer; 237 Courtesy Air France; 238 Aaron Haupt; 240 (t)Andrew Payti, (bl)CORBIS, (br)Getty Images; 242 Owen Franken/CORBIS; 245 (t)Curt Fischer, (b)Ministere de l'Interieur; 246 (t)Owen Franken/CORBIS, (b)Gely/Imapress, Paris; 247 Robert Holmes/CORBIS; 248 (t)Steven Ferry, (b)Robert Fried Photography; 250 (l)Romuald Rat/Imapress,Paris, (r)Jean Claude N'Diaye/Imapress, Paris; 251 Getty Images; 252 Owen Franken/CORBIS; 253 Robert Holmes/CORBIS; 255 (l)Nogues Alain/CORBIS, (r)Peter Turnley/CORBIS; 257 (t)Curt Fischer, (b)Larry Hamill; 258 (l)CORBIS, (r)Roy Morsch/CORBIS; 259 (l)Mark Burnett, (r)Owen Franken/CORBIS; 261 Ludovic Maisant/CORBIS; 262 Gilles Fonlupt/CORBIS; 263 Charles Mahaux/Image Bank; 264 Andrew Payti; 265 (l)Andrew Payti, (r)Peter Turnley/CORBIS; 266 Cotteau/Imapress. Paris; 267 (t)Buffa Christian/CORBIS, (b)Owen Franken/CORBIS; 268 Jolyot Michel/Sunset; 270 Getty Images; 272 Dennis Degnan/CORBIS; 273 One Nation Films, LLC; 274–275 Robert Holmes/CORBIS; 276 Archivo Iconografico, S.A./CORBIS; 277 (l to r, t to b)Stephanie Russell, Fizet Jean Pierre/CORBIS, David Reed/CORBIS, Andanson James/CORBIS, CORBIS; 278 (t)CORBIS SYGMA, (b)David Turnley/CORBIS; 279 (l)Ludovic Maisant/CORBIS, (r)Lee Foster/Lonely Planet Images; 280 Stephanie Russell; 281 (t)James A. Sugar/CORBIS, (b)Mark Peterson/CORBIS; 282 Eric Robert/VIP Production/CORBIS; 283 (l)Explorer/Photo Researchers, (r)Peter Turnley/CORBIS; 284 Bettmann/CORBIS; 285 Owen Franken/CORBIS; 286 (l)David Stoecklein/CORBIS, (r)Frank Wieder/StockFood; 287 Wes Thompson/CORBIS; 288 Ellen Silverman/Stockfood; 289 Owen Franken/CORBIS; 290 (l)Getty Images, (r)Isa Mauch; 291 Owen Franken/CORBIS; 292 Mark Peterson/CORBIS; 293 Larry Hamill; 294 David Seawell/CORBIS; 295 (l)Que-Net Media, (r)LIO/CORBIS; 296 (t)Que-Net Media, (b)Gail Mooney/

CORBIS; 297 Parrot Pascal/CORBIS; 298 (t)Getty Images, (b)Jane Sapinsky/CORBIS; 299 (l)Sandro Vannini/CORBIS, (r)Getty Images; 300 Vince Streano/CORBIS; 301 (l)Gerard Lacz/Sunset, (r)Christopher J. Morris/CORBIS; 302 Pellertier Micheline/CORBIS; 304 Getty Images; 305 Gianni Dagli Orti/CORBIS; 306 Getty Images; 307 Robert Holmes/CORBIS; 309 Micheline Pelletier/CORBIS; 310 Peter Turnley/CORBIS; 313 Jean Gaumy/Magnum Photos; 314 Jean-Bernard Carillet/Lonely Planet Images; 315 (l)Paul Almasy/CORBIS, (r)Bruno Barbey/Magnum Photos; 316 (l)Harry Gruyaert/Magnum Photos, (r)Adam Woolfitt/CORBIS; 317 Jeremy Gray/Lonely Planet Images; 319 CORBIS; 320 Harry Gruyaert/Magnum Photos; 324 Getty Images; 327 One Nation Films, LLC; 328–329 Richard T. Nowitz/CORBIS; 330 Astier Frederik/CORBIS SYGMA; 331 (l to r, t to b)Robert Holmes/CORBIS, Nogues Alain/CORBIS, Ruet Stephane/CORBIS SYGMA, Yves Forestier/CORBIS SYGMA; 332 (tl)Reuters NewMedia/CORBIS, (tr)Richard Smith/CORBIS, (b)Michael Boys/CORBIS; 333 (t)Curt Fischer, (b)Amet Jean Pierre/CORBIS SYGMA; 334 Lio/CORBIS SYGMA; 335 (t)David Reed/CORBIS, (c)Baumgartner Olivia/CORBIS, (b)Owen Franken/CORBIS; 336 Getty Images; 338 (l)Larry Hamill, (r)Aaron Haupt; 339 (l)CORBIS, (r)Richard List/CORBIS; 341 CORBIS; 342 (l)Jean-Bernard Vernier/CORBIS SYGMA, (r)Mark Burnett; 343 Sunset Boulevard/CORBIS SYGMA; 344 Marrec Loic/CORBIS SYGMA; 345 Gail Mooney/CORBIS; 346 (l)Timothy Fuller, (r)Andrew Payti; 347 (l)Andrew Walker & Leanne Walker/Lonely Planet Images, (r)Robert Fried Photography; 348 John Evans; 349 350 Timothy Fuller; 351 Picture Arts/CORBIS; 353 (l)Richard Klune/CORBIS, (r)Reuters NewMedia/CORBIS; 354 (l)Douglas Peebles/CORBIS, (r)Eldad Rafaeli/CORBIS; 355 Joe McBride/CORBIS; 357 Andrew Payti; 358 Doug Martin; 360 (l)Aaron Haupt, (r)Wile-E/CORBIS SYGMA; 361 Getty Images; 362 Vanni Archive/CORBIS; 364 (tl)Phillppe Eranian/CORBIS, (tr)John Evans, (b)Michael Kevin Dalt/CORBIS; 365 AFP/CORBIS; 367 (t)Reuters NewMedia/CORBIS, (b)Andrew Payti; 368 Getty Images; 369 (l)Picimpact/CORBIS, (r)Forestier Yves/CORBIS; 371 Phillip Gould/CORBIS; 372 (t)Martin Jones/Ecoscene/CORBIS, (b)Neal Preston/CORBIS; 373 (l)Reuters NewMedia/CORBIS, (r)Curt Fischer; 375 Robert Eric/CORBIS SYGMA; 376 Getty Images; 379 One Nation Films, LLC; 380–381 Robert Landau/CORBIS; 382 Hubert Stadler/CORBIS; 383 (l to r, t to b)Stock Montage/SuperStock, Lester Lefkowitz/CORBIS, Macduff Everton/CORBIS, Derek Croucher/CORBIS, Todd A. Gipstein/CORBIS, Owen Franken/CORBIS, Yann Arthus-Bertrand/CORBIS; 384 (t)Arte & Immagini sri/CORBIS, (b)CORBIS; 385 (t)Giraudon/Art Resource, NY, (b)Scala/Art Resource, NY; 386 (l)Reuters NewMedia/CORBIS, (r)Dallas and John Heaton/CORBIS; 387 (l)Bettmann/CORBIS, (r)Hulton-Deutsch Collection/CORBIS; 388 (l)Chris Bland/Eye Ubiquitous/CORBIS, (r)Archivo Inconografico, S.A./CORBIS; 389 Richard Hamilton Smith/CORBIS; 391 (l)Amet Jean Pierre/CORBIS SYGMA, (r)Jean Claude Dewolf/La Phototheque; 392 Archivo Incongrafics, S.A./CORBIS; 393 Reuters NewMedia/CORBIS; 394 AFP/CORBIS; 395 Archivo Iconografico, S.A./CORBIS; 396 (t)Owen Franken/CORBIS, (bl)Vanni Archive/CORBIS, (br)Mare